정토 수행에서는 먼저 극락을 갈 수 있다는 믿음과 가겠다는 바람을 일으키는 동기가 가장 중요하다. 수행자들이 믿음과 바람을 갖는데 가장 크게 동기를 부여하는 것은 정토삼부경과 함께 이미 '극락에 간(往生) 사람들' 이야기다. '나도 그렇게 하면 갈 수 있다'라는 확신을 심어주기 때문이다. _엮은이 머리말 中에서

韓國往生傳
극락 간 사람들(상)

삼국·고리·조선시대편

맑은나라(普淨) 서길수 엮음

천축국에 남아 있는 간다라시대(2세기) 관세음보살과 보관 위의 아미따불 모습
(파키스탄 페샤와르 박물관 간직, 2014년 3월 4일 엮은이 찍음)

13세기 서하(西夏) 시대 '아미따불이 극락으로 맞이하는 그림'.
(러시아 에르미타주 박물관 간직, 2014년 8월 30일 엮은이 찍음)

머리말

1. 현대에 맞는 붇다의 가르침이란 무엇인가?

불교(佛敎)란 '붇다(佛)의 가르침(敎)'이라는 뜻이다. 그렇다면 붇다의 가르침이란 무엇인가? 초기 경전인 『앙굿따라 니까야』의 「8가지 계행에 관한 경(Uposathaṅga-sutta, 八關齋戒)」에서 붇다의 가르침은 다음 5가지라고 새겨야 한다고 말씀하셨다.

    ① 살아 있는 지금 이득이 있는 것이고(sandiṭṭhiko)
    ② (과거·현재·미래) 시간을 초월한 것이고(akāliko)
    ③ '와서 봐라' 할 만한 것이고(ehipassiko)
    ④ 최상의 목표로 이끄는 것이고(opaneyyiko)
    ⑤ 슬기로운 자라면 누구나 (스스로, 홀로) 알 수 있는 것(paccataṁ veditabbo viññūhi)이다.'

초기 경전을 보면 붇다는 이러한 이야기를 수없이 많이 하고 있다. 실제로 붇다가 살아 있을 때는 많은 사람이 붇다의 말씀을 듣고 행하여 깨달았다. 출가하여 숲속에서 선정을 닦는 제자들 뿐 아니라 속가에서도 깨닫는 사람들이 많아 마을 전체에서 몇십 명, 몇백 명이 한꺼번에 깨달았다는 기록도 있다. 이처럼 부처님 시대에는 상근기 사람들이 많아 그 자리에서 깨닫는 사람들이 많아 위에서 본 가르침에 대한 5가지 설명은 딱 들어맞는다.

그러나 붇다가 돌아가신 지 2566년이 지난 오늘날 말세는 그때처럼 단박에 깨달을 수 있는 상근기 수행자들이 극히 드물다. 『대승기신론』에 보면 부처님의 가르침을 실천하는데 두 가지 수행법이 있다. 하나는 참선하는 것이고 다른 하나는 염불하는 것이다. 참선은 현생에서 깨달음을 얻기 위한 것이고 염불은 아미타불의 도움을 받아 극락에 가서 다시는 6도 윤회를 하지 않고 안전하게 깨달음을 얻는 방법이다. 상근기 사람이 부족한 오늘날 우리에게 맞는 수행법은 정토수행을 통해서 극락을 가는 길만이 오탁악세를 벗어나는 유일한 길이다.

염불하는 사람은 ① 정토법문은 극락 가는 목표가 있으므로 살아 있는 지금 편안한 마음을 갖는다. 그래서 살아 있는 지금 이득이 있는 것이고 (sandiṭṭhiko) 안심법문이다. ② 정토법문은 (과거·현재·미래) 시간을 초월한 것이다(akāliko). 염불을 통해서 끊임없이 과거의, 현재의 죄업을 소멸시키고, 남은 업은 가지고 극락에 가서 수행하여 상품상생을 거쳐 끝내는 성불하기 때문이다. ③ 정토법문은 '와서 봐라' 할 만한 것인데 (ehipassiko), 바로 목숨이 다할 때 아미따붇다가 맞이하여 극락에 가는 본보기들이 수없이 많기 때문이다. 다음에 보겠지만 치나[1](支那, China)와 일본에서 나온 『극락 간 사람들(往生)』을 모아 놓은 책들이 바로 '와서 봐라'라고 할 수 있는 증거들이다. ④ 정토법문은 최상의 목표로 이끄는 것이다(opaneyyiko). 염불수행자가 극락에 가면 물러나지 않는 자리에 오른 것이므로 끝내는 성불하게 된다. 이것보다 더 높은 목표는 없다. ⑤ 정토법문은 슬기로운 자라면 누구나 (스스로, 홀로) 알 수 있는 것(paccataṁ veditabbo viññūhi)이다. 정토법문에서는 선사들의 야릇하고 아슬아슬한 법거량이나 조사들의 공안을 들먹이지 않고, 오로지 붇다의 말씀에 따라 수행한다. 그리고 심지어 슬기롭지 않는 사람이라도 염불수행과 아미따불의 도움을 받아 극락에 가면 끝내 깨달아 괴로움의 바다를 여읠 수 있다.

정토수행에서 중요한 것은 믿음(信)·바람(願)·염불(行)이다. 먼저 염불하면 극락에 간다는 믿음(信)이 필요하고, 그 극락에 가겠다는 스스로 바람(願)이 있어야 하며, 극락을 가기 위해 열심히 염불수행(行)을 해야 한다. 그런데 믿음이 없으면 바람이 생길 수 없고, 믿음과 바람이 없으면 염불수행을 이어갈 수 없다. 그래서 정토 수행에서는 먼저 극락을 갈 수 있다는 믿음과 가겠다는 바람을 일으키는 동기가 가장 중요하다. 수행자들이 믿음과 바람을 갖는데 가장 크게 동기를 부여하는 것은 이미 '극락에 간(往生) 사람들' 이야기다. 정토삼부경이 극락이 어떤 것이고, 어떻게 해야 갈 수 있는 것인지를 가르쳐 주는 경전이라면 '극락 간 사람들 이야기(往生傳)'는

---

[1] 중국(中國)은 중화인민공화국, 그 이전 시기는 치나(Cīna, China)를 쓴다. 현재의 나라 이름은 중화인민공화국이라고 쓰고, 그 이전 그 땅에 있었던 많은 나라 이름은 가능한 한 그 시기의 나라 이름을 그대로 쓰며(보기 : 한, 북위, 수, 당), 역사에 나온 모든 나라를 한꺼번에 부를 때는 전 세계에서 가장 일반적으로 쓰이는 영어 차이나(China)의 원어인 산스크리트 치나(Cīna)를 쓴다. 역사에 나오는 치나(Cīna)의 나라 이름은 진·한·위·촉·오·진·송·제·양·주·수·당처럼 외자 이름이었지 '중국(中國)'이라는 나라 이름은 없었다. '중국'은 스스로 주변 나라들을 업신여기거나, 주변국들이 사대(事大)할 때 쓴 것이므로 치나(Cīna) 역사에 나온 모든 이름으로 모아서 부를 때 중국(中國)이라고 쓰는 것은 역사적 정의(定義)에 맞지 않는다.

경전에 나온 말씀을 믿게 하는 가장 좋은 감로수다. '나도 그렇게 하면 갈 수 있다'라는 확신을 심어주기 때문이다.

2. "와서 봐라"라고 보여 줄 수 있는 『극락 간 사람들 이야기』

본문에서 보겠지만 일타 스님 외증조할머니가 염불하여 극락 가면서 빛을 내는 것 때문에 그 집안에서 41명이 출가하였다. 이것이 바로 '와서 봐라'라는 것이다. 그리고 그런 이야기들을 모아놓은 것이 『극락 간 사람들 이야기(往生集)』이다. 그런데 우리나라에서는 아직 그런 책이 나오지 않았다. 바로 엮은이가 14년 전부터 『극락 간 사람들』을 기획한 까닭이다. 그 까닭을 더 뚜렷하게 하기 위해 이웃나라의 『극락 간 사람들』 이야기들이 어떻게 전해지고 있었는지 보기로 한다. 이는 『극락 간 사람들』이 나온 뒤로도 후학들이 어떻게 덧붙여갈 것인가, 그 길을 안내하는 것이기도 하다.

그러므로 치나(支那, China)와 일본에서는 이미 오래전부터 '극락 간 사람들 이야기(往生傳)'가 나와서 일본만 해도 정토수행자가 불자의 70%에 이른다. 이하 이웃 나라에서 나온 '극락 간 사람들 이야기'을 살펴본다.

1) 치나(支那, China)에서 나온 '극락 간 사람들 이야기(往生傳)'

(1) 당, 『서녘 정토에 가서 태어난 상서로운 이야기(往生西方淨土瑞應刪傳)』

대정장(大正藏 第51冊 No. 2070)에 실려있는데, 『서녘 정토에 가서 태어난 상서로운 이야기(往生西方淨土瑞應傳)』, 『감응에서 나타난 상서로운 이야기(瑞應傳)』라고도 한다. 진나라 혜원부터 당나라 소원보(邵愿保)까지 48명이 서녘 극락세계에 가서 태어나길 바랐던 이야기를 기록하였다. 이 책의 저자는 알려지지 않고 당나라 때 편집된 것으로 보인다. CBETA에서 원문을 쉽게 볼 수 있다.[2]

---

[2] 책 뒤에 천덕(天德) 2년(세차 戊午) 4월 29일 연력사(延曆寺) 도해 사문(度海沙門) 日延(大唐 吳越州 稱日 賜紫惠光 大師) 권도전지사지(勸導傳持寫之) 전어(傳焉)라고 되어 있다. 일본 천태종 산문파 대본산인 연력사(延曆寺) 사문 일연(日延)이 당나라에서 베껴온 것이라고 했다. 세차 무오년은 958년인데, 천덕 2년이라고 했다. 이즈음 천덕이란 이름을 쓴 나라는 민국(閩國) 943~944년이므로 세차 무오년과 들어 맞지가 않는다. 그런데 일연이 대당 오월주에서 혜광 대사라고 불렸다고 한 것을 보면

唐『往生西方淨土瑞應傳』

(2) 명, 연지대사 주굉(袾宏, 1535~1615) 엮음 『극락 가서 태어난 이야기(往 生集)』

9가지로 나누어 썼는데 ① 사문 98명, ② 왕과 신하 32명, ③ 처사 28명, ④ 비구니 5명, ⑤ 부녀자 32명, ⑥ 악한 사람 8명, ⑦ 짐승, ⑧ 모든 성 인이 함께 돌아감, ⑨ 살아서 얻은 감응으로 나뉘어 실려 있다.
이 『극락 가서 태어난 이야기(왕생집)』는 『대장정』(51책 No. 2072)에 실 린 것으로 현재 CBETA에서 원문을 쉽게 볼 수 있다. 그리고 한국에서 하 청(연관) 스님이 옮긴 『왕생집』(도서출판 여래, 1991)이 발행되어 정토수 행자들에게 많은 희망을 주었다.
무주선원 (https://cafe.daum.net/mujuseonwon/CC2K/1) 카페에서 번 역된 왕생전을 보고 다운받을 수 있다.

민국이 틀림없는 것 같은데 이때는 당나라가 망하고 여러 나라가 다투고 있던 시대라 정확하게 기록 이 어려워 당나라가 멸망한 해에 생긴 오월국을 대당(大唐) 오월주라고 한 것으로 보인다. 오월국 (907~978)은 5대 10국 시기 10국 가운데 하나인데 이 기간 중 무오년은 958년이므로 이 연대가 맞다고 본다. 오월국은 현재의 절강성, 강소성 동남, 복건성 동북 지역을 아우른 곳이므로 일연이 오 월국에서 베껴온 것이라는 결론이 나온다. 그렇다면 이 책은 이미 당나라 때부터 내려온 것을 일연이 베껴 일본에서 유통했으므로 책은 당나라 때 펴낸 것이라고 보면 무방할 것으로 보인다.

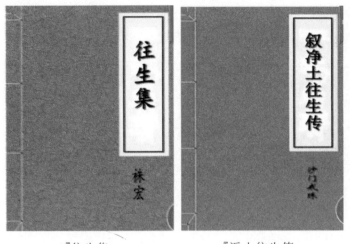

『往生集』   『淨土往生傳』

(3) 송, 계주(戒珠) 지음, 『정토 가서 태어난 이야기(淨土往生傳)』

대장정(大正藏 第51冊 No. 2071)에 실린 『정토 가서 태어난 이야기』는 상·중·하 3권으로 되어 있는데, 상권 19명, 중권 20명, 하권 17명, 모두 56명을 싣고 있다. 동진 여산 혜원 이전에 서진(西晉) 강동 승현(僧顯)부터 시작하여 여산 혜영(慧永)을 먼저 싣고 혜원을 실었다. 당과 후당, 그리고 송나라 오은(晤恩)까지, 지은이 계주가 살아 있을 때까지 극락 간 스님들을 모두 싣고 있다. CBETA에서 원문을 쉽게 볼 수 있다.

(4) 송, 왕고(王古) 엮음 『새로 고친 극락 간 이야기(新修往生傳)』

『만신속장(卍新續藏)』(第78冊 No. 1546)에 실린 『새로 고친 극락 간 이야기』는 상권에 25명, 하권에 31명, 모두 56명을 싣고 있다. 승현보다 혜원을 먼저 실었다. CBETA에서 원문을 쉽게 볼 수 있다.

(5) 청, 팽희속(彭希涑) 지음, 『정토에 계신 성현들(淨土聖賢錄)』

팽제청(彭際淸, 1740~1796)이 시작하여 조카인 팽희속이 완성하였다. 본문 내용은 모두 9권인데, 정토교 교주 아미따불과 관세음보살 같은 9분의 성인을 1권에 실었고, 극락 간 빅슈(比丘) 혜원을 비롯한 252명, 부록에 혜지(慧持) 같은 24명, 모두 276명을 2권~6권의 절반에 실었다. 극락 간 비구니 41명을 7권에 싣고, 극락 간 거사 76명을 8권에 실었으며, 9권에는 기타

17명, 여인 위제희 왕비를 비롯한 79명과 위제희의 시녀 500명, 앵무새 같은 동물들이 실렸다. 『만신속장(卍新續藏)』(第78冊 No. 1549)에 실렸으며 CBETA에서 원문을 쉽게 볼 수 있다.

모든 이야기는 모두 그 출처를 분명하게 하였는데, 갖가지 저서, 불교사, 정사, 문집, 방지(方志) 같은 130부가 넘은 참고문헌과 11명의 구술자료도 활용하였다. 가장 방대하고 격식을 갖춘 『극락 간 사람들 이야기(往生傳)』다.

이 책을 쉽게 풀이한 대만 고웅문수강당(高雄文殊講堂) 혜율(慧律) 스님이 『쉽게 풀이한 정토에 계신 성현들(淨土聖賢錄易解)』을 1995년 online으로 발표하였으며, 1999년 책으로 펴냈다.

『淨土聖賢錄』   『淨土聖賢錄易解』

(6) 양혜경(楊慧鏡) 거사 집록, 『근대 극락 간 이야기(近代往生傳)』(上海佛學書局, 1934)

1996년 대만 청련출판사(靑蓮出版社)에서 나왔다. 청나라 이후 근대에 극락에 가서 태어난 사람들을 모은 것으로 철오 선사 법어와 극락 간 사람들 이야기를 신고, 책 마지막에는 「염불에 대한 가르침(念佛法語)」, 「목숨이 다할 때 꼭 필요한 일(臨終要訣)」, 「아플 때 앓는 법(病中痛策)」 같은 법문이 실려 있다.

그밖에 『정토에 계신 성현들(淨土聖賢錄)』을 비롯한 많은 자료 가운데 극락에 간 선여인들만 뽑아 책으로 엮은 범부(凡夫) 거사 옮김, 『극락 간 선여인 이야기(善女人往生傳)』도 있고, 인터넷에 최근의 극락 간 보기들이 많이 올라와 있다.

2) 일본에서 나온 '극락 간 사람들 이야기'

(1) 요시시게 노 야스타네(慶滋 保胤), 『일본 극락 간 이야기(日本往生極楽記)』

헤이안(平安) 시대 중기에 요시시게 야스타네(?~1002)가 책으로 만든 '극락 간 이야기(往生傳)'로 관화(寬和 985~987) 연간에 쓰인 것으로 본다. 일본에서 가장 오래된 '극락 간 이야기'이다. 이 책은 성덕태자(聖德太子)를 비롯하여 황족·중·서민에 이르는 45명이 극락 간 이야기를 실었다. 일본 '극락 간 이야기'의 본보기가 되었다.

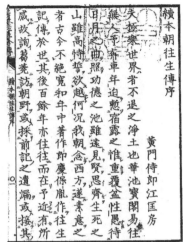
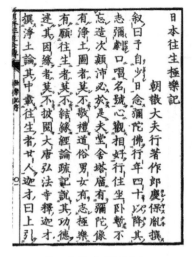

『日本往生極楽記』　　　　　　　『続本朝往生伝』

(2) 오오에 노 마사후사(大江匡房), 『이어 낸 우리나라 극락 간 이야기(続本朝往生伝)』

헤이안(平安) 시대 후기 오오에 노 마사후사(大江匡房, 1041~1111)가 1101년에 쓴 책이다. 『일본 왕생극락기(日本往生極楽記)』 이후 극락에 간 사람 42명의 이야기를 한문체로 쓴 것이다. 천황·공경(公卿)·승려·재가 남자·여자(비구니 포함) 순으로 썼는데 이런 순서는 독특한 것이다. 국사 (國史)에서 찾아낸 별건을 바탕으로 한 이야기도 있지만 마사후사 자신의 주변 사람 이야기가 많다. 그가 국사(國司)로 근무했던 다자이후(大宰府)· 미마사카(美作)에 살다 극락 간 사람들이 더해지고, 스스로 들었던 것을 바탕으로 한 것이 많았다. (『世界大百科事典』 第2版「続本朝往生伝」)

(3) 미요시타 메야스(三善爲康), 「더한 극락 간 이야기(拾遺往生伝)」, 1123.

『이어 낸 우리나라 극락 간 이야기(続本朝往生伝)』 뒤를 이어 극락 간 사람의 행업을 한문체로 적은 책으로 상·중·하 3권에 95명 이야기를 담았다. 찾아 간 순서에 따라 썼는데 1111년(천영 2) 말 야마토국 아미따방으로 끝난다. 국사, 별전, 사원 유래, 『법화 체험기』 소재로 하고, 전해 내려오는 글을 바탕으로 하고 있어, 지역도 광범위하다. 특히 이전 『극락 간 사람들(往生傳)』에서 극락 간 사람에 들어가지 않았던 고승, (법화경) 읽는 사람, 신선 들을 더한 것은 정토수행 그 자체보다 극락 갈 때 일어나는 기이한 조짐이 있었는가 없는가에 따라 결정했으므로 인원이 많았다.

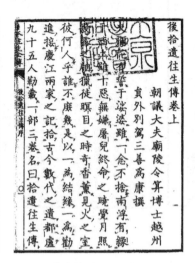

『拾遺往生伝』   『後拾遺往生傳』

(4) 미요시타 메야스(三善爲康), 「또 더한 극락 간 이야기(後拾遺往生傳)』, 1136.

「더한 극락 간 이야기(拾遺往生伝)」를 완성한 뒤 계속해서 빠진 것을 모아 편집한 것으로, 메야스가 죽은 1139년까지 더한 것을 쓴 것이다. 극락 간 75명(겹친 것을 빼면 73명)을 실었다. 「더한 극락 간 이야기(拾遺往生伝)」와 견주어 문헌에 나온 것은 줄어들고 글쓴이 스스로 전해들은 것이 늘어나, 같은 시대 사람이 54명이나 차지한다. 출가하지 않은 일반인이 33명으로 늘어나고 특히 지방에 사는 사람이 많은 것, 료닝(良忍)을 비롯한 오하라 벳쇼(大原別所) 염불인들이나 사천왕사(四天王寺) 염불 집단을 취급하는 등 (11세기 후반에서 12세기 말에 이르는) 인세이기(院政期) 정토교의 새로운 경향을 보여준다.

(5) 렌젠(蓮禪), 『세 책 밖에 극락 간 이야기(三外往生傳)』, 1135~1140.

앞에서 본 세 사람의 '극락 간 이야기'에서 빠진 것을 메운 것으로, 글쓴이가 새롭게 전해 들은 이야기를 더하여 엮은 한문으로 쓰인 극락 간 이야기다. 성립 연대가 뚜렷하지 않지만 1139년 1월에 나온 양범전(良範伝)

이후 것이다. 1220년 이 책을 베껴 쓴 케이세이(慶政)가 「더한 극락 간 이
야기(拾遺往生伝)」와 겹치는 5명을 지우고, 비구니와 재가 남녀 51명 이야
기로 엮었다. 「더한 극락 간 이야기(拾遺往生伝)」 「또 더한 극락 간 이야기
(後拾遺往生傳)』와 겹친 이야기가 3가지 있지만, 이 책을 낸 시기와 같아서
이 책이 다 쓰지 못한 원고로 보기도 한다.

 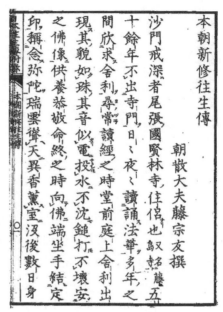

「三外往生傳」, 『史籍集覽』   『本朝新修往生傳』

(6) 후지하라 무네토모(藤原宗友), 『우리나라 새 극락 간 이야기(本朝新修往生
傳)』, 1151.

무네토모가 『우리나라 새 왕생전』에 40명을 더한 것이다.

앞에서 본 6가지 극락 간 이야기 가운데 『세 책 밖의 극락 간 이야기(三
外往生傳)』를 뺀 5가지는 모두 모아 낸 『일본 극락 간 이야기 모음(日本往
生全伝)』에 합쳐져 있고 일본 국립국회도서관 디지털 컬렉션을 통해 한국
에서도 연결해 보고, 읽고 다운받을 수 있다.[3]

---

3) 慶滋保胤 等著, 『日本往生全伝』. 永田文昌堂, 明治 15年(1882).
   https://dl.ndl.go.jp/info:ndljp/pid/822291

(7) 뇨자쿠(如寂) 『고야산 극락 간 이야기(高野山往生伝)』

서문에 따르면 1184년 고야산 참배 때 옛일을 잘 아는 노인으로부터 산 안에 염불하여 극락 간 사람이 있다는 이야기를 듣고 유적을 찾아가 일화를 모아서 이 책을 지었다고 한다. 첫 쿄카이(敎懷, 1093년 입적)에서 마지막 쇼인(証印, 1187년 입적)까지 38명 이야기를 입적한 연대순으로 정리하였다. 모두 고야산에서 극락 간 사람들로, 카쿠반(覚鑁)에서 시작하는 전법원(伝法院)·엄밀원(密厳院) 계통의 진언염불과 쿄카이 이래 오다와라 벳쇼(小田原別所) 계통의 염불자가 많다. 여인은 없고, 극락 간 사람의 출신이나 경력, 교학 계통도 일정하지 않다.[4]

『續群書類従』, 「高野山 『高野山往生伝』
往生伝」

---

4) 国立公文書館デジタルアーカイブ https://www.digital.archives.go.jp/item/731422.html

(8) 『근세 왕생전(近世往生伝)』15책, 1830.[5]

이런 극락 간 이야기는 가마쿠라시대(鎌倉時代, 1185~1333) 『염불하여 극락 간 이야기(念仏往生伝)』를 마지막으로 끊어졌으나 에도시대(江戸時代, 1603~1867)에 들어와 정토종이 막부의 뒷받침을 받으면서 여러가지가 나오게 되었다.

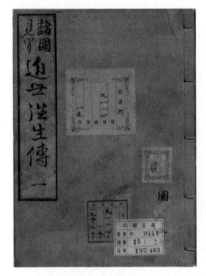
『近世往生伝』

『未公開 近世往生人伝』

9) 그 밖에 근년에 들어 '극락 간 이야기'가 책으로 나오고 있다.
 ① 笠原 一男, 『近世往生伝集成』〈1〉, 山川出版社, 1978.
 ② 牧 達雄, 『未公開 近世往生人伝 ― 江戸期庶民の信仰と死』, 四季社, 2004

5) 国立公文書館デジタルアーカイブ https://www.digital.archives.go.jp/file/1243661.html

3. 『극락 간 사람들』 집필 인연

1983년부터 불교를 가까이하면서 공부하다가 1992년부터 8년간은 제법 치열하게 체선(體禪) 수행을 통해서 기초를 닦았다. 돌이켜보면 당시 수행은 염법이었고, 8년 내내 백회에 아미따불을 염하는 것이었기 때문에 그때 이미 아미따불과는 하나가 되어가고 있었다. 2000년 들어 체선반이 활동을 중지하였다. 그 동안 체선을 하면서 참선반에 들어가 참선을 해보고, 2003년부터는 청견 스님 문하에서 절 수행과 참선을 공부하고, 춘단 스님에게 화두를 받아서 참구해보기도 했다. 그러나 아무리 해도 단 10분도 깊은 선정을 경험해보지 못했다.

2008년 일주일간 참회기도를 하면서 6일간 그동안 수없이 읽었던 금강경을 집중적으로 30번 읽고, 이어서 관계된 해설서들을 읽고 나니, 비로소 금강경에 대해 나의 관점이 분명하게 섰다.

> "금강경은 나의 경계에서 닦을 수 있는 경이 아니라. 보살, 그것도 상품상생의 경계에 있는 보살들을 위한 경이다."

그때 춘단 스님이 대만 정공(淨空)스님, 『불설대승무량수장엄청정평등각경 친문기』(삼보제자, 1996)를 주어 읽어 보며 처음으로 정토수행의 길을 발견하였다. 정공 스님은 17년 동안 화엄을 강의한 후에 등각보살과 상상(上上)의 최정상 인물들이 마지막에는 모두 염불하여 정토에서 태어나기를 발원한 사실을 깨닫고, 다른 경전과 교학(經敎)을 모두 내려놓고 오로지 정토법문 만을 널리 전하고 있다고 했다. 그런데 정공 스님이 정토를 선택한 이유 가운데 나에게 가장 설득력 있는 말은 다음과 같은 명확한 통계였다.

> 초기의 법을 전하는 대덕들은 대부분 3과(三果)를 증득하였으나 수·당 이후는 과를 증득한 사람이 적었다. 당대에는 육조 문하에서 선정을 얻어 깨달은 자가 43명이 있었다.
> 이에 반하여 혜원사와 여산에서 함께 참선을 한 도반 가운데 염불하여 득도한 사람이 123명이 있었다. 원·명(元明) 이후로는 교리를 연구하여 발명한 사람은 있지만, 진정으로 수행하여 성취를 이룬 사람은 매우 적다. 민국 초기에는 선정을 얻은 사람 가운데 한번 앉았다 하면 며칠 동안 일어나지 않은 사람은 있었지

만, 진정으로 깨달은 사람이 있다는 말은 지금까지 들어보지 못했다.

그래서 당시 정토에 관한 모든 자료를 모아서 닥치는 대로 섭렵하는 과정에서 나의 결심을 확실하게 해준 것이 주굉의 『왕생전』이었다. 그야말로 "와서 봐라"라고 외치면서 내민 사례가 책이 한 권이었다. 그리고 그때부터 이미 『한국 왕생전』을 쓰겠다고 마음먹고 서울 창신동 안양암, 진주 연화사를 찾아다녔으니 이미 14년 전의 일이다. 그렇다면 어떻게 정토수행을 할 것인가? 인터넷에서 자료를 모을 때 『왕생전』과 함께 보내온 『정토선 원리』가 수행법이 뚜렷하고 로드맵이 분명해 마음에 와닿아 정토선을 수행법으로 골랐다.

2009년 정년퇴직을 하자마자 3년간 강원도 망경대산 만경사에 입산해서 정토선(염불선)을 수행하면서 원을 세워 염불하는 틈에 정토 경전 3부를 우리말로 옮기면서 아미따붇다와 극락의 진면목을 알기 위해 노력하였다. 수행의 틀로 삼은 염불이 무엇이고, 염(念)하는 아미따불은 어떤 붇다이고, 가려는 극락은 어떤 곳인가를 알면서 수행해야 하기 때문이다.
2012년 하산하여 동아일보와의 인터뷰에서 "3년간 수행해보니 내 근기로는 이승에서 득도할 수 없다는 걸 깨달았어요. 그것만으로도 큰 수확이죠." "그래서 남은 생 책 쓰며 자리이타의 삶 살겁니다." 그리고 실제로 그동안 공부한 것을 바탕으로 집필에 전념하였다.
먼저 정토삼부경 가운데 『아미따경』과 『무량수경』 전반부를 발표하였다.

① 『아미따경』(전자책), 맑은나라, 2014. 05. 30.
② 『만화로 읽는 아미따경』(번역), 맑은나라, 2015. 09. 30.
③ 『아미타불 48대원』(공역), 비움과소통, 2015.

그리고 나는 왜 "나모 아미따불"이라고 하는지 두 편의 논문을 썼다.

④ 「'南無阿彌陀佛'의 소릿값(音價)에 관한 연구」(1), 『정토학연구』(34집), 2020.
⑤ 「'南無阿彌陀佛'의 소릿값(音價)에 관한 연구」(2), 『불교음악연구』(2), 2021.

그리고 내가 수행법으로 택한 정토선에 대해서 책 4권과 논문 한 편을 썼다.
 ⑥『정토와 선』(편저), 맑은나라, 2014. 05. 30.
 ⑦『극락과 정토선』(편저), 맑은나라, 2015. 09. 30.
 ⑧『극락 가는 사람들』(편저), 맑은나라, 2015. 12. 25.
 ⑨『극락과 염불』, 맑은나라, 2016. 04. 08.
 ⑩ 「寬淨의 淨土禪 수행법에 관한 연구」, 韓國淨土學會 『정토학연구』,
 2015. 6.

정토 수행은 철저하게 나의 죽음과 맞딱뜨린 실전이었다. 그래서 죽음을
맞이할 때 어떻게 할 것인가, 인광 대사의 「목숨이 다할 때 해야 할 3가
지 중요한 일」을 꼼꼼하게 옮겨 공유하였다.

 ⑪『아름다운 이별 행복한 죽음』(공역), 비움과소통, 2015.
 ⑫『조념염불법』(공역), 비움과소통, 2016.

이처럼 차분히 집필을 계속하여 산스크리트본 대조『무량수경』과『관무량
수경』(산스크리트본이 없음)을 마치고 마지막으로 한국판『극락 간 사람들
(韓國往生傳)』을 낼 계획을 하고 있었다. 그러다가 2017년 이 계획을 중단
해야 할 일이 생겼다. 시진핑 중공 주석이 트럼프 미국 대통령에게
"Korea는 중화인민공화국의 일부다"라고 이야기한 기사가 났기 때문이다.
불길한 예감에 8년 만에 북경 측 포털에 들어가 보고 깜짝 놀랐다. (고)조
선·부여·고구리·발해 역사가 이미 중공의 국사로 취급되고 있었다. '조
국이 전쟁이 일어나니 붇다도 길에 나 앉았는데, 내가 뭐라고 극락 가는
것만 추구할 것인가?' 그래서 그때부터 한쪽으로 미루어두었던 고구리 역
사와 동북공정 관련 자료를 다시 꺼내 다시 연구하기 시작하였다. 그리고
2~3년 만에 5권의 책을 썼다.

 ①『고구려 본디 이름 고구리(高句麗)』, 여유당, 2019. 12.
 ②『장수왕이 바꾼 나라이름 고리(高麗)』, 여유당 2019. 12.
 ③『세계 속의 고리(高句麗) - 막북(몽골) 초원에서 로마까지』, 맑은나라,
2020. 12.
 ④『실크로드에 핀 고리(高句麗)의 상징 닭깃털관(鷄羽冠)』, 여유당,
2020. 12.
 ⑤『사마르칸드에 핀 고리(高句麗)의 상징 닭깃털관(鷄羽冠)』 여유당,

2020. 12.

　⑥ 『고구리의 독립운동과 발해건국 이후의 나라이름 고리(高麗)

　⑦ 『고리(高麗)와 조선시대의 나라이름 고리(高麗)

　⑧ 『통일 Korea의 나라이름 고리 · 高麗 · Kori-a

이 책들은 두 가지 목적이 있었다. 하나는 고구리가 우리나라 역사라는 것을 확실하게 하고, 다른 하나는 '통일된 Korea의 이름을 무엇으로 할 것인가?'에 대한 답을 내는 것이다. 통일 뒤 한국 이름은 앞으로 ⑥⑦⑧ 3권을 더 내야 마무리된다.

그리고 금년 3월 1일 자로 중국공산당이 지난 30년간 우리 역사를 어떻게 침탈해 갔는가를 밝히는 900쪽짜리 백서를 냈다.

① 『동북공정 백서』, 맑은나라, 2022. 3. 1.

② 『역사침탈 40년 백서』

③ 『고구리는 치나(China)의 지방정권이 아니다.』

그리고 3월 1일 「동북공정 백서 학술발표회」를 마친 뒤 바로 ② 『역사침탈 40년 백서』 집필에 들어가 1979년 이전 중공에서 나온 자료들 분석에 들어간 상태였다. 그즈음 대구 자운사 혜명 스님으로부터 전화가 왔다.

"이번 붇다 오신 날에 『한국 왕생전』 3,000권을 법보시하려고 하니 지금까지 모은 자료를 마무리해 주실 수 있습니까?"

"알았습니다. 일단 정리해 보겠습니다."

2017년 이후 고구리 연구 때문에 너무 오래 밀어놓았으므로 이번에 모은 것만이라도 한 보름쯤 작업하여 간단히 묶어 내자는 생각이 들었기 때문이다. 특히 책을 못 낸 업도 크지만 '3,000권의 법보시를 무산시키는 업'은 감당하기 어렵다는 생각이 들었다.

작업을 시작하면서 생각지도 않는 일들이 일어나기 시작하였다. 각 마당 머리말에서 자세히 쓰겠지만 고리(高麗) 시대 18명의 성현은 완전히 새로 발굴한 자료들이다. 거의 한 달 반이 걸렸다. 그리고 조선 시대에 들어가니, 10년 동안 4~5편 정도였던 사례가 지난 15일 동안 무려 30명 가까이 더 추가하는 기적이 일어났다. 결과적으로 책을 상(신라 · 고리 · 주선시대)

·하(해방 이후) 2권으로 나누어야 되는 상황이 되고, 동북공정 문제를 일단 접어두고 3개월 동안 그야말로 불철주야 매달렸다.

아무리 잠을 줄인다고 해도 3개월에 책을 한 권 낸다는 것은 불가능한 일이다. 그런데, 시간 허비 없이 필요한 자료들이 줄줄이 나오고 검색을 하면 국립중앙도서관, 국사편찬위원회, 한국문화재연구원 같은 기관에서 D-base한 자료들이 쏟아져 나왔다. 아미따붇다와 보살들의 명령이고 가피라고 생각하고 새로운 성현이 나타날 때마다 스릴과 환희를 느끼면서 집필을 마칠 수 있었다. 나모아미따불, 나모아미따불, 나모아미따불.

다만 이번에 실은 성현들은 우리나라에서 극락에 간 많은 성현 가운데 극히 일부라는 것이 분명하다. 그런 측면에서 보면 이미 극락에 가서 수행하고 계신 다른 성현들에게는 부끄럽고 죄송하기 그지없다. 다만 이번 나오는 『극락 간 사람들』은 우리나라에서 극락에 사신 성현들을 밝히는 첫걸음이라고 생각하고 앞으로 후학들에게 길을 열어주는 데 뜻이 있다고 보시고 용서해 주시기 바랍니다.

끝으로 이 책에서는 '붇다', '사까무니'처럼 한문식 산스크리트 낱말을 본디 소리로 바로 잡았고, 현대인이 이해할 수 없는 용어나 잘못 옮겼던 낱말들을 가능한 한 바로 잡았으며, 될 수 있으면 쉬운 우리말로 옮겨 중학교 학생 정도면 이해할 수 있도록 하였다. 용어문제는 이 책과 동시에 도서출판 맑은나라에서 출판한 『모든 붇다가 보살피는 아미따경』에서 산스크리트 원문을 대조하여 자세하게 해설하였으니 참고하시기 바랍니다.

　　　나모아미따불!

　　　　　　　　　　　　　　　　　　　　　　　2022년 6월 4일
　　　　　　　　　　　　　　　　　　　　　　　맑은나라 서길수

차 례

첫째 마당
신라 시대 극락 간 이야기

삼국시대 극락 간 이야기 머리말

삼국시대 비문 같은 기록은 극히 드물어 그런 유물에서 극락 간 이야기(往生記)를 찾아내기 어려웠다. 비록 몇백 년 뒤의 기록이지만 3국에 대해서는 『삼국사기』(1145)·『삼국유사』(1281) 같은 역사서에서 그 실마리를 찾는 작업을 할 수 있었다.

먼저 『삼국유사』에 나온 원효 대사가 무애(無㝵) 박을 두드리며 노래와 춤으로 전국을 돌아다니며 염불을 폈던 이야기부터 시작한다. 사실 이 이야기만 가지고도 원효 대사가 극락에 갔다고 할 수 있다. 그러나 원효 대사는 워낙 많은 저서를 남겼으므로 꼬리말에서 그 저서 가운데 정토에 관한 글을 나름대로 분석하여 원효 대사가 극락에 갔다는 것을 증명해 보았다.

유학에 바탕을 둔 김부식의 『삼국사기』는 사마천이 확립한 이후 정사의 기본체계가 된 기전체(紀傳體) 형식을 따르면서 전설이나 설화 같은 이야기를 모두 빼버렸다. 반대로 일연 스님이 쓴 『삼국유사』는 김부식이 유교적 합리주의 때문에 빼버린 신기한 일도 늘이거나 줄이지 않고 기록했다. 일연 스님이 책을 쓴 것은 13세기 후반으로 고리(高麗)가 몽골의 침략을 받아 속국으로 떨어진 때였다. 일연 스님은 민족의 자부심을 높이고, 전란에 지친 민중에게 구원이란 희망을 주고, 현실의 괴로움을 받는 백성들이 바라는 죽은 뒤의 평화와 안정의 바람도 외면하지 않았다. 그 때문에 『삼국사기』에는 한편도 없는 '극락 간 사람 이야기(往生記)'가 『삼국유사』에 5편이 실려 있었다. 이미 많은 연구가 있었고, 여러 번역본이 있었지만, 엮은이가 원문과 다른 번역본들을 모두 견주어서 나름대로 꼼꼼하게 다시 우리말로 옮겨보았다.

마지막으로 「대한국 간성 건봉사 10,000일 연꽃모임(萬日蓮會)에 관해 내려오는 이야기(緣起)」에 우리나라 첫 10,000일 연꽃모임(萬日蓮會)에 대한 내용이 자세하게 기록되어 있어 찬찬히 옮겨서 정리하였다, 이런 모임을 통해 많은 염불 행자들이 한꺼번에 극락에 가서 태어나는 경사가 드라마처럼 펼쳐진다.

■ 안양(安養) = 극락(極樂)

삼국시대와 고리(高麗) 시대는 극락(極樂)이란 낱말보다는 안양(安養)이란 낱말을 많이 썼다. 여기서는 현재 많이 쓰이고 있는 극락으로 옮기면서 가끔 괄호 안에 한문으로 안양(安養)을 덧붙이기도 했다.

극락이나 안양은 산스크리트 쑤카바띠(Sukhāvatī)을 한문으로 옮긴 것이다. 소리로는 소가부제(蘇訶嚩帝) · 수마제(須摩提) · 수아제(須阿提)로, 뜻으로는 극락정토(極樂淨土) · 극락국토(極樂國土) · 서녘정토(西方淨土) · 서녘(西方) · 안양정토(安養淨土) · 안양세계(安養世界) · 안락국(安樂國)이라고 옮겼다. 그 뒤 3~4자로 긴 것은 2자로 줄여 극락 · 서방 · 안양 · 안락이라고 썼는데 모두 쑤카바띠를 옮긴 것이다. 경기도 안양(安養)도 극락이란 뜻으로 불교에서 비롯된 것이다.

■ 서방(西方) = 서녘

원 사료에 보면 '서방(西方)'이란 표현이 아주 많은데 우리말로 '서녘'이라고 옮겼다.

우리가 '동녘에 해가 뜬다.' '해는 서녘으로 진다.' '북녘 동포' '남녘 들판'처럼 '서녘 극락'이라고 하는 것이 우리말에 가깝고 자연스럽기 때문이다. '녘'이란 낱말은 '어떤 쪽이나 가'를 뜻하므로 어떤 쪽의 가(가장자리, 언저리)는 단순한 방향을 떠나 가리키는 쪽의 어느 한 부분을 나타낼 수 있다. 그러므로 서녘은 서쪽에 있는 어느 부분, 다시 말해 '서쪽 극락'의 준말로도 아주 알맞은 낱말이라고 본다. 아울러 우리말에 '서방'이란 '남편의 낮은말'이고 고리(高麗) 시대 관청도 같이 썼으므로 이런 말을 피하는 좋은 대안이라고 보았다.

1. 686년, 원효 대사는 무량수국(無量壽國)으로 갔다

『삼국유사』 권4, 제5 의해(義解第五) 「원효불기(元曉不羈)」

굴레 벗은 원효(元曉不羈)

성사(聖師) 원효의 속성은 설(薛)씨이다. 할아버지는 잉피공(仍皮公) 또는 적대공(赤大公)이라고 한다. 지금 적대연(赤大淵) 옆에 잉피공 사당이 있다. 아버지는 담내(談㮈) 내말(乃末)이다.

처음에 압량군(押梁郡) 남쪽, 지금의 장산군(章山郡) 불지촌(佛地村) 북쪽의 율곡(栗谷) 사라수(裟羅樹) 아래서 태어났다. 마을 이름은 불지(佛地)로 또는 발지촌(發智村)이라고도 한다. 속어로 불등을촌(佛等乙村)이라고 한다.

사라수에 관해서는 민간에 이런 이야기가 있다. 성사의 집은 본래 이 골짜기 서남쪽에 있었는데, 어머니가 아이를 가져 만삭이 되어 마침 이 골짜기 밤나무 밑을 지나다가 갑자기 해산하고 급하여 집으로 돌아가지 못하고, 우선 남편의 옷을 나무에 걸고 그 안에 누워 있었으므로 (그) 나무를 사라수라고 하였다. 그 나무의 열매도 보통 나무와는 달랐으므로 지금도 사라밤(裟羅栗)이라고 한다. 예부터 전하기를, (사라사) 주지가 절의 한 종에게 저녁 끼니로 하루에 밤 2개씩을 주었다. 종은 관가에 소송을 제기하였다. 이를 이상하게 생각한 관리가 밤을 가져다가 조사해보았더니 한 개가 바루 하나에 가득 찼다. 이에 도리어 한 개씩만 주라는 결정을 내렸다. 이 때문에 이름을 율곡이라고 하였다.

성사는 출가하고 나서 자기 집을 절로 내놓아 초개(初開)라 하고, 밤나무 옆에도 절을 지어 사라(裟羅)라고 하였다. 성사의 행장에는 서울 사람이라고 했으나 할아버지를 따른 것이고, 『당승전(唐僧傳=宋高僧傳)』에서는 본래 하상주(下湘州) 사람이라 하였다. 살펴보면 다음과 같다. 인덕(麟德) 2년(665)에 문무왕이 상주(上州)와 하주(下州) 땅을 나누어 삽량주(歃良州)를 두었는데, 곧 하주는 지금의 창녕군(昌寧郡)이고, 압량군은 본래 하주의 속현이다. 상주는 곧 지금의 상주(尙州) 또는 상주(湘州)라고도 한다. 불지촌은 지금의 자인현(慈仁縣)에 속해 있으니, 곧 압량군에서 나뉜 곳이다.

성사가 태어나 아이 때 이름은 서당(誓幢)이고, 동생 이름은 신당(新幢)이었는데, 당(幢)은 속된 말로 털이란 뜻이다. 처음 어머니가 별똥별이 품속으로 들어오는 꿈을 꾸고 태기가 있었는데, 낳으려 할 때는 오색구름이 땅을 덮었다. 진평왕 39년 대업 13년 정축년(617)이었다.

태어날 때부터 총명이 남달라 스승을 따라서 배우지 않았다. 그가 사방으로 다니며 닦은 줄거리와 널리 가르침 펼쳤던 크나큰 업적은 『송고승전』과 행장에 자세히 실려 있다. 여기서는 자세히 기록 할 수 없고, 다만 향전(鄕傳)에 실린 한두 가지 특이한 사적만 쓴다.

성사는 어느 날 보통 예법에서 벗어나 거리에서 노래를 부르기를, "누가 자루 빠진 도끼를 허락하려는가? 나는 하늘을 받칠 기둥을 다듬고자 한다."라고 하였다. 사람들이 모두 그 뜻을 몰랐는데 태종이 그것을 듣고서 말하기를 "이 스님이 귀부인을 얻어 훌륭한 아들을 낳고 싶어 하는구나. 나라에 큰 현인이 있으면 그보다 더한 이로움이 없을 것이다."라고 하였다. 그때 요석궁[지금의 학원(學院)]에 홀로 사는 공주가 있었다. 궁중 관리를 시켜 원효를 찾아서 맞아들이게 하였다. 궁중의 관리가 칙명을 받들어 그를 찾으려고 하는데, 벌써 (그는) 남산에서 내려와 문천교[蚊川橋: 사천(沙川)이나, 세간에서는 연천(年川) 또는 문천(蚊川)이라고 하고, 또 다리 이름을 유교(楡橋)라 한다]를 지나고 있어 만나게 되었다. (원효는) 일부러 물에 떨어져 옷을 적셨다. 관리는 스님을 궁으로 인도하여 옷을 벗어 말리게 하니, 이 때문에 (궁에서) 묵게 되었다.

공주가 과연 태기가 있어 설총(薛聰)을 낳았다. 설총은 나면서부터 명민하여 경서와 역사서에 두루 환히 통하니 신라 10명의 현인 가운데 한 분이다. 우리말로써 중화와 오랑캐(華夷) 각 지방 풍속과 물건 이름에 훤히 통하여 6경 문학을 풀어 썼으니(訓解), 지금까지 우리나라에서 경학을 공부하는 이들이 이어받아 끊이지 않는다.

원효가 이미 (스님이 갖추어야 할) 계를 잃고(失戒) 설총을 낳은 뒤부터는 속인 옷으로 바꾸어 입고 스스로 '소성거사(小姓居士)'라고 하였다. 우연히 광대들이 놀리는 큰 박을 얻었는데 그 모양이 괴이하였다. 그 모양대로 도구를 만들어 『화엄경(華嚴經)』에 나오는 "아무 것도 걸림이 없는 사람은

단박에 삶과 죽음을 벗어난다(一切無㝵人 一道出生死)"라는 (문귀에서 따내)
'무애(無㝵)'라고 이름 붙이고 노래를 지어 세상에 퍼뜨렸다. 일찍이 이것
(무애)을 가지고 수많은 마을(千村萬落)에서 노래하고 춤으로 바꾸어 읊으
며 다니다 돌아오니 가난하고 아는 것이 없고 사리에 어두운 무리까지도
모두 붇다의 이름(아미따불)을 알게 되었고, 모두 나모(南無)를 부르게 되
었으니 원효의 교화가 컸던 것이다.

그가 태어난 마을 이름을 불지(佛地)라고 하고, 절 이름을 초개(初開)라고
하며, 스스로 원효라고 부른 것은 대개 붇다를 처음으로 빛나게 하였다(初
輝佛日)는 뜻이다. 원효도 사투리이니 당시 사람들은 모두 제 고장 말로
그를 '첫새벽'이라고 불렀다.

일찍이 분황사(芬皇寺)에 살면서 화엄소(華嚴疏)를 짓다가 제4 십회향(十廻
向) 품에 이르자 마침내 붓을 꺾었다. 또 일찍이 시비를 다투다 몸을 백
그루의 소나무로 나누었으므로 모두 (그의) 수행 정도를 초지(보살)이라고
하였다. 또 바다 용의 권유에 따라 길에서 (왕의) 조서를 받아 『삼매경소
(三昧經疏)』를 지으면서 붓과 벼루를 소의 두 뿔 위에 놓아두었으므로 이
를 각승(角乘)이라고 했는데, 또한 본각(本角)과 시각(始角) 두 각의 숨은
뜻을 나타낸 것이다. 대안(大安) 법사가 배열하여 종이를 붙인 것임을 알고
노래로 부른 것이다.

[원효가] 입적하자 설총이 유해를 부수어 (그의) 진용(眞容)을 빚어 분황사
에 모시고, 공경·사모하여 지극한 슬픔의 뜻을 표하였다. 설총이 그때 옆
에서 예배를 하니 소상이 갑자기 돌아보았는데, 지금도 여전히 돌아본 채
로 있다. 원효가 일찍이 살던 혈사(穴寺) 옆에 설총의 집터가 있다고 한다.

기려서 말한다.

角乘初開三昧軸(각승초개삼매축) : 각승(角乘)은 비로소 삼매경을 열고
舞壺終掛萬街風(무호종괘만가풍) : 표주박 매고 춤추며 온갖 거리 교화했네
月明瑤石春眠去(월명요석춘면거) : 달 밝은 요석궁에 봄 잠 깊더니
門掩芬皇顧影空廻顧至(문엄분황고영공회고지) :
　　　　　　　　　　　　닫힌 분황사엔 돌아보는 모습만 허허롭구나.

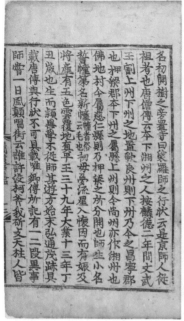 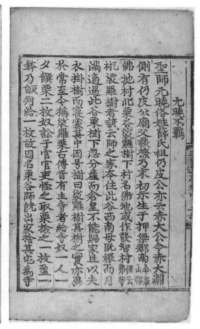

『삼국유사』,「굴레 벗은 원효」   『三國遺事』,「元曉不羈」

ㄾ 보정의 꼬리말

원효의 마지막에 대한 기록은 아주 간단하여 그것으로 극락에 갔는지 알
수 없으나 원효는 실로 엄청나게 많은 책을 지어 남겼다. 그 가운데 정토
·극락에 관한 책은『양권무량수경 종요(兩卷無量壽經宗要)』『불설아미따경
소(佛說阿彌陀經疏)』이고, 특히 『양권무량수경종요』에서 정토와 정토에 가
서 태어나기 위한 씨앗(往生因)에 대해 많이 논의하였다.

원효는 정토를 설명하면서 여러 대승경전에 나오는 정토를 통합하여 설명
하고 있어 쉽게 이해하기 어렵다. 간단히 표로 만들어 보면 다음 4가지
정토를 들고 있다.

〈표 1〉『무량수경종요』와 『불설아미따경소』의 4가지 문

	무량수경종요	불설아미따경소	소의경전	가서 태어난 자
1	인(因)과 과(果) 상대문(相對門)	원만문	인왕경·본업경	오직 붇다
2	일향(一向)과 부일향(不一向) 상대문	일향문	섭대승론(석)	8지 보살 이상
3	순(純)과	순정문	유가사지론·	3지 보살 이상

	잡(雜) 상대문		해밀심경	
4	정정(正定)과 비정정(非正定) 상대문	정정취문	무량수경	정정취 (십해초발심주)

위의 4가지 정토는 각각 대승보살의 수행 단계에 따라 각 정토에 가서 태어날 수 있는 인과가 결정되는데 대승보살의 수행단계는 보살영락본업경(菩薩瓔珞本業經)을 바탕으로 52단계를 해설하였다.

1) 10신(十信) : ①신심(信心) ②염심(念心) ③정진심(精進心) ④정심(定心) ⑤혜심(慧心) ⑥계심(戒心) ⑦회향심(廻向心) ⑧호법심(護法心) ⑨사심(捨心) ⑩원심(願心)
2) 10해(十解) : ⑪초발심주(初發心住) ⑫치지주(治地住) ⑬수행주(修行住) ⑭생귀주(生貴住) ⑮방편구족주(方便具足住) ⑯정심주(正心住) ⑰불퇴주(不退住) ⑱동진주(童眞住) ⑲법왕자주(法王子住) ⑳관정주(灌頂住).
3) 10행(十行) : ㉑환희행(歡喜行) ㉒요익행(饒益行) ㉓무에한행(無恚恨行) ㉔무진행(無盡行) ㉕이치란행(離癡亂行) ㉖선현행(善現行) ㉗무착행(無著行) ㉘존중행(尊重行) ㉙선법행(善法行) ㉚ 진실행(眞實行)
4) 10회향(十廻向) : ㉛구호일체중생리중생상회향(救護一切衆生離衆生相廻向) ㉜불괴회향(不壞廻向) ㉝등일체불회향(等一切佛廻向) ㉞지일체처회향(至一切處廻向) ㉟무진공덕장회향(無盡功德藏廻向) ㊱수순평등선근회향(隨順平等善根廻向) ㊲수순등관일체중생회향(隨順等觀一切衆生廻向) ㊳여상회향(如相廻向) ㊴ 무박무착해탈회향(無縛無著解脫廻向) ㊵법계무량회향(法界無量廻向)
5) 10지(十地) : ㊶환희지(歡喜地) ㊷이구지(離垢地) ㊸발광지(發光地) ㊹염혜지(焰慧地) ㊺난승지(難勝地) ㊻현전지(現前地) ㊼원행지(遠行地) ㊽부동지(不動地) ㊾선혜지(善慧地) ㊿법운지(法雲地)
6) (51)등각 : 보살 수행이 대개 붇다와 같다고 등각(等覺)이라 한다.
(52)묘각(妙覺, 佛) : 무명을 끊고 붇다가 된다.

엮은이가 보살수행 52단계를 이처럼 자세하게 내놓는 것은 원효 자신이 만든 4가지 정토문 기준 가운데 어떤 단계에 있었는가를 볼 필요가 있기 때문이다. 앞에서 본 『삼국유사』에 "모두 (원효의) 수행 정도를 초지(보살)이라고 하였다." 원효의 수행 단계를 판단할 수 있는 드문 자료이고 엮은이는 원효의 수행 경계를 가늠할 능력이 없으므로 『삼국유사』의 기록을 그대로 써서 검토하려 한다. 보살 수행 52단계에서 초지보살은 ㊶ 환희지(歡喜地) 단계이다. 환희지는 1지 보살이므로 3지 보살 이상이 갈 수 있는 원만문·일향문·순정문은 해당이 되지 않고 제4문인 정정취문(正定聚門)에만 갈 수 있다. 『무량수경종요』에서 스스로 규정한 '정정(正定)과 비정정(非正定) 상대문'이다. "이 경에서 설하는 무량수국(無量壽國=극락)은 바로 제4문에서 말하는 정토이다(今此經說無量壽國 就第四門 說爲淨土)". 그러므로 원효 대사는 무량수국에만 갈 수 있고, 무량수국이란 『무량수경』에 나오는 아미따붇다의 극락(極樂)=안양(安養)이다.

그렇다면 원효 대사는 무량수국(극락, 안양)에 갔는가? 하는 마지막 질문이 나온다. 이에 대해서는 원효 대사가 규정한 극락에 가는 씨앗(往生因)을 자세하게 볼 필요가 있다.

〈표 2〉 『무량수경종요』의 인과(因果) 상대문

	인과(因果) 상대문	위 동아리(上輩)	가운데 동아리(中輩)	아래 동아리(下輩)
1	정인(正因) 방편	出家	×	×
2	바른 인(正因)	發菩提心	發菩提心	發菩提心
3	돕는 만업(助滿業)	專念阿彌陀佛	專念阿彌陀佛	乃至十念 專念佛
4	돕는 만업(助滿業)	作諸功德	多少修善	
5	바람(願)	願生無量壽國	願生無量壽國	願生無量壽國

『무량수경』에서 "윗 동아리(上輩)는 ① 집을 버리고 사문이 되어 깨닫겠다는 마음을 내어(發菩提心), ② 한결같이 오롯이 무량수불을 염(念)하고, ③ 갖가지 공덕을 닦아 그 나라(극락)에 태어나고자 하는 중생들은 ④ 목숨을 마칠 때 무량수불이 여러 대중과 함께 그 사람 앞에 나투시면, 붇다를 따라 그 나라에 가서 태어난다(往生)고 했다. 원효는 이 내용을 5가지로 나누어 앞의 4가지는 실천(行)과 마지막 바람(願)이 합쳐 극락 살 수 있는 씨앗(往生因)이 된다고 했다.

이 기준을 가지고 원효 대사의 극락 가는 씨앗(往生因)을 검토해보기로 한다. 우선 4가지 행을 보면 출가를 했고, 깨닫겠다는 마음 내서(發菩提心) 바른 인(正因)을 확립하였다. 그리고 전국을 돌아다니며 '나모아미따불'을 노래하고 춤을 추어 온 백성들이 염불하게 했으니 돕는 만업(助滿業)도 충분하다고 할 수 있다. 따라서 행하는 씨앗(行因)으로 볼 때는 위 동아리(上輩) 가서 태어났을 것이다. 다만 말년 파계 문제를 어떻게 해석해야 할지는 아미따붇다께서 결정할 문제이다.

끝으로 원효 대사가 극락을 가려면 반드시 극락을 가겠다는 바람(願)이 있어야 한다. 전국을 돌아다니며 모든 사람에게 염불하여 극락 가라고 했으니 본인도 당연히 바람이 있었다고 봐야 한다. 그리고 그런 사실을 더 뚜렷하게 뒷받침해 주는 것이 바로 아미타붇다의 본성을 증명하는 게(彌陀證性偈)이다. 이는 고리(高麗) 때 보조 지눌(普照知訥, 1158~1210)의 저서 『법집별행록 절요 병입사기(法集別行錄節要幷入私記)』에서 인용하여 우리에게 알려졌다.

乃往過去久遠世(내왕과거구원세) 지난 날 오랜 먼 옛날 세상에
有一高士號法藏(유일고사호법장) 법장이라는 한 고결한 선비 있었으니
初發無上菩提心(초발무상보제심) 마침내 위 없는 깨달음 마음 내
出俗入道破諸相(출속입도파제상) 세속 떠나 도에 들어 모든 상 깨트렸네.
雖知一心無二相(수지일심무이상) 한마음에 두 개 상 없음을 알았지만
而愍群生沒苦海(이민군생몰고해) 괴로움 바다에서 나고 죽는 무리 가여워
起六八大超誓願(기육팔대초서원) 48가지 크고 높은 다짐과 바람 일으켜
具修淨業離諸穢(구수정업이제예) 정토업 모두 닦아 온갖 더러움 떠났네.

한편, 최자(崔滋, 1188~1260)가 쓴 원묘 요세(圓妙了世, 1163~1245)의 비명, 「만덕산 백련사 원묘국사 비명 및 머리말(萬德山白蓮社圓妙國師碑銘幷書)」에는 원효의 징성가(澄性歌)를 인용하였다.

法界身相難思議(법계신상난사의) 법계 모습(신상) 알기 어려우니
寂然無爲無不爲(적연무위무불위) 감감하여 하는 것도 안 하는 것도 없다.
至以順彼佛身心(지이순피불신심) 저 (아미따) 붇다의 몸과 마음 그대로 따르면
故必不獲已生彼國 (고필불획이생피국) 그 때문에 틀림없이 그 나라(극락)에 태어나리라.

증성게가 법장이 48가지 바람으로 중생을 구하는 정토업을 닦아 깨달음을 얻었다는 것을 증명하여 믿음과 염불행을 하도록 한 것이라면, 징성가는 증성게에서 깨달은 아미따붇다를 그대로 따르면(나모, namo, 南無) 모두 극락에 간다는 것을 강조하여 믿고 가려는 마음을 내도록 하여 열심히 염불하도록 하는 노래이다.

이 두 가지 게송은 원효가 이론은 물론 실천적인 면에서 극락에 갓 태어날 씨앗(因)을 쌓기 위해 노력하였고, 그런 원효가 후대 고리(高麗) 때에도 극락 가서 태어난 본보기로 쓰고 있다는 것을 알 수 있다. 그러므로 엮은이는 원효 대사를 『극락 간 사람들』에 망설이지 않고 모셨다.

2. 문무왕(661~681) 때 16관법으로 극락 간 광덕과 엄장

문무왕(661~681) 때, 광덕과 엄장이라는 사문이 있었는데, 두 사람은 서로 친하여 밤낮으로 약속하기를 "먼저 극락(安養)으로 돌아가는 사람이 꼭 서로 알리도록 하자."라고 하였다. 광덕은 분황사(芬皇) 서쪽 마을(西里)[또는 황룡사에 서거방(西去房)이 있다고 하는데, 어느 것이 옳은지 알 수 없다.]에 숨어서 짚신 삼는 일을 업으로 하면서 처자와 함께 살았고, 엄장은 남악(南岳)에 암자를 짓고, 힘써 큰 농사를 지으며 살았다.

하루는 해그림자가 붉게 노을 지고 소나무 그늘이 고요히 저무는데, 창밖에서 알리는 소리가 들렸다.

"나는 이제 서녘(극락)으로 가네, 그대는 잘 지내다가 빨리 나를 따라오게나."

엄장이 문을 밀치고 나가 쳐다보니, 구름 밖에서 하늘의 음악 소리가 들려오고, 밝은 빛이 땅까지 비쳤다. 이튿날 엄장이 광덕이 사는 곳을 찾아가니 광덕이 정말로 세상을 떠났다. 이에 그의 아내와 함께 광덕의 주검을 거두어 장사를 지냈다. 일을 마치고 그 부인에게 "남편이 죽었으니 나와 함께 지내는 것이 어떻겠소?"라고 하니, 부인이 "좋다"고 하였다. 그렇게 하여 그 집에 머물게 되었는데, 밤에 자면서 관계하려 하니, 그 부인은 원망하며 말했다.

"스님께서 (서녘) 정토를 찾는 것은 마치 나무에 올라가 물고기를 구하는 것과 같습니다."
엄장이 놀라고 괴이쩍어 물었다.
"광덕도 이미 그렇게 지냈는데, 나와는 어찌 꺼리는가?"
부인이 말했다.
"남편은 나와 10년 넘게 살았으나 아직 하룻밤도 한자리에서 잔 적이 없었는데 어찌 몸을 더럽혔겠습니까? 오로지 밤마다 바르게 앉아서 한결같은 목소리로 아미따불을 불렀고, 언젠가는 (관무량수경) 16관법을 닦으며 관법이 무르익어 달빛이 창으로 들어오면 그 빛 위에 올라 그 위에서 가부좌하였습니다. 이처럼 정성을 쏟았는데, 비록 서녘 정토에 가지 않으려 한들 어디로 가겠습니까? 무릇 천 리 길을 가고자 하는 사람은 그 첫걸음부터 알 수가 있는 것인데, 지금 스님 하는 것을 보면, 동녘으로 가는 것이지 서녘으로 간다는 것은 알 수가 없는 일입니다."

엄장은 이 말을 듣고 부끄럽고 무안하여 물러 나와, 그 길로 원효 법사가 계시는 곳으로 가서 도를 닦는 고갱이(津要)를 간곡하게 구했다. 원효는 삽관법(鍤觀法)을 만들어 그를 지도했다. 엄장은 자기 몸을 깨끗이 하고 잘못을 뉘우쳐 스스로 꾸짖고, 한뜻으로 관법을 닦았기 때문에 그 역시 서녘 정토로 가게 되었다. 삽관법은 원효 법사의 전기와 해동승전(海東僧傳)에 나와 있다.[6]

---

6) 삽관법은 원효 법사의 『본전(本傳)』과 『해동고승전(海東高僧傳)』에 있다. "믿음은 씨앗이며, 고행은 비이며, 지혜는 나의 멍에와 쟁기이며, 마음은 멍에의 끈이며, 부드러움은 막대기이며, 마음 챙김은 보습과 소몰이 막대일쎄. 몸을 단속하고, 말을 조심하고, 음식을 알맞게 먹는다. 진실은 나의 풀 깎는 기계이며, 온화함은 멍에를 벗음이네. 정진은 나의 짐을 진 소이며, 속박으로부터 안온함으로 이끈다네. 쉼 없는 정진으로 슬픔 없는 곳에 이르네. 이렇게 밭갈이가 끝나면 불사의 열매를 거두며, 모든

그 부인은 바로 분황사의 계집종이었는데, (관음보살) 19응신 가운데 한 분이었다. 광덕에게는 일찍이 이런 노래가 있었다.

달아, 이제 서녘까지 가시어
무량수불 앞에 사뢰어주소서.
다짐 깊으신 부처님께 우러러 두 손 모아
"(극락) 가서 태어나기 바랍니다(願往生), 가서 태어나기 바랍니다."
라고 바라는 사람이 있다고 아뢰소서.
아아, 이 몸 버려두고, 버려두고,
48가지 큰 바람(四十八大願) 이루실까 저어합니다.

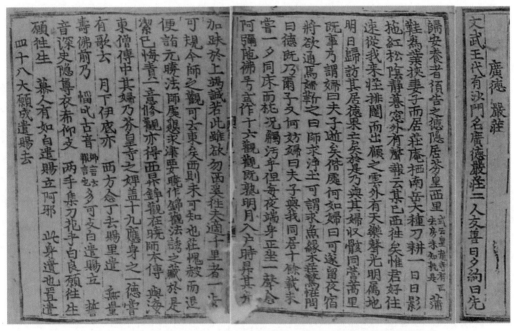

자료 :『삼국유사』5권, 7 감통(感通), 광덕 · 엄장(廣德·嚴莊)

ㄽ 보정의 꼬리말

엄장이 원효 대사 지도를 받은 것으로 보아 같은 시대 인물이라는 것을 알 수 있다. 극락 간 시기는 원효보다 앞서지만, 엄장을 지도했으므로 원효를 먼저 보았다. 극락 가는 것을 바람(願)으로 『관무량수경』16관법을 수행하여 극락에 간 이야기다.

괴로움에서 벗어난다네. [네이버 지식백과] 삽관법 [鍤觀法] (문화원형 용어사전, 2012.)

3. 717년, 불상을 남기고 정토로 간 노힐부득과 달달박박

「백월산양성성도기(白月山兩聖成道記)」에 이런 기록이 있다.
"백월산은 신라 구사군(仇史郡) 북쪽에 있다(옛날 굴자군이고, 지금의 의안군이다). 산봉우리는 기이하고 빼어났으며, 산줄기가 수백 리 뻗어있어 참으로 큰 진산이다."

옛 노인들이 전하여 말한다.

"옛날 당나라 황제가 일찍이 못을 하나 팠는데, 달마다 보름 전에 달빛이 밝으면, 못 가운데 있는 산에 사자처럼 생긴 바위가 꽃 사이로 은은하게 비치며 그림자가 못 가운데 나타났다. 황제는 화공에게 명하여 그 모양을 그려 사신에게 주고 천하를 돌며 찾게 했다. 그 사신이 신라(海東)에 이르러 이 산을 보니 큰 사자암이 있고, 산 서남쪽 2보쯤 되는 곳에 삼산(三山)이 있는데 그 이름이 화산이고 생김새가 그림과 같았다. 그러나 그 산이 진짜인지 아닌지는 알 수 없으므로 신발 한 짝을 사자암 꼭대기에 걸어놓고 돌아와 아뢰었다. 그런데 신발 그림자 역시 못에 비치므로 황제는 이상히 여겨 그 산의 이름을 백월산이라고 했다. 그 뒤로는 못 가운데 나타났던 산 그림자가 없어졌다."

(이) 산 동남쪽 3천 보쯤 되는 곳에 선천촌(仙川村)이 있고, (그) 마을에는 두 사람이 살았다. 한 사람은 노힐부득[努肣夫得 : 득(得)은 등(等)이라고도 한다]인데, 아버지의 이름은 월장(月藏)이고, 어머니는 미승(味勝)이었다. 또 한 사람은 달달박박(怛怛朴朴)인데, 아버지 이름은 수범(修梵)이고, 어머니 이름은 범마(梵摩)였다. 향전(鄕傳)에 치산촌(雉山村)이라고 한 것은 잘못이다. 두 사람의 이름은 사투리인데, 두 집에서 각각 두 사람의 마음 수행이 오르고 또 올라 지조를 지켰다는 두 가지 뜻을 가지고 이름 지은 것이다.

이들은 모두 풍채와 골격이 범상치 않고 세속을 벗어나 큰 뜻이 있어 서로 좋은 벗이었다. 20세가 되자 마을 동북쪽 고개 밖에 있는 법적방(法積房)에 가서 머리를 깎고 중이 되었다. 얼마 뒤 서남쪽 치산촌 법종곡 승도촌에 옛 절이 있는데 마음을 닦을 만하다는 말을 듣고, 함께 가서 각각 대불전(大佛田)과 소불전(小佛田)이란 두 마을에 살았다. 부득은 회진암(懷眞庵)에 살았는데 양사(壤寺)라고도 했다. 박박은 유리광사[瑠璃光寺 : 지금의 이

산(梨山) 위에 있는 절터에 살았다. 모두 처자를 거느리고 와 살면서 생업에 종사하였으며, 서로 오가며 수행하고, 속세를 떠나고 싶은 마음이 잠시도 떠나지 않았다.

그들은 몸과 세상이 덧없음을 보며 서로 말했다.
"기름진 밭과 풍년 든 해는 참 좋으나, 옷과 밥이 마음 따라 생겨 저절로 배부르고 따뜻함을 얻는 것만 못하고, 부인과 집이 참 좋으나 (비로자나 불) 연지화장(蓮池花藏)에서 여러 성인과 노닐고, 앵무새·공작새와 함께 서로 즐기는 것만 못하다. 하물며 불도를 배우면 마땅히 붇다가 되고, 참 된 것을 닦으면 반드시 참된 것을 얻는 데에 있어서랴! 이제 우리는 이미 머리를 깎고 중이 되었으니 마땅히 몸에 얽매여 있는 것을 벗어버리고 무 상의 도를 이루어야 할 터인데, 이 속된 일에 파묻혀서 세속 무리와 함께 지내면 되겠는가?"

이들은 마침내 인간 세상을 떠나 깊은 산골에 숨으려 했다. 그런 어느 날 밤 꿈에 서녘에서 두 눈썹 사이에서 나온(白毫) 빛이 오더니, 그 빛 속에서 금빛 팔이 내려와 두 사람의 이마를 쓰다듬어 주었다. 깨어나 이야기하니 두 사람이 똑같은 꿈을 꾼지라 오랫동안 감탄하더니, 드디어 백월산 무등 곡으로 들어갔다.

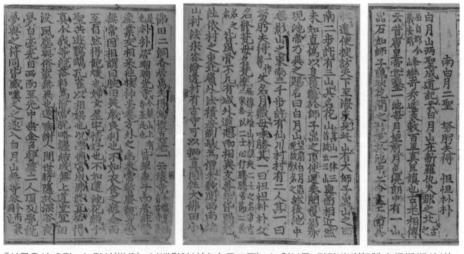

『삼국유사』3권, 4 탑상(塔像), 남백월이성(南白月二聖), 노힐부득 달달박박(努肹夫得怛怛朴朴)

박박 스님은 북쪽 고개 사자암을 차지하여 판잣집 8자 방을 짓고 살았으므로 판방(板房)이라고 하고, 부득 스님도 동쪽 고개 돌무더기 아래 물 있는 곳에 방을 만들어 살았으므로 뇌방(磊房)이라 했다. 이들은 각각 암자에 살면서 부득은 열심히 미륵불(彌勒)을 구했으며, 박박은 예를 갖추어 아미따불(彌陀)을 염(念)했다.

3년이 채 못된 경룡 3년 기유(709) 4월 8일은 성덕왕이 임금 자리에 오른 지 8년이 되는 해다. 날이 저물 무렵 스무 살쯤 된 한 낭자가 매우 아름다운 얼굴에 난초와 사향의 향기를 풍기면서 문득 북쪽 암자에 와서 자고 가기를 청하며 말했다.

"갈 길 먼데 해 떨어져 온 산이 저물고,
길 막히고 인가 멀어 사방이 고요하네.
오늘 밤 이 암자에 묵어가려 하오니,
자비하신 화상이여 노하지 마오."

박박은 말했다.

"절은 깨끗해야 하니, 그대가 가까이 올 곳이 아니오. 이곳에서 시간 끌지 말고 어서 다른 데로 가보시오."

하고는 문을 닫고 들어가 버렸다.

낭자는 남쪽 암자로 가서 전과 같이 청하자 부득은 말했다.

"그대는 이 밤중에 어디서 왔는가?"
"근본이 본디 텅 빈 것인데 어찌 오고 감이 있겠습니까! 다만 어진 선비가 바라는 뜻이 깊고 덕행이 높고 굳다는 말을 들었기로 깨달음(菩提)을 이루게 도우려 할 따름입니다."

그리고는 게(偈)로 말했다.
"깊은 산길 해 저물었는데 가도 가도 인가가 없으니,
소나무 대나무 그늘 한층 그윽하고 골짜기 시냇물 소리 더욱 새로워라.
길 잃어 갈 곳을 찾는 것이 아니라 높은 스님의 뜻 인도하려 함이니,
부디 나의 청만 들어주시고 길손이 누군지 묻지 마오."

부득 스님은 이 말을 듣고 몹시 놀라면서 말했다.
"이곳은 여자와 함께 있을 곳이 아니나, 중생을 따름도 역시 보살행의 하나일 것이오. 더욱이 깊은 산골에서 날이 어두웠으니 어찌 소홀히 대접할 수 있겠소."

이에 그를 맞아 읍하고 암자 안에 있도록 했다. 밤이 되자 부득은 마음을 가라앉히고 정신을 가다듬어 희미한 등불이 비치는 벽 아래서 고요히 경

을 읽고 염불했다. 날이 새려 할 때 낭자는 부득을 불러 말했다.

"내가 불행히도 마침 해산기가 있으니 스님께서는 짚자리를 마련해 주십시오."

부득은 가엾게 여겨 물리치지 못하고 촛불을 들고 정성껏 도왔다. 낭자는 아이를 낳고 몸을 씻겠다고 했다. 부득은 부끄럽고 두려웠지만 가엾게 여기는 마음이 더 커서 마지못해 또 목욕통을 준비하였다. 낭자를 통 안에 앉히고 물을 데워 목욕을 시키는데 잠시 후에 통 속 물에서 향기가 나면서 물이 금물(金額)로 바뀌었다. 부득이 크게 놀라자 낭자가 말했다.

"우리 스님께서도 이 물에 목욕하는 것이 좋겠습니다."

마지못해 부득이 그 말에 좇았다. 그러자 갑자기 정신이 상쾌해지면서 피부가 금빛으로 바뀌었다. 그 옆을 보니 문득 연꽃자리(蓮花臺)가 있고, 낭자가 부득에게 앉기를 권하며 말했다.

"나는 관음보살인데 이곳에 와서 대사를 도와 큰 깨달음을 이루도록 한 것이오."
말을 마치더니 이내 보이지 않았다.

한편 박박은 '부득이 지난밤에 틀림없이 계를 더럽혔을 것이므로 가서 비웃어 주리라.' 하고 가서 보니 부득은 연화대에 앉아 미륵존상이 되었고, 금빛으로 꾸며진 몸에서는 찬란한 빛이 나고 있었다. 박박은 자기도 모르게 머리를 조아려 절하며 말했다.

"이게 어떻게 된 것입니까?"

부득이 그 까닭을 자세히 말해주자 박박은 탄식하며 말했다.
"나는 업장이 무거워서 큰 성인을 만나고도 못 만난 것이 되었습니다. 큰 덕 있고 지극히 어진 그대가 나보다 먼저 뜻을 이루었군요. 부디 지난날의 교분을 잊지 마시고 나도 함께 될 수 있도록 도와주셔야겠습니다."

"통 속에 금물이 남았으니 목욕하면 됩니다."

박박이 목욕하자 부득처럼 무량수(불)이 되어 두 분이 서로 뚜렷이 마주보고 있었다. 산 아랫마을 사람들이 이 말을 듣자 다투어 달려와 우러러보며 감탄하였다.

"참으로 드문 일이로다!"

두 성인은 그들에게 불법의 고갱이를 설하고 온몸이 구름을 타고 가버렸다.

천보 14년 을미(755) 신라 경덕왕이 왕 자리에 올라 이 일을 듣고 정유(757)에 사자를 보내 큰 절을 세우고 이름을 백월산 남사라 했다. 광덕 2년 갑진(764) 7월 15일에 절이 완성되므로, 다시 미륵존상을 만들어 금당에 모시고 액자를 〈몸을 나타내 도를 이룬 미륵 법당(現身成都彌勒之殿)〉이라 했다. 또 아마따불상을 만들어 법당에 모셨는데 남은 금물이 모자라 몸에 골고루 바르지 못한 탓으로 아미타불상에는 얼룩진 자국이 있다. 그 편액에는 〈몸을 나타내 도를 이룬 무량수 법당(現身成都無量壽殿)〉이라 했다.

(『삼국유사』) 편자의 생각을 말한다.

낭자는 참으로 여인 몸으로 나투어 교화한 것이다. 화엄경에서 선지식 마야부인이 십일지(十一地)에서 부처를 낳아 해탈문(解脫門)을 여환(如幻 : 환은 여러 방법으로 코끼리·말·인물 등을 나타내어 사람들에게 사실이 아닌 것을 사실처럼 느끼게 하는 것)한 것과 같다. 낭자가 아이를 낳은 뜻이 여기에 있으며, 그녀가 준 글은 슬프고 간곡하며 사랑스러워 하늘의 선녀 같은 깊은 맛이 있다. 아, 만일 낭자가 중생을 따라서 다라니를 깨치어 알지 못했다면 과연 이처럼 할 수 있었겠는가?
이 글 끝 구절은 마땅히 '맑은 바람 한 자리하니 꾸짖지 마오'라고 해야 하지만, 그렇게 하지 않음은 세속의 말처럼 하고 싶지 않은 탓이다.

기리어 읊는다.

푸른 빛 드리운 바위 앞에 문 두드리는 소리
날 저물었는데 어느 길손 구름 빗장을 두드리는가.

남암이 가까우니 그곳으로 가시지
나의 뜰 푸른 이끼 밟아 더럽히지 마오.

이상은 북쪽 암자를 기린 글이다.

산골에 어두우니 어디로 가리
남창 아래 빈자리에 머물다 가오.
깊은 밤 백팔염주 가만가만 굴리니
길손 시끄러워 잠 못 들까 두려워라.

이것은 남쪽 암자를 기린 것이다.

10리 솔 그늘 길 헤매다가
밤 절간 찾아 중을 시험했네.
세 차례 목욕 끝나 날 새려 하니
두 아이 낳아 두고 서녘으로 갔네.

이것은 성인 낭자를 기린 것이다.

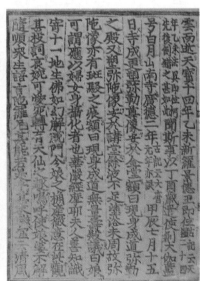
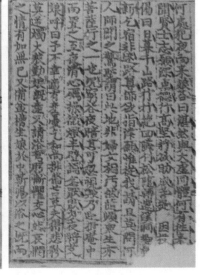

卍 보정의 꼬리말

많은 보살이 수행할 때 붇다가 되어 중생을 건지는 방편으로 더럽혀지지 않은 맑은 나라(淨土)를 발원하고, 그 정토를 이루어 중생을 구제한다. 약사여래, 아촉불 같은 붇다의 정토를 비롯하여 미래 붇다가 될 미륵의 도솔천으로 가는 미륵정토도 있다. 신라 때는 미륵정토와 아미따 붇다의 극락정토가 크게 유행하였다. 노힐부득은 미륵정토를 달달박박은 극락정토를 발원하여 수행한 결과 두 사람 모두 바라는 정토를 간 이야기다.

우리가 수행할 때 자기가 가려는 정토를 뚜렷하게 하여야 하는 것(願)을 잘 보여주는 이야기다. 그 바람(願)에 따라 신행(行)이 달라지고 그에 따른 열매(證果)도 다르기 때문이다.

이 이야기에서는 관세음보살의 시험과 도움으로 각각 미륵존상과 아미따붇다의 상을 남기고 간 이야기가 특이하다.

4. 경덕왕(742~765) 때 불보살이 극락으로 맞이한 포천산 다섯 비구

삽량주(歃良州) 동북쪽 20리쯤 떨어진 포천산에 석굴이 있는데, 기이하고 빼어나 마치 사람이 깎아놓은 것 같다. (그곳에) 이름을 알 수 없는 다섯 비구가 와서 아미따불을 염하며 서녘 (정토)를 구한 지 몇십 년 만에 갑자기 서쪽으로부터 불보살들(聖衆)[7]이 와서 그들을 맞이했다.

이에 다섯 비구는 각각 연화대에 앉아 하늘을 타고 가다가, 통도사 문밖에 이르러 머물렀는데, 이따금 하늘에서 음악 소리가 울렸다. 절 중들이 나와보니, 다섯 비구는 "(삶이란) 덧없고(無常) 괴로우며(苦) 공(空)하다"는 이치를 설명하고, 죽은 몸뚱이를 벗어버리더니, 큰 빛을 내뿜으며 서녘으로 가버렸다. 절 중들이 그들이 죽은 몸뚱이를 버린 곳에 정각을 짓고 치루(置樓)라 불렀는데 지금도 남아 있다.

---

7) 성중(聖衆) : 성자의 무리란 뜻으로 부처님 및 성문, 연각, 보살을 말함. 사람의 목숨이 다할 때 정토에서 아미따불 및 성중(聖衆)이 맞이하러 오는 것은 성중래영(聖衆來迎)이라고 한다.

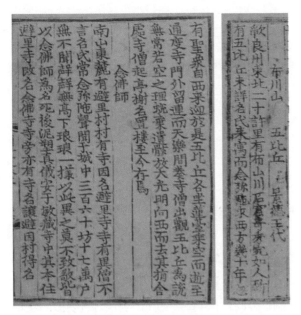

『삼국유사』「포천산 5비구」「염불 스님」

卍 보정의 꼬리말
짧은 내용이지만 염불하여 극락에 간 뚜렷한 기록이다.

5. 피리사 염불스님(念佛師)은 극락에 가셨나?

남산 동쪽 기슭에 피리라는 마을이 있어 그 마을에 있는 절을 피리사(避里寺)라고 했다. 그 절에는 이름을 알 수 없는 기이한 중이 있었다. 늘 아미타불을 염하였는데 그 소리가 성 안까지 들려 360방 17만 호에서 그 소리를 듣지 않은 이가 없었다. 높고 낮음이 없는 소리는 한결같이 낭랑하였다. 그 때문에 그를 기이하게 여기며 공경하지 않는 사람이 없었으며, 그를 모두 '염불 스님'이라 불렀다.

그가 죽자 그의 흙으로 상을 만들어 민장사(敏藏寺) 안에 모시고 그가 본디 살던 피리사를 염불사라고 이름을 고쳤다. 이 절 옆에 또 절이 있는데 이름을 양피사라 했으니 마을 이름을 따서 얻은 이름이다.

卍 보정의 꼬리말

염불 스님이 마지막 극락에 가는 장면은 빠졌지만 심은 씨앗(因)이 뚜렷하여 극락 간 것(果)은 당연한 것이므로 모셨다. 연대를 알 수 없으나 포천산 다섯 비구 이야기 다음에 기록되어 있어 그 순서에 따랐다.

6. 경덕왕(742~765) 때 계집종 욱면이 염불하다 서녘 극락으로 오르다

경덕왕(742~765) 때 강주(康州, 지금의 영주) 남자 신도 수십 명이 서녘(정토)을 정성껏 구하여 주의 경계에 미타사란 절을 세우고 10,000일(萬日)을 정하여 계(契)를 만들었다. 그때 아간 (벼슬을 한) 귀진(貴珍)의 집에 계집종 하나가 있었는데 욱면이라 불렀다. 욱면은 주인을 모시고 절에 가면 마당에 서서 중을 따라 염불했다. 주인은 그녀가 자신의 직분에 맞지 않는 짓을 하는 것이 못마땅하여 하룻밤에 곡식 2섬을 다 찧게 했는데, 계집종은 초저녁에 다 찧어 놓고 절에 가서 염불하기를 밤낮으로 조금도 게을리하지 않았다. ['내 일 바빠서 큰집 방아 서두른다.'라는 말이 여기서 나온 듯하다.] 그녀는 뜰 좌우에 긴 말뚝을 세우고 두 손바닥을 뚫어 노끈으로 꿰어 말뚝 위에 매고는 합장하면서 좌우로 흔들면서 스스로 격려했다. 그때 하늘에서 '욱면 낭자는 법당 안에 들어가 염불하라.'라는 소리가 들렸다.

절 중들이 이 소리를 듣고 계집종에게 권해서 법당에 들어가 법식에 따라 정진하게 했다. 그러자 얼마 안 되어 서녘에서 하늘 음악 소리가 들려오더니, 욱면은 몸이 솟구쳐 집 대들보를 뚫고 올라가 서쪽 교외에 이르러 몸뚱이를 버리고 진신(眞身)으로 바뀌어 연꽃자리(蓮花臺)에 앉아 큰 빛을 내면서 천천히 가버렸는데, 오랫동안 하늘에서 음악 소리가 그치지 않았다. 그 법당에는 지금도 뚫어진 구멍 자리가 있다고 한다. (이상은 마을에서 전해 내려오는 이야기다.)

『해동고승전』을 살펴보면, "동량(棟梁) 팔진(八珍)이란 관음보살이 (중생의 바람에) 맞추어 나타난 것이었다. 무리를 모으니 1천 명이 되었는데, 두 패로 나누어 한패는 일하고, 한패는 힘껏 수행하였다. 그 일하는 무리 가운데 일을 맡아보던 이가 계(戒)를 얻지 못하여 짐승길(畜生道)에 떨어져 부석사(浮石寺) 소가 되었다. (그 소가) 일찍이 경전을 싣고 갔기에 경전의 힘을 입어서 바뀌어 태어나 아간 귀진의 집 계집종이 되어 이름을 욱면이라고 하였다. 일이 있어서 하가산(下柯山)에 갔다가 꿈에 감응을 받고 드디어 도심(道心)을 냈다. 아간의 집은 혜숙 법사(惠宿法師)가 세운 미타사와 거리가 멀지 않아 아간은 늘 그 절에 가서 염불했는데, 계집종도 따라가 마당에서 염불하였다"라고 했다.

이처럼 9년 동안을 했는데, 을미년 정월 21일 예불하다가 집 대들보를 뚫고 올라갔다. 소백산에 이르러 신발 한 짝을 떨어뜨렸으므로 그곳에 보디사(菩提寺)[8]란 절을 지었고, 산 밑에 이르러 몸을 버렸으므로 그곳에는 두 번째 보디사를 지었다 그 법당에는 '욱면이 하늘로 오른 법당(郁面登天之殿)'이라는 현판이 붙었다. 지붕 용마루에 뚫린 구멍은 열 아름이나 되었는데도, 세찬 비나 눈이 아무리 내려도 집안이 젖지 않았다.

나중에 일벌리기 좋아하는 이들이 금탑 1좌를 본떠 만들어 그 구멍에 맞추어서 먼지받이(承塵) 위에 모시고 그 기적을 기록했는데, 지금도 그 현판과 탑이 그대로 남아 있다.

욱면이 간 뒤 귀진도 그의 집이 비범한 사람이 의탁해 살던 곳이므로 집을 보시해 절을 만들고 이름을 법왕사라 했으며 밭과 밭 갈 사람을 바쳤다. 오랜 뒤 절은 허물어져 쓸쓸한 빈터가 되자 대사 회경(懷鏡)이 승선(承宣)·유석(劉碩)·소경(小卿)·이원장(李元長)과 함께 원을 세워 중창하였는데, 회경이 몸소 토목공사를 맡았다. 재목을 처음 옮기던 날 회경의 꿈에 어떤 늙은이가 삼과 칡으로 삼은 신을 각각 한 켤레씩 주었다. 또 회경은 옛 신사에 가서 불교의 이치로 타일러 그 신사 곁에 있는 재목을 베어다가 5년 만에 공사를 마쳤다. 또 노비까지 더하여 이 절은 매우 융성해졌고, 그 뒤 동남지방에서 이름난 절이 되었는데 사람들은 회경을 귀진이 다시 태어난 사람이라 했다.

논평하여 본다. 고을 안에서 나온 옛 책을 살펴보면 욱면의 일은 경덕왕 시대의 일이다. 징(徵: 珍일 수 있다)의 본전에 따르면 원화 3년 무자(808)

---

8) 보리사(菩提寺)는 잘못 읽은 것이므로 보디사로 바로 잡는다. 자세한 것은 다음 자료를 볼 것. 서길수, 「반야심주(般若心呪) 소릿값(音價)에 관한 연구」, 한국불교학회 『한국불교학』 (96), 2020. 서길수, 『모든 붇다가 보살피는 아미따경』, 맑은나라, 2022.

애장왕 때의 일이라 했다. 경덕왕 이후 혜공왕·선덕왕·원성왕·소성왕·
애장왕 같은 5대까지 모두 60년이 넘는다. 귀 징(徵=珍)이 먼저이고 욱면
이 뒤가 되므로 그 차례가 마을에서 전하는 것과 어긋난다. 여기서는 두
가지를 다 실어 의심을 없앤다.
기리어 읊는다.

　서녘 이웃 옛 절에는 등불 밝은데
　방아 찧고 갔다 오면 밤은 깊어 이경이네.
　한마디 염불마다 분다 되고,
　손바닥 끈을 꿰니 그 몸 바로 잊네.

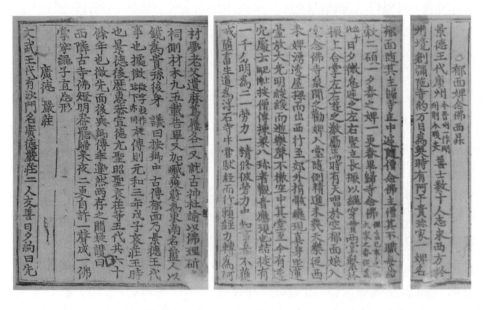

『삼국유사』권5-7 감통(感通) 욱면비염불서승(郁面婢念佛西昇)

卍 보정의 꼬리말

극락 가는 염불을 하기 위해 만일계(萬日契)를 만들었다는 기록과 함께 계
원인 귀진의 계집종이 극락으로 간 이야기다. 일연 스님은 마을에서 전해
내려오는 자료(鄕傳)과 『해동고승전』의 기록을 모두 싣고 있다. 비록 기이
한 일이라 계집종 욱면이 극락으로 간 이야기만 나왔지만, 만일계에 참석
한 많은 계원도 극락에 갔을 것이 틀림없다.

7. 786년, 건봉사 만일연꽃모임이 극락에 새 연못을 만들었다

「대한국 간성 건봉사 '아미따불 만일 연꽃모임'에 대해 전해 내려오는 이야기」
「大韓國干城乾鳳寺萬日蓮會緣起」[9]

숭록대부 의정부찬정 내부대신 겸 홍문관학사 조병필이 짓고 숭록대부 의정부찬정 농상공부대신 김가전이 짓다. 통정대부 전 행대구판관 정학교가 전서로 쓰다.

불전에 이르기를 "여기서 10만 억 찰나를 가면 한 세계가 있으니 이름이 쑤카마띠(須摩提)[10]다. 극락 나라(極樂國)라고 옮기며, 아미따불이라는 붇다가 계시는데 가없는 목숨(無量壽)이란 뜻이다. 실로 위로는 현겁(賢劫) 7불[11]을 잇고, 아래로는 중생을 괴로움의 바다에서 건져 주시는 큰 성인이다."라고 하였다.

때는 당나라 숙종 건원 무술(758)[12]에 신라국 (강원도) 고성현 원각사에 발징(發徵)이라는 큰스님이 있었는데 법명은 동량(棟樑)이었으며, 산문에 주지였다. 큰 발원을 세우고 정신·양순 같은 두타승 31명을 불러 '아미타 만일 연꽃모임(彌陀萬日蓮會)'을 만들고 향도 1,820명[13]과 결연하였다. 1,700명은 먹을 것을 바라지하고, 120명은 입을 것을 바라지하였는데, 해가 바뀔 때 집마다 쌀 1말, 기름 1되 반, 굵은 베 1단씩을 내어 오랫동안 바라지 하였다.

---

9) 「大韓國干城乾鳳寺萬日蓮會緣起」, 『국역건봉사의 척사적 발자취』, 고성문화원, 2000.
10) 산스크리트 쑤카마띠(Sukhāmatī) 또는 쑤카바띠(Sukhāvatī)를 한자로 소리 나는 대로 옮기면서 수가제(須阿提)·수가마제(須阿摩提)·수가마지(須阿摩持)라고 했다. 쑤카(Sukha)는 즐거운(pleasant), 기분 좋은(agreeable), 편한(comfortable), 행복이 가득한(happy), 번창한(prosperous)이란 뜻이고 Sukha 즐거운(pleasant), 기분 좋은(agreeable), 편한(comfortable), 행복이 가득한(happy), 쑤카바띠(Sukhāvatī)는 '기쁨이나 즐거움이 가득하다(full of joy or pleasure)'는 뜻이다.
11) 현겁 7불 : 현겁은 삼겁(三劫)의 하나. 현세(現世)의 대겁(大劫)을 이른다. 이 시기에는 많은 붇다가 나타나 중생을 구제한다고 한다. 사까무니붇다가 자기 이전 부다 6명을 합해 7명을 현겁 붇다라고 했다.
12) 원문에는 무자년이라고 했으나 숙종 건원(乾元) 연간에는 무자년이 없다. 건원은 무술년(758)과 기해년(759)밖에 없고, 사적비에 무술이라고 했으므로 758년으로 옮긴다.
13) 원문에 1,828명으로 되었으나 다음에 이어지는 1,700+120=1,820명과 달라 1,820명으로 정리하였다.

29년이 지나 병인년(786) 7월 17일 밤중에 큰물이 도량 문밖까지 넘쳤다. (이때) 아미따불과 관음·세지 두 보살이 자금색 연꽃자리(蓮臺)를 타고 문 앞에 다다라, 금빛 팔을 펴서 염불하던 대중들을 이끌어 맞이하시는 것을 대중들이 보고 모두 기뻐서 펄쩍펄쩍 뛰었다. 이는 지금까지 본 적이 없는 일로, 붇다께서 대중을 거느리고 슬기배(般若船)에 올라 48가지 바람(四十八願)을 노래하며 흰 연꽃 세계로 가서 상품상생에 태어나도록 하셨다.

그때 발징 큰스님은 돌아다니다 금성에 이르러 양무(良茂) 아간(阿干)[14] 집에서 잤다. 그날 밤 큰 불빛이 그 집을 환히 비추자 동량(洞糧 발징)은 깜짝 놀라 일어나서, 양무 아간과 집안 남녀가 함께 밖으로 나와보니 관음보살이 나투셔서 동량에게 말씀하셨다.

"너의 도량 스님들은 붇다가 맞이하셔서 서녘 정토 상품상생에 태어났으니 빨리 가보아라!"

말을 마치자 온데간데가 없었다. 동량이 곧 가보려고 하자, 양무가 말하였다.
"우리 스님께서 처음 발원을 하셨을 때 '나는 어리석은 무리를 먼저 제도한 뒤 세상을 뜨겠다고 하셨고, 저희 역시 29년 동안 자못 작으나마 정성을 기울였는데, 오늘 어찌 이같이 저희를 버리고 홀로 가려 하십니까?"

이처럼 온몸으로 땅을 치며 울음을 그치지 아니하자 동량은 양무 등을 데리고 가서 31명 스님을 보니, 육신은 이미 올라가 사라져 버렸다. 마음이 맑아지고 기뻐 도량을 향하여 1,300번이 넘게 절을 한 뒤 다비하였다. 그리고 (향도들 가운데서도) (염불) 수행을 계속한 향도 913명은 도량의 대중과 함께 단정히 앉아서 한꺼번에 세상을 떠나고(극락을 가서 태어났고) 나머지 907명은 아직 남아 있었다.

---

14) 신라 때에 둔, 십칠 관등 가운데 여섯째 등급. 육두품이 오를 수 있었던 가장 높은 관등이다.

동량이 도량에 돌아온 지 7일 만에 또 아미따불이 나타나 배를 가지고 함께 타라고 하니 동량이 아뢰었다.
"우리 향도를 아직 제도하지 못하였는데 어떻게 혼자 갈 수가 있겠습니까? 이는 본원(本願)이 아닙니다."

붇다께서 다시 말씀하셨다.
"18명은 상품중생으로 태어날 수 있고 나머지는 왕생할 수 있도록 업을 더 닦게 한 뒤 다시 와서 제도하겠다."
이렇게 말씀하시고 홀연 자취를 감추었다.

33인 등공유적 기념탑

31명이 하늘로 올라간 것을 기념하는 등공비
(2008년 10월 30일 찍음)

향도들이 듣고 눈물을 흘리며 뉘우치고 괴로워하였다.
"우리가 어떠한 죄업을 지었는지도 모르지만 홀로 (극락에) 가서 태어나지 못하게 되지 않았는가!"

이렇게 서로 이야기하고, 더욱 부지런히 정진하여 밤을 지새워가며 게으름을 피우지 아니하였다. 또 7일이 지난 밤중에 아미따불이 다시 슬기배를 가지고 와 동량에게 말하셨다.
"내가 본원의 힘으로써 너를 맞아 극락에 가도록 하려 한다."
동량은 감사의 말을 올리고, 눈물을 흘리며 말했다.
"만약 단월(檀越)들이 무거운 죄가 있어 극락에 갈 수가 없으면 맹세코 지옥에 들어가 대신 그들의 괴로움을 받아 그 죄를 영원히 없애고 모두 다 왕생케 한 다음에야 왕생토록 하겠습니다."

붇다는 말을 멈추게 하고 말씀하셨다.
"31명을 상품하생에 가서 태어나게 하겠다. 그 나머지는 네가 먼저 왕생하여 붇다의 수기를 받아 무생법인을 깨닫고 지혜와 신통을 갖춘 뒤 다시 사람으로 태어나 모두 제도하도록 하여라."

동량은 붇다가 타이르는 가르침을 듣고 믿음으로 받아들인 뒤, 머리를 숙여 붇다의 발을 받들고 배에 올라 서녘 정토에 가서 태어났다.

大韓國杆城乾鳳寺萬日蓮會緣起

崇祿大夫議政府贊政內部大臣彙弘文舘學士　趙秉弼撰
崇政大夫議政贊政農商工部大臣　金嘉鎭書
通政大夫前行大邱判官　丁學喬篆

經曰。此去十萬億刹。有世界。名須摩提。譯云極樂國。有佛。號阿彌陁。譯云無量壽。寔上承賢劫七

佛。下度苦海衆生之大聖人也。維時唐肅宗乾元戊子。新羅國固城縣聞覺寺。有發徵大和尙。法諱棟樑。

住持山門。發誓弘願。請頭陁僧貞信良順等三十一人。刱設彌陁萬日蓮會結香徒千八百二十灵人。千七百

人爲粥飯施主。百二十人。爲衣服施主。每歲歷諸家家。出米一斗香油一升五綜布一端。爲長年供具。至門前

二十九年丙辰七月十七日夜半。大水暴漲于道塲門外。阿彌陁佛與觀音勢至二菩薩。乘紫金蓮臺。至門前

俗金色臂。接引念佛大衆。大衆咸見。歡喜踊躍。得未曾有。于是佛傾大衆。上般若船。唱四十八願。往

白蓮花世界。令生上上品。時棟樑。巡到金城。宿良茂阿干家。是夜大光明。普照其室。棟樑驚起。與良

茂阿干及家內男女出見。觀音菩薩。現身告棟樑。曰汝道塲僧。蒙佛接引。西方淨土上上品生。速徃見之

膏記邃隱。棟樑欲卽徃。良茂曰我師最初發願。謂如我愚迷等先度然後出世。我等亦謂二十九年。肉身騰化。心有徵

勢。今日何得棄我等。獨自往也。皋身掛地。噤泣不已。棟樑乃率良茂等。與道塲衆。一時端坐而逝。餘

生欣慶。向道塲千三百餘拜。然後茶毘之。因行歷香徒衆家。則九百十三人。徃見三十一僧。餘有徵

九百七人偷存。棟樑還至道塲七日。又見阿彌陁佛。持船命同載。棟樑白言。我香徒。猶有未度者。獨先

徃者。非本願。佛復告言。十八人。可上品中生。其餘復令徃業熟。然後來度也。告已逐隱。香徒聞之。

悲泣懊惱。相謂曰我等不知作何罪業。獨未得徃生乎。更加精勤。曉夜匪懈。又七日夜半。阿彌陁佛。復

以船謂棟樑言。我以本願力。故迎汝與俱徃也。棟樑謝而泣曰。若檀越有重罪。無徃生分。誓入地獄。代

受其苦。永滅其罪。使人人叢徃生。然後當徃生也。佛言止止。三十一人。上品下生。其餘汝宜先徃。蒙

佛授記。悟無生忍。智慧神通。還到人生。乃能度盡。棟樑聞佛敎勅。信受稽首。即奉佛足。上船徃生西

方淨土。其後至高麗。改固城爲烈山縣。寺名西鳳。于時有康州阿干長者。再設蓮會。與二十一人。同心

대한국 간성 건봉사 '아미따불 만일 연꽃모임'에 대해 전해 내려오는 이야기 원문

■ 건봉사 남은 발자취(乾鳳寺事蹟)

「대한국 강원도 금강산 간성 건봉사 남은 발자취」
「大韓國江原道金剛山干城乾鳳寺事蹟碑」[15]

대한황국(大韓皇國) 동쪽에 금강산이란 산이 있으니 빼어난 명승지로 천하에 소문이 났다. 붇다의 보궁과 스님들 요사채가 있으며, 산으로 둘러싸인 이곳에 사는 사람들이 자그마치 1,000명이 넘었는데, 간성 건봉사가 으뜸이라 하였다.

신라 법흥왕 7년(520)에 세워졌는데, 때는 양나라 천감 19년 경자년이다. 무릇 건봉사는 이름이 세 번 바뀌었으니 처음에는 원각(圓覺)이라고 했고, 고리(高麗) 때는 서봉(西鳳)이라 했으며, 오늘날 건봉(乾鳳)이라 부르고 있다. 이는 절 서북 모퉁이에 봉황 같은 돌이 있어 그렇게 붙였다 한다.

당나라 숙종 건원 무술년(758), 신라 경덕왕 17년에 이르러 발징(發徵) 동량(棟樑: 법명) 화상이 만일연꽃모임(萬日蓮會)을 만들어 29년이 된 병인년(786)에 만일을 채우자 아미따 붇다가 나투셔, 두타행 하던 31인을 제도하니 몸뚱이가 공중으로 날아 올라갔다. 향도 961명도 잇따라 해탈하여 서녘 나라(극락)로 갔다. 절 북쪽 5리에 몸을 벗은 다비 터가 있고, 떨어진 뼈가 아직도 남아 있다.

김부식(옮긴이 주: 일연의 잘못)이 지은 『삼국유사』를 살펴보니 발징은 관음이 중생 구제를 위해 나타난 것이라 했다. 또 강주(康州) 아간 귀진(阿干貴珍)은 발징을 뒤따르려 미타사 혜숙소(惠宿所)에 가서 마음을 내 염불할 때마다 계집종 욱면(郁面)이 따라가 뜰에서 참여하였는데, 말뚝에 노끈을 걸고 손바닥에 걸고 부지런히 정진하며 물러나지 않았다. 이때 공중에서 "절 안으로 들어가라."라고 일러, (들어간 지) 얼마 되지 않아 하늘에서 음악 소리가 나며 (욱면이) 집 들보를 뚫고 올라갔다고 『삼국유사』에 실려 있으니, 이는 사관(史官) 필법으로 알린 뒤에 쓴 것이니, 발징의 다짐과 바람이 얼마나 넓고 깊었는지 상상할 수 있다.

---

15) 「大韓國干城乾鳳寺萬日蓮會緣起」, 『국역건봉사의 척사적 발자취』, 고성문화원, 2000.

大韓國江原道金剛山杆城郡乾鳳寺事蹟碑

大匡輔國崇祿大夫宮內府特進官全城李根命撰
崇祿大夫宮內府大臣弘文館學士驪興閔丙奭書
通訓大夫前行大邱判官羅州丁學教篆

大韓國之東。有山。曰金剛。秀能名勝。聞於天下。佛宮僧寮。寰山而居者。無慮十百計。以杆城之乾鳳爲第一。新羅法興王七年所刱建。時梁天監十九年庚子也。凡三易名。始曰圓覺。在高麗曰西鳳。今稱乾鳳。盖以寺之西北隅。有鳳石故名云。至唐宗乾元戊戌。新羅景德王十七年。有發徵棟樑和尚。設萬日蓮會。至二十九年丙寅。滿萬日。而阿彌陀佛現身。與香徒九百六十一人。前後解散。往往西土。寺北五里。遺躅之總臺。零骨儒存。按金馳所撰三岡道州云。發徵。觀音應現也。又云康州有阿千貴珍。慕發微芳蹋。每到彌陀寺惠宿所。發心念佛。隨性庭埝。而發微之譽貫寰也。精勤不退。有室中敎入室。未戀從天樂。穿星樑勝去。遺事所載。即是史之詔後者。顧弘深可想也。屬寺有普琳庵。盤陀陟絕。以石柱承軒檻。乃普琳祖師悟道處也。木朝乙酉。此祖東幸至

건봉사 등공대

등공이란 육신이 살아있는 그대로 허공으로 날아오르면서 몸은 벗어버리고 마음만 부처님의 연화세계로 들어가는 것을 말한다. 등공은 염불만일회에서 이루어졌다.

불기 1785년인 신라경덕왕 17년 무술(서기 758)년 발징화상께서 원각사를 중수하고 염불만일회(염불수행을 목적으로 살아서는 편안한 생활을 하고 죽어서는 극락왕생할 것을 기원하는 법회)를 베푸니 이것이 한국불교 만일염불회의 효시이다. 이때 발징화상이 정신, 양순등 스님 31명과 아미타 염불 정진을 하였는데 신도 1,820명도 뜻을 같이하여 동참 하니 그 가운데 120인은 의복을, 1,700명은 음식을 공양하며 기도하였다.

서기 787년(신라 원성왕 3년) 만일 째 되는 날 염불만일회에서 염불정진을 하던 스님 31명이 아미타불의 가피를 입어 극락 정토에 태어났으며 기도에 동참 했던 신도들도 여생을 편하게 살다가 차츰 극락왕생 하였다.

건봉사 북쪽에 있는 등공대(민통선 내)에는 만일(27년 5개월)동안 기도하던 스님들이 서기 787년 회향 할 때 건봉사를 중심으로 사방으로 허공을 1.5km지점까지 날아가, 육신은 땅에 버리고 마음만 등공한 스님들의 법구(시신)을 수습하여 봉사른 대(臺)가 있다. 오랜 세월 비바람에 씻기고 허물어져 폐허가 된 상태로 있자, 이곳에서 기도하던 양씨 성을 가진 연대월이라는 보살이 아들 안타까이 여겨 백원의 돈을 내 놓으면서 이곳에 기념탑을 세워 봉안 할 것을 서원하자, 이에 스님들이 호응하고, 신도들이 협조하여, 순식간에 모인 돈이 천원이 되어 갑인년 4월에 불사를 시작하여 을묘년 5월에 공사를 마친 등공기념 탑이 있는 곳이다.

따라서 이곳은 성지 중의 성지로서, 참배를 하는 모든 이들의 업장이 소멸되고 삶의 길상함이 더해져 큰 복락을 누릴 수 있는 곳이다. 등공대는 6.25전쟁 이후 민통선에 가려 민간인 출입이 통제되어 있다가, 2005년 이후 부터는 출입이 자유로워져 사찰관계자 인술 하에 누구나 참배할 수 있게 되었다.

건봉사 연꽃모임비(蓮會碑)(2008.10.30.)   건봉사 사적비(2008.10.30.)

卍 보정의 꼬리말

만일연꽃모임(萬日蓮會)이란 10,000일이란 기한을 정하고 염불수행에 정진하는 모임을 말한다. 만일은 27년 145일이라는 긴 세월이므로 염불에 전념하는 팀과 그 팀을 뒷바라지하는 팀으로 나누어 조직적으로 진행하였다는 것을 알 수 있다. 출가자와 재가자를 가리지 않고 많은 인원이 참가하고, 그 기간이 만일이나 되고, 조직적으로 수행에 전념하는 팀과 바라지하는 팀을 나눈 이런 모임은 불교사에 일찍이 없던 처음 있는 일이었다.

비록 29년이라는 세월이 들었으나 그 결과는 놀라울 만큼 빛났다. 두타승 31명과 향도 1,820명, 모두 1,851명이 시작하여, 31+913명=944명이 상품상생으로, 18명이 상품중생으로, 31명이 상품하생으로, 모두 993명이 한꺼번에 극락에 가서 태어났으니, 그 수가 많아 극락에 새로운 연못이 생겨나지 않을까 해서 엮은이가 "건봉사 만일연꽃모임(萬日蓮會)이 극락에 만든 연못"이라고 이름을 붙였다.

나머지 858명도 머지않아 극락으로 갔을 것이다. 첫째, 바로 보는 앞에서 993명이 극락 가는 것을 직접 보았으니 그 믿음이란 생사를 걸 만큼 단단했을 것이고, 그러한 믿음을 바탕으로 세운 극락 가겠다는 발원은 폭풍에도 흔들릴 수가 없었을 것이며, 그런 믿음과 발원을 가진 향도들의 수행 강도는 하늘을 찔렀을 것이다. 하물며 발징화상이 극락 가서 상품상생으로 태어나 아미따 붇다를 뵙고 무생법인을 얻은 뒤 돌아와 나머지 향도들을 이끌었을 것이니, 어떻게 못 갈 수 있겠는가!

둘째 마당
고리(高麗) 시대 극락 간 이야기

고리(高麗) 시대 왕생기 머리말

이번 『韓國 往生傳, 극락 간 사람들』을 쓰면서 가장 많은 소득을 얻었고, 가장 많은 시간을 쓴 것이 바로 이 고리(高麗) 시대 극락 간 사람들 이야기다.

14년 전인 2008년 왕생전을 쓰기 시작하여 입산한 2009년까지 고리 시대 왕생기는 단 한 편도 찾지 못했다. 2012년 하산하여 역사서를 섭렵하면서, 고리(高麗) 시대 극락 가서 태어난(往生) 사람들을 찾기 위해 『고리사』, 『고리사절요』 같은 정사와 『제왕운기(帝王韻紀)』, 『파한집(破閑集)』, 『보한집(補閑集)』, 『역옹패설(櫟翁稗說)』 같은 꽤 여러 문집에서 아미따불, 정토, 극락, 왕생, 염불 같은 낱말로 검색해 보았으나 결과가 없었다. 『고리사』와 『고리사절요』에는 아미따불이 딱 1번씩 나오는데, 다 불교를 비판하는 글에서 나온다. 문집들이 대부분 유학자들의 역사·시평·수필·시화가 주를 이루기 때문이다.

그러다가 이번에 마음을 먹고 논문과 책들을 검색하는 과정에서 다음 두 자료에서 금맥을 찾아냈다.

박윤진, 「고려시대 정토왕생(淨土往生)에 대한 믿음과 그 의미의 확장」, 한국사상사학회 『한국사상사학』 (67) 2021.04.
金龍善, 『高麗墓誌銘集成』, 한림대아시아문화연구소, 2012.
김용선, 『역주 고려 묘지명 집성』 개정 3판, 한림대학교 출판부, 2021.

불과 1년 전에 발표한 박윤진의 논문에서 몇몇 극락 간 보기를 인용하였고, 그 밖에 관련된 무덤돌 글(墓誌銘)도 이름을 소개하였다. 고리시대 당시 무덤돌에 새겨진 글에 극락 간 보기들이 나온다는 사실을 알고 바로 고리시대 무덤돌에 관해 가장 권위 있는 한림대 김용선 교수의 저서를 검색해 보았다. 김교수와는 이미 1999년 고구리연구회가 주최하는 '서희와 고리의 고구리 계승의식' 학술대회에서 엮은이가 「서희의 가계 연구」를 발표하고 김용선 교수가 토론을 맡은 인연을 가지고 있어 김교수가 무덤돌에 대해 깊이 연구한다는 것을 알았지만 당시만 해도 엮은이는 고리 시대보다는 고구리 시대를 집중 연구하고 있었고, 더구나 극락 가는 이야기를 연구할 생각도 없었기 때문에 크게 관심을 갖지 않았다. 그런데 이번에 검색을 해보니 2001년에 『고리묘지명집성』을 처음 펴낸 뒤 꾸준히 보강하여 2021년에 325개의 무덤돌 글을 우리말로 옮겨 최신판을 낸 것이다. 바로 책을 사서 상·하권 1,180쪽을 사흘 만에 다 보고, 그 책에서만 극락 간 사람 10명을 찾아내는 데 성공하였다. 그다음 한문 원문을 찾아서 찬찬히 대조하면서 새로 옮겨보았다. 특히 한문식 표현을 우리말식으로 옮기려고 노력하였다. 극락 가는 이야기와 상관이 없는 내용도 빼지 않고 모두 넣었다. 극락을 가면 불퇴전이고 언젠가는 성불이 되는 성현들이기 때문에 그런 성현들의 자취를 한 자라도 더 찾아서 넣어야지 빼면 안 되기 때문이다.

글을 모으는 과정에서 역대 스님들의 비문을 모은 李智冠 譯註, 『校勘譯註 歷代高僧碑文』 [高麗篇] (伽山佛敎文化研究院, 1996) 3권에서 3편을 더 추가할 수 있었고 원문과 번역문이 국립문화재연구원 금석문 검색과 국사편찬위원회, 고려시대 금석문·문자자료에도 올라 있어 크게 도움이 되었다.

무덤돌 글 가운데 대각국사 의천에 관한 것은 특별하게 본문보다 훨씬 긴 꼬리말을 붙였다. 이는 극락 간 사람을 판단하는 기준을 어떻게 할 것인가 하는 문제를 짚어보기 위한 것이다. 결국 여러 자료를 검토한 결과 의천도 극락에 갔다는 결론이 나왔다. 이렇게 연구를 진행하면서 극락 간 사람들에 대한 기준이 마련되어 백련사 결사를 주도한 요세(了世)를 비롯하여 더 많은 극락 간 사람을 찾을 수 있었다.

「대한국 간성 건봉사 만일연회 연기(大韓國干城乾鳳寺萬日蓮會緣起)」 가운데 고리 시대 부분을 따로 검토해보았다.

그렇게 해서 모두 18분의 극락 간 사람을 실었으나 앞으로 자료를 더 자세히 검토하면 더 많은 분들이 나오리라고 본다. 고리(高麗)16)를 가리켜 흔히 불교 나라라고 말한다. 불교가 나라와 왕실의 의례에 중요한 역할을 하였을 뿐 아니라 일반 백성들의 생활에도 깊이 뿌리내렸기 때문일 것이다. 이처럼 불교가 신앙은 물론 정치적으로도 큰 기능을 했으나 고리의 위정자들과 지식인에게 정치는 유교라는 기본의식이 꾸준히 이어져 내려왔

---

16) '高句麗=고구리', '高麗=고리'라고 읽는다. 서길수, 『고구려 본디 이름 고구리(高句麗)』(여유당, 2019. 12.)를 볼 것.

다. 그러므로 고리가 불교 국가처럼 보이지만 깊이 들여다보면 유교와 불교의 두 축이 공존했으며 도교까지도 용인한 다양한 전통과 신앙이 공존한 다원적 사회였다. 이번에 검토한 무덤돌 글들을 보면 대부분 불자가 쓰지 않고, 글 잘 쓰는 선비들에 부탁하여 썼으므로 벼슬을 비롯하여 평생의 일대기는 자세하지만, 신앙생활과 마지막 숨을 거둘 때의 생사 문제에 대한 언급은 크게 모자라다는 것을 알 수 있다. 그런 글의 행간을 읽고 신앙에 관한 자료를 보강하여 다시 평가하면 극락 간 사람들이 더 많이 나올 것이라고 믿는다.

강원도 금강산 건봉사 전경

1. 건봉사 만일연회 아간의 계집종 왕생

대한국 간성 건봉사 만일연회 연기(大韓國干城乾鳳寺萬日蓮會緣起)

고리(高麗) 시대에 이르러 고성(固城)을 고쳐 열산현(烈山縣)이라 하고 절 이름을 서봉(西鳳)이라 하였다. 이때 강주(康州)에 살던 아간(阿干)이란 장자가 다시 연꽃모임(蓮會) 만들어 21명이 모두 한마음으로 다짐하였다. 이때 아간의 계집종이 하루에 1섬 쌀을 찧어 이바지를 올리는 일을 하면서 틈이 나면 대중을 따라 염불하였다.

어느 날 밤 뜰 좌우에 말뚝을 박고 새끼줄을 이어 손바닥을 묶어놓고 있는데 홀연히 공중에서 말소리가 들려왔다.

"정진하러 온 여인은 왜 도량에 들어오지 않는가? 빨리 가서 알리도록 하여라."

야간 및 도량에 있던 대중은 한꺼번에 놀라고 두려워 여인을 도량으로 들어가라고 하였다. 그때부터 그 여인은 일념으로 정근하여 (3×7=)21일이 되자 몸뚱이가 솟아올라 대들보를 뚫고 5리쯤 날아가 몸을 버리고 정토로 갔다.

절 북쪽 5리 되는 곳에는 소신대(燒身臺)라는 돌무지로 쌓은 탑이 있는데 버린 허물이 아직도 남아 있다. 그 뒤 집 들보를 뚫고 날아오른 일은 저절로 모여 대대로 이어 전해 내려왔다.

동량 (스님)이 연회(蓮會)를 만들었을 때 감원(監院)에 계율을 어긴 사람이 있었는데 몸이 바뀌어 부석사 소로 태어나 화엄경을 싣고 다녔다. 이같이 몸이 변하여 여자가 된 것도 염불하는 사람에게 이바지한 인연을 맺어 얻은 업보라고 한다. 이상 첫째 만일연꽃모임(蓮會)과 둘째 만일연꽃모임 모두 이 절 옛 자취(故蹟)에 함께 실려 있다.[17]

卍 보정의 꼬리말

머리말에서도 보았듯이 고리(高麗)는 불교 나라였다. 그러므로 신라부터 전통을 가졌던 만일연꽃모임이 이어졌으리라는 것은 쉽게 알 수 있다. 이 자료에는 21명이 연꽃모임을 만들었다고 했는데, 앞에 10,000일이란 말이 빠졌지만 만일연꽃모임이라고 볼 수 있다. 그리고 마지막에 이것을 둘째 연꽃모임이라고 하며 이 절의 옛 유적에 실려 있다고 했다.

그러나 현재 학계에선 두 번째 만일연꽃모임은 조선 후기 1801년에 다시 이어졌다고 보는 경향이다.[18] 엮은이는 비록 신라 때처럼 규모가 크지는

---

17) 「大韓國干城乾鳳寺萬日蓮會緣起」, 『국역건봉사의 척사적 발자취』, 고성문화원, 2000.
18) 이종수, 「건봉사 제2차 萬日念佛會 재검토」, 『불교학연구』 제25호, 2010, 142쪽.

않지만 모임이 계속 이어졌다고 본다. 여기서 21명이 모임을 가졌다고 했으나 그 21명이 극락에 간 이야기는 없고, 아간의 계집종 이야기를 들었다. 그러나 계집종 이야기는 앞의 신라편을 보면 「계집종 욱면이 염불하다 서녘으로 오르다(郁面婢 念佛西昇)」의 내용과 거의 같다는 것을 알 수 있다. 그러므로 고려시대 21명에 대한 열매(證果)가 없고, 신라의 보기를 든 것 때문에 학계에서는 인정하지 않고 있다고 본다.

그러나 엮은이는 기록이 전하지 않아서 그렇지 고려시대 만일연꽃모임은 이어졌다고 보는 것이 옳다고 본다.[19]

方淨土。其後至高麗。改固城爲烈山縣。寺名西鳳。于時有康州阿干長者者。再設蓮會。與二十一人。同心誓願。阿干婢子。曰春一石米。供奉作務。以餘暇。隨大衆念佛。一日夜。於庭中左右釘橛。貫掌繩次。一念精勤。至三七日。肉身腕起。忽空中有聲曰。精進女。何故不久道場。速徃赴也。主阿干及道場衆。一時驚悚。命女赴道場。時其女。遺蛻猶存。其後。星檼之透穿者。自合而不漏相傳。棟樑蓮會時。有匜院犯戒。轉身作浮石寺牛。戴持華嚴經。如是身轉爲女。以供養念佛人因緣。獲是報云。以上第一第二蓮會。俱載本寺故跡。至本朝。改然寺北五里許。有燒身瘞磊塔。肉身而徃淨土也。寺名西鳳。于時有康州阿干長者者。去五里許。透穿屋橡。

2008년 10월 30일 등공 기념비 앞에서 엮은이(이은금 찍음)

---

19) 목정배, 「만일염불회의 성립과 의미」, 『韓國淨土思想硏究』, 동국대불교문화연구원, 1985; 한보광, 「건봉사의 만일염불결사」, 『불교학보』 33, 동국대불교문화연구원, 1996; 한보광, 『信仰結社硏究』, 如來藏, 2000; 한보광, 「新羅·高麗代의 万日念佛結社」, 『佛敎學報』(31), 동국대 불교문화연구원, 1994. 신종원, 『삼국유사』 「욱면비」

2. 939년, 여산 혜원 쫓아 극락 간 진공(眞空) 대사 ˙

있는 곳 : 경상북도 연주시 풍기읍 삼가로 661-29 비로사
참고 :『校勘譯註 歷代高僧碑文』高麗篇1(1994)

(깨짐) 상주국(上柱國) 신(臣) 최언위(崔彦撝)가 왕명을 받들어 짓고,
(깨짐) 병부대감(兵部大監) 상주국(上柱國) 사단금어대(賜丹金魚袋) 신(臣) 이
환추(李桓樞)는 교서에 따라 비문을 쓰다.

(깨짐) 그러나 (사꺄무니 붇다) 니르바나는 너무 빠르고, (미륵불) 용화(龍
華)가 널리 사람과 하늘을 맡겠지만, 너무 늦게 나오는 것을 못내 슬퍼하
지 않을 수 없다. 우리나라에서 천축까지 거리는 너무나 멀고, 설산은 더
욱 멀고 험한 길이다. 그러므로 불교가 인도에서 일어나 이미 오래되었으
나, 붇다의 말씀(伽譚)이 동녘 나라에 전해오지 못하였다. 옛날 (주나라) 성
왕이 불교 전래에 대한 비결을 적어 남교사(南郊祀) 곁에 묻어 두었는데,
(후한) 명제(AD 60년) 때 비로소 임금의 꿈에 나타났다. 그리하여 고승의
자취가 이어져 (깨짐) 동쪽 나라(震旦: 인도 동쪽은 한나라)로 와서 불교가
자리를 잡기 시작하자 기존 세력인 도교의 반발이 시작되었다. 이 때문에
영평 10년(AD 67) 도교 지도자와 불교 고승이 법력을 판가름하였는데, 마
침내 도교가 지자 도교인들은 변경으로 도망가거나 스스로 목숨을 끊었다.
이로써 점차 천성이 밝아져, 불교로 눈을 돌려 법안을 엿보게 되었다.
이때 아라한·보살인 원각대사(달마대사)가 동쪽으로 양나라에 들어와 국
경을 넘어 위나라 갔다. 처음으로 혜가가 팔을 바치는 정성 때문에 능가경
과 마음의 고갱이를 전했다. (깨짐) 그 뒤 모두 그 도를 우러러보게 되었
고, 6대에 가서 종(宗)을 세우니 거듭 빛이 나고 적통의 줄기가 이어져 꽃
부리와 빛깔이 함께 피어나 더욱 향기로웠다. 남악에 이르러 그 빛을 이어
강서에 퍼지면서 그의 법손도 낱낱이 헤아릴 수 없을 정도이다.

(깨짐) 대사의 이름은 □운(□運)이요, 속성은 김씨이니, 계림 사람이다. 그
의 선조는 성한(聖韓)에서 강등하여 나물왕 때 다시 일어났고, 뿌리에서 가
지까지 약 100세 동안 아름다운 길을 걸었다. 할아버지 산극(珊〈玉+尒〉)
은 관직이 본국의 집사시랑(執事侍郞)에 이르렀으며, 아버지 확종(確宗)은
여러 번 벼슬하여 본국의 사병원외(司兵員外)에 이르러 함께 조상의 덕을
선양하면서 가문의 명예를 빛냈다. 어머니 설씨(薛氏)는 일찍이 (깨짐) 을

꾸고는 훌륭한 아들을 낳기를 발원하여 사슴 왕을 보는 특별한 상서를 얻어, 드디어 대중 9년(855) 4월 18일에 태어났다. 스님은 선천적으로 태어날 때부터 성스러운 모습을 지녔고, 어렸을 적에도 전혀 장난하지 않았다.

8살 때 아버지가 돌아가시자 슬퍼하면서 누구를 의지하여 살 것인가 하고 피눈물을 흘렸으며, 그 슬픔을 이기지 못하여 늘 짠 것(醬)을 안 먹었다. 공부할 때가 되어 책을 끼고 가서 가르침을 받을 때는 (깨짐) 천재로서 다섯 줄을 한꺼번에 읽어 내려가도 한 글자도 빠뜨리지 않았다. 감라(甘羅)가 벼슬할 나이에 이미 그 명성이 고향에 널리 퍼졌고, 왕자 진(晉)이 신선의 도리를 찾아 떠나려던 나이에 서울까지 명성을 떨쳤으니, 어찌 불법에 대한 깊은 전생의 인연이 아니겠는가. 마음에 깊이 세속을 싫어하여 어머니에게 입산 출가할 것을 허락해 주십사하고 간절히 요구하였으나, 어머니는 아들의 간절한 정성을 끝내 막아 허락하지 아니하였다. 그러나 스님은 더욱 그 뜻을 굳혔으며, 어머니는 어릴 때 학업을 중단하는 것은 마치 베틀의 베를 끊는 것과 같다고 설득하였으나 처음 마음먹었던 뜻을 바꾸지 않았다. 마침내 출가하여 명아줏대 지팡이 짚고 산 넘고 물 건너 구도의 길을 떠났다.

가야산에 가서 많은 스님을 찾아뵙고, 선용(善融) 화상에게 예를 올리고 스승이 되어달라고 간청하여 화상이 머리를 깎아 주었다. 함통 15년(874) 가야산 수도원에서 구족계를 받았다. 이어 (깨짐) 산에서 여름 안거를 닦으며 부지런히 정진하였으니 어찌 가득 찬 바리때의 기름을 넘치게 했으리요. 그뿐 아니라 (계를 지키길) 바다에 뜬 주머니도 망가뜨리지 않았으니 그윽이 사의(四依)를 우러러 삼장(경·율·론) 연구를 발원하였다. 수도할 때는 밤잠을 자지 않았고, 글을 읽을 때는 깊고 얕음을 모두 깨달았다.

(어느 날) 선용 화상이 "노승(老僧)은 대중을 떠나 고요히 지낼 곳을 찾으려 한다. 더 가르칠 능력이 없어 가르치는 일을 그만두려 하니 너희들은 모두 사방으로 떠나라."라고 하니 대중들은 갑작스러운 말씀이었지만 어쩔 수가 없어 바위굴을 떠나 행각을 떠났다.

우연히 어떤 선방 옛터에 이르러 잠깐 가던 길을 멈추고 자세히 살펴보니 이전에 어떤 선사가 안거하던 곳이었다. 안개가 걷힌 후 사방을 살펴보니 옛날 자신이 살던 곳과 완전히 같았기에 자세한 행적을 듣고 아주 편안한 느낌을 가졌다. 그곳에서 얼마 동안 머물다가 다시 운금(雲岑)에 가기로 했으니 바로 설악산이다. "동해 곁에 있는데 선조인 (깨짐) □□대사가 적수(赤水)에서 구슬을 찾다가 (지장 선사) 서당(西堂)의 법인을 전해 받고 청구(靑丘=신라)로 돌아와서 해동의 스승이 되니, 그는 후생을 위하는 선철(先哲)의 당부를 깊이 간직하였다.

그 뒤 왕명을 받아 진전사(陳田寺)에 이르러 기꺼이 직접 도의국사의 허물어진 터를 찾아 그 영탑에 예를 올리고, 스님의 진영을 기리며 영원히 제자가 되는 의식을 펴니, 마치 공자가 (깨짐) 을 스승 삼은 것과 같이 인덕을 그리워했으며, 맹자가 안자(顔子)를 만나고자 하는 것처럼 의를 소중히 여기고 마음으로 돌아간 것과 같다고 하겠다. 진리가 있으면 능히 알아서 스승 없이 스스로 깨달았다. 한동안 교종(敎宗)에 머물었다가 선림(禪林)에서 살았다. 도의(道義) 스님보다 먼저 고향 스님인 항수선사(恒秀禪師)가 일찍이 바다 건너 서쪽에 이르러 강표(江表)지방에 유학하여 서당 지장(西堂智藏)에게 묻기를 "서당의 법이 만약 동이로 흘러간다면 어떤 아름다운 징험이 있는지 그 묘법을 들려주실 수 있겠습니까?" 하였다. 지장이 대답하되 "불교의 교의가 쑥대밭 속에 깊이 묻혀 있는 것을 찾아내고 불은 쑥 봉오리에서 왕성하게 타니 청구의 도의선사가 그 기운을 이어받아 선법(禪法)을 전파하리니, 그로부터 모든 것이 스스로 화창하리라." 하였다. 그리하여 그 성문(聖文)을 추인하니, 100년 뒤 이 사구(四句)가 널리 전하여, 마치 신선이 서로 만나 단구(丹丘)라는 곳을 알게 된 것과 같았다. (깨짐) 한 번 이르면 홀연히 (신선이) 밝은 대낮 하늘에 오르는 것을 볼 수 있을 것이다.

그리하여 그는 (깨짐) 봄에 병을 차고 고리 여섯 달린 지팡이를 짚고 중현(重玄) 언덕에서 숨어 살 곳을 찾았고, 모든 진리 속에서 깊고 깊은 것을 찾았다. 남쪽으로 경주에 이르러 어머니를 위로하고, 서쪽으로 김해를 찾아가서 초은(招隱)이 머물던 곳을 고쳐 대중 법회를 여니 찾아드는 학인이 구름과 같고, 받아들인 대중은 바다 같았다. 그는 (깨짐) 유가(瑜伽) 의룡(義龍)과 (깨짐) 두 영납(英衲) 대덕으로부터 지난날의 도풍을 듣고, 오묘한 진리를 터득하고는, 간절히 마음을 두고자 하여 함께 제자가 스승을 향하는 정성을 펴게 되었다. 이때 높이 하늘 끝을 우러러보고 멀리는 지구의 밖을 보았다.

(고리 태조) 왕의 기운이 크게 일어나 패도(覇圖)가 널리 동남에 떨쳤으니,

여광(呂光) (깨짐) 을 보지 못하였으나, 정(征) (깨짐) 수레를 관사(官舍)에 머무르고 왕능(王能)인 장좌승(長佐承)에게 4가지 공양을 올리게 하며 지극 정성으로 공경하였다. 드디어 잠깐 위급한 상황을 뒤로 제쳐 놓고 대중 스님을 시봉함에 온 힘을 기울였다. (견훤으로부터 왕건에게 넘어온) 국부 최선필 대장은 굳건한 성처럼 불법을 보살피고 돌기둥과 같이 단단한 자실(慈室)이었는데 (대사를) 경치가 좋은 영경(靈境)으로 모셔 머물게 하였다. 스님은 여기서 몇 해를 지낸 뒤 무더운 (깨짐) 달빛은 군영을 밝게 비추었으니, 전단향(栴檀香) 나무가 향기를 풍기고, 구름이 궁전에 일어나니 첨복향(舊蔔香)이 가득하게 하였다. (깨짐)

대사는 멀리 남녘에서 북녘 경계로 와서 소백산사(小伯山寺)를 고쳐 세우고 (스님들을) 청하여 머물게 하였다. 갑자기 조서가 내려와 왕의 간청에 따라 궁전으로 옮겨 가서 기대에 어긋나지 않게 하였다. 절 문을 열자마자 대중이 벼와 삼(稻麻)처럼 줄을 이었고, 띳집을 넓히니 (깨짐)
(궁예와 견훤 같은) 오랑캐 세력이 바야흐로 태조에게 돌아오게 되었다. 왕은 붇다께 예를 올리는 정성을 펴고자 잠시 수레를 멈추고 공손히 절로 나아가니, 마치 황제가 공동산(崆峒山) 가서 광성자(廣成子)에게 도를 묻는 것과 같고, (진나라) 노오(盧敖)가 도사에게 묻는 것과 같았다. 정성을 다하여 대사를 우러러 (법문) 듣기를 바랐다. 그때 진공대사가 이르되 "제나라 황제가 북녘으로 행차하여 (깨짐)" 문득 기꺼워하였고, 그는 크게 부끄러워하였으니, 어찌 서로 비교할 수 있으리요.

청태 4년(고리 태조 천수 20년, 937) 봄 2월에 대중을 모아 놓고 이르되 "서울(京華)에 오는 것은 조계(曹溪)의 종지에 어긋나는 것이므로 부끄러움을 금치 못하겠다. 서울에서 노니는 것은 실로 (혜원이) 여산에서 (30년 동안 나오지 않은) 마음은 아니다."라고 하였다. 그러나 노승과 대왕은 (깨짐) 이때는 (궁예와 견훤이라는) 두 적이 평정되고, 삼한(三韓)은 태평성세가 되었으니 먼저 오랑캐를 없앤 신책(神策)을 경하하고, 또 성스러운 위의(威儀)를 축하하였다. 임금께서 다시 스님을 찾아 뵙고 용안(龍顔)에 감회가 더욱 간절하였으며, 거듭 스님이 걸어가는 것을 보고 자주 찾아뵙지 못함을 애석하게 생각하였으나 대사가 (깨짐) 덕산(德山)으로 옮기고 난 뒤 서로 자주 만나게 되었다.

대사는 이미 죽음이 가까웠음을 알고 하루라도 빨리 산으로 돌아가서 바위 골짜기에서 지낼 수 있게 하여 달라고 엎드려 빌었다. 임금이 스님의 말씀에 대하여 마음 아프게 생각하고 여러 번 선방 문으로 나아가 문안하였다. 대사가 전도(前途)에 전핍(轉逼) 후 (깨짐) 학인(學人)들이 함께 스님을 모시고 공부하기를 원하므로 옛 산(소백산)으로 돌아가서 새로 집을 지었다. 길이 서로 이끌어주고 열심히 수행하라고 하자 모두 통발과 올무를 버렸다. 어느 날 학인이 묻되 "가섭이란 어떤 분입니까?" 하니, 스님이 대답하되 "가섭이니라." 또 "석가는 어떤 분입니까?" 하니, 스님이 대답하되 "석가일 뿐이다."라고 하였다. 부대(不待) (깨짐)

원래 담란(曇鸞)의 뜻을 따르지 않고, 미리 '목숨이 그지없는 곳(壽域20) = 극락)'에 가기로 마음먹고 혜원(惠遠)의 뜻을 따라 좇았다. 그러므로 날마다 오묘하고 깊은 이치(玄理)를 이야기하여 법을 전할 제자를 구하다가 홀연히 가벼운 병이 생기고 점점 심해져서 천복 2년(937) 9월 1일 (깨짐)에서 입적하였다.

햇빛은 슬프고, 구름은 우울하였으며, 강물은 마르고, 땅은 흔들려 산이 무너지는 듯하였다. 사방 멀리까지 모든 사람은 슬픔에 잠겼을 뿐만 아니라, 이웃 모든 사람은 먹고 마시는 것을 끊었다. 임금께서도 갑자기 스님의 열반 소식을 들으시고 깊이 슬픔에 잠겼다. 특사를 보내 조문하는 한편, 장례에 필요한 자재와 양식을 함께 보냈으니, 왕이 보낸 사람과 문상객들이 오가는 길이 서로 이어졌다. (깨짐) 오직 300보 남짓한 거리였다. 대나무숲에서 나는 소리와 서리 맞은 계수나무처럼 곧은 맵시는 맑고 빼어난 스님의 덕을 나타냈고, 허공에 가득한 그 모습을 우러러봄은 높은 산 같았으며, 헤아리는 슬기는 바다보다 깊었다. 그러므로 사방으로 다니면서 덕화를 베풀어 사람들을 이롭게 하면서 도저히 생각할 수 없는 경계에 머물렀으니 (깨짐) 모든 백성의 인자한 아버지가 되고 모든 중생을 이끄는 스승이 되었다.

법을 전해 받은 제자(弟子)인 현양 선사(玄讓禪師)와 행희 선사(行熙禪師)를 비롯하여 4백명이 넘게 모두 정법안장(髻珠)을 얻고 함께 심인(心印)을 전해 받아서 마침내 붇다의 제자가 되었으니, 길이 (깨짐) 속마음은 금과 같고, 지극한 정성은 옥과 같았다.

---

20) 대보적경 머리말을 비롯하여 많은 논서에도 극락을 목숨이 그지없는 곳(壽域)이라고 썼다.

바라는 바는 서로 보존하여 이름을 후세에 전하여 사라지지 않게 하고, 함께 의논하여 경사스러움을 미래에 무궁토록 보여 주고자 함이다. 이러한 이유로 외람되게 표창장 내려주도록 천자(天鑒)에게 아뢰어 청하였다. (깨짐) 그리하여 왕은 시호를 '진공 대사(眞空大師)'라 하고 탑 이름을 '법을 널리 펴는 탑(普法之塔)'이라 내리시니, 이것이 어찌 그냥 칙명을 반포한 것이라고만 하겠는가. 신하에 명하여 빛나고 고상한 문장을 엮어 법답게 스님의 빛나는 행적을 기리도록 하라 하셨으나, (이 글을 쓰는) 언위(彦撝)는 문단의 한 잎사귀이고, 학계에서도 한낱 잔살이에 불과하다. (깨짐) 그러나 하는 수 없이 거칠지만 훌륭한 내용의 글을 지으니, 글월(銘)은 이렇다.

(깨짐)(깨짐)(깨짐)

(깨짐) 허공과 같구나.
하늘사람 덕화 사모하고, 승속 덕풍 흠모하며
대천세계 빠짐없이 모두 들어맞네.
이 한 송이 꽃에서 조계의 조사 나오니,
뛰어나고 빼어난 도의국사(道義國師)다.

(깨짐)(깨짐)(깨짐)(깨짐)(깨짐)(깨짐)(깨짐)(깨짐)(깨짐)(깨짐)

배우는 이 피로 잊고 의원 문 앞 아픈 사람 많네
도에 뜻을 두었으나 이젠 앉을 힘도 없구나.
열반에 드니 재상들이 (부음을) 듣고

(깨짐)(깨짐)(깨짐)

기해년(939) 8월 15일 (비를) 세움, 새긴 사람 : 최환규(崔煥規).

【뒷면(陰記) 줄임】

진공대사 비 탁본
(국립중앙박물관 e뮤지엄)

진공대사 비풍기 비로사

卍 보정의 꼬리말

이 비문은 첫 부분은 사까무니 이후 불교사로 시작하여 선학의 역사가 많이 나온다. 그러나 자세히 들여다보면 왕이 서울로 모셨을 때 "서울에서 노니는 것은 실로 (혜원이) 여산에서 (30년 동안 나오지 않은) 마음은 아니다."라고 해서 수행의 모델이 여산의 혜원이라는 것이 뚜렷하게 보인다. 그리고 말년에는 극락을 목적으로 하여 담란의 수행법과 혜원의 수행법을 견주어 보고 혜원의 수행법을 택했다는 것을 알 수 있다. 날마다 법을 전할 제자를 구하기 위해 깊은 이치를 설한 것은 바로 여산 혜원처럼 함께 산문을 나서지 않고 수행하여 극락에 가는 것이었다.

3. 945년, 대중에게 염불시키고 들으며 입적한 광자 대사

있는 곳 : 전라남도 곡성군 죽곡면 태안로 622-215. 태안사
참고:『校勘譯註 歷代高僧碑文』高麗篇1(1994)] (문화재연구원 금석문 검색)
이능화,『역주 조선불교통사』전8권, 동국대학교출판부, 2010.09.10.

유당(有唐) 고리국(高麗國) 무주(武州) 동리산(桐裏山) 대안사(大安寺) 광자대사 비문(廣慈大師碑文)과 아울러 머리말.
태상(太相) 전수예빈령(前守禮賓令) 원봉령(元鳳令) 겸지제고(兼知制誥) 상주국(上柱國) 사자금어대(賜紫金魚袋) 신(臣) 손소(孫紹)가 왕명을 받들어 비문을 짓고, 사찬(沙粲) (깨짐) 監 (깨짐) 賜緋魚 (깨짐) 는 비문을 쓰다.

허공을 쳐서 메아리치게 하는 것은 진실로 깨달음으로 나아가는 능력에 응하는 진실만은 취하고 소리를 감추려 한 것이니, 어찌 이것이 미혹에 처하는 술문(術門)이 아니겠는가. 비록 넓으나 저 언덕으로 나아갈 수 없고, 비록 밝으나 그 경지를 넘기는 어려운 것이다. 지극한 이치가 그 가운데 있으니 그루터기만 지는 자는 견성할 수 없으며, 참 마루는 마음 밖에 있어 식견이 좁은 사람은 심인(心印)을 전해 받을 수 없다. 여러 삶 동안 도의 씨앗을 심었으므로 비로소 여러 살이 법의 그릇을 만들었다.

불교가 일어나서 1천 년쯤 뒤 비로소 밝은 지혜를 만났다. 그로부터 약 5백 성상을 지난 뒤, 다시 슬기로운 분을 만났는데, 그 가운데 7가지 맑음(七淨)을 이어받아 난 사람도 있고, 10가지 슬기(十智)를 쌓아 높이 빼어난 분은 예부터 드물고 지금도 높고 귀한데, 선과 교에서 모두 완전하게 뛰어난 분이 곧 우리 스님이시다.

대사의 법명은 윤다(允多)요, 자는 법신(法信)으로 서울에서 태어났다. 그의 조부모는 귀족으로 높은 벼슬을 했고, 효도와 의리를 소중히 여겨 충효의 본이 되었다. 이렇게 가문을 지켰지만, 난리가 나서 몰락하였다. 그러나 명성과 칭송은 많은 사람의 귀와 귀로 들렸고, 입과 입으로 옮겨 자자하였다. 어머니 박씨는 성품이 따뜻하고 부드러워 사람됨이 맑고 깨끗하였다. 어릴 때부터 속되지 않았으며 미장(未長) (깨짐) 경(經).

성심성의로 불사를 닦아 산 같은 정기를 받아 태어나고, 또 날 때 괴로움

없이 효감(孝感)으로 탈 없이 태어나니, 마치 가을에 서리 맞은 씀바귀가 쉽게 뽑히듯 낳는 괴로움 없이 함통 5년(신라 경문왕 4년, 864) 4월 5일에 태어났다. 대사가 처음 태어난 날 쌍기둥이 빼어났다. 포대기 속 나이를 지나니 생김새(三亭)가 우아하여 (깨짐) 멀리 집 밖에 나가서 놀되, 항상 노는 곳이 같았고, 아무리 위급한 경우라도 예와 법도를 그르치지 아니하였다. 지극히 효도하여 베개에 부채질하고 이불을 따뜻하게 한다는 칭송은 어려서부터 고향 주변에 널리 알려졌으며, 재를 던지듯 재빠른 말재주는 바람을 타고 멀리까지 퍼져 갔다.

나이 겨우 7~8세에 이미 불·법·승에 귀의할 뜻을 품어 부모에게 속세(蝸門)를 떠나 불교(禪敎)에 입문하기를 청하였다. 이때 부모는 더욱 애절하여 배(倍) (깨짐) 전(前). 더욱 애정에 얽혀 허락하지 못하였다. 허락을 받지 못한 대사는 말없이 실망하여 말했다. "집 떠나 마음을 닦는 이익이 (한나라) 옹자(翁子) 주매신(朱買臣)이 비단옷 입고 출세하는 것보다 값어치 없는 것이 아니고, 산골 중의 누더기(氎衲)가 분명히 뛰어납니다."라고 슬피 울며 두 번 세 번 상의드리므로 어버이는 아들 뜻이 굳고 굳어 돌이킬 수 없음을 알고 마침내 허락하였다.

대사는 다음 날 부모의 슬하를 떠나 (깨짐) 걸어서 구름처럼 사방으로 떠돌았다. 다니거나 머무름에 오직 외로운 자신의 그림자와 벗할 뿐이었다. 어느덧 더위와 추위가 바뀌어 수년이 지났다. 이로부터 다시 요동(遼東)에서 발길을 돌려 (전라남도 곡성군 태안사가 있는) 동리산(桐裏山)으로 가서 상방 화상(上方和尚)을 뵈었다. 서로 얼굴을 맞대고 생김새를 돌아보았는데, 며칠 뒤 상방 화상을 모셔 받들게 되었다.

화상이 말했다
"(깨짐) 옛사람이 마음이 오롯하면 돌도 가히 뚫을 수 있고, 뜻이 간절하면 땅에서 갑자기 샘물이 솟아오른다고 했다. 도는 몸 밖에 있지 않고 부처님 마음에 있는 것이다. 전생부터 익힌 사람은 찰나에 깨닫게 되고, 어리석은 사람은 1만 깔빠(劫)에도 생사윤회를 벗어나지 못하니, 붇다가 일러주시되 '정신이 어두운 자는 재삼 여러 번 일러주어야 하지만 근기가 뛰어난 사람은 말이 필요 없다' 하였으므로, 너는 스스로 잘 살펴보고, 나의 말에 걸려 있지 말라."

<u>스스로</u> (깨짐). 가야산 새 절(伽耶岬新藪=공주 普願寺)에서 구족계를 받은 뒤로는 원숭이 같이 단단히 얽어맸고, 말 같은 의식도 놓아두지 아니하였다. 계를 받은 후로부터 기름사발(油盆)이 기울어지지 않게 하였다. 계를 지키려는 굳은 마음은 주야로 한결같고, 수도하려는 강철 같은 마음은 순간에도 쉬지 않았다. 대문과 창문을 열고 들어가지 아니하여도 대도를 보았으며, 곤륜산에 오르거나 여해(驪海)에 들어가지 않고도 쉽게 신주(神珠)를 얻었다. 도덕 또한 높고 빼어나 아름다운 명성은 사방에 떨쳤고, 법을 배우고자 하는 법려(法侶)들이 8도 구석에서 모여들었다. (깨짐)

법조(法祖) 서당(西堂 智藏)이 혜철(慧徹)에게 전하고, 혜철은 돌아가신 스승인 여(如: 道詵)에게 전하였으며, 여(如)는 우리 스승(廣慈)에게 전하였으니, 바로 서당의 증손(曾孫)이다. 대사는 서당(西堂)의 법통을 이으니 힘들게 서학(西學)을 하지 않고도 세상 인연을 동성(東城)에 베풀었다. 참으로 실제(實際)가 본디 공(空)한 줄 깨달았으며 (깨짐). 동인(東人)을 바른길로 이끌었다. 무학(無學)의 종지인 선(禪)을 배우되 끝까지 (경전의) 게야(geya, 祇夜=게송)에 따르고, 무사(無師)의 취지를 스승으로 하되 반드시 수트라(sūtra, 修多羅=경전)를 빌어서 했다.

드디어 한마음(一心)으로 닦는 자에게 한소리(一音) 교리를 믿게 하며, 9가지 번뇌(九結)에 얽힌 사람을 9가지 업(九業)에서 차츰 벗어나게 하려고 여러 가지 방편으로 이끄셨으니, 위력으로 삿된 견해를 꺾고 교화한 인연이 나라 안에 두루 하였으며, (깨짐) 스승을 찾아 도를 구한 자취가 복숭아밭(桃野)까지 두루 닿지 아니한 곳이 없었다. 돌아다니면서도 늘 본사를 잊지 아니하다가 고향 산으로 돌아왔다.

이틀째 되던 날 밤에 갑자기 절에 산적이 쳐들어와 옷과 물건을 빼앗고자 상방화상(上方和尙)의 방으로 들어왔다. 대사는 우연히 뜻밖의 일을 당하였으나 조금도 두려워하지 않을 뿐만 아니라, 선좌(禪座)에서 움직이지 아니하였고, 칼끝으로 위협했으나 그들의 악한 마음을 버리게 하여 지혜의 칼로써 마라(魔羅)들을 항복시켰다. 도둑 무리 (깨짐) 충돌함이 없었다. 대사가 도적들에게 "죄란 본래 없는 것"이라며 허물을 탓하지 아니하니 스님의 말이 끝나자 도적들은 공손히 절하고 물러갔다.

이 광경을 지켜본 대중들은 감탄하였다. 그날 밤 꿈에 한 전장의 장수가 법당에 들어가 칠척 장신의 물타나(勿陀那)를 보았는데, 맨 끝에 있는 물타나(勿陀那)가 대사를 향하여 (깨짐) '두 번 참는다(重忍)'라는 두 글자를 적었다. 꿈을 깨고 놀라 일어나 세수한 다음 단정히 앉아 생각하되 '이상하고 이상하다. 밝은 천하에 의심하는 것은 생각조차 할 수 없고, 밤중에 나비 꿈을 꾼 것은 옛사람이 겪은 사실이다. 어떤 사람이 한번 참는 것은 영원한 즐거움을 얻고, 또 한 번 참으면 세상살이 편안함을 얻는다고 하였으니, 두 번 참는다(重忍) 라는 두 글자가 어찌 예삿일이겠는가!' (깨짐)

대사는 이 일 때문에 길이 참선하며 오래도록 이 절에 있게 되었다. (깨짐) 黃波 (깨짐) 선의 근본을 통달하였고 성인의 말씀을 초연히 여겼으며, 바깥 경계(聲色)라는 소굴을 떠나 옳고 그름이라는 관문을 벗어났다. 납자(衲子)들은 (깨짐). 스님의 문 앞에 가득하고 의리를 사모하며 인(仁)을 따르는 이들이 구름과 안개처럼 모여들었다. 참선 배우는 이들은 빈손으로 와서는 마음 가득 채워 돌아갔다. 효종대왕(孝宗大王, 신라 효공왕 898~912)은 대사가 산골에서 드날리는 도풍을 흠모하여 윤한(綸翰)을 보내 지혜의 눈을 뜨게 해주시고 나라 또한 복되게 해주기를 발원하였다.

이때 이미 신라의 국운이 기울어져 자주 병화(兵火)가 일어났고, 궁예는 어지럽게 난동하고 견훤은 스스로 왕이라 하여 이름을 훔쳐 썼다. 그러나 마침내 천명이 왕건에게로 돌아가 고리(高麗)라는 새 나라를 세웠다. (깨짐) 한때 심한 전쟁으로 오가기가 힘들어 스님들은 따로 왕을 도울 길이 없었다. 그런데 신성한 대왕이 때를 타고 성군이 되어 어지러운 때 뛰어난 임금으로 나라를 편안하게 하고 세속을 편하게 하는 큰 기운을 넉넉하게 가졌으며, 불법을 보호하고 진리에 알맞은 신술(神術) 또한 능통하였다. 나랏일을 보는 틈이 있으면 늘 마음을 현묘한 법문(玄門)에 두었다.

왕위에 오르기 전부터 대사의 명성을 널리 들었기에 낭관(郎官)에게 명하여 임금의 편지를 가지고 스님이 계시는 동리산으로 보내 청하되 "도와 덕을 사모한 지 이미 오래되니 스님의 거룩한 모습을 뵙기 바랍니다."라 하면서 "스님께서는 이미 나이 드셔 걷기 힘들 터이오니, 말을 타고 궁궐로 오신들 무슨 상관이 있겠습니까!"라고 하였다. 대사가 말씀하시되 "노승이 출가한 뒤 80세에 이르기까지 아직 말을 타본 적이 없습니다. 산승도 역시 왕의 백성이니 어찌 감히 왕명을 거역하겠습니까" 하고 지팡이 짚고 미투리 신고 걸어서 서울에 이르니 임금이 크게 기뻐하여 의빈사(儀賓寺)에 모시고 며칠 동안 편안히 쉬시게 한 다음, 대전으로 맞아들이고 임금이 몸소 상(床)에서 내려와 공손히 맞이하여 빈객 예로써 대우하였다. 군신들이 이를 보고 그윽이 놀랐다.

(태조) 임금이 물었다.
"옛 스님이 말하길 '마음이 곧 붇다라' 하니 그 마음은 어떤 것입니까?" (古師云 心卽佛 是心如何)"
대사가 대답하였다.
"열반에 이르면 불(佛)에도 마음(心)에도 머물지 않습니다." (若到涅槃者 不留於佛心)

(임금이) 물었다.
"붇다는 어떤 과정을 거쳐 이(열반)를 얻을 수 있었습니까?" (佛有何過 卽得必此)
(스님이) 대답하였다.
"붇다는 과정이란 것이 없으며, 마음도 자성(自性)은 과정이 없습니다" (佛非有過 心自無過)

(임금이) 물었다.
"짐이 하늘의 도움으로 난세를 구하려 흉포한 무리를 죽였는데, 어떻게 살아있는 백성(生民)을 편안하게 다스릴 수 있겠습니까?" (朕 受天之佑 救亂 誅暴 何以則生民保乂)
(스님이) 대답하였다.
"전하께서 오늘 물었던 것을 잊지 않으시면 나라 운이 살아나고 편안하며, 백성이 행복하고 즐거울 것입니다." (殿下不忘 今日之間 國家幸甚 生民幸甚)

(임금이) 물었다.
"대사는 어떠한 덕행으로 중생을 교화해 가십니까?" (大師 以何德行 化遵衆生)
(스님이) 답하였다.
"신승(臣僧)은 (간신히) 나 하나 건질 수는 있지만, 어찌 감히 다른 사람의 (번뇌로 생사에) 얽매임을 풀어줄 수 있겠습니까?" (臣僧自救可了 何敢解脫他縛)

이때 왕은 옥음(玉音)이 낭랑하여 구름 일어나듯 질문을 꺼리지 아니하였고, 대사의 말솜씨는 물 흐르듯 걸림 없어 마치 병에 물을 쏟아붓는 것처럼 답하였으니 육조 스님의 뜻인 도에 걸려들지 아니하였다. 그러나 스님의 말씀은(깨짐) 삼도(三道)(깨짐)라 하고, 지혜도 또한 (깨짐) 갔다(去也)고 하였으니, 위와 같이 묻고 답한 것을 자세히 실으려면 글이 너무 번거롭게 많아지므로 한데 모아 간략하게 기록하는 바이다. 엎드려 생각하노니 (깨짐).

이제 임금께서 (깨짐). 대왕의 위엄이 해·달과 같고 설법하는 소리는 하늘·땅에 미치며, 덕이 빼어나고 무거워 동이 트듯 훤하다. 백성을 다스리되 사특한 무리가 없게 하고, (해탈에 이르게 하는) 5승(五衍=五乘)에 귀의하였으니, 어찌 중인도 빠쎄나디(波斯匿)왕이 삼보를 존중한 것과 다르겠는가! 서천(西天)의 계일왕(戒日王)처럼 정법으로 나라를 일으켜 세움과 동시에 문(文)을 닦고 근본을 심은 임금이니, 이처럼 위대한 성군은 고금을 통하여 보기 드물다.

대사(大師) (깨짐) 세 번 예를 올리고 물러가면서 흥왕사에 모시도록 명하였다. 그 뒤 황주원(黃州院) 왕욱(王旭) 낭관(郎官)이 멀리서 스님의 맑은 품격을 우러러 그리워하고 편지를 보내 제자가 되어 가르침을 받고자 하였다.

마침내 입적하기 몇 년을 앞두고 산골로 돌아가려 하였으나 내의령 황보숭(皇甫崇)과 태상(太常) 충양일감(忠良日監)이 대사의 공양구(供養具)를 살피되 마치 집시자와 같이 하므로 대사는 더욱 마음이 불안하였다. 어느 날 임금께 "사슴이 들판에서 자유롭게 놀 듯 산속에서 조용하고 편안하게 있도록 놓아 달라"고 간청하였다.

"외람되이 어명을 받아 왕성을 오가니, 차츰 정에 끌려 부자유함이 동헌에 있는 학이나 들보에 있는 두견이 같습니다. 엎드려 바라옵건대 신승(臣僧)의 작은 뜻을 받아들이셔 구름처럼 옛 산에 돌아가 물고기가 깊은 물에서 노는 것처럼 하여 주시면 그 은혜 참으로 크다 하겠나이다."

이 같은 스님의 간청을 들은 왕은 허락하여 동리산(桐裏山)으로 돌아가게 하고 그 도의 수상(守相)에게 명하여 논밭에 매기는 조세와 남녀 종을 바쳐 공양(香積)을 올리도록 하였으며, 밖에서 돕는 가풍(家風)을 잊지 않고 늘 팔연(八衍)의 예를 펴서 돈독한 단월이 되었고, 불교를 보존하고 유지하는 의무를 받아서 각기 진뢰(陳雷)를 본받았다. 진실로 (깨짐) 구분(舊分).

대사는 개운(開運) 2년(고려 혜종 2년, 945) 황락(荒落) 2월 2일 대중을 불러 놓고 "삶(生)이란 유한한 것이며, 죽음(滅) 또한 그 시기가 정해져 있지 않은 것이다. 내 이제 떠나고자 하니 각기 뜻있게 잘 살도록 하라. 분다께서 '쁘라띠목사(prātimokṣa, 波羅提木叉, 戒本)는 곧 너희들의 위대한 스승이라' 하였으니, 나도 또한 이 말씀으로 너희들에게 당부하노니 너희들이 이를 잘 지킨다면 내가 죽는 것이 아니다"라고 말씀하시고 향을 피우고 염불을 하게 하고 합장하고 바로 떠나시니(令焚香念佛 合掌奄然而逝) 세속나이 82세, 승려 된 햇수 66년이었다.

이때 스님들은 큰 소리로 울며 나루터 다리와 큰 집 들보가 무너졌다 한숨 쉬고, 선사(禪伯)들은 슬퍼 가슴 아파하면서 가르침(法輪)의 문이 영원히 닫혔다고 슬퍼하였다. 심지어 새들마저 답답해하고, 짐승들은 슬퍼하였을 뿐만 아니라 평소 귀를 시원하게 해주던 (깨짐) 잔잔히 흐르는 산골 시냇물도 슬픈 소리로 변하였고, 여러 해 눈을 즐겁게 하던 산에 덮인 자욱한 구름도 모두 참담한 빛으로 변하였으며, 곤충과 식물들까지도 슬퍼하는 이 사실을 어찌 다 적을 수 있으리오.

이러한 기이한 조짐을 왕에게 알리니 임금이 그 산에 대사의 탑을 세우게 하되, 경비는 모두 나라에서 부담하고, 일꾼은 가까이 사는 백성을 동원토록 하였다. 공사를 마치고 나니 꾸밈에 허술함이 없고, 새김도 점잖고 아름다웠다. 상수문인(上首門人)들이 다시 조정에 건의하되 "돌아가신 스승(임금의) 신하 아무가 다행히 임금님의 도움으로 탑을 세웠으니, 국은이 망극하여 생전과 사후에 걸쳐 함께 영광이오나, 아직 탑에 따른 비문이 없어 선사께서 살아서 쌓은 도행이 점차로 (깨짐) 쇠하여 없어질까 두려우니 비를 세우도록 윤허해 주십시오"라고 간청하였다. 왕은 비 세우는 것을 허락하시고 보잘것 없는 신하인 저에게 비문을 지어 스님의 선화(禪化)를 드높이게 하라 명하셨으나, 소(紹)는 칠보시(七步詩)를 지을 만한 재주도 없고 학문도 다섯 수레 책도 읽지 못한 변변치 아니한 선비이므로 굳게 사양하였지만 마지못하여 주생(朱生)과 같이 근부(斤斧)를 잡고, 예씨(禰氏)를 칭찬하는 것이니 부득이하여 억지로 엮어 비문을 지었다. 명(銘)하여 이른다.

위대하신 태안사 광자대사여!

진리의 방편을 깨달으시니
깨친 법문 깊고 깊으며
지극한 이치 깊고 머네.
그 덕화(德化) 해동에 널리 전하고
도와 덕은 해 뜨는 동국을 덮었네.

거침없는 행적 구름과 같고
지혜는 달빛이 맑은 물에 비치듯
파란(波瀾)과 이기(理氣)는 하늘을 찌르듯
평등한 그 마음 대원경(大圓鏡) 같아
갑자기 오늘에 열반하시니
어디서 다시 만나 선(禪)을 들으랴!

계족산(鷄足山) 산속에서 열반하시니
구름처럼 곳곳에 다니시다가
이곳을 열반할 곳으로 정하고
지금까지 이곳에서 정진하셨네.
호랑이 싸움 그치게 하고
개미 구제하듯 자비 깊고
강설할 때 돌도 귀여겨듣고
나무도 그를 향해 머리 끄덕였다.
어느 날 꿈에 기둥 사이에 누었다가
신 한 짝만 남겨놓고 문득 가셨네.

스님 신분엔 설할 법 없지만
광자(廣慈)란 그 칭호가 있게 되었네.
삼업(三業)은 맑고 깨끗하여 연꽃 같고
육진(六塵)은 말끔히 없어져 청량과 같아
행각(行脚) 마치고 동리산(桐裏山)에 돌아와
모든 대중, 한곳에 모아 놓고
쑤받다(Subhadda)가 마지막 가르침 듣듯

살타파륜보살(薩陀波輪菩薩)이 법을 구함과 같도다.

현묘한 그 말씀은 넓고도 깊어
큰 지혜라야 헤아릴 수 있네.
내 이제 피안에 오르려 하니
겁화(劫火)가 이내 몸을 태울 것일세.
대중들은 우러러 쳐다보다가
하늘을 부르면서 애통하였네.
이 비석 영원토록 우뚝 솟아서
만세가 지나도록 상하지 않고
영원히 이 비문도 남아 있기를
애오라지 비명(碑銘)을 기록하노라.

광덕(光德) 2년(950) 세차 경술 10월 15일 (비) 세우고, 문민(文旻)이 글자를 새기다.

태안사 광자대사비(2022.5.4.)　　　　태안사 광자대사탑(2022.5.4. 이은금 찍음)

卍 보정의 꼬리말

"향을 피우고 염불을 하게 하고, 합장하고 바로 떠나시니(令焚香念佛 合掌 奄然而逝)"

이 한 마디를 보고 광자대사는 극락에 가서 태어났음을 확신하고 비문을 찬찬히 뜯어보며 다시 옮겼다. 이미 이지관 스님이 『역대 고승 비문』에서 자세히 주를 달고 우리말로 옮겨 놓았지만, 일반인들이 읽기에는 너무 어려워 쉬운 말로 다시 다듬는데 3~4일이 꼬박 걸렸다. 많은 비문이나 무덤돌 가운데 이 비문은 일생 역사를 공부하며 한문을 쓴 엮은이도 어려운 곳이 많았다. 신라말에 태어나 고리(高麗) 광종 때 입적하셨는데, 시대가 오래된 문장이라 문체가 낯설고, 또 왕명으로 세운 비에 당대 최고의 유학자가 썼으므로 낱말마다 고사를 알아야 이해할 수 있는 어려운 문장을 구사하고 있기 때문이다.

극락 간 스님의 발자취를 한자라도 놓칠까 봐 찬찬히 뜯어보며 끝까지 보아도 태조 왕건과 대사를 찬탄하는 말은 가득하지만 '극락 가는 이야기'는 '염불을 하게 하였다'는 한 마디 빼놓고는 더 찾을 수가 없다.

그러나 이것으로 대사가 극락 갔다는 것을 증명하기에 넉넉하다고 본다. 그리고 이것이 지금까지 엮은이가 본 바로는 '도움염불(助念)'의 첫 본보기였다. '도력이 깊은 분이 무슨 도움염불이 필요하겠는가'라는 생각도 들었는데, 그렇다면 오히려 마지막 가는 길에도 '대중에게 염불하여 극락 가는 길을 가르치셨다'라는 보살행을 보여주셨으니, 어떤 경우든 그런 대사는 '상품상생'에 가서 태어남이 틀림없지 않겠는가!

■ 곡성 태안사 광자대사 탑비 답사

이 책을 쓰면서 2022년 5월 4일 전라남도 곡성군 죽곡면 원달리 태안사(泰安寺)를 가서 비를 조사하였다. 150년 전쯤 빗몸이 무너져 큰 조각 2개와 작은 조각 여러 개로 나뉘었고, 빗몸 오른쪽 윗부분과 아랫부분이 많이 깨졌다. 거북 꼴 빗돌 받침의 머리 부분과 이수(螭首)의 가운데 부분도 없어졌으며 현재 남은 비신 조각을 곁에 따로 새 대좌를 만들어 세워 놓았다.

이 비는 극락 간 스님의 자취를 본다는 뜻도 크지만, 역사적으로도 매우 값진 내용이 새겨져 있기 때문이다. 이 비에는 신라가 망하고 고리가 일어서는 과정이 그려져 있고, 태조 왕건과의 대화가 적혀 있으며, 광종이 자주 의식을 가지고 쓴 광덕(光德)이라는 연호가 쓰여 있다.

4. 1101년, 말년에 해인사 내려가 염불하여 극락 간 대각국사 의천

金龍善, 『高麗墓誌銘集成』, 한림대아시아문화연구소, 2012.
「고리국(高麗國) 대성일(大聖日) 흥왕사(興王寺) 고 국사(故國師) 조시
대각화상(詔諡大覺和尙) 무덤돌 글(墓誌銘)과 서문(幷序)」

조산대부(朝散大夫) 비서소감(祕書少監) 지제고(知制誥)이며 자금어대(紫金魚袋)를 하사받은 신(臣) 박호(朴浩)가 왕명(王命)을 받들어 무덤돌 글(墓誌銘)을 짓다.

우리 대각국사 법명은 석후(釋煦)요, 자는 의천인데, 서송(북송) 황제의 이름을 피하여 자를 많이 썼다. 문종 인효성왕(仁孝聖王)의 넷째 아들이다. 인예태후(仁睿太后)가 꿈에 황룡을 보고 임신하여 을미년(1055) 9월 28일에 태어났는데, 예사롭지 않은 생김새였다. 11세 때 아버지 문종이 그가 영민하고 총명함을 보고 영통사 경덕국사(景德國師)를 불러 친교사(親敎師)로 삼아 출가시켰다. 불일사(佛日寺) 계단에서 구족계를 받으니, 그 숙세(夙世)의 공부가 놀랄 만하여 일대의 으뜸 교리를 스스로 깨닫지 못한 것이 없었다. 경덕국사가 입적하자 국사가 법문(法門)을 이어받았다.
당시 배우는 붇다의 가르침에는 계율종(戒律宗), 법상종(法相宗), 열반종(涅槃宗), 법성종(法性宗), 원융종(圓融宗), 선적종(禪寂宗)이 있었는데, 국사는 이 6종(六宗)을 아울러 그 연구가 지극한 경지에 이르렀다.

아울러 육경(六經)과 칠략(七略) 같은 책에도 심취하였으므로 부왕 문종이 상으로 '광지개종홍진우세 승통(廣智開宗弘眞祐世 僧統)'으로 삼았다. 순종(順宗)과 선종(宣宗)도 은총의 예를 두텁게 하여 여러 차례 법호(法號)를 더하여 주었다. 요나라 천우(天佑) 황제도 거듭하여 경책과 차·향·금·비단을 보내 믿음으로 인연을 맺었다.

원풍(元豊) 을축년(1085) 국사는 갑자기 아무도 모르게 바다를 건너 송나

라에 가서 여러 곳을 돌아다니기 시작하였다. 주객낭중(主客郎中) 양걸(楊傑)이 (송) 철종의 명을 받들어 안내하였는데, 밀수(密水)를 거쳐 변하(汴河=수도 개봉)에 이르러 바로 대궐로 들어가 (철종을) 뵙고, 이어서 승상(丞相)도 예방하였다.

그리고서 차례로 6종(宗)의 쟁쟁한 사람들을 만났으니 정원(淨源), 양연(懷璉), 택기(擇其), 혜림(慧琳), 종간(從揀) 같은 50명이 넘었다. 그러나 이들이 도리어 우리 국사의 마음속에 간직한 오묘한 이치를 배웠을 것이다. 이듬해 갑자기 본국으로 돌아가겠다고 한 것은 그럴만한 까닭이 있었으니, 선종(宣宗)의 아버지인 문종이 흥왕사를 세웠으나, 오랫동안 맡을 스님이 없었으므로 국사를 주지로 임명했기 때문이다. 그리하여 경전을 자세하게 가르치고, 정밀(精密)하게 강경(講經)과 선을 치밀하게 설하는 법회를 여러 해 동안 계속하였다.

인예태후(仁睿太后)와 선종이 모두 돌아가시자 국사는 해인사로 가서 안거(安居)하였다. 지금의 우리 임금(숙종)이 자리에 올라 우애를 더욱 두텁게 하는 한편, 불사(佛事)를 일으키기 위해 급히 중사(中使)를 보내 불러와 흥왕사(興王寺) 주지를 맡게 하였다.

[뒷면]

이전에 태후(太后)가 우리나라에는 본디 천태성종(天台性宗)이 없었으므로 국청사(國淸寺)를 창건하여 그 법(法)을 널리 펴겠다는 원을 세워 터를 닦기 시작하였다. 지금의 임금이 그 일을 마치자 정축년(1097) 5월 국사에게 명하여 (흥왕사 주지와) 겸하게 하였다. 아버지 왕 문종을 우리 임금에게 불교에 귀의하도록 하였으나, 하늘이 임금 자리를 잇는 것을 중하게 여겨 그 뜻을 이루지 못하였다. 그래서 국사에게 세속을 버리고 출가하게 하였는데, 이제 임금이 같은 해에 태어난 다섯째 아들을 출가시켜 우리 국사의 훌륭한 제자가 되도록 하였으니 옛 바람을 갚은 것이다. 이것은 우리나라의 위대한 성업을 도운 것이 지극하였다고 할 것이다.
올해(1101) 10월 3일 국사로 책봉하였는데, 그 달 5일에 항화(恒化)[21]하였다.

---

21) 『韓國金石全文』에서는 "온 국민이 깜짝 놀라게 갑자기 입적하였다."라고 하였고, 김용선은 "슬프게도 돌아가셨다"라고 옮겼다.

임금이 부음을 듣고 크게 슬퍼하여 곧 조회를 쉬고 담당 관리에게 예를 갖추라고 명하였다. 다비하여 마치고, 영통사 동쪽 산으로 옮겨 돌방을 쌓고 모셨다.

뛰어나도다! 국사가 살아서 수없이 교화한 일, 우리 임금이 국사에게 드린 여러 가지 아름다운 일, 국사의 문하가 되어 6가지 종문(宗門)을 전한 많은 제자가 나라 역사를 빛나게 한 일은 모두 탑비(塔碑)에 실려있으므로 여기서는 줄거리만 간추려 적는다.

게를 써서 이른다.

국사의 덕은 시방 모든 붇다 잇기에 넉넉하고,
가르침은 모든 중생 이롭게 하는데 넉넉하고,
수행은 바른길 지키기에 넉넉하고,
슬기는 대성(大誠) 꽃피우기에 넉넉하였으니,
여기 지은 글이 그 밝은 빛을 전하기에 넉넉하리라.

선덕랑(宣德郎) 비서랑(祕書郎)이며 비어대(緋魚袋) 내리신 것을 받은 신 고세칭(高世偁)이 왕명을 받들어 무덤돌 글을 쓰고,
이해 대송(大宋) 건중정국(建中靖國) 원년, 대요(大遼) 건통(建統) 원년(1101) 11월 4일 돌에 새기다.

卍 〈보정의 긴 꼬리말〉 대각국사 의천은 극락 가서 태어났는가?

대각국사의 무덤돌에 새겨진 글에서는 임종에 관한 자세한 묘사가 없이 "국사가 항화하셨다(國師恒化)"라고만 하였다. '항화'를 『한국금석전문』에서는 "온 국민이 깜짝 놀라게 갑자기 입적하였다."라고 옮겼고, 김용선은 "슬프게도 돌아가셨다"라고 옮겼다. 대각국사가 극락 가서 태어났는가 아닌가를 '항화(恒化)'라는 두 글자 가지고 판단한다는 것은 어렵다는 것을 알 수 있다.

| 홍왕사 대각국사 의천 묘지명 | 국립중앙박물관 (본관 293) |

엮은이는 '항화'를 새롭게 풀어보려고 경전들을 검토해보니, 『금강삼매경』에 "'오지 않고 가게만 한다'라고 한 것은 <u>고요하지만 늘 교화하기 때문이다(不來去去者 寂而恒化故)</u>."[22]라고 했고, 『화엄경』에서 '색신(色身)'을 설명하면서 "처소가 없는 육신이란, 늘 중생을 교화하여 끊이지 않기 때문이다(<u>無處色身 恒化衆生不斷故</u>)."[23]라고 해서 죽음을 아름답게 승화해 표현했다는 것을 알아내기는 했으나 그것이 '극락에 갔다'는 말로 연결이 되지 않았다.

그러나 김영미의 「대각국사 의천의 아미타신앙과 정토관」[24]이란 논문을 보고, 우리가 극락 가서 태어나는 왕생 결정의 요인을 임종에서만 찾은 것은 잘못이라는 것을 깨달았다(이 점은 일본 왕생전에서도 비판이 있었다). 김영미가 정리한 의천의 아미타신앙에 관한 증명을 보면서 '이런 정토 행자가 극락을 가지 않을 수 없다.'라는 결론에 이르렀기 때문이다. 아래서

---

22) 大正藏第 34 冊 No. 1730 『金剛三昧經論』, 「本覺利品」.
23) 大正藏第 10 冊 No. 0279 『大方廣佛華嚴經』 권76, 「入法界品」.
24) 김영미, 「大覺國師 義天의 阿彌陀信仰과 淨土觀」, 『역사학보』(156), 1997.

김영미 논문을 참고하여 의천이 극락왕생을 믿고 바라며, 실제 정토 수행을 했다는 점을 정리해 본다.

1) 1085년 송나라 양걸(楊傑)과 아미따불 신앙

의천이 송나라에 가서 바로 철종을 뵙고 법을 구하자 양걸을 시켜 안내하게 하였고, 양걸은 의천이 송나라에 있는 동안 늘 동행하면서 고승들을 천거해 만남을 주선해주었다. 그런 양걸은 독실한 정토행자였다. 다음 두 가지 자료를 보면 쉽게 알 수 있다.

> 원우 3년(1088) … 양걸은 일찍이 정토로 가는 길을 자신의 믿음으로 삼았다. 장육아미따불을 그려놓고 그 몸을 관염(觀念)하였다. 목숨이 다할 때 붇다가 와 맞이하니, 단정하게 앉아서 세상을 떴다(端坐而化).[25]
> 일찍이 말했다. "중생 근기는 날카롭고 둔함이 있으나 쉽게 알고 쉽게 할 수 있는 것은 서녘 정토뿐이다. 한마음으로 관하고 염하여(觀念) 흩어진 마음을 거두기만 하면 붇다의 바람에 기대 반드시 안양(安養)에 태어난다." 『천태십의론서(天台十疑論序)』, 『미타보각기(彌陀寶閣記)』, 『안양삼십찬(安養三十贊)』, "정토결의집서(淨土決疑集序)』를 지어 널리 서녘(정토)을 펴고 관(觀)법을 가르쳐 (중생의) 미래를 이끌었다. 늘그막에 미따장육존상을 그려놓고 관과 념을 행하다가 마지막 날 붇다가 와서 맞자 단정하게 앉아 세상을 떴다.[26]

양걸의 안내를 받아 만난 원조(元照), 정원(淨源), 유성(有誠), 종본(宗本), 원정(元淨), 종간(從諫), 중립(中立) 같은 스님들은 다 아미타불 신앙자들이었다. 따라서 송나라에 갔을 때 이미 정토 행자들과 깊은 관계를 맺고, 정토를 공부하였으며, 관련 경전과 논설들을 많이 가지고 돌아왔다.

2) 영지사 원조(元照)의 정토 강의

의천이 송나라로 건너간 첫해(1085) 12월 28일 전당(錢塘: 항주) 서호에 있는 영지사(靈芝寺)에 가서 당시 율종과 정토종 고승인 원조 스님에게 가르침을 청하자 율과 정토에 대한 고갱이를 이렇게 강의하였다.

---

25) 大正藏 第 49冊 No. 2035 『佛祖統紀』.
26) 大正藏 第 51冊 No. 2072 『往生集』, 「楊無為提刑」.

원조(元照)는 배움이 적기 때문에 일찍이 한 종문에 뜻을 두었다. 처음 뜻하는 바가 컸으나 실천하지 못하다가 여러 책을 읽고 수많은 것을 알았다. <u>여러 해 전부터 늙고 병든 것을 스스로 느끼자 모두 견뎌내기 어렵고 오로지 정토에 대해서는 두루 연구하여 늘 2개의 진리를 가지고 배우러 오는 사람을 가르쳤다.</u> 첫째 도에 들어감에 시작이 있고, 둘째 마음먹는 데는 반드시 끝이 있다. 시작이라는 것은 반드시 계를 받아 오롯이 받들어, 어느 때나 모든 티끌 세상에서 받아들인 것을 생각해 옷 입을 때, 밥 먹을 때, 가고·서고·앉고·누울 때, 말하거나 안 하거나, 움직일 때나 가만히 있을 때나 잠시라도 잊어서는 안 된다. <u>끝이라는 것은 마음이 정토로 돌아가 반드시 (극락에) 가서 태어나는 것을 다짐하는 것이다.</u>[27)]

의천은 함께 간 제자 수량(壽良) 등과 함께 강설을 듣고 보살계를 받았으며, 원조 대사가 지은 저서들을 청해 가져와 고리에서 판각해 유통하였다. 원조의 저서는 100권이 넘으며 그 가운데는 『관무량수경 의소(觀無量壽佛經義疏)』 『아미따경 의소(阿彌陀經義疏)』 등이 들어있다.

3) 의천과 정토에 간 사람들(往生者)의 교우

주굉이 지은 『왕생전』에 의천이 만난 위의 스님들 가운데 4명도 극락에 가서 태어났다고 기록하고 있다.

(1) 원조(元照) : "정토에 독실한 마음을 두고 끊이지 않고 염불하였다. 하루는 제자에게 『관무량수경』과 「보현행원품」을 외게 하고 가부좌 한 채 세상을 떴다. 서호의 어부들이 모두 공중에서 음악 소리가 나는 것을 들었다."[28)]

(2) 원정(元淨) : "죽을 때 방원암(方圓庵)에 들어가 사람들에게 '내가 7일 동안만 아무 걸림돌이 없다면 원하는 바를 이룰 수 있을 것이다'라고 말하더니 7일 뒤에 게를 써서 대중에게 보이고는 편안히 앉아 돌아가셨다."[29)]

---

27) 卍新續藏 第59冊 No. 1104 『芝園遺編』, 「爲義天僧統開講要義」
28) 大正藏 第51冊 No. 2072 『往生集』, 「靈芝照律師」
29) 大正藏 第51冊 No. 2072 『往生集』, 「元淨」

(3) 종본(宗本) : "평소 살면서 몰래 정업을 닦았다. 뇌봉재(雷峰才) 법사가 신통으로 정토를 여행하다가 연꽃 한 송이가 빼어나게 아름다운 것을 보고, 물으니 '정자사(淨慈寺)' 본(本) 선사를 기다린다고 했다. 또 자복희(資福曦) 공이 혜림사에 와서 그의 발에 절을 하고 돈을 이바지하고 갔다. 누가 그 까닭을 물으니 '선정 중에서 금 연꽃을 봤는데, 어떤 사람이 본(本) 공을 기다린다.'라고 했다. 또 연꽃이 헤아릴 수 없이 많은데 이는 태어날 사람을 기다린다고 했다. 시든 것도 있는데 그것은 (수행을) 그만두고 나쁜 길로 떨어진 사람 것이라고 했다. 어떤 이가 '스님은 직지(直指: 禪)를 전해 받았는데 왜 연꽃 나라 이름표를 얻었습니까?'라고 물으니, '비록 그 종문에 속해 있으나 정토를 겸해서 닦았다. 뒤에 목숨이 다하자 편안하게 앉아서 돌아가셨다."30)

(4) 중립(中立) : 중립은 평소 늘 정토 법문을 통해 중생들을 모아 이끌었다. 아울러 제자 개연(介然)에게 16관당을 지어 정토를 배워 익힐 마음이 있는 사람들을 끌어모으도록 하였다. … 휘종 정화 5년(1115) 4월 신해일 저녁, 갑자기 제자 법유(法維)에게 "너는 기이한 향내가 나지 않느냐?"라고 묻고 대중을 모아놓고 웃는 얼굴로 "내가 극락 가서 태어날(往生) 때가 되었다."라고 말한 뒤 서녘(西方)으로 향한 뒤 왕생하였다.31)

4) 어머니 태후와 형 선종의 죽음과 정토발원

1086년 불교 전적 3,000여 권을 가지고 귀국한 뒤, 흥왕사(興王寺)의 주지가 되어 천태교학을 정리하고 제자들을 양성하는 한편, 송나라의 고승들과 서적·편지 등을 교환하면서 학문에 몰두하였다. 송나라 화엄종은 당 말에서 5대 사이에 거의 사라지다시피 했는데 의천이 돌아와 1087년 『화엄경』 3가지 번역본 180권과 장경각 건립지 금 2,000량을 보내자 정원은 화엄각을 짓고 안치한 뒤 혜인사(慧因寺)라고 했는데 고리사(高麗寺)라고도 불렀다.32) 정원은 이로써 화엄종 종품을 진흥하고 중흥의 교주가 되었다.

　의천은 요나라, 송나라, 일본 등에서 불교 서적 4,000여 권과 국내의 고

---

30) 大正藏 第51冊 No. 2072 『往生集』, 「圓照本禪師」
31) 『淨土聖賢錄易解』, (財)文殊文敎基金會, 1998, 273쪽.
32) 두 번에 걸친 법난 때문에 불교가 거의 사라질 정도였다. 그 뒤 송나라 때는 산속에 숨어 지낸 선종의 선승과 절에 안 가도 집에서 할 수 있는 염불 수행자들만 남았었다. 그래서 화엄 계통 주요 경론들을 거꾸로 고리(高麗)에서 역수입해 가야 했다.

서를 모았다. 그는 흥왕사에 교장도감(敎藏都監)을 설치하고, 『교장』의 간행 목록으로서 『신편제종교장총록(新編諸宗敎藏總錄)』 3권을 편집하였는데, 이것은 삼장(三藏)의 정본 외에 그 주석서인 장소(章疏)만을 수집하여 목록을 작성한 것으로 우리나라 최초의 일이었다.

1094년 어머니 인예태후와 둘째 형인 선종이 세상을 뜨고 선종의 어린 아들이 헌종으로 즉위하자 해인사로 내려가 남모르게 지내면서 다음과 같은 시를 지어 정토를 발원한다.

「해인사에 물러가 지음(海印寺退去有作)」

의천이 가야산에서 머무는 동안 정토왕생을 발원하고 닦았다는 것을 보여주는 자료가 있다.

> 가야산 해인사여, 여악사(廬岳寺) 좋다 해도 이보다 뛰어나랴,
> 가야(伽倻는 시냇물 이름)는 도리어 여산(廬山)의 호계(虎溪)가 흐르는 것 같구나.
> 혜원의 높은 자취 이어받기 어려우나,
> 죽을 때까지 평소 뜻 이룬 것 기뻐하노라.
> 삶에서 부귀영화는 다 허무한 봄날 꿈같고
> 모였다 흩어지고 흥하고 망하니, 다 물거품 같네.
> <u>정신을 안양(安養)에 깃들게 하는 일을 빼놓고</u>
> <u>곰곰이 생각하니 무슨 다른 일 추구하랴!</u>[33]

가야산 해인사에서 여산 혜원의 길을 가기로 발원하고, 혜원이 정토 수련한 여산의 절보다 해인사가 더 낫다고 마음먹고 수행하였다는 것을 알 수 있다. 해인사에 흐르는 시냇물 가야(伽倻)는 여산의 호계(虎溪)와 견주어서 여산에서 백련결사를 한 혜원처럼 정토 수련을 하고 있다는 것을 나타낸다. 많은 불전을 공부하고 수행을 한 의천이 말년에는 극락=안양을 가는 것이 가장 중요한 목표로 삼고 실천했다는 것을 보여주는 시다.
여기서 의천의 극락에 대한 믿음(信)+바람(願)+염불(行)을 뚜렷이 볼 수 있으며, 그 열매(證果)는 극락에 간 것이다.

---

33) 『大覺國師文集』 「海印寺退去有作」

5) 「부여 공에게 부친다(寄扶餘公)」

어린 헌종이 1년 만에 물러나고 숙종이 임금 자리에 올라 형제인 의천을 다시 불러 흥왕사(興王寺) 주지를 맡게 하고, 1097년(숙종 2)에는 국청사(國淸寺) 초대 주지를 맡겼다. 숙종 4년(1099) 왕과 의천의 형제인 부여공 수(燧)가 경산부로 유배 갔다. 이때 의천이 부여공에게 쓴 글에 극락(안양) 이야기가 다시 나온다.

 <u>안양(安養)에서 만나자던 전일의 약속</u>
 가야산에서 노닐던 옛날의 추억.
 꽃 같은 누각 어디 있는가,
 남녘땅 바라보며 눈물 거두기 어려워라.

이 글을 보면 의천이 해인사에 내려가 있을 때 부여공도 내려가 해인사 뒷산인 가야산에서 함께 극락정토 가서 태어나길 발원하면서 정토 수행을 했다는 것을 알 수 있다.

6) 여산(廬山)처럼 연사(蓮社)의 씨앗이 되길 빕니다(祗合匡廬種社蓮)

1101년 의천이 세상을 뜨기 1년 전 6월 4일 천태의 현묘를 밝히는 강설을 한 뒤 문도들에게 3가지 의지를 말하는 가운데 마지막 세 번째에 이 일을 든다.

 [옛날 인예태후께서 모임을 만들려고(結社) 발원할 때 가지고 있던 송나라 명화 '여산 18현(廬山十八賢) 그림(眞容)'이 원문(院門)에 버려져 있어 아직 전각에 모시지 못했었다. <u>내가 이 거룩한 인연에 따라 서녘(극락세계)의 업을 닦고 왕생의 길을 빌고자 한다(予欲仗此勝緣 修西方之業 用薦 眞遊 云尒)</u>.]34)

---

34)『大覺國師文集』「庚辰六月4日國淸寺講徹天台妙玄之後言 志示徒」

7) 의천은 극락에 가서 태어났는가?

의천은 화엄종과 천태종을 함께 이끌어, 두 종파에서 많은 제자가 배출되었다. 화엄종과 천태종은 서로 다른 종파였기 때문에, 대각국사가 죽은 뒤에도 서로 자기 종파의 승려로서 의천을 기리는 비문을 세웠다.

① 1101년 11월 4일. 흥왕사대각화상묘지명(興王寺大覺和尙墓誌銘)
가장 먼저 제작된 것은 흥왕사의 묘지명으로 의천이 죽은 해에 만들어진 것으로 보인다.

② 1125년. 영통사 대각국사비(靈通寺大覺國師碑)
두 번째, 현재 개성 영통사에 세워진 비문으로 입적 24년이 지난 1125년(인종 3)에 김부식이 지었다. 김부식은 의상과 원효를 불교를 중흥시킨 대종사로 칭송하고, 화엄종을 강조하여 의천이 화엄 조사 9명을 기리는 구조당을 세운 것을 강조하였다.

③ 1132년. 칠곡(漆谷) 선봉사 대각국사비(僊鳳寺大覺國師碑)
그 뒤 1132년(인종 10) 천태종의 시조임을 강조하는 비석이 세워지는데, 선봉사 비석이다. 선봉사의 뒷면에는 의천이 천태종의 시조임을 강조하고 있다.

위의 세 글을 보면 ①의 왕의 조서·교서 같은 글을 지어 바치는 지제고(知制誥)라는 벼슬을 하는 관리였고, ② 김부식은 『삼국사기』를 지은 유학자이며, 정치가·역사가였으며, ③을 쓴 임존(林存)도 지제고였다. 이들은 모두 당대의 문인들이지 붇다의 가르침을 믿고 수행하는 사람들이 아니기 때문에 의천의 행적이나 나타난 실적에 대해서는 자세하게 언급하고 있지만, 실제 의천의 생사관이나 진심으로 괴로움을 벗어나는 신앙관에 대해서는 무관심했다는 것을 알 수 있다.

그런 면에서 이 보정의 꼬리말은 의천의 종교관을 정토문이란 입장에서 정리해 본 새로운 비문이라고 할 수 있으며, 지금까지 본 의천의 정토 행자들과의 인연과 정토 수행과정을 보면 의천이 극락(이때는 안양이라고 썼다)에 가서 태어난 것은 의심할 여지가 없다고 본다.

『무량수경』에서 "윗 동아리(上輩)는 ① 집을 버리고 사문이 되어 깨닫겠다는 마음을 내어(發菩提心), ② 한결같이 오롯이 무량수불을 염(念)하고, ③ 갖가지 공덕을 닦아 그 나라(극락)에 태어나고자 하는 중생들은 ④ 목숨을 마칠 때 무량수불이 여러 대중과 함께 그 사람 앞에 나투시면, 붇다를 따라 그 나라에 가서 태어난다(往生). ⑤ 편안하게 7가지 보석으로 된 꽃 속에서 저절로 바뀌어 태어나면, 다시는 윤회하지 않고(住不退轉), 지혜·용맹·신통에 거침새가 없어진다."라고 하신 붇다의 말씀이 그것을 증명한다.

그리고 아래 이어지는 제자들의 극락 간 보기도 대각국사 의천의 왕생을 잘 뒷받침한다고 볼 수 있다.

 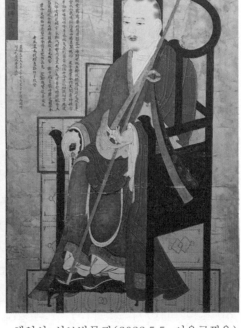

칠곡 선봉사 대각국사비(국립문화재연구원)　　해인사 성보박물관(2022.5.5. 이은금찍음)

5. 1142년, 서쪽 향해 단정히 앉아 극락 간 묘응(妙應) 대선사

인종 20년 (1142)

金龍善, 『高麗墓誌銘集成』, 한림대아시아문화연구소, 2012.

간직한 곳 : 본디 개성 위두사(취두사) 동남봉우리에 있었으나 현재 어디 있는지 모르고, 손으로 베낀 글만 문경 금룡사에 있었다.

박교웅 대선사 무덤돌 글(僧 朴敎雄 墓誌銘)

돌아가신 국청사(卒國淸寺) 주지 요설연묘홍진혜감묘응 대선사(了說演妙弘眞 慧鑑妙應 大禪師) 무덤돌에 새긴 글(墓誌銘).

스님의 이름은 교웅, 자는 응물(應物), 호경(鎬京, 西京) 사람으로, 그 선조 는 박씨다. 9세에 장경사(長慶寺)의 선사 석찬(釋贊)에게 나아가 머리를 깎 고, 대안 5년(선종 5, 1089)에 불일사(佛日寺)에서 계를 받았다. 어려서부 터 총명하여 스승의 심인선법(心印禪法)을 배웠으며, 자라면서 생각하고 풀 어내는 것을 훤하게 알게 되자 총림에서 훌륭하다고 하지 않는 이가 없었 다.

석찬 선사가 사망하자 쌍봉사 선사 익종(翼宗)을 스승으로 삼았다. 마침 대 각국사(의천)가 천태종을 세우고, 달마 구산문 가운데서 수행력이 높은 승 려들을 모아 바야흐로 교관(敎觀)을 널리 퍼트리고 일불승(一佛乘)의 으뜸 법문을 열려고 하였다. 익종 선사가 기꺼이 그 가르침을 듣고 드디어 나아 가 배우게 되자 스님도 또한 따라갔다. 스스로 때가 왔다고 하여, 이로부 터 지자대사(智者大師)가 말한 오시(五時), 팔교(八敎), 삼제(三諦), 삼관(三 觀)의 뜻을 배워서 굳게 그 가르침에서 떠나지 아니하니, 이름이 크게 떨 쳤다.

건통 원년(숙종 6, 1101) 국가에서 처음으로 천태종 대선(大選)을 시행하 면서 (대각)국사에게 시험을 주관하도록 하여, 좋고 나쁜 것을 분명하게 가려내고 합격과 불합격을 자세하게 하였다. 스님이 자랑스럽게도 응시자 가운데 으뜸이 되어 답안이 상상품(上上品) 성적이었으므로 대덕(大德)을 내렸다. (건통) 5년(숙종 10, 1105)에는 대사(大師)를 주고, 태선(太選)에 나가 또 상품(上品)에 올랐으므로, 조칙으로 국청사의 복강사(覆講師)가 되어 경론을 뚜렷하게 밝히고 여러 해 동안 학도들에게 가르침을 전해주었다. 이로부터 천태종의 답답한 교리가 다시 밝혀지고, 막혔던 것이 다시 통하게 되었다.

얼마 뒤 익종 선사가 입적하자 문하의 제자들이 일신상의 이익을 좇아 모두가 어지럽게 다른 곳으로 갔으나, 오직 스님만이 바른 것을 지키며 고집스레 옮기지 아니하였다. 이때 한 종파의 장로가 있었는데, 스님만 홀로 우뚝하게 서서 그 문하에 예를 바치지 않았으므로 미워하여 장차 해치려고 하였다. 그러나 뜻을 이루지 못하고 있다가, 마침 때를 만나게 되자 일을 만들어 스님을 홍주(洪州) 백암사로 쫓아버렸다.

절이 산골짜기에 있어 범에게 해를 입는 일이 종종 있었다. 스님은 평안하고 태연하게 7년 남짓 머무르면서 수행을 더욱 닦으니 덕이 더욱 쌓였다. (천태종) 종지(宗旨)만 발휘하였을 뿐 아니라, 화엄(華嚴)과 유가(伽)와 성상(性相)의 이치와 도리를 탐구하였고, 유가(儒家)와 묵가(墨家), 노장(老莊), 의술(醫), 음양설(陰陽說)에 그 이르기까지 그 근원을 연구하고 그 유파를 섭렵하지 않음이 없었다.

하루는 가야사에 들렀다가 『유가론』 100권이 휴지 더미 속에 있는 것을 보고, 굽어보고 우러러보며 탄식하면서 짊어지고 돌아와 읽기를 더욱 부지런히 하였으니, 스님의 마음 씀씀이를 가히 짐작할 수 있다.

천경 5년(예종 10. 1115) 원명국사(圓明國師)가 소문을 듣고 스님의 덕행이 당세에 본보기가 될만하다고 하여 황제 측근으로 천거하였다. 이에 예종이 삼중대사(三重大師)를 시키고 화장사(華藏寺)로 옮기게 하였다. 이 해에 크게 가물어 장령전(長齡殿)에서 법회를 열고 비가 내리기를 빌게 되자, 우리 스님과 대선사(大禪師)에게 명하여 임금의 뜻을 이어 주반(主件)을 맡도록 하였다. 『묘법연화경(妙法蓮華經)』 6가지 비유를 설명하니 권교(權教)와 실교(實教)에 대한 근원이 얼음 녹듯이 훤하게 풀려서 비로소 경계가 없어졌다. 예종이 듣고 기뻐하여 첩가사(貼袈裟) 한 벌씩을 내리고, 장경도량(藏經道場)을 열게 하고 자복(紫服)을 내렸다.

기해년(예종 14, 1119)에 삼승사(三乘寺)로 옮겨, 주지가 되었으며, 다음 해에는 선사(禪師)를 내리고, 또 교지(官誥) 한 도(道)와 납엄척(衲掩脊) 한 벌을 하사받았다.

임금(인종)이 즉위하자 자주색 수를 놓은 첩가사 한 벌을 하사하고, 월봉사(月峰寺)로 옮기게 하였다가 다시 외제석원(外帝釋院)으로 옮겼다. 을묘년(인종 13, 1135)에 국청사로 옮겨 주석하게 되자 대선사로 삼으면서, 자수로 만든 가사 한 벌과 아울러 교지 한 도(道)를 내려주었다. 경신년(인종 18, 1140)에 서울이 가물자 명령을 내려 일월사로 오게 하여 『묘법연화경』을 읽으며 비를 빌게 하였는데, 「약초유품(藥草喩品)」에 나오는 일지일우(一地一雨)라는 비유를 읽자 큰비가 내렸다.

황통 2년(인종 20, 1142) 7월 16일에 병이 들자 용수원(龍樹院) 서쪽 건물에 앉아 이를 닦고 향을 사른 다음, 문하의 제자들과 함께 이야기하였는데 온화한 모습이 평소와 같았다. 잠시 뒤 방에 들어가 서쪽을 향하여 단정히 앉아 돌아가시니, 나이 67세였다. 8월 초닷새에 성의 서쪽 청송(靑松) 서쪽 봉우리에서 다비하고, 10월 14일에 유골을 성의 동쪽에 있는 약두산 취두사 동남쪽 봉우리에 장례 지냈다.

돌에 새겨 이른다.

홀로 우뚝 서서 정해지지 않은 곳에 머무니
고요하고 아득하여 스스로가 본(本)이며 뿌리이도다.
마음으로 가섭에게 전하여 한 가닥 그윽하고 부드러운 미소를 지으니
깊은 깨우침을 스스로 얻어서 바라보기만 하여도 서로 통한다.
뒤에 천태의 마루턱에 노닐며 불이문(不二門)에 들어가서
깊은 진리를 깨우쳐 알고 무리들의 어두움을 밝히 일깨우도다.
석림의 기둥이고 교해(敎海)의 연원(淵源)임을
돌에 파서 새기니 잊혀지지 않기를 바라노라.

문인 중 선사가 4명, 삼중대사가 9명이며, 중대사와 대덕인 도관(都官)과 선발된 학도가 모두 134명이다.

황통 2년 임술년(인종 20, 1142) 10월 14일에 삼가 적다.

권 보정의 꼬리말

쌍봉사 익종(翼宗) 스님을 스승으로 출가하여 함께 대각국사(의천)로부터 천태종을 배워 큰스님이 된다. 익종 선사가 의천 그 가르침을 듣고 드디어 나아가 배우게 되자 스님도 따라간 것이다. 묘응 선사가 '서녘을 향해 단정히 앉아 돌아가셨다'고 하는 것은 대각국사 의천처럼 말년에는 서녘 정토에 가서 태어나기를 빌고 정토로 갔다는 것을 뜻한다.

6. 1174년, 서쪽을 향해 가부좌하고 합장한 채 극락 간 원각국사

숙종 4년(1174년)
『校勘譯註 歷代高僧碑文』高麗篇1(1994)]
영동 영국사 원각국사 비 (국보 534호)

□□□□ 태종(台宗) 증시 원각국사비명(贈諡圓覺國師碑銘) 및 머리말

조산대부(朝散大夫) 동지추밀원사(同知樞密院事) 판사재사(判司宰事) 지제고(知制誥) 겸(兼) 태□(太□)

□ 붇다가 말씀하신 3승(三乘) 12분교(十二分教) 8만 법문(八萬法門)이 천축(乾竺)에서는 모두 갖추어졌으나, 해동국에서는 아직 번득이는 가르침 소리에 어둡다. 그러나 붇다의 미묘한 말씀이 설해지는 것은 멀고 가까움이 없다. (깨짐) 상언(尙焉). 그리고 그 바람이 변마(卞馬: 변한·마한 지역?)지역에 크게 떨쳐, 슬기로운 해가 비치는 곳은 밝아지고 가르침의 비가 내리는 곳은 촉촉이 적셔 한 구역이 되었다.

우리 태조께서 어려움을 만났을 때 남모르게 도움을 받아 만세 (깨짐) 이루었다. 차츰 동쪽으로 전해졌으나 종문이 아직 세워지지 않았다. 문왕의 넷째 아들 대각국사가 선왕(宣王)이 즉위하신 지 3년(1085), 경오(1090?)에 가르침을 구하려고 송나라에 들어가 전당(錢塘: 지금의 항주)을 다니면서 도를 묻고, (천태) 불롱산(佛隴山)에 올라 바라보고 (깨짐). 천태(종)를 논의하는 사람은 대각(국사)을 시조로 삼았으나, 사람이 도를 넓힐 수 있

는 것이지, 도가 사람을 넓게 하는 것이 아니므로, 대도가 행해지기 위해서는 반드시 그러한 사람을 기다려야 한다. 오늘날 천태의 감추어진 교리는 가장 으뜸가는 법문이다. 반드시 세상에 이름난 사람이 있어야 한다. (깨짐) 행적이 완전히 없어지지 않아야 복리를 쌓아 나라를 보호하게 된다. 그러므로 대각이 입적한 지 7년이 지나, 하늘이 국사를 세상에 태어나게 하여 바른 법(正法)을 보살피게 하였다. 그것을 어떻게 알 수 있는가! 스님께서 (깨짐). 손에는 항상 책을 놓지 않고, 불도를 구하였으니, 어찌 하늘이 국사가 바른 법을 보호하도록 그렇게 함이 아니겠는가! 또 모든 여러 경문을 살펴보면, 여래의 방이란 큰 자비심이고, 여래의 옷이란 부드러움과 너그러운 마음(忍辱心)이며, 여래 (깨짐). 게으르지 않은 마음으로 붇다의 가르침을 널리 펴서 만세에 널리 쓰이도록 큰 법륜을 굴릴 사람은 오로지 우리 (원각)국사뿐이다.

스님의 이름은 덕소(德素)이고, 자는 혜약(慧約)이며, 어릴 때의 이름은 자미(子美)이고, 속성은 전씨(田氏)다. 담(潭) (깨짐). 주 수령으로 있을 때인 정해년(1107) 3월 6일 어머니 남원군부인(南原郡夫人) 양씨가 어느 날 밤 서울에서 주의 경계까지 길에 수레가 가득히 이어져 있는 꿈을 꾸었는데, 스님은 그날 밤에 태어났다. 부모가 그 귀함을 알고 자미(子美)라고 불렀다. (깨짐)

중이 "저는 국청사 정원(淨源)입니다"라 하므로, 스님은 그와 기꺼이 대화를 나누니, 마치 오래전부터 잘 아는 사람 같았다. 드디어 따라가서 대선사 교웅(教雄) 문하에 들어가 9살 때 머리를 깎았다. (대선사) 교웅 공(雄公)이 늘 이르기를 "우리 (천태)종을 일으킬 사람은 틀림없이 이 사미일 것이다"라고 하였다. (깨짐) ~하면 반드시 늘 스님과 함께 놀았는데, 어느 날 함께 불당을 둘러보다가 우연히 법당(大藏堂)에 들어가 함을 열고 책을 꺼내 스님에게 주자 스님은 그 책을 받아보고 바로 능통하였다. 인종이 감탄하여 "이 중은 훗날 반드시 큰 법사가 될 것이다"라고 하였다. 무신년(1128) (깨짐). 대선(大選)이 열려 시험 보기 전 이미 자미가 당선될 것임을 알고 있었는데, 다음날 과연 합격하니 한 생만 보살 수행을 한 것이 아니고, 어렸을 때 이름도 전생의 이름이었다. 인종이 자리를 이은 지 11년째인 임자년(1132) 인종이 국청사에 나들이하여 (깨짐) 스님. 계해년(1143) 봄 스님은 문도에게 치하의 말을 남기고, 각지로 돌아다니며 스승을 찾아 도를 묻다가 울주 영취산에 이르러 머물렀다. 슬기로운 이들이 여

러 곳에서 모여들어 이보다 더할 수가 없고, 사방 학자들 부탁이 날로 많아졌다. 또 들으니 (깨짐)

돌아오는 길에 푸른 바다에서 갑자기 폭풍이 불어 성난 파도가 산과 같았다. 배에 탄 사람들은 두려워 어찌할 바를 몰랐으나 스님은 태연히 「보문품」을 독송하니, 눈 깜짝할 사이에 바람과 물결이 저절로 가라앉아 무사히 건넜다. 경오년(1150)에 몸소 금으로 경전을 썼다. (깨짐) 정사를 본 지 8년째인 계유년(1153)에 (의종이) 스님을 선사로 올려 임명하였고, 을해년(1155) 봄에는 마납법의(磨衲法衣)를 내리셨다. 갑신년(1164) 여름 날씨가 오랫동안 가물어 의종이 문명궁에서 경을 설하는 법회를 열고 스님을 모셔와 강설하게 하자마자 큰비가 쏟아졌고, 그리하여 논밭이 (깨짐) 임금님 수레를 따라가 머무는 곳에서 보필하였다. 임금이 명하여 스님이 모든 종문 석학 가운데 벼슬할 만한 인물 천거하였는데, 추천한 사람은 모두가 명망 있는 인물들이었다. 돌아오는 길에 평주에 머물렀을 때 스님께 대선사를 내렸다.

숙종 1년 신묘(1171) (깨짐) 불법승. 이리하여 덕망이 큰 스님을 얻어 사범(師範)으로 삼고자 하였는데 왕이 감히 마음대로 결정할 수 없어서 선·교종(禪敎宗)에서 오랫동안 덕망을 쌓은 대덕을 뽑아 불상 앞에 그 이름을 붙여두고 엎드려 기도한 뒤 봉한 이름 하나를 뽑았다. 그리고 임금의 진영(眞影) 앞에 나아가서(깨짐) 이리하여 임금이 친척 아우(戚弟) □세승통(□世僧統) 우복야 박경서(朴景瑞) 등을 보내 왕의 뜻을 전하고 이어서 여러 번 청하였으나, 스님은 모두 사양하고 받아들이지 아니하였다. 사신을 세 번이나 보내자 임금의 뜻이 간절함을 알고, 어쩔 수 없이 받아들였다.

갑인년(1194)에 보내 (깨짐) 등이 예를 갖추어 존호를 높였다. 11월 갑술, 출가자·재가자와 임금·신하가 큰 법회를 열고 스님께 예를 올렸다. 이날 백좌회(百座會: 사자좌 100개를 만들어 고승 100명을 모시고 설법하는 큰 법회)를 베풀어 향을 나누어주는 의식(行香)을 할 때 임금이 먼저 스님 앞에 공손히 예를 표하고 궁전에 올랐다. 그 뒤 수창궁(壽昌宮) 화평전(和平殿)에서 금경회(金經會)를 열고, 스님을 청하여 □□□□□ 즉(則) 혹(或) □ 임금이 수레를 타고 나들이 가서 스님의 얼굴을 직접 보고 안부를 물으니, 그 공경함이 이와 같았다.

갑오년(1174) 10월 기축 □천수사(天壽寺) 대연(大延)□□. 11월 계사(癸巳)에 가벼운 병이 드니, 임금이 몸소 앓아누운 자리까지 와서 약을 손으로 먹여 주었다. 또 우복야 박경서를 보내 □□□□□□□□□, 스님은 손을 들어 뿌리치며 돌려보내고, 가부좌를 틀고 앉았다. 임금이 "이것이 스님이 늘 가지고 있는 마음가짐이다"라고 말했다. 이날 모시고 있는 선사 승지(承智)에게 명하여 모시고 의왕사(醫王寺)로 옮기게 하였는데, 하루 지난 뒤, 서쪽을 향하여 단정히 앉아 합장하고 입적하였다. 임금께서 들으시고, (깨짐) (송)악산 서쪽 기슭에서 (다비하였다?).

스님께서 병에 났을 때 내인(內人) 곽영견(郭永堅)이 꿈에 맞이하여 □문(門)□유(有)□□, 성문인(聲問人)이 대답하되, "이것이 여래가 열반하신 때"라고 하였다. 스님들이 바라보니, 옷이 하얀 학 무리가 되어 둘러싸고 공중으로 올라가 서쪽으로 (깨짐) 전(電). 다음날 스님이 과연 참여하지 않았다. 11월 경인(庚寅)에 선사 승지에게 명하여 유골을 받들어 □□□하(下), 양산(陽山) 관내 지륵산(智勒山) 영국사(寧國寺)에 모셨다.

을미년(1175) 4월 태사를 보내어 (깨짐). 형원사(瑩原寺)에 있을 때, 일찍이 이르기를 형원(瑩原)이란 선가(禪家)의 고찰(古刹) □ 일이 혼란스러워 부(不)□□□□□□ 지륵(智勒)은 산 높고 물 맑아 참으로 수도하기 알맞은 곳이다. 드디어 임금이 청하여 사(使)(깨짐)
(깨짐) 병이 없고, 입은 옷은 유(有) (깨짐)
(깨짐) 불전(佛典)을 읽고 다른 일은 마음에 두지 않았다. (깨짐).

【비 뒷면 기록(陰記)】

원각국사 비 뒷면 : 문도와 직명
선사(禪師) : 승지(承智)
삼중대사(三重大師) : 재사(再思), 담요(曇曜), 기윤(覬胤), 신수(神秀), □□.
중대사(重大師) : 문편(文便), 품룡(禀龍), 담기(曇機), 사안(師安), 중익(中益), 도설(道說), 사현(思玄), 도견(道堅), 천관(闡觀), □묵(□黙), 심현(心玄), 승편(承便), 계안(繼安), □이(□頤), 처연(處緣), 석예(釋猊). 입선학도(入選學徒) : □□, 희문(希文), 효안(效安), 안훈(安訓), 유문(惟文), 남윤(南胤), 묘남(妙南), 유장(惟章), 영순(領純), 심□(心□), □주(□珠), 유안(惟安), 돈수(敦守), 관여(觀餘), 심예(心銳), 인순(仁順), 현중(玄中), 문광(文光), 의인(義仁), □□, 지해(智海), 신연(信淵), 의원(義圓), 혜윤(惠胤), 영연(靈淵), 석란

(釋蘭), 회련(懷璉), 득의(得義), 종순(宗順), □익(□翊), 이융(理融), 중안(中安), 계장(戒璋), 정장(定璋), 지오(知奧), 담실(曇實), 영단(令端), 지수(智粹), 충현(冲玄), 계돈(戒敦), 계엄(戒嚴), 계휘(戒暉), 이돈(理敦), 문유(文儒), 수여(須餘), 대현(大賢), 돈준(敦俊), 회관(希觀), 법유(法瑜), 위윤(威胤), 연원(淵遠), 기□(其□), 융전(戎全), 광수(光秀), 연보(淵寶) 같은 100명 남짓.

개□사(皆□師) : 의전(義詮), 혜림(惠琳), 관우(觀祐), 존각(存覺), 존정(存正), 규선(珪禪), 법광(法光), 도남(道南), □□, 성대(成大), 원신(元信), 종직(宗直), 신효(神孝) 같은 200명.

불은사(佛恩寺) : 중대사(重大師) □□

국청사(國清寺) : 중대사 유정(惟正) 같은 300명.

천수사(天壽寺) : □□□□□ 하사령(下使令). 이상 모두 1,200명 남짓 □□ □□□□□

　　　　　　　　우(右) □□□□□□□□□

자료 : 李智冠 譯註, 『校勘譯註 歷代高僧碑文』[高麗篇 3], 伽山佛敎文化硏究院, 1996
국사편찬위원회, 고려시대 금석문·문자자료 〉 비문 | 碑文 〉 영국사원각국사비
국립문화재연구소, 금석문검색 – 판독문/해석문 비교보기

영국사 원각국사비 (2022.5.2)　　국립문화재연구원 금석문 검색

卐 **보정의 꼬리말**

의천 · 묘응에 이어 선사들이 마지막에 서쪽을 향하여 단정히 앉아 합장하고 입적하였다고 하는 것은 모두 정토문을 함께 닦았다는 것을 뜻한다. 위와 같이 천태종 대덕들이 염불한 것은 이미 천태종을 세운 천태 지의(天台智顗)의 사상과 마지막 행적을 보면 당연하다고 할 수 있다.

천태 지자의 학풍은 법화사상을 마루로 하여 5시 8교 교상을 세우고 적극적으로 방편을 열어 진리의 실(實)이란 교지를 주장하였고, 『중론』 등을 따라 일심삼관(一心三觀) 설을 주장하여 마음을 관(觀心)하는 것을 고취시켰다. 또한 깊이 아미따불을 믿고 반주삼행삼매(般舟三行三昧) 법을 닦았다. 『지자대사 별전』에 따르면 지의는 숨을 거둘 때 서녘을 향하여 누워서, 오로지 아미따 · 반야 · 관세음 같은 이름을 불렀다. 그리고 마지막으로 문수행(聞修行)과 사수행(思修行)을 하기 위해 『법화경』과 『무량수경』 두 경의 제목을 부르게 하여, 무량수를 듣고 나서, "48원으로 정토를 꾸민 보배 연못 · 보배 나무가 있는 곳에 가서 태어나는 것은 쉬우나 간 사람이 없다. 죄를 짓고 지옥에 떨어지는 죄인들을 싣기 위해 옥졸들이 불타는 수레를 끌고 와 다투어 나타나니 능히 참회하는 자는 가서 태어날 수 있다. 하물며 계정혜 3학을 닦는 사람이랴! 도를 수행하는 힘은 실로 헛된 것이 아니고 범음(梵音) 소리가 사람을 속이는 것이 아니다"라고 찬탄하였다. 또 "많은 성중들이 관세음보살을 모시고 모두 와서 나를 맞이한다"라고 말했다.(望月信亨 저, 이태원 역 『중국정토교리사』, 111~122쪽)

7. 1188년, 서쪽 아미따불상에 합장하고 극락 간 정각 승통(僧統)

金龍善, 『高麗墓誌銘集成』, 한림대아시아문화연구소, 2012.
서울 국립중앙박물관 (No 본10628, 4-4)

고리 나라 흥왕사 교학 영통사 주지 정각 승통 무덤돌(高麗國 興王寺 教學 靈通寺 住持 正覺 僧統 墓誌)

(스님의) 이름은 영소(靈沼)이고, 속성은 김씨이며, 수주(水州) 사람이다. 대

조(大祖 太祖)의 □행공신(行功臣)이자 좌승(佐丞)인 김지(金知)의 7대손으로, 아버지 순영(純英)은 조의 대부(朝議大夫) 사천감(司天監)으로 자금어대(紫金魚袋)를 하사받았고, 어머니는 최□□인(崔氏夫人?)이다.

예종 천경 5년 을미년(예종 10, 1115) 2월에 태어났다. 11세에 □□사(師) 승통(僧統) □선(□宣)에게 의탁하여 영통사 보소원(靈通寺 普沼院)에 나가 머리를 깎고, 이에 이름을 받았다. 이듬해에 불일사(佛日寺)에서 □□(계를 받고) 다시 이름을 얻었다. 17세에 승과에 합격하고, 21세에 처음 광교사(光教寺) 주지가 되었다. 32세에 비(批)를 받아 삼중대사가 되고, 39세에는 수좌에 뛰어오르면서 이에 관고(官誥)를 받았다. 56세에 승통(僧統)이 □□(되고?) 무늬가 있는 비단에 쓴 교지를 받았다.

광교사로부터 영통사에서 입적할 때까지 아홉 군데의 주지로 있으면서, 받은 □호(法號?)는 정각(正覺)과 증지(證智)이고, 임금에게 하사받은 가사가 처음에는 마납(磨納)이고 다음에는 만수(萬繡/端)다. 경자년(명종 10, 1180)과 을사년(명종 15, 1185)에는 모두 승과의 도청(都廳)이 되고, 정축년(의종 11, 1157)에서 정미년(명종 17, 1187)까지 32년 동안 흥왕사 홍교원(興王寺 洪教院) □학주(講學主?)가 되어 화엄장소(花嚴章疏)를 강의하였다. 또 세 차례 임금의 명을 받아 귀신(歸信)·개태(開泰)·해인(海印) 등의 절에서 강(講)을 주관하니, 임금이 소□(疏□)를 기다렸다.

지금의 임금(명종)이 즉위하자 스승의 예로 대우하였으며, 궁궐에 들어가 □ 그 가르침을 받았다. 『화엄경』 읽기를 마치자 본부(本部)□□양원(楊圓)이 위아래와 안팎에서 받지 않는 곳이 없었다. □『화엄경』 청량묘연(清涼再演) □권을 지었으며, □□경소(經疏)□ 3권 장(章) 같은 여러 □□□해(解)□□를 새겨서 반포시키고, 손으로 베껴서 널리 펴 전하기도 하였다. 그 수록된 것과 유림제가(儒林諸家)의 문집, 시화(詩話), 편찬한 사원(事苑) 등이 모두 세상에 퍼졌다. 이로 말미암아 배우려는 사람들이 듣고 □□□ □□ 이롭게 하자 의심을 해결하였으며, 빈손으로 찾아왔다가 가득히 채워서 돌아간 사람이 그 수를 헤아릴 수 없을 정도였다. 뛰어난 제자와 문도들이 모두 364명인데, 그 가운데 수좌가 3명이고, 삼중대사가 6명으로, 그 가운데 □□□ 승통(僧統)이 되었다.

대정 28년 무신년(명종 18, 1188) 정월 23일에 목욕하고 깨끗한 옷으로 갈아입은 다음, <u>서쪽 벽의 아미따불상을 향하여 단정히 앉아 바른 모습으로 □시(時)에 입적하였다.</u> 얼굴 □은 맑고 희어서 근엄하기가 평소와 같았다. 춘추는 74세이고, 승랍은 62년이다. □월에 □□ 받들어 신좌(神座)를 옮기고 탑이 오래 가기를 □.

명(銘)하여 이른다.

하늘이 법기를 내시니 □□□윤(倫)
불교에 귀의하여 지혜의 바다에 들어오니 □ 높아 신(神)과 같았네.
학문은 삼장에 해박하고 □□진(眞)을 베풀어
세상을 위한 가르침을 펴니, 사람들에게 □ 넓히도다.
성스러운 임금도 옷자락을 여미고 □□ 자리를 피하니
어두운 길 나루터와 대들보 되고, 진리로 들어가는 문지방이 되었네.
온 나라가 우러르고 숭배하니 스님 중 □ 으뜸 되어
복과 은혜를 갖추었으나 엄격하고 정중하기는 태산과 같도다.
<u>임종할 때가 되자 미리 그때를 알아서 온몸을 깨끗이 씻고</u>
<u>마음을 맑게 하고 정신을 가다듬었네.</u>
<u>단정하게 사람을 대하여 서쪽을 향해 앉은 채로 입적하니</u>
<u>엄숙함은 생시와 같아 안색도 희게 빛나도다.</u>
온전하게 덕을 갖추었고 처음과 같이 끝을 잘 맺은 생애를
명(銘)으로 적어 돌에 새겼으니. □ 없이 영원토록 빛나리로다.

卍 보정의 꼬리말

승통(僧統)은 대각국사 의천과 같이 승려 계급에서 가장 높은 지위다. 무덤 돌에 기록된 내용을 보면 화엄 교리를 실천하고 가르쳤으나 마지막 숨을 거둘 때는 서쪽 벽에 모신 아미따불상을 향하여 단정히 앉아 입적하였다고 한다. 그리고 명문(銘文)에는 '단정하게 사람을 대하여 서쪽을 향해 앉은 채로 입적하니'라고만 하였다. 이것으로 앞에서 여러 스님들이 서쪽을 향해 단정히 앉아서 입적한 광경을 묘사했으나 서쪽에 아미따 불상을 모시고 그 불상을 향해 합장하고 입적했다고 볼 수 있는 증거가 된다.

「정각 승통 묘지」(국립문화재연구소 문화재 검색)

8. 초기 경전(아함경) 읽고 나서야 극락이 받아준 신라 승 유(兪)

승려 유(兪)는 신라 사람이다. 어려서 출가하여 정토교에 진심으로 귀의하였다. (초기 경전인) 아함경을 외는 사람이 있으면 헐뜯고 꾸짖었으며 가져다 버리라고 말했다. (어느 날) 꿈속에서 극락 동쪽 문에 이르러 문 안으로 들어가려 하였다. 이때 수많은 하늘 동자들이 문밖에 서서 보물 지팡이로 승유를 쫓아내며 말했다.

"작은 도(小道)가 망해 없어지면 큰 가르침(大敎)도 모두 사라진다(滅相)[35]. 작은 법(小法)으로 사다리를 삼아 큰 도(大道)로 올라가는 것이 너희 나라 법식이다. 교만한 마음에서 아함경을 하찮게 여겨 버리고 외지 않으면 대승의 문에 들어갈 수가 없다."

이런 얘기들이었다. 꿈을 깨고 나서 슬프게 울면서 잘못을 뉘우치고 (장아함경, 중아함경, 잡아함경, 증일아함경 같은) 4가지 아함경을 모두 가지고 외우고 나니 (아미타불이) 오셔 정토로 맞이하게 되었다. 제자들도 꿈을 꾸었는데, 스승께서 연꽃을 타고 와서 말씀하셨다.

"내가 사바(娑婆)세계에서 아함경을 모두 외어 본습(本習)[36]을 따랐기 때문에 먼저 작은 길(小道)를 깨닫고 머지않아 다시 큰 도(大道)에 들어갔다."

僧俞者。新羅人也。少出家歸心於淨土敎。見諸誦持阿含者。毀呵言捨。夢至極樂東門。將入門中。爾時有無量天童子。在門外立。以寶杖驅出俞曰。小道滅沒。即大敎滅相。以小法爲梯橙登大道。是汝國式也。輕慢阿含捨不誦。不可入大乘門云云。夢覺悲泣悔過。兼持誦四阿含。得淨土迎。弟子亦夢。師坐蓮花。來語曰。我娑婆兼誦阿含。依本習故。先得小道。不久還入大矣。[37]

권 보정의 꼬리말

간추린 삼보가 감응한 이야기(三寶感應要略錄)는 송나라 때의 승려 비독(非濁)이 여러 문헌에서 삼보, 곧 붇다(佛)·가르침(法)·쌍가(僧)와 관련된 감응 이야기들을 모아 역은 책이다. 3권으로 구성되어 있으며,「불보 모음(佛寶聚)」상권에는 불상에 대한 감응담 50편,「법보 모음(法寶聚)」중권에는 경전 감응담 72편,「승보 모음(僧寶聚)」하권에는 보살들이 감응하여 나타난 보기 42편이 실려있다. 이 이야기는 중권에 실린 내용으로 신라시대의 정토신앙과 아함경에 대한 인식을 알게 하는 중요한 자료이다.

이 이야기는 극락을 가려는 정토수행자에게 아주 중요한 점을 보여주고 있다. 정토 행자들은 염불만 강조하고 참선을 비롯하여 다른 수행은 무시하거나 심지어는 잡행이라고 비판하는 경우가 많다. 어떤 특정 조사나 스

---

35) 멸상(滅相) : 사상(四相)의 하나로 현재의 상태가 쇠멸하여 과거의 상태로 돌아가는 모양을 이른다. 쉽게 말해, 인연에 의해 생긴 일체의 존재가 사라짐을 일컫는 말이다.

36) 본습(本習) : 여태까지 익혀 배워서 습관적으로 몸에 밴 것.

37) 〈第九新羅僧俞誦阿含生淨土感應(新錄)〉,『三寶感應要略錄』,「釋子非濁集」卷之中(大正藏第 51 冊 No. 2084)

님이 경전의 한 구절을 자의적으로 해석하여 내세운 법문을 맹종하여 일 어난 일들이다. 그러나 정토법문도 대승법문 가운데 하나이고 모든 법문은 다 붇다가 설하신 방편이므로 속으로는 다 통하게 되어 있다. 그러므로 정 토행자도 붇다가 말씀하신 가르침이 무엇인지 그 바탕을 공부하여 알고, 정토법문이 그런 붇다의 가르침에서 어떤 방편인지 알고 수행해야 한다. 정토를 강조한 나머지 다른 수행법을 헐뜯는 것은 쌍가의 화합을 깨는 5 역죄에 해당하기 때문이다. 우리나라 문헌에 흔히 없는 자료라서 한문 원 문도 싣는다.

9. 1210년, 『염불요문』으로 많은 중생 극락 보낸 보조국사 지눌

1678년 다시 세운 송광사 보조국사 비
『조선금석총람』, 『조선불교통사』, 『교감역주 역대고승비문』(고리편).

승평부(昇平府) 조계산 송광사 불일보조국사(佛日普照國師) 비문과 서문(序文)

지공주사(知公州事) 부사 겸 권농사 관구(管句) 학사(學士) 장시랑(將仕郎) 겸 예부상서이며 자금어대(紫金魚袋)를 하사받은 신(臣) 김군수(金君綏) 왕 명을 받들어 비문(碑文)을 짓고
문림랑(文林郎)이며 신호위장(神號衛長)인 신(臣) 유신(柳伸)은 교지를 받들 어 비문을 쓰다.

선학(禪那學)38)의 근원은 가섭존자부터 시작되었다. 그 뒤 인도의 제28조 인 달마대사가 이어받아 와서 진단(震旦=동쪽 나라 支那)을 교화하였다. 이 를 전해 받은 이들은 전하지 않는 것으로 전하고, 이를 닦는 사람들은 닦 지 않는 것으로 닦아 낱낱이 대를 이어 불법의 등이 함께 비추니, 참으로 어찌 그리 기이한가! 붇다께서 열반하신 지 더욱 오래되어 불법도 따라서 느즈러져 배우는 이들이 케케묵은 말만 굳게 지키고 밀지(密旨)를 잊어버 렸을 뿐 아니라, 뿌리는 버리고 잔가지만 따라가고 있는 현실이다. 이로

---

38) 선나(禪那)는 우리가 흔히 쓰는 선(禪)의 본디 말이다. 산스크리트 댜나(dhyāna)를 소리나는 대로 옮긴 말인데 줄여쓰기 좋아하는 지나에서 선나(禪那)를 선(禪)으로 줄여 쓴 것이다. 타연나(馱衍那)라 고도 옮겼고, 빨리어 자나(jhāna)는 지아나(持阿那)라고 옮겼다.

말미암아 관(觀)하여 깨달음에 들어가는 길이 막히고 문자로 말장난하는 실마리가 생겨나면서 (법맥을 잇는) 정법안장(正法眼藏)은 거의 땅에 떨어졌다.

이러한 때 한 스님이 있어 홀로 뜬구름 같은 거짓 세상을 등지고 바르고 참된 근본을 흠모하여, 사리에 맞는 진리로 나아가 선정 닦아 지혜를 밝히고, 이를 바탕으로 남을 이롭게 하는 법을 펴는 데 온 힘을 다 쏟는 한편, 가라앉은 선풍을 다시 일으켜 어두워진 조사의 빛을 거듭 밝게 하였다면 참으로 가섭의 적손이며 또한 달마의 맏아들로서 잘 이어받고 훌륭하게 본받아 밝힌 사람이라 할 만하다. 우리 스님이 바로 그런 사람이라 하겠다.

스님 이름은 지눌(知訥), 경서(京西) 동주(洞州: 황해도 서흥)에서 태어났다. 자호(自號)는 목우자(牧牛子)이며, 속성은 정씨(鄭氏)다. 아버지의 이름은 광우(光遇)이니 국학(國學) 학정(學正)을 지냈으며, 어머니는 조씨(趙氏)이니 개흥군부인(開興郡夫人)이다. 스님은 날 때부터 병이 많아 아무 약도 들지 않았다. 그리하여 아버지가 붇다께 기도하면서 만약 병을 낫게 하여 주시면 출가시켜 붇다를 섬기도록 하겠다고 다짐하자마자 병이 바로 나아 버렸다. 8살 때 조계종 후손인 종휘 선사(宗暉禪師)를 은사로 삭발하고 스님이 되었다. 이어 구족계를 받은 다음, 붇다의 가르침을 배웠으나 일정한 스승을 두지 않고, 오직 도와 덕이 높은 스님이면 곧 찾아가서 배웠다. 지조가 높고 빼어나 무리에서 뛰어났다.

25살 때인 (금나라) 대정(大定) 22년 임인(숙종 12년, 1182)에 대선고시(大選考試)에 합격하였다. 얼마 뒤 남녘으로 돌아다니다 창평(昌平) 청원사(淸源寺)에 이르러 머물렀다. 어느 날 우연히 학당에서 『육조단경(六祖壇經)』을 보다가 정혜일체 3과에 이르러 "진여자성이 생각을 일으켜 6근이 비록 보고 듣고 깨달아 알지만, 삼라만상에 물들지 아니하고, 진여의 자성은 늘 거침이 없다"라는 구절에 이르러 깜짝 놀라면서 크게 기뻐하여 이전에 없는 경지를 얻었다. 곧 일어나 불당을 돌며 외우고 생각하니 스스로 체험한 바가 컸다. 이때부터 마음은 명예와 이익을 싫어하고 늘 깊은 산중에 숨어 힘써 정진하여 도를 닦으며 아주 위급한 경우에도 도를 구하는 마음을 버리지 아니하였다.

대정 25년 을사(1185) 하가산(下柯山) 보문사(普門寺)로 옮겨 머물 때 대장경을 읽다가 이장자(李長者)가 지은 『화엄경합론(華嚴經合論)』을 보고 거듭 신심을 일으켜 화엄경의 오묘한 이치를 찾아내고 깊이 숨어 있는 어려운 뜻을 드러내 여러분의 설과 비교하고 나니 더욱 정통하였다. 이에 따라 지혜가 점점 밝아져 늘 마음을 원돈관문(圓頓觀門)에 두었으며, 또한 후학들의 어리석음을 이끌어 못과 쐐기를 뽑아주고자 노력하였다. 그때 마침 오래전부터 알고 있던 득재(得才)라는 선로(禪老)가 팔공산 거조사(居祖寺)에 머물면서 함께 정진하자고 간절히 청하므로, 드디어 그곳으로 가서 머물렀다. 널리 여러 종파에서 세상 명리를 떠난 고사(高士)들을 맞아들여 힘써 습정균혜(習定均慧)를 닦도록 간청하여 밤낮으로 게을리하지 않음이 여러 해였다.

승안(承安) 2년 무오(신종 1년, 1198) 봄에 함께 참선하는 몇 사람과 함께 옷 3벌과 발우 하나만 가지고 지리산을 찾아가 상무주암(上無住庵)에 숨어 지냈는데, 경치가 그윽하고 고요하여 천하 으뜸이라 참으로 선객이 살 만한 곳이었다. 스님은 여기서 모든 바깥 인연을 물리치고 오로지 내관(內觀)에만 전념하였다. 갈고 닦아 날카로운 지혜를 발하며, 마음 깊은 곳까지 내려가 마지막 바탕까지 파고들었다. 그동안 법을 깨달을 때마다 나타났던 몇 가지의 상서로운 일은 말이 너무 번거로워 비문에는 싣지 않는다. 스님께서 일찍이 "내가 보문사에서 지낸 지 10년 넘었다. 비록 뜻을 얻고 부지런히 닦아 쓸데없이 보낸 적은 없으나 아직 정견(情見)이 사라지지 아니하여, 마치 어떤 물건이 가슴에 걸려 원수와 함께 있는 것 같아 늘 꺼림직하였다. 지리산 상무주암에 있을 때 정진하는 틈에 대혜보각선사(大慧普覺禪師)의 어록을 보다가 '…… 선이란 고요한 곳에 있지 않고(禪不在靜處) 시끄러운 곳에 있지도 않으며(亦不在鬧處), 날마다 연을 맺는 곳에 있지 않고(不在日用應緣處) 헤아려 분별하는 곳에 있지 않다(不在思量分別處). 그러나 가장 먼저 버릴 수 없는 고요한 곳, 시끄러운 곳, 날마다 연을 맺는 곳, 헤아려 분별하는 곳을 참구해야 홀연히 눈이 열려 바야흐로 이것이 자성(屋裏事)임을 알 수 있느니라'라는 구절에 이르러 뜻이 딱 들어맞아 마음에 깨달으니, 자연히 가슴이 후련하며, 원수와 멀리한 것 같아서 곧 마음이 편안하였다"라고 말씀하셨다. 이로 말미암아 사리를 지혜로 푸는 능력이 점차로 높아져서 대중들의 숭앙을 받게 되었다.

(승안) 5년 경신(1200) 송광산 길상사(吉祥寺)로 옮겨 11년간 대중을 지도

하되, 도를 이야기하거나, 선 수행·안거·두타 등을 할 때는 한결같이 율장(律藏)에 바탕을 두었다. 사방에서 스님과 신도들이 스님의 고매한 명성을 듣고 찾아와 수많은 대중이 모여들었다. 심지어 명예와 벼슬과 처자를 버리고, 머리를 깎고 스님이 되어 함께 오기도 하고 들어와 수도하겠다는 왕공(王公)·사서(士庶)들도 수백 명에 이르렀다. 스님은 닦는 일만 맡을 뿐, 사람들이 칭찬하거나 헐뜯는 것에는 전혀 마음이 움직이지 아니하였다. 또한 자비와 인욕으로 후배를 맞이하였다. 비록 대중 가운데 무례하게 뜻을 거역하는 자라도 오히려 자비로 감싸고 늘 정으로 이끌어, 마치 어머니가 자식을 귀여워하는 것과 같았다.

그리고 대중에게 지니고 읽기를 권할 때는 늘 『금강경』을 법으로 삼도록 하고, 교의를 설함에는 『육조단경』을 강설하며, 통현 장자(通玄長者)의 『화엄론(華嚴論)』으로 주장을 펴고, 『대혜어록(大慧語錄)』으로 우익(羽翼)을 삼았다. 3가지 문을 열었는데, 성적등지문(惺寂等持門), 원돈신해문(圓頓信解門), 경절문(徑截門)이니, 이 3문에 따라 수행하며 믿음으로 들어가는 자가 많았다. 그리하여 선학의 왕성함은 근세에 누구하고도 견줄 수 없었다. 스님은 또 몸가짐이 엄숙하여 소걸음에 범 눈길이었으며, 한가히 지낼 때도 태도가 근엄하여 몸가짐이 해이함이 없었고, 대중이 운력할 때도 빠지는 적이 없을 뿐만 아니라 늘 남보다 앞장을 섰다. 억보산(億寶山) 백운정사(白雲精舍)·적취암(積翠庵), 서석산(瑞石山) 규봉난야(圭峯蘭若)·조월암(祖月庵) 같은 절은 모두 스님께서 세우고 오가면서 정진하던 곳이다.

희종(1205~1210) 임금께서 동궁에 있을 때부터 스님의 명성을 듣고 흠모해 오다가, 보위에 오른 뒤 왕명으로 송광산 길상사를 조계산(曹溪山) 수선사(修禪社)라고 고치고 어필로 편액을 써서 보내기도 하였다. 그리고 만수가사(滿繡袈裟) 한 벌을 내려 존경을 표하였으니, 스님을 모시는 도타운 정성은 다른 어떤 왕과도 견줄 데 없었다.

스님이 처음으로 남녘에 다니며 수행의 길에 오르고자 할 때, 같이 공부하던 도반과 약속하되, "나는 지금부터 깊은 곳에 숨어 향사(香社)를 맺고 전적으로 정과 혜(定慧)를 닦고자 하니, 스님들은 어떻게 생각합니까?"라 하니, 대중이 말하기를 "지금은 말법시대이므로 그렇게 할 시기가 아니지 않습니까?"라고 의문을 표시했다. 이 말을 들은 스님은 깊은 한숨을 내쉬면서 이르기를 "시대는 변하지만, 심성은 변하지 않는 것이다. 교법이 흥하거나 쇠퇴한다고 보는 것은 삼승(三乘)인 권학(權學)의 견해일 뿐, 슬기로운 이가 어찌 그렇게 말할 수 있겠는가!" 하였다. 대중들은 모두 복종하면서 "옳은 말씀입니다. 뒷날 함께 결사를 맺으면 반드시 정혜결사(定慧結社)라 이름합시다"라고 하였다. 거조사(居祖寺)에 있을 때 과연 정혜사(定慧社)를 세우고 곧 「권수정혜결사문(勸修定慧結社文)」을 지었으니, 이는 처음 뜻을 이룬 것이다. 그 뒤 송광사로 옮겨 결사를 맺을 때도 정혜결사라는 이름을 그대로 썼다. 그러나 얼마 지난 뒤 멀지 않은 곳에 같은 이름(吉祥寺)이 있으므로 혼돈을 피하려고 왕명을 받아 조계산 수선사라 바꾸었으니, 이름은 비록 다르나 뜻은 다르지 않다. 스님이 한결같이 정혜에 뜻을 두었던 것이 이와 같았다.

(금나라) 대안(大安) 2년(1210) 봄 2월에 국사께서 어머니를 천도하기 위하여 몇 십일(數旬) 동안 법회(法會)를 열었는데, 이때 결사 대중에게 이르기를 "나는 이제 세상에 있으면서 설법(說法)할 시기가 얼마 남지 않았으니, 대중은 각각 정진에 노력하라"라고 당부하였다. 얼마 후 3월 20일에 발병하여 8일 만에 입적하였으니, 스님은 가실 때를 미리 알고 있었다.

돌아가시기 하루 전날 밤 목욕하고 옷을 갈아입었다. 시자가 스님이 임종할 것을 알아차리고 임종게를 청하는 한편 여러 가지 질문을 했더니 스님은 조용히 대답하였다. 밤이 깊어지자 방장실로 들어갔는데 문답이 처음과 같이 계속되었다. 새벽에 이르러 물으시기를 "오늘 며칠인가?"라고 물어 대답하되 "3월 27일입니다"라 하였다. 스님께서 법복을 입고 세수와 양치질을 한 다음, "이 눈은 조사의 눈이 아니고, 이 코도 조사의 코가 아니며, 이 입은 어머니가 낳아주신 입이 아니고, 이 혀도 어머니가 낳아준 혀가 아니다"라고 말하였다. 법고를 쳐서 대중을 모이게 하고 고리가 6개 달린 지팡이를 짚고 선법당(善法堂)으로 걸어 올라가 향을 피우고 법상에 올라앉아 설법하는 것이 평상시와 같았다. 지팡이를 떨치고 전날 밤 방장실에서 묻고 답한 말을 그대로 이르되, "선법(禪法)은 영험이 헤아릴 수 없다는 것을 오늘 이 자리에서 대중에게 설파코자 한다. 대중들은 사리에 맞는 본디 모습(一着子)을 물어라. 늙은이도 또한 사리에 맞는 본디 모습으로 답하리라"하고, 좌우를 돌아본 뒤 손으로 지팡이를 만지면서 이르기를 "산승의 목숨이 모든 사람의 손에 있으니, 모두에게 맡긴다"라고 하고, 지팡이를 가로로 잡고 거꾸로 끌었다. "근골(筋骨)이 있는 자는 앞에 나오라"하고 문득 발을 뻗어 법상에 걸터앉아 묻는 대로 대답하되, 말소리가 또렷또렷하고 그 뜻도 자상하며 말씀이 조금도 걸림이 없었으니, 자세한 것은 「임종기(臨終記)」에 있다.

마지막으로 어떤 스님이 묻기를 "옛날 유마 거사가 바이살리성에서 병에 걸린 것과 오늘 조계산에서 목우자가 병에 걸린 것은 같은가? 다른가?" 하니, 스님께서 이르되 "너희들은 같은지 다른지를 배워라" 하고, 지팡이를 잡고 몇 번 내리치고 말하되 "천 가지 만 가지가 모두 이 속에 있느니라" 하고, 지팡이를 잡고 법상에 걸터앉아 움직이지 않고 똑바로 앉아 고요히 입적하였다.

문도들이 향과 등을 베풀고 7일간 이바지를 올렸다. 얼굴빛은 살았을 때와 같았으며, 수염과 머리털은 계속 자랐다. 다비하여 유골을 거두니 오색이 찬란하였다. 사리가 나왔는데 큰 것이 30과이고, 적은 것은 헤아릴 수 없으므로 수선사 북쪽 기슭에 사리부도를 세웠다.

(희종) 임금께서 부음을 들으시고 크게 슬퍼하며 시호를 불일보조국사(佛日普照國師), 탑 이름을 감로라 하였다. 세수는 53세요, 법랍은 36이었다. 지은 것은 「정혜결사문」·「상당록(上堂錄)」·「법어(法語)」·「가송(歌頌)」 각 1권이니, 종문의 취지를 밝게 떨쳐 일으킨 내용이므로 모두 읽을 만한 책들이다.

어떤 이는 "스님께서 돌아가시니, 더욱 크게 돋보인다"라고 하였다. 스님은 능히 목숨을 버리고 열반에 드시어 적멸 세계에 노닐며 거침이 없으니, 헤아릴 수 없는 대인이라 하지 아니할 수 없다. 그러나 지극한 도에서 보면 그다지 위대한 것이라고 할 수 없다. 왜 그러냐 하면 노자는 학식보다 나를 아는 사람이 드문 것을 귀하게 여겼으며, 장자는 살아감에 있어 다른 사람보다 특별하게 하지 않았다. 옛날 도를 닦은 사람들은 모두 일반 사람과 같이 평범함을 보였다. 그들이 어찌 스스로 뛰어나고 훌륭한 자취를 자랑하여 남들이 알아주기를 바랐겠는가? 세존은 법왕이라 불려 신통 작용으로 거침없이 노닐었으나 마지막 쿠시나가르 쌍림(雙林)에서 입적하실 무렵 말씀하시기를 "내 이제 등이 매우 아프니 곧 열반에 들 것이다"라 하시고, 드디어 오른쪽 갈비를 땅에 붙이고 발을 포갠 다음 입적하셨다. 또 당나라 등은봉 선사(鄧隱峯禪師)는 거꾸로 물구나무를 서서 죽었는데, 비구니(比丘尼)가 된 누이동생이 와서 원망하기를 "오빠는 평생 법률(法律)을 따르지 않더니, 죽어서도 사람들을 현혹한다"라면서 혀를 찼다.

이제 스님께서는 생전에 문을 열어 많은 법문을 보여주었거늘, 죽는 날에까지 다시 법고를 쳐서 대중을 운집하고 법상에 올라 설법한 다음, 법상에 걸터앉아 입적하였으니 이것이 도에서 본다면 군더더기가 아니겠는가 하지만 나는 그렇지 않다고 대답한다. 대저 도의 작용은 방위가 없는 것이다. 그러나 사람들이 행함이 같지 않으므로 천하에 한가지 이치뿐이지만 100가지 생각이 다르고, 지방에서 출발하는 길은 다르지만 서울에 이른 것은 같다. 만약 그렇게 말한다면 그는 하나만 알고 둘은 모르는 것이다. 또 역대 선문(禪門)의 많은 조사들이 임종할 때 법을 부촉함에 있어 반드시 신이함을 나타내었으니, 승사(僧史)에 자세히 실려 있다. 과거 많은 스님 가운데 법상에 올라앉아 설법하고 입적한 스님으로 흥선사(興善寺) 유관(惟寬)은 당에 올라 임종게를 설하고 편안히 앉아 입멸하였고, 수산성 념선사(首山省念禪師)는 임종게를 남긴 다음 온종일 당에 올라 설법하고 편안히 앉아 돌아가셨으며, 서봉(瑞峯) 지단 선사(志端禪師)는 머리 깎고 목욕하고 법상에 올라앉아 대중들에게 하직하고 편안히 앉아 떠났고, 대령(大寧) 은미 선사(隱微禪師)는 당에 올라 임종게를 설한 다음 입적한 사실들을 모두 잘못된 것이라고 비방할 수 있겠는가?

슬프다! 상법 · 말법 시대에 태어난 사람들은 의심은 많고 믿음은 적어 선각자들의 자비로 선교방편(善巧方便)으로 가르치거나 지도하여 마음을 일으키도록 하지 않으면 비록 성인의 길로 나아가고자 하더라도 이는 매우 어려운 일이다. 스님의 마음을 짐작해보면 이것 역시 중생을 이롭게 하려는 한 방편임을 알 수 있다. 스님께서 입적하신 이듬해 법을 이은 제자 혜심(惠諶) 등이 스님의 행장을 갖추어 임금께 올리고, "스님의 행적을 후세에 길이 전해 보일 수 있도록 비를 세우게 윤허해 주시길 바랍니다"라고 간청하였다. 임금께서 이 주청을 받아들여 윤허하시고, 소신(小臣) 군수(君綬)에게 비문을 지으라고 명하였다. 그러나 신이 유교(儒教)를 배웠으나 유학에도 변변치 못한데 하물며 붇다의 마음(佛心)과 조사의 심인(祖印)인 다른 도의 논리는 어떻겠는가? 그러나 강한 (임금의) 명령을 사양할 도리가 없어 보고 들은 것이 얕은 알음알이를 모두 동원하여 감히 스님의 가득한 아름다움을 비면에 나타내려고 합니다.

명(銘)하여 이른다.

손가락 달 가리키나 달은 손가락에 있지 않고,

말로 법 설하지만, 법이란 말에 없는 것,
3승 12부 교설들! 그릇 따라 달라
확 끊고 바로 들어가니 오직 한 문 있노라.

붇다가 꽃 들어 보이니 가섭 웃음 터트리고,
달마 벽에 돌아앉고, 혜가 팔을 자르며,
마음에서 마음으로 전하니 둘이 아니라
법과 법은 모두 하나에 이른다.

청풍 속에 다함 없이
몇 대인가 사람이 모자란다.
스님의 몸 삼태기 벗어난 두루미
스님의 마음 티 없는 거울

하가산에서 길 열고,
송광사에서 멍에 벗었노라.
선정의 물 담담하니 맑음은 물결 없고
지혜의 불 빛나니 빛남은 어둠이 없네.

뜰의 잣나무라, 답은 조사의 뜻이고,
못의 연꽃이라, 진짜 근본과 통하네.
사부대중에 둘러싸여 함께 섞여 하나 되니,
한소리 화락하고 몸가짐 침착하네.

나고 죽음 꿰뚫어 보면 모두 곡두인데,
어찌 참과 거짓 있고 다름이 있겠는가!
아! 스님이 떨친 지팡이 온갖 것 다 녹이니
바람 버들개지에 불고 비 배꽃을 때리네.

대금(大金) 대안 3년 신미(희종 7년, 1211) 12월 일 전전(殿前) 보창(寶昌)
은 비문 새기고,
대금 숭경 2년 계유(강종 2년, 1213) 4월 일에 내시 창락궁 녹사 신 김진
(金振)은 왕명을 받들어 비석을 세우다.

卍 보정의 긴 꼬리말

이 비문도 왕명을 받아 당대 최고 선비가 쓴 비문이라 문장이 뛰어나고 내용도 많아 보조국사의 일대기를 아는 데 부족함이 없다. 그러나 극락·정토·염불·왕생 같은 결정적인 열쇠가 빠져 있지만 보조국사가 극락에 갔다는 징험을 어렵지 않게 짐작할 수 있다. ① 떠날 날을 알았다는 것 ② 업에 시달리지 않고 고요히 입적했다는 것 ③ 숨을 거둔 뒤에도 얼굴빛이나 수염·머리털이 살아있는 것과 같았다는 것 ④ 유골이 오색 찬란했다는 것을 보면 극락을 갔음이 분명하다.

엮은이는 처음부터 보조국사를 『극락 간 사람들』에 들어갈 인물로 마음먹고 비문을 아주 꼼꼼히 옮기면서 샅샅이 검토하였다. 왜냐하면 보조국사 지눌은 앞에서 본 대각국사 의천과 마찬가지로 극락 상품상생에 가서 태어날 튼튼한 씨앗(因)을 심었기 때문이다.

보조국사가 지은 책을 보면 『권수정혜결사문』, 『수심결(修心訣)』, 『진심직설(眞心直說)』, 『계초심학인문(誠初心學人文)』, 『원돈성불론』, 『화엄론절요(華嚴論節要)』, 『법집별행록절요병입사기(法集別行錄節要幷入私記)』, 『간화결의론(看話決疑論)』, 『상당록(上堂錄)』, 『법어가송(法語歌頌)』 같은 화엄과 선에 관한 책들이 있지만 어떤 수행을 하던 궁극적으로 가는 길은 모두 염불을 방편으로 하였으며, 그 방편을 제시한 것이 『염불요문(念佛要門)』이다.

『염불요문』에서 대개 말세 중생들은 근기와 성품이 어둡고 둔하여 탐욕과 습기가 두터워 오랫동안 생사에 빠져 온갖 괴로움을 면하지 못한다고 전제하고, 1) 오념(五念)을 쉬게 하고 2) 오장(五障)을 틔운 뒤에, 3) 오탁(五濁)을 뛰어넘고 4) 9품 연꽃(九品蓮花)에 오르는 수행 단계를 제시한다.

1) 5가지 염(五念)은 근기와 업장에 따라 5정심(五停心)을 제시하였다.
   ① 탐이 많은 중생에게는 부정관(不淨觀)이요,
   ② 화를 많이 내는 중생에게는 자비관(慈悲觀)이며,
   ③ 마음이 어수선한 중생에게는 수식관(數息觀)이요,
   ④ 어리석은 중생에게는 인연관(因緣觀)이며,
   ⑤ 업장(業障)이 두터운 중생에게는 염불관(念佛觀)이다.

2) 탐진치 3업을 잠재우는 관법과 산만하고 업이 많은 사람을 위한 관법으로 다스려 5념을 쉽게 한다. 그러나 5념이 쉽다고 해도 세상 인연들을 떠나지 못하므로 다시 5가지 가로막는 것(五障)이 있다.

    ① 계속 이어지는 애욕이니 번뇌장(煩惱障)이라 하고
    ② 법문을 알아 집착하는 것이니 소지장(所知障)이라 하며,
    ③ 몸을 사랑해 업을 짓는 것이니 보장(報障)이라 하고
    ④ 마음을 없애고 고요함만 지키는 것이니 이장(理障)이라 하며,
    ⑤ 온갖 법을 두루 관찰하는 것이니 사장(事障)이라 한다.

3) 이처럼 5가지 가로막는 것을 통과하지 못하므로 5가지 더러움(五濁)에 걸린다.

① 한 생각이 움직여 공(空)과 색(色)을 분별하지 못하는 것이니 겁탁(劫濁)이라 하고
② 견해와 지각이 어지러이 일어나 맑은 성품을 흔드는 것이니 견탁(見濁)이라 하며,
③ 삿된 생각을 번거로이 일으켜 현재의 티끌을 일으키는 것이니 번뇌탁(煩惱濁)이라 하고
④ 생멸(生滅)이 멈추지 않아 생각 생각이 옮겨 흐르는 것이니 중생탁(衆生濁)이라 하며,
⑤ 각기 의식과 목숨을 받아 그 근본을 돌아보지 않는 것이니 명탁(命濁)이라 한다.

앞에서 본 5념은 초기 불교의 전형적인 수행법이다. 그러나 5가지 장애와 5가지 더러움으로 이루어진 현재의 오탁악세(五濁惡世)에서는 10가지 염불 삼매(念佛三昧)에 들어가야 한다. 그러면 바로 "바로 극락에 이르러 삼무루학(三無漏學)을 깨끗이 닦아, 아미따불의 위없는 큰 깨달음을 함께 얻을 수 있다(直到極樂 淨修三無漏學 同證彌陀無上大覺也)"라고 해서 도를 얻으려면 모름지기 10가지 염불을 닦아야 한다고 했다.

① 계신(戒身)염불이요,
② 계구(戒口)염불이요,
③ 계의(戒意)염불이며,

④ 동억(動憶)염불이요,

⑤ 정억(靜憶)염불이요,

⑥ 어지(語持)염불이요,

⑦ 묵지(默持)염불이며,

⑧ 관상(觀想)염불이요,

⑨ 무심(無心)염불이요,

⑩ 진여(眞如)염불이다.

앞에서 비문을 보면 이런 내용은 한 낱말도 나오지 않고 겉으로 보인 온 갖 모습만 현란한 문장으로 앞뒤 비를 다 채우고 있다. 더구나 마지막 숨을 거둘 때의 모습은 갖가지 어렵고 고상한 선어들만 늘어놓고, 뒤에 가서는 이런 상황을 다시 변명하느라 다시 비면을 차지하였다. 그러나 보조국사의 마지막 임종게는 『염불요문』에 이미 나와 있다.

"여러분은 계 지키는 것을 본받아 먼저 10가지 악(十惡)과 8가지 삿된 것(八邪)를 끊고, 이어서 5가지 계(五戒)와 10가지 선(十善)을 닦아 지난날의 허물을 뉘우치고, (극락 가는) 미래 과보를 얻겠다는 바람(願)을 다짐하고, 마음과 마음을 잇되 뜻을 살고 죽는 데 두어야 한다. 해마다 1·5·9월 재일(三長)에 8계를 지니고, 철마다 팔교(八交)를 지키고, 달마다 6재(六齋)를 본받으며, 반드시 10가지 염불로 업을 삼아 오래 공들이고 힘을 쌓아 진여염불에 이르면 날마다 때마다 가거나 서거나 앉거나 눕거나, 아미따불 참 몸이 가만히 앞에 나타나 정수리에 (극락 간다는) 수기(受記)를 해주신다. 그리하면 목숨이 다할 때 아미따불께서 몸소 극락으로 맞이하여 구품연대(九品蓮臺)에서 반드시 상품에서 마주 앉으리니 잘 지키도록 하여라."

보조국사의 이러한 염불요문은 스스로 체험해서 나온 것이라고 본다. 따라서 보조국사는 ① 스스로 무심염불 단계였다면 극락 가서 진여염불을 더할 것이고, 진여염불이 되었다면 "마음이 지극해지고 앎이 없는 앎이 저절로 알게 되어, 삼심(三心)이 한꺼번에 비고, 한 성품이 움직이지 않아, 원만히 깨달은 큰 지혜가 환히 홀로 높아져" 단박에 상품상생에 태어나 아미따불 만나 뵙고 불퇴전을 이루었을 것이다.

不修五戒十善以曲會私情妄求念佛披露邪願欲生西
方是乃如將方木逗圓孔也如此之人自意雖持其念佛
恣意何契其邪念乎是以破戒謗佛妄求真淨之罪幽結
彌重故死墮地獄自傷身心是誰過歟汝等戒呂觀鑑于
茲先斷十惡八邪次持五戒十善懺悔前非願盟後果恭
結同心志空死生持年三長守節八交效月六齋須以十
種念佛爲業久功積力洎合真如念佛則日日時時行住
坐臥阿彌陀佛真體寶現其前摩頂授記若於臨命終時
親迎極樂於九品蓮臺必以上品相對而住珍重
聚他增註

「염불요문」, 『삼문직지』염불문　　　송광사 보조국사비(국가문화유산포털)

보조국사 승탑(사진 : 나그네가 멈추어선 마을)

10. 1245년, 법화삼매로 극락에 간 만덕산 백련사 요세 원묘국사

고종 32년(1245)
『동문선(東文選)』 권117 「萬德山白蓮社圓妙國師碑銘 并序 崔 滋」
『조선불교통사』

최자(崔滋), 「만덕산(萬德山) 백련사(白蓮社) 원묘국사(圓妙國師) 비문(碑銘)과 머리말」

여래가 하나의 거대한 인연을 실천하기 위하여 이 세상에 태어나, 여러 가지 경전을 널리 설했으나 오히려 대승과 소승, 궁극의 가르침과 방편(權實)을 하나로 관통하지 못했는데 근기와 때가 만나, 마치 곪은 것이 터지듯이 마지막으로 『묘법연화경』을 설하고, 구계(九界, 온 세상)와 삼승(三乘)을 감싸 하나의 불승(佛乘)에 들어가서, 오랫동안 감추었던 포부가 활짝 열려 다시는 나머지가 없었다. 석가여래가 두 나무 아래서 열반한 뒤 가르침의 벼리가 풀려버리자 용수 대사가 이를 걱정하여 더할 수 없는 가르침을 새로 만들어, 모든 다른 체계를 깨트려 버리고 삼관(三觀)이란 현묘한 문을 열었다. 혜문(惠文)·혜사(惠思)가 조사가 지은 것을 이어왔고, 지자(智者) 대사는 하늘이 낳은 총명으로 다시 목탁 소리를 드날렸으며, 장안(章安)·관정(灌頂) 대사가 한데 모아, 이위(二威) 대사에 전해, 우계(尤溪) 대사가 이어받고, 비릉(毗陵) 대사가 기록하기에 이르러 법통이 크게 갖추어져 세상에 행할 만하였다.

우리 왕조(高麗)에서는 현광(玄光)·의통(義通)·제관(諦觀)·덕선(德善)·지종(智宗)·의천(義天) 같은 이들이 바다 건너 교리를 묻고 천태(天台) 삼관(三觀)의 중요한 뜻을 배워서 이 땅에 전해 퍼지게 하여 우리나라를 복되게 한 것은 그 내력이 오래되었다. 그러나 보현도량(普賢道場)을 열고 널리 불경을 읽도록 권하기까지는 한 일이 없었다. 오직 우리 대사가 종교가 쇠해 가려던 때를 당하여 크게 가르침의 깃발(法幢)을 세워, 법을 듣지 못하던 사람들을 놀라게 하여 뿌리 없던 믿음을 서게 하고, 조사의 도리가 다시 일어나 천하에 널리 미치게 하였다. 중생을 구제하려고 세운 큰 다짐을 이어받은 것이 아니라면, 말세에 태어나 여래가 시켜 여래의 일을 행한 것이 아니라면 어찌 이렇게 할 수 있었겠는가!

대사 이름은 요세(了世), 자는 안빈(安貧), 속성은 서씨(徐氏)인데, 신번(新繁, 지금의 경남 의령) 사람이다. 아버지 필중(必中)은 호장(戶長)이고, 어머니 서씨도 같은 고장 사람이다. (금나라) 대정 계미년(의종 17, 1163) 겨울 10월에 태어났다. 태어날 때부터 영명하고 생김새가 크고 아름다웠으며, 어릴 때부터 어른스럽고 의젓한 기운이 있었다. 12세에 강양(江陽, 지금의 합천) 천락사(天樂寺) 승려 균정(均定)에게 가서 사미가 되어 처음으로 천태교 삼관(天台敎觀)을 알게 되었다. 이때 학사 임종비(林宗庇)가 강양 군수였는데, 한 번 보고는 그릇이 될만함을 알아보고 불법에 힘이 될만한 자가 있다고 생각하였다.

22세에 승과에 급제하여 오로지 불교의 근본 취지에 뜻을 두고, 두루 강좌에 참석하였다. 몇 년 되지 않아 중요한 이치를 확연하게 깨달아, 벌써 일가에서 높은 명망이 있었다. 승안 3년 무오(신종 1, 1198) 봄에 서울 갔을 때 고봉사(高峯寺)에서 법회가 열렸는데, 이름 있는 승려들이 구름같이 모여들어 여러 가지 이론이 벌떼같이 일어났으나 대사가 법좌에 올라, 한 번 사자후를 토하니, 대중들이 모두 탄복하여 감히 다른 말을 하지 못했다. 천성이 산수를 좋아하여 비록 유교(名敎)에도 자취를 남겼으나 그의 본뜻은 아니었다.

이해 가을 동지 10여 명과 이름난 산의 절들을 돌아다녔다. 처음에 영동산(靈洞山) 장연사(長淵寺)에 머물러 법당을 열어 법을 설하고, 후진을 애써 부지런히 가르치니 가르침을 청하는 이가 점차 많아졌다. 때마침 조계(曹溪)의 목우자(牧牛子, 지눌)가 공산(公山, 팔공산) 모임의 불갑사(佛岬)에 있다가 그 소문을 듣고 속으로 뜻이 통하여, 대사에게 게송을 보내 선(禪)을 닦으라고 권했다.

파도 어지러우면 달 드러나기 어렵고,
방이 깊으면 등불 더욱 빛난다.
권하노니 마음 그릇 바로 하여
단 이슬 쏟아지게 하지 말라.

대사가 보고 마음에 닿아 빨리 가서 그에 따랐으며, 법우(法友)가 되어 불도의 교화를 도왔다. 몇 년을 지내다 목우자가 강남으로 옮겨가므로 대사도 따라서 남쪽으로 갔다. 길이 지리산에서 남원 귀정사(歸正寺)를 지나는

데, 그 절 주지 현각(玄恪) 꿈에 어떤 사람이 와서 하는 말이, "내일 삼생 동안이나 법화를 수행한 스님이 올 것이니, 깨끗이 소제하고 맞이하라" 하였다. 주인은 꿈에 시킨 대로 뜰을 쓸고 음식을 장만해 두고 기다렸더니, 대사가 과연 어둠을 타고 이르러 현각이 그 꿈 얘기를 했다. 또 대사는 여러 차례에 걸쳐 지자(智者) 대사가 여러 사람에게 『묘종(妙宗)』을 강설하는 꿈을 꾸었고, 혹은 화장암(華長庵)에 머물며 참선하면서 꼼짝도 하지 않고 끝내 마귀들에게서 항복 받기도 하고, 혹은 산신이 절터 자리를 가르쳐주기도 하고, 혹은 용암사(龍巖社) 도인 희량(希亮)이 금련좌(金蓮座)에서 대사를 기다리는 꿈을 꾸는 등, 신기한 꿈이 신령스럽고 괴이한 것이 많았다 하나, 이것은 우리 유자(儒者)가 말할 바가 아니므로 다 쓰지 않는다.

태화 8년 무진년(희종 4, 1208) 봄에 월생산(月生山) 약사난야(藥師蘭若)에 머물고 있었다. 물은 맑고 산은 빼어난데 절의 집이 허물어진 것을 보고는 힘써 수리해 놓았다. 어느 때 방 안에 조용히 앉아 정신을 닦고 미묘한 이치를 관찰하면서 문득 생각하기를, '만약 천태의 미묘한 지혜를 얻지 못하면 영명 연수(永明延壽)의 120가지 병통을 어떻게 벗어날 수 있을까'하고, 이로 인해 스스로 깨우침을 얻었다. 『묘종(妙宗)』을 강설하다가, (『관무량수경』에 나오는 "이 마음이 부처를 만드니, 이 마음이 곧 부처다(是心作佛是心是佛)"라는 대목에서 자신도 모르게 환하게 웃었다. 그 뒤 『묘종』을 설법하기 좋아하였으며 말재주와 슬기로움이 막힘이 없었다. 여러 사람에게 참회를 통해 닦기를 권하고, (스스로) 간절하고 지극하고 용맹스럽게 매일 53불에게 열두 번씩 절을 올리는데, 모진 추위와 무더운 더위라도 한 번도 게을리하지 않아 승려들이 서참회(徐懺悔)라고 불렀다.

탐진현(耽津縣, 지금의 강진)에 신사(信士) 최표(崔彪)·최홍(崔弘)·이인천(李仁闡) 등이 대사를 찾아와 뵙고 말했다. "지금 승려들은 점점 많이 모여 산사가 심히 좁은데, 우리 고을 남해 산 옆에 만덕사(萬德寺) 옛터가 있어 맑고 빼어나 절을 지을 만합니다. 어찌 가서 시도하지 않으십니까." 대사가 가서 보고 허락하여 대안(大安) 3년 신미년(희종 7, 1211) 봄에 공사를 시작하여, 제자 원형(元螢)·지담(之湛)·법안(法安) 등을 시켜 일을 감독하게 하였다. 장인을 모아 집 80간이 넘게 지었다. 정우(貞祐) 4년(고종 3, 1216) 가을에 준공이 되어 법회를 열고 낙성식을 했다.

9년(1220) 봄에 대방(帶方, 지금의 남원) 태수 복장한(卜章漢)이 대사의 도

가 높다는 소문을 듣고 관내에 도량을 열어 달라고 부탁하였다. 대사가 제
자를 데리고 가보니, 그 땅이 막히고 또 물이 없어 마음속으로 그만 돌아
오려다가 우연히 돌 하나를 잡아 빼니 맑은 샘물이 용솟음쳐 나와 이상하
게 여겨 몇 년을 머물렀다.

11년 계미년(고종 10, 1223)에 최표 등이 글월을 보내, "우리 절이 법회
가 오랫동안 폐지되었으니 대사께서는 구름처럼 여기저기 다니실 수 없습
니다" 하고 두 번 세 번 성심으로 청해 왔으므로 곧 돌아와서 크게 도량
을 열었다.

무자년(고종 15, 1228) 여름 5월에 유학을 공부하는 사람 여러 명이 서울
에서 내려와 뵈니 대사가 제자로 받아들여 머리를 깎고 『법화경』을 가르쳐
서 통달하게 하였다. 이로부터 이곳저곳에서 높은 소문을 듣고 신행 있는
자가 끊임없이 와서 점점 큰 모임이 되었다.

임진년(고종 19, 1232) 여름 4월 8일에 처음으로 보현도량(普賢道場)을 결
성하고 법화삼매(法華三昧)를 수행하여, 극락정토(極樂淨土)에 가서 태어나
길 구하되, 오로지 천태삼매의(天台三昧儀)에 따라 하였다. 오랫동안 법화
참회(法華懺悔)를 수행하고 주변에 권하여 발심(發心)하도록 하여 유교 경
전을 읽던 사람이 천 명이 넘었다. 사부대중의 요청을 받아 교화시켜 인연
을 지어준 지 30년에 묘수로 제자를 만든 것이 38명이나 되었으며, 절이
나 난야(작은 암자)를 지은 것이 다섯 곳이고, 왕실과 조정의 주요 인사,
여러 지방 고을의 수령처럼 신분이 높고 낮은 사부대중들이 이름을 써서
결사(結社)에 들어온 자들이 3백명이 넘었다. 그리고 이 사람 저 사람에게
서로 전도해서, 한 구절 한 게송을 듣고 멀리 좋은 인연을 맺은 자들은 헤
아릴 수가 없었다.

대사가 산속으로 자취를 감춘 지 50년 동안에 서울 땅에는 발을 붙인 적
이 없었고, 고향 마을 친척들 일에 관여한 적이 일찍이 없었다. 천성은 겉
으로 꾸밈이 적고 순수하고 후덕하며 정직하여, 눈으로 사특한 것을 보지
않았고, 말을 함부로 하지 않았으며, 밤에는 등불을 켜지 않았고, 잠잘 때
는 자리를 쓰지 않았다. 단월들이 시주한 것은 다 가난한 사람에게 나눠주
었고, 방장에게는 옷 세 벌과 발우 하나밖에 없었다. 날마다 선(禪)·관(觀)
·염송을 가르치고 남는 시간에 『법화경』 한 부를 외우고, 준제신주(准提

神呪)를 1,000번, 아미따불 이름(彌陀佛號) 10,000번 염불하는 것을 일과로 하였다.

일찍이 스스로 생각하기를, '불교의 경론들이 너무 많아 배우는 자들이 들어갈 바를 잘 알지 못한다" 하고는 중요한 대강을 뽑아 『삼대부 절요(三大部節要)』를 지어 판각하여 나누어주니 후진들이 다들 이에 힘입었다. 왕이 듣고 갸륵하게 여겨 몇 해 뒤인 정유년(1237, 고종 24, 1237) 여름에 선사(禪師) 칭호를 내리고, 그 뒤에도 여러 번 교서를 보내고 해마다 세찬(歲饌)을 보냈으며 관청에서도 그렇게 하였다.

대사는 을사년(고종 32, 1245) 여름 4월에 절 안의 불사를 상수 제자인 천인(天因, 백련사 제2세 사주인 정명국사(靜明國師), 1205~1248)에게 맡기고, 별원으로 물러 나와 고요히 앉아 오로지 서녘 가는 일에만 몰두하였다(退居別院 蕭然坐忘 專求西邁). 이해 6월 그믐날 재(齋)를 올릴 때 감원(監院)을 불러 말하기를, "늙은 몸이 오늘 더위에 시달려 입맛이 틀려 멀리 갈 것 같은 기별이 있으니, 빨리 나에게 대나무로 선상(禪床)을 만들어 오너라" 하였다. 선상이 만들어지자 여러 원로에게 말하기를, "이 상이 거처하기에 가벼워 편하니 시험 삼아 앉아 보면 반드시 상쾌한 데가 있을 것이다" 하였다.

7월 3일에 객실로 옮겨 약간의 병세를 보이면서 비스듬히 누워 읊기를,

모든 법의 실체는 맑고 깨끗하다고
말하는 자는 이치를 잃고
내보이는 자는 종지에 어긋난다.
우리 종단 법화의 일대사는
분수에 따라 기묘하게 깨달으니,
오직 이것뿐이라 하였다.

또 원효는 「징성가(澄性歌)」 부르며 일렀다.

법계의 모습(身相) 알기 어려우니
감감하여, 하는 것도 없고 안 하는 것도 없다.
저 (아미따) 붇다의 몸과 마음을 그대로 따르면

- 123 -

그 때문에 틀림없이 그 나라(극락)에 태어나리라.

날마다 앉으나 누우나 거듭거듭 (아미따붇다를) 부르고 염하기를 그치지 않았다. 6일째 이르러 목욕하고 옷을 갈아입고 하루 내내 앉아있었다. 날이 저물자 천인(天因)을 불러 앞에 앉히고

불법의 대의를 부탁하고 난 뒤, "가을철이 들었으니 내가 가도 걱정이 없을 것이다" 하니,

천인이 묻기를, "숨기운이 전과 약간 다른 것 같은데 어떻습니까" 하니, 대답하기를, "내가 열반하려고 한 지가 오래나, 무더위 때라 적절치 않아 입추를 기다리느라고 지금껏 참았노라"하고, 즉시 입으로 불러주며 보지(寶誌)에 게송을 쓰게 하다.

닭이 축시에 우니 밝은 구슬 한 알 빛을 잃었다.
깨닫지 못한 사람들아, 내 한 말 들으라!
다만 지금 누가 입을 열 것인가!

하고는 선상 앞 기둥에 붙여 놓고 평상시와 같이 읊었다.

7일 축시(丑時, 새벽 1~3시)에 시자에게 경쇠를 쳐 여러 사람을 모으게 하고, 물을 가져다 세수하고 법복 입고 법좌에 올라 서쪽을 향해 가부좌하고 앉아 대중들에게 말하기를, "50년 동안 산속에 썩은 이 물건이 오늘 떠나갑니다. 각자 노력하고 법을 위해 힘쓰시오!" 하였다. 천인이 묻기를, "세상을 떠날 때 선정(禪定)에든 마음이 곧 극락정토인데, 다시 어디로 가시렵니까?" 하니, 대사가 말하기를, "이 생각을 흔들리지 않으면 바로 이 자리에서 도가 나타나니, 나는 가지 않아도 가는 것이며, 저들은 오지 않아도 오는 것이어서, 감응하여 도와 오가는 것이지 실상은 마음 밖에 있지 않다" 하고, 말을 마치자 곧 생각을 거두고 고요한 것이 선정(禪定)에 든 것 같았는데, 가까이 가보니 이미 입적하였다.

나이 83세이고 출가 나이 70년이었다. 얼굴빛이 맑고 희어 보통 사람과는 달랐으며, 손과 발이 부드럽고, 머리 정수리가 오래도록 따뜻하였다.

이날 탐진(耽津) 군수가 서리를 10명 남짓 데리고 입적한 곳에 이르러서 화공 박보(朴輔)에게 돌아가신 모습을 그리게 하였다. 인근 고을의 사부대

중이 50명 남짓 앞다투어 우러러 절하고 눈물을 흘리면서 슬퍼하지 않는 이가 없었다. 왕이 부음을 듣고 슬퍼하여 유사에게 명하여 국사로 책봉하고, 시호를 원묘(圓妙), 탑 이름을 중진탑(中眞塔)이라 하였다. 특히 귀인에게 교서를 내려 그 절에 가서 예식을 갖추도록 하고, 신 최자(崔滋)에게 당부하여 비명을 지으라 하셨다. 신은 벼슬이 낮고 재주가 부족하여, 실로 이 소임을 감당할 수 없으나, 왕의 분부가 엄중하고 은근하므로 고집해 사양할 수 없어, 삼가 행록을 보고 머리말을 쓴다.

또 글월(銘)로 기린다.

(여래) 학림(鶴林) 떠나시니 묘도(妙道) 차츰 떠나고,
공(空)·유(有) 다투어 모순으로 서로 맞섰으니,
제각기 얻은 것 저울질하느라 바른 믿음은 갖지 못했다.

용수(龍樹)가 삿된 것 물리치고 바른 법 드러내고,
지자(智者)가 이어 체계화로 거듭 밝히니,
사람들 한 길 알아 곧장 그 길 나아갔다.

적손 스님은 3가지 관법(觀法) 훤히 꿰뚫어,
동쪽 한(韓) 나라에 처음 보현도량 열고,
법화경 외기 권하니 외는 자가 날로 늘어났다.

아, 스님 마음 틀림없고 굳세며 바르니,
이익과 명예에 끌리지 않아 마귀·외도 범치 못하고,
나라 안에 홀로 서서 조사 법통 빛내었다.

도를 깨달아 사방이 밝은데도 참회 닦기 간절하였으며,
죽음을 늦추고 때를 기다린 것은 속임수가 아니라,
마음은 축시에 가장 맑고 장례는 가을이 좋아서다.

내 비록 붓이 둔해서 글은 잘 짓지 못하나,
대사의 한살이 돌에 새김에 부끄럼 없으니,
이 산이 무너질지언정 이 이름은 바뀌지 않으리!

■ 전라남도 강진군 도암면 만덕리 만덕산(萬德山) 백련사에 있던 원묘국사 요세(圓妙國師 了世: 의종 17, 1163~고종 32, 1245)의 비는 현재 없어졌고 최자(崔滋)가 지은 비문만 『동문선(東文選)』 권117에 「萬德山白蓮社圓妙國師碑銘 幷序 崔 滋」라는 제목으로 실려 전하고 있다. 이능화가 지은 『조선불교통사』에도 실려 있는데 그 원문은 CBETA에서 복사해서 쓸 수 있고, 번역문은 국사편찬위원회 한국사데이터베이스에 실린 정병삼 옮김 「백련사원묘국사비(白蓮寺圓妙國師碑)」를 바탕으로 새로 다듬었다.

卍 보정의 긴 꼬리말

의천이 죽은 뒤 천태종은 한때 침체하였으나, 요세(了世)에 의해 중흥되었다. 그는 1216년(고종 3) 전라도 만덕산(萬德山) 백련사(白蓮寺)에 자리를 잡고, 사회 혼란과 불교 타락에 대한 자각과 반성을 촉구하는 백련결사(白蓮結社)를 결성하는 등 천태종 중흥에 힘썼다. 이는 고려 후기 불교계의 개혁을 촉구한 결사 운동의 대표적인 사례이다.

요세는 앞에서 지눌이 화엄을 바탕으로 정혜결사(定慧結社)를 할 때 직접 참여했다. 요세의 실천수행은 법화삼매와 정토왕생이 중심이 되었는데, 법화참법행, 준제주, 아미따불 염송 같은 천태교에 정토를 결합한 천태정토교를 실천하였다.(박용진 「고려후기 백련사의 불교의례 설행과 그 의의」)

원묘 국사의 비문에 나타난 요세의 정토 수행은 '극락 가서 태어난 이야기(往生傳)'의 본보기라고 할 수 있을 만큼 정토발원과 정토 수행, 말년과 임종 때 정토 행자의 자세, 입적 후 결과까지 정확하게 기록되어 있다.

1) 믿음(信) : "저 (아미따) 붇다의 몸과 마음을 그대로 따르면 그 때문에 틀림없이 그 나라(극락)에 태어나리라." 하고 날마다 앉으나 누우나 거듭거듭 (아미따붇다를) 부르고 염하기를 그치지 않았다.

2) 발원(願) : 1232년 처음으로 보현도량을 결성하고 법화삼매(法華三昧)를 수행하는데 궁극적인 목표는 극락정토(極樂淨土)에 가서 태어나는 것이어서 정토 수행의 3가지 가운에 하나인 바람(願)을 확실하게 세웠다.

3) 염불(行) ① : 스스로 날마다 선(禪)·관(觀)·염송을 가르치고 남는 시간에 『법화경』 한 부를 외우고, 준제신주(准提神呪)를 1,000번, 아미따불 이름(彌陀佛號) 10,000번 염불하는 것을 일과로 하였다.

4) 염불(行) ② : 1245년 여름 4월에 절을 제자에게 맡기어 부탁하고, 별원으로 물러 나와 고요히 앉아 오로지 서녘 가는 일에만 몰두하였다(退居別院 蕭然坐忘 專求西邁). 정토 수행의 3가지 가운데 하나인 행(行)=염불에만 몰두하였다.

5) 임종(果) ① : 세수하고 법복 입고 법좌에 올라 서쪽을 향해 가부좌하고 앉아 대중들에게 말하기를, "50년 동안 산속에 썩은 이 물건이 오늘 떠나갑니다. 각자 노력하고 법을 위해 힘쓰시오!" 하였다

6) 임종 뒤(果) ② : 얼굴빛이 맑고 희어 보통 사람과는 달랐으며, 손과 발이 부드럽고, 머리 정수리가 오래도록 따뜻하였다.

요세가 세운 보현도량은 '법화삼매(法華三昧)' '법화참법(法華懺法)' '정토에 태어남(求生淨土)'을 뼈대로 하여, 앞에서 본 지눌과 마찬가지로 마지막 목표는 극락에 가서 태어나는 것이었다. 다시 말해 법화삼매나 참법은 모두 극락 가서 태어나는 발원에 회향하였다고 볼 수 있다. 보현도량에는 300명이 넘는 사람들이 참여했다고 하였으니 여기서 극락 간 사람들이 아주 많이 나왔을 것이지만 기록이 남아있지 않다.

그러나 백련사 2대 천인(天因), 4대 천책(天頙)에 대한 기록은 일부 남아 있어 이어서 보기로 한다.

11. 1248년, 극락에서 상품상생 얻어 세상 제도하러 간
백련사 2대 천인(天因)

고종 35년(1248)
『동문선』권 111, 『정명국사 후집(靜明國師後集)』

임계일(林桂一), 「만덕산 백련사 정명국사 시집 머리말(萬德山白蓮社靜明國師詩集序)」

문장을 만드는 것은 실로 불교에서는 그리 중요한 일이 아니다. 그러나 당·송 때부터 고승 40여 명의 시집이 세상에 유행하였으니, 이 역시 숭상할 만한 일이다. 간혹 불교를 제대로 배우지 못한 자가 도리어 문장의 흐름에 기대어 스스로 제멋대로 사는 일도 있으나 유·불을 아울러 갖추고 도행이 고결한 경지에 이른 자는 지난 옛날에도 들어보기 힘들다.

(정명)국사의 이름은 천인(天因)이요 성은 박씨니 연산군(燕山郡) 사람이다. 어릴 때부터 영리하여 널리 듣고 많이 기억하였으며 글도 잘 써 칭송을 받았다. 뛰어나 선비로 천거되어, 성균관(賢關)에 들어가 곧장 과거를 보았으나 일생을 두고 춘관(春官)에 실패하니 유학하는 선비들이 다 아까워했다. 곧 세상을 떠나 동사생(同舍生) 허적(許迪)과 전 진사 신극정(申克貞)과 더불어 옷을 털고 먼 길을 떠나 만덕산에 이르러 원묘국사를 찾아뵈었다. 여기서 세상 인연이 끊을 수 있게 되자 송광산 심(諶) 화상을 찾아가 참선(曹溪) 요령을 터득하고, 다시 만덕산으로 돌아와 스승의 가르침을 쫓아 묘법연화경을 외며 비로소 보현도량(普賢道場)을 열었다. 두 해가 지나자 지리산에 돌아가 은거하였고, 또 석장(錫杖)을 비슬산(毗瑟山)에 옮겨 종적을 감춘 채 참(眞)을 닦고 여러 해 만에 돌아왔다가, 나중에 원묘국사가 천태교관(天台敎觀)을 전수하여 과연 혜식(慧識)이 발달하고 기변(機辨)이 바람처럼 일어났다. (원묘)국사가 이미 늙게 되자 자기 자리를 물려주려고 하니, 스님은 곧 몸을 빼서 상락(上洛) 공덕산(功德山)으로 피하였다. 그즈음 현 상국(相國) 최자(崔滋) 공이 상락 태수로 있으면서 미면사(米麵社)를 세우고 맞아들이므로 스님은 거기서 늙을 작정이었는데, (원묘)국사가 다시 사람을 보내어 압박하고 또 꾸짖기를, "어찌 의리를 져버리고 그렇게 가볍게 돌아서느냐." 하므로, 마지못하여 와서 원문(院門)을 주장하게 되었으니 중망(衆望)에 따른 것이다. 정미년(1247) 겨울에 몽골의 4차 침략(胡賊)을

- 128 -

피하여 상왕산(象王山) 법화사(法華社)에 들어갔는데 가벼운 병을 앓으니, 임금이 내사를 보내어 편지를 전하고 약을 보내주었다.

이듬해(1248) 7월 칠석에 제다 원완(圓脘)에게 법통을 넘겨주고 따라서 부탁하기를, "내가 죽거든 후한 장사나 탑 같은 것을 세우지 말고, 지위 있는 이에게 찾아가서 비명(碑銘)도 받지 말고, 다만 버려둔 땅에 가서 화장하도록 하라." 하였다. 그날로 산 남쪽 용혈암(龍穴庵)으로 물러가 문을 닫고 일을 끊으며 담담하게 있었다. 8월 4일에 제자를 불러서 말하기를, "나는 떠나게 되었다." 하고, 편지를 만들어 최상국(崔相國) · 정참정(鄭叅政)과 법제자 천길(天吉)에게 부쳤다.
5일이 되자, 목욕하고 옷을 갈아입고 좌석에 올라 말소리를 가다듬고 말하기를, "하늘로 솟구치는 대장부의 기염(氣焰)을 어디에 쓰겠는가." 하였다. 모신 자가 묻기를, "사방 맑은 경지가 앞에 있는데, 어느 곳에 노닐려고 하십니까." 하니, 대답하기를, "오로지 성품 경계(惟一性境)이니라" 하였다. 또 여러 중에게 말하기를, "병든 중이 10여 일 되도록 곡기를 끊으면 다리가 몹시 힘이 없다. 그러나 법신이 넌지시 도와주면 다리 힘이 차츰 건장해진다. 그 다리 힘을 가지면 천당에도 갈 수 있고, 붇다 나라에도 갈 수 있으며, 5가지 기본 요소(五蘊)가 통하여 개운하고 삼계에 흔적이 없어진다." 하고, 게(偈)로 설하였다.

"반 바퀴 밝은 달과 흰 구름,
가을바람 샘물 소리 보내는데,
거기는 어딘가.
시방 많은 붇다 나라 미래 불사 다 했구려."

그 말이 끝나자마자 죽으니 나이는 44세요, 출가/붇다 나이(佛臘) 23세였다. 제자 정관(正觀)이 꿈에 어느 지방을 가니 사람이 크게 외치기를, "천인화상(因和尙)이 이미 상품(上品)을 얻어 (중생 제도하러) 세상으로 내려갔다(下世)고 했다." 하였고, 그 밖에도 특이한 상서가 많이 행장(行狀)에 실려 있는데 여기서는 생략한다. 스님이 출가함으로부터 저술을 기뻐하지 아니하여, 사람과 주고받은 시문이 자못 많았으나, 제자가 기록하는 것을 허락하지 않아, 10중 8, 9는 잃어버렸다. 그러나 말년의 유고를 여러 편 수습하여 3권으로 나누었는데, 내가 다행히 향사(香社)에 제명(題名)하였으니, 평소의 분부가 있었기 때문이다. 스님이 죽은 뒤로 국가에 사고가 많아서 미처 비석을 세워 공덕을 찬양하지 못하였으나, 또한 스님의 본뜻이기도 하다. 다만 그 행적이 없어져 버리면 뒷사람이 어떻게 쓸 수 있을까 염려하던 차에 마침 도인이 있어 행장과 시집을 가지고 와서 보여주므로, 나는 감히 서툴다고 자처하지 않고 스님의 발자취를 대략 서술하였으나, 이는 다만 태산의 한 터럭을 전할 따름이다.

『정명국사후집』　　　　『동문선』
（한국학중앙연구원）　　（한국학중앙연구원）

▣ 『정명국사후집』은 『법화경』 28품을 품에 따라 기린 것이지만, 「머리 숙여 귀명하는 글(稽首歸命文)」과 「아미따불을 기림(彌陀讚)」이 있다.

卍 보정의 긴 꼬리말

본문에서 보았듯이 정명 국사 말년에는 1247 몽골의 4차 침략으로 세상이 어수선하였으므로 몇 년이 지난 뒤 유학자 임계일이 스스로 말했듯 '불교에서는 하찮은 것'으로 보는 시집을 만들면서 쓴 글이다. 그러므로 일생에 대해서는 아주 잘 썼으나 깊은 수행담이나 마지막 목숨이 다할 때의 일은 의도적으로 자세히 쓰지 않았다. 그러므로 스스로 "특이한 상서가 많이 행장(行狀)에 실려 있는데 여기서는 생략한다"라고 했다. 그러나 제자가 '극락 상품상생에서 무생법인을 얻고 중생 제도하려 속세로 다시 내려갔다'라는 꿈을 꾸었다는 이야기는 빼지 않았다. 천인는 이 시집 말고 『정명국사 후집(靜明國師後集)』을 남겼다.

첫째, 머리말처럼 쓴 「머리 숙여 귀명 하는 글」은 "영산 회주(靈山會主)이며 본 스승인 사꺄여래(釋迦如來)를 비롯하여 『법화경』에 나오는 여러 붇다와 보살들, 그리고 시방에 두루 가이없는 삼보 앞에 고개 숙여 귀명(歸命)하나이다."라고 시작하여 모든 선한 업이 더 늘어나고, 이를 모두 회향하며, 극락세계의 아미따불 나라에 태어나 대지(大智)를 성취하고, 무생인(無生忍)을 깨닫고 신통이 자재하고 공덕이 원만하여 널리 중생을 제도하며, 열반의 즐거움을 증득하기를 발원하고 있다. 이 참회문은 법화신앙과 정토신앙을 잘 조화시키고 있는데, 천태법화참법문을 지은 것이다. 이미 처음부터 법화신앙 수행을 정토 가는 것에 회향하고 있다.

둘째, 「아미따불을 기림(彌陀讚偈)」은 아미따불의 법성신(法性身)을 자아의 몸과 마음으로 보고, 마음 밖에서 이를 구함은 잘못이라고 하며, 마음이 청결하면 곧 불토가 청정하여지고 더러운 마음으로 정토(淨土)에 가려고 하는 것은 불가능하다고 하였다. 미래불인 아미따불을 기려, 서녘 정토에 들고자 하는 것이 동기가 된다.

이러한 천인의 정토신앙은 범부의식에 따른 참회와 정토에서 삶을 구하는 견해를 이어받고 있다. 그러나 「아미따불을 기림」에서 "아미따의 법성신(法性身)은 허공과 같아 걸림이 없고, 이 법성신에 따라 32상이 나타나니, 서녘을 떠나지 않고 싸하세계(沙界)[39]에 두루 존재한다. 그러므로 몸과 마음을 떠나지 않으니, 마음 밖에서 구함은 심히 뒤집힌 것이다"라고 하여 아미따불 정토가 마음에 있다는 입장이었다.
그러나 상품상생에 가서 바로 아미따불의 인가를 받은 경계에서 마음이란 바로 이 우주 전체를 뜻하는 것이니 어찌 가고 오는 것이 있으며 멀고 가까운 것이 있겠는가!

---

39) 싸하세계(Sahā-lokadhātu, 娑婆國土) : 한자는 소리 나는 대로 사바(娑婆)·사하(沙訶)·사하(沙呵)·색하(索訶)라고 했고, 뜻으로는 참고 견딤(堪忍)·참는 나라(忍土)로 옮겼다. 사꺄무니 붇다가 태어난 이 세상을 말한다. 이 땅의 중생은 여러 가지 번뇌를 참고 나가야 하고, 또 성인도 이곳에서 어려움을 참고 교화해야 하므로 이 세상을 '참고 견디는 나라'라고 했다. 우리가 흔히 사바세계라고 하는데, 한자에서 사바(娑婆)와 사하(沙訶·娑呵)가 다 나온다. 홍법원 사전에는 싸하(Sahā)와 싸바(Sabhā) 두 개의 산스크리트 낱말이 다 나오는데, 불광사전에서는 싸바(Sabhā)는 나오지 않는다. 산스크리트-영어 사전에는 사바세계를 나타내는 낱말로 싸하(Saha)만 들고 있고, 싸바(Sabhā)는 모임(assembly), 회합(congregation), 만남(meeting), 회의(council) 같은 뜻만 있고 '참고 견디다'는 뜻이 없다. 홍법원 사전에는 또 싸바-빠띠(Sabhā-pati)가 '사바세계 주, 곧 범천을 말함'이라고 했는데, 산스크리트-영어사전에는 모임의 우두머리(the president of assembly)라는 뜻만 나와 있고 그런 뜻이 없다. 결과적으로 사바세계는 싸하세계라고 하는 것이 옳다고 보아, 여기서는 '싸하세계'로 한다.

12. 1245년, 자성미타와 아미따염불을 함께 추구한
백련사 4대 천책(天頙)

천책 행장을 제대로 기록한 자료가 남아 있지 않아 여러 자료를 모은 논문을
간단히 인용한다.

> 백련사의 4대 사주인 천책(天頙)은 1206년(희종 2)에 태어난 것으로 추정되며 과
> 거에 합격하였지만 23세의 나이에 원묘국사 요세에게 출가하였다. 1236년(고종
> 23)에는 요세와 함께 「보현도량」을 세우면서 쓴 백련결사문(白蓮結社文)을 통해
> 백련사와 연결된 사찰과도 다방면으로 관계했음이 확인되었으며 1244년에는 동
> 백련사의 주맹이 되었고 그 후 백련사의 주맹으로 옮겨왔다. 천책은 1245년 7월
> 에 입적했다. 40)

천책은 「백련결사문(白蓮結社文)」에서 밝힌 바와 같이 법화삼매와 정토왕생
을 추구하였는데, 주요 의례로 법화삼매, 참선, 『법화경』독송, 일과로 준제
주, 미타 염송이 이루어져 있어 궁극적으로 정토에 가는 것이 목적이라는
점에서 요세의 정토사상과 같다고 할 수 있다.
천책에 대해서는 그의 문집인 『호산록(湖山錄)』을 통해서 좀 더 살펴볼 수
있다.

호산록은 1307년(충렬왕 33) 이안(而安)이 판각하여 간행했으나 원본은 전
하지 않으며, 현재 송광사(松廣寺) 등에서 소장하고 있는 필사본이 남아 있
다.
호산록에는 「금자 화엄・법화경경 찬소(金字華嚴法華經慶讚疏)」에 보면 천
책은 천태사상 내용과 화엄사상 내용을 자유롭게 언급하고 있는데, 이것은
두 사상이 서로 일치한다고 보았으며 궁극적인 정토에 회향하여 정토에
도달하는 것이었다.

> 아! 저쪽에서 발원의 수레바퀴가 멈추거나 돌거나, 이웃 나라 군사가 갑자가 쳐들
> 어온 지금. 특별히 『법화경』을 바탕으로 보시의 자리를 펴서 100일 동안 4가지
> 공양을 하는데, 어찌 뼈가 가루가 되어도 그만두겠습니까? 3가지 업을 맑히기 위
> 해 정근하는 사람이 60명인데, 정성(赤心)을 다해 함께 참회합니다. (법화의) 사

---

40) 박윤진, 「고려후기 백련사 출신 '8國師'의 활동과 특징」, 『남도문화연구』 37, 2019.

(事)와 이(理)가 막힘이고 선정과 지혜가 모두 고르며, 의로운 용(龍)은 늘 (화엄 일승) 십현문(十玄門)을 연설하고 변화한 코끼리가 삼매에 나타납니다. …… 다시 바라오니, <u>돈원(敦元) 스님 영가는 유심정토(唯心淨土)에 곧바로 다다라 자성미타를 몸소 보고, 갖추게 된 금강(지혜)으로 싸하세계를 두루 미치게 하소서</u>.41)

당시 몽골이 쳐들어온 상황에서도 60명이 공양과 참회를 통해 화엄과 법화의 경지를 이루는 상황을 쓰고, 마지막 이 입적한 스님이 유심정토에서 자성미타를 보고 지혜를 얻어 싸하세계 내려와 중생 구제해 달라고 비는 내용이다. 여기서 보면 천책은 '유심정토(唯心淨土) 사상'을 추구했다는 것을 알 수 있다.

한편 「아미따경 독송을 권하는 발원문(勸誦彌陀經願文)」에는 경전을 읽어 정토에 회향하기를 발원하고 있다.

> 발원하는 마음은 (아미따경)을 지니고 소리 내어 읽을 것을 널리 권하는데, 대략 매달 큰 재일(팔관대재)에는 모두 한곳에 모여 함께 8계를 받고, 함께 (아미따)경전 (雄詮)을 크게 읽어 정토에 회향할 것을 권한다. (切發願心 廣勸誦持 約每月大齋日 俱會一處 同受八戒 同誦雄詮 迴向淨土).42)

여기서는 모든 사람이 팔관대재 때 함께 모여 아미따경을 읽고 그 공덕을 정토에 회향하여 극락에 태어나기를 비는 발원을 하도록 권하고 있다. 정토사상의 근본 취지인 하근기 범부를 구제하려는 사상이 뚜렷이 드러난다. 그래서 고익진은 "천책의 정토사상은 '유심정토설(唯心淨土說)'과 '타방정토설(他方淨土說)'이 결합된 것이다"라고 평가하였다(「원묘국사 요세의 백련결사」, 『한국천태사상연구』, 1986).

비록 천책의 행장에서 마지막 숨을 거두는 장면이 기록되어 있지 않지만, 위에서 본 것처럼 천책은 마음에서 자성미타를 보는 정토를 가든 서녘 극락을 가든 분명히 극락을 갔다고 본다. 이는 앞에서 본 천태 스님들의 보기를 통해서 그 증을 얻을 수 있을 것이다.

---

41) 『湖山錄』卷4,「金字華嚴法華經慶讚疏」〈嗟 彼願輪之停轉 當此隣兵之突侵 特就蓮坊 用張檀席 四事 供養於一百日 寧粉骨而敢辭 三業精勤者六十人 盡赤心而同懺 事理無碍 定慧悉均 義龍常演於十玄 化 象現衆於三昧 …… 更願敦元靈駕 直達唯心淨土 親覩自性彌陀 所辦金剛 普霑沙界.〉
42) 天頙,「勸誦彌陁經願文」,『湖山錄』卷下.

백운사 사적비 (국립문화재연구원)   탁본(국립문화재연구원)

■ 전남 강진 만덕산 백련사에 최자(1188~1260)가 지은 원묘국사비 같은 여러 석비가 있었으나 현재는 1681년(숙종 7) 5월에 세운 백련사 사적비만 남아 있다. 비문은 앞면에 백련사 중수, 원묘국사 행적, 백련결사 같은 내용이 새겨져 있으며, 뒷면에는 비 건립에 참여한 72명의 승려명과 인명이 음각되어 있습니다. 비문에 따르며 백련사에 원래 원묘국사비가 있었으나 이수(머릿돌)의 비신(비의 몸돌)은 없어지고 귀부(거북이 모양의 받침돌)만 남아 전해졌다고 한다. 이후 백련사 사적비를 세우면서 귀부는 옛 것을 그대로 사용하였다.

13. 1077년, 40살에 경전 읽고 염불하여 극락 간 재상 이정

이정 무덤돌에 새긴 글묘지명(李頲墓誌銘)
문종 31년(1077). 서울 국립중앙박물관 (No 신5861) 간직

고리국(高麗國)의 돌아가신 대중태부 수태부 겸 문하시중 상주국(大中太夫 守太傅 兼 門下侍中 上柱國)이고 죽은 뒤 정헌(貞憲)으로 높여준 이공(李公) 무덤돌에 새긴 글.

문림랑 수상서예부원외랑(文林郎 守尙書禮部員外郎) 조유부(趙惟阜)가 짓다.

공의 이름은 정(頲)이고, 자는 백약(百藥)이며, 수주 소성현(樹州 鄒城縣) 사람이다. 증조부 허겸(許謙)은 상서좌복야 태자태부(尙書左僕射太子太傅)로 높여주고, 조부 한(翰)은 상서좌복야 태자태보(尙書左僕射太子太保)인데 안경(安敬)이라는 시호를 추증받았다. 아버지 자연(子淵)은 수태사 겸 중서령(守太師 兼 中書令)이고 추증된 시호는 장화(章和)이다. 어머니 김씨는 계림국대부인(雞林國大夫人)으로, 내사시랑평장사(內史侍郎平章事) 인위(因謂)의 딸이다.

공은 곧 중서령의 큰아들로 하늘과 땅의 순수한 정기를 받아 풍채가 남다르게 빼어났다. 어려서부터 학문을 좋아하고 자라서는 시를 공부하였는데, 아름다운 경치, 맑게 갠 밤, 꽃피는 아침, 달뜨는 저녁에는 반드시 붓을 잡고 글을 짓느라 거의 헛되게 보내는 날이 없었다. 한 문장 한 구절이 나올 때마다 (글은) 다리가 없는데도 구슬보다도 빠르게 달려가 사람들이 다투어 전하고 베끼니 도성 안에 종이가 귀해졌다. 그 읊은 내용을 보면 큰 듯이 다 갖추어져 있고 형식에 얽매이는 병폐가 없었으니, 어찌 풍월이나 읊조리고 화초를 희롱할 따름이었겠는가. 하물며 고전에 이르러서는 그 깊은 이치를 탐구하지 않은 것이 없었으니, 그 문장은 한 나라를 빛낼 만하였으며 그 재주는 과거에 1등으로 급제할만하였다. 그러나 33세가 되어도 글에만 빠지는 상여병(相如病)이 지나칠까 하여, 선친이 과거 응시를 허락하지 않고 강제로 공신 후손 자격으로 첫 벼슬에 나가게 하였다.

20세에 내고부사(內庫副使)를 지내고, 23세에 예빈성주부(禮賓省主簿)로 옮겼다. 25세에 합문지후(閤門祗候)를 더하고, 28세에 상서고공원외랑(尙書考

功員外郎)으로 옮겼으며 지방으로 나가 양주를 다스렸다. 31세에 임기가 끝나자 조정으로 돌아와 다시 상서호부원외랑(尙書戶部員外郎)이 되었는데, 32세에 정랑(正郎)을 더하고 겸하여 비어(緋魚)를 내렸으며, 33세에 위위소경 지합문사(衛尉少卿 知閤門事)에 임명되었다. 35세에 상서우승(尙書右丞)으로 옮기고, 36세에 상서이부시랑(尙書吏部侍郎)으로 고쳐 제수되었으며, 자금어대(紫金魚袋)를 하사받았다. 38세에 전중감 지상서 이 부사(殿中監 知尙書吏部事)가 되고, 40세에 본관(本官)으로서 동지중추원사 겸 삼사사(同知中樞院事 兼 三司使)가 되었다. 44세에 우산기상시(右散騎常侍)를 제수받고, 46세에 호부상서중추사 권서경유수사(戶部尙書 中樞使 權西京留守使)로 옮겼다. 47세에 이부상서(吏部尙書)로 고쳐 제수되고, 48세에 참지정사 판삼사사 주국(叅知政事 判三司事 柱國)에 제배되고, 51세에 중대부 중서시랑 동중서문하평장사 판상서병부사 서북면병마사 겸 서경유수사 상주국(中大夫 中書侍郎同中門下平章事 判書兵部事 西北面兵馬事 兼 西京留守使 上柱國)이 되었으니, 겨우 30여 년에 낭서(郎署)로부터 재형(宰衡)에 이르게 된 것이다. 밝게 드러난 공적은 모두 국사(國史)에 기록되어 있으므로 여기서는 모두 싣지 않는다.

아우가 네 명 있는데 모두 높은 지위에 오르고, 누이가 세 명 있는데 함께 왕비가 되었다. 그 이름과 덕업은 장화공(章和公)의 지문(誌文)에 아주 자세히 나와 있으므로 줄이고 적지 않는다. 무릇 우리 임금(皇)의 아들들은 모두 공의 생질이 되니 가세의 대단함이 이미 이와 같으며, 관직의 화려함이 또한 저와 같다. 귀하다고 하여 다른 사람에게 오만하게 대하지 않았고, 항상 겸손함을 실천하면서 자신을 다스렸다.

왕씨를 아내로 맞이하였는데 상당현군(上黨縣君)에 봉해졌다. 중서령(中書令)에 추증된 가도(可道)의 셋째 딸로서, 용모가 매우 아름답고 부덕(婦德)이 구족(九族) 가운데 으뜸이었다. 6남 4녀를 낳았는데, 큰아들 자인(資仁)은 22세에 진사에 급제하여 처음 비서성교서랑(祕書省校書郎)이 되고 거듭 승진하여 지금 합문지후(閤門祗候)가 되었으니 그 몸과 마음을 가다듬으며 예의범절이 다른 사람들보다 뛰어났기 때문이다. 둘째 자의(資義)는 경시서승(京市署丞)이고, 셋째 자충(資忠)은 상서호부주사(尙書戶部主事)이며, 넷째 자효(資孝)는 양온령(良醞令)인데, 모두 후손에게 벼슬 주는 혜택을 받아 일찍 벼슬길에 올랐다. 각기 재주와 명성을 지니고 있으나 과거에 뜻이 있으니, 당시 사람들이 재능이 뛰어난 군자들로 용과 호랑이처럼 우열을 가르기 어려운 형제라고 하였다. 다섯째는 비구(比丘)가 되어 현화사(玄化寺)에 있는데, 법명은 세량(世良)이었다. 여섯째는 어려서 아직 이름이 없었다. 장녀는 우산기상시 삼사사(右散騎常侍 三司使) 김양감(金良鑑)의 정실 아들인 잡직서승(雜識署丞) 의(義)에게 시집갔다. 다음 둘째와 셋째는 모두 시집가지 않았고, 다음 넷째도 아직 비녀 꽂을 나이가 되지 않았다.

현군(縣君)은 공보다 76일 앞서 사망하였다. 공은 죽음을 슬퍼하는 기색을 밖으로 드러내지는 않았으나, 달관한 생각이 아내를 잃고 술 사발을 두드린 장자에 버금갔다. 이에 시름을 품은 시를 읊었는데 다음과 같다.

서너 해 동안 병을 가진 몸으로
공로도 없이 임금의 녹을 먹으니 모든 사람이 비웃는다.
조금씩 남국(南國) 휴문(休文)의 수척함을 닮아가니
헛되이 서하(西河) 자하(子夏)의 살찜을 부러워하노라.
단지 불교를 배워 정진하는 것이 간절하나
꽃과 술을 만나니 즐거움만 극진하네.
올봄에 문득 어려움 함께 겪은 아내를 잃으니
들보 위 제비 한 쌍만 미워하노라.

그 마지막 구절 뜻이 옆 사람이 들어도 오히려 서글픈데, 하물며 부부 사이에 능히 생각이 없을 수 있겠는가. 슬프다. 40년 이래 시를 업으로 삼은 자로 이보다 더 뛰어난 사람은 없었다.

얼마 지나지 않아 다리에 병이 생겼는데, 수십 일이 되어도 낫지 않았다. 임금이 사령장(麻誥)를 내려 대중대부 수태부 겸 문하시중(大中大夫 守太傅 兼 門下侍中) 벼슬을 내리고, 장남을 뽑아 조관(朝官)으로 올렸다. 어의를 보내어 보살피도록 하기도 하고 임금이 사사로이 쓰는 돈을 내 조정에서 기도하기도 하였다. 태자와 후비, 친왕들도 재물 내린 것이 이루 헤아릴 수 없었고, 몸소 찾아가 안부를 물으니 길이 수선하였다.

그러나 운명과 복이 다하니 하늘땅을 다스리는 신이나 붇다도 머무르게 하기가 어려웠다.
5월 13일에 서울 안의 불은사(佛恩寺)에서 돌아가시니, 이 해는 송 희령 10년(문종 31, 1077)으로 세차로는 정사년이다.

돌아가시는 날 저녁에는 신음소리도 없이 손발을 씻고 의관을 단정히 하고 앉아서 아미따불의 이름을 읊조렸다. 또한 스스로 보살 8계를 받고 끝나자 베개에 누워서 작고하였으니, 춘추 53세이다.

식자들은 백성들을 위하여 애석하게 여겼다. 임금은 이 소식을 듣고 조회를 사흘간 멈추었으며, 시호를 정헌(貞憲)이라 내렸다. 슬퍼하는 마음이 보통과는 달라 부의를 높이는 것이 관례보다 두터웠으니, 애통함과 영예로움을 함께 갖춘 것이 고금에 견줄 바가 드문 것이다.

이달 23일 임신일에 담당 관리에게 명하여 장례일을 돌보게 하고, 불교 법에 따라 서기산(西畿山) 기슭에서 다비하였다. 자녀들이 목놓아 슬피 울며 유해를 받들어 사찰에 임시로 안치하고 아침저녁으로 제사를 받드는 것이 살아 있을 때와 같이 하였다. 또 그해 10월 20일 정유일에 좋은 점괘를 좇아 임진현 백악 선영 근처에 장례 지내니, 예에 따른 것이다.

공은 마흔 살 때부터 인과를 깊이 믿어 근무하는 시간 이외에는 대장경을 읽으면서 자신을 돌보고자 하였다. 전체를 한 번 다 읽고 다시 거의 반을 읽었으니, 붇다가 식언을 하지 않는다면 저승에서 도와야 한다는 것을 알 수 있을 것이다.

유부(惟阜)는 일찍이 보잘것없는 재주로나마 외람되게 따뜻한 보살핌을 받았는데, 글을 지어달라는 부탁을 받으니 사양하고 거절할 수가 없었다. 비록 글을 잘 쓰지 못하지만, 사실을 기록하는 데에는 다행히 부끄러움이 없어, 삼가 명(銘)을 짓는다.

　참으로 뛰어난 자손이여, 훌륭한 가문에서 태어났으니
　도량은 큰 바다같이 넓고, 고상한 인품은 온화한 자태 그대로다.
　배움은 스승을 통하지 않아도 마음은 오직 지극한 도를 섬겨서
　눈으로 제자백가를 섭렵하고 가슴으로는 고금을 꿰뚫었다.
　시는 원백(元白)처럼 고결하고, 필체는 종장(鍾張)처럼 신묘하니
　남겨진 풍모가 이어져 빛나고, 황실과 외척 간에 꽃다운 향기가 잇따르도다.

　단아하고 총명하여 높은 자리를 역임하고

이름은 유리병 명단에 첫째로 적혀서
옥으로 만든 솥과 같이 강하고 부드러운 덕으로 높은 지위에 올랐네.
다섯 빛깔 붓으로 임금 보필하고 열 아름 큰 나무같이 나라를 받들었지만
총애를 받아도 더욱 삼가고 귀해져도 위엄을 부리지 않았다.
일찍이 인생 허무함 깨달아 늘 연화장(蓮花藏)세계 찾아 헤매고
남을 자신과 똑같이 대하며 색과 공을 함께 잊었도다.
달콤한 샘물 쉽게 마르고, 빼어난 재목 먼저 꺾이나니
원수(洹水) 건넌 것이 꿈속의 일인가, 대산(岱山) 노닐면서 돌아오지 않는구나.

사람들 놀라 배를 잃고 황제 슬퍼 거울을 보는 것을 잊었는데
동각(東閣)은 바람에 스산하고, 북당(北堂)은 달빛이 슬프도다.
흐르는 세월도 금방 바뀌니 먼 날도 잠깐이런가,
푸른 새가 길함을 알리고, 흰 비단을 두른 마차 조심스레 걷는다.
무덤을 닫으면서 옥돌에 새겨 이에 묻으니
난초 향기처럼 그 덕도 영원하리라.

대강 3년 정사년(문종 31, 1077) 10월 일에 새김.
장사랑 한림원대조(將仕郎 翰林院待詔) 양숙화(梁肅華)가 쓰다.

李頲墓誌銘 : 서울 국립중앙박물관 (No 신5861)

卍 보정의 꼬리말

재상까지 지낸 선비가 늦은 나이인 40살부터 일과가 끝나면 대장경을 읽고 정토신앙을 실천하여 마지막 아미따불을 염하며 극락 간 본보기다.

14. 1192년, 아미따불 염하며 극락 간 이일랑 선녀(善女)

이일랑(李一娘) 무덤돌 글(李一娘墓誌銘)
연대 명종 22년(1192)
소재 서울 국립중앙박물관 (No 본10005)

(이일)랑은 원주 사람이다. 증조 자춘(自春)은 죽은 뒤 검교소부소감(檢校少府少監)을 받았고, 할아버지 규(癸)는 검교□□(檢校□□)이며, 아버지 언장(彦章)은 진사시에 합격하고 여러 번 승진하여 전중내급사동정(殿中內給事同正)이 되었다. 어머니 원씨(元氏)는 급제한 □□이다. 연명(延明)은 처사(處士)로서 집에 있었으나 집이 부유하여 □ 베풀기를 좋아하니 모두가 어질게 여겼다.

이일랑에게는 형제가 다섯 명이 있는데, 오빠 중기(仲騏), 중린(仲麟)과 동생 중총(仲聰)은 모두 국자시(國子試)에 합격하였다. 동생 승림(勝林)은 도량이 (넓고?) 학행(學行)이 있었으나 막내아우 극화(克和)와 함께 모두 이일랑보다 앞서 죽었다. 동생 중화(仲和)는 과거에 뜻을 두지 않고 유학(儒學)과 불학(佛學)을 좋아하여 지성스러웠다. 중화의 서열은 낭과 승림 사이지만 지금 홀로 □ 남아 있다.

이일랑은 18세인 경신년(인종 18, 1140)에 춘방공자(春坊公子) 김유신(金有臣)에게 시집갔다. 김유신이 무진년(의종 2, 1148)에 곽주통판(郭州通判)이 되었다가 계미년(의종 17, 1163)에 세상을 떠났으나, 이일랑은 절의를 지켜 홀로 살았다. 어렸을 때부터 불교에 귀의하여 □□ 남의 잘잘못을 말하지 않았으며, 출가한 뒤에는 늘 『작은 아미따경(小彌陀經)』, 『화엄경』 「보현품」, 『천수다라니경』을 읽었다. □올해, 오후에는 음식을 먹지 않았으며, 매번 십재일(十齋日)이 되면 늘 고기를 먹지 않고 정토에 태어날 것을 다짐하였다.

□ 아들 광조(光祖)는 어린 나이에 시부(詩賦)로써 국자감시에 장원으로 급제하고, 갑진년(명종 14, 1184)에 금주감무(衿州監務)가 되어 청렴한 다스림으로 이름이 났다. 딸은 공역령(供驛令) 최돈의(崔致義)의 계실(繼室)이 되었는데, 이일랑은 그 딸을 따라 서울에서 살았다.
올해 명창 3년 임자년(명종 22, 1192) 9월에 병이 들었는데, 15일이 되자 목욕하고 옷 갈아입고 입으로 서녘□(西方□ : 서녘 붇다=아미따불)을 외며 세상을 떠나니, 10월 15일에 도성의 동쪽 소재며산(小梓旀山) 남쪽 기슭에 장례 지냈다.

(아들) 광조는 일찍이 나에게 배웠는데, 이때 원주에 있다가 부음을 듣고 급하게 떠나면서 행적을 대략 지어서 나에게 부탁하기를, "서울에 도착하면 곧 장례를 치르려 하니, 청컨대 묘지명을 지어 주십시오."라고 하였으므로, 이에 명을 짓는다.

명(銘)하여 이른다.

일부종사(一夫從死)하는 것이 여자의 미덕인데, 낭은 능히 절의를 지키도다.
70의 나이는 예로부터 어렵게 여겼는데, (이일)랑은 이런 수를 누리도다.
사람이 죽을 때는 마음에 품은 생각이 거꾸로 되는데,
(이일)랑은 미련 없이 떠나도다.
낭이여, 낭이여,
□□ 전하여 무궁한 뒷날에 보여주려 하노라.

서울 국립중앙박물관 (No 본10005)

卍 보정의 꼬리말

앞에서 천태종 스님들이 『관무량수경』의 관법을 바탕으로 서녘 극락세계를 염했다면 여기서는 평소에 정토삼부경 가운데 『작은 아미따경(小彌陀經)』을 정토 수행 경전으로 삼았다는 것을 알 수 있다. 결혼하여 가정생활을 하면서도 오후에는 먹지 않고 진심으로 극락 가서 태어나길 바랐고, 마지막 목숨이 다할 때까지 염불한 수행자의 태도는 출가자 못지않았다는 것을 알 수 있다. 믿고(信), 바람(願)을 세워 마지막까지 염불한(行) 정토 수행자의 본보기다.

15. 1254년, 도움염불(助念) 받고 불보살을 염하며 극락 간 흥왕도감

고종 41년(1254)
국립중앙박물관(No. 신2774)

양택춘 무덤돌 글(梁宅椿墓誌銘)

공은 성이 양(梁)이고 이름이 택춘(宅椿)으로, 대정 12년(명종 2년, 1172) 임진년에 태어났다. 그 선조는 계림 김씨인데 뒤에 대방군(帶方郡)으로 이주하여 양씨로 고쳤다.

나이 60세[耳順] 즈음에 온수군감무(溫水郡監務)가 되어 비로소 첫 벼슬에 나아갔다고 한다. 8, 9년이 지나자 입에 옥을 물고, 19년이 지나자 허리에 붉은 띠를 둘렀다. 아주 늦은 나이에 영화를 보았으니, 사람일에 어찌 이러한 일이 있겠는가. 이 때문에 운명을 알고 물러났고, 녹봉을 구하려는 뜻이 없었다.

광렬공(匡烈公) 최이(崔怡) 공이 선원사(禪源社)를 세우자, 온 나라 고승을 가려 뽑아서 모임을 맡도록 하였는데, 공의 맏아들 안기(安其) 공이 그 뽑는 일에 앞장섰으므로 작위를 주어 선사(禪師)로 삼고 멀리 단속사(斷俗寺)의 주지로 삼았으나 모두 사양하고 받지 않았다. 아들 때문에 공을 불러서 좌우위녹사참군사(左右衛錄事叅軍事)로 삼았고, 경희궁부사(慶禧宮副使) 녹봉을 받게 하였다. 공의 나이가 이미 70살 남짓 되었는데, 또 호부원외랑(戶部員外郞) 벼슬을 내리고 자금어대(紫金魚袋)를 하사하였으며, 이로 따른 녹봉을 주었다. 지금의 상상(上相)인 최항(崔沆) 공이 부친을 이어 나랏일을 맡게 되자 옮겨서 수안궁부사(壽安宮副使) 벼슬을 주고, 또 더하여 흥왕도감(興王都監) 벼슬을 내리고, 다시 임금께 아뢰어 죽을 때까지 녹봉을 받게 하였다가 곧 조청대부 예빈경(朝請大夫 禮賓卿) 벼슬을 내렸으나, 벼슬을 사양하고 물러났다.
공은 한평생 거짓말이나 망령된 말이나 속이는 짓을 하지 않고, 너그럽고 (남에게) 도탑게 대하는 웃어른이었다. 옛날과 현실을 아울러 모든 일을 손가락으로 손바닥을 가리키듯 잘 말하였고, 재계할 적에는 새벽부터 먹지 않았으며, 술을 마실 수 있으나 어지럽지 않았고 바둑을 둘 수 있으나 노름하지 않았다. 손님이 오면 가끔 술을 마시고 바둑을 두었으나, 〈손님이〉 가면 불경의 교리를 읽으면서 일찍부터 세상의 일을 마음에 품지 않았다.

처음에 내시(內侍) 김수(金脩)의 딸과 혼인하여 두 아들을 낳았는데, 모두 머리를 깎고 출가하였다. 맏아들은 천영(天英)인데, 지금은 안기(安其)로 바꾸었다. 둘째 아들은 청유(淸裕)로 바리때 하나를 가지고 구름처럼 돌아다닌다. 김씨가 죽은 뒤 다시 별장(別將) 배씨의 딸과 혼인하여 세 아들을 낳았는데, 행연(行淵)은 출가 후 삼중대사가 되어 우두사(牛頭寺)의 주지를 맡았고, 양정(梁靖)은 도량고판관(道場庫判官)이며, 양필(梁弼)은 대정(隊正)이니, 모두 나이가 어린 데도 지위와 이름이 높이 드러난 것은 실로 맏아들 안기 공의 음덕 때문이다.

갑인(고종 41년, 1254) 여름 4월 7일, 병이 위태롭게 되자 승려를 불러
염불하게 하였고, 목숨이 다할 때 그대로 붙다 말을 외고 보살 이름을 부
르다가 잠드는 것처럼 얽매임 없이 오른쪽 옆구리로 누워서 돌아가셨으니,
이때의 나이는 83세였다. 기(其) 공이 슬피 울며 몸을 받들어 씻기로 화장
하여 유골을 거두었다. 이해 6월 14일, 수양산 기슭에 장사지내면서 나에
게 요청하여 간략히 기록을 남긴다.
명(銘)하여 이른다.

나이 80세에 명(命)이 비로소 통하여
집에는 녹(祿)이 내리고 허리에는 붉은 띠를 둘렀네.
주(周) 여상(呂尙), 한(漢) 천추(千秋)와 시대는 멀지만, 자취는 서로 같구나.
법왕 태어나 믿는 가문을 밝히니, 누구를 받들어 보냈는가, 늙은 샤꺄(釋
迦)로다.
공의 영화도 여기에 기댔으니, 기이하도다, 이런 아들 가짐이여.

갑인년(1254) 6월 일, 장사랑 시상서예부낭중 국학직강 지제고(將仕郞 試
尙書禮部郞中 國學直講 知制誥)이고 자금어대(紫金魚袋)를 하사받은 김구(金
坵).

(뒷면)
較 紛猵胖 昕逥罡 悆神
옴 암리따 아라마 쓰바하(oṃ amṛtā dharana svāha) 상품상생진언
較 渼崒 妖楮 湯
옴 마니 빤메 훔(oṃ mani padme huṃ) 육자대명진언
較 渼崒 昕印 湯 砆鈇
옴 마니 다리 훔 팟(oṃ māni dhali huṃ phaṭ) 보루각(寶樓閣)진언
較 猵(邜) 昕糐 悆神
옴 므리 다라 스바하(oṃ mṛ(gr) dhala svāhā) 결정왕생정토주

국립중앙박물관(No. 신2774)

卍 보정의 꼬리말

양택춘은 출가를 하지 않았는데도 단속사 주지 임명을 받은 적이 있고, 세 아들이 출가한 것을 보면 본인도 불제자로서 단정한 삶을 살았음이 틀림 없다. 목숨이 다할 때 승려를 불러 염불을 하게 한 것은 현재 유행하고 있는 도움염불(助念) 습속이 있었음을 알 수 있고, '붇다 말을 외고 보살 이름을 부르다가 잠드는 것처럼 얽매임 없이 갔다'라는 것은 붇다 말이란 '진언'이고 보살 이름은 '관세음보살'이었을 것이다. 그리고 아무런 고통 없이 잠드는 것처럼 간 것은 붇다가 맞이하여 마음이 흐트러지지 않았기 때문이다. 치나(支那) 선사들의 습속에서 앉거나 서서 죽는 것(坐脫立亡)을 높이 평가하였지만 사실 사꺄무니 붇다도 이 흥왕도감처럼 오른쪽 옆구리로 누워서 돌아가셨으니, 이것이 사자와(獅子臥)이고 와불의 참모습이다.

이 무덤돌은 뒷면에 산스크리트말 싣담 글자로 4개의 진언이 새겨져 있는 것도 특징이다. 조선시대 나온 『아미따경』 언해본에도 경 끝에 「불설보루각근본진언(佛說寶樓閣根本眞言)」, 「보루각수심주(寶樓閣隨心呪)」, 「무량수불설왕생정토주(無量壽佛說往生淨土呪)」, 「아미타심주(阿彌陀心呪)」, 「불설결정왕생진언(佛說決定往生眞言)」(이상 용천사 판) 및 옴마니팟메훔 『육자대명』이 덧붙여져 있는 것을 보면 정토 행자들이 즐겨 외는 진언이라는 것을 알 수 있다. 이 무덤돌 글은 선비가 썼으므로 정토불교에 대한 깊은 "붇다 말을 외고 보살 이름을 부르다"라고 했지만, 뒷면 진언을 보면 전형적인 정토 행자의 임종이라고 할 수 있다.

16. 1308년 서쪽 향해 찬불하고 계를 읊으며 극락 간 정숙공

충렬왕 34년(1308)

전거 : 『평양조씨세보』(1929) (국립중앙도서관 한古朝58-가22-5-1-8,
고문헌실(5층)

선충익대보조공신 벽상삼한 삼중대광 수태위 판중서문하사 상장군 평양군이며
추증된 시호 정숙공 무덤돌 글(宣忠翊戴輔祚功臣壁上三韓三重大匡守太尉判中書
門下事上將軍平壤君贈諡貞肅公墓誌銘)

신하가 된 사람은 네 가지 몸가짐을 가져야 하나니, 몸단속을 잘하여 엄중
하게 바른 마음을 간직하는 것이 하나이고, 일에 임해서는 공을 따르고 사
를 가볍게 보는 것이 둘이며, 사신으로 나가게 되면 잘 대처하여 나라의
명예를 높이고 넓히는 것이 셋이며, 조정에서 일하게 되면 행동을 확실하
게 하는 것이 넷이다. 신하로서 그 한 가지를 가진 이도 또한 드문데, 하
물며 한 몸에 네 가지 몸가짐을 갖춘 사람은 대개 천년에 한 사람뿐일 것
이니, 우리 평양군(平壤君)이 바로 그분이다.

공의 이름은 인규(仁規)이고, 자는 거진(去塵)으로, 평양군(平壤郡) 사람이
다. 아버지 영(瑩)은 금오위별장(金吾衛別將)이었는데, 공이 높이 되었기 때
문에 금자광록대부 추밀원부사 이부상서 상장군(金紫光祿大夫 樞密院副使
吏部尙書 上將軍)에 추증되었다. 어머니 이씨는 내원승(內國丞) 유분(有芬)의
딸인데 여러 차례 봉해져서 토산군부인(土山郡夫人)이 되었다. 어머니가 태
양이 품 안으로 들어오는 꿈을 꾸고 이에 잉태하여 공을 낳았다.

공은 어려서부터 총명하고 뛰어났으며 노는 것을 좋아하지 않았다. 학문에
뜻을 둘 나이가 되자 공을 세워 나라를 바로 잡겠다는 큰 뜻을 세워, 문자
를 가볍게 여겨 그것을 버리고 태자부시위(太子府侍衛)가 되었다. 무오년
(고종 45, 1258)에 이르러 장군 인규(仁揆) 휘하의 대정(隊正)이 되었다.
나라에서 무반(山西)의 자제 중에 영리하고 재능이 있는 자를 골라 대조(大
朝, 元)의 언어를 가르치게 하였는데, 공이 이에 참여하여 선발되었다. 계
해년(원종 4, 1263)에 교위(校尉)로 승진하고, 기사년(원종 10, 1269)에
지금의 임금(충렬왕)이 세자로서 원의 조정에 들어갈 때 공이 수행하여 갔
는데, 여러 차례 승진하여 섭산원(攝散員)이 되었다. 임금을 수행한 4년 동

안 보좌한 공로가 많았다.

갑술년(원종 15, 1274)에 임금이 원 황실의 딸을 배필로 삼고 돌아와 왕위를 이어받으니, 그 공로로 중랑장(中郞將)으로 뛰어오르고, 얼마 되지 않아 장군 지합문사 겸 어사중승(將軍 知閤門事 兼 御史中丞)에 임명되었다. 무인년(충렬 4, 1278)에 대장군 직문하성(大將軍 直門下省)으로 옮기고, 기묘년(충렬 5, 1279)에 우승선(右承宣)에 임명되면서 정의대부상장군 지병부사 태자우유덕(正議大夫 上將軍 知兵部事 太子右諭德)이 더해졌다가 곧 좌승선 지이부사(左承宣 知吏部事)로 옮겼다. 임오년(충렬 8. 1282)에 신호위상장군(神虎衛上將軍)으로서 은청광록대부 추밀원부사 병부상서(銀靑光祿大夫 樞密院副使 兵部尙書)로 뛰어올랐다. 갑신년(충렬 10. 1284)에 지원사(知院事)가 더해지고, 병술년(충렬 12. 1286)에 어사대부 태자빈객(御史大夫 太子賓客)으로 승진하였다. 정해년(충렬 13, 1287)에 금자광록대부 지문하성사(金紫光祿大夫 知門下省事)로 뛰어오르고, 이어 문하평장사 태자소사(門下平章事 太子少師)가 더해졌다. 무자년(충렬 14, 1288)에 태자태보(太子太保)가 더해지고, 경인년(충렬 16, 1290)에 문하시랑평장사(門下侍郞平章事)와 선수 가의대부 왕부단사관(宣授 嘉議大夫 王府斷事官)이 더해지면서 삼주호부(三珠虎符)를 띠었다. 신묘년(충렬 17, 1291)에 판병부사(判兵部事)가, 임진년(충렬18, 1292)에 문하시중 판이부사 태자태사(門下侍中 判吏部事 太子太師)가, 정유년(충렬 23, 1297)에 벽상삼한 삼중대광 수태위 판중서문하사(壁上三韓 三重大匡 守太尉 判中書門下事)가 더해졌는데, 나머지는 모두 그 전과 같았다.

무술년(충렬 24, 1298)에 간사한 사람이 말을 꾸며서 망령되이 고소하니, 공은 이 때문에 원의 조정에 가게 되었다. 원의 조정에서는 여러 가지로 잘못을 따져 묻자 대의를 굳게 지키면서 처음부터 끝까지 다른 말이 없었으므로, 원나라 조정의 사대부들이 모두 훌륭하게 여겼다. 칠팔 년 남짓 억류되어 있다가, 황제(成宗)가 한결같은 절개를 가상하게 여겨 대덕 9년 을사년(충렬 31, 1305)에 조칙을 내려 그전과 같은 임무를 맡으면서 본국으로 돌아가도록 하였다. 그해 12월에 벽상삼한 삼중대광 판중서문하사(壁上三韓 三重大匡 判中書門下事)에 다시 임명되고 나머지도 전과 같이 되었다. 정미년(충렬 33, 1307)에 자의중서문하사(咨議中書門下事)로 승진하고 평양군으로 봉해지자. 비록 집에 있으면서도 무릇 군국(軍國)에 관한 중요한 일은 모두 나아가 결정하게 되었다.

무신년(충선 즉위, 1308)에 부(府)를 설치하고 관원을 두게 하였으며, 선충익대보조공신(宣忠翊戴輔祚功臣)을 더하였다. 공은 이에 "평생 사방으로 바쁘게 다니느라 자리가 따뜻해질 겨를조차 없었습니다. 이제는 이미 군(君)으로 봉해지기에 이르고, 나이도 70이 넘었으니, 마땅히 잔치를 베풀면서 즐겁게 지내야겠소."라고 하고 (동진의 명신) 사안(謝安)이 동산에 숨어 살며 고결하고 즐겁게 지낸 일을 그리워하였다.

또 마음으로는 오로지 붇다를 섬겼다. 일찍이 대장경을 펴내려 하여 특히 승려(開土)들을 집으로 불러 모아 책을 만들었는데, 그해 3월에 시작하여 4월 19일에 와서야 일을 다 마쳤다. 그날 밤 집안의 어른과 아랫사람 네 명이 같은 꿈을 꾸었는데, 꿈에 어떤 신인(神人)이 옷을 갖추어 입고 찾아와 문을 두드리면서 말하였다. "저승에서 평양군이 불경을 만드는 것을 끝냈다는 소식을 듣고, 사자를 보내어 맞아 오라고 하기에 왔습니다." 과연 이튿날이 되자 목 위에 작은 종기가 돋아났다. 용한 의원을 불러 진찰하게 하였으나 "질환이 어찌할 수 없게 되었습니다."라고 하였다. 공도 또한 "죽고 사는 것은 명에 달려있는 것이니 회피할 수가 없습니다."라고 하며 드디어 의약(醫藥)을 물리쳤다. 처음에 공은 꿈에서 관음보살(觀音菩薩) 존상(尊像)이 하늘에 닿도록 서 있는 것을 보았다. 그 모양과 같은 그림 한 폭을 이루고자 하여 병이 위중한데도 몸소 벽에 의지하여 점을 찍고 곧 화공을 불러 초벌 그림을 그리게 하였다. 비록 병중에 있으면서도 쾌활하고 자재함이 이와 같았다.

이에 앞서 여러 아들이 모두 왕명을 받아 원에 들어가 있고, 오직 둘째 아들 연(連)이 곁에서 모시고 있었다. 25일이 되자 뒷일을 부탁하여 말하였다. "오랜 전생부터 인연이 있어 같은 형제로 태어났으니, 집안일로 서로 시기하고 미워해서는 안 된다. 무릇 나라를 잘되게 하려면 반드시 먼저 그 집안부터 바로 잡아야 한다. 맏아들 서(瑞) 등이 돌아오기를 기다려서, 형은 공손하고 동생은 순종하여 다른 사람들에게 업신여김을 당하지 마라." 말을 마친 뒤 목욕을 하고 옷을 갈아입었다. 저녁이 되자 서쪽을 향해 무릎을 꿇고 앉아 향로를 받들며 찬불(讚佛)하고, 옛날의 게(偈)를 외우면서 단정히 앉은 채 돌아가시니, 향년 72세이다.

성 안의 선비들과 백성들이 달려와 우러러 예를 바치면서, "공이 바르고 곧게 공사를 받든다고 들은 지 오래되었는데, 지금에 와서야 그 참 본성을 알겠습니다." 라고 하면서 모두 찬탄하면서 울었다. 임금도 부음을 듣고 몹시 슬퍼하여 담당관리에게 장례일을 도와주라고 명하였다. 6월 28일에 개성(開城) 웅곡(熊谷) 북쪽 기슭에 장례 지내고 시호를 정숙공(貞肅公)이라고 추증하였다.

공은 사람됨이 풍채가 잘 생기고 말이 적었으며, 단정하고 진실하여 번드레함이 없었다. 비록 무관직에 종사하였으나 사서(四書)와 전기(傳記)에도 자못 관심을 두었고, 또 글씨를 잘 썼다. 평생에 사물을 대하면 관대하고 온화하여 겸손하였으나, 일을 두고서는 꺼리지 않고 바른말을 하였으므로 사람들이 감히 범하는 자가 없었다. 하위직에 있을 때부터 지금에 이르기까지 원나라 조정에 출입한 것이 무릇 30여 차례였는데 거동하기만하면 나라를 바르게 하고 구한 성과가 있었다.

지난 을해년(충렬 1, 1275)에 원나라 조정에서 보낸 두목(頭目) 흑적(黑的)이 우리나라와 언짢은 감정을 쌓아 왔는데, 우리의 습속을 고치려고 황제에게 가서 상소하자 일이 이미 이루어져 어찌할 수가 없게 되었다. 공은 홀로 말을 달려 황제에게 친히 정상을 아뢰어 윤허를 받지 않은 것이 없었다. 다루가치(達魯花赤)의 둔전군(屯田軍)에 이르기까지 한결같이 모두 파하여 철수하게 하였으니, 이 일이야말로 만세에 남을 공적이다. 그리고 또 임금(충렬왕)이 여덟 글자 공신이 되게 하고 행성승상(行省丞相)에 오르게 한 것, 첨의부(僉議府)가 2품 아문(門)이 된 것, 양대(兩臺, 僉議府와 密直司)가 은도장(銀印)을 내려받게 한 것, 그리고 남쪽의 섬과 북쪽의 변방지대가 우리의 강토로 다시 속하게 한 것 들은 모두 공의 힘으로 이루어진 일이다. 전후하여 세운 것을 다 쓸 수 없으므로 다만 그 가운데 크게 두드러진 것만을 든다.

조청대부 사재경(朝淸大夫 司宰卿)으로 벼슬에서 물러나 은퇴한 조온려(趙溫呂) 공의 딸과 결혼하여 5남 4녀를 낳았다. 장남 서(瑞)는 우림(羽林)으로 과거에 급제하여 지금 은청광록대부 지추밀원사 보문각대학사 상장군(銀靑光祿大夫 知樞密院事 寶文閣大學士 上將軍)으로 선수 관고려군 정동좌부도원수(授 管高麗軍 征東元帥)가 되었고, 두 아들을 낳았는데 공의 생전에 모두 과거에 급제하여 관직이 서급(犀級)에 이르렀다. 차남 연(連)은 지금 금자광록대부 추밀원부사 병부상서 응양군상장군(金紫光祿大夫 樞密院副使 兵部尙書 鷹揚軍上將軍)으로 선수 왕부단사관(宣授 王府斷事官)이다. 셋째 연수(延壽)는 지금 영렬대부 비서감 한림시강학사 충사관수찬관 지제고(榮列大夫 祕書監 翰林侍講學士 充史館修撰官 知製誥)이고, 선수 관고리군만호(宣授 管高麗軍萬戶)에 제수되었다. 형제 세 명이 일시에 다 같이 삼주호부(三珠虎符)를 띠었으니, 참으로 드문 일이다. 올봄에 원수공(元帥公, 瑞)이 원나라 조정에 들어가 처음으로 부명(符命)을 받았는데 이에 앞서 시를 지어 부친에게 바쳤다.

한 가문에 세 명씩이나 호부(虎符)를 받으니
천만고(千萬古)에 없는 일입니다.
누구의 음덕 탓인지 잘 알 수는 없지만
아버님은 머리가 하얗게 세셨군요.

마침 공이 별세하여 미쳐 눈으로 보지 못하고 다만 사람들 입에 오르내리게 되었으니, 이것이 하나의 한이다. 넷째 의선(義旋)은 천태종(天台宗)에 투신하여 선과(禪科) 상상과(上上科)에 합격하였는데 지금 선사가 되어 진구사(珍丘寺) 주지로 있다. 다섯째 위(諱)는 지금 조산대부 신호위보승장군(朝散大夫 神虎衛保勝將軍)이다.

장녀는 영렬대부 추밀원좌부승선 판비서시사 한림시독학사 충사관수찬관 지제고(榮列大夫 樞密院左副承宣 判祕書寺事 翰林侍讀學士 充史館修撰官 知製誥)인 노영수(盧穎秀)에게 시집갔고, 둘째는 원나라(大元) 영록대부 강절등처 행중서성평장정사(榮祿大夫 江浙等處 行中書省平章政事)인 오말(吳抹)에게 시집갔으며, 셋째는 조의대부 신호위대장군 지각문사(朝議大夫 神虎衛大將軍 知閣門事)인 백효주(白孝珠)에게 시집갔으며, 넷째는 조봉대부 용호군대장군(朝奉大夫 龍虎軍大將軍)인 염세충(廉世忠)에게 시집갔다.

공은 미관으로부터 요직을 두루 거쳐 재상에 오르고, 생전에 군(君)으로 책봉되는 은총을 입었으며, 또 훌륭한 자손들이 조정의 대각(臺閣)에 빛나고 있으니, 삼한 이래로 공과 같이 처음부터 끝까지 영예를 누린 이가 능히 몇 사람이나 있겠는가. 수재거사(睡齋居士) 시중(侍中) 홍규(洪奎)가 시를 지어 곡(哭)하면서 말하기를

세 임금을 섬긴 재상이로다.
봉군(封君) 된 이 중에서 공보다 위에 있는 사람이 누가 있는가.

라고 하였고, 또 이어서

　집안에 가득 찬 아들과 사위들이 이미 재상이 되었으니
　현인을 이어서 백성을 보전하리라.

라고 하였으니, 이는 대개 실제 있었던 일을 적은 것이다.

장례 날에 앞서 원수공이 공의 행장을 갖추어 나에게 묘지명을 지어달라고 부탁하였다. 내가 작년에 직한림원(直翰林院)으로 공을 모시고 원나라 황제의 생일을 축하하러 들어갔을 때 나를 직접 돌보아 주었으며, 나아가 여러 아들과 사위가 모두 나의 친구이니 감히 글이 못났다는 이유로 사양할 수가 있겠는가. 삼가 두 번 절하고 명(銘)을 짓는다.

뿔 달린 짐승 가운데 제일은 기린이고, 날짐승 가운데 으뜸은 봉황이니
구구하게 날거나 달리는 짐승이야 비록 많으나 또한 어찌하리오.
예전 공의 어머니가 해가 품 안으로 들어오는 꿈을 꾸고
낳고 기르니 제비턱에 무쏘 뿔의 정수리 뼈를 가졌도다.
장성하기에 이르러 무반(山西)으로 이름을 올려
수레 타고 북국으로 가니 들고남이 몇 차례였던가.
세 임금을 언각(中書省)과 난대(門下省)에서 두루 보좌하고
나라의 주춧돌이 되어 임금을 도와 선정을 베풀게 하였다.
작위는 5등보다 높았고 지위는 삼태(三台)에 이르렀으며
구슬을 이어 매단 여러 아들은 호두 금패(虎頭 金牌)를 찼도다.
그 공명과 덕업은 예로부터 견줄 사람이 없고
단정하게 앉아 돌아가시니 처음부터 끝까지 정신이 흐트러지지 않았도다.
명(銘)으로 쓴 글에도 부끄럼이 없고 무덤 자리도 매우 아름다운데
돌에 새겨 무덤에 넣으니, 아, 슬프도다.

지대(至大) 원년 무신년(충렬왕 34, 1308) 6월　일
조의대부 판예빈시사 충사관수찬관 지제고(朝議大夫 判寺禮賓寺事 充史館修撰官 知製誥)
방우선(方于宣)이 쓰다.

卍 보정의 꼬리말

서쪽을 향해 무릎을 꿇고 앉아 향로를 받들며 찬불(讚佛)하고, 옛날의 게(偈)를 외우면서 단정히 앉은 채 돌아가셨다고 했는데, 나름대로 정토찬을 지어 평소 외던 것을 마지막까지 외우면서 극락으로 간 본보기라고 하겠다.

『무량수경』에 극락 가운데 동아리(中輩)에 갈 수 있는 조건을 다음 5가지로 들었는데, 바로 그 조건에 딱 들어맞는 경우라고 하겠다.

① 스라마나(沙門)가 되어 큰 공덕은 닦지는 못하더라도,

② 깨닫겠다는 마음을 내고(發菩提心),

③ 한결같이 무량수불만을 새기고(專念無量壽佛),

④ 착한 일도 조금 닦고(多少 修善), 계를 받들어 지키고(奉持齋戒), 탑과 불상을 세우고(起立塔像), 스라마나에게 먹을 것을 이바지하고(飯食沙門), 비단을 걸고 등불을 밝히고(懸繒然燈), 꽃 뿌리고 향을 사르며,

⑤ 그러한 공덕을 극락에 가서 태어나겠다는 바람에 회향하는 무리다.

『평양조씨세보』
(한국학 디지털아카이브)

정숙공 무덤 그림지도
(개풍군 중서면 토성리. 평양조씨 대종회 홈페이지)

16. 1318년, 죽기 직전 출가하여 극락 간 성공(省空)

충숙왕 5년(1318)

서울 국립중앙박물관 (No 본14161)

무안군부인 박씨, 법명 성공의 무덤돌 글(務安郡夫人朴氏法名省空墓誌)

예문관공봉 통직랑 우헌납 지제교 겸 춘추관편수관(藝文館供奉 通直郞 右獻納 知製敎 兼 春秋館編修官) 최여(崔汝) 지음

부인 성은 박씨고, 무안군(務安郡)에서 태어났다. 봉익대부 밀직부사 군부 판서 상장군(奉翊大夫 密直副使 軍簿判書 上將軍) 부(琈)의 셋째 딸이고, 광 정대부 도첨의시랑찬성사(匡靖大夫 都僉議侍郞贊成事)로 추봉되고, 행봉익대 부 판도판서 문한사학(行奉翊大夫 版圖判書 文翰司學)으로 은퇴한 최서(崔 瑞)'의 아내이다. 할아버지는 조산대부 병부시랑 금오위섭장군(朝散大夫 兵 部時郞 金吾衛攝將軍) 성기(成器)이고, 증조할아버지는 통의대부 좌우위대장 군 지병부사(通議大夫 左右衛大將軍 知兵部事) 유(楏)다. 어머니 선씨(鮮氏) 는 협계군부인(俠溪郡夫人)에 봉해졌는데, 아버지는 조정대부 금오위대장군 (朝靖大夫 金吾衛大將軍) 대유(大有)이다.

23세에 최공(崔公)에게 시집갔는데, 공은 곧 문헌공(文憲公, 崔冲)의 고손자 이다. 어려서부터 글재주와 관리가 될 재간을 갖추어 중앙과 지방에서 힘 써 임금을 돕고 백성을 편안하게 하였으므로 모두 우러러보며 따랐다. 마 음이 깨끗하고 곧았으며 행동하는데 굽힘이 없었으므로, 벼슬이 판비서(判 祕書)에 이르고, 부추(樞副)로 물러났다.

모두 4남 2녀를 두었는데, 장남은 정순대부 전의령(正順大夫 典醫令) 중유 (仲濡) 정헌대부 감문위상장군(正大夫 監門衛上將軍) 벼슬에서 물러난 김현 창(金鉉昌) 공의 둘째 딸과 결혼하였다. 2남 정오(晶悟)는 머리 깎고 수선 사(修禪社=송광사)에 있으며, 3남은 밀직사당후관(密直司堂後官) 계유(季濡) 로 봉상대부 선부의랑(奉常大夫 選部議郞) 문증(文證) 공의 셋째 딸과 결혼 하였다. 4남은 화엄종 대덕(華嚴宗 大德) 원비(元庀)로 지금 용흥사(龍興寺) 주지이다. 맏딸은 통헌대부 밀직부사 상호군(通憲大夫 密直副使 上護軍) 김 륜(金倫)에게 시집갔는데, 도첨의참리 집현전대학사 상장군 문신공(都僉議 叅理 集賢殿大學士 上將軍 文愼公) 변(骿)'의 맏아들이다. 둘째 딸은 승봉랑

총부산랑(承奉郎 摠府散郎) 조문근(趙文瑾)에게 시집갔는데, 봉익대부 밀직부사 상장군(奉翊大夫 密直副使 上將軍) 변(抃)의 셋째 아들로 지금 상주목판관(尙州牧判官)이다. 그 후손 또한 이미 무럭무럭 자라 잘 되었으나 글이 번거로워지니 기록하지 않는다.

부인은 성품이 정직하고 삿된 법을 행하지 않았고 붇다의 가르침을 믿고 숭배하였으니 참으로 훌륭한 분이다. 대덕 9년 을사년(충렬 31, 1305)에 부군이 돌아가서 12년 남짓 홀로 지내었다.

나이 70세가 된 올해 연우 5년 무오(충숙 5, 1318) 7월 초 2일에 병이 심해지자, 드디어 죽음을 면하기 어렵다는 것을 알고 묘련사(妙蓮社) 주지 양가도승통(兩街都僧統)에게 청하여 머리를 깎고 비구니가 되어 법명을 성공(省空)이라 하였다. 법복을 갖추어 계를 받고, 이에 종 한 명을 시주하여 출가시켰다. 11일 오시(午時)가 되자 목욕하고 옷을 갈아입고 자녀 등을 불러 뒷일을 부탁한 뒤, 합장한 채 오로지 아미따불만을 염송하였다. 저녁이 되자 세상을 떠나게 되었는데, 숨이 거의 끊어질 때까지도 염불하는 입술이 멈추지 않고 움직였고, 목숨이 다한 뒤에야 두 손이 풀어졌다. 이해 8월 18일에 대덕산 서쪽 기슭에 장례 지냈다.

내가 부인의 아들 및 사위들과 친구이기 때문에 무덤돌 글을 짓게 되었다. 명(銘)하여 이른다.

건강하고 편안하게 수명을 누리고
머리를 깎고 육신을 버렸으니
아름답다, 마지막 길이여,
두 가지 일을 모두 갖추었으니!

연우 5년 무오년(충숙 5, 1318) 8월 일

서울 국립중앙박물관 (No 본14161)

卍 보정의 꼬리말 卍

앞에서 세상을 떠나기 전 스스로 8계를 받았다는 기록이 있었는데, 이 기록은 고승을 청하여 출가하고 법명까지 받고, 마지막 목숨이 다할 때까지 아미따불을 염했다고 한다. 이는 극락의 가운데 동아리(中輩)를 넘어 윗동아리(上輩)로 가기로 발원한 것을 뜻한다. 이 정도의 마음가짐이면 비록 일찍이 출가하지 못했으나 상품(上輩) 가서 태어나지 않았겠는가!

17. 1358년, 늘 염불하여 돌아가실 때도 염불한 개성군 왕씨

공민왕 7년(1358)
전거 :『광산김씨족보』(1903) 국립중앙도서관 디지털자료실(1903)

개성군대부인 왕씨 무덤돌 글 및 머리말(開城郡大夫人王氏墓誌銘幷序)
목은(牧隱) 이색(李穡) 지음

부인의 성은 왕씨고, 개성군(開城郡) 사람이다. 조부 근(覲)은 우리 고리(高麗) 태조의 11세손으로 조청대부(朝請大夫) 예빈경(禮賓卿) 벼슬에서 물러났고, 아버지 정조(丁朝)는 은청광록대부 추밀원사 호부상서 한림학사승지(銀青光祿大夫 樞密院使 戶部尙書 林學士承旨)에 추증되었다. 어머니 이씨(李氏)는 금마군부인(金馬郡夫人)인데, 좌사간지제고(左司諫) 서춘(春)의 딸이다.

부인은 14세에 문정공(文正公) 태현(台鉉)에게 시집갔는데, 바른 자태와 정숙한 덕은 훌륭한 가문(高)의 배필이 될 만하였다.

부인은 다섯 명의 자녀를 두었다. 장남 광철(光轍)은 밀직사(密直使)로 화평군(化平君)에 봉해졌으나 8년 전에 죽었고 시호는 문민(文敏)이다. 차남 광재(光載)는 삼사우사 겸 전리판서(三司右使 兼 典理判書)였는데 집으로 물러나 지금은 무덤 곁에서 (侍墓하고) 있다. 3남 광로(光輅)는 가안부독사(嘉安府錄事)였으나 일찍 죽어 자녀가 없다. 큰딸은 정당문학 예문관대제학(政堂文學 藝文館大提學) 안목(安牧)에게 시집갔고, 둘째 딸은 밀직사우대언 좌사의대부(密直司右代言 左司議大夫) 박윤문(朴允文)에게 시집갔다.

손자는 세 명이 있다. 큰 손자 승조(承祖)는 천우위 해령별장(千牛衛海領別將)이고, 둘째 손자 흥조(興祖)는 좌우위 보승낭장(左右衛 保勝郎將)이며, 셋째 손자 회조(懷祖)는 성균시(成均試)에 합격하여 충용위 호분별장(忠勇衛虎賁別將)이 되었다. 손녀는 다섯을 두었다. 큰 손녀는 개성소윤(開城少尹) 최중손(崔中孫)에게, 둘째 손녀는 합포만호(合浦萬戶)□□□ 현성군(玄城君) 권용(權鏞)에게, 셋째 손녀는 병부원외랑(兵部員外郎) 유혜부(柳蕙符)에게, 넷째 손녀는 숭복도감판관(崇福都監判官) 홍인철(洪仁喆)에게, 다섯째 손녀는 내부부령(內府副令) 박문수(朴門壽)에게 시집갔다.

증손자 세 명과 증손녀 다섯 명이 있으나 모두 어리고, 외손자는 여섯 명이다. 안원숭(安元崇)은 군부판서 진현관(軍簿判書 進賢館)이고, 박밀양(朴密陽)은 급제하여 형부원외랑(刑部員外郎)이 되고, 박태양(朴太陽)은 급제하여 고공낭중(考功郎中)이 되고, 박소양(朴紹陽)은 성균시에 합격하고 원나라에 들어가 형호지□원수부주차(荊湖池□元帥府奏差)가 되고, 박삼양(朴三陽)은 급제하여 충주판관(忠州判官)이 되고, 박계양(朴季陽)은 좌우위정용(左右衛精勇)의 산직(散職)을 받았다.

외손녀는 한 명으로, 봉익대부 우상시(奉翊大夫 右常侍) 민유(閔愉)에게 시집갔다.

외증손자는 15명이다. 민덕생(閔德生)은 상서좌사원외랑(尙書左司員外郎)이고, 민수생(閔秀生)은 성균시에 합격하였고, 민□생(閔□生)은 직사관(直史館)이며, 박숙□(朴淑□)은 서림장판관(西林場判官)이 되었으며, 나머지는 아직 성년(冠禮)이 되지 않았다.

외증손녀는 17명이다. 한 명은 금오위 정용낭장(金吾衛 精勇郎將) □□에게, 한 명은 요양등처 행중서성 우승지(遼陽等處 行中書省 右承旨)에게, 한 명은 비서감(祕書監) 김사렴(金士廉)에게, 한 명은 우부대언(右副代言) 기왈용(奇曰龍)에게, 한 명은 국자직학(國子直學) 성□(成□)에게, 한 명은 견예부 별장(堅銳府 別將) 구희(具禧)에게 시집갔으며, 나머지는 결혼하지 않았다.

외현손은 다섯 명이 있다. 부인은 91세에 이르러 안팎으로 여러 자손이 이처럼 잘 되었으니 어찌 우연이겠는가. 나라의 제도에 세 아들이 과거에 급제하면 그 어머니에게 평생 (먹을) 곡식을 주었는데, 광철, 광재, 광로가 모두 진사제(進士第)에 합격하였으므로 부인의 영예가 (매우 컸다?). 외손자 박씨 또한 훌륭함을 갖추었으니 당시 사람들이 공경하였다.

지정 16년 병신년(공민왕 5, 1356) 3월 18일에 잠자리에서 돌아가시니, 이해 4월 9일에 덕수현(德水縣) 해운산(海雲山) 문정공 무덤에 장례 지냈다.

부인은 자애롭고도 엄하고 총명하고 슬기로웠다. 집안을 다스리는데 법도가 있었고, 여러 친족을 은혜롭게 어루만져 주었으므로 사람들이 □□ 모두 자신의 어머니처럼 여겼다. 시어머니 고씨(高氏)는 예빈경 지제고(賓賓卿 知制誥) 영중(瑩中)의 손녀로 이른 나이에 홀로 되었으나 나이가 들수록 더욱 건강하여 백하고도 두 살이란 장수를 누렸는데, 부인은 더욱 부지런히 모셨다.

성품이 불교를 좋아하여 금으로 『화엄경』 삼본을 쓰고 □□하였으니, 문정공의 명복을 빌기 위한 것이었다. 또 『법화경』을 모두 200권 넘게 만들어, 함과 돗자리에 서적이 가득 찼는데 매우 정교하고 치밀하였다. 반드시 문정공 기일에는 (그 불경을) 읽고 외우며 공양을 바쳤다. 늘 염불하였는데 돌아가실 때도 □□□□하였으니 그 신앙이 독실하기가 이와 같았다.

내가 수묘(守墓)하는 오두막으로 삼사공(三司公, 金光載)을 □□ 뵈었다. 공이 조용히 말하기를 "그대가 문생(門生)이 된 것은 우리 어머니의 덕입니다. 그대가 무덤돌 글을 써주시오."라고 하였다. 내가 의리상 사양하고 물러날 수가 없어서 □□□□ 차례대로 적는다.

아, 선을 쌓거나 악을 쌓게 되면 재앙과 복이 그에 따라온다는 것은 의심할 수가 없다. 문정공의 도덕과 공명이 세상에 밝게 빛나고, 삼사공과 그 형 광철이 모두 큰 재목으로 중용되어 □, 아들의 성(姓)이 크게 떨쳤으니 모두가 그 가문을 칭송하고 있다. 부인의 내조가 아니었으면 이보다 성할 수가 있겠는가. 마땅히 명(銘)을 지어야 할 것이다.

명(銘)하여 이른다.

문정공의 어짐은 백세 되어도 사라지지 않을 것인데
부인이 그의 배필이 되니 공손하고 온화하였다.
아들 세 명이 모두 문과에 급제하여
평생 나라에서 곡식이 내려주니 복을 받은 것이 많지 아니한가.
나이는 90을 넘어 □□□ 많은데
맏형과 막내는 이미 □□□하도다.
둘째인 삼사(三司)도 머리가 하얗게 세었는데,
묘 곁에 머물며 상을 마치니, 슬프다. 여뀌와 쑥만 자라나도다.
덕수현 양지바른 해운 언덕에

□□□□ 살펴도 거짓됨이 없도다.

지정(至正) 18년(공민 7, 1358) 3월 일

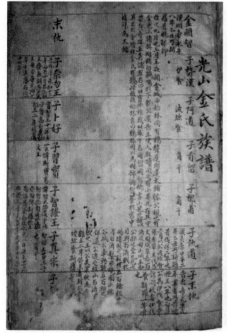
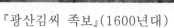

『광산김씨 족보』(1600년대)   카페「합치자」

卍 보정의 꼬리말

평소 당시 유행하던 『화엄경』과 『법화경』을 쓰고, 법보시를 하면서도 늘 염불을 하였는데, 목숨이 다하는 순간에도 염불하여 극락 갔다. 4글자를 알아볼 수 없지만, 앞뒤 내용을 볼 때 염불하였다고 새겨도 문제가 없을 것이다. 흔히 평소에 정토 경전만 읽어야 하는 것으로 아는데,『무량수경』을 보면 대승경전을 읽어야 한다고 했지, 반드시 정토경전 만 공덕이 된다고 하지 않았다. 다만 스스로 목적이 극락에 가는 것이라는 것을 뚜렷하게 하려면, 경전을 읽거나 법공양을 하고 반드시 극락 가는 발원에 회향해야 한다.

18. 1381년, 자녀 다 출가시키고 염불하여 극락 간 강양군 부인

우왕 7(1381)
자료 : 『쌍매당협장집(雙梅堂先生篋藏集)』, 권25,
비명류(碑銘類) - 한국고전번역원 한국고전종합DB

강양군 부인 이씨 무덤돌 글(江陽郡夫人李氏墓誌銘)

허계도(許繼道) 군은 나의 소중한 친구다. 어머니가 돌아가시자 무덤 곁에 머무르며 시묘하고 있는데, 돌을 옮기고 흙짐을 지면서도 오직 괴로움을 달게 여기고 있다. 하루는 내가 가서 위문하자 허 군이 나에게 말하였다.

"자네는 나와 친하게 지낸 지 오래되었다. 소유(少由)형의 아들 창(祝)이 자네에게 처남과 매부 사이가 되고, 자네의 사촌 동생 거(秬和) 또한 형의 조카가 되며, 또 우리 누이의 남편인 강(綱)과 호(皓) 또한 모두 자식을 보았네. 우리 가문을 자네가 모른다고 할 수는 없을 터이지. 자네가 비록 때를 만나지 못하였다고는 하나 일찍이 글을 지어 벼슬에 나아갔고, 낭서(郎署)의 관리를 지냈으니 글솜씨 또한 없다고 하지는 못할 것일세. 우리 어머니의 평소의 언행 가운데 후대에 보여 주어도 욕되지 않을 것이 한두 개 있으니, 자네가 나를 위하여 글을 지어주게."

내가 즉시 애써 사양하며 말하였다.

"비록 평소 일을 안다고 하더라도 모두 다 말하기는 힘들고, 때를 잘못 만났으니 말을 한다고 하여도 세상이 믿어주기 더욱 어렵네. 하물며 뒷사람들 깨우치기를 바라는 것은 더욱 그러하네."

집으로 돌아온 지 며칠 뒤 허 군이 부인의 언행에 관한 대체 줄거리를 적어 왔는데 그 뜻이 더욱 굳으니, 그러한 뒤에야 감히 사양하지 못하였다.

부인의 성은 이씨이고 합주(陜州) 선비 집안이다. 증조할아버지 남충(南沖)과 할아버지 경방(景芳)은 모두 벼슬하지 않았으나, 아버지 식(植)은 관직이 승봉랑 통례문지후(承奉郎 通禮門祗候)에 이르렀다. 지후공(祗候公)이 중현대부 내영윤(中顯大夫 內盈尹)인 정서(鄭犀) 씨 딸과 결혼하여 경릉 을사년(충렬 31, 1305)에 부인을 낳았다. (부인은) 의릉(懿陵) 기미년(충숙 6, 1319)에 봉익대부 전리판서 진현관제학 상호군(奉翊大夫 典理判書 進賢館 提學 上護軍)으로 돌아가신 우헌(迂軒) 허옹(許邕) 씨의 짝이 되었다.

우헌 공은 뜻이 크고 기개가 있었으며, 기꺼이 과감하게 말하고는 하였다. 부인은 능히 그 곁에서 유순하면서도 아름답고 정숙하였으며, 타당하지 않은 일이 있으면 모두 다 경계하여 바로 잡았다. 그러므로 공이 여러 차례 대간(臺諫)을 지내면서 말을 하지 않음이 없는 가운데 위태롭기도 하였으나 지지 않고, 도리어 받아들이도록 하여 그 끝을 아름답게 맺은 것은 바로 부인이 안에서 도운 덕분이었다.

영릉(충혜왕) 아무 해에 공이 기거랑(起居郎)이 되어 간절하게 임금의 잘못을 보필하였다. 그러나 세력을 믿고 일을 꾸미는 자들이 글을 써서 올리자, 많은 사람이 입을 모아 비난하니, 거의 스스로 보전하지 못하게 되었다. 부인이 공에게 일러 말하기를 "공이 강직하므로, 이 직책을 떠나지 않는다면 비방이 어찌 그치겠습니까?"라고 하며, 스스로 물러나기를 권하였다. 이윽고 비방이 가라앉게 되고 얼마 뒤 파직되자 드디어 가족을 이끌고 단계현(丹溪縣)으로 내려왔다.

명릉 을유년(충목왕 1, 1345)에 공이 감찰집의(監察執義)에 임명되어 부름을 받고 서울로 가게 되었다. 가족을 데리고 가려 하자 부인이 사양하며 말하였다. "공이 이제 사헌(司憲) 직에 있게 되었으니 반드시 사람들과 거스르게 될 것입니다. 그렇다면 당연히 옮기거나 내쫓기는 일이 따를 터인데, 집안이 다만 편안할 수가 있겠습니까!"라고 하며 함께 가기를 달가워하지 않았다. 공 또한 강요하지 않았는데 그 뒤 과연 언사에 연루되어 행성(行省)에 잡혀가니 부인의 말처럼 되었다. 얼마 뒤 관직을 면하고 와서 함께 해로하였다.

현릉 정유년(공민왕 6, 1357) 5월에 공이 병들어 위독하게 되자 부인과 자녀들이 곁에 있으면서 소리를 내어 슬피 울었다. 공이 부인을 가리키며 여러 자녀에게 일러 말하기를 "이제 어머니가 족히 너희들을 돌보아 줄 것이니, 뒷일에 대해 나는 걱정이 없다."라고 말을 마치자 돌아가셨다.

부인이 홀로된 지 20년 남짓 어머니의 도리를 지키며 자녀들을 기르면서 모두 다 결혼시켰으나 재산은 줄어들지 않았다. <u>이에 이르러 마음을 셔념(극락)에 두고 입으로는 그 세계를 다스리는 분(아미따불)의 이름을 외며, 이에 부처님께 향을 사르고 승려들을 공양하는 것을 일로 삼았다. 무릇 절세 곳을 지었는데, 몽선사(夢禪詩)는 공이 살아있을 때 함께 원을 세워 다시 새롭게 지은 것이고, 가은난야(加恩蘭若)와 운룡사(雲龍寺)는 돌아가신 아버지와 어머니의 무덤 가까운 곳에 명복을 빌기 위해 세운 것이다. 그러나 운룡사에 재물을 이바지하는 것을 더욱 정성스럽게 하였다.</u>

76세인 홍무 13년(우왕 6, 1380) 5월 25일 돌아가시자, 작고한 지 몇 개월 지난 이듬해 아무 월 아무 일을 가려 단계현의 아무 언덕에 장례 지냈는데, 임금(우왕)이 즉위한 지 8년이 되는 해이다.

부인은 아들 6명과 딸 2명을 낳았다. 장남 소유(小由)는 봉상대부 감찰장령 직보문각(奉常大夫 監察掌令 直寶文閣)이었는데 먼저 죽고, 7남 4녀를 두었다. 차남 광보(光甫)는 벼슬하지 않고 먼저 사망하였으나, 2남 3녀를 두었다. 3남 종도(宗道)는 봉순대부 판사재시사(奉順大夫 判司宰寺事)로 부인이 작고한 이듬해 아무 월에 작고하였다. 4남 승유(承孺)는 전 좌우위보승낭장(前 左右衛保勝郎將)으로, 5남 2녀를 두었다. 5남은 출가하여 범액사(梵額寺)의 주지로 있던 대선사(大禪師) 각경(恪經)인데, 이미 작고하였다. 6남 계도(繼道)는 전 통직랑 계림부판관(前通直郎 林府判官)으로, 딸이 한 명 있다. 맏딸은 전 봉선대부 전의부정(前 善大夫 典醫副正) 장강(張綱)에게 시집갔는데, 딸이 한 명 있다. 둘째 딸은 □(前?) 봉상대부 삼사부사(奉常大夫 三司副使) 이호(李皓)에게 시집갔는데, 지금 아들과 딸이 각 한 명 있으나 (그들의) 자녀는 없다. 외·손 남녀가 모두 25명인데, 소유의 아들인 전 별장(前 別將) 창(昶)도 □손(孫)이 □. 소유의 외손인 영동정(令同正) 정선재(鄭善財)가 또한 증손의 맏이이다. 나머지 손자 6명을 낳았으나, 모두 어리다.

명(銘)하여 이른다.

여자이면서도 선비의 행실을 갖추었으니
말은 간단하면서도 뜻은 크도다.
군자가 이에 힘을 입고 자손은 창성하였으며
덕을 이룬 뒤에 복이 따르도다.

자연의 이치는 하늘에 달려 있으니
아, 부인이시어, 이제는 돌아가셨네.

권 보정의 꼬리말

자식들을 모두 결혼시킨 뒤 마음을 극락(西方)에 두고 입으로는 아미따불 이름을 외며, 이에 부처님께 향을 사르고 승려들을 공양하는 것을 일로 삼았으며 절을 세 곳이나 지었다. 이는 앞에서 본 극락 가는 조건 가운데, 가운데 동아리(中輩)를 갈 수 있는 조건을 다 채운 것이다. 다만 아들이 이 글을 쓴 친구에게 마지막 가는 모습을 적어주지 않아서 그렇지 마지막까지 염불하여 극락 갔다고 본다. "보살은 씨앗(因)을 중요하게 여기지 열매(果)에 마음을 두지 않는다"라고 한다. 인과를 믿는 보살에게 그 결과는 당연한 것이기 때문이다.

셋째 마당
조선 시대 극락 간 사람들

조선시대 극락 간 사람들 머리말

조선시대 '극락에 간 사람들'을 가리면서 가장 먼저 검색해 본 것이 〈조선 왕조실록〉이다. 그러나 생각했던 대로 조선시대를 기록한 방대한 기록으로 세계문화유산이 된 실록에서 극락 간 이야기를 찾는 것은 어려웠다. '극락' '왕생' '아미타불' 같은 용어를 검색해 보았지만, 극락 간 이야기를 명확하게 밝힌 기록은 없었다. 오히려 화장을 반대한 상소문에 화장하는 불교도들이 "반드시 이와같이 한 뒤에야 극락에 가서 다시 태어날 수 있고 서녘 정토(西方淨土)에 갈 수 있다."라고 한다며 죄 줄 것을 건의하고 있다 (세종 2년, 1420 11월 7일). 배불정책이 바탕이 된 조선시대 정사에서 '극락 간 이야기'를 찾는 것은 애초에 불가능한 일이라고 생각했다. 그러한 실록의 논조 속에서 '극락에 간 이야기'와 관련된 2가지를 소개하였다.

그리고 가장 먼저 한정섭 · 오청환, 『한국고승전』 -조선편(하)- (불교정신문화원, 2014)에서 꽤 많은 성현들을 찾아낼 수 있었다. 그리고 그 책은 대부분 이능화의 『조선불교통사』를 바탕으로 하였다. 그래서 CBETA에 실린 『조선불교통사』를 검색하여 원문을 다운받아 하나씩 대조하면서 다시 꼼꼼히 옮겼다.
이지관, 『교감역주 역대고승비분 – 조선편 1』(가산불교문화연구원, 1999 초판, 2003 2판 1쇄)에서 찾아 5~6편을 추가했다. 그리고 나모아미따불 소릿값 연구를 위해 모았던 『염불보권문』에서도 3편의 극락 간 이야기를 찾을 수 있었다.
그 밖에 서산대사를 비롯하여 용성 스님까지 이미 염불과 정토에 대한 저서가 있어 유명한 대사들을 하나씩 검토하고 특히 서산대사와 용성 대종사는 거의 논문 수준의 검토를 거쳐 긴 꼬리말을 달았다.

고성 옥천사 청련암 서봉 스님 기록은 인터넷에 마치 설화처럼 떠 있는 것을 현장 확인을 통해서 자세하게 밝힌 것은 마지막에 이룬 성과였다. 그 밖에 창신동 안양암, 진주 연화사 같은 곳도 이미 2008년부터 현장 답사하고 자료수집과 사진을 확보하고 있어 이번에 구체적으로 실을 수 있었다.

조선시대는 지관, 『한국고승비문총집』(가산불교문화연구원출판부, 2000) 조선조·근현대편을 늦게 구입해 대조했으나 비문 332편이나 되어 빠진 것이 있을 수 있다. 현대편 쓸 때 좀 더 자세하게 보려 한다.

1. 〈조선왕조실록 1〉 태상왕 이성계
"우리는 이미 서녘 정토를 향하고 있다."

『태종실록』 3권, 태종 2년(1402) 1월 28일

임금이 태상왕(태조)을 소요산에 가서 뵈었다. 임금이 조용히 잔에 술을 부어 올렸다. 태상왕과 임금은 술이 거나하자 시를 읊고 화답하였다. 술자리에 함께한 종친과 성석린(成石璘) 등이 태상왕의 대궐로 돌아가실 것을 힘껏 청하였다. 또 사뢰기를,

"염불하고 불경을 읽음에 어찌 꼭 소요산이라야만 되겠습니까?"

하니, 태상왕이 말하기를,

"그대들의 뜻은 내가 이미 알고 있다. 내가 붇다를 좋아하는 것은 다른 것이 아니라 다만 두 아들과 한 사람의 사위를 위함이다."

하고, 공중에다 큰 소리로 말하기를,

"우리들도 이미 서녘 정토(西方淨土)로 향하고 있다."

고 하였다. 태상왕은 무인년에 병이 든 뒤로부터 마음이 항상 답답하여 즐겁지 아니하기 때문에, 놀기 위한 행사가 점점 잦아졌다.

경기전 태조 어진

구리시 건원릉 신도비
(국가문화유산 포탈)

卍 보정의 꼬리말

유명한 함흥차사 이야기는 실제 많이 부풀려진 것이라고 한다.『태종실록』
은 태조 이성계가 성석린의 요청을 받아들여 태종 원년인 1401년 4월에
한양으로 환궁했다고 기록해놓았다. 그러나 이해 11월에 다시 한양을 떠
나 경기도 동두천 소요산(消遙山) 절로 갔다. 이듬해 정월에 태종이 직접
성석린과 소요산을 찾아 환궁을 권유하는 장면이 바로 앞에서 본 내용이
다.

태조 이성계가 염불하는 것은 "두 아들과 한 사람의 사위를 위함이다."라
고 했는데, 두 아들은 태종 이방원에게 죽은 이방번과 이방석, 한 사람의
사위는 역시 이방원에게 죽은 경순공주의 부마 이제(李濟)를 가리킨다. 그
리고 이어서 큰소리로 "우리들도 이미 서녘 정토(西方淨土)로 향하고 있
다."라고 한 것은 아미따 붇다를 향한 염불을 그만큼 극진하게 하고 있었
다는 것을 뜻한다. 스스로 쿠데타를 일으켜 많은 사람을 죽이고 새로운 나
라를 세우고, 왕자의 난으로 아들과 사위가 죽은 현실을 비관하고 시작한
염불은 독실했을 것이다. 고리 시대 태어나 불교가 생활화된 태조 이성계
는 왕이 되기 전 기도한 전설에서 꿈을 풀어준 무학대사와 이야기들은 불
교와 뗄 수 없는 인연이 있다. 그러므로 말년 세상을 비관할 때는 자연히
불교에 의지했을 것이고, 앞에서 본 바와 같이 염불에 전념했던 것이다.
그렇다면 아미따불의 48원으로 이루어진 극락은 그런 태상왕 이성계도 받
아주지 않았을까?

2. 〈조선왕조실록 2〉 앉아서 생을 마친 염불행자 조운흘

『태종실록』 8권, 태종 4년 12월 5일

검교 정당 문학(檢校政堂文學) 조운흘(趙云仡)이 돌아가셨다. 조운흘은 호가
석간(石磵)이었는데, 뜻을 세우는 것이 기이하게 뛰어나 예스럽고, 호탕함
이 남보다 뛰어나고, 경전 뜻을 곧이곧대로 행하여 시속 따르기를 즐겨 하
지 않으니, 살아가는 행동이 지극히 달랐다. 신축년(1361) 고려 공민왕이

쳐들어온 외적을 피해 남쪽으로 순행할 때 조정 신하들이 많이 달아나 숨어 구차하게 삶을 구하였으나, 조운흘은 형부원외랑(刑部員外郎)으로 임금이 탄 수레를 모시고 따라갔다. 난리가 진정된 뒤 녹과 공이 3등으로 올랐다. 세상 잇속에 아무 욕심이 없고 초연하고 세상 밖의 일에만 생각이 있었다.

홍무 갑인년(1374) 봄에 전법 총랑(典法摠郎) 관직을 버리고 물러가 상주 노음산(露陰山) 아래 살면서 일부러 미치고 스스로 어두운 척하였고, 드나들 때는 반드시 소를 타고 다니며 기우찬(騎牛讚)·석간가(石磵歌)를 지어 그 뜻을 보였다. 정사년(1377)에 좌사의대부(左司議大夫) 자리에 올랐고, 다시 판전교시사(判典校寺事)로 옮겼지만, 그가 좋아한 바는 아니었다.

신유년(1381)에 물러가 광주(廣州) 옛 원강촌(垣江村)에 살면서 자은승(慈恩僧) 종림(宗林)과 더불어 세속을 떠나 사귀고, 판교원(板橋院)43)과 사평원(沙平院)이란 두 절을 다시 세워 스스로 원주라고 일컬었는데, 해진 옷 입고 짚신 신고 일꾼들과 더불어 그 힘든 일을 같이하니, 지나가는 사람들은 그가 고관인지 몰랐다.

무진년(1388)에 불리어 밀직제학(密直提學)이 되었다. 그때 조정에서 의논하여, 각도 안렴사가 봉급이 낮아 직무를 할 수 없다고 하여, 동반의 의정부와 서반의 중추부에서 위엄과 덕망이 있는 자를 골라 도관찰출척사(都觀察黜陟使)로 삼아 임금 명령서와 도끼(斧鉞)를 주어 보냈는데, 조운흘은 서해도 도관찰출척사가 되어 기강을 바로 세우고, 호강한 이를 억누르고 약한 이를 도왔으며, 법을 어기는 자는 털끝만치도 용서하지 아니하니, 부내(部內)가 다스려졌다. 돌아와서 첨서밀직사사(簽書密直司事)가 되었다.

임신년(1392) 가을 (조선) 태상왕(太上王)이 자리에 올라 강릉 대도호부사(江陵大都護府使) 벼슬을 내렸는데, 은혜와 사랑이 있어 부(府) 사람들이 산 사람을 위한 사당을 세웠다. 계유년(1393) 가을에 아파서 그만두자 검교정당문학(檢校政堂文學) 벼슬을 내렸다.

조운흘은 물러가 광주(廣州) 별장(別墅)에 살았는데, 당시 검교 녹봉을 받게

---

43) 현재 판교에 있던 절로 빈민구제기구 역할을 함께 하였다.

되었으나, 조운흘은 사양하고 받지 아니하였다. 정승 조준(趙浚)이 조운흘과 더불어 사귀었는데, 손님을 보내면서 한강을 건넜다가 같은 급 재상과 더불어 기악을 거느리고 술과 먹을거리를 싸가지고 가서 찾으니, 조운흘은 검은 중 옷에 삿갓 쓰고 지팡이 짚고 문까지 나와 길게 읍하고 맞이하여 초가 정자에 이르러 앉았다. 조준이 풍악을 잡히고 술자리를 마련하니, 조운흘은 짐짓 귀가 먹어 듣지 못하는 척하고, 눈을 감고 바로 앉아 큰소리로 '나모아미따불'을 두 번 부르는데 마치 옆에 아무도 사람이 없는 것처럼 하니, 조준이 사과하여 말하였다.

"선생이 이를 싫어하는군요."
하고, 명하여 풍악을 중지시키고, 차를 마시고 돌아갔다. 그가 세속을 놀리고 스스로 고고하기가 이와 같았다. 병이 들자, 스스로 묘지(墓誌)를 짓고, 아무 거리낌 없이 앉은 채로 죽었다.[44]

卍 보정의 꼬리말

조운흘은 고리(高麗) 충숙왕 복위 1년(1332년) 태어나서 조선 태종 4년(1404)에 세상을 떴다. 조운흘은 고려 말과 조선 초 전환기에 현실참여와 은둔 사이에서 고민하는 지식인이었다. 그러한 고민을 해결해 주는 것이 불교였으며, 유교 사회가 된 뒤 자신의 뜻을 나타낸 것이 바로 '나모아미따불' 6자 염불이었다.
왕조실록에 상서로운 이야기는 기록할 수 없었겠지만 ① 스스로 무덤 글을 썼다는 것은 갈 날을 알았다는 것이고, ② 아무 거리낌 없이 앉은 채 죽었다는 것은 두려움이 없이 떠났다는 것으로 '아무 거리낌 없이 염불하며 앉은 채로 죽었다'라고 해석할 수 있을 것이다.

그나마 조선왕조실록에서 초기에는 이런 이야기가 나오지만, 그 뒤로는 찾아볼 수가 없다.

조운흘이 남긴 저서로 『석간집(石磵集)』이 있었다고 하나 지금은 남아있지 않고, 시를 엮은 『삼한시귀감(三韓詩龜鑑)』이 전한다.

---

44) 『태종실록』 8권, 4년(1404 갑신, 명 영락(永樂) 2년) 12월 5일(임신) 1번째 기사.

『삼한 시 귀감』（한국학중앙연구원）　　　『고리사』, 「조운흘」

3. 1433년, 함허 득통 선사의 마지막 소리 "서녘 극락이로다"

세종 15년(1433)

李能和, 『조선불교통사』「문인야부록(門人埜夫錄)」, 新久館, 1918. 권1.
『涵虛堂得通和尙語錄』, 「涵虛堂得通和尙行狀」 (한불전7, 251c)

「함허당 득통화상 행장(涵虛堂得通和尙行狀)」

스님의 휘호는 기화이며, 법호는 득통이다. 옛 이름은 수이(守伊)며, 호는
무준(無準), 거처하는 방을 함허당(函虛堂)이라 하였다. 속성은 유씨(劉氏)며
중원 사람이다.

돌아가신 아버지의 휘는 청(聽)이고 관직이 전객사사(典客寺事)에 이르렀으
며, 어머니는 방씨(方氏)이다. 방씨가 자식이 없으므로 자비 대성에게 아기
갖기를 축원하니 어느 날 밤 홀연히 대성이 나타나서 손으로 어린아이를

이끌어 그 배 속에 넣는 꿈을 꾸니 이로써 임신하였다. 홍무 9년 병진년 (1376) 11월 17일에 태어났다.

어린아이들과 놀 때도 하는 행동이 보통 아이들과 달랐다. 일찍이 성균관에 들어가 하루에 천 마디 넘게 기억하며, 점점 자라서는 한결같이 꿰뚫는 도를 환히 통했다. 경전을 밝히고 학문을 닦을 때는 아름다운 명성을 드날렸고, 글을 지을 때는 그 이치가 그윽하고 미묘하였다. 갖가지를 말할 때는 그 말소리가 아름답고 고왔으니 이는 마치 비단 위에 꽃을 더한 것 같아서 어디도 비할 수 없었다.

그러므로 사람들은 "장차 북면(北面)하여 임금을 섬기는 신하로서 왕명을 천하에 알리고 임금에게 충성하고 백성을 윤택하게 하며, 인륜을 세워 반드시 (주 성왕을 도운) **주공과 소공(周召)**에 부끄럽지 않게 할 것이다"라고 하였다.

나이 21세가 되어서 성균관에서 같이 공부하는 친구의 죽음을 보고서 세상의 무상함을 느끼고, 몸은 헛되고 꼭두각시 임을 깨달아 두 가지 생사 (분단·변역)를 벗어나기로 다짐하고, 일승 열반에 뜻을 두었다. 도를 널리 펴 4가지 은혜를 갚고 덕을 키워 (욕계·색계·무색계) 삼계(三有)를 돕기 위해 출가하려 하였다.
※삼계=三有   원본이 三有라 풀어 쓰고 괄호 안에 원문을 쓴 것임.

그러나 뜻을 굳게 하지 못하고 마음이 급하여 이리저리 허둥거리면서 언제나 산수 사이에 마음을 보내지 않은 때가 없었다. 이처럼 절로 쓴 거짓 경전(草經)을 손에 들고 갈림길에서 망설이고 있을 때, 혼자서 바삐 가는 어떤 스님을 만나 친척의 정을 끊고 천천히 행장을 꾸려서 그 스님을 따라 관악산 의상암에 다다랐다.

이듬해 정축년(1397) 이른 봄에 회암사로 가서 처음으로 왕사 무학(無學) 묘엄 존자를 참례하고 친히 불법의 고갱이를 들었다. 그 뒤 물러 나와 두루 여러 산을 돌아다니며 쉬지 않고 부지런히 닦았다.

또 갑신년(1404) 봄, 다시 회암사에 돌아와 홀로 독방에 머물며 보고 듣는 것을 모두 끊고 움직이거나 가만히 있거나 밥을 먹거나 쉬는데 조금도 흐트러지지 않았다. 이내 졸음 마(睡魔)를 항복 받고 긴 밤 동안 불도를 닦다가 문득 자기도 모르게 감탄하여 말하였다.
"가고 가다가 홀연히 머리를 돌려 보니 산 뼈가 구름 속에 섰다."

또 어느 날 해우소에 갔다가 돌아 나와 세면 통에 물을 부으면서 말하였다. "오직 이 일만이 진실이요, 다른 것은 진실이 아니다." 이 말이 어찌 헛된 말이겠는가.

병술년(1406) 여름, 공덕산 대승사에 돌아와서 그해부터 기축년(1409)에 이르기까지 4년 동안 세 번 반야 강의를 베풀었다. 경인년(태종 10년, 1410) 여름, 천마산 관음굴에 이르러서 크게 깨달음의 현풍을 드날리며 널리 인연이 있는 모든 것을 교화하였다. 신묘년(1411) 8월, 불희사에 도착하여 3년 결제하며 거듭 절을 새롭게 하고 단월을 모아 선대의 풍도를 널리 폈다. 갑오년(1414) 봄 3월, 자모산 연봉사에 다다라 작은 방을 '함허당(函虛堂)'이라 하고 부지런히 3년을 참구하면서 조금도 쉼이 없었다. 또 정유년(1417)에서 무술년(1418)에 이르기까지 한겨울 두 여름 동안 이 절에서 (금강경) 5가의 강의를 세 번이나 베풀었다.

이후로 경계에 얽매이지 않고 언제나 수행하되 마음 가는 대로 스스로 운행하며, 산천에서 두루 자유롭게 거닐고 널리 인간 세에서도 거침이 없었다. 돌아다니기도 하고 머물기도 하면서 한곳에 머물지 않으니, 사람들이 청하기도 하고 만류하기도 하면서 모두 '우리 선지식'이라 하였다. 그리하여 바다의 조수처럼 고루 다녔으므로 사람들의 마음에 그 명망이 아주 높았다. 그러므로 사람들의 청을 받아 경자년(1420) 늦가을에 강릉 오대산에 들어가 정성스럽게 향과 음식을 갖추고 오대산의 모든 성중에게 공양하고 영감암(靈鑑菴)에 나아가 나옹의 진영에 공양을 올리고 이 절에 묵었다. 한밤중에 한 신승이 나타나 조용히 일러 말하기를, "그대의 이름을 기화(己和)라 하고 그 호를 득통(得通)이라 하라" 하니 스님이 절을 하고 이를 받았다. 홀연히 꿈에서 깨어나니 몸과 기분이 상쾌하고 둥실 떠 있는 듯 청정하였다.

다음 날 월정사에 내려가 주장자를 내려놓고 신발을 벗고 편안히 한 방에 머물며 생을 마치도록 길이 쓸데없는 것 가려 버리고, 주리면 밥 먹고 목마르면 물 마시며, 세월 보내려 하였다. 이때 주머니 속 송곳처럼 이미 드러나 아무리 싸도 감추기 어려웠으니, 그 도와 덕은 훤히 드러나 멀고 가까운 곳에 두루 퍼졌다.

우리 임금(세종)께서 늘 삼보에 귀의할 마음을 내고 복전에 뜻을 두었는데, 스님의 도풍을 듣고 그 이름을 아름답게 여겼다. 신축년(1421) 가을 초에 대자 어찰(大慈御刹)에 머물기를 명하여 돌아가신 대비 전하를 천도하기 위하여 영산재를 크게 베푸니 종실의 모든 왕과 부마, 모든 군들이 분향하라는 명을 받들어 몸가짐을 갖추고 친히 와서 스님에게 법을 설해줄 것을 청하였다. 스님이 굳이 사양하였으나 이기지 못하고 높은 법좌에 올라 비로소 법요를 베푸니 그 음성이 청량하고 이치가 현묘하여 저절로 음률을 이루고 바람이 불어 파도가 이는 듯하였으니, 멀고 가까운 데서 보고 듣고 다 기뻐 감복하지 않음이 없었다. 이로써 양종 5교의 여러 산중 납자들이 많이 몰려들어 법을 물으니 다 어찌할 바를 몰랐다.

이로부터 4년을 지낸 뒤 갑진년(1424) 가을에 임금님께 글을 올려 물러날 것을 말하고 길상·공덕·운악 같은 여러 산을 다니며 인연 따라 날을 보냈다. 하루는 홀연히 (계정혜)삼학을 넓히고 일승을 크게 퍼지게 하며, 널리 붇다를 따르는 일곱 가지 제자(비구, 비구니, 식차마나, 사미, 사미니, 우바새, 우바이)가 다 함께 여래의 바른 깨달음에 이르게 하고 참된 선풍을 되찾아 말세 운을 붙들어 세울 것을 생각하였다. 그리하여 신해년(1431) 가을 영남 희양산 봉암사에 들어가 거듭 무너진 절을 다시 지었다. 스님이 다시 미묘하고 원숙한 지혜로 세상의 모습을 관찰하니 때는 바야흐로 말엽이라, 성인이 가신 지 더욱 멀고 근기와 교법이 느슨해져 법을 넓힐 수가 없었다. 그리하여 도리어 이전에 기약한 것을 다시 거두었으므로 평소에 생각한 세 가지 일을 이루지 못하셨다.

선덕 8년 계축년(1433) 3월 25일, 가벼운 병을 보이다가 몸과 마음이 편치 않으셨는데, 4월 1일 오후 3시 조금 넘어 의젓하게 고요히 앉아 말했다.
"담연공적(淡然空寂)하여 본래 한 물건도 없으면서 신령한 빛이 밝고 밝아 훤히 시방을 비추도다. 다시 몸도 마음도 없으면서 저 생사를 받아 오고감에 걸림이 없도다."

조금 있다가 다시 말하였다.

"시방이 푸른 하늘인데, 없는 속에 길이 있으니 바로 서녘 극락이다(十方碧落 無中有路 西方極樂)."

이것이 곧 마지막 영결이었다. 말소리가 끊어지자마자 고요히 떠나갔다. 절에 모셔둔 채 5일이 지났는데도 안색이 평상시와 같아 조금도 다름이 없었다. 다비를 마치고 치아와 뼈를 수습하여 향수로 씻었더니 뼈에 붙은 사리가 환하게 빛났다. 이때 이상한 향기가 골짜기에 가득하여, 행인들은 그 향내를 맡고 모두 두 손을 맞잡고 머리를 숙여 절하며 공경히 믿지 않는 이가 없었다.

효령대군께서 친히 왕께 아뢰어, 여러 제자에게 명하여 부도를 네 군데(연봉사·현등사·정수사·봉암사)에 세우라고 하였다. 며칠이 지나지 않아 7 중들이 모두 와서 석실을 만들어 사리를 봉안한 뒤 성대한 회를 열고 예를 베풀었다. 이때 사람들이 모두 귀의하여 도를 받고 계율을 받드는 이가 구름같이 모여들어 전일보다 더하였으며, 손가락을 꼽아 천만(俱胝, koṭi)에 이를 만큼 수없이 많았으니, 이른바 수량으로써 존재를 나타내고 생멸을 보여 교화한다는 것이다. 스님의 나이는 58세이고 법랍은 38세이었다.

선사께서 평생 저술한 경론과 주소(註疏)·시(詩)·부(賦)·장(章)이 진실로 적지 않았다. 그러나 곳곳에 흩어져 다 구할 수가 없어서, 다만 손으로 쓴
『원각경소(圓覺經疏)』3권,
『반야오가해설의(般若五家解說誼)』2권,
『현정론(顯正論)』1권,
『반야참문(般若文)』2질,
『윤관(輪貫)』1권,
『대령소참하어(對靈小參下語)』등을 바로잡아 고친 책 몇 권을 원찰에 모셔두고 후세 사람에게 보였다.

그러나 선사의 덕행이 진실로 위대한지라 미약한 언사로 능히 다 말할 수 없으나, 내가 굳이 기록하는 것은 후세에 모범을 모여 숭앙하고 효도하게 하고자 함이니, 이는 효자·효손의 지극한 정성이다. 하물며 병필(秉筆)이라는 직에 있으면서 어찌 감히 사양만 하겠는가. 어쩔 수 없어 거친 글로 처음부터 끝까지 기록하니 영원히 없어지지 않고 전해지기만을 바랄 뿐이다.

행장을 기록하는 말은 다 하였으나 스님을 경모하는 뜻은 진실로 다 쓰기 어려우니 시 한 수를 끝에 붙여 슬픈 정을 표한다.

진리의 절 깊은 은혜는 하늘처럼 광대한데,
슬픕니다.
선사의 은혜 갚을 힘이 없습니다.
붓끝으로 덕을 기록하나 진실로 어린아이 놀음입니다.
만세에 사람들의 입에 이 비가 전해질 것입니다.

■ 함허 득통이 쓴 금강경오가해 서문 첫머리

有一物於此	여기 한 물건이 있어,
絶名相 貫古今	이름도 모습도 없으나 고금을 꿰뚫고,
處一塵 圍六合	티끌 속에 있으나 천지사방을 둘러싸고,
內含衆妙 外應群機	안으로 온갖 묘함 머금고 밖으로 모든 근기 응하고,
主於三才 王於萬法	하늘·땅·사람 주인이요 만법의 왕이 되니
蕩蕩乎其無比 巍巍乎其無倫	거세기 비할 것 없고 드높기 짝이 없도다.

卍 보정의 꼬리말

함허 득통은 임제선의 법맥을 계승하였고 행장에 나왔듯이 많은 저서를 남겼는데 특히 『금강경오가해』가 유명하다. 그런 함허 득통이 마지막 세상을 떠나면서 남긴 말이 "시방이 푸른 하늘인데, 없는 속에 길이 있으니 바로 서녘 극락이다(十方碧落 無中有路 西方極樂)."라고 정확하게 극락에 이른 것을 알렸다. 그리고 입적한 뒤로도 갖가지 상서로운 일이 일어나니 극락 가서 태어난 것이 분명하다. 일생 공(空)을 설하였으나 5가지 더러움으로 물든 세상에서 득도하지 못했을 때는 끝에 가서는 계속 수행하여 니르바나에 이를 수 있는 극락행 보험을 들었던 것이다. 많은 선사들이 선과 정토를 아울러 수행한 것은 고승전에 많이 나온다. 선사로 알려진 함허 득통은 앞에서 본 저술 외에 29편의 문장과 11편의 가송(歌頌)을 남겼는데 그 가운데 정토에 관한 것으로는 9편의 법어와 「미타를 기림(彌陀讚)」口0송,

「안양(극락)을 기림(安養讚)」 10송, 「아미따경을 기림(彌陀經讚)」 10송으로, 3편 30송의 극락 정토를 기리는 가송이 있다. [자세한 것은 한보광의 「涵虛得通禪師의 彌陀讚에 나타난 正報莊嚴 研究」(『불교학보』□48집, 2008), 「함허득통의 ’安養讚‘에 나타난 依報莊嚴 연구」(『정토학연구』 35집, 2021) 참고].

가평 현등사 함허득통 탑과 석등(국가문화유산포털)

4. 1534년, 얼굴빛 생시 같고 상서로운 빛 하늘에 번진
야로대사(埜老大師)

중종 29년(1534)

休靜, 『碧松堂埜老行錄』, 雲興寺, 1690. (계명대학교 동산도서관 간직)

李能和, 『朝鮮佛敎通史』, 新久館, 1918. 권1

활안 한정섭·해월 오청환, 『한국고승전』(下 조선편), 불교정신문화원, 2014.

대사의 법명은 지엄(智嚴)이고 호는 야로(埜老)이며, 사는 집을 벽송(碧松)이라고 하였다. 속성은 송씨고 아버지의 이름은 복생이니 부안 사람이다. 어머니 왕씨의 꿈에 어떤 스님이 예배하고 자고 갔는데, 이에 태기가 있어 천순 8년(1464) 갑신년 3월 15일에 낳았다. 사람의 됨됨이는 골상이 기이하고 빼어났으며, 무술이 사람들 가운데 뛰어났다. 어려서부터 글과 칼을 좋아하였고, 더욱이 병법에 관한 책에 능하였다.

홍치 4년(성종 22년, 1491) 신해년 5월에 여진족(野人)이 북녘을 쳐들어와 진(鎭) 장수를 죽였다. 성종대왕이 허종에게 명하여 군사 2만을 거느리고 무찌르도록 하였다. 대사도 칼을 집고 따라가 채찍을 들고 한 번 휘둘러 크게 전공을 세웠다. 싸움을 끝내고 한숨을 내쉬며 탄식해 말하기를,

"대장부가 이 세상에 태어나 마음자리를 지키지 않고 허덕이고 달려 비록 한마(汗馬)의 공을 얻어도 헛된 이름만 쫓는 무리일 뿐이다."
하고는 바로 옷을 벗어 던지고 일어나 계룡산 와초암(臥草菴)으로 들어갔다.
조징(祖澄) 대사에게 절을 올리고 갓을 벗고 머리를 깎으니 나이 28세였다. 이로부터 뜻과 행을 높이고 가다듬어 선정을 즐겼으니, 수나라 낭장 지엄과 견줄 만하였다.

하루는 '멀리 사방으로 다니면서 스승을 찾아 가르침을 받으리라'라고 생각하고, 먼저 연희 교사(衍熙敎師)를 찾아 능엄경의 깊은 뜻을 묻고, 이어서 정심 선사(正心禪師)를 찾아 법을 전한(傳燈) 속뜻을 물었더니, 모두 현묘한 이치를 밝혀 주었으므로 깨달은 바가 많았다. 5년에 걸쳐 풍악산(금강산)이나 능가산 같은 여러 산을 돌아다니며, 한곳에 머무르지 않았다.

그 뒤 지리산에 들어가 성품과 도량이 더욱 넓어지고 풍채와 지혜가 더욱 밝아졌다. 몸에는 두 벌 옷이 없고 하루 두 번 먹지 않으면서, 문을 닫고 고요히 앉아 세상일은 닦지 않았다. 절(緇林)에서 몸가짐은 당대의 최고였고 후학들의 으뜸이었다. 세상일을 닦지 않았으므로 세상에 아첨하지 않았고, 세상에 아첨하지 않으므로 불법을 값싸게 팔지 않았으며, 불법을 팔지 않았으므로 실속 없이 참선을 배우는 사람을 언덕 바라보듯 하고 물러나 있으니 거만하고 게으르다고 나무라는 사람이 많았다 (故泛衆禪學者。望崖而退。多以倨慢譏之).

옛사람들이 "물고기가 아니면 어찌 물고기를 알겠느냐?"라고 하였는데 바로 이를 두고 한 말이 아니겠는가. 만약 처음 배우는 사람을 이끌고자 하면, "먼저 『선원집별행록(禪源集別行錄)』으로 여실지견(如實知見)을 세우고, 이어서 『선요어록(禪要語錄)』으로 알음알이(知解)란 병을 없앤 다음에 나갈 길을 가르쳐야 한다"라고 하였으니, 찾아온 사람을 맞이하여 날카로운 문답(機鋒)을 한다는 것은 대략 이와 같았다.

어느 때 문하생 영관·원오·일선 같은 60~70인의 무리와 더불어 여러 대승경론을 강설하였는데, 넉넉한 음성이 맑고 깨끗하여 큰 바닷물이 파도쳐 넘치는 듯하였다.

가정(嘉靖) 13년(중종 29, 1534) 갑오년 겨울 여러 제자를 수국암(壽國菴)에 모이도록 명하여 법화경을 강의하였는데, 방편품에 이르러 갑자기 크게 한숨지으며 말하였다.

> "중생들이 스스로 광명을 가리고 윤회를 달게 받은 지 오래되었다. 저 세존을 수고롭게 하여 한 줄기 빛을 동쪽으로 비추게 하고, 힘들여 입을 열어 내보이신 것은 다 중생을 위해 방편을 베풀었을 뿐이요, 실제 법이 아니었다. 대개 모든 법의 적멸상(寂滅相)은 말로써 표현할 수 없는 것이다. 지금 그대들 모두가 부처님의 말 없는 말을 믿고, 바로 깨달아 들어간다면 그 자기 집 마음자리(心地)는 보배창고를 열고 부처님의 은혜를 갚게 될 것이다. 오늘 이 늙은 중이 여러분을 위해 적멸상을 보이며 가고자 하니 여러분은 밖에서 찾지 말고 힘쓰고 진중히 하라."

마침내 시자를 불러 차를 달여오라 하시더니 마신 뒤 문을 닫고 단정히 앉아 한참 동안 잠잠하였다. 제자들이 창문을 열고 보았을 때는 이미 입적하셨으니, 때는 11월 초하루 진시였다. 얼굴빛도 변하지 않고 몸이 움직이는 것은 생시와 같았다. 다비하는 밤, 상서로운 빛이 하늘에 번졌고, 재를 드리는 새벽에는 상서로운 구름이 하늘에 서리었다. 정골 한 조각마다 붙어 있는 찰진 사리가 진주처럼 빛났다. 제자 숭인(雪崇)·진일(圓悟) 같은 대중들이 석종(부도)을 만들어 의신동 남쪽 기슭에 모셨다. 대사의 세수는 71세였고, 법랍은 44년이었다.

아아, 섶의 불은 다함이 없고, 의식의 성품은 멈추지 않아 겁의 바다는 망망하고 묵은 자취는 아득하니 어느 세월에 기록할 수 있겠는가. 모두가 이미 지나간 허깨비일진대, 어찌 장차 오는 것이 **곡두(幻化)**가 아니겠는가. 삼세의 모든 부처님도 다 허깨비로 꾸며 허깨비인 중생을 깨우친 즉, 부처와 중생이 다 하나의 허깨비일 뿐이니, 어찌 우리 대사만이 허깨비가 아니겠는가. 비록 그러하나 곡두(幻)의 성품은 곡두가 아니니 보는 이는 소홀히 하지 말라.

진영(眞影)을 기려 말한다.

震旦之皮 天竺之骨 진단(支那)은 가죽이요, 천축은 뼈라,
華風夷風 如動生髮 중원과 오랑캐 바람이 산 머리털이 나부끼듯 한다.
昏衢一燭 法海孤舟 어두운 거리 촛불 하나, 법의 바다 외로운 배.
嗚呼不泯 萬歲千秋 오호, 사라지지 않아 만년인가 천추인가!

가정 39년(명종 15년, 1560) 5월 10일 판교종사 겸 판선종사 도대선사행 봉은사 주지 휴정(休靜) 삼가 씀.

卍 보정의 꼬리말

야로(埜老)는 촌스러운 늙은이라는 뜻이다. 그의 행장에 나온 행적만으로는 정토 수행을 했는지 안 했는지 알 수 없으나 입적한 뒤 나타난 상서로움이 예사롭지 않아 『극락 간 사람』에 넣는다. 정확한 것은 아미따불께서 잘 아실 것이지만, 혹시라도 엮은이가 극락에 계신 분을 빠트리지 않을까 걱정되어 올렸다.

5. 1604년, "나모아미따불" 6자는 윤회를 벗어나는 지름길 – 서산대사

선조 37년(1604)
있는 곳 : 江原道 淮陽郡 長楊面 長淵里 表訓寺 白華庵
세운 때 : 조선 인조 8년 경오(1630)에 세웠다가 1632년에 다시 세웠다
『조선금석총람』, 『조선사찰사료』, 『유점사본말사지』

회양 표훈사 백화암 청허당 휴정대사 비문(淮陽表訓寺白華庵淸虛堂休靜大師碑文)

유명 조선국 사국일도대선사 선교도총섭 부종수교보제등계존자 서산 청허당 휴정대사 비문 및 머리말(有明朝鮮國賜國一都大禪師禪敎都摠攝扶宗樹敎普濟登階尊者西山淸虛堂休靜大師碑銘幷序)

나는 불교 가르침을 모르므로 평소에 붇다 이야기를 즐겨 말하지 않지만, 일부러 불교를 반대해서 그런 것은 아니었다. 그렇지만 문장으로 거짓 이름을 얻어 문병(文柄)을 잡은 지 30년이 넘은지라 나의 명성을 좇아 시를 받으러 오는 승려들이 날마다 문 앞에 이르렀다. 그래서 식견이 높거나 시를 잘 짓는 승려를 만나면 기꺼이 만나보았으나, 이것도 짐짓 불교가 좋아서 그러는 것이 아니었다.

내 나이가 아직 어릴 때 이미 휴정(休靜) 스님의 명성을 들었고 그의 시가 세상에 많이 퍼져 읽히고 있었기에 늘 한번 만나고 싶었으나 뜻대로 되지 않았다.

송운(松雲) 유정(惟政)은 바로 스님의 법을 전해받은 사문이다. 그가 일본으로 건너갈 때 경성에 있는 나를 자주 방문했었고, 내가 연산(燕山)에 갈 때는 그가 청천강 가에서 나에게 정을 드러내 보이는 시를 주면서 스님에 관한 얘기를 흥미진진하게 밤낮이 다하도록 하였었다. 이때 스님은 이미 세상을 떠난 지 여러 해가 지난 터라 아득히 그 맑은 향을 생각하는 마음만 때로 가슴속에 오갔다.

하루는 공무를 마치고 물러나와 집에 홀로 앉아 있노라니, 세 승려가 밖에서 공경히 서서 기다리고 있다고 했다. 불러오게 하여 보니 바로 스님의 제자인 보진(葆眞), 언기(彦機), 확흘(玃仡)이었다. 이들이 상자 속에서 책을 꺼내어 보이며 말하기를 "이는 청허당(淸虛堂)의 유고입니다." 하고는 이어 두 손을 모아 예를 갖추고 말하기를, "우리 스승님의 도업은 후세에 길이 전할 만합니다. 그러나 구름산이 깊고 고요하니, 세월이 오래가면 더욱 자취가 아주 없어질까 두렵습니다. 그래서 감히 문도가 쓴 기록으로 행장을 만든 다음 경건한 마음으로 밤새워 재를 올리고 단단히 봉해 천리 길을 가지고 와서 바칩니다. 바라던데 상공(相公)의 글을 받아 비석에 새겨

우리 스승의 자취가 영원히 없어지지 않게 하고자 합니다." 하였다.

내가 말하기를, "그대 스승의 도는 무(無)로써 유(有)를 삼고 허(虛)로써 실(實)을 삼으니, 보존하길 기다려 보존되는 것이 아니요 없애려 한다고 없어지는 것이 아니니 누가 썩어 없어지게 할 수 있으며, 누가 영원히 없어지지 않게 할 수 있겠소. 우리 유가(夫子)에서는 '도가 서로 같지 않으면 함께 일을 도모하지 않는다.' 하였으니, 스님의 도에 대해 내가 무슨 말을 하겠소." 하니, 세 승려가 일어나 대답하기를, "도는 본래 서로 같지 않은 것이니, 감히 구차히 같게 하지 않습니다. 그러나 같으면서 다른 것도 있고 다르면서 같은 것도 있으니, 가섭이 전한 법으로 홀로 종풍(宗風)을 드러내 밝히는 것은 실로 같으면서 다른 것이지만 집안에서는 효도하고 세상에 나와서는 충성하는 것은 어찌 다르면서 같은 것이 아니겠습니까. 오직 상공은 다른 것은 다르다 하고 같은 것은 같다고 하는 분입니다. 우리 스님이 살아있을 때 늘 상공의 풍모를 흠모하셨으니, 은연중에 공과 뜻이 들어맞아 그윽한 가운데 감응하신 것이 있는 듯합니다. 부디 상공께서는 은혜를 베풀어 주십시오." 하고 거듭거듭 무릎을 꿇고 절하며 그해가 지나도록 떠나지 않았다. 내가 그 정성을 가상히 여기고 탄식하며 "불교에서 스승에게 온 마음으로 공경하는 것이 이와 같구나." 하였다.

행장을 살펴보건대, 스님의 법명은 휴정(休靜)이고 자는 현응(玄應)이며 자호(自號)는 청허자(淸虛子)인데 묘향산에 오래 있었기 때문에 서산(西山)이란 호도 쓴다. 속성은 완산 최씨이며 이름은 여신(汝信)이다. 외조부인 현감(縣監) 김우(金禹)가 연산조(燕山朝)에 죄를 얻어 안릉(安陵)으로 귀양 가서 살았기에 그 후대는 안주(安州) 사람이 되었다. 아버지 세창(世昌)은 향시에 합격하여 기자전 참봉(箕子殿參奉)에 임명되었으나 나아가지 않고 시와 술을 즐기며 살았다. 어머니 김씨는 늙도록 자식이 없었는데 하루는 꿈에 한 노파가 와서 "대장부를 배었으므로 마님을 위해 축하하러 왔습니다." 하였는데 그 이듬해 경진년(1520, 중종 15) 3월에 과연 스님이 태어났다.

3살 때 아버지가 4월 8일 저녁 술 취하여 누워 있는데 한 노인이 와서 "어린 사문을 뵈러 왔습니다." 하고 두 손으로 아이를 들고 몇 마디 주문을 외운 뒤 아이의 정수리를 어루만지며 "이 아이 이름을 운학(雲鶴)으로 지으십시오." 하였다. 그 노인은 말을 마치자 문을 나가더니 어디로 갔는지 훌쩍 사라졌다. 이 때문에 스님의 아명(兒名)을 운학이라 불렀다.

스님은 어릴 때 아이들과 놀 때 돌을 세워 불상으로 모시고 모래를 모아 탑을 만들곤 하였다. 조금 더 크자 풍채가 빼어나고 학문에 힘써 게으르지 않았으며 지극한 효성으로 어버이를 섬겼기에 고을 원님이 귀여워하였다.

9세 때 모친이 세상을 떠났고, 10세 때에는 부친마저 세상을 떠나니, 스님은 외로운 몸으로 기댈 데가 없었다. 원님이 스님을 데리고 경성으로 가서 성균관에 넣어 주었다. 그러나 성균관이 답답하여 뜻에 맞지 않았다. 그래서 함께 공부하는 몇 사람과 남쪽으로 가서 두류산을 유람하며 명승지를 구경하고 경서(經書)를 열심히 읽었다. 그러나 늘 일찍 부모를 잃은 슬픔에 잠겼고 더욱 삶과 죽음에 대한 이치를 깊이 느끼게 되었다. 그러다 홀연 선가의 돈오법을 알고 드디어 영관 대사(靈觀大師)에게 설법을 듣고 숭인 장로(崇仁長老) 아래서 머리를 깎았다. 그리고 7, 8년 동안 명산을 두루 다니며 수행하고 30세에 선과(禪科)에 합격하였다. 대선(大選)을 거쳐 선교양종 판사(禪敎兩宗判事) 지위에 이르렀다.

하루는 스님이 탄식하며 "내가 출가한 본의가 어찌 여기에 있으리오." 하고는 즉시 인끈(印綬)을 풀어 도로 받치고는 지팡이 하나를 짚고 금강산으로 돌아와 「세 가지 꿈 이야기(三夢詞)」를 지었는데,

主人夢說客 (주인몽설객) 주인 손님에게 제 꿈 얘기하고
客夢說主人 (객몽설주인) 손님 주인에게 제 꿈 얘기하네
今說二夢客 (금설이몽객) 이제 두 꿈 얘기를 하는 나그네도
亦是夢中人 (역시몽중인) 이 역시 꿈속의 사람이어라

하고, 또한 향로봉에 올라 시를 지었는데, 시에 말하길

萬國都城如垤蟻 (만국도성여질의) 만국 서울은 개미집 같고
千家豪傑若醯鷄 (천가호걸약혜계) 천가의 호걸은 초파리 같아라.
一窓明月淸虛枕 (일창명월청허침) 창에 가득 밝은 달빛 베고 누우니
無限松風韻不齊 (무한송풍운불제) 가없는 솔바람 소리 곡조 갖추었네.

하였다.

이로부터 더욱 명성과 재능을 감추고 산문을 나가지 않으니, 도를 물으러 오는 이들이 날로 많아졌다.

기축년(1589, 선조 22) 옥사(獄事) 때 요승 무업(無業)이 거짓 고발하여 스님이 체포되었다. 그러나 스님이 진술하는 말이 뚜렷하고 들어맞으니, 선조가 스님의 억울한 정상을 알고 바로 놓아 주면서 스님이 쓴 시를 가져오게 하여 보고는 감탄하였으며, 몸소 먹으로 대나무를 그려 내리고 시를 읊어 바치게 하였다. 스님이 바로 절구(絶句)를 바치니 선조도 어제(御製) 절구 한 수를 내리고 상을 매우 두터이 주고 위로하여 산으로 돌려보냈다.

임진년(1592)에 임금 수레가 왜란을 피해 서쪽으로 가서 의주(龍灣)에 머무르니, 스님은 바로 긴 칼을 비껴들고 나아가 뵈었다. 이에 선조가 "세상의 난리가 이와 같은데 그대가 구제할 수 있겠는가?" 하니, 스님이 눈물을 흘리며 명을 받아 말하기를, "국내의 승려 가운데 늙고 병들어 군대에 들어갈 수 없는 자들은 신이 명령하여 자기 절에서 향을 사르고 축원하여 신명의 도움을 빌게 하고 그 나머지 승려들은 신이 모두 거느리고 군진에 달려가 충성을 바치겠습니다." 하니, 선조가 의롭게 여겨 스님을 팔도십륙종 도총섭(八道十六宗都摠攝)에 임명하는 한편 지방관들을 타일러 스님을 예우하게 하였다.

이에 송운(松雲)은 7백 명이 넘는 승려를 거느리고 관동에서 일어났으며, (제자) 처영(處英)은 1천 명이 넘는 승려를 거느리고 호남에서 일어났으며, 스님은 문도와 스스로 모인 승려 1천 5백 명을 거느렸다. 그리하여 모두 5천 명이 넘는 승군이 순안(順安) 법흥사에 모여 천자(명나라) 군대와 앞서거니 뒷서거니 하며 명성과 위세를 세웠으며 모란봉 전투에서 죽이고 사로잡은 적이 많았다. 이에 명나라 군사가 드디어 평양을 빼앗고 송도를 되찾자 경성의 적들이 밤중에 달아났다. 스님은 용사 100명을 보내 임금 수레를 맞이하여 서울로 돌아오게 했다. 명나라 제독 이여송이 서찰을 보내 칭찬하였는데 그 가운데 "나라를 위해 적을 쳐 없애는데 충성이 해를 꿰뚫으니, 공경하여 우러러본다."라는 말이 있었고, 또 다음과 같은 시를 보내주었는데, 그 시에

無意圖功利 (무의도공리) 공리를 도모할 뜻 없이

專心學道仙 (전심학도선) 오로지 오롯이 도만 닦더니
今聞王事急 (금문왕사급) 이제 왕의 일 급하단 말 듣고
摠攝下山嶺 (총섭하산령) 총섭이 산을 내려오셨구려.

하였다.

그리고 여러 (명나라) 장수들도 다투어 서찰과 선물을 보내왔다. 적이 물러나자 스님이 아뢰기를, "신의 나이 여든에 가까워 근력이 다했으니, 군대 일을 제자 유정(惟政)과 처영(處英)에게 맡기고자 합니다. 그리고 신은 도총섭 인끈을 반납하고 묘향산 머물던 곳으로 돌아갈까 합니다." 하니, 선조가 그 뜻을 가상히 여기고 그 늙음을 안타깝게 여겨 국일도대선사(國一都大禪師) 선교도총섭(禪敎都摠攝) 부종수교보제등계존자(扶宗樹敎普濟登階尊者)란 호를 내렸다.

이때부터 스님의 의와 도는 더욱 높아지고 명성은 더욱 무거워져 두류산, 풍악산, 묘향산 같은 곳을 오가매 제자가 1천명 넘었으니 이 가운데 이름이 널리 알려진 제자가 70명이 넘었었다.

갑진년(1604, 선조 37) 정월 23일, 묘향산 원적암(圓寂菴)에 제자들을 모아 놓고 향을 사르고 가르침을 설한 뒤 자신의 영정 뒤에,

八十年前渠是我 (팔십년전거시아) 80년 전 저 사람이 나이더니
八十年後我是渠 (팔십년후아시거) 80년 년 뒤 내가 저 사람이네.

라고 쓰고, 송운과 처영에게 부치는 편지를 쓴 뒤 바로 가부좌를 한 채 돌아가시니, 나이는 85세이고 법랍은 67세였다. <u>기이한 향기가 방 안에 가득하여 3·7일이 지난 뒤에야 사라지기 시작하였다</u>(異香滿室, 三七日後始歇).

제자 원준(圓峻)·인영(印英) 등이 다비하여 영골(靈骨) 1조각과 사리 3알을 얻어 보현사와 안심사에 부도를 만들어 모셨으며, 또 제자 유정(惟政)·자휴(自休) 등이 영골 1조각을 금강산으로 모시고 가서 사리(神珠) 몇 알을 얻어 유점사 북쪽에 돌 종을 세워 모셨다.

표훈사 백화암 부도(김홍도 그림)　　　　　표훈사 백화암 부도(1924)

우리 동방은 태고 화상(太古和尙)이 중국 하무산(霞霧山)에 들어가 석옥(石屋)의 법을 이어받아 환암(幻庵)에게 전하고, 환암은 구곡(龜谷)에게 전하고, 구곡은 정심(正心)에게 전하고, 정심은 지엄(智嚴)에게 전하고, 지엄은 영관(靈觀)에게 전하고, 영관은 서산(西山)에게 전하였다. 이것이 실로 임제(臨濟)의 정파(正派)인데 서산이 홀로 그 종지를 얻었다 한다.

스님의 저술로는 『선가귀감(禪家龜鑑)』, 『선교석(禪敎釋)』, 『운수단(雲水壇)』각 1권과 『청허당집(淸虛堂集)』 8권이 세상에 나와 있다.

아, 스님의 도의 깊고 얕음은 내가 자세히 모르지만, 스님이 남긴 글은 내가 이미 다 읽어 보았다. 시를 보매 스님이 스스로 깨달아 얻은 뜻을 알 수 있고, 글을 보매 스님의 높은 경지를 알 수 있었다. 비록 말을 글자로 만든 것이 바르고 익숙하지 않은 곳도 있으나 글자마다 살아 있고 구절마다 날아 움직여 마치 옛 칼이 칼집에서 나오매 서늘한 바람이 이는 듯하다. 왕왕 개원(開元)·대력(大曆)의 시와 매우 비슷한 것도 있으니, 불가(佛家)의 혜휴(惠休)·도림(道林) 정도는 말할 것도 없다.

더구나 환난을 만나서도 그 지조를 잃지 않아 감옥에 갇힌 상태에서 임금의 인정을 받고 대우를 받았다. 임금이 시 쓴 것을 스스로 청해서 보고 시를 지어 바치게 한 영광과 어필로 시를 쓰고 그림을 그려서 내려 준 것은 참으로 지난 옛날에 없던 각별한 돌봄과 사랑이었다. 그리고 국난을 당하자 의병을 모아 천자 군대를 도와 서울을 되찾고 임금 수레를 맞이하여 서울로 돌아와서는 곧 인끈을 도로 바치고 옷깃을 떨치며 산으로 돌아갔으니, 그 나고 드는 절개는 옛사람에 비겨도 못한 점이 없다.

대컨 선비가 세상에 태어나 누군들 당시 임금에게 돌봄과 사랑을 입고 공명을 세워 스스로 높이 드러내고 싶지 않겠는가. 그러나 재능을 가지고 펼치지 못하고 죽을 때까지 이름이 세상에 알려지지 않는 사람이 어찌 끝이 있겠는가. 그런데 스님은 일개 검은 옷을 입은 신분으로 이름이 대궐에 알려지고 명성이 후세에 전해졌으니, 선문(禪門)에서 이러한 공로를 이룰 수 있을 줄 누가 생각했으랴. 이와 같은 분에 관한 비문 글(銘)을 쓰니, 나의 붓에 부끄럽지 않다.

그 글월은 다음과 같다.

金天之西 (금천지서) 금천 서쪽
薩水之濱 (살수지빈) 살수 물가에
淑氣亭毒 (숙기정독) 맑은 기운 모여
乃降眞人 (내강진인) 참사람 태어났네.

企婆抱送 (선파포송) 신선 노파 안아 보내고
釋老提携 (석노제휴) 불가 노인 잡아 이끌고
天開寶光 (천개보광) 하늘 보배 빛 열어주고
帝借金鎞 (제차금비) 하느님 금비녀 주었구나.

靈符妙契 (령부묘계) 신비한 꿈 징조와 꼭 맞아
秀骨超凡 (수골초범) 빼어난 골상 예사롭지 않으니
蚌珠出海 (방주출해) 진주가 바다에서 나온 듯
龍鏡發函 (룡경발함) 용궁 거울이 함에서 나온 듯.

失怙無依 (실호무의) 어버이 여의고 기댈 데 없어
千里負笈 (천리부급) 천 리 길 공부하러 가
淹貫諸家 (엄관제가) 여러 대가 두루 많이 읽어
卓然自立 (탁연자립) 의젓하게 스스로 우뚝 섰어라.

乃超覺路 (내초각로) 이에 깨달음 길로 들어서니
遂登法席 (수등법석) 마침내 스승 법석에 오르고
祖月重輝 (조월중휘) 조사의 달 다시금 빛남에

群昏一廓 (군혼일확) 중생 어리석음 한바탕 걷혔네.

餘事詩聲 (여사시성) 틈내 지은 시 명성이
上徹楓宸 (상철풍신) 위로 대궐에 들려
殊恩異渥 (수은이악) 남달리 도타운 성은이야말로
榮耀千春 (영요천춘) 영광이 천추에 길이 빛나도다.

身雖巖穴 (신수암혈) 몸은 바위굴에 있어도
忠不忘君 (충불망군) 충성은 임금을 잊지 못하네
遇難一呼 (우난일호) 난리를 만나 한 번 부르자
義旅如雲 (의려여운) 의병 무리 구름처럼 모였네.

協助天戈 (협조천과) 명나라 군사를 도우며
憑仗靈祐 (빙장령우) 붇다 도움에 기댔으니
驅除腥穢 (구제성예) 더러운 오랑캐를 몰아내고
福我寰宇 (복아환우) 우리 땅과 집이 복을 얻었노라.

出而濟世 (출이제세) 나가서 세상을 건지고
名動華夷 (명동화이) 이름이 화이를 흔들었으며
入而修定 (입이수정) 들어와 선정을 닦음에
法闡宗師 (법천종사) 종사의 가르침을 드러냈네.

在掌靈珠 (재장영주) 손바닥 안 신령한 구슬에서
虛明自玩 (허명자완) 거짓된 빛을 스스로 즐기고
倘來榮辱 (당래영욕) 밖에서 얻은 영광과 모욕
如夢一幻 (여몽일환) 한바탕 꿈과 허수아비로 여겼지.

瞻彼妙香 (첨피묘향) 저 묘향산 굽어보고
與夫金剛 (여부금강) 금강산과 함께하니
寔唯淨界 (식유정계) 이야말로 맑은 세계라
宜我法王 (의아법왕) 이것이 우리 가르침 왕이리라.

來往諸天 (래왕제천) 여러 하늘을 오가니
百靈護持 (백령호지) 온갖 신령 지켜주고

乘化返眞 (승화반진) 몸 바꾸어 참으로 돌아가니
去又何之 (거우화지) 간 곳은 또 어디인가.

功紀人間 (공기인간) 공은 인간 세에 새겨지고
道在山中 (도재산중) 도는 산속에 남아 있으니
一片貞珉 (일편정민) 이 한 조각 아름다운 돌이
萬古英風 (만고영풍) 만고에 빼어난 모습이로다.

표훈사 백화암 서산대사비 1912년 촬영　　해남 대흥사 서산대사 탑
　　(국립중앙박물관 e뮤지엄)　　　　　　(디지털 해남문화대전)

卍 보정의 꼬리말

서산 대사(1520~1604)는 법안종과 임제종을 이어받은 선사지만 선(徑截
門), 교학(圓頓門), 염불(念佛門) 같은 3가지 법문으로 수행법을 체계화하였
다. 이는 앞에서 본 보조·나옹 같은 선사들과 궤를 같이하고 있다. 서산

대사는 "선은 붇다의 마음이고, 교는 붇다의 말씀이다."라는 선교관(禪教觀)을 가지고 근기가 높은 사람은 선을 통해 단박에 깨달음(頓悟)이 가능하지만, 근기가 낮은 사람은 붇다의 가르침을 배우며 차츰 깨달음의 단계로 가야 한다(漸悟)는 근기론을 내세웠다.

서산대사의 3문 가운데 염불관은 『선가귀감(禪家龜鑑)』에 잘 나타나 있다.

"염불이란 입으로는 부르고(頌) 마음으로는 염(念)하되 염(念)을 잃고 부르기만 하면 도를 얻는데 이득이 없다(念佛者 在口曰誦 在心曰念 徒誦失念 於道無益)"는 구절에서 이런 주를 단다.

'(나모)아미따불' 6자 법문(法門)은 반드시 윤회를 벗어나는 지름길이다. 마음은 붇다의 경계와 묶여 있으므로 늘 기억하고 지녀서 잊지 않게 하고, 입은 붇다 이름을 부르되 뚜렷하여 흐트러짐이 없으면 비로소 마음과 입이 서로 통하게 되는 것이니, 이름하여 염불이라고 한다.

서산 대사는 일반적으로 마음만을 중시하는 선사들의 염불에 대한 비판을 열거한다.

파헤쳐 논한다. 5조(홍인선사)가 이르기를 '본래의 참된 마음을 지키는 것이 시방의 여러 붇다를 염하는 것보다 뛰어나다'라고 했다. 육조(혜능선사)는 이르기를 '늘 아미따불을 염하더라도 나고 죽음을 면하지 못하지만, 나의 본심을 지키면 곧 피안에 이른다.' 했으며 또 이르기를 '부처는 성품 속에서 지어야지, 몸 밖에서 구하지 말라'고 했으며 또 이르기를 '정신이 흘린 사람은 염불하여 왕생하기를 구하지만, 깨달은 사람은 스스로 그 마음을 맑고 깨끗하게 할 뿐이다.'라고 했으며, 또 이르기를 '대개 중생이 마음을 깨달으면 스스로 제도되는 것이고, 붇다 중생을 제도할 수 없는 것이다(등등)'라고 했다.

서산 대사는 이런 극 상근기 선사들의 말을 아직 깨달음을 얻지 못한 사람이 그대로 외어 이야기하는 것에 대해 이론적으로는 그렇지만 실제 아미따불과 서녘 극락은 분명히 존재한다고 솔직하게 바른말을 한다.

이치로 보면 그렇다고 할 수 있으나 실제 극락세계는 있고 아미따불 48가지 큰 다짐과 바람도 존재한다. 무릇 (아미타불 이름을) 10번만 부르면 이 원력을 통해 연꽃 태 속에서 태어나 쉽게 윤회를 벗어날 것이다. 과거 현재 미래 삼세의 모든 붇다가 한결같이 말씀하셨고 시방의 모든 불·보살들도 모두 같은 바람으로 극락에 가서 태어나셨다. 예나 지금이나 극락 가서 태어난 사람들에 대한 기록이 전하고 있다. 모든 수행자는 이 뜻을 오해하지 말고 힘쓰고 힘쓸지어다.

특히 서산대사의 유심정토론에 대한 비판은 서릿발 같다.

"내 마음이 정토이므로 정토에 왕생할 필요가 없다(自心淨土 淨土不可生).", "내 자성이 아미타불이므로 아미타불을 친견할 필요가 없다(自性彌陀 彌陀不可見)"라고 말하는 사람이 있다. 이 말은 얼핏 그럴듯하지만, 사실은 틀렸다.

❶ 저 붇다는 탐하지 않고 화내지 않지만, 나도 과연 탐내지 않고 화내지 않을 수 있는가?
❷ 저 붇다는 지옥을 바꾸어 손바닥 뒤집듯 연꽃으로 만들 수 있지만, 업력 때문에 늘 지옥 떨어질까 두려워하는 내가 감히 연꽃으로 바꿀 수 있는가?
❸ 저 붇다는 가없는 세계를 마치 눈앞에서 보듯 하는데 나는 앞에 벽만 가려도 볼 수 없으니, 하물며 시방세계를 어찌 눈앞에 보겠는가?

그러므로 사람들 성품은 비록 붇다인지 모르나 하는 행동은 바로 중생이라, 그 모습과 쓰임을 논한다면 하늘과 땅 차이다.
(당나라 화엄종 5대 조사) 규봉 선사가 "만약 실제로 단박 깨쳤다(頓悟) 할지라도 결국은 차츰 닦아가야(漸行) 한다."라고 하였으니 참으로 옳은 말씀이다. 그러면 다시 '자기 성품이 아미따불(自性彌陀)'이라는 사람에게 물어보자.

❹ 어찌 태어날 때부터 된 석가여래와 저절로 생긴 아미타불이 있는가?
모름지기 스스로 헤아려 보면, 사람이라면 어찌 스스로 알아내지 못하겠는가!

❺ 목숨이 다해 삶과 죽음이란 괴로움과 맞닥트렸을 때 과연 거침새 없을 수 있는가?
만약 그렇지 못하다면 한때 만용을 부리다가 길이 악도(惡道)에 떨어지는 후회막급의 누를 범하지 말아야 할 것이다.

서산 대사가 아이들도 알 수 있는 쉬운 질문 5개는 참으로 폐부를 찌르는 화살이다. 고승들의 법거량이나 외어 들먹이는 덜 익은 선사들에게는 이보다 더 딱 들어맞는 화두가 없을 것이다. 이 내용은 너무 중요해 엮은이가 잘못 옮기는 부분이 있을 수 있어 원문도 함께 싣는다.

서산 대사의 위대함은 많은 사람이 선사로 떠받들고 있는 상황에서도 자신의 경계를 찬찬히 들여다보고 그것을 솔직하게 드러냈다는 데 있다.

> 마명이나 용수는 다 (대승의 종지를 세운) 조사이지만, 모두 '극락 가서 태어나라'라고 뚜렷하게 말씀하셨고 마음 깊이 권하셨는데, 내가 누구라고 감히 (극락) 가서 태어나길 바라지 않겠는가?

『선가귀감』「염불」(국립중앙도서관 고문헌 원문보기)

여기서 서산 대사의 믿음(信) 바람(願)이 뚜렷이 드러났고, 꿈에도 아미따 붇다를 염했다는 평소 염불수행(行)은 다음 시에서 드러난다.

合掌向西坐(합장향서좌) 합장하고 서방을 향해 앉아
凝心念彌陀(응심념미타) 마음을 모아 아미타불다 염하네.
平生夢想事(평생몽상사) 평생 꿈속에서도 생각하는 것
常在白蓮花(상재백련화) 늘 흰 연꽃 속에 머무는 것이네.[45]

앞에서 본 바와 같이 서산 대사는 극락에 갈 밑천인 아미따붇다와 극락에 대한 믿음(信), 극락에 가겠다는 바람(願), 염불수행(行)을 모두 갖추고 있었다. 그리고 행장에 "기이한 향기가 방 안에 가득하여 3·7일이 지난 뒤에야 사라지기 시작하였다(異香滿室, 三七日後始歇)"라고 구절이 마지막으로 '믿음(信)+바람(願)+염불(行)=극락가는 영험(證)'이라는 완벽한 공식을 다 채운다.

3·7일 이어진 향기는 대사의 향기이면서 바로 아미따불과 성인들이 오셨을 때 남긴 것이다. 그러므로 대사가 이미 확철대오를 해서 더 닦을 필요 없는 경계였다면 상품상생에 태어나 불퇴전을 얻어 중생을 제도하기 위해 내려왔을 것이고, 아직도 생사를 완전히 벗어나지 못했다면 극락에서 못다 한 수행을 편안하게 이어가고 있을 것이다. 서산 대사는 말년에 임진왜란에 참전하여 싸우면서 살생을 피할 수 없었으므로 상당 부분 업을 가지고 극락에 갈 수밖에 없었을 것이다. 그러므로 말년에는 자신은 물론 전쟁으로 참화를 겪은 많은 중생을 위해 염불하고 천도하면서 본인도 극락 가기 위해 염불했을 것이고, 마지막에 아미따불의 영접을 받은 것이다.

6. 1660년, 서쪽 바라보고 합장한 채 입적한 수초(守初) 선사

현종 1년(1660)
『해동불조원류(海東佛祖源流)』, 佛書普及社, 1978. (국립박물관 디지털자료).
李能和, 『朝鮮佛敎通史』, 新久館, 1918. 권1
활안 한정섭·해월 오청환, 『한국고승전』(下 조선편), 불교정신문화원, 2014

---

45) 休靜, 「念佛僧」, 『淸虛堂集』 2

『취미대사 시집』
(동국대학교출판부, 2021)

취미(翠微) 수초 선사는 자가 태혼(太昏)이고 성은 성(成)씨로 우리나라의 명신 성삼문의 방계 자손이다. 만력 경인년(선조 23, 1590) 6월 3일에 경성에서 태어나 어린 나이에 경헌 장로(敬軒長老)에게 맡겨 머리를 깎았다.

두류산에 들어가 부휴(浮休) 선사를 찾아뵈었다. 부휴 선사가 하루는 제자 벽암에게 일렀다.
"훗날 크게 도를 깨달을 자는 틀림없이 이 사미일 것이니, 너희들은 반드시 잘 보호해야 한다."

경자년(현종 1, 1660) 6월 을유일에 세수하고 목욕한 다음 옷을 갈아입고 종을 울리고 스님들에게 결별하는 말을 하였다.
"나는 이제 쉬려 한다."
그리고 3일 뒤 정해 일, 결가부좌하고 서쪽을 바라보고 합장한 채 입적하였다(結趺向西 合掌而逝). 세수는 79세요, 법랍은 60년 남짓이었다. 사리 2매를 오봉산 조계에 모셨다.

卍 보정의 꼬리말

『해동불조원류(海東佛祖源流)』에 나오는 아주 짧은 기록이지만 극락 간 사실을 아주 정확하게 기록한 좋은 본보기다.

7. 1662년, 3년 염불하고 연꽃나라(蓮花) 간 명조대사

현종 3년(1662년)
있는 곳 : 평안북도 영변군 북신현면 하행동 안심사
강원도 회양군 장양면 장연리 표훈사(表訓寺)

李能和, 『朝鮮佛敎通史』, 新久館, 1918.

조선국(朝鮮國) 가선대부 국일도대선사 부종수교 복국우세 비지쌍운 의승도대장 등계(嘉善大夫 國一都大禪師 扶宗樹敎 福國佑世 悲智雙運 義僧都大將 登階)를 하사받은 허백당 대사 비

문과 머리말(幷序)
원임 대광보국숭록대부(原任 大匡輔國崇祿大夫) 의정부 영의정 겸 영경연 춘추관 홍문관 예문관 관상감사 세자사(議政府領議政兼 領 經筵 春秋館 弘文館 藝文館 觀象監事 世子師) 이경석(李景奭)이 글을 짓고, 보국숭록대부(輔國崇祿大夫) 행지중추부사 겸 판의금부사 예문관제학(行知中樞府事 兼 判義禁府事 藝文館提學) 오준(吳竣)이 글을 쓰고, 숭헌대부(崇憲大夫) 낭선군 겸 오위도총부 도총관(郎善君兼 五衛都摠府 都摠管) 우(俁)는 이 전액(篆額)을 썼다.

예전에 내가 임금의 은혜를 입어 금강산에 휴가를 갔을 때 처음으로 허백 당(虛白堂)이 선림(禪林)의 종사가 된 것을 알았는데, 송월당 응상(應祥) 스님 법통을 이었다 하였다. 몇 년 뒤 하교를 받고 급히 영서 땅으로 내려갈 때 허백이 보개산(寶蓋山)에서 찾아와 밤새도록 함께 차가운 등잔의 심지를 잘라내며 이야기했으나 내가 아직 우군(右軍) 띠를 풀지 못하였으므로 은봉(隱峯)의 석장(錫杖: 고승 은봉이 석장을 타고 날아다녔다는 고사)을 타고 먼저 떠나갔다. 또 몇 년 뒤 내가 남쪽에서 서쪽으로 왔을 때 대사가 서울에 와서 우리 집을 찾았는데 번화한 도심에는 발길도 하지 않고 나를 찾아와서 묘향산에 새로 지은 암자의 기문(記文)을 부탁하였지만, 오랫동안 손을 대지 못하여 승낙하고도 해주지 못해 미안함을 떨쳐버리지 못하고 멀리서 마음으로만 왔다 갔다 했다.
작년 말 그의 제자 삼인(三印)과 설해(雪海) 등이 천릿길을 달려와서 스승이 입적하였다고 말하고 그의 행장을 내놓고 비문을 지어 달라고 청하였다. 나는 깜짝 놀라 "슬프다! 생전에 그의 부탁을 들어주지 못했는데 죽은 다음에 어찌 차마 비명을 짓지 않겠는가?" 하고는 그 행장을 바탕으로 글을 쓴다.

대사의 속명(俗名)은 계국(繼國), 법명은 명조(明照), 성은 이씨이고 홍주 사람이고, 허백(虛白)은 집 이름이다. 아버지 통정대부 춘문(春文)은 강동에서

살았고 어머니 신평 한씨(新平韓氏)는 훈련원 주부(主簿) 승무(承武)의 따님
이다. 이상한 꿈을 꾸고 임신하여 만력 계사년(1593년) 11월 초 9일에
(대사를) 낳았는데 골상이 매우 기이하며 귀가 크고 얼굴 아랫부분이 두터
웠다. 어려서부터 냄새나는 남새(葷菜)를 먹지 않고 놀 때도 예불을 하였
으며 책을 읽으면 한 번에 몇 줄씩 읽었다.

겨우 7, 8세에 이미 출가할 뜻이 있어 십삼 세에 양육사(養育師: 나이가
어려 출가하기 전에 돌보아 주는 승려)인 보영(普英) 스님을 좇아 묘향산으
로 가서 사명대사를 모시고 800명이 넘는 승려와 무리를 지어 지내니 마
음이 매우 기뻐서 머리를 깎고 계를 받았다. 이때 사명대사가 조정의 명을
받아 서울로 가니 현빈당(玄賓堂) 인영 스님을 좇아 16가지 바깥 경계(六
塵)를 끊어 버리고 선종과 교종을 모두 탐구하고 연구하였는데 완허당(玩
虛堂)에게서는 교리(敎理), 송월당(松月堂)에게서는 선리(禪理)를 배웠다. 얼
마 뒤 두류산(頭流山)에 가서 무염당(無染堂)에게 의심스러운 것을 질문하
고 묘향산으로 돌아왔다.

병인년(1626, 인조 4년) 봄에 관서 도백(道伯)이 (조정에) 아뢰어 팔도의승
도대장(八道義僧都大將)으로 임명되어 승군 4,000명 남짓을 거느리고 (관군
과) 협력하여 안주(安州)를 지켰다. 흉악한 청나라 군대가 사방에 가득하니
큰스님들도 할 수 없었고, 국토 산하는 큰 변고가 일어났다.

얼마 지나지 않아 민성휘(閔聖徽) 공이 북관(함경도) 관찰사가 되었는데 대
사를 모시니 의승(義僧)을 거느리고 충성심으로 곡식을 모아 군량을 도왔
다. 이 사실이 보고되자 조정에서는 가상하게 여기고 가선대부 국일도대선
사 부종수교 복국우세 비지쌍운 의승도대장 등계(嘉善大夫 國一都大禪師 扶
宗樹敎 福國佑世 悲智雙運 義僧都大將 登階) 첩지를 내렸다. 대사의 지혜는
더욱 빛나고 자비로운 배로 중생을 구제하니 명성과 업적이 높아져서 민
간과 불교계에서 모두 존경하였다.

국가 정세가 안정되자 고요한 산속에서 수도하고자 표주박을 차고 고리 6
개 달린 지팡이를 짚고 물 건너 산 넘어 동쪽으로는 봉래산(蓬萊山)에서
남쪽으로는 방장산(지리산)에 오르고 심지어는 바다의 섬까지 절과 선방을
두루 찾아보았다. 불법의 참된 묘리(妙理)를 크게 확충하시니 제자들이 구
름같이 모여 수백 명에 이르러 소나무 숲길이 막힐 정도였다.

서쪽 구월산(九月山)에 이르러 패엽사(貝葉寺)에 머물렀는데 명성을 듣고
쫓아오는 사람들이 전과 다름없었다. 묘향산 보현사 여러 스님이 대사를

맞이하여 모시고 돌아가 스승으로 섬겼다. 옛 사고(史庫) 터에 불영대(佛影臺)를 세워서 벽 보고 수도하는 장소로 삼았다.

몸은 도량(祇樹: 祇樹給孤獨院)에 의지하고 입으로는 연꽃(정토)에 태어나기를 바라는(舌欲蓮花) 수행을 3년간 이어갔다.

하루는 가까운 여러 암자를 한가로이 거닐며 다른 스님과 샘·우물 등을 구경하다가 홀로 먼저 돌아가면서 "나 이제 가야겠다."라고 하니 듣는 사람들은 절로 돌아간다고 여겼지만, 대사의 뜻은 장차 입적할 것을 안 것이다. 아픈 기색은 전혀 보이지 않고 붓을 잡고 (임종)게를 쓰니 다음과 같다.

劫盡燒三界(겁신소삼계) 겁이 다하면 삼계도 타버리지만
靈心萬古明(영심만고명) 신령한 마음은 만고에 빛난다.
泥牛耕月色(니우경월색) 진흙으로 비진 소가 달빛을 갈고
木馬掣風光(목마체풍광) 나무로 깎은 말이 풍광을 끌어당긴다.

이날 저녁 눈을 감고 앉아서 한가롭고 느긋하게 가셨으니, 곧 신축년(1661년) 9월 8일, 나이는 69세, 법랍 57이다. 여러 제자가 그리워하며 슬픔을 머금고 맑고 지극한 정성으로 한 달이 지난 뒤 깨끗한 곳에서 화장(火葬)하였는데 상서로운 구름이 자욱이 덮였고. 겹겹의 뱅뱅 도는 바람이 세게 불었다. 갑자기 공중에서 쨍그랑 소리를 내며 사리(舍利) 6알이 떨어지니 보현사 서쪽 기슭에 함께 석종(石鐘)을 만들어서 모셨다. 또 금강산, 보개산, 구월산 및 해남의 대흥사에 나누어 가지고 가서 모셨는데, 그 일을 관리한 사람은 의흠(義欽)을 비롯한 십여 명이었으니 그 스승을 위한 정성이 참으로 갸륵하다고 하겠다.

그 문도의 말이 "위로 거슬러 올라가 (붓다인) 능인(能仁)으로부터 임제(臨濟)에 이르기까지 무려 70대가 넘는다고 한다. 대대로 이어져 내려와 근래의 석옥(石屋) → 태고(太古) → 환암(幻庵) 등은 모두 잘 드러나 있어 찬찬히 살펴볼 수 있고, 부용(芙蓉) → 청허(淸虛) → 사명(四溟) → 송월(松月)도 모든 사람 눈과 귀에 익히 남아 있다. 대사는 송월이 의발(衣鉢: 법통)을 전하자 사양하였으나 어쩔 수 없이 받으니 일곱 대중(七衆)의 명망이 더욱 높아져 귀의하는 마음이 한층 간절하였다. 비문 글(銘)은 이렇다.

休哉慧心(휴재혜심) 빛나라! 슬기로운 마음,
夙自卅兮(숙자관혜) 두 가닥 머리 어릴 적부터,
在醜迥拔(재추형발) 더러운 곳 우뚝 뛰어나니

莫之與齊(막지여제) 더불어 견줄 이 없도다.
早啓明鑰(조계명휼) 일찍이 진리 자물통 열고자
得師師之(득사사지) 스승을 얻어 섬기고,
遍參覺苑(편참각원) 두루 절을 찾아다니며
法雲日垂(법운일수) 날마다 법 구름 전해 받았네.

香嶽梵住(향악범주) 묘향산 절에 머물며
甁錫淹蹤(병석엄종) 물병 지팡이로 돌아다니니,
淸江之上(청강지상) 맑은 강물 위에
有屹其墉(유흘기용) 성벽처럼 우뚝하구나.

承命協守(승명협수) 왕이 나라 지키라 명하니
義何敢辭(의하감사) 어찌 바른 일 어기겠는가,
金湯失險(금탕실험) 견고한 성을 잃어버리니
雲鳥不枝(운조부지) 구름 속 새도 앉을 가지 없구나.

再登將壇(재등장단) 다시 장수 단에 올라
重建牙旗(중건아기) 거듭 대장군 깃발 세우고
精虔效勞(정견효로) 정성으로 힘써 일하니
優以峻秩(우이준질) 높은 공훈자로 우대하였네.

震蕩甫定(진탕보정) 노략질이 비로소 끝나고
畦陂旋拂(휴피선불) 왕이 삼전도에서 항복하니
隻履翩翩(척이편편) 한 짝 짚신 신고 바람결 따라
浮遊四方(부유사방) 사방으로 떠돌아다녔네.

歸來故壑(귀래고학) 옛날 골짜기로 돌아와
嗒然新堂(탑연신당) 모든 것 잊고 새 집에 앉아
六時蓮漏(육시연루) 하루가 내내 끝날 때까지
三乘細繹(삼승세역) 삼승을 찬찬히 풀어냈다.

疑條盡釋(의조신석) 의심나는 가닥 다 풀리고
惑網洞開(혹망동개) 걸림 없이 훤하게 열렸네.

日夕示寂(일석시적) 어느 저녁 떠날 것 알리고
跏趺坐結(가부좌결) 가부좌하고 삶을 마쳤다.
大弟群號(대제군호) 많은 제자들 함께 울고
松泉共咽(송천공열) 나무와 샘도 함께 목메어라

寶珠斯得(보주사득) 이에 보석 구슬(사리) 얻으니
輝暎瑩澈(휘영형철) 밝게 빛나 물속에 비친 것 같으니
視八除二(시팔제이) 여덟에서 둘 뺀 여섯이요
在五加一(재오가일) 다섯에다 하나 더한 여섯이라
于以奉之(우이봉지) 이를 받들어 모시자
寶塔之中(보탑지중) 보배로운 탑속에다.

普賢之西(보현지서) 보현사(普賢寺) 서쪽이요,
安心之東(안심지동) 안심사(安心寺) 동쪽이라.
豈獨此專(기독차전) 어찌 이곳에만 모시겠는가!
亦將分藏(역장분장) 그래서 나누어 (6곳에) 모시니

浮雲攸衛(부운유위) 뜬구름이 지켜주고
明月含光(명월함광) 밝은 달이 비추어주어
千秋不泯(천추불민) 영원토록 없어지지 않고
有彼妙香(유피묘향) 저 묘향산에 있으라.

임인(1662, 현종 3년) 5월 일 세움

【뒷면 줄임】

『허백집』(동국대학교 출판부, 2018)

卍 보정의 꼬리말

허백당(虛白堂) 명조(明照, 1593~1661) 스님은 조선 중기 정묘호란 전후 승병장으로도 크게 활약한 고승이다. 앞에서 보았듯이 허백당은 13세에 사명 유정(惟政, 1544~1610) 밑에서 승려가 되어 구족계를 받았고 송월 응상(松月應祥)의 법통을 이었다. 정묘호란(1627, 인조 5)과 병자호란 (1636~1637년, 인조 14~15) 때 의승대장으로 공을 세운 마지막 인물이 다. 그러나 인조가 청나라 태종에게 항복하고 전쟁이 끝나자 표주박 차고 6개 고리 달린 지팡이 짚고 봉래산(금강산), 방장산(지리산), 구월산, 묘향 산을 두루 다니면서 수행하고 제자들을 길렀다.

난세를 겪은 스님은 말년에 3년간 정토수행을 하였다는 대목이 행장에 나 온다. "몸은 도량(祇樹: 祇樹給孤獨院)에 의지하고 입으로는 연꽃(정토)에 태어나기를 바라는(舌欲蓮花) 수행을 3년간 이어갔다."고 해서 참선한 스님 이지만 입(舌)으로는 염불하여 연꽃나라(蓮花)에 태어나기를 바랬다(欲). 그 리고 마지막 화장(火葬)할 때 '상서로운 구름이 자욱이 덮였고. 겹겹의 뱅 뱅 도는 바람이 세게 불었다.'라고 해서 극락에 간 증험이 나타났다.

■ 연천군 심원사 터 부도 무리 (경기도 연천군 신서면 내산리 342-1)

2022년 6월 6일 옛 삼원사 터에 남아있는 부도를 찾아가 ⑬번이 허백당 (虛白堂) 부도라는 것을 확인하였다. 안내판에는 '모르는 부도'라고 했지만 ⑬번 부도는 이름 쓰인 곳이 뒤로 돌아가 있어 언뜻 판별하기 어려웠으나 한자로 虛白堂 세 글자가 뚜렷하였다.

그림 95

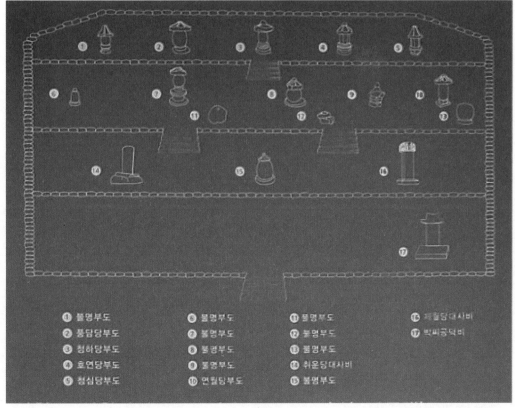

① 불명부도	⑥ 불명부도	⑪ 불명부도	⑯ 제월당대사비
② 풍담당부도	⑦ 불명부도	⑫ 불명부도	⑰ 박씨공덕비
③ 청하당부도	⑧ 불명부도	⑬ 불명부도	
④ 호연당부도	⑨ 불명부도	⑭ 취운당대사비	
⑤ 청심당부도	⑩ 연월당부도	⑮ 불명부도	

현재 남아있는 부도(浮屠)는 ⑭ 취운당대사비(翠雲堂大師碑), 취운당대사비 옆에 있는 ⑮ 불명의 부도, ⑯ 제월당대사비(霽月堂 敬軒大師碑), ⑰ 박씨 공덕비(朴氏功德碑),

불명 석종형 부도, 소요당(逍遙堂) 부도, 팔각받침과 구형 탑신의 불명 부도, 장고형 중대석이 있는 불명 부도, ❿ 연월당(蓮月堂) 부도, ⓭ 허백당(虛白堂) 부도, 총음당부도, ❷ 풍담당(楓潭堂) 부도, ❸ 청하당(靑霞堂) 부도, ❹ 호연당(浩然堂)부도, ❺ 청심당(淸心堂) 부도 등 모두 15기이다.

8. 1684년, 서쪽 향해 앉아서 입적한 현변(懸辯) 스님

숙종 10년(1684)

『해동불조원류(海東佛祖源流)』, 佛書普及社, 1978. (국립박물관 디지털자료).

李能和, 『朝鮮佛教通史』, 新久館, 1918. 권1

활안 한정섭 · 해월 오청환, 『한국고승전』(下 조선편), 불교정신문화원, 2014

침굉 현변(懸辯) 선사는 자는 이눌(而訥), 호는 침굉(枕肱)이다. 나주 사람으로 성은 윤씨고, 만력 44년 병진년(광해군 8, 1616) 6월 12일 태어났다. 처음 보광법사(葆光法師)를 따라 천풍산 탑암(塔菴)에서 출가하였고, 나중에 방장으로 들어갔다. 소요당을 뵙고 법을 배웠는데, 20장 남짓한 경전을 주면 한 번 읽고 모두 외웠다. 평생 목욕을 하지 않았으나 더러움이 없었으며, 발은 날마다 씻었는데 비록 아교풀이 부러지는 추운 겨울에도 그만두지 않았다.

침굉 현변(선암사)

갑자년(숙종 10, 1684) 4월 12일, 서쪽으로 향하고 앉아서 돌아가셨다(面西坐逝).

시신을 금화산 제2봉에 받들어 모셨는데, 작은 돌을 층층이 쌓고 전신을 봉하였는데 날짐승이나 들짐승이 침범하지 않았다. 안색도 변하지 않았다. 땔나무 하는 아이나 궁녀들이 한 그릇의 밥을 낮밥으로 이바지하는데 마치 여래에게 하듯이 하였다.

일찍이 스님이 하루는 손수 글을 써서 후대에 부탁했는데, 부탁받은 율(律) 제자 약휴(若休)가 (그 내용을) 말했다.
"만약에 내가 죽은 뒤 화장하면 나와 더불어 백 대의 원수가 될 것이다. 모름지기 거친 숲과 들판에 그대로 두어 새들의 배를 채워주는 것이 옳을 것이다."
세수 69세이며 법랍이 57년이었다.

순천 선암사 구내 비로암(毘盧庵) 현판에 다음과 같은 글이 있다.
"몸을 던져 호랑이의 배고픔을 걱정하고, 몸을 갈라 까마귀와 솔개의 배고픔을 구제한다는 말이 어찌 헛된 것이겠는가. 나 또한 그를 본받을지니, 내가 죽은 후에 물가나 숲에 두어 새들의 먹이가 되게 하라. 만약 다비하면 실로 백 대의 원수가 되리라."

스님은 문집이 있었는데 스스로 불에 던져버렸다. 문하의 제자 약휴 등이 몇 편을 모아 새기기를 부탁하니, 은암(隱巖)·청광자(淸狂子)·박세형(朴世亨)이 그를 위해 서문을 짓고 또한 스님의 행장을 찬술하였다.

운무송(雲霧頌)

눈 뜨면 등망봉(登望峰)
눈 감으면 시루봉(甑峰)
높은 산 올라서 산허리 매달리니
별안간 감도는 구름, 선뜻 몸을 감는구나.

■ 문집 『침굉집(枕肱集)』(上下)는 숙종 21년(1695) 순천 선암사(仙巖寺)에서 목판본으로 출판되었다.

『침굉집』(동국대학교 출판부, 2012)　　　　『침굉집』(한국향토문화전자대전)

卍 보정의 꼬리말

이 짧은 침굉 현변(枕肱懸辯, 광해8년, 1616~숙종 10년, 1684) 행장도 『해동불조원류(海東佛祖源流)』에 실려 있는 것인데, 얼굴을 서쪽으로 하고 (面西)라고 해서 극락을 향했다는 것을 분명하게 하였다. 앞에서 보조국사 지눌(1158~1210)의 『염불요문(念佛要門)』에 보면 '계신염불(戒身念佛)'을 설명하면서 "살생과 도둑질과 음행을 버려, 몸의 그릇이 청정하고 계율의 거울이 뚜렷이 밝은 뒤에, 몸을 단정히 하고 바로 앉아 서쪽을 향해(面西) 합장하고 한 마음으로 나무아미따불을 공경히 생각하되, 부르는 수가 끝이 없고 생각이 끊이지 않아, 심지어 앉은 것도 잊고 한 생각이 앞에 나타날 때를 계신염불이라 한다."라고 했다. 여기서는 앞뒤 줄이고 "서쪽을 향해 (面西)"로 표현하였다.

9. 1700년, 『극락 기리는 100가지 노래』편 성총 스님

숙종 26년(1700)
『조선불교통사』

백암 대선사 비명(栢菴大禪師碑銘 幷序)

대광보국숭록대부 의정부좌의정 겸 영경연사감춘추관사 세손전 김상복 씀
(大匡輔國崇祿大夫 議政府左議政 兼 領經筵事監春秋館事 世孫傳 金相福 撰)
보국숭록대부 원임판중추부사 겸 이조판서 치사봉조하 홍계희 새김
(輔國崇祿大夫 原任判中樞府事 兼 吏曹判書 致仕奉朝賀 洪啟禧 篆)
통훈대부 공조정랑 김상숙 글씨(通訓大夫 工曹正郎 金相肅 書)

내가 석씨의 도에 대하여 일찍이 들은 바가 없으니 공과 덕을 칭하는 것이 어떤 까닭인지 그것을 알겠는가. 지금 그 무리들이 말하기를, "불씨의 근본은 자비를 널리 베푸는 것이고, 널리 중생을 구제하는 것으로 공덕을 삼는 것이다. 그 바라는 고갱이는 남겨진 경전을 밝히는 것에 있는 것이며, 깨달은 후에 나아가는 것이다"라고 하니, 근세의 백암 대사가 곧 그러한 사람이라고 한다.

대사의 법명은 성총이며, 속성은 이씨이고, 남원(南原) 사람이다. 고리(高麗) 안호부원군(安乎府院君)의 10세손이다. 아버지는 강(桐)이요, 어머니는 하씨(河氏)로 숭정 신미년(인조 9, 1631) 11월 15일 신시에 대사가 태어났다. 13세에 출가하여 16세에 법계를 받았고, 18세에 방장산(지리산)에 들어갔다. 취미 대사에게 나아가 9년 동안 배우고 그 법을 다 얻었다.

30세부터 명산을 두루 돌면서 승평(순천) 송광사, 낙안 징광사, 하동 쌍계사 같은 여러 절을 오가며 머물렀다. 늘 어리석고 혼탁한 속세를 깨우치고 가르치고 지도하는 데 마음을 넓게 열었으며, 『치문(緇門)』 3권 뜻풀이를 하였다. 외전에도 능통하고 시를 잘 지어 당시 이름난 사대부, 이를테면 김문곡(壽恒)·정동명(斗卿)·남호곡(龍翼)·오서파(道一) 같은 여러 공들을 모두 불가의 벗으로 받아들였다.

일찍이(때는 숙종 7년 1681년, 곳은 임자도) 해변의 포구에 큰 배가 와서

정박한 것을 보았다. 그 배에 실려 있는 것을 보았는데, 명나라 평림엽(枰林葉)이 교열·간행한 『화엄경소초』와 『대명법수』·『화현기』·『금강기』·『기신기』·『사대사소록』·『정토보서(淨土寶書)』 같은 190권이었다. 스님이 이에 크게 놀라고 기이하게 여겨 도반과 대중들과 함께 절을 올리고 정성껏 받들었으며, 신심을 일으켜 모든 경전을 간행하였다. 몇 년 안 되어 세상에 갖추어 내놓으니, 이로부터 사방의 불교를 배우는 자가 복종하여 존경하지 않는 사람이 없었으므로, 추앙받아 종사가 되었다.

경진년(1700) 7월 25일에 쌍계사 신흥암에서 입적하니 세수가 70세였다. 화장하던 날 밤에 빛이 마치 한 필의 베가 하늘에 뻗치는 것 같았다. 며칠이 되어도 없어지지 않았다. 이어 정골 2매를 얻고 이를 나누어서 송광사와 칠불암 두 절에 탑을 세우고 모셨다.

그 법손이 대대로 이어져 내려와 팔정(八晶)과 최눌(最訥)에 이르러 스님의 공덕이 세월이 오래되어 잊힐까 두려워 그 문하 70명 남짓과 함께 장차 돌에 새겨 보이고자 하였다. 그 제자 2인이 찾아와서 나에게 글을 청하므로 내가 기이하게 여겨 말하기를, "이상한 일이다. 예로부터 경전을 구하는 이는 신명을 애석히 여기지 아니하거나 산과 바다를 넘어 이역만리에 들어가 그것을 얻었다. 그러나 아직 자비의 바다를 항해하여 보배를 전하였다는 소식은 듣지를 못하였다. 아직도 구하지 못하여 오늘에 이르니 이는 이상한 일일 것이다. 나는 불교가 동쪽으로 와서 신라와 고려 시대에 성하였음을 모른다. 보기를 들어 해인사의 팔만대장경이 충실하게 갖추었다고는 하나 아직 듣지 못하였다. 진리가 가리키는 요체와 귀결이 화엄소초와 비견되고, 그 깊은 인연이 여기에 있으니 사람의 힘이 가히 미치지 못하는 바가 있다. 어찌 마땅히 그러함이 이미 있다고 하지 않겠는가. 스님이 불교와 함께 커다란 공덕이 있음은 또한 옳은 것이고, 이러한 그가 평상시에 매우 뛰어난 수행이 있어 거침이 없는 경지에 오름을 보니, 이것으로 이른바 일세에 이름을 날리는 것이고, 사대부가 자애심을 두텁게하는 것이다"라고 하였다. 내가 이러한 까닭에 고사(固辭)하였음에도 글을 짓는다. 명은 다음과 같다.

말세 영재가 선문에서 많이 나오고,
마음은 염불과 주문(念呪)에 전념하고,
뜻은 따로 나누지 아니하였네.

법을 지키고 가르침을 전하여
잃은 것은 있으나 거짓이 없으니,
오직 이 총명한 스님을 대중이 존경하였네.

바다 건너온 배에서 경전을 얻고, 그 보존에 뜻을 두어
용맹하게 비밀을 전하니 바로 보월 소론(疏論)이라.

이에 지금 그것을 얻어 미혹함을 깨우치고 어두움을 깨우니
그 법 가운데에 업은 크고 공덕 두텁도다.
그 명성은 길이 생각하고 이를 잇는 법손이 있어
그 행적을 옥돌에 새기고, 내가 더불어 글을 짓는다.

본 비(碑) 뒷면에 글이 있는데 간추리면 다음과 같다.

살펴건대 석가가 마음을 전한 정통 법맥의 6조 이하에는 임제같은 스님이 나오지 아니하니, 임제는 바로 석가의 38대 적손이다. 임제의 도는 10여 세를 지나 해동에 미치고, 태고가 비조가 되었다. 환암 → 구곡 → 벽계 → 벽송 → 부용 → 부휴 → 벽암 → 취미에게 전하고, 아홉 번째 백암에 이르렀다.

스님은 대방(남원)에서 태어나 수학하고, 순창 취암사(鷲巖寺)에서 출가하였으며, 27세에 곡성 신덕암(동국여지승람에 따라면 신덕왕후 강씨의 원당이다)에 주석하였다. 이후부터 여러 명산에서 많은 사람에게 교화를 베풀었다. 강희 신유년(1681)에 이르러 해안에 정박한 빈 배에서 경전을 얻어 을해년(1695)까지 15년 동안 5천 개의 판목(板木)에 나누어 간행하고 징광사(澄光寺)와 쌍계사 양쪽 경전보관소(藏寶所)에 간직하였다. 크게 천등(千燈) 불사를 베풀어 낙성하였다.

일찍이 100년 전쯤 온 나라가 일어나 경전을 간행했던 일이 있다. 옛것을 버리고 새로운 것을 따르니, 마치 하천에 이르러 목말라 하는 것과 같았다. 송암(松庵)과 송계(頌溪)의 진영을 조성하고 신미년(1691) 선암사에서 화엄대회를 베풀었다.

팔방에서 구름이 나타나듯이 일이 성사되었구나! 가고 오는 때에 거슬리지

않고 모두 기이한 빛을 내뿜는구나.

스님이 쓴 글은 개인 문집 2권과 경전 서문 9수가 있고, 『정토를 기리는 100가지 노래(淨土讚百詠)』가 세상에 유행하니, 이것은 다른 것과 크게 견줄 만하다. 선사의 가르침은 무용(無用)에게 전해졌고, 무용은 영해(影海)에게, 영해는 풍암(楓庵)에게 전하였다. 풍암 뒤에는 고만고만한 자들이 많았으나, 최눌(最訥) 홀로 경판 보관소(板藏) 옆에서 오래도록 가르침을 받았다. 그 신인의 바람 때문에 하루아침에 분연히 일어나 70명이 넘는 동문이 한양(京洛)에서 돌에 채찍질하여 선조 도량에 공덕을 돌린 것이다.

아! 돌아가신 스승(先師)의 법은 화장(華藏)에 두루 미쳤다. 이제 돌아가신 스승의 공으로 싸하세계 일을 따라 한 나라에 퍼졌다. 이제 작은 비를 세워 모아 놓으니, 이도 또한 스님의 도인데 과연 여기에 있는 것인가, 없는 것인가. 훗날에 눈물 흘리며 느끼는 사람들이 있을 것이니 시험 삼아 말을 전하게 한다.

현법손(玄法孫) 최눌(最訥)이 삼가 기록하고 마땅히 아름답게 쓴다.
숭정 기원 후 3번째 병술년(영조 42, 1766) 6월 어느 날 (비를) 세운다.

『백암집』(국립중앙도서관)　　　『정토찬영』(국립중앙도서관)

卍 보정의 꼬리말 - 화두 놓고 염불하세 (1)

유학자가 쓴 비 앞면에는 상서로운 일만 기록했다. 그러나 법제자 최눌이 쓴 비 뒷면에 "마음은 염불과 주문(念呪)에 전념하였다"라고 하고, "『정토를 기리는 100가지 노래(淨土讚百詠)』가 세상에 유행하니, 이것은 다른 것과 크게 견줄 만하다."라고 해서 이미 생전에 많은 사람을 극락으로 이끌었음을 알 수 있다. 따라서 비문에는 빠졌지만 입적할 때 상서로운 일이 있기 이전, 이미 편안히 서쪽을 향해 앉아 염불하고 있는 장면을 더하는 것이 오히려 더 자연스러울 것이다.

비문에서 보듯이 백암당 성총(栢庵 性聰, 1631~1700)은 임제종의 정법안장을 이은 선사임을 강조하고 있다. 그러나 13세에 출가하여 선사로서 활동한 지 50년 만인 63세 때 스님은 스스로 근기가 살아서는 확철대오할 수 없음을 깨닫고 공개적으로 정토 수행을 하기로 했다는 사실을 만천하에 공개적으로 알린다.

『정토를 기리는 100가지 노래(淨土讚百詠)』 62번.
吾生六十又三年(오생육십우삼년) 나 태어난 지 60하고 또 3년
徒費光陰 雪滿顚(도비광음설만전) 헛되이 세월 보내 머리에 흰 눈만 가득.
揮塵講時 虛掉舌(휘주강시허도설) 불자 휘두르며 한 강론 빈 혀만 놀렸고
貫華吟處 亦妨禪(관화음처역방선) 게송을 읊는 곳 또한 선에 헤살만 놓았네.
綠蘿烟月 誰爲主(녹라연월수위주) 푸른 넝쿨 안개 낀 달 누가 주인인가!
碧嶂雲泉 我自專(벽장운천아자전) 파란 산 구름과 샘물 모두 내가 차지했네.
從此簡中 心靜住(종차개중심정주) 이런 속에서 마음 고요히 머문 채
西歸淨業 極精硏(서귀정업극정연) 서녁 갈 정토업 지극정성 닦으리라.

그 뒤 마지막 6년은 지금까지 닦은 수행력을 바탕으로 정토수행에 온 힘을 바친다.

『정토를 기리는 100가지 노래(淨土讚百詠)』 87번.
已知斯界 難堪忍(이지사계난감인) 이승에서 견뎌내기 어려움 알고서
始信西方 有世尊(시신서방유세존) 서녁에 세존 계심을 믿기 시작했네.
從此不須 開講說(종차불수개강설) 이제부턴 모름지기 강설을 열지 않고

單提佛號 度朝昏(단제불호도조혼) 부처님 이름 부르며 아침저녁 지내리라.

그리고 정토를 기리는 100가지 노래 가운데 마지막 노래에서 이렇게 부른다.

　『정토를 기리는 100가지 노래(淨土讚百詠)』 100번.
聖居安養 紫金身(성거안양자금신) 안양 계신 성인은 자금색 몸
相好端嚴 絶等倫(상호단엄절등륜) 상호 단엄하여 견줄 무리 없어라.
千種寶光 渾不夜(천종보광혼불야) 천 가지 보배 빛 밤에도 흐리지 않고
六時花雨 是長春(육시화우시장춘) 하루 내내 꽃비 내리니 늘 봄날,
休論老幼 幷男女(휴론노유병남녀) 어리고 늙음, 남녀도 논하지 않는데
豈揀尊卑 與富貧(기간존비여부빈) 어찌 존비와 부자와 가난을 가리겠는가.
三復丁寧 無別說(삼복정령무별설) 3번 되풀이하니 절대 다른 교설은 없고
彌陁一句 徃生因(미타일구왕생인) 아미타불 한 구절이 왕생의 씨앗이니라.

마지막 노래는 온몸으로 겪은 수행 결과를 제자와 인류에게 보내는 유언이나 마찬가지다.

백암 성총의 정토사상에 대한 연구성과.
① 황금연, 「백암성총의 정토수행에 대한 연구」, 『淨土學硏究』, (29), 2018.
② 손민정, 「백암 성총(栢庵性聰)의 정토사상과 시적 형상화 연구」, 『불교문예연구』, (15), 2020.

10. 1704년, 『염불보권문(念佛普勸文)』 낸 명연 스님 극락 가셨나?

『염불보권문(念佛普勸文)』
「대미타참 약초요람 보권염불문 머리말(大彌陁懺畧抄要覽普勸念佛文序)」

살펴보건대, 도는 사람을 멀리하지 아니하고 가르침은 이치를 달리함이 없도다. 비록 만물의 모습이 각기 다르나 깨달음(靈覺)의 본성은 같으며, 중생의 이름이 다르나 심성의 이치는 다르지 않다. 그러므로 『화엄경』에서는 마음과 부처와 중생, 이 셋은 차별이 없다고 하였다. 그러나 시대가 흘러

성인으로부터 멀어지자 도 닦는 마음이 드디어 희미해져 사람들이 모두 본래 지니고 있던 불성을 알지 못하고, 뜬구름 같은 허깨비 몸을 아껴 5가지 길에서 괴로움을 겪고 4가지 태어남(四生)을 겪는다. 이에 오직 우리 부처님 세존께서 정반왕 태자로서 만승의 보위를 버리고 출가 수도하여 중생을 49년 동안 널리 구제하셨고, 부처 입멸 후 1,000년에 불법이 중하(中夏)에 전파되니 대승의 가르침이 없는 곳이 없었다. 그러므로 예부터 지금까지 천하에 여러 나라 황제나 현명한 임금이나 이름난 재상, 고관들이 모두 불법을 숭상하였고, 이태백, 백낙천, 소동파, 황산곡(黃山谷) 같은 지혜롭고 통달한 선비들이 모두 저 아미타불을 높이고 찬양할 줄 알아 스스로 발원문을 지었다. 고금 승속에 이름난 이로서 염불하고 도를 행하여 이미 서녘으로 돌아가 붇다가 된 이들은 문헌에 뚜렷하게 기록되어 있다.

(金나라) 극락거사 왕자성(王子成)은 본디 유가(儒家)의 명상(明相)이고 군자다. 유가의 백가가 쓴 책과 불교의 여러 경전을 꿰뚫어 알고 그것을 간추려 염불 참죄(懺罪) 13문을 지어 널리 여러 사람에게 염불을 권하여 모두 괴로움을 떠나 즐거움을 얻게 하였으니 그 공이 적지 않다.

그러나 글이 넓고 뜻이 깊어 말세 사람들 가운데 아는 사람이 적고 믿지 않은 사람이 많아 잘 알지 못하고, 또한 염불이 주는 큰 이득을 모르고 세간의 물욕에 탐착하고 있다. 저의 작은 소견에 따라 여러 경전의 말씀을 간추려 염불문을 만들고 언문으로 해석하여 선남선녀들이 쉽게 통하고 쉽게 알 수 있도록 잎 따고 뿌리를 찾아 거친 것을 정밀하게 하였다. 경에 "나모아미따불(南無阿彌陀佛)' 한 번 염하면 생사의 고해를 면하고 바로 서녘 극락에 바로 가서 모두 불도를 이루게 된다."라고 하였고, 또한 "다른 사람에게 염불을 권하면 스스로 염불하지 않아도 함께 극락에 태어난다"라고 하였으니, (여러분은) 모든 사람에게 널리 염불을 권하여 모두 함께 서녘 정토에 돌아가고자 한다. 그러나 여기 적은 좁은 견해는 모두 명아주 잎과 콩잎 같아서 배부른 이는 기꺼이 먹을 수가 없을 것이니, 이에 양식 떨어진 무리를 기다리며 감히 작은 정성을 다하여 삼가 짧은 글을 올린다.

강희 갑신년(1704) 봄, 경상좌도 예천 용문사 청허(淸虛) 후예 명연(明衍) 모음[46]

卍 보정의 꼬리말

『염불보권문』. 1704년 경상좌도 예천 용문사 비구 명연(明衍)이 지었는데, 명연 스님에 대한 행장이 없어 자세한 개인사나 수행과정에 대해서는 알 수 없다. 다만 『염불보권문』에 짧은 소개글이 있다.

"용문산은 영남의 큰 땅일 뿐만 아니라 역시 한 나라의 명산이다. 이 산에 대사가 계시니 법명이 명연(明衍)인데, 이 세상에 드문 스님이다. 일찍이 정성으로 감로의 문으로 드시고 유유히 스스로 제호의 본성을 증득하셨으니, 선원(禪苑)의 목탁이고 교해(敎海)의 빈랑(檳榔)이시다. 여래가 말씀하시되 '이천오백 년 해가 지나 수마참법(須摩懺法)이 세상에 성행한다.' 하셨더니, 지금이 바로 그때로구나. 미타참경이 글이 넓고 뜻이 깊어 얕은 소견으로는 보기가 어려워 배우는 이가 아프게 여기더니, 대사가 이에 요람을 초록해서 한 권으로 모으고 '미타참절요'라 이름하니, 시방에서 선풍을 보게 되고 삼세의 권선들이 같은 배를 타게 되고, 진서와 언문이 함께 쓰였으니 칠부 대중이 모두 보게 되어 배우는 이에게 크게 공이 있게 되었으니, 비상한 사람이 아니었다면 어찌 이와 같을 수 있겠는가. 말이 많은 것은 대사가 취하는 바가 아니요. 다만 비상한 말만 책 끝에 기록하여 비상한 일을 보이셨으니, 오! 가상한 일이로다." 〈경기도 지평 용문산 해월당 상봉 정원대사 참경절요 발〉

이처럼 구체적인 행장이 없음에도 불구하고 엮은이는 스님을 '극락 간 사람들'에 반드시 넣어야 한다고 보아 스님이 쓴 책의 서문을 실었다. 서문에 보면 『선가귀감(禪家龜鑑)』을 지은 청허(淸虛)의 후예라고 하였다. 앞에서 보았지만, 서산대사 휴정은 우리나라 불교를 선문, 교문, 염불문 삼문으로 통합하였고, 제자들은 제각기 한 문을 택해 수행해 왔다. 앞에서 보았듯이 서산대사 법맥을 이은 많은 선승과 교학승들이 활동하였으나 염불문을 이어받아 발전시킨 후예는 보기 힘들었다. 그런데 명연이 서산대사의 정토문을 대중화시키기 위해 어려운 한문을 훈민정음으로 옮겨 책을 내게 된 것이다.

서문에서 언급했지만 조선 전기 염불문을 대표한 것은 『예염미타도량참법(禮念彌陁道場懺法)』이었다. 『예염미타도량참법』은 미타도량참법의 의식내용과 절차를 서술한 책인데, 1213년 금나라 왕자성(王子成)이 편찬한 것으로, ① 귀의 서방 삼보(歸依西方三寶), ② 결의생신(決疑生信) ③ 인교비증(引敎比證) ④ 왕생전록(往生傳錄) ⑤ 극락장엄(極樂莊嚴) ⑥ 예참죄장(禮懺

罪障) ⑦ 발보디심(發菩提心) ⑧ 발원왕생(發願往生) ⑨ 구생행문(求生行門) ⑩ 총위예불(總為禮佛) ⑪ 자경(自慶) ⑫ 보개회향(普皆迴向) ⑬ 촉루유통(囑累流通) 같은 13개 항목으로 되어 있다.47) 남희숙이 정리한 조선조 발행된 관계 서적은 다음과 같다.

① 『예념미타도량참법』해인사본 (1503, 연산군 9년)
② 『예념미타도량참법』전라도 청룡산사(1533, 중종 28년)
③ 『예념미타도량참법』황해도 석두사(1542, 중종 37년)
④ 『예념미타도량참법』경상도 비로사(1572, 선조 4년)
⑤ 『예념미타도량참법』전라도 송광사(1607, 선조 40년)
⑥ 『예념미타도량참법』경상도 장수불당(1610, 광해군 2년)

그러나 미타참은 한문으로 되어 있어 스님들이 의식집으로 쓸 수 있었지만 일반에 보급되기는 한계가 있었다. 그래서 조선 숙종30년(1704) 봄에 여러 경전에서 염불에 관한 좋은 글들을 뽑아 모아서 『명연집(明衍集)』을 내고, 다시 염불의 대중화를 위하여 훈민정음으로 번역하여 유포시킨 것이 명연의 『염불보권문(念佛普勸文)』이다.
『염불보권문』 출판은 많은 불자가 쉽게 정토와 염불을 접하고 수행하는 역할을 하였다는 점에서 엮은이는 한국 정토사에서 획을 긋는 사건이라고 본다. 실제 이 염불보권문은 많은 절에서 찍어내 일반화되었다.

1) 용문사본(1704) - 염불보권문의 국어학적 연구 영인(1) (1996)
2) 동화사본(1764) - 염불보권문의 국어학적 연구 영인(2)
3) 흥률사본(1765) - 국립중앙도서관(온라인 열람 가능), 홍문각 영인(1978).
4) 용문사본(1765) - 염불보권문의 국어학적 연구 영인(3)
5) 해인사본(1776) - 동화사본의 복각본이다.
6) 선운사본(1787) - 홍문각 영인(1978).

이 책이 나온 뒤 염불수행자는 물론 일반 법회의식에도 큰 영향을 주어 현재 천수경의 원류라는 주장도 있다.48)

47) 「禮念彌陀道場懺法」, 卍新續藏第 74 冊 No. 1467.
48) 정각은 여러 문헌에 나온 차례를 도표로 만들어 내용을 비교한 뒤 다음과 같은 결론을 내린다. "사실 앞의 도표를 개관해 보면 애초 『염불보권문』과 함께 『삼문직지』의 기본 틀을 바탕으로 거기에 『

이처럼 염불을 일반화시킨 명연 스님은 스스로 염불 수행을 열심히 했을 것이고, 그리고 수많은 염불인들을 극락으로 가서 태어나게 했으니 당연히 극락에 갔을 것이다. 엮은이가 스님의 행장을 모르고도 『극락 간 사람들(韓國往生傳)』에 주저 없이 넣은 까닭이다.

『염불보권문』
(동국대학교출판부, 2012)

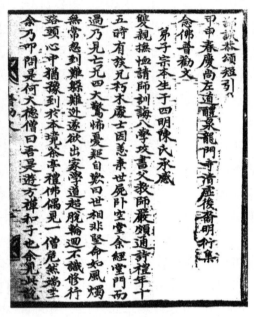

『염불보권문』(국립중앙도서관)

11. 1689~1749년, 살아서 보살행을 행하고 극락에 간 본원 보살

『염불보권문(念佛普勸文)』

운수단가가』 및 『현행법회예참의식』·『작법귀감』의 몇몇 항목이 추가되어 진 채, 『불가일용작법』과 『고왕관세음천수다라니경』·『천수경·불설고왕관세음경』·『석문의범』을 거쳐 『행자수지』, 즉 〈현행 「천수경」〉이 만들어진 것이 아닌가 추측한다." (정각, 『천수경 연구』, 운주사, 1996, 137~138.)

경상좌도 밀양에 사는 성은 현(玄)씨고 불명은 본원(本願)이라는 여인이 있었다.[49]

기사년[50] 12월 어느 날 마침 가사 불사 화주를 하는 스님이 시주를 청하였는데, 그녀는 갑자기 신심을 내 시주를 하게 되었다. 그랬더니 그날 밤 삼경(11~1시)에 저절로 자기 입에서 염불 소리가 나와 그 소리를 일상의 업으로 삼아 날마다 염불을 계속하였다. 추우나 더우나, 오가면서 밤과 낮이 길고 짧은지도 모르고 큰소리로 염불을 하였다.

하루 밤낮 3만 번씩 염불하며 36개월이 되는 신미년 12월 24일 밤 삼경에 염불하고 있는데, 이때 서쪽에서 오색 상서로운 구름이 일어 한가로이 날리면서 가까이 다가왔다. 악기 소리가 아스라이 들려 오며 아름다운 누각 가운데 3송이의 꽃이 있었다. 그리고 그 꽃 위에는 세분의 부처님이 계셨다.

현씨가 붇다를 우러러보자 붇다께서 말씀하셨다.

"네가 염불하기를 3년을 채웠고, 부처님을 뵙기를 발원하면서 간절히 수행하므로 내가 너의 앞에 나타나 너를 위하여 말하는 것이다. 어서 스승을 정하여 참회하고 출가하여 산으로 들어가거라. 너의 자손과 밭과 땅과 재물이 태산같이 많으나 모두가 허망한 것이니라."

현 씨는 그 말씀을 듣고 잊지 않고 믿고 받들어, 출가하여 계를 받은 지 27년이 되었다. 이처럼 염불하는 동안 25번이나 부처님을 뵈었고 법문을 들었다. 그는 하루 저녁에 서쪽을 향하여 50번씩 예배하며 일념으로 항상 염불하였다. 그러자 다른 사람들도 함께 그를 본받아 염불하게 되었고, 재가불자들도 하루 동안 입산 출가하여 초당에 머물면서 향을 사르고 연비를 하며 더욱 열심히 염불하면서 부처님의 원력으로 극락정토에 가서 태어날 것을 다짐하였다.

현 씨는 목숨을 마치려는 때 자손들을 모아놓고 유언을 하였다.

"나의 목숨은 오늘밖에 없다. 너희들은 모두 나의 말을 들어라. 나를 화장

---

49) 明衍, 『念佛普勸文』 해인사본, 1776, 마지막 간기 직전. 「玄氏行蹟」
50) 명연스님의 『명연집』이 1704년에 나왔으니 그보다 앞서는 기사년일 것이고, 아주 오래된 것이 아니라면, 책이 나오기 15년 전인 1689년(숙종 15년) 기사년이고, 해인사본이 1776년에 나왔으니 1749년일 것이다.

한 뒤 『염불을 널리 권하는 글(念佛普勸文)』을 책으로 내서 세상 사람들을 모두 극락정토로 이끌도록 해라. 나는 지금 부처님의 원력으로 마음이 즐겁기 짝이 없다. 나는 이제 서녘으로 돌아갈 것이다."

그때 그들 앞에 아미타불이 나타나 말씀하셨다.
"너희들 대중은 여러 경전의 부처님과 조사의 말씀을 믿고 받들어라. 무수한 방편을 설하였느니라. 이러한 까닭에 상근기와 중근기에는 정법(正法)과 상법(像法)이 견고하여 득도하지만, 하근기 말법시대에는 여러 문이 열려 있거나 혹은 닫혀 있기도 하느니라. 이 말법에 고통과 번뇌에서 벗어나고자 하는 사람들을 위하여 설하겠다. 이 시대에 일어나야 할 가장 적당한 수행은 정토문이니, 왕생을 구하며 염불하는 사람은 누구든지 극락세계에 왕생할 것이니라."

이때 현 씨는 특별히 막내아들인 각성에게 말하였다.
"너희들은 입산 출가하여 불도를 위하여야 할 것이며, 재물을 내어 판(板)에 새겨 『염불을 널리 권하는 글(念佛普勸文)』을 펴내 모든 노소 남녀 등에게 아미타불을 염할 것을 권하여라. 매일 이른 아침에 서쪽을 향하여 예불 삼배를 하고 다음에 40번씩 염불하는 자는 내가 가는 국토의 연꽃에 태어날 것이다."

각성은 어머니 현씨의 말씀을 듣고 받들어 봉행하여 『염불을 널리 권하는 글(念佛普勸文)51)』을 새로 새겨 합천 해인사 장경각에 유치하였다.
본원 비구니 현 씨는 73세에 극락에 가서 태어났다.

卍 보정의 꼬리말

이 이야기는 앞에서 본 명연(明衍) 스님이 낸 『명연집(明衍集)』(1704, 숙종

---

51) 『염불보권문(念佛普勸文)』 : 조선 숙종 30년(1704)에 경북 예천 용문사의 중 명연(明衍)이 만든 염불문. 여러 경전의 좋은 구절만 뽑아 만든 것으로 다시 훈민정음(한글)으로 번역하였다. 영조 52년(1776)에 간행되었다. 명연(明衍)스님은 행적을 자세히 알 수 없다. 다만 이러한 기록이 전해진다. 스님이 1704년(조선 숙종30년) 봄, 경북 예천 용문사에서 주석할 때 염불에 관한 글들을 모아 『명연집明衍集』이라 이름하고, 염불의 대중화를 위하여 유포하였다. 그 뒤 1764년 구월산 흥률사에서 간행하고, 1775년 해인사에서도 간행 유포하였다고 전하니, 조선 중기에 염불 수행이 대중화되었음을 짐작할 수 있다. 이 『명연집』 가운데 「염불보권문(念佛普勸文)」이 들어 있는데, 염불을 널리 권하는 글로써 정토를 염원하여 신심을 일으키도록 하였다.

30년 발행) 안에서 염불을 보급하기 위해 훈민정음으로 옮긴 「염불을 널리 권하는 글(念佛普勸文)」 속에 들어있는 글이다. 본원 보살이 염불을 열심히 하여 입에서 저절로 염불소리가 난 것은 이른 바 관세음보살의 이근원통으로 정토선에서는 자성염불이라고 한다. 본원 보살은 이 정도만 가지고도 극락에 가는 밑천(資糧)을 갖추었지만 출가하여 다시 27년을 닦아 상품상생 인연을 맺었고, 특히 「염불을 널리 권하는 글」을 법보시하는 보살행을 자식대까지 잇게 했으니 극락 상품에 가서 태어나는 것은 말릴 수 없는 증과라고 생각한다.

12. 1715년, 상서로운 빛이 100리 밖에서도 보인 도안 스님

숙종 41년(1715)
「월저도안선사비(月渚道安禪師碑)」 (『조선불교통사』)

월저당 영정(한국학중앙연구원)

글은 홍문관 대제학 이덕수(李德壽)가 지어 대흥사(大興寺)에 세웠다.

선사의 법명은 도안(道安)이요, 세속의 성은 유(劉) 씨이고, 평양(箕都) 사람이다. 아버지는 보인(輔仁)이요, 어머니는 김씨니 생년이 숭정 무인년(1638)이요, 죽은 해가 숙종 을미년(1715)이다. 세수가 78세이며 승랍은 69년이다. 처음 천신 장로(天信長老)에게 계를 받고 풍담(楓覃)을 예참하였으며, 서산대사의 밀전(密傳)을 얻었다. 갑진년(1604) 묘향산에 들어가 화엄의 대의를 강구하니, 세상에서 '화엄 종주'라고 불렀다. 항상 종풍을 드날려 법을 듣는 대중이 늘 수백 명이 넘었으니, 법회의 성대함은 근세에 없는 일이었다. 여러 대승경전을 펴내 절과 일반에 퍼뜨렸다.

정축(숙종 23년, 1697) 옥사에 억울하게 고발당했는데, 임금이 본래 그 이름을 듣고 있었기 때문에 특별히 명하여 놓아주었다. 이로부터 더욱 숨어 살았으나 그 이름은 크게 울려 온 나라를 흔들었다. 문을 바라보고 달려오는 자가 목말라 강물로 달려가는 것 같았다.

참으로 돌아가는 날(歸眞) 저녁에 상서로운 빛이 하늘을 비추어 100리 밖에서도 보지 못한 사람이 없었다. 다비하여 사리 3과를 얻었는데, 보현사 서쪽 기슭에 탑을 세우고, 또 기성(箕城) 해남사에 나누어 모셨다.

해남사 석법명(法明)은 스님의 으뜸 제자다. 나를 빈양(濱陽: 경기도 양근군)으로 찾아와 스님의 비문을 써달라고 하였다. … 줄임… 스님이 법을 전한 제자 추붕(秋鵬)이 일찍이 내게 말했었다. 선사는 경을 풀이할 때 작은 가닥에 얽매이지 않고 그 큰 뜻을 잘 통괄하였고, 제자백가에도 아울러 통하여 크든 작든 빠트리지 않았으니, 이것이 스님이 된 까닭이다.

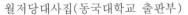

월저당대사집(동국대학교 출판부)

월저당 부도(한국학중앙연구원)

卍 보정의 꼬리말

도안 스님 비문 앞면에서도 임종 때의 장면을 쓰지 않고 다만 "상서로운 빛이 100리 밖에서만 보였다"라고 썼다. 그리고 비석 뒷면 내용도 줄인 것만 남아 있어 자세하게 밝히기 어렵다. 다만 상서로운 빛이 100리 밖에서도 보였다면 필시 아미따 붇다가 성인들과 함께 맞이하러 왔을 가능성이 크므로 여기에 기록을 남긴다.

13. 1724년, 아미따 삼존불 금칠하고 염불하다 극락 간 선사 무용당

경종 4년 (1724년)
영해약탄(影海若坦), 『무용당유고(無用堂遺稿)』「무용당대선사행장(無用堂大禪師行狀)」

무용당 대선사의 행장[52]

선사의 법명은 수연(秀演), 자는 무용(無用)이다. 멀고 가까운 승속이 모두 '무용'으로 집 이름(軒號)를 삼았기 때문에 그대로 호를 삼았다. 속성은 오 씨이고 용안(龍安) 사람이다.

고리(高麗) 태위문양공 연총(延寵)의 후손으로 집안이 끊이지 않고 조선까지 내려와 증조부 하몽(下蒙)은 통훈대부행정의(通訓大夫行旌義)와 무안 등에서 현감을 지냈고, 할아버지 응정(應鼎)은 통정대부(通政大夫) 행순천부사(行順天府使) 증가선대부(贈嘉善大夫) 한성 좌윤에 이르렀으며, 아버지 섬무(暹武)는 절행벽단첨사(節行碧團僉使)를 지냈다.

누런 무늬 큰 곤충 한 마리가 꿈틀거리며 공중에 올라가다가 조금 뒤에 다시 떨어져 방 주위를 몇 겹으로 에워싸는 꿈을 꾸고 선사를 배어 순치 8년(1651, 효종 2) 신묘년 3월 13일 경인 선사를 낳았다. 선사는 태어날 적에 특이하게도 체구가 깔끔하고 머리 끝이 우뚝 솟았으며, 어려서부터

---

52) 전라도 순천부 조계산 송광사에서 소장한 목판본을 불교기록문화유산아르카이브에서 옮긴 것을 바탕으로 (https://kabc.dongguk.edu) 다듬었다.

총명하고 말수가 적었다.

나이가 갓 여덟 살이 되었을 적 책과 역사를 읽기 시작하면서 한두 번 읽고는 곧바로 외웠으며 그 뜻을 남김없이 알아내었다. 아, 나이 13세에 느닷없이 부모를 여의고 오직 형을 의지하게 되었다. 그러나 곤궁하고 외로운 처지에서도 삼분오전(三墳五典)과 제자백가 등을 모두 모아 보면서 글귀를 뽑아 글이나 짓는 작태는 조금도 없었으므로 이로 인해 이름이 원근에 널리 퍼졌다.

나이 19세가 되자 덧없는 인생이 순식간임을 살피고 출가할 큰 뜻을 내었다. 그리하여 하루아침에 형에게 알리지도 않고 빠져나와 남쪽 길을 향하다가 우연히 조계산 송광사에 들어가서 혜관 노사(惠寬老師)에게 출가하였으며, 그 산 혜공(慧空) 대사에게 구족계를 받았다.

선사는 체격이 장대하고 얼굴이 방정하였으며, 가슴속이 시원하고 깨끗하여 남의 옳고 그름을 말하지 않았다. 그리고 오직 도(道)만 따르고 명리를 좋아하지 않으면서 문을 닫고 조용히 지내었다.

나이 22세가 되었을 적에 양사(養師)가 "예로부터 대도를 통하고 깊은 근원을 깨닫는 자는 선(禪)과 교(敎)를 함께 닦아야 한다고 했다. 그런데 선문에 전념한다면 이치상 옳겠는가?"라고 하는 말을 듣고는 바로 태도를 고쳤다. 처음에 침굉(枕肱)의 문하에 나아가서 한번 현음玄音을 듣고는 다시 일러 주지 않아도 통달하였으므로, 침굉이 "원돈(圓頓) 법계가 온전히 너에게 있다."라고 찬탄하였다. 다시 옷을 떨치고 백운산의 백운암에 들어가서 1년 동안 정혜(定慧)를 닦았다.

26세에 침굉의 부탁을 받고 조계 은적암으로 백암(栢庵)을 찾아갔는데, 백암이 한번 보고 크게 기특하게 여겨 문도에게 "이 사람은 옛 성현의 자리를 빼앗고 불법의 문을 활짝 열 것이다."라고 말하니, 문도가 모두 경외하였다. 선사가 이로 인해 여기에 주석하였는데, 경전을 가지고 토론할 때마다 의견이 합치되지 않은 적이 없었으며, 새로 깨닫게 되는 점도 더욱 많았다. 그래서 몇 년 사이에 장경을 모두 섭렵하고는 용문산으로 이주하여 다시 내관(內觀)을 닦았다.

경신년(1680, 숙종 6) 가을에 금화동 신불암(新佛庵)에 먼저 머물고 있던 선교를 공부하는 사람들이 매우 간절히 요청하자 선사가 그 인연에 응하였는데, 새로 참여한 자들이 또 많아서 그 장소가 비좁았으므로 본사 미타전(彌陀殿)으로 옮겼다.

또 임술년(1682, 숙종 8) 가을에는 선암사의 요청에 응하고, 계해년(1683, 숙종 9) 여름에는 또 송광사의 요청에 응하였다. 요청하는 사람들 많아질수록 자신의 일에 방해가 되자, 밤중에 희양산의 옛 거처인 백운암으로 몸을 피해 정혜 수행에 더욱 힘썼다.

또 이듬해 봄에는 팔영산 제칠봉 아래로 거처를 옮긴 뒤에 빈터를 하나 얻어 띠 풀을 베어서 지붕을 얹고는 선관(禪關)을 정밀히 닦아 슬기로운 깨달음이 더욱 빛났다. 병인년(1686, 숙종 12)에는 또 대중의 청을 어기기 어려워서 본사 능인전으로 옮겨 머물렀다.

무진년(1688, 숙종 14)에 조계로 가서 다시 백암을 뵙고 『화엄소초(華嚴疏鈔)』를 받아 자세히 탐구하고 깊은 뜻을 찾아내어 그 고갱이를 모두 터득하였다. 기사년(1689, 숙종 15) 봄에 백암이 징광사로 가서 『화엄연의(華嚴演義)』 및 『대명법수(大明法數)』·『간정기(刊定記)』·정토서(淨土書) 등을 펴내 사람과 하늘의 눈을 열어 주려 할 때 선사도 함께 그 일을 도왔다. 임신년(1692, 숙종 18) 봄에 선암사의 선오(禪伍)가 백암을 청하여 화엄회를 크게 베풀자 사부대중이 노루를 쫓듯 몰려갔는데 선사도 따라갔다. 그해 늦겨울에 백암이 지리산으로 거처를 옮기자 선사도 본사의 창파각(滄波閣)으로 거처를 옮겼는데, 그때 대중 숫자가 100명에 이르렀다. 갑술년(1694, 숙종 20) 봄에 요청에 응해 송광사 은적암에 머물렀다. 기묘년(1699, 숙종 25)에 요청을 받고 동리산으로 갔다.

경진년(1700, 숙종 26) 7월에 백암이 지리산 신흥사에 머물다가 입적하자, 선사가 부음을 듣고 달려가 소리내 울었다. 초 7일에 다비하고 나서 대중이 강석(講席)을 이어받기를 청했으나 선사가 겸양하며 거절하였는데, 대중이 더욱 간절히 청하자 비로소 문을 열도록 허락하였다. 이듬해 봄에 칠불암으로 갔는데 선승과 교학 승들이 더욱 많이 몰려왔다. 그래서 낮에는 강의하고 밤에는 참선하면서 남을 지도하고 자기를 다스리는 일을 밤낮으로 게을리 하지 않았다.

갑신년(1704, 숙종 30) 봄에 갑자기 대중을 물리치며 말하기를, "부질없이 혀를 놀리기보다는 마음을 기울여 염불하는 것이 낫지 않겠는가?"라고 하고는, 옷자락을 떨치고서 용문 은봉암에 거하였다. 이로부터 가르치기도 하고 그만두기도 하는 등 일정하게 따르는 기준이 전혀 없었는데, 학도가 추종하는 것이 마치 새들이 난새가 날아가는 대로 따라다니는 것과 같았다.

경인년(1710, 숙종 36) 봄에 산양(山陽) 개흥사에서 조계 옛 절로 돌아왔다. 그리고 날마다 소리내 읽고 외는 틈에 절 동쪽 시냇가에 손수 대를 쌓고 수석정이라는 정자를 세우고는 서문을 지어 그 이름을 해석하였는데, 간추리면 이렇다.

石堅而靜	돌은 단단하면 고요하니,
吾以欲存心而不動	내가 이를 통해 마음을 붙들어 흔들리지 않게 하려 함이요,
水流而淸	물은 흘러가면 맑으니,
吾以欲應物而無滯	내가 이를 통해 바깥 경계에 대하며 걸림이 없게 하고자 함이다.

이는 바로 어떤 상황을 맞닥뜨리든 간에 잡았다 놓았다 하며 걸림이 없이 바깥 경계를 대하는 도리로서, 선현들의 빛을 낮게 하고 후세 사람들에게 본보기가 될 만한 것이었다.

기해년(1719, 숙종 45) 봄에 호남과 영남의 여러 사찰에서 남의 스승이 되고 이름을 내걸 만한 자들이 3백명 넘게 대거 이곳에 모여 화엄과 선문에 대해서 강의해 주기를 청하니, 사양하기를, "나 자신이 바르지 못한데 어떻게 남을 바르게 하겠는가?"라고 하였다. 그러나 사양을 하면 할수록 더욱 열성으로 청하였으므로 법좌에 올라 불자를 휘두르며 심오한 뜻을 설파하는데, 높고 큰 가르침이 끝없이 서로 비치자 강회에 참석한 사람들이 모두 위엄에 눌려 업드렸으니, 이 어찌 비인(祕印)을 전해 받아 허리에 차고 임제 종풍을 크게 드날린 것이 아니겠는가.

아, 여름이 끝날 무렵 가볍게 아프셔 앉아 있기도 하고 누워 있기도 하였다. 겨울철 10월에 양공(良工)을 불러 아미따(彌陀) 삼존상에 금칠을 하게 하고는, 17일 병진일 오전 10시쯤 온마음을 다해 염불을 하다가 왼발을 오른쪽 무릎에 얹고 서거하니, 나이(報齡) 69세요, 하안거가 51세였다. 초칠일 임술일에 절의 백호(우측 산) 밖 오도치(悟道峙) 아래서 다비하였다. 장례식에 승속이 모두 모였으며, 장례식에 깃발이 이처럼 성대한 것은 일찍이 없던 일이었다. 불길이 바야흐로 일어날 때 갑자기 상서로운 구름이 피어나며 숲과 산의 색깔이 변하였으므로 보는 이들이 기이하게 여겼다.

이듬해 경자년(1720, 숙종 46) 봄에 문인 낭형(朗炯) 등이 돌을 쪼아 절의 백호 밖 고봉원(高峰原) 위에 탑을 세웠으니, 이곳은 바로 선사의 옆이었다.

당시 벼슬하는 인사로서 사귀지 않은 자가 드물었는데, 그 가운데서도 영상 이광좌(李光佐), 대사성 최창대(崔昌大), 참판 이진유(李眞儒), 교리 임상덕(林象德), 최양양(崔襄陽) 계옹(季翁), 김삼연(金三淵) 창흡(昌翕), 황순천(黃順天) 익재(益再) 등과 가장 친하게 지내었다.

참선하는 틈틈이 또 곧잘 게송을 읊고 글을 지은 것들이 많은데, 그 가운데 정요한 것만 몇 편 간추려서 판각하였다. 선사에게 수업을 받고서 각각 가죽(皮)과 살(肉)과 정수(髓)를 얻어 남의 스승이 되거나 바위굴 깊이 숨어 자기 한 몸을 선하게 하는 제자들이 또한 많은데, 그 이름은 여기에 번거롭게 나열하지 않는다.

소승 약탄(若坦 影海, 1668~1754)은 일찍부터 선사의 문지방을 드나들며 자주 귀한 말씀을 듣고 이 도에 들어올 줄을 안 자이니, 어느 것 하나도 선사께서 귀를 끌어당겨 일러 주시고 손바닥을 가리켜 보여주신 가르침 아닌 것이 없다. 그러고 보면 그 은혜는 천지와 같았고, 그 정은 골육보다도 더하였으니, 은정이 그러하다면 비록 금수라도 목숨을 바쳐서 그 덕에 보답하려 하지 않는 경우가 없을 것이다. 그래서 눈물을 훔치고는 세상 사람들이 모두 보고 들은 자료를 모아 간행하려 하면서 삼가 이 행장을 쓰는 바이다.

옹정 2년(1724, 영조 원년) 갑진 섣달 일

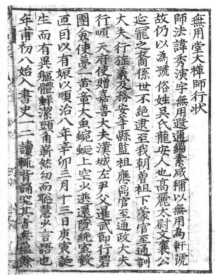

국립중앙도서관   국립중앙도서관

㊪ 보정의 꼬리말 - 화두 놓고 염불하세 (2)

무용 연수(無用秀演, 1651~1719)는 비문에서 보듯이 선과 교에 능통하여 임제종의 법통을 빛낸 선사였다. 그러나 스승인 백암당 성총과 마찬가지로 마지막으로는 결국 염불문을 선택하게 된다. 스승인 백암이 출가한 지 50년 만인 63세 때 염불하여 극락 가겠다는 뜻을 공개적으로 밝혔다면 무용은 19살에 출가하여 34년만인 1704년 모든 학인들을 물리치고 염불문에 들어가겠다는 결심을 공개적으로 선포했다.

행장에서는 임제종과 화엄을 강조하느라 그 뒤 어떻게 정토를 수련했는지 전혀 기록을 하지 않았지만, 목숨을 다할 때 아미따 삼존불에 금칠하게 하고, 그 삼존상을 바라보며 온 마음을 다해 염불하였으니 그동안 어떻게 정토 수행을 했는지는 쉽게 알 수 있다. 그리고 장례식 때 상서로운 구름이 숲과 산을 덮었으니 이는 아미따 붇다가 성인들과 더불어 맞이하여 극락에 간 것이다. 이보다 더 훌륭한 수행자의 삶이 어디 있겠는가!

한살이 동안 선과 화엄에 통달했지만 결국 생사를 벗어나지 못하고 육도를 윤회하게 될 것을 알아차린 무용 스님이 염불문을 골라 공개적으로 천명하고 남은 삶을 염불하여 극락으로 가서 아무런 거침이 없이 수행을 계속하려 한 것은 겸손한 선사만이 할 수 있는 슬기로운 선택이었다. 이는 스승에 이어 이른바 '화두 놓고 염불하세'를 실천하는 것이고, 세속에 견주어 말한다면 직장에서 월급받고 일하면서 연금 넣고 보험에 든 것처럼 탄탄한 설계를 한 것이다. 그리고 사미 때 염불 배우고 수많은 수행과 경전을 공부하다가 결국 다시 염불한다는 '도로아미따불'을 제대로 보여주는 것이다. '도로 아미따불'은 이처럼 깊은 도력에서 나오는 아름다운 결과이지 사전에서 나오는 것처럼 "애썼으나 결과가 없다"라는 뜻이 아니었다.

후학들도 선사들이 틈내서 휘갈긴 선시(禪詩) 해석하느라 시간 보내지 말고, 몇 십년 수행한 내공으로 거리낌 없이 염불을 골라 삼세의 생사 문제를 푼 고승들의 용기를 본받아야 한다.

14. 1741년, 30년 염불하다 가는 날 알리고
하늘의 빛과 함께 극락 간 환몽 대선사

영조 18, 1741년
「유명 조선국 환몽대사 비명과 머리말(有明朝鮮國幻夢大師碑銘幷序)」
『조선불교통사』

통정대부 이조참의지제교(吏曹參議知製敎) 조명교(曹明敎) 짓고 새김.

□□□□ 백년 이어지는 데 강토에 걱정스러운 일이 이루 말할 수 없을 만큼 많다. 내가 관서 관찰사로 있을 때 묘향산에 들어가 옛 절에 있는 서산대사의 진영을 보고 감개무량하여 그 뛰어난 모습을 흠모하니 마치 서로 만난듯하였다. 내가 화두를 들고 산의 승려에게 물었다.

"스님 가문의 서산조사는 물고기와 고기를 먹지 않고 왜적을 먹었다는데, 바른 진리(義諦)란 무엇인가?"

그런데 불행하게도 이 물음에 대답할 수 있는 사람이 없었다.
서산대사의 6세손인 굉활(宏闊)은 바야흐로 무리를 모아 안주의 은적암에서 경학을 강의한다고 들었다. 모르는 사이에 그를 '서방대종사(西方大宗師)'라고 칭하였다. 내가 바로 편지를 보내 급히 물으니 스님은 뛰어난 글을 지어 그것을 변론하니 그 글이 심히 기이하고 그 논이 심히 위대하였다.

군신(君臣)의 대의에 연모하여 귀의하고, 몸을 버려 순국하는 것을 상승법문으로 삼으며, 그 법의 고갱이는 자비로 두루 구제하는 인에 벗어나지 않는다. 연못에 달이 비치듯 서산대사의 심법을 받았다.

나와 함께 숨은 뜻을 논하였는데, 어느새 서로 감응하는 바가 있으니, 스님은 참으로 서산대사의 법을 이은 손자이다. 또한 내가 다른 학문을 하지만 마음을 아는 이라고 (비문을) 부탁한 것은 또한 허물이 되지 않았다.

스님은 신유년(1741) 12월 7일에 황주의 도관사(道觀寺)에서 입적하였다. 그의 제자 체인(體仁)이 행장을 가지고 천 리를 달려와 나에게 비문을 부탁하였다. 그 행장은 다음과 같다.

스님의 속성은 안(安) 씨로 밀성(密城) 사람이다. 아버지는 기준(機俊)이고 어머니는 노(魯) 씨다. 태어날 때 기이한 꿈을 꾸었다. 13세에 출가하여 추붕(秋鵬) 대사에게 경을 배우고 두루 남방의 여러 종사를 찾아뵈었다. 늦게 월저 도안(月渚道安)화상 문하에서 학업을 마쳤다.

그가 처음에 체득한 것은 추붕 대사로부터 얻은 것이 많았다. 스님이 뜻을 돈독히 하여 정진하니 법의 바다가 깊고 넓었다. 그러나 글을 쓰는 것을 즐겨 하지 않고 와서 묻는 자가 있으면 외거나 말할 뿐이었다. 말을 마치고는 단정히 앉아 1불 4보살을 염송하는데(念一佛四菩薩), 30년을 그렇게 하였다.

입적하기 며칠 전 미리 죽을 날을 말하고, 죽는 날에 이르러서는 상서로운 빛이 하늘을 밝혔다. 다비를 하니 영주 7과가 나왔고, 또 정골에서 사리 7과가 나왔다. 체인 등이 탑을 세워 이를 안치하였다. 스님의 세수는 62세였고, 당호는 환몽이라 하였다고 한다.

내가 유학을 배우는 사람으로서 불교의 이치를 잘 알지 못하나 선사의 수행 깊이는 진실로 세상의 여론으로 헤아릴 수 없다. 그러나 만약 홀로 서산의 심법을 얻어 중생으로서 충의의 길에 바쳐 국가가 평안하고 위급할 때 쓰임을 헤아린다면, 그 마음이 밝아지리니 어찌 업신여기겠는가. 내가 오직 이 한 가지 일을 발휘하여 부도의 기명을 쓰니 무릇 스님을 배우려 하는 자는 모두 다 반드시 이 뜻을 알아야 할 것이다. 명은 다음과 같다.

14알의 사리는
모두 서산 조사의 마음이다.
마음과 마음을 서로 전하고,
전한 이들 숲을 이루니
곧 남쪽 기운이 서쪽에 스며들었도다.
안개가 걷히고 연기가 가라앉누나.

승정 기원 후 두 번째 임술년(영조 18, 1742) 8월 일.

卍 보정의 꼬리말

① 1불 4보살을 염했고(念一佛四菩薩), ② 입적하기 며칠 전 미리 죽을 날을 알렸고, ③ 죽는 날에 이르러서는 상서로운 빛이 하늘을 밝혔다고 하였으나 조선시대 유학자의 기록이라는 점을 감안하면 극락 간 것이 확실하다고 하겠다.

15. 1743년, 서쪽 향해 돌아가니 상서로운 7가닥이 …, 명진 대사

영조 19년, 1743
「명진 대사 출세 통문(冥眞大師出世通文)」, 『용담집』

명진 대사가 세상을 뜬 일을 알리는 글(冥眞大師出世通文)

말씀드립니다.
올해 계해년(1743) 2월 12일 해시에 새로 열반하신 명진(冥眞) 대선사는 법호가 수일(守一)이고, 태인현(泰仁縣) 목욕동(沐浴洞) 사람입니다. 서산(西山) 대사를 법조로 하여 5세손이고, 월저(月渚) 화상 문하의 제자입니다. 속성은 서씨이고, 본관은 달성이며, 어머니는 완산 이씨로 인을 숭상하고 덕을 닦는 청신사 집안입니다.

나이 16세에 운주산(雲住山) 용장사(龍莊寺) 현각(玄覺) 장로께 (주역의) 규효(爻) 한 점을 던졌는데, 신령한 성품, 문장, 사유에 대중들이 탄복하였습니다.

19세에 보원(寶圓) 선사께 구족계를 받고 이로 인해 비밀스러운 종지를 받았으며, 25세에 이르러 온갖 전적들을 널리 봐서 3장을 환히 통하고는 남녘 선지식들을 두루 찾아다녔습니다. 그리고 월저 스님 곁에서 화엄의 깊은 종지를 얻었으니, 참다운 법의 집에서 다시 만나 크게 기꺼워한 부자의 정이었을 뿐입니다. 사방을 통달한 큰 안목은 검은 장막을 추켜올리고 찾아온 학인들을 받아야 마땅한데도, 작은 것을 얻은 것으로 만족하지 않고 오히려 자신은 상승의 세계에 도달하지 못했다고 걱정하며 소나무 사립을 닫고 조사의 뜻을 참구한 것이 40년이었습니다.

학자들이 무더기로 몰려들었지만 모두 뿌리쳐 돌려보내고는 금강산과 묘향산의 산수 사이에서 계곡물 마시고 솔잎 씹으면서 모든 인연을 단박에 끊고 자기 살리기를 죽을 때까지 하겠다고 특별히 뜻을 세웠습니다. 단전 아래 소식이 분명히 있었지만 참된 기틀이 누설될까 두려워 학자들이 물으면 늘 아직 이르지 못한 자라 자칭하면서 선정을 뽐내는 교만이 없었으니, 이것이 깨달은 바 없는 모습을 진실하게 나타낸 것일까요? 그의 언덕으로 건너간 자는 한 사람도 없었습니다. 한번은 배우는 이가 이렇게 물은 적이 있습니다.

"화장세계가 모든 곳에 두루 존재한다면, 현재 천당과 지옥은 마땅히 어느 곳에 있습니까?"
"회주(懷州) 소가 풀을 먹었는데, 익주 말이 배가 터졌구나."

또 물었습니다.
"이렇게 격식을 벗어나 서로 만났지만 진실로 단박에 들어가지 못했습니다. 다시 한 소리를 청합니다."
그러자 말씀하셨습니다.
"천하 사람들이 의원을 찾아 돼지 왼쪽 허벅지에다 뜸을 뜨네."

이로써 관찰해보건대 이와 같은 현묘한 뜻을 누가 알아챌 수 있겠습니까? 아! 대도의 인연이 다하였으니, 다른 세계에 베풀고 싶었던 걸까요? 짐짓 가볍게 아프더니 8일째 되던 날 시자를 불러 이렇게 말씀하셨습니다.
"내 몸을 좀 주물러 다오. 나는 이제 가야겠다."

그리고는 깨끗한 옷과 두건을 착용하고는 몸을 돌려 서쪽을 향하시더니 앉은 채로 가셨습니다. (그러자) 온몸에서 빛이 뿜어져 나와 상서로운 무늬 찬란한 빛 일곱 가닥이 허공에 가로질렀으니, 반야의 영험이 진실로 헛말이 아니었습니다.

3일 뒤 다비하여 백보 남짓 떨어진 반석 옆에서 정골 두 조각과 사리(靈珠) 2과를 얻었습니다. 눈부시게 찬란한 감색이라 대중들이 마음으로 기뻐하였으니, 누가 그러지 않고 누가 그러지 않겠습니까. 또 수많은 까마귀가 떼로 몰려들었다 다비한 지 7일 후에야 모두 흩어져 날아갔으니, 이것이 무슨 징조랍니까.

아, 신기할 따름입니다. 이와 같은 이적은 묻혀 버려서는 안 되기에 모든 산중의 여러 존자들께 두루 알립니다. 엎드려 바라오니, 속히 정토의 업을 닦아서 해탈이라는 큰 법의 바다로 함께 돌아가 일체 중생 세계를 널리 이롭게 하소서. 그리하신다면 천만다행이겠습니다.

명진 대사가 세상을 뜬 일을 알리는 글(冥眞大師出世通文) - 불교 기록문화유산 아카이브

卍 보정의 꼬리말

명진 대사는 깊이 수행했으나 대중들과 만나지 않았으므로 행장이나 글이 남아 있지 않다. 다만 용담 스님의 그릇을 알아보고 찾아와 법거량을 한 인연으로 용담 스님과 내왕을 했던 모양이다. 그런데 40년간 산문을 나서지 않고 수행에 전념한 명진 대사가 한편으로 염불 수행을 하여 마지막에

극락을 간 사실을 직접 본 용담 스님은 그 사실을 산중 여러 수행자들에게 꼭 알려야 하겠다고 생각하여 통지문을 보낸 것이 『용담집』에 남아 있다. 이때 용담스님은 43세로 나름대로 선교에 달통하여 원돈 법으로 총림을 확 뒤집어 놓고 있었다. 그러나 명진 대사가 극락 가는 것을 보고 모든 수행자들에게 공개적으로 "엎드려 바라오니, 속히 정토의 업을 닦아서 해탈이라는 큰 법의 바다로 함께 돌아가 일체중생 세계를 널리 이롭게 하소서"라고 염불법문에 대한 확신을 당당하게 드러내 보이고 있다.

용담 대화상 행장을 보면 명진 스님을 만난 것이 33세 이전이다. 그러므로 명진 스님과 10년쯤 오갔다고 보고, 이때 명진 스님으로부터 염불 법문을 이어받았으며, 43세에는 직접 기적적인 일을 접하고 이처럼 모든 수행자에게 정토법문을 권유하기에 이른 것이다.

16. 1750년, 면벽 좌선하다 염불하여 극락 간 설송당 연초 스님

영조 26년(1750)
「설송당 연초 대사 비문 및 머리말(雪松堂演初大師碑銘幷序)」
『조선불교통사』
진암(晉菴) 이천보(李天輔) 지음

옛적에 우리 5대조 월사공이 청허(淸虛) 대사의 비명을 짓고, 고조 백주공이 편양(鞭羊) 대사의 비명을 지었고. 종증조 정관공은 풍담(楓潭) 대사의 비명을 지었고, 종조 지촌공은 월담(月潭) 대사의 비명을 지었다. 청허에서 월담에 이르기까지 4대의 비문이 다 우리 가문의 4대에서 나왔으니 매우 기이한 일이다.

영남 스님 남붕(南鵬)이 나에게 스승 설송 대사 비석 글을 써달라고 부탁했는데, 대개 청허의 후예이다. (청허 이후) 2파로 나누어졌는데, 유정(惟政)·응상(應祥)·쌍언(雙彦, 1591~1658)·석제(釋霽)는 교파(敎派)이고, 언기(彦機)·의심(義諶)·설제(雪霽)·지안(志安)은 선파(禪派)이다. 스님(연초)은 처음에는 석제를 스승으로 섬겼으나 후에 지안을 참례하고 그 법을 모두 이어받으니 청허 계파가 스님에 이르러 비로소 하나로 합치게 되었다.

스님의 속성은 백씨이며, 호는 설송(雪松)으로 자인현(慈仁縣) 사람이다.

나이 13세에 운문사에서 머리를 깎았다. 외모가 청초하며 심성이 순하였고 불경에 두루 밝아 그 근원을 탐구하여 묘함을 다하였다. 단에 올라 강설하면 따르는 학도들이 모여들어 종사로 받들었다. 늙어서는 문도들을 물리치고 오로지 면벽 좌선하였다.

하루는 시자에게 차를 가져오라고 하여 차 한 잔을 마시고 임종게를 쓴 다음 염불을 하고 입적하였다(誦佛而化). 대사는 병진년(1676) 5월 1일에 태어나 경오년(1750) 5월 1일에 입적하였다. 나이

설송당(양산 통도사)

75세 법랍 63년이었다. 다비한 뒤 사리를 얻어 통도사와 운문사에 나누어 안치하였다. 나는 부도(浮屠)에 문자를 기록하는 것을 달가워하지 않았으나 스님에게는 5대에 걸친 우의가 있는데 어찌 가히 사양할 수 있겠는가. 드디어 명을 지었다.

정(定)은 혜(慧),
혜는 곧 정이니
선과 교를 (따로) 말하지 말라.
도에 동(動)과 정(靜) 없으니,
달이 물에 비치듯
서와 동으로 비출 뿐이니
오직 스님 마음 법만이
2문을 1종으로 아울렀다.

설송당 탑비(통도사 국가문화유산 포털)

설송당 탑 (통도사, 국가문화유산 포털)

卍 보정의 꼬리말

서산대사 이후 제자들이 교학과 선학으로 나뉘었으나 연초 스님이 이 두 가지 수행법을 하나로 합쳤다고 했다. 나이 들어서는 오로지 면벽 좌선을 하였다고 하였지만 결국은 마지막에는 염불에 의지하였다. 본문에서 송불하고 입적하였다(誦佛而化)는 기록은 참선을 강조하는 선사에게는 쓰지 않는 어법이며 염불을 했다는 것은 '나모아미따불'을 뜻한다.

좌선으로 깨닫지 못하면 다시 6도를 윤회하여 미래가 담보되지 않기 때문에 대부분 선사들이 염불이라는 보험에 들고, 마지막에는 퇴전 없이 정진하여 붇다를 이루는 극락으로 가는 길을 택한 것이다. 이것이 '도로 아미따불'이다.

17. 1762년, 젊어서 참선 · 간경해도 늙어서는 염불, 용담 대선사

영조 38년(1762)
「지리산 천은사 용담 대선사 행장(智異山泉隱寺龍潭大禪師行狀)」,
『조선불교통사』
『용담집(龍潭集)』, 불교 기록문화유산 아카이브
https://kabc.dongguk.edu/index
「용담조관대사 행장(龍潭慥冠大師行狀)」, 불교사(佛教社)『불교(佛教)』
제43호, 1927년.

문인 혜암 윤장이 짓다(門人 惠菴玧藏 撰)

화상의 법명은 조관(慥冠), 자는 무회(無懷), 용담은 그의 호이다. 속성은 김씨로 남원 사람이다. 어머니는 서씨인데 꿈에 한 마리 용이 승천하는 것을 보고 임신하였다. 강희 경진년(1700) 4월 8일에 태어났다. 생김새가 신령하게 빼어났고 기세가 높고 재빨랐다.

9세에 배우기 시작하여 눈으로 한 번 보면 모두 외우고, 15세 이전에 유학의 학업을 모두 마쳤다. 이 무렵 시문을 짓고 노는 곳에 들어가 날마다 일과로 삼으니 마을에서는 신동이라 불렀다.

16세에 아버지가 돌아가시자 3년 동안 피눈물을 흘리며 슬퍼하며 삼년상을 마친 뒤 세상이 덧없음을 보고 출가를 깊이 생각하였다.

19세에 출가하고자 어머님께 청하자, 모친은 말릴 수 없음을 알고 허락하였다. 마침내 감로사(현재 구례 천은사) 상흡(尙洽) 장로에게 나아가 머리 깎고 대허당(大虛堂) 취간(就侃) 대덕에게 구족계를 받았다. 고향 유생들이 이 말을 듣고 한숨 쉬며 이르기를, "호랑이가 빈 숲속에 들어갔으니 앞으로 큰 울부짖음이 있을 것이다"라고 하였다.

22세에 화엄사로 가서 처음으로 상월(霜月, 1687~1767) 대사를 뵈었다. 대사는 한눈에 그릇이 깊음을 알았다. 수년 동안 그 문하에 있다가 영호남의 20개 절을 두루 돌아다녔다. 참례한 유명한 스님으로는 영해(影海)·낙암(洛菴)·설봉(雪峯)·남악(南岳)·회암(晦庵)·호암(虎巖) 같은 여러 큰 화상이다. 선과 교는 신묘에 이르지 못함이 없어 이르는 곳마다 의심을 제거하니 이름이 크게 드러났다. 이를 가리켜 "사향노루가 봄날 산을 지나가면 향내를 덮기 어렵다"라고 하는 것이다. (대사는) 행각을 모두 마치고 오로지 (회광) 반조(返照)[53]를 자신의 업으로 삼고, 붓과 벼루를 돌 위에 깨서 없애버렸다.

견성암(見性庵)에서 『대승기신론』을 읽던 어느 날 밤 홀연히 모든 붇다의 가르침이 오로지 이것 하나에 있음을 깨닫고 신령한 마음이 훤히 열렸다. 날이 밝자 여러 경전을 손 가는 대로 잡고 살펴보니 과연 말들이 모두 한밤중에 깨달은 바와 같았다. 3일이 지나 꿈속에 신동이 나타나 책 1상자와 종이 10장을 높이 들어 화상에게 주었다. 종이에는 '진곡(震谷)'이라 쓰였는데, 그것은 그가 동방에서 크게 떨칠 것을 징험하는 뜻이다. 화상이 스스로 깨달은 후 더욱 (지혜가) 밝고 환해져 이에 휘장을 걷어 올리고 배우러 오는 이들을 받아들이는 것이 마땅하지만 작은 것을 얻는 데 만족해하지 않고 더욱 앞으로 나아갈 것을 구하였다.

호남에 명진당 수일(守一) 대사가 있었는데, 곧 월저의 첫째 제자로 종안

---

53) 회광반조(回光返照): '빛을 돌이켜 거꾸로 비춘다'라는 뜻으로, 선종(禪宗)에서 언어나 문자에 의존하지 않고 자기 마음 속의 본성(本性)을 직시하는 것을 뜻한다. 여기서는 참선을 업으로 삼았다는 뜻이다.

(宗眼)이 명백하고 사고가 높고 빼어나 말에는 울림이 있었고, 글에 날카로움을 간직한 분이었다. 스님은 그 말을 듣고서 빨리 가 뵙고 싶었는데 명진 (대사) 역시 스님의 기풍을 듣고는 먼저 대사를 찾아왔다. (명진)대사가 기뻐하며 말하기를, "마침 저의 숙원이었습니다." 하고는 이렇게 물었다.

"연화장은 모든 곳에 두루 있는데, 천당과 지옥은 어디 있습니까?"
노스님이 대답했다.
"회주 소가 풀을 먹었는데, 익주 말이 배가 터졌구나"

또 물었다.
"이렇게 격식을 넘어 서로 만났지만 단박에 진실로 들어가지 못했습니다. 다시 한마디 바꾸어 주시길 구합니다."
"천하 사람들이 의원을 찾아 돼지 왼쪽 허벅지에 뜸을 뜨네."
(용담?)스님은 여기서 그 깊은 뜻을 알아차리고 가슴속에 승복하였으니, 가히 신비한 의기가 서로 맞아떨어졌다고 할 수 있다.

33세에 곧바로 영원암으로 들어가 '원공(혜원)이 10년간 그림자도 산을 나서지 않겠다'라고 한 서원을 (스스로) 깊이 다짐하였다. 암자 동쪽 귀퉁이에 몸소 흙으로 움집을 만들고, 또 암자의 서쪽 기슭에 하나를 더 세워 가은암(佳隱庵)이라 하고 마칠 때까지 안식처로 삼았으며, 더욱 스스로 욕망을 눌러 이기는(克己) 공부에 힘썼다.
아! 검이 신령하면 빛을 내고, 과일이 익으면 향내가 날리듯 덕 있는 중과 고결한 선비들이 사방에서 다투어 찾아오니, 가히 해동의 절상회(折床會)[54]라 할 만하였다. 그러나 대사는 늘 스스로 낮추는 것을 기본으로 하였으므로 한결같이 거절하였다. 그 앞 5리가 안개 깔린 시장과 같이 붐볐으므로 끝내 해산하기 어려웠다. 무리가 어지럽게 섞여 있어도 스스로 깨달음의 문에 올랐으니 가히 없음(無)에서 깨달음을 이루었다고 하지 않을 수 있겠는가.

(스님은) 사람들이 이끄는 대로 좇다가 마침내 본래의 다짐을 이루지 못하고, 회문산(廻門山) 심원사(深源寺), 동락산 도림사, 지리산의 여러 암자를 두루 돌아다니며 교화하는 저잣거리를 널리 열었다. 『염송(拈頌)』을 가르쳐

---

54) 여회(如會, 744~823)가 마조도일에 거처할 때 찾아오는 무리가 많아 승당의 선상(禪床)이 부러졌다고 해서 상 부러진 모임(折床會)이라는 말이 생겼다.

고승(龍象)을 울타리에 가두고, 원돈(圓頓)법으로 총림을 확 뒤집어 놓은 것이 20년이 넘었다.

강단에 나아가 설법을 하면 소리가 웅장하게 파도치듯 하였고, 강설은 급히 흐르는 물처럼 거침없었으며 말씀 한마디 글귀 한 구절이 사람들에게 (수행의) 입지(立地)로 이끌게 하였다. (대사를) 뵌 자와 (대사의 말을) 들은 자는 마치 뼈가 바뀌고 내장을 씻은 듯하였다. 또한 경론 중에 다만 요점과 근본만을 밝혔고, 경전을 꾸미지 않았으며, 늘 방편만 숭상하는 것이야말로 쓸데없는 것을 받아들이는 것이라고 꾸짖었다.

기사년(1749) 겨울, 상월 화상으로부터 발우와 가사를 전해 받았고, 이를 앞뒤로 해서 5년간 옆에서 모셔 깨달은 바가 더욱 많았다.

신미년(1751) 봄, 대중에게 "52살이 되기까지 글자 공부만 했으니 어찌 부끄럽지 않겠는가?"라고 말하고, 마침내 게로 율시 한 수를 지었다.

强吐深懷報衆知 깊이 품은 업보 억지로 토해 대중에게 알리노니
講壇虛弄說玄奇 강단에서 거짓으로 놀리고 현묘하다 기이하다 설하였네
看經縱許年靑日 경전을 보는 것도 젊은 날에는 허락되겠지만
念佛偏宜髮白時 머리 희면 도리어 염불이 마땅하네.

生死若非憑聖力 생사를 성인의 힘에 기대지 아니하고
昇沉無計任渠持 떠올랐다 가라앉았다 버틸 수가 없지.
況復世間頗鬧鬧 하물며 또 세간이 자못 시끄러우니,
白雲幽谷有歸思 흰 구름 깊은 골짜기로 돌아갈 생각이네.

이런 게를 대중들에게 보이며 강의를 그만두었다.

무인년(1758) 여름, 문도들이 다시 강의 듣기를 청하였으므로 다시 대암(臺庵)에서 설법도량을 열었다가 이듬해 겨울 다시 거두면서 율시 한 수를 지었다.

閱經何歲月 경전 본 세월 그 얼마던가.
空費鬢邊春 귀밑머리 청춘만 헛되이 보냈네.

托病知人險 사람들 험한 것 알기에 병을 내세우고
藏縱厭世紛 세상 떠들썩한 것 싫어 자취 감춘다.
谷風時至友 골바람은 때맞춰 찾아온 벗
松月自來賓 소나무 달님은 저절로 오는 손님.
定中知己在 선정 속에 마음 알아주는 벗 있으니
於道喜相親 도에서 서로 사귐을 기뻐하노라.

대컨 앞뒤로 대중을 물리고 선정과 지혜를 고루 익힌 것이 자못 옛날 사람과 같았다.

스님의 외모는 크고 뛰어났으며, 성품과 도량이 바다처럼 넓었다. 일을 처리하는 데는 부드러웠고, 대중을 대하는 데는 너그러웠으며 거리낌이 없었다. (학인을 다룰 때) 쥐었다 폈다 하는 기틀의 변화는 누가 능히 헤아릴 수 있겠는가? 문하에 노니는 제자들이 있어도 그 담장 안을 엿보지 못했고, 무릇 승속 간에 찾아오는 이들은 물러 나오면서 감탄하며 "소문으로 듣는 것보다 직접 뵈니 곱절로 낫다"라고 하였다.

건륭 임오년(1762) 6월 27일 입적하니, 세수는 63세요 법랍은 44년이었다. 임종 때 시자에게 명하여 한 구절의 게송을 받아쓰게 하였다.

先登九品蓮臺上 9품 연꽃 자리에 먼저 올라
仰對彌陀舊主人 아미따불 옛 주인 우러러 뵈리라.

그리고 손수 마지막 부탁 글을 썼다.

"사람의 삶이 일어나고 사라짐은 긴 허공에서 구름이 일어나는 것과 같아 본디 실체가 없는 것이니, 어찌 실체가 아닌 것을 실체라 여겨 자신도 힘들고 남도 힘들게 하는 지경에 이르면 되겠는가? 길동무들에게 바라노니, 늙은 중과 이별하는 날 곧바로 다비하고 망령되이 부음을 전하여 번거롭게 사람들이 오가는 일이 없도록 하라. 비록 제자라고 이야기하는 자들이지만 너희가 성의를 보이지 않는다면 어떻게 전하여 가르치겠는가?
재(齋)라는 것은 동방의 법식이므로 법식을 따르지 않으면 시빗거리가 된다. 그러니 나눈 재는 놀랄 만큼 힘써 지내라. 길동무에게 바라노니, 초사흘을 시작으로 해서 쌀 몇 말로 10일간 이어서 미타불공(彌陀佛供)을 행하

라. 그래야 나눈 재(分齋)를 너무 아껴 지내는 폐단이 없게 될 것이다. 천 번 만 번 엎드려 바라노니, 이 가운데 만일 눈을 흘기며 어기고 거역하는 자가 있다면 곧 나의 문도가 아니니, 세세생생 어찌 대할 인연이 있겠는 가? 옛 조사들 가운데서도 강물에 몸을 던지고 개미 밥이 되었던 보기들 이 많았다. 각자 실체가 없는 것을 실체라 여기지 말고 오로지 염불에 전 념하여(專行念佛) 기댈 곳 없는 나를 구제하라."[55]

문인들 마지막 가르침을 한결같이 받들었다.

다비하는 날 밤 신비한 빛이 내원암 하늘에 두루 뻗치니 밖에 있던 사람 들이 먼저 보았다. 문인들이 5재(齋) 지내는 날 저녁에 5과의 사리를 거두 었으니 꿈에서 감응한 것이다. 나누어서 세 곳, 곧 머리를 깎은 곳인 감로 사(甘露寺), 오랫동안 노닐던 파근사(波根寺), 입적한 실상사(實相寺)에 탑을 세우고 나누어 모셨다.

또 스님께서 읊으신 가송(歌頌)이 몇 편 있었는데, 일찍이 흩어져 잃어버리 고 지금은 겨우 1백 수 남짓 얻어 펴냈다. 그러나 문장은 도인에게 그다 지 중요한 일이 아니라 무릇 청하는 이가 있으면 유의하지 않고 붓 가는 대로 휘갈겼는데, 형산 사람이 옥으로 까치를 쫓는 것 같았다. 그러므로 간혹 음률이 맞지 않은 것도 있었다.
도탑고 가득한 집에서 노닐어 문득 가히 엿볼 수가 없으며, 법의 바다에 잠겼다가 솟아오르는 것과 같으니, 몸을 굽혀 잘 살펴보아도 가히 헤아릴 수 없도다. 사실 보잘 것 없는 글재주로 쓸 수 있는 바가 아니지만, 영원 토록 전하기 위하여 간략하게 처음부터 끝까지 기록할 뿐이다.

무자년(1768) 8월 일에 문인 혜암 윤장(惠庵玩藏)이 삼가 쓰다.

---

55) 본디 「행장」에는 앞의 두 줄만 쓰고 줄였는데 『용담집(龍潭集)』「임종 맞아 곁에 있는 길동무들에 게 부탁하여 남기는 글(囑臨終在傍道友等遺文)」로 보충하였다. 〈人生起滅。如雲起長空。元無所實。何可 以不實爲實。至於自勞勞他之地。願道友。老僧相分之日。卽時闍維。傳訃「文」一字。編者補入。等事。不得妄爲 紛沓傳致。雖稱爲弟子云者。其爲無誠。則何以傳示乎。所謂齋事。東方之例也。如不依例。則不無是非之端。故 爲其分齋。極爲可駭。願道友等。自初三日爲始。以若干米斗。連行十日彌陁佛供。然後幸無分齋卑吝之弊。千萬 伏望。此中如有張目違拒者。則非吾徒也。世世生生。何有相對因緣乎。古祖師多有投水飼蟻之事。各勿以無實 爲實。而專行念佛。以救無依之物也。〉

권 보정의 긴 꼬리말 - 화두 놓고 염불하세 (3)

지금까지 대부분의 비문이나 무덤돌 글은 불자들이 쓰지 않고 이상할 정
도로 유학자들에게 부탁해서 쓴 글들이었다. 그러므로 극락 간 사람들의
평소 불교 수행이나 생사의 마지막 순간 일어난 현상에 대해서는 빼먹거
나 자세하지 않고 속세의 벼슬이나 본디 모습을 과장하여 묘사하는 현란
한 수사들만 가득 차 있어 옥석을 가리는 데 시간이 오래 걸렸다. 그러나
이 행장은 대사와 함께 수행한 법제자 혜암 윤장(惠庵玧藏)이 직접 쓴 비
문으로, 아주 이례적인 행장이므로 내용이 사실적이고 알차서 옮기고 읽는
동안 큰 감동으로 다가왔다.

본문에서 보았듯이 용담 스님(1700~1762)은 청허 휴정 → 편양 언기의
법맥을 잇는 고승으로 상월을 포함해서 세 분을 스승으로 모셨으며, 제자
인 혜암 윤장에게 법을 전했다. 선승이자 대강백으로 지리산 영원암, 벽송
사, 대암암, 화엄사 등에서 강학을 펼쳤다.

이처럼 20년 넘게 『염송(拈頌)』을 가르쳐 고승(龍象)을 울타리에 가두고,
원돈(圓頓)법으로 총림을 확 뒤집어 놓았던 용담 스님은 이미 "33세에 영
원암으로 들어가 '원공(혜원)이 10년간 그림자도 산을 나서지 않겠다'라고
한 서원을 (스스로) 깊이 다짐하였다."라고 하였다. 이는 이때 이미 선교와
함께 염불수행을 함께 하기 시작했다는 것을 뜻하고, 이런 결심은 당대 최
고의 선객이라고 보았던 명진 스님 영향이 컸으리라고 본다. 실제 이런 당
시의 수행법은 서산 대사의 삼문 일치 사상이 그대로 이어져 내려온 데서
그 흐름을 파악해야 할 것으로 본다.
그리고 20년 뒤 명진 스님이 극락으로 가시고, 27년 뒤 스승인 설송당 스
님이 염불하며 세상을 뜬 것을 본 용담 스님은 유명세에 밀려 세월을 보
내다가 52세가 되는 해에 발표한 게송에는 수행법에 큰 변화가 생겼다.
19세에 출가하여 33년 만에 새로운 출가를 결심한 것이다.

> 깊이 품은 업보 억지로 토해 대중에게 알리노니
> 강단에서 거짓으로 놀리고 현묘하다 기이하다 설하였네
> 경전을 보는 것도 젊은 날에는 허락되겠지만
> 머리 희면 도리어 염불이 마땅하네.

선과 교에서 신묘에 이를 정도로 못함이 없었고, 강설하면 찾아오는 무리가 많아 선상(禪床)이 부러질 정도라고 한 고승 대덕이 지난날 강설이 모두 거짓으로 놀린 것이라 고백하고 염불할 것을 공개적으로 선언한 것이다. 이는 예나 지금이나 쉬운 결정이 아니고, 결정했다고 해도 공개적으로 천명한다는 것은 극히 드문 일이다. 앞에서 백암당 성총(栢庵 性聰, 1631~1700)에 이어서 조선조에서 두 번째 보는 큰 사건이다.

그리고 완전히 깨우치지 못한 현실을 설명하고 앞으로 어떻게 하겠다는 길을 분명하게 밝힌다.

> 생사를 성인의 힘에 기대지 아니하고
> 변화무쌍 세상에 대책 없이 놔두면 어찌 되겠는가.
> 하물며 또 세간은 자못 시끄러우니,
> 흰 연꽃 깊은 골짜기로 돌아갈 생각이노라.

이는 이론이 아니라 본인이 실제 일생 치열하게 붙들고 늘어졌던 선 수행에서 궁극적인 깨달음을 얻지 못할 때 어떻게 해야 할 것인가 하는 대안을 솔직하게 내놓은 것이다. 그리고 대사 스스로 실제로 아미따불 염불을 했다는 것을 증명하는 마지막 게송이 있다.

> 9품 연꽃 자리에 먼저 올라
> 아미따불 옛 주인 우러러 마주하리라.

그리고 그에 대한 열매(證)가 행장에 잘 기록되어 있다.

> 다비하는 날 밤 신비한 빛이 내원암 하늘에 두루 뻗치니 밖에 있던 사람들이 먼저 보았다. 문인들이 5재(齋) 지내는 날 저녁에 5과의 사리를 거두었으니 꿈에서 감응한 것이다.

이처럼 '믿음(信) + 바람(願) + 염불(行) = 극락(證)'이라는 과정을 완벽하게 보여주는 '극락 간 이야기(往生記)'는 참 보기 힘들다. 이렇게 완전하게 극락 간 이야기를 염불보다는 참선이 더 뛰어나다고 보여주고 싶은 사람들은 그 장면을 이렇게 풀이하고 있다.

> 구품 연화대 먼저 올라 있을 테니

부디 미타 옛 부처와 마주 보게나
<u>이것은 항상 참선하라는 말이다. 부지런히 참선해서 뒷날 적멸궁에서 다시 만나자
는 당부 말씀이다.</u>
   (「남원김씨 최고의 인물, 용담선사 조관」 : 『불교』 43호, 1927, 인용)

「촉임종재방도인등유문(囑臨終在傍道人等遺文)」에서 마지막 가는 길을 지키
는 길동무(道友)들에게 두 번 세 번 간곡하게 "초사흘을 시작으로 해서 쌀
몇 말로 10일간 이어서 미타불공(彌陀佛供)을 행하라." "오로지 염불에 전
념하여(專行念佛) 기댈 곳 없는 나를 구제하라."라고 부탁한 것을 보면, 참
선이니 적멸궁이니 하는 해석이 얼마나 잘못 이해했는지 알 수 있다.
이처럼 용담 스님이 법석에서 간곡히 읊고, 마지막에 시자에게 글로 남겨
당부하였지만 겉멋에 빠진 불자들은 진심을 흘려보내고 억지로 끌어 붙이
면서 마치 스님의 말씀을 잘 받아들여 기리는 것으로 잘못 알고 있다.
그러나 한 고승의 삶과 수행을 제대로 이해하려면 '참선'만 빼어난 수행법
이라는 편견이 없이 그 고승이 어떻게 수행하고 어떻게 삶을 마무리해 가
는지 진실을 보려고 노력해야 한다. 용담 스님은 그가 지은 시에도 평소
정토를 준비하고 있었다는 것을 알 수 있다.

『미타경』을 써서 가져온 지 상인께 감사하며 드립니다(謝贈知上人書彌陁經
來)

    幸借吾師手(행차오사수) 다행히 우리 스님 손 빌려
    書來護念經(서래호념경) 『보살피는 경』을 써서 가져오셨네
    誦持應作佛(송지응작불) 지녀 외우면 마땅히 부처 되니
    他日豈忘情(타일기망정) 훗날 이 정을 어찌 잊으리오!

여기서 호념경(護念經)이란 『작은 아미따경』을 말하는 것으로 경 안에서
붇다가 말하는 경의 이름은 『모든 붇다가 보살피는 경(一切諸佛所護念經)』
이다. 그러므로 용담 스님이 이 경을 평소에 많이 염송하였고, 지니고 염
송하면 극락 가서 붇다가 된다는 굳은 믿음이 있다는 것을 보여주는 시다.
그리고 다른 스님이 이 경을 써서 선물한 것을 보면 용담 스님이 정토 수
행을 한다는 것이 주변에 이미 잘 알려져 있었다는 것을 뜻한다. 그리고
마지막에서 여러 제자들에게 길동무라고 하면서 도움염불(助念)을 부탁한
것도 인상적이다. 그리고 입적한 뒤에도 오로지 미타불공만 하여 염불에

전념해 달라고 신신당부하는 모습에서 첫째 어떤 경우도 도움염불이라도 받아 극락에서 가서 태어나겠다는 강력한 발원을 보여주고, 둘째 주변 사람들이 이 기회에 염불하여 모두 함께 극락에 가기를 바라는 깊은 뜻이 있다고 하겠다.

용담 스님도 한 생을 걸어 생전에 크게 깨우치려고 피나는 정진을 했지만 결국은 '보험'이 필요했고, '도로아미따불'을 실행해야 했다. 100만 명에 한 명 있을까 말까 한 극상근기 사람에나 맞는 수행법이 현실적인 대책이 아님을 깨닫는 데 백암당 성총 스님은 50년이 걸렸고, 무용스님은 34년이 걸렸으며, 용담 스님은 33년이 걸렸다. 용담 스님의 33년 수도가 가져다준 가장 큰 열매는 바로 지속 가능한 수행법을 발견한 것이었다. 극락은 편히 가서 쉬는 곳이 아니다. 싸하세계(娑婆世界)에서 수행하는 과목과 다를 바 없고, 깨달음을 얻겠다는 궁극적인 목표도 같다. 다만 '자못 시끄러운' 싸하세계에서는 6도 윤회를 멈출 수 없으니 미래가 담보되지 않고, 극락에 가면 6도로 다시 떨어지지 않는 아비니바르따니야(不退轉)56)가 확보되고 최상의 조건에서 끝내 깨달음을 얻게 되니, 극상근기에 들지 못한 범부에게 이보다 더한 목표가 어디 있겠는가! 그래서 즐거움만 있는 곳(極樂)이라 했고, 아무런 위험 없이 편안히 수행할 수 있는 곳(安養)이라 한 것이다.

이런 참된 길을 보여주신 성총 스님과 용담 스님의 뜻을 저버리고 50년간 헤맨 가시밭길을 기리며 다른 길로 가는 후학들은 마치 붇다가 6년 고행을 마치고 그 길은 가지 말라고 가운뎃길을 가르쳤는데, 일생을 고행만 따르고, 보지 말라는 '고행상(苦行像)'에 열심히 예불하는 안타까운 모습이나 마찬가지다.

현대판 성총·용담도 있다. 1994년 6월 1일, 불일회보(조계총림 송광사 발행) 특별초대석에 '수행승 중의 수행승, 월인(月印) 스님'(법랍 54세, 세속 나이 90세, 1999년 입적) 회견기에서 화두를 타파했지만 염불하는 까

---

56) 물러서지 않는 자리(avinivartanīya, 阿鞞跋致) : 산스크리트의 아비니바르따니야(avinivartanīya)는 아비니바르띤(avinivartin)의 복수 주격 형용사로 '뒤로 돌아가지 않는(not turning back)'(전쟁에서) 도망지지 않는(not fugitive)'다는 뜻이다. 한자로는 불퇴(不退), 불퇴위(不退位), 불퇴전(不退轉), 불퇴지(不退地)라고 옮긴다. 불도를 구하는 마음이 굳고 단단하여 나쁜 길(惡道)로 넘어가지 않는 것을 뜻하는 말로, 경전에서는 보디쌑뜨와(菩薩) 경지에서 다시는 물러서지 않고 반드시 붇다 되는 것이 결정되어 의심할 여지가 없는 자리(境地)라는 뜻으로 썼다. 꾸마라지바는 뜻으로 옮기지 않고 소리 나는 대로 아비발치(阿鞞跋致)라고 옮겼는데 6세기 음으로 apibuati(아삐봐띠)이기 때문에 avinivartin을 옮긴 것임을 알 수 있다. 그러나 본디 소리인 '아비니바르띤'과 너무 차이가 많이 나기 때문에 뜻으로 옮겼다. (서길수, 『모든 붇다가 보살피는 아미따경』 주석 참고)

닭을 설파하고 있고, 최근 함현 스님이 『머리 한 번 만져 보게나』(도솔천, 2022)를 펴내 '화두 놓고 염불하세'를 선언했다. 1970년대 출가해 해인사, 송광사, 백양사, 극락선원, 대승사, 동화사 등에서 정진하고, 조계종 종립선원 문경 봉암사 주지 소임도 맡았던 대표적인 선승의 '선언'이다.57)

■ 성인의 자취를 찾아 : 용담 스님 출가한 감로사(현 천은사)와 입적한 실상사

비문을 보면 ❶ 머리를 깎은 곳인 감로사(甘露寺), ❷ 오랫동안 노닐던 파근사(波根寺), ❸ 입적한 실상사(實相寺)에 탑을 세우고 나누어 모셨다.

❶ 머리를 깎은 곳인 감로사(甘露寺, 현 구례 천은사)

2022년 5월 4일 답사. 극락 갈 준비를 하고 계시는 은산 스님(『극락 가는 사람들』 568쪽)의 안내를 받았다.
천은사 안내문을 보면 현재의 모습은 1773년 불타버린 것을 혜암 선사가 다시 세운 것이다. 혜암은 바로 용담 스님의 행장을 쓴 상수 제자이다.
혜암은 본전을 극락보전으로 해서 아미따 삼존불을 모시고 절 입구 사천왕각으로 올라가는 계단도 아미따불의 48가지 큰 바람(大願)을 뜻하는 48계단으로 만들었다.

구례 천은사 求禮 泉隱寺
전라남도 문화재자료 제35호

천은사는 신라 흥덕왕 3년(828)에 서역에서 온 인도 승려 덕운(德雲) 조사가 창건하였다. 병든 사람을 샘물(甘泉)로 치료하였다 하여 감로사라고도 불렀다. 신라 말 도선 국사와 고려 중엽 보조 국사가 중건했다는 기록이 있다. 고려 충렬왕(1274~1308년)이 '남방 제일 선찰(南方第一禪刹)'이라고 사격(寺格)을 높여 선승들이 큰 숲을 이루었다고 한다. 그러나 임진왜란 때 불타 버렸고 이후 광해군 2년(1610)에 혜정(惠淨) 선사가 중건하였다. 숙종 5년(1679)에 조유(祖裕) 선사가 중수하면서 절 이름을 감로사(甘露寺)에서 '샘이 숨었다'는 뜻을 가진 천은사로 바꾸었다.
영조 49년(1773)에 큰불이 나서 여러 건물이 타 버렸으나 수도암에 주거하던 혜암(慧菴) 선사가 주도하여 당시 남원 부사 이경윤(李敬倫)과 산내 암자, 신심 단월 등과 힘을 모아 2년여에 걸쳐 현재 사찰의 모습으로 중수하였다.

현재 절은 1773년 혜암이 중수하였다.　　　엮은이와 은산 스님(서민선 찍음)

57) 『법보신문』 2022.05.17. 「전 봉암사 주지 함현 스님 "나는 이제 정토행자"」, http://www.beopbo.com/news/articleView.html?idxno=309464

감로사(천은사) 극락보전   감로사 사천왕 입구 48계단

일주문 옆에 있는 부도지에 「용담대화상 사리탑」이라는 비가 있고, 그 뒤에 「용담당(龍潭堂)」이라는 스님의 집 이름(堂號)가 새겨진 쇠 종(鐘) 꼴의 탑이 있다. 사리를 살았던 집에 모신다는 개념이다.

비 뒷면을 보면 명나라 연호인 "숭정(崇禎) 기원 후 임오년 10월"에 세웠다고 했다. 1636년 후금의 태종이 청나라라고 이름을 바꾸고 조선에 쳐들어와 1637년 조선이 항복한 뒤 같은 해 명나라 연호 사용을 폐지했다. 그러나 이 비문에서는 125년 뒤인 1762년까지도 명나라 연호를 쓰고 있다는 것을 알 수 있다.

용담대화상 사리탑비   용담당 사리탑(천은사 은산스님
(숭정 임오 1762)   찍음, 2022.4.28)

『용담집』동국대출판부『龍潭集』(한국학중앙연구원)

❷ 오랫동안 노닐던 파근사(波根寺)

　파근사는 현재 없어졌으나 파근사 터로 추정되는 절터가 보존되어 있다. 현재 남아 있는 사리탑 가운데 혜암당(惠庵堂)이라 쓰인 탑이 있어 파근사로 보고 있다. 혜암은 바로 용담 스님 행장을 쓴 제자로 천은사를 지금의 모습으로 중창한 스님이다. 아마 용담 스님과 마찬가지로 파근사에서 오래 머물렀고, 파근사에서 입적한 것으로 볼 수 있다. 용담 스님의 행장 내용이나 천은사를 극락보전과 48원을 담은 계단으로 꾸민 것을 보면 혜암 스님도 극락에 갔을 것이 틀림없다고 보지만 기록이 전혀 남지 않아 따로 자리를 마련하지 않았다. 다만 천은사를 오늘의 모습으로 중창한 스님의 사리탑이 깨져 뒹구는 모습을 보며 허무를 느낀다.58)

58) * 위 사진을 초용섭의 〈지리산이야기〉〈45〉「파근사(波根寺) 옛 절터를 찾아서」(
　　『한국농어민신문』 3268호(2021.01.29.). 아래 사진은 블로그「지리산」
　　https://blog.naver.com/iammarx/221826114328 파근사

파근사 터에 남은 혜암당 사리
탑『惠庵堂』

실상사 용담대화상 탑

극락전 뒤 바깥담 넘어 용담 스님 탑이 있다.

❸ 입적한 실상사(實相寺)

실상사 「용담대화상탑」은 극락전 뒤에 있지만, 담으로 막혀 있어 정문으로
나가서 빙 돌아 찬찬히 찾아보아야 이를 수 있다.

18. 1774년, 다비할 때 내쏘는 빛이 뭇 사람 눈에 비치니, 추파당

영조 50년(1774)
추파당대사 탑비기(秋波堂大師塔碑記)
경남 산청군 산청읍 웅석봉로 495(내리 산158) 심적사(경남도 유형문화재)

■ 추파당 대사 탑비에 새긴 글(秋波堂大師塔碑記)

「고개의 남쪽(嶺南)에 이름난 승려들이 많은데 유독 회당(晦堂) 문하가 매우 성하다. 회당은 나의 돌아가신 아버님께서 가까이 대하고 알아주셨고, 아버님께서 한결같이 늘 그를 칭찬하셨다. 뛰어난 제자가 있어 한암당(寒巖堂)이니, 회당은 곧 (추파) 대사 스승의 스승이다.

스님은 숙종 무술년(1718) 5월 20일에 나서 지금 임금 갑오년(영조 50년, 1774) 5월 13일에 생을 마쳤다. 성은 이씨, 법명은 홍유이며, 본은 완산이다.
스님은 사물의 근본을 아는 학문과 깊고 넓은 재주를 겸했으니 가르침을 받아 마루에 오른 사람만 해도 지금 열넷이나 되니 어찌 그리 성대한가.
죽음에 맞이해서도 두려운 마음(怛意) 없었으니 (임종)게를 보면 알 수 있고, 다비할 때 내쏘는 빛이 뭇 사람 눈에 비치니 꾸밈이 아니다(闍維射光十目不誣). 또 입적(示寂)한 해와 달이 회당(晦堂)과 똑같으니 더욱 기이하다.
지난날 돌아가신 아버님이 회당의 비문에 새긴 글을 지었으니 내가 어찌 사양하겠는가. 이에 기문을 쓴다.

숭정 기원 뒤 세 번째 병신년(1776) 3월 일
풍성군(豊城君) 조재득(趙載得) 글을 짓고
남원부사(南原府使) 서무수(徐懋修) 쓰다.

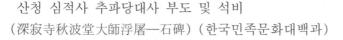

산청 심적사 추파당대사 부도 및 석비
(深寂寺秋波堂大師浮屠—石碑) (한국민족문화대백과)　　「추파당대사 탑비기」

■ 「추파집 후서」, 『추파집』권3.

임제하 32세 추파(秋波) 홍유(泓宥) 공은 나와 사이가 좋았는데 일찍이 같은 산에서 살았다. 어쩌다 길에서 만나기라도 하면 은근하게 대하며 이야기를 나누었는데 학식이 넓고 깊어 내가 참으로 공경하고 어려워하였다. 갑자기 서둘러 떠나니 늘그막에 좋은 벗을 잃고 말았다. 생을 마친 지 10년이 채 못되어 문인 관식(慣式)이 탑과 비석을 세우고 진영을 조성하였으며, 문집 작업을 마쳤다.

또 나에게 책의 끝에 붙일 말을 채워달라고 부탁하였다. 이에 옛적 서로의 우의를 생각하고 슬프고 또 그리운 나머지 그릇되지나 않을까 하여 사양하였으나, 삼가 소매 속에 갖고 온 초고에 의하여 글을 쓴다.

우리 선조대왕 때 부휴(浮休) 선수(善修) 공이 있었고, 부휴의 문하에서 벽암 각성(覺性)이 나왔으며, 벽암의 문하에서 모운 진언(暮雲 震言)이 나오고, 그 아래 보광 원민(葆光 圓旻)·회당 정혜(晦堂 定慧)·한암 성안(寒巖 性岸)이 배출되니, 추파는 곧 한암의 훌륭한 제자이다. 추파는 처음에는 용담 조관(龍潭慥冠)에게서 공부하였다.

용담이 하루는 일하다가 말하였다.

"너는 훌륭한 이들이 투자(投子) 스님을 찾아 세 번이나 산에 오르고 아홉 번이나 동산(洞山) 스님을 찾아 나섰다."라는 옛이야기를 듣지 못하였는가. 화엄경의 선재동자는 53명의 선지식을 찾아다녔는데 선재의 스승이 아닌 이가 없었다. 너는 이곳에서 머물지 말고 두루 참례하고 다니는 것이 좋겠다."

추파 스님은 이 말을 따라 두루 훌륭한 스승을 찾아다니다가 마지막에 한암(寒巖)의 문하에 들어가 그의 법을 잇고 옷과 발우를 전해 받았다. 추파는 종사(宗師)가 되어서는 거의 30년 남짓 찾아오는 납자를 받아 가르쳤으나 뜻이 말 밖에(言之表) 있었기에 늘 경전 강의에만 빠져 살며 선정을 닦는 업(定業)에 전념하지 못함을 개탄하였다. 문집에 있는 스님의 임종게를 보면 연꽃나라(蓮國)에 가 태어났음을 알 수 있으리라.

스님은 숙종 무술년(1718) 5월 20일 광주(廣州) 묵동(墨洞)에서 태어났으며, 본관은 완산(完山) 이씨로 조상은 유력 가문이었다. 영조 갑오년(1774) 5월 13일에 돌아가셨다. 추파집의 글이 건실하고 단아하니 많은 사람들이 보고 싶어 했는데 종이가 귀해졌다. 공의 심정으로 미루어보건대, 비록 오랜 세월 동안 곁에서 모신 사람일지라도 나만큼 알지 못하리니, 나는 스님의 타고난 성품이 '곧고 공손하였다(直愨)'는 두 글자를 꼭 말하리라.

성상(정조) 4년 경자년(1780) 9월 가야운인(伽倻雲人) 유기(有璣)가 쓰다.

■ 임종게(臨終偈) (『추파집』 권1)

衲子平生慷慨志(납자평생강개지) · 납자 평생의 의분과 결기로
時時竪起般若刀(시시견기반야도) · 때마다 슬기의 검을 곧추세워라.
好從一念彌陀佛(호종일념미타불) · 한결같이 아미따불 염불 잘 따르면
直往西方極樂橋(직왕서방극락교) · 서녘 극락의 다리 곧장 건너리라.

「임종게」 (국립중앙도서관)　　　　『추파집』 (국립중앙도서관)

卍 보정의 꼬리말

추파 홍유(1718~1774)시 처음에는 용담 조관(慥冠)에게 배웠으므로 삼문을 아울러 공부하면서 염불문을 공부했으리라는 것은 쉽게 알 수 있다. 그러나 스승의 추천에 따라 여러 선지식을 찾아다니며 선종과 교종을 두루 통하였으나 마지막에는 결국 나모아미따불 염불법문으로 돌아왔으니 추파도 '도로아미따불'을 실행한 본보기라고 할 수 있다.

추파 홍유는 임종게로 보나 탑비에 새긴 글을 보나 극락 간 사실이 뚜렷하다.

19. 1790년, 하루 1만 번 10년 염불하고 극락 간 화엄 대가 설파당

정조 14년(1790년)
「설파 대사 비문(雪坡大師碑銘)」『조선불교통사』
『번암선생집(樊巖先生集)』권 57 「雪坡大師碑銘(并序)」

이 글은 정조 20년 병진년(1796) 대광보국숭록대부(大匡輔國崇祿大夫) 원임의정부영의정(原任議政府領議政) 겸 영경연 홍문관 · 예문관 · 춘추관 관상감사검교(領經筵弘文館藝文館 春秋館觀象監事檢校) 규장각제학(奎章閣提學) 번암(樊巖) 채제공(蔡濟恭)이 짓고 썼다.

내가 일로 인해 마침 성문 밖을 나가게 되었는데 해진 옷을 입은 어떤 스님께서 '물럿거라(呵道)' 소리를 듣지 못한 듯 갑자기 검은 옷을 입은 채 앞에 엎드렸다. 그 차림새를 보니 고민이 있어 급한 것 같았다. 나는 괴이하게 여겨 물었다. "무엇 하는 사람인가?"

"소승은 호남 사문 성연이라 합니다. 법사 설파 화상을 위하여 대인께 한 말씀 얻어 거듭 시방 중생들에게 알리고자 합니다. (그런데) 국가의 금령이 있어서 소승은 도성에 들어갈 수 없으며, 재상의 가문에도 사정을 전할 수 없었습니다. 성 밖 객점에서 먹을 것 빌고, 여름 지나 가을 되고, 가을 지나 겨울 되어 조석 간에 쓰러져 죽더라도 소원을 이루지 못하면 죽어도 돌아가지 않을 것입니다."

나는 그 성의에 저절로 감동하여 그들이 지은 행장을 올리도록 하였다. 그 행장은 다음과 같다.

대사의 법명은 상언(尙彦)이며, 호남의 무장현(茂長縣) 사람으로 우리나라 조정 효령대군 11세손이다. 아버지는 태영(泰英)이며 어머니는 파평 윤씨이다. 일찍이 부모를 여의고 집안이 매우 가난하여 스스로 생활할 수 없었다.
나이 19세에 선운사에 몸을 맡겨 희섬(希暹) 장로에게 머리를 깎았으며, 연봉(蓮峯)과 호암(虎巖) 두 화상에게서 게(偈)를 받았다. 또한 회암(晦菴) 스님에게 배웠다. 선종의 계보로 말하면, 스님은 서산의 7세손이며 환성(喚醒)의 손자뻘이 된다. 33세에 대중들의 간절한 청으로 용추판전(龍秋板

殿) 강좌에 올랐다.

스님은 어릴 때부터 무척 총명하였으며, 이름 있는 스승을 찾아 예를 올리고 3승 5교에 대한 말씀이 떨어지자마자 곧 깨달아 묘하게 들어맞고 신기하게 이해하였다.

화엄에 더욱 돈독하여 반복하기를 헤아릴 수 없을 만큼 많이 하고, 강송하면 가릉빈가가 한차례 지저귀는 것 같았다. 마침내 그 잘못된 것은 바로잡아 그 귀의를 하나로 하여 근세의 어리석은 사람들이 꿈 이야기 같은 견해를 씻어냈다. 배움을 원하는 자가 나날이 떼지어 모여들었고, 각자에게 뛰어난 깨달음의 길을 보였는데, 그 설법이 끊임없이 이어졌다.

옛날에 청량 대사께서 소과(疏科) 10권을 찬술한 것이 있는데, 그 뜻이 많이 숨겨져 있어 책을 풀어 밝히려는 자들이 어렵게 여겼다. 대사가 한 번 보고 방점으로 표시하여 소(疏)라 하고 과(科)라 하니 각기 주(主)된 바가 있어 마치 나그네가 돌아갈 것을 얻은 것 같았다.

조금 있다가 승제(勝濟), 부영(扶穎) 등이 대사에게 아뢰기를, "큰 경을 베낀 것 가운데 인용한 것에 잘못되고 쓸데없는 것이 없지 않습니다. 어찌 해인사로 옮겨가서 여러 판본을 고증하여 같고 다름을 보완하지 않습니까?"라고 하였다. 그러자 대사가 그곳에 가서 머물면서 자세히 고증하고 교정하여 이내 마쳤다. 이로부터 금강산에 간 것이 두 번이요, 묘향산에 간 것은 한 번이며, 두류산에서는 늘 면벽(좌선)을 하였다.

경인년(1770)에 징광사(澄光寺)에 불이 나서 간직하고 있던 80권 화엄경 경판이 모두 타버렸다. 대사가 한숨 쉬며 말하기를, "여기에 마음을 다하지 않는다면 감히 여래께 예배할 수 있겠는가?"하고 재물을 모으고 다시 판각하였는데, 사람과 하늘이 도와 봄에 시작하여 여름에 마쳤다.

분명하지 않은 부분은 오직 대사의 구송(口誦)에 의지하였다. 경판이 완성되자 영각사 옆에 각(장판각)을 새로 세우고 보관하였다. 그 며칠 전에 호랑이가 울부짖고, 또 승려의 꿈에 신인이 나타나 아뢰어 말하기를, "여기는 여래 대장경을 소장할 만하다"라고 하였다. 바야흐로 경판을 장판각에 봉안할 때, 서광이 하늘에 서렸는데 모인 사람들이 다 기이하게 여겼으나 대사는 이를 보고 우연일 뿐이라고 하였다.

이후에 영각사(靈覺寺)에 머물렀는데, 하루는 절 주지에게 이르기를, "절을 옮겨 짓지 않으면 반드시 물에 무너질 것인데 어찌 대책을 세우지 않는가?"라고 하였다. 얼마 있다가 큰물이 져서 절이 과연 무너지고 승려들도 함께 빠져 죽었다. 그제야 대중들이 그 신통함에 감복하였다.

늘어서 영원사(靈源寺)에 들어갔는데 죽을 각오를 하고 염불로써 일과를 삼으니, 하루에 1,000번씩 염불하는 것을 10번 되풀이하였는데 10년 넘게 하였다. 경술년(1790)에 가벼운 병세가 보이더니 신해년(1791) 정월 3일에 기쁜 낯으로 입적하시니, 세수가 85세요 승랍이 66년이었다. 이날 제자 27명이 열반을 받드니, 여러 대덕들이 서둘러 와서 통곡하였고 비록 하계의 중생들이지만 또한 서로 알리며 탄식하지 않는 이가 없었다.

스님이 일찍이 근세에 화장하여 사리가 나오는 것을 논하며 마음에 달가워하지 않으셨는데, 열반하자 상서로운 빛이 7일 밤을 끊이지 않았으나, 끝까지 하나의 사리로도 영험을 나타내지 않았다.

붇다의 이치를 살펴보면, '유(존재)'는 진실로 애초에 없음이 되지 않음이 아니고, 무(無)도 또한 애초에 있음이 되지 않음이 아니다. 있으나 없다고 이르는 것이 가하며, 없으나 있다고 하는 것 또한 가하지 않음이 없다. 참된 있음(眞有)과 참된 없음(眞無)을 또 누가 능히 분별하겠는가? 여러 제자가 그 정성을 붙일 곳이 없어 영원사에 탑을 세웠다. 선운사 스님 또한 그렇게 하니, 이것은 옛날 머리 깎았던 때를 잊지 못한 것이었다.

슬프다! 대사를 한마디로 말하면 화엄의 충신이시다. 성연(聖淵) 또한 스님의 충신과도 같아 섬기는 대상에 마음을 다하는 것은 유교나 불교나 일찍이 다르지 않다. 내가 글(銘)을 짓지 않는다면 어떻게 1천 집의 후인들에게 권선하겠는가!
이에 글을 짓는다. 글은 다음과 같다.

佛有華嚴 正法眼藏　불법에 『화엄경』이 있으니 정법안장이라
誰其抱持 雪坡心長　누가 품어 가질까 설파가 마음 길렀네.
鬱攸何物 敢爾跳踉　막는 자 어떤 놈이기에 감히 날뛰는가
移諸腹笥 登彼文梓　뱃속 상자에 옮겼다 저 책판에 올렸도다.

如來色笑 曰余嘉爾　여래 웃으며 가로되 "너 참 갸륵하구나".
雪坡功德 我聞如是　설파의 공덕 나는 이렇게 들었노라.

번암집(민족문화대백과)

함양 영원사 부도군(왼쪽이 설파당 탑)
(국가문화유산포털 문화재 검색)

고창 선운사 설파당 탑 (블로그 산들愛길)

卍 보정의 꼬리말

3승 5교를 통달하고, 화엄을 꿰뚫었으며, 두류산에서 늘 면벽 좌선했던 설파 대사가 말년에는 영원사에 들어가 죽을 각오를 하고 하루 10,000 염불을 10년 동안 이어가 극락 가는 씨앗을 심고, 기쁜 낯으로 입적하니 상서로운 빛이 7일 밤을 끊이지 않았다. 어찌 사리 몇 알 남겨 신주단지 모시는 듯한 선사들과 극락에 가서 물러섬이 없이 끝내 붇다가 되는 것과 견줄 수가 있겠는가? 아, '도로 아미따불'이 얼마나 슬기롭고 값진 깨달음인가!

사실 추파당 스님이 화엄의 정법안장을 이었다고 하는데 화엄경에서 보현보살의 바램(行願)과 관련하여 아미따 정토에 가서 태어나도록 여러 번 권하고 있다. 「보현행원품」 제40에서 보현보살의 10가지 바램을 낱낱이 말하고 난 뒤 마지막에 이렇게 마무리한다.

"목숨이 다할 때 6가지 모든 뿌리(六根)가 무너지고, 모든 친족이 다 떠나 버리며, 모든 위세가 다 사라져 버리며, 값진 보물 같은 것을 가지고 갈 수 없지만 오직 이 (극락 가겠다는) 바램이란 왕은 여의지 않고 언제나 앞에서 이끌어 한찰나에 극락세계에 가서 태어날 수 있고, 극락세계에 이른 뒤 아미따 붇다와 문수·보현·관자재·미륵 같은 모든 보살을 몸소 만나보며 아미따붇다의 수기를 받을 수 있다."

『화엄경』 「입법계품」은 아미따 정토 가서 태어나는 것이 그 귀결점이라고 할 수 있다. 화엄의 대가들이 내밀히 정토염불을 닦는 까닭이다.

20. 1862년, 아이에게 염불 권하는 것 본받으니 음악이 하늘에서
- 자하(自下) 스님

철종 13년(1862)
『조선불교통사』

자하 선사 사리탑 글과 머리말(自下禪師舍利塔銘幷序)

이 글은 선교양종 도대선사(禪敎兩宗都大禪師) 이봉 낙현(离峯 樂玄)이 지었다.

사리가 빛을 발하고 선가의 영적을 드러내니 스뚜빠(stūpa, 率堵婆)는 그 위세가 당당하고 의식은 종문에서 행하는 올바른 법식의 예에 따랐다. 도는 사람과 하늘을 비추며 이름은 온 천하에 알려졌다. 이에 감명이 지극하여 사람들의 본보기가 되고 백성의 스승이 되는 이는 오직 선사뿐이니 위대하도다.

선사는 법명이 경신(敬信)이고 자하(自下)는 호(道號)이다. 속성은 이씨이며 아버지의 이름은 공대(孔大)이고 어머니는 나씨로 호남 낭주(朗州) 송지면(松旨面) 서포(鼠浦) 사람이다. 정조대왕 22년 무오년(1798)에 본댁(本邸)에서 태어났다.

어려서 자랄 때 모든 윤리에 뛰어났으며, 타고난 그릇이 순박하고 올바르며 심성이 따뜻했다. 점차 자라서는 어버이께 효도하고 어른들을 공경하니 행동이 예절에 벗어나지 않았다. 기쁘고 화날 때도 얼굴색이 변하지 아니하였으며, 마음에 추한 이익을 담아 두지 않았다. 일찍이 세속의 법도를 뛰어넘었고, 본디 입산할 마음을 가졌는데 나이 겨우 14세에 동산(洞山)이 어버이를 떠난 사실과 운문(雲門)이 스승을 속인 자취를 듣고 그 고장에 있는 달마산 미황사로 가서 승려가 되어 구족계를 받았다.

교(敎)는 통발과 올가미라 방편(筌蹄)을 건넜고, 선(禪)은 붇다의 경지(醍醐)를 맛보았다. 파륜(波命)이 동쪽을 유람한 것을 본받고 선재동자 남순을 사모하여 두루 명산을 찾아다니며 널리 선지식을 찾아뵈었다. 성담(性潭)에게서 마음의 등(心燈)을 잇고, 해송(海松) 문하에서 법당을 견고히 하였다. 강회(康會)가 아이에게 염불을 권한 것을 본받아 허리를 꺾어 머리를 숙이는 자를 보고도 가벼이 여기지 않으니 공경하는 바가 능히 이름과 실상이 서로 꼭 맞았다.

금강산과 오대산에서 참선하기도 하고, 두류사(대흥사) 쌍계사에서 관심(觀心)을 하기도 하였으며, 서석대와 조계산에 패를 걸기도 하고 두륜산 덕룡사(德龍寺)에서 홀로 통달하였다. 만년에 가지산의 송대(松臺) 내원암(內院

庵)에서 은거하였다. 늘 선을 닦아 높은 경지에 오르니, 잠해(潛海)의 신룡 (神龍)에 비유되고, 문표(文豹)와 안개 속에 숨어 있는 것과 흡사하다. 빛을 감추고 진리를 보전하며, 본바탕을 쌓아 맑은 마음을 받아들이니 진실로 지극한 사람이다. 어찌 생각할 수 있겠는가.

임술년(1862) 가을 8월 3일에 내원암 선실에서 가벼운 병을 보인 후에 갑자기 입적하니, 특이한 향기가 선실에 가득차고, 천상의 음악이 하늘에서 울려퍼졌다. 세수는 65세요 법랍은 51년이었다. 다비하니 골짜기와 숲은 참담해하고 짐승들은 슬피 울었다.

상좌 보인(普印)이 재 속에서 영주(사리) 1매를 수습하니 오색이 찬란하고 빛이 눈부셨다. 석 달이 지나 부도가 완성되어 송대 남쪽 기슭에 봉안하고 명을 지었다. 명은 다음과 같다.

師道貞固 可較金剛　스님의 도 곧고 단단해 금강과 견줄 만하고
師戒晶潔 可譬氷霜　스님의 계 밝고 깨끗하여 얼음과 서리에 비유할 만하다.
師心靈澈 舍利噴光　스님의 마음 신령스럽게 맑으니 사리가 빛을 내뿜고
無縫塔下 神衛葆藏　꾸밈없는 탑 아래 신이 보살펴 잘 모셨네.
景行美德 載綴銘章　수행은 밝고 덕은 아름다워 문장 지어 명을 새겨 실으니
風淸六合 山高水長　바람이 천지를 맑게 하고 산 높고 강은 기네.

　함풍 임술년(1862, 철종 13년) 11월 일

卍 보정의 꼬리말

교(敎)는 방편을 건넜고, 선(禪)은 붇다의 경지를 맛보았다는 경신(敬信 1798~1862) 대사도 "강회(康會)가 아이에게 염불을 권한 것을 본받았다고 했다(仿康會之勸兒念佛)." 강회를 강승회(康僧會)라고 옮긴 책도 있지만(한정섭·오청환, 『한국고승전』, 불교정신문화원), 강승회(미상 ~ 280)는 삼국시대 오나라에 불교를 전한 스님인데 '아이에게 염불을 권했다'는 이야기를 찾지 못했다. 이 사리탑 글 원문을 『조선불교통사』에서 뽑았는데, 그 책 「전역경론찬술장소(傳譯經論撰述章疏)」에는 "위(魏) 가평(嘉平) 4년(252) 천축사문 강회(康會)가 강으로 낙양에 이르러 『무량수경』을 옮겼다."라고 하였

다. 이는 강회는 곧 강승개(康僧鎧)를 말하는 것으로 『불조통기』의 기록을 그대로 옮긴 것이다.

아직 강승개가 아이에게 염불을 권했다는 사실을 확인하지 못했지만 하나 분명한 것은 자하 스님이 일찍이 염불 수행을 했으며, 입적할 때 "향기가 선실에 가득 차고, 천상의 음악이 하늘에서 울려 퍼졌다."라는 기록은 아미따 붇다가 성인들을 이끌고 맞이하러 왔다는 것을 뚜렷하게 증명하는 것이다.

21. 1872년, 한 글자에 3번 염불, 3번 돌기, 3번 절한 아미따경 사경 – 남호당 영기

고종 9년(1872)

「(海東朝鮮國 寶盖山 石臺庵) 南湖律師 開刊 華嚴碑銘 幷序」 『朝鮮佛敎通史』

남호 율사 개간 화엄비명 및 머리말(南湖律師 開刊 華嚴碑銘 幷序)

보국 겸 이조판서 이의익 지음(輔國兼吏曹判書李宜翼撰)。
이 글은 이조판서 이의익(李宜翼)이 지었다.

대사의 법명은 영기이고 호남 고부(古阜) 사람이다. 속성은 정씨이며 본관은 진주이다. 우복(愚伏: 鄭經世)이 바로 할아버지다. 아버지의 이름은 언규(彦圭), 어머니는 반(潘)씨이다. 어려서 부모를 잃고 14세 되던 해에 삼각산 승가사 대연(大演) 스님 문하에서 머리 깎고, 임자년(1852)에 보개산 지장암에 들어가 항상 옛일을 살펴서 따르고 아미따경을 베끼는데 한 글자에 세 번 부처를 부르고 3번 돌고 3번 절하였다. 그런 극진함은 (아미따 붇의) 48원에서 흘러나오는 것이니, 4가지 은혜(부모·중생·왕·삼보)에 보답하는 것이었다. 밤에 붓을 놓으면, 꿈에 서녘 (극락에서) 고운 빛깔의 깃발이 돌아오는 것을 깨달아 알았다.

계축년(1853) 여름 삼각산에 들어가 그 (아미따경) 판을 펴내고, 이어서 십육관경(十六觀經)·연종보감(蓮宗寶鑑)을 새겨 수락산 흥국사에 모셨다. 을묘년(1855) 봄에 광주 봉은사에 이르러 여러 동지와 함께 『소초화엄경

(疏鈔華嚴經)』 80권, 별행(別行) 1권, 준제천수합벽(準提千手合璧) 1권, 천태삼은시집(天台三隱詩集)을 새겨 새로 세운 경장전에 모셨는데, 편액은 시랑 추사 김정희가 썼다.

경신년(1860), 석대(철원 보개사)에서 머물렀다. 봉우리가 빼어나고 자취가 신령스러운 것에 기뻐하며 오래 머물기로 하고 암자를 중건하여 지장경과 관심론을 봉안하였으며, 여섯 때 정근을 빠지지 않고 하였다.

임술년(1862) 한양에 와서 열흘 동안 무차회를 여니 수륙에 이로움이 있었다.
을축년(1865) 해인사 대장경 2질을 찍어 설악산 오세암과 오대산 적멸보궁에 각각 1질씩 봉안하였다. 동래에서 배에 싣고 온 것인데 상스러운 바람에 서서히 움직이고, 신령한 거북이 앞뒤에서 호위하였다. 봉안한 뒤 2백일 동안 부지런히 기도하고 꿈을 꾼 것이 25번이나 기록하였는데 모두 정근의 힘에서 나온 것이다.
임신년(1872) 심원사 3채와 갈래사(葛來寺) 보탑을 개수하였다.

그 일을 마친 뒤 병이 생겼는데 한숨 쉬며 말하기를, "허깨비 몸뚱이가 병이 많고 세상에 사는 것도 이익이 없으니 곡기를 끊겠노라." 하고 9월 22일에 돌아가시면서 잠깐 문인에게 "숲속 짐승에게 (내 몸뚱이를) 던져 주어라." 하였으나 답이 없었다. 크게 숨을 몰아쉬면서 "국풍(國風)"이라는 말을 마치고 돌아가셨다. 세수는 53세였고 승랍은 39년이었다.

아! 스님은 율사는 심인(心人)이 있어 계율을 받들고 말세를 견디기 위해 부지런히 노력하였다. 문인 석정(奭淨)·두흠(斗欽)·유계(育溪) 같은 여러 상인(上人)들이 그 자취가 사라지고 후진을 만들지 못할까 봐 두려워 비석을 화엄경전 옆에 세웠다.

비문 글(銘)은 다음과 같다.

事佛如親 淨業穹崇　부처를 어버이처럼 섬기고, 정업 하늘처럼 받드니
誰回狂瀾 毘尼之宗　누가 벗어난 물결을 돌려놓나, 비나야(계율)의 근본
　　　　　　　　　　이네.
吁嗟護法 人中之龍　아! 법을 수호하니 사람 가운데 용이시로다.

1855년 남호 영기가 지은 봉은사 경장전(板殿)
- 봉은사에서 가장 오랜 건물 (2022.6.5. 서윤찬 찍음)

卍 보정의 꼬리말

남호 영기 스님은 일찍이 보개산 지장암에 들어가 『아미따경』을 베끼면서 한 글자 쓰고 3번 염불하고, 3번 돌고, 3번 절하는 수행을 지극하게 하여 극락과 연결이 되는 꿈을 꿀 정도로 열심이었다. 그리고 그렇게 쓴 『아미따경』 판을 펴내고, 이어서 『십육관경』·『연종보감』을 새겨 수락산 흥국사에 모셨다. 앞에서 대각국사 의천을 볼 때와 마찬가지로 『무량수경』에서 "윗 동아리(上輩)는 ① 집을 버리고 사문이 되어 깨닫겠다는 마음을 내어(發菩提心), ② 한결같이 오롯이 무량수불을 염(念)하고, ③ 갖가지 공덕을 닦아 그 나라(극락)에 태어나고자 하는 중생들은 ④ 목숨을 마칠 때 무량수불이 여러 대중과 함께 그 사람 앞에 나투시면, 붇다를 따라 그 나라에 가서 태어난다(往生)"는 조건을 충족한다고 할 수 있다.

22. 1879년, 3년 염불하여 극락 가고 방광비 남긴 청련암 서봉 스님

『연화(蓮花) 옥천(玉泉)의 향기』(연화산 옥천사, 1999).

청련암은 옥천사의 첫손가락 꼽을 수 있는 산내 암자이다. 일주문을 지나 큰절을 향해 가다가 왼쪽으로 난 길을 따라 약 50m 정도 올라가면 유서 깊은 청련암이 큰절을 한눈에 볼 수 있는 곳에 자리하고 있다. 창건 연대는 1678년(조선, 숙종 4년)으로 기록되어 있다. ……

청련암이 창건된 지 200여 년이 지난 지금까지 많은 고승 대덕이 주석하며, 법등을 이어왔는데, 특기할 만한 사실로는 서봉(瑞峰) 스님의 방광(放光)과 기운(奇雲)스님·영송(永松) 스님의 이적 및 서웅(瑞應) 스님의 만일계(萬日契) 결성 등을 들 수 있다.

서봉(瑞峰) 스님의 방광(放光)은 1879년(조선, 고종16)에 있었던 실화이다. 서봉 스님은 60세가 넘어서부터 청련암에 머무셨는데, 계를 잘 지키지 못하고 수행도 제대로 하지 못한 것을 참회하면서 이제 정토에 가서 태어나는 길밖에 없음을 깨달았다. 하루는 어린 스님을 불러 임종할 때까지 방 청소, 빨래, 공양 심부름하기로 약속하고 좋은 논 3마지기를 어린 스님에게 이전하여 주신다. 그리고 나서는 크게 발심하여 모든 것을 내려놓고 '나모 아미따불' 6자 염불을 밤낮 쉬지 않고 정진하는데 남의 눈을 전혀 의식하지 않았다.

스님은 방 출입을 금하고 열심히 염불해 오던 중 지은 업이 무거웠든지 중풍에 걸려서 제대로 움직이지 못하고, 방안에서 똥오줌을 받아 내야 했기 때문에 나쁜 냄새가 심하여 다른 스님들의 출입도 거의 없는 실정이었다. 그렇지만 어린 스님은 정성껏 스님 시중을 들었다.

어린 스님이 심부름한 지 3년이 지난 1879년 10월 밤에 감원(監院) 스님과 부전(佛殿=知殿) 스님의 꿈에 화관 쓴 보살들이 서쪽에서 꽃가마를 가지고 와서 서봉 스님을 태워 모시고 가는 것이었다. 아침에 일어나서 감원 스님과 부전 스님이 함께 꼭 같은 꿈을 꾼 것을 이상히 여기고 서봉 스님이 계시는 방문을 열고 보니 평소 나던 나쁜 냄새는 간데없고 방안에서 기이한 향기가 진동하고 음악 소리가 크게 나고 있었으며, 서봉 스님은 앉은 채로 입적하셨다. 또 다비한 날 저녁에는 청련암을 위시하여 온 연화산에 빛살이 뻗어나가 대낮처럼 밝은 광명이 나타나니, 옥천사 대중 스님들이 환희심에 북받치어 저절로 '나무아미타불' 6자 염불을 외고 있었다.

다비하여 산중에 뼈 가루를 뿌려 장례를 마치니, 산속에서 3일 동안 상서로운 기운이 뻗쳐나와 마을에서 산불이 났다고 주민들이 동원되어 산에 오르면 아무런 이상이 없어 마을로 돌아간 일이 3일이나 되풀이되었다. 옥천사 스님들로부터 서봉 스님 화장한 곳에서 빛이 난 것이라고 하자 신도들이 방광비석을 세우자 하여 서봉당 방광비를 방관한 곳 아래 자연 암반에 기록하였다.

현재 큰절 입구 버스 정거장 옆 암벽에 '서봉 인오 방광탑(瑞峰仁旿放光塔) 광서(光緖) 5년(五年) 기묘(己卯) 10월(十月) 일(日)'이라고 새겨져 있어 당시 상황을 증명해 주고 있다.

옥천사 입구 저수지 끝나는 주차장 입구에 '차량출입통제' 팻말이 있고, 왼쪽 위에 '惠雨堂'이라 쓰인 큰 바위가 있는데 그 오른쪽 큰 바위 위에 방광비가 있다.(2022.5.29)

「서봉당 인오 방광탑」 탁본 :
청련암 원명(圓明) 스님 이바지

ꊙ 보정의 꼬리말

처음 이 이야기를 〈카페 연화세계 백련〉에서 읽었을 때 극락 간 이야기 가운데 본보기가 될 수 있는 내용인데, 마지막에 "1990년경에 옥천사 주지 스님께 직접들은 이야기입니다."라고 되어 있어 마치 설화 같은 감이 들어 보충해야 하겠다고 생각하였다.

『극락 간 사람들』을 쓰면서 가능하면 30년 전 옥천사 주지 스님을 찾아 자세한 이야기를 더 듣고 방광비를 찾아 책에 사진을 넣고 싶었다. 이런 기록이 한 세대만 지나면 묻혀버리고 자칫 설화처럼 남을 가능성이 크기 때문이다. 마침 고성에서 정토선을 수행하고 계시는 고성 서방사 등정 스님께 전화로 "1990년 경 옥천사 주지 스님을 아시느냐?"고 물었더니, "현재 적멸보궁에 계신다."고 하였다. 우리 부부는 바로 적멸보궁으로 내려가 1988년부터 2004년까지 옥천사 주지를 하였던 호암 지성(知性, 1941~) 스님을 만나 뵈었다.
이제는 "기억력이 좋지 않다." 하시면서 자신이 주지로 있을 때 출판한 『연화 옥천의 향기』(연화산 옥천사, 1999)라는 책과 자신의 문집인 『성주

괴공(成住壞空)』을 주셨다. 자세한 내용은 책에서 보기로 하고 바로 현장 안내를 받았다.

청련암에서 지성 스님과 엮은이　　　　원명 스님이 최근 정보를 주었다.

청련암에서 서봉 스님은 이 두 자그마한 방 가운데 하나를 썼다

「연화산 청련암」이라는 현판과 함께 「정토만일회」라는 간판이 이 절에는 극락 간 성인 나신 절답게 아직도 정토 수련이 이어지고 있다는 것을 보여준다.

"방광탑은 2015년 고성 특별전 할 때 진주박물관에서 탁본하였습니다." 청련암 감원 원명(圓明) 스님이 뜻밖의 좋은 소식을 알려주신다. 그리고 방광탑 사진과 탁본이 실린 2014년 특별전 도록 『고성(固城)』(국립진주박물관, 2014년도 지역특별전)을 가지고 나와 그 페이지를 직접 열어 보여주셔서 사진을 찍었다. 실제 바위에 새긴 글자들은 제대로 판독하기 어려우므로 탁본을 꼭 해야 한다. 그래서 현장 실태를 보고 탁본 전문가들과 다시 내려와서 탁본하려고 마음먹고 있었는데, 아주 어려운 문제가 해결되었다. 그리고 서울에 올라와 보니 원명 스님이 바위에 물을 부어 글씨가 잘 나오게 한 사진과 탁본할 때 찍은 사진을 메일로 보내 주었다. 그래서 바로 정확하게 내용을 읽어내 이 글을 쓰고 본문에 그 탁본을 실었다.

바위에 오목새김한 글자는 이끼가 끼고 그늘이라 음양도 없어 알아보기가 힘들지만 글자가 커서 대강 알아볼 수 있는 정도였다. 이어서 내려와 왼쪽 바위에 새겨진 혜우당(惠雨堂) 탑 비문도 사진으로 자세히 기록하였다. 지성 스님은 본사인 옥천사로 안내하여 회주 스님과도 자리를 만들어 새로운 정보가 있는지 알아볼 수 있도록 최대한 편의를 봐주어 성공적인 답사가 되었다.

방광탑이 새겨진 부분을 엮은이가 자세히 조사하고 있다. (2022.5.29)

서울로 돌아와 두 책을 검토하고 우선 전거가 확실한 『연화 옥천의 향기』 내용을 『극락 간 사람들』 서봉 스님 이야기의 바탕으로 만들고 다른 자료를 검색하였는데, 아주 새로운 글을 하나 발견할 수 있었다. 삼정방(三正

옥천사 회주 스님의 이야기도 들었다.

房) 서춘(瑞春) 스님의 블로그에 실린 영험담 1번인데 이렇게 기록하고 있다.

2003년 7월 23일, 통도사 부산포교원에서 옥천사 성지 순례 답사 후에 어린 시절 동(東)자 고(皐)자 은사스님 시봉 하면서 옥천사 서봉 스님에 대한 말씀을 기억하여 기록이 없는 것을 처음으로 기록한다. 해인사 일타 스님 인터넷 비문 기록은 옥천사 서봉(瑞峯) 스님이 아니고 혜우당(惠雨堂) 혜우 스님 기록으로 서기 방광 한 내용이 같다. … 서봉당 방광 비문은 아미타불 극락세계에 왕생하신 생생한 영험을 보이신 서봉 스님의 얼을 후인들이 답사하여 체험하는 역사 현장이 옥천사이다.59)

서봉 스님 극락 간 이야기는 『연화 옥천의 향기』 내용을 바탕으로 현장에서 들은 이야기와 카페에서 처음 봤던 내용, 서춘 스님이 동고(東皐) 스님에게 들은 이야기를 모두 합쳐서 새로 구성하였다. 마지막 순간에 여러분의 도움으로 훌륭한 '극락 간 이야기'를 완성할 수 있었다.

■ 아직 확인하지 못했지만, 서춘 스님이 "해인사 일타 스님 인터넷 비문 기록은 옥천사 서봉(瑞峯) 스님이 아니고 혜우당(惠雨堂) 혜우 스님 기록으로 서기방광 한 내용이 같다."라고 했다. 그래서 혜우당 탑도 꼼꼼히 검토하였다. 다행히 혜우당 탑은 사진만 가지고도 정확하게 판독이 가능했다. 전체 내용은 다음과 같다.

崇禎紀元 後 : 숭정 기원 뒤
四辛酉年 五月 : 네 번째 신유년 5월
惠雨堂 : 혜우당
華性之塔 : 화성의 탑

---

59) 삼정방(三正房) 서춘(瑞春) 스님 블로그 「바른 뜻, 바른 말, 바른 일」.
 https://blog.naver.com/samjung1965/222250920767

❶ 숭정 기원 뒤 4번째 신유년 5월[60]

① 숭정 기원 뒤 첫   신유년(1681년)
② 숭정 기원 뒤 둘째 신유년(1741년)
③ 숭정 기원 뒤 셋째 신유년(1801년)
④ 숭정 기원 뒤 넷째 신유년(1861년)

따라서 이 탑 비문이 쓰인 것은 철종 12년인 1861년이다.

---

60) 숭정(崇禎)은 명나라 의종(毅宗)의 기원으로 4번째 신유년은 인조 6년인 1628년이다. 그렇다면 왜 1861에 세운 비에 당시 청나라 연호인 함풍 11년을 안 쓰고 명나라 연호를 썼을까? 조선 후기 스님들의 비문을 보면 대부분 이처럼 '숭정 기원 뒤 몇 년'이라고 썼다는 사실을 밝히고, 나아가 조선 후기 사찰의 기풍을 알 수 있는 문제이므로 간단히 보고 넘어가기로 한다. 임진왜란이 일어나면서 동아시아는 커다란 폭풍과 변화에 휩싸인다. 1592년, 임진왜란이 벌어지자 일본에서는 새로이 도쿠가와 막부가 성립하고 명나라에서는 명·청 교체가 이루어졌다. 쇠퇴의 길에 접어들었던 명나라가 조선에 원군을 파견하느라 국운이 더욱 기울어지자, 청 태조 누르하치는 이때를 틈타 후금을 건국하고 명을 격파한 것이다. 누르하치는 임진왜란 파병으로 국운이 기울어진 때를 놓치지 않고 부족들을 통합하고 내부체제를 정비하여 1616년, 마침내 흥경(興京)에서 금(金)나라를 세우고 칸 위에 올랐다. 이 금나라를 '후금(後金)'이라고 하는데 그의 조상들이 세웠던 금나라(1115~ 1234)를 계승한다는 뜻이다. 명나라와 청나라가 피나게 싸우는 도중인 1626년 9월 황태극이 후금 황제로 오르고, 명과 싸울 때 뒤탈을 없애기 위해 1627년 1월 조선을 치고 3월에 강화조약을 맺은 뒤, 5월에 요서지방 금주(錦州)를 친다. 이런 와중에 8월 희종이 죽고 사실상 명나라 마지막 황제인 의종(毅宗)이 자리에 오르는데 이때 쓴 연호가 숭정(崇禎)이다. 1627년은 전 황제의 연호인 천계(天啓)를 썼으므로 숭정 기원은 1628년이라고 할 수 있다. 조선이 명나라 연호를 쓴 것은 명나라를 큰 나라로 섬겼기 때문이다. '조선'은 고리(高麗)의 신히였던 이성계가 구데타를 일으켜 정권을 잡은 뒤 당시 동아시아 강국인 명나라의 묵인을 얻으려고 여러 사신을 보냈으나 쉽지 않았다. 그래서 나라 이름도 한동안 고리(高麗)라고 쓰다가 나중에서야 명나라에 '조선(朝鮮)'과 이성계의 고향인 '화령(和寧)'을 올려 조선으로 낙점을 받아 쓰게 되었고, 이때부터 조공을 바치고 대국으로 섬기게 되었다. 대국을 섬기는(事大) 일 가운데 가장 중요한 것이 조공을 바치고 책봉을 받는 것이고, 황제의 연호를 쓰는 것이었다. 조선은 1628년 2월부터 숭정 연호를 쓰기 시작하였다. 1636년 태종은 나라 이름을 금에서 청(淸)으로 바꾸고, 명나라 수도를 위협하고, 12월에는 조선을 쳐들어오니 바로 병자호란이다. 명나라를 치는 최강 청나라 군에 조선은 이기지 못하고 정월 30일 인조가 삼전도에서 청 태종에게 항복하고 5월부터는 명나라 연호를 못 쓰고 청나라 연호를 쓰게 되었다. 정부와 유생들이 공식적으로 청나라 연호를 쓸 때 불교계에서는 대부분의 비문에 명나라 연호를 계속 썼다. 이는 불교문화가 꽃핀 명나라에 대한 사대를 뜻하는 것이고 청에 대한 암묵적 반대 행동이었다.

가까이 찍은 혜우당 비   길에서 본 혜우당 비

❷ 혜우당(惠雨堂) 화성(華性)의 탑

이 탑 비문에는 방광비라는 기록이 없다. 앞에서 보았듯이 방광비라는 기록이 없다. '혜우당 화성의 탑(惠雨堂 華性之塔)'이라고 했을 때 혜우당은 스님이 살던 집 이름(堂號)이고 화성(華性)은 법명으로 보인다. 그렇다면 일타 스님이 방광탑을 혜우당의 것으로 기록한 것은 잘못 된 것으로 보인다. 진주민란이 일어난 1862년의 1년 전으로 탑을 세울 수 없는 상황에 바위에 탑비문을 쓴 것으로 추측된다.

23. 1886년, 건봉사 4회 만일회 베푼 벽오상 유총과 서녘 정토

고종 23년(1886)
「高城 乾鳳寺 碧梧堂 侑聰 大禪師 碑文」, 『乾鳳寺本末寺蹟』
강원 고성군 거진읍 건봉사로 723

대한국 강원도 건봉사 제4회 만일회를 베푼 벽오대선사 유적비

통정대부 전 승정원우부승지 지제교 겸 경연참찬관 춘추수찬관 항양 여규형이 짓고,
전 승정원 우승지 월성 이시영이 전액과 비문을 쓰다.

이 사바세계 동쪽 땅 대한(大韓)은 불법이 크게 일어난 것으로 천하 으뜸이다. 바로 천축과 맞닿아 있으니 진단(震旦: 인도 동쪽 나라, 곧 당·송·명·청)의 변방이 아니다. 어찌 그러하냐고 묻는다면, 그 까닭은 2가지가 있다.

대개 우리 큰 법은 하나로 빛날 뿐이다. 하늘의 해와 같이, 성 안의 주인과 같이, 하늘에 아홉 까마귀 다 떨어지고 해 하나만 걸려 있듯이, 갖가지 가짜를 빼앗아 명부에서 지워 평정하고 대통(大統)만 받든다. 무엇 때문에 진단(震旦)에서는 불법에 여러 문파가 있다고 말하는가. 남·북 두 종(宗)은 이름을 돈종(頓宗)이니 점종(漸宗)이니 하는데, 내가 듣기로는 조계 육조대사 가르침에 "법에는 돈·점이란 구별이 없고, 사람에게 날카로움과 무딤(利鈍)이란 차이가 있을 뿐"이라고 하였고, 또 옛날 덕이 높은 장로에게 들으니, 돈오한 뒤에도 모름지기 점수를 해야한다고 하였다. 이래서 돈·점이 하나이지 둘이 아니라는 것을 알았다. 어째서 돈·점에도 또 많은 갈래가 있다고 말하는가. 거짓으로 위앙종(潙仰), 조계종(曹溪)이니 각각 이름을 내세워 불쑥 불쑥 삶터(聚落)를 이루고 기회를 틈타 이득을 보고 해를 끼치며 서로가 다투기 때문인데, 오직 우리나라에서는 청허·사명 이래 하나의 법통으로 이어오고 하나의 문파로 전해 받아왔다. 비록 하나가 열에게 전하더라도 열이 다시 하나로 모아지게 되었다. 불법이 크게 일어난 까닭은 이것이 그 가운데 하나이다.

(인도의) 동쪽 나라(震旦之國)에서는 3가지 가르침이 서로 맞서고 있으니 불교·유교·도교이다. 신앙하는 모습을 보면 왕족에서 천민에 이르기까지 정성을 다하여 꿇어앉아 절하고 믿는 마음으로 귀의한다. 대사가 당에 올라 자리를 깔고 앉으면 장엄하게 존중하고, 앉아서 신도들의 보시를 받는다. 이렇게 불문의 권세가 세상의 임금과도 맞먹는다. 그러나 오직 우리나라에서는 먼저 불법승 3보로 오만한 무리들을 꺾고 고행을 하며, 남을 높이고 스스로를 낮추는 관습을 본디 모습으로 삼았다.

외부로 보호를 받는 것은 평등하지 않다고 하였다. 그러므로 우리 불문에

서는 말법시대를 맞이해도 귀의한 사람을 머무르게 하였다. 대 법사가 있어 기대는 것이 아니라 홀로 두 어깨에 짊어지고 오직 인연이 닿는 일을 하며, 얼굴빛이 구운 그릇처럼 되니, 낮출수록 더욱 존귀해지기 때문이다. 이것이 불조의 정통을 이어받은 것(正宗)이요, 이것이 큰 법문(法門)이다. 돌이 다듬어지고 뿔이 꺾이어 진리를 깨닫고 눈을 크게 뜨게 되면 여러 부처가 환한 미소 지으며 수기를 전하여 믿음을 나타내고 영접하여 이끌어 준다고 하였으니, 우리나라에서 불법이 크게 일어난 두 번째 까닭이다. 겸손하여 분수를 넘지 않는 것이 서울보다 크고 천하 으뜸인 것이 어찌 우연한 일이겠는가!

옛 산문 건봉선사(乾鳳禪寺)에 계를 지키는 승려가 있어, 선자리(禪席)을 주재하니, 도호(道號)는 벽오(碧梧), 법명은 유청(侑聽)이다. 서산 대사가 사명 대사에게 법맥을 대대로 전하게 해서 9세에 이른 설봉 영허(雪峯影虛)의 큰 제자 봉림 응직(鳳林應直) 장로가 본원의 주지로 계시며 낙서암에서 우리 스님 머리를 깎아주고 진짜 인물을 얻어 직계 법통을 전했다.

삼가 우리 스님께서 몸소 행하시던 기록을 읽어보니, 속세의 성은 최씨로 브라흐마나 족(승려계급)이다. 아버지 이름은 강손(江遜), 어머니는 정(鄭) 부인이다. 용포리(龍浦里)에서 계유년(1813)에 태어나니, 어릴 적부터 노는 것으로 보면 전생의 식(識)을 가지고 온 것을 알 수 있으니 모래를 모아 탑을 만들고, 꽃을 따서 공양하였다.

21세가 되어 마음에 다짐하고 출가하여 여러 곳으로 돌아다니며 배우고 크게 발원하여, "헛된 몸 돌보지 않고 마음 수양하겠다"라고 하였다. 그리고 신해년(1851) 제4회 '1만일 연꽃모임(萬日蓮會)'을 되살렸다. 한편으로는 학공(學公)의 도움을 받고, 한편으로는 흥사(興師)와 힘을 합쳐 발징 스님 옛터에 선원을 새로 지었다. 학공·흥사 두 분이 화주 일을 보았으나, 스님 역할이 더 우뚝하게 보였다. 다짐하고 큰 기획을 맡으니 모두 진짜 화주라고 불렀다.

성품이 점잖고 부지런하였으며, 가르침을 엄숙히 공경하니 남녀 신도들이 늘 존경하며 예를 다 하였다. 널리 연을 맺으니 여러 차례 상서로운 일이 나타났고, 널리 투타 행을 실천하니 (능엄경에 나오는) 향엄동자(香嚴童子) 같았다. 이·눈·뼈에서 나온 사리를 모두 돌탑에 차례로 모셨다.

병술년(1886) 겨울 가볍게 아프시더니, 인연 따라 살아온 자취 끝나 세상 순리 따라 원적하시니, 법문 나이는 53세, 속세 나이 74세였다. 거침없이 서녘 정토 가서 태어났으리라(西方淨土 翛然往生).

문하에 학림 의환(鶴林宜還)과 만화 관준(萬化寬俊)이 있어 대업을 그대로 이었다. 관준(寬俊)이 제5회 (만일회를 열고) 24년 되는 해에 스승의 행장을 갖추어 비석에 새길 글을 도와 달라고 하기에 문자로는 뛰어난 가르침을 말할 수 없지만, 의리를 중하게 여겨 게를 지어 말하노라.

我聞諸佛法 善惡莫思量 及覯佛萬行 有善而無惡
내가 불법 들으니 좋고 나쁨 생각해 헤아리지 않는다는데
붇다 행동 모두 보니 좋은 점 있어도 나쁜 점 없도다.

我聞祖師禪 飢飯困來眠 及觀諸律師 有戒而無情
내가 조사선 들었을 때 주리면 밥 먹고 곤하면 잔다는데
율사들 모두 보니 계율만 있고 인정머리 없구나.

千捧與萬喝 我只有一法 不依不了義 不作護人語
천 번 때리고(捧) 만 번 할(喝)해도 내게는 한 가지 법만 있으니
귀의하지 않으면 뜻 모르나니 남 속이는 말만은 않으리라.

有善導衆生 有戒導自己 是名爍迦羅 真是不退轉
착함으로 중생 이끌고, 계율로 스스로 이끄는 것
이것이 차크라(cakra)고, 진짜 물러나지 않는 자리니라.

圓覺大道場 發徵萬日會 第二是康州 第三爲聳虛
흠 없는 깨달음을 얻는 큰 도량 발징의 만일회였으니
두 번째 강주 스님, 세 번째 용허 스님이었도다

傳至我禪師 上承淸虛嗣 慈悲以爲用 勤苦以爲體
우리 선사까지 전해왔는데 위로 청허 뒤를 이은 것으로
자비를 실천으로 삼고 부지런히 애씀을 본질로 삼았도다.

玉柱擎天屹 香城截流渡 牢握大願力 勇往大信志
옥기둥 하늘 우뚝 받치고 붇다 나라(香城) 흘러 건넘을 다스리니
이루려는 큰 힘을 굳게 쥐고 큰 목적(信志)으로 용감히 나아갔도다.

善男與信女 香火恭供養 方行而等慈 一切成樂土
선남 선녀 향 피우고 이바지 올리니
끝없는 자비 널리 미쳐 모든 극락 이루도다.

萬化繼遺囑 復跡弟五會 寔師以啟之 迄今我不乏
만화 스님 뜻을 이어 자취 살려 제5회를 만드니
이 스님의 가르침으로 이제 우리에게 고달픔이 없도다.

唯昔西方國 七處九會成 五會只一處 盛哉未會有
옛날 서녘 나라에서는 일곱 곳에 아홉 모임 이루었다만
5회 모임 한 곳에서 이뤄졌으니 훌륭하고 전에 없는 일이로다.

金剛山千仞 東海波萬里 寶月掃坌霧 祥飇息颮浪
금강산 천 길이요 동해파도 1만 리라
보석 달 안개를 쓸고 상서로운 바람 거친 물결 잠재우도다.

伐石爲穹碑 龍覆神龜戴 嵯峨鎭山門 頂禮千萬禩
돌 다듬어 큰 비석 세워 용 덮고 신령한 거북 엎으니
드높은 산문이여! 천 번 만 번 머리 숙여 절 올리나이다.

광무(光武) 갑진(1904) 칠월 일 세움

卍 보정의 꼬리말

1886년 스님이 입적하고 18년 뒤인 1904년에야 비가 선다. 그 사이 조선은 큰 변화를 겪는다. 1894년 동학란이 일어나고, 청일전쟁이 일어나 청나라가 힘이 약해지자 조선은 홍범 14조를 만들어 종묘에 자주독립을 고한다. 1895년 청일전쟁에서 일본이 이겨 시모노세끼 조약을 맺고, 한국은 청나라 연호를 버리고 건양이란 연호를 쓴다. 1897년 연호를 광무로 바꾸

「벽오당 비석」(국역 건봉사의 역사적 발자취)

고 고종이 정식으로 황제로 오르면서 나라 이름을 대한이라 한다. 이전 비문에 유명(有明=명나라), 명·청 연호가 빠지고 광무(光武)라는 대한제국의 연호를 썼다. 비문 첫머리에 "진단(震旦: 인도 동쪽 나라, 곧 당·송·명·청)의 변방이 아니다."라고 강조한 것은 이런 역사적 배경을 보여준다.

벽오당 유총(1813~1886)은 1851년 4회 '1만일 연꽃모임(萬日蓮會)'을 되살렸으니 그 모임 안에 꽤 많은 극락 간 사람이 나왔을 것이고, 그 모임을 만들고 이끌어 가며 함께 열심히 염불했을 벽오 스님은 당연히 극락에 갔을 것이다. 그런데 이런 성인의 비석이 18년 뒤에야 세우면서 "거침없이 서녘 정토 가서 태어났으리라"라고 하면서 입적 당시의 자세한 묘사가 없다. 다음 근·현대편에서 다시 보겠지만 이상하게 건봉사에서는 이즈음 1만일 연꽃모임을 이어가면서도 극락 간 사람에 대한 기록을 거의 안 하고…, 사리 줍는 풍토가 만연했기 때문이다.

韓國往生傳
극락 간 사람들 (하)

근·현대편

맑은나라(普淨) 서길수 엮음

첫째 마당
일제 강점기 극락 간 사람들
(1910~1945)

머리말

『극락 간 사람들(韓國往生傳)』을 집필하는 당위성과 인연, 그리고 용어해설 등은 이미 상권 머리말에서 자세하게 하였기 때문에 하권에서는 극락 가는 사람들을 어떤 잣대를 가지고 보았는지를 보기로 한다. 정토삼부경에는 극락을 가려면 이렇게 해야 한다는 '극락 가는 씨앗(往生因)'들이 나와 있다. 이하 그 내용을 간추려 본다.

1. 극락에 대한 오해 - 극락이란 무엇인가?

국어사전에서 찾아보면 '지극히 안락하고 아무 걱정이 없다고 하는 곳'이라고 나온다. 어디서 보면 기독교의 천당과 같은 곳이라고 나온다. 틀린 말이 아니다. 극락에 가면 괴로움이란 없고 즐거움만 있는 곳이다.

그러나 불교를 믿는 사람들이 극락에 가는 것은 즐거움만을 누리기 위해 가는 것이 아니다. 이것이 천당과 다른 것이다. 결론부터 이야기하면 극락은 '붇다가 되는(깨닫는) 과정'을 밟는 대학이다. 그것도 학사과정 3단계(하품: 상·중·하품), 석사과정 3단계(중품: 상·중·하품), 박사과정 3단계(상품: 상·중·하품)란 단계가 있고, 마지막에는 박사학위(붇다)를 받는 것이 목적이다. 절대로 편하게 쉬러 가는 것이 목적이 아니다. 물론 그러므로 힘들다는 것은 아니다. 입학만 하면 평생 장학금이고, 다시 아래로 뒷걸음치지도 않는, 다시 말해 6도 윤회를 하지 않는 유토피아대학이다. 이 "아미따경"을 보면 알 수 있다.

그렇다면 극락에서는 어떻게 공부하는 것인가?
이 아미따경에 보면 이 극락대학에서 공부하는 기막힌 방법이 나온다. 바로 물소리 새소리 바람소리가 모두 총장인 아미따불의 강의내용인 것이다. 강의과목도 자세하게 나온다. 평소에 붇다를 새기고(念佛), 가르침을 새기고(念法), 쌍가를 새기(念僧)는 공부를 늘 하면서, 37가지 깨우침에 도움이 되는 여러 가지 과목(三十七助道)을 공부한다. 그 과목은 이 세상에서 수행하는 과목하고 다름이 없고, 이 세상에서도 다 공부하는 것이다. 이 아미따경을 보면 그 과목이 자세하게 나와 있다.

2. 어떻게 해야 극락에 갈 수 있는가? (1) – 『아미따경』

흔히 정토를 닦는 데는 믿음(信) 바람(願) 닦음(行)이 극락 가는 가장 중요한 밑천이라고 한다. 어떤 믿음을 갖고, 어떻게 바라고, 어떻게 닦는가 하는 것이 『아미따경』에 아주 잘 나타나 있다.

① 극락 가는 길(1) [바람(願)] – 이곳에는 많은 괴로움이 있는 사하(娑婆) 세계와 달리 성문과 보디쌀바 같은 어진 사람들과 함께 수행하기 때문에 그곳에 가서 태어나기만 하면 다시는 괴로움으로 떨어지지 않고 붇다가 될 수 있다. 그러므로 반드시 극락에 가서 태어나길 바라야 한다(願)는 것을 강조한다. 이것이 극락을 가기 위한 첫 조건이다.
② 극락 가는 길(2) [닦음(行)] – 두 번째 극락을 가기로 바라는 마음을 낸 사람은 열심히 붇다의 이름을 마음에 새겨야(念佛) 한다. 이것이 두 번째 조건이다.
"만일 선남·선녀가 아미따 붇다에 대한 설법을 듣고, 그 이름을 새기되 하루나 이틀이나 사흘이나 나흘이나 닷새나 엿새나 이레 동안 한마음 흐트러지지 않게 이어가면, 그 사람의 목숨이 다할 때 아미따불이 여러 성인과 함께 그 앞에 나타나므로, 그 사람의 목숨이 끊일 때 마음이 무너지지 않고 바로 아미따불 극락세계에 가서 태어난다."
③ 극락 가는 길(3) [믿음(信)] – 이 경의 이름은 「모든 붇다가 보살피는 경(經)」이다. 그것은 지금 이 경을 말씀하시는 사까무니 붇다뿐 아니라 동서남북 위아래 사방의 모든 붇다들이 다 보살피는 경이기 때문이다. 그리고 그 모든 붇다들이 각자 자기 나라에서 이 경을 믿으라고 말씀하고 있다는 것을 말씀하므로 해서 더 굳은 믿음을 갖게 하였다.

많은 불자들이 가장 많이 읽는 이 『아미따경』에서 극락 가는 행(行)은 그렇게 쉽지 않다. 염불을 "하루나 이틀이나 사흘이나 나흘이나 닷새나 엿새나 이레 동안 한마음 흐트러지지 않게 이어가야" 하기 때문이다. 이른바 '일심불란(一心不亂)'이란 사실상 염불삼매에 들어가지 않으면 안 되기 때문이다. 한 걸음 더 나아가 "사리뿌뜨라여, 선근과 복덕을 적게 쌓은 인연으로는 그 나라에 태어날 수 없다(不可以少善根福德因緣 得生彼國)."라고 강조하고 있다. 그러므로 『아미따경』에 따라 극락에 가려면 염불선을 해야 한다.

3. 어떻게 해야 극락에 갈 수 있는가? (2) - 『무량수경』

『무량수경』은 수행 경계에 따라 3가지 단계로 나뉜다. 많은 정토행자들이 강조하는 '10념 염불', 곧 열 번까지만 염불하면 극락에 간다는 조건이 여기서 나온다. 그러나 그 조건에 반드시 '깨닫겠다는 마음을 낸다(發菩提心)'는 것과 염불공덕을 '극락 가서 태어나겠다' 발원에 회향해야 한다는 것을 잊은 불자들이 많다. 앞에서 극락은 유토피아대학이라고 했다. 먼저 그 대학을 가기 위해 어떤 과목에 합격해야 하는지 무량수경에 나타난 으뜸 동아리(上輩, 박사과정), 가운데 동아리(中輩, 석사과정), 아래 동아리(下輩, 학사과정)에 따라 간추려 보면 다음과 같다.

1) 으뜸 동아리(上輩者) 입학 조건 - 박사과정,
　① 집을 떠나 욕심을 버리고 스라마나(沙門)가 되어,
　② 깨닫겠다는 마음을 내고(發菩提心),
　③ 한결같이 무량수불만 새기고(念無量壽佛),
　④ 갖가지 공덕을 닦으며(修諸功德),
　⑤ 그 나라에 태어나고자 하는(願生彼國) 무리이다.

2) 가운데 동아리(中輩者) 입학 조건 - 석사과정,
　① 스라마나(沙門)가 되어 큰 공덕은 닦지는 못하더라도,
　② 깨닫겠다는 마음을 내고(發菩提心),
　③ 한결같이 무량수불만을 새기고(專念無量壽佛),
　④ 착한 일도 조금 닦고(多少 修善), 계를 받들어 지키고(奉持齋戒), 탑과 불상을 세우고(起立塔像), 스라마나에게 먹을 것을 이바지하고(飯食沙門), 비단을 걸고 등불을 밝히고(懸繒然燈), 꽃 뿌리고 향을 사르며,
　⑤ 그러한 공덕을 극락에 가서 태어나겠다는 바람에 회향하는 무리다.

3) 아래 동아리(下輩)란 - 학사과정,
　① 설사 여러 가지 공덕(功德)을 닦지 못한다고 하더라도
　② 위 없는 깨달음을 증득하겠다는 마음을 내고(發菩提心),
　③ 뜻을 오로지 하나로 합쳐(一向專意) 10번(乃至十念)까지 무량수불을 마음에 새기면서(念無量壽佛)
　④ (복덕도 쌓지 못하는 사람이다. - 원문에 나오지 않는다.)

⑤ 그 나라에 태어나길 바라는 무리이다.

위에서 본 입시 과목(극락 가는 조건) 가운데 각 단계의 ②번은 깨닫겠다는 마음(붇다가 되겠다는 마음, 發菩提心)을 갖는 것으로 필수과목이라는 것을 볼 수 있다. 다시 말해 대학을 갈 때 반드시 박사학위까지 받겠다는 결심을 해야 한다는 것이다. 이것이 바로 극락에 가면 깨달을 수 있다는 믿음(信)이다. 불교에서 믿음이란 무조건 붇다를 믿으면 복 받는다는 것이 아니라, 우리도 붇다 말씀처럼 하면, 언젠가는 붇다가 될 수 있다고 스스로 속으로 결심하는 '굳은 믿음(確信)'이다. 이런 믿음이 있어야지만 다음에 나오는 뚜렷한 목표가 선다.

마지막 ⑤번은 극락에서 태어나는 것을 바라는 바람(願)인데, 아미따경에서는 이 '바람'을 아주 몇 번이고 강조한다. 이것도 필수과목이다. 우리가 차를 몰고 가더라도 어디를 가겠다는 목표가 없다면 절대로 그 목적지에 다다를 수 없는 것과 마찬가지로, '나는 극락 가서 붇다가 되겠다.'라는 굳은 결심이 없으면 절대로 극락에 갈 수 없다. 그러므로 뚜렷한 목표를 세워 '꼭 가겠다.'라는 바람(發願)을 갖는 것이 중요하고, 이런 결심이 얼마나 굳은가에 따라 다음에 보는 수행이 잘되느냐 안 되느냐가 결정된다.

마지막으로 닦는 수행(行)은 2가지가 있다. 하나는 ③번에서 보는 바와 같이 열심히 염불하는 것이고, 다른 하나는 ① 출가하여 공덕을 쌓거나 ④ 복덕을 쌓는 것이다. 여기서 ③번 염불하는 것은 당연히 필수과목이고, ①번과 ④번은 선택과목으로 이 선택과목은 어떤 과정을 목표로 하느냐에 따라 다르다. 각 단계에 따라 요구사항이 다르므로, 만일 바로 박사학위 과정으로 가고 싶으면 출가해서 공덕과 복덕을 열심히 쌓아야 하고, 만일 살면서 이 두 과목을 전혀 실천하지 못했으면 아랫동아리를 목표로 하면 되는 것이다.

위에서 본 바와 같이 『무량수경』에 따라 극락에 가는 것은 위의 여러 가지 가서 태어날 수 있는 씨앗(往生因)에 따라 상, 중, 하로 갈 수 있다. 『아미따경』에 비해 극락을 갈 수 있는 범위가 넓어진다. 여기서 하나 잘 봐두어야 할 것은 하권에 나오는 다음 문장이다.

  모든 중생이 (아미따불이란) 그 이름을 듣고 믿는 마음으로 기뻐하고, 한 마음(一念)으로 마음 속 깊이 회향하여, 그 나라에서 태어나기를 원하면 바로 왕생을 얻어 불퇴전에 머문다. 다만 오역죄와 정법을 비방한 자는 제외된다. (諸有衆生 聞其名號 信心歡喜 乃至一念 至心廻向 願生彼國 即得往生 住不 退轉 唯除五逆 誹謗正法).

여기서 오역죄란 5가지 지극히 무거운 죄를 말하는데, 대표적인 것은 ① 아버지를 죽임, ② 어머니를 죽임, ③ 아라한을 죽임, ④ 쌍가(僧伽)의 화 합을 깨뜨림, ⑤ 부처의 몸에 피를 나게 함이다. 이 5가지는 무간지옥에 떨어질 지극히 악한 행위이므로 오무간업(五無間業)이라고도 한다. 5가지를 보면 오역죄는 실제로 짓기 어려운 것들이다. 그러나 부지불식간에 자기도 모르게 많이 지을 수 있는 것이 '④ 쌍가(僧伽)의 화합을 깨뜨림'이다. 정 토행자 가운데도 자기 조사의 염불법이나 경전해석이 다르다고 해서 다른 염불행자를 비판하는 일이 많은데 이런 행위가 바로 '④ 쌍가(僧伽)의 화합 을 깨뜨리는 것'이다. 그 경우 대부분 '자기가 믿는 법이 정법이다'라며 정 법을 비판하는 경우가 많다. 조심하고 조심하여야 할 것이다.

4. 어떻게 해야 극락에 갈 수 있는가? (3) - 『관무량수경』

『관무량수경』은 16관법을 설하였는데, 먼저 13가지 관상법(觀想法)은 어떤 주제 한 가지를 집중적으로 관하여 삼매를 이루어 스스로의 힘으로 극락 가는 자력 왕생(自力往生)이 가능한 관법이다. ① 해 모양을 관한다(日想 觀). ② 물 모양을 관한다(水想觀). ③ 보석 땅을 관한다(寶地觀). ④ 보석 나무를 관한다(寶樹觀). ⑤ 팔공덕수를 관한다(八功德水觀). ⑥ 보석 주락을 관한다(寶樓觀). ⑦ 꽃자리를 관한다(花座觀). ⑧ 붇다의 모습을 관한다(像想 觀). ⑨ 붇다의 진신을 관한다(眞身觀). ⑩ 관세음보살을 관한다(觀音觀). ⑪ 대세지보살을 관한다(勢至觀). ⑫ 3존을 한꺼번에 관한다(普想觀). ⑬ 극락 의 여러 가지를 함께 관한다(雜想觀).

마지막 ⑭ 상배관(上輩觀), ⑮ 중배관(中輩觀), ⑯ 하배관(下輩觀)은 수행 경 계에 따라 아미따불의 도움을 받아 극락에 가는 단계이다. 이 경에서는 극 락세계에 태어나는 등급을 앞에서 본 『무량수경』처럼 위 동아리(上輩)·가 운데 동아리(中輩)·아래 동아리(下輩)로 나누고, 다시 각각 상·중·하로 나누어 9개 단계로 나누어 나눈다.

이 가운데 오탁악세에서 힘들어하는 중생에게 가장 희망을 주는 것은 바로 하품하생이다.

"하품하생이란 어느 중생이 선업은 짓지 않고 <u>5억죄와 10악업을 지으며 온 갖 착하지 못한 짓을 하였을 경우</u>, 이처럼 어리석은 사람은 악업을 지은 까닭에 마땅히 악도에 떨어져 오랜 겁이 지나도록 끝임없는 고통을 받아야 하느니라. 이같은 어리석은 사람이 목숨을 마치려 할 때 우연히 선지식을 만나고 선지식이 여러 가지 방법으로 편안하도록 위로하고 묘한 법을 설하면서 염불하라고 시켜도 이 사람은 괴로움이 극심하여 염불할 경황이 없느니라. 그래서 착한 벗이 말하기를, <u>그대가 만약 염불할 수 없다면 마땅히 무량수불을 부르거라. 그렇게 지극한 마음으로 소리가 끊어지지 않도록 나모아미타불을 10번을 갖추면 부처님의 이름을 부른 까닭에 염불과 염불 사이에 80억 겁 생사 죄업이 소멸되고 목숨이 마치면 금빛 찬란한 연꽃을 보게 되는데 마치 둥근 해와 같아 그 사람 앞에 머무느니라.</u> 한 생각하는 사이 바로 극락세계의 연꽃 속에 왕생하니 12대 겁이 가득 차면 연꽃은 열리고 관세음과 대세지가 대자비의 음성으로 모든 법의 실상과 죄업을 없애는 가르침을 자세하게 설하느니라. 이것을 들으면 환희심이 나고 바로 깨닫겠다는 마음(菩提心)을 일으키느니라.
이것을 이름하여 하품하생(下品下生)한다 하고 이것을 이름하여 하배(下輩)로 태어나는 모습을 생각한다고 하며 16번째 관(觀)이라 부른다."

여러 경전 가운데 『관무량수경』의 이 대목이 가장 극락 가기 쉬운 방법이다. 5역 죄와 10악업을 지은 사람도 마지막에 나모아미따불 10번만 부르면 죄업이 없어지고 극락에 갈 수 있기 때문이다. 그러나 너무 관무량수적 해석을 바탕으로 염불하는 것은 위험할 수도 있다. 엮은이가 정토삼부경 전체의 극락 가는 씨앗(往生因)을 바탕으로 사례를 본 까닭이다. 정토삼부경을 옮기면서 『관무량수경』만 산스크리트 원문이 아직 발견되지 않은 사실을 알게 되면서 더 조심하게 되었다.

5. 어떻게 해야 극락에 갈 수 있는가? (3) - 『무량수경』 48대원

법장비구의 48대원 가운데 극락을 갈 수 있는 조건에 대해 언급한 것은 다음 3가지 발원이다.

⑱ 제가 부처가 될 때, 시방 중생들이 마음 깊이(至心) 믿고 기뻐하며(信樂) 저의 나라에 태어나고자(欲生) 제 이름을 열 번까지 새겼는데도(十念) 태어날 수 없다면 깨달음을 얻지 않겠습니다.

⑲ 제가 부처가 될 때, 시방 중생들이 깨닫겠다는 마음을 내어(發菩提心) 온갖 공덕(功德)을 닦아 마음 깊이(至心) 발원(發願)하며, 저의 나라에 태어나고자(欲生我國) 하였으나 목숨이 다할 때 제가 대중과 함께 그 사람 앞에 나타날 수 없다면 깨달음을 얻지 않겠습니다.

⑳ 제가 부처가 될 때, 시방 중생들이 제 이름을 듣고(聞我名號) 저의 나라를 생각하고 온갖 선근(善根)을 심어 마음 깊이(至心) 회향(迴向)하며, 저의 나라에 태어나고자(欲生我國) 하였으나 이루지 못한다면 깨달음을 얻지 않겠습니다.

정토 교리사에서 이 3가지 발원에 대해서는 많은 조사가 참으로 많은 논란을 해 왔다. 그런 복잡한 논리를 비교해서 이해하려고 하면 평생 해도 모자라고, 너무 따지고 들어가다 보면 오히려 말속에 빠질 수 있다. 그러므로 여기서는 주제가 되는 3가지 원(三願)을 그대로 놓고 한번 보자. 이 3가지를 아무런 선입견 없이 그대로 받아들인다면,

⑱원의 십념 하는 사람도 극락에 태어나고,
⑲원의 온갖 공덕을 닦는 사람도 극락에 태어나고,
⑳원의 온갖 선근을 심은 사람도 모두 극락에 태어나야지,
그렇지 않으면 깨달음을 얻지 않겠다(不取正覺)고 했다. 그리고 아미타불께서는 이미 수많은 보살행을 마치고 이 서원들을 다 완성한 것이 바로 극락이다. 그러므로 극락이란
⑱원도 이루어졌고,
⑲원도 이루어졌고,
⑳원도 이루어졌다.
그러므로 전입, 순차왕생, 권방편 같은 수많은 논리로 ⑱원·⑲원·⑳원을 차별하는 것은 아미타불의 참뜻이 아니다. ⑱원만 세워 으뜸으로 만든 것이 홍원(弘願)이 아니고 ⑱·⑲·⑳원 모두가 다 으뜸이다. 48원 모두가 이루어져 하나된 것이 극락이므로 ⑱원만 왕발원이고, 다른 것은 하천한 발원이란 논리는 받아들일 수 없다.

6. 아쉬움과 사죄의 말

이 『극락 간 사람들』에 실린 내용은 실제 극락에 가신 분들의 몇만 분의 일도 안 될 것이다. 따라서 엮은이가 다른 극락 가신 분들께 용서를 빌고, 앞으로 후학들이 더 많은 분들이 발굴되어 계속 책이 나올 수 있기를 빕니다. 저도 남은 생 동안 증보판을 계속 내려고 합니다. 새로운 사례를 발견하신 분은 kori-koguri@naver.com (보정 서길수)에게 연락 바랍니다.

2000년 이후 사례들은 여러 가지 어려움이 있었습니다. 대부분 도움염불(助念)을 하는 과정에서 나온 사례들이기에 조념을 열심히 하였다는 내용이 대부분이고 막상 극락에 가신 분은 이름도 모르는 경우가 많았습니다. 이 책이 『극락 간 사람들』인데 인터넷에 나온 글들을 모아 놓으면 『극락 가게 한 사람들』이 되어버릴 정도였습니다. 연락되신 분들에게는 극락 간 분들의 행장이나 평소 염불수행 같은 극락갈 수 있는 씨앗(往生因)을 물어서 보강했으나 기록이 거의 없고 기억으로만 구술하여 난감한 경우가 대부분이었고, 실제 책에 싣지 못한 경우가 많았습니다. 본문에 보면 일타 스님 같은 명문장에도 극락에 간 연도가 빠져 있어 차례를 만들기 어려움이 있었습니다.

이 책의 세 번째 마당에서 13번까지는 연도를 찾아 순서를 맞추었으나 그 뒤는 연도를 몰라 그냥 배열했습니다. 그리고 다음 7편은 모두 정확한 연대가 없고 내용도 극락 간 성인에 대한 기록이 부족하여 더 보충이 필요하다고 생각하여 뒤로 미룹니다. 마지막 3편은 모두 비디오 영상이라 받아 적을 수가 없어 싣지 못했습니다. 몇 분에게는 연락했으나 연결이 되지 않은 것도 아쉬운 점입니다.

① 만사를 염불에 맞춰 행동해 극락 간 도일 스님 부친 〈카페 나무아미타불〉
② 30년 간 대중 스님 공양하고 염불하여 극락 간 전주보살 〈카페 나무아미타불〉
활안 한정섭, 「이름 없는 전주보살」, 『내가 만난 선지식』 (불교통신교육원, 2012)
③ 마지막에 정토선 염불하고 극락 가신 89세 법연화 친정아버지 〈카페 나무아미타불〉
④ 도움염불(助念)로 극락 가서 꿈에 알린 설오 스님 할머니 〈카페 나무

아미타불〉

⑤ 9년 투병 할머니가 웃으며 미타수인(彌陀手印)을 짓고 왕생하다(정읍 석탄사 주지 현지 스님 조념염불 견문기) - 〈무량수여래회 카페〉 전화 통화 실패.

⑥ 최근에 왕생한 이범용각 불자 (서울 보국사 신도) 〈카페 나무아미타불〉 진여문 2006.10.11. 태원스님 불교방송 강의가 링크되어 있는데, 클릭해도 연결되지 않았다.

⑦ [조념염불 영험사례] 임실 상이암 자명심 보살님 시부(想父)의 불가사의한 왕생 (2019.11.23. 선운사 염불철야) 〈카페 나무아미타불〉 녹음 소리가 울려서 받아 쓸 수가 없고 선운사 동효 스님에게 여러 번 연락했으나 통화가 안됨.

이런 사례들은 앞으로 더 보충하여 증보판에 실으려고 합니다.

끝으로 '극락으로 가는 정거장' 역할을 하는 정토마을 자재요양병원 능행 스님이 여러 사례를 발표하여 『섭섭하게, 그러나 아주 이별이지는 않게』, 『숨』 같은 책에 실려있으니 참고하시기 바랍니다.

7. 감사와 발원

먼저 잠자고 있는 이 불사를 일으켜 세워주신 대구 자운사 혜명 스님에게 감사드리며, 자료 수집에 도움을 주신 천은사 은산 스님, 서방사 등정 스님, 옥천사 적멸보궁 지성 스님, 청련암 원명 스님, 해인사 능혜 스님, 만경사 등인 스님, 운흥사 야은 스님, 그리고 자료 수집과 교정을 맡은 불모화 보살에게 감사드립니다. 끝으로 불사를 마무리해 줄 비움과소통의 김성우 대표에게도 감사드립니다.

이번 불사를 계기로 법계의 모든 중생이 극락에 가서 태어나길 빌며 14년 역사를 마칩니다.

2022년 6월 20일 새벽.
맑은나라(普淨) 서길수 합장

차 례

셋째 마당 : 최근 2000년대 극락 간 사람들

1. 1918년, 건봉사 5회 만일회 베푼 만화당과 서쪽으로 뻗친 무지개

고종 23년(1918)
「高城 乾鳳寺 萬化堂 寬俊 大禪師 碑文」, 『乾鳳寺本末寺蹟』
강원 고성군 거진읍 건봉사로 723

부종수교전 불심인 대각등계존자 전수호오대산적멸보궁 겸 팔도승풍규정원장
만화당 대선사 비문과 머리말

전가선대부 비각지제고 동궁시독 해평 윤희구(尹喜求)가 짓고,
전통정대부 검사 월성 김돈희(金敦熙)가 쓰고 새기다.

같은 한 가르침인데 어떤 이는 동쪽 진단국이라 하고 어떤 이는 서쪽 천
축국이라 하며, 말세가 된 나머지 옛날처럼 덕이 높은 스님이 없게 되었다
고 하나, 이것은 절대 그렇지 않다.

스스로를 이롭게 하든(自利) 남을 이롭게 하든(他利), 또 크든 작든, 정진하
면 같은 수행이고, 원만하면 같은 공덕이다. 내가 여러 붇다의 가르침을
들어보면 만일염불회를 말하는 사람이 비록 저쪽 (천축의) 화엄도량이 지
금까지 7곳에서 9번 열렸다는데 지금 건봉사 1곳에서 만일회가 4번에 이
르니 대단한 것이고, 일찍이 없었던 일이다. 건봉사는 금강 정토이니 신라
경덕왕 14년(755) 발징 화상(發徵和尙)이 1회 (만일염불회를) 만들어 원성
왕 2년(786)에 10,000일 불사가 끝나서 선남선녀 31명 몸뚱이가 하늘로
올라갔다고 하였다. 우리나라 순조 2년(1802) 용허(聳虛) 대사가 2회를 세
우고, 철종 2년(1851) 벽오(碧梧) 대사가 3회 세워 모두 법대로 마쳐 회향
하였다.

고종 18년(1881)에 4회를 세우니 바로 만화당 대사(萬和堂大師)가 그 사람
이다.

스님 이름은 관준(寬俊), 본디 정 씨 집 자손이니, 개국공신 삼봉(三峰) 정
도전의 후손이다. 아버지는 가선대부 진록(振錄), 어머니는 최 씨다. 꿈에
쌍룡을 보고 감응하여 태기가 있었다. 황제 원년 경술(1850) 11월 23일
간성군 용포(龍浦) 시골에서 태어나 자를 쌍용(雙龍)이라 하였다. 성품이 총

명하여 마치 영민하길 깨친 사람과 같았다. 나이 13세에 이르자 출가할 뜻이 있었는데 부모가 난색을 보이자 허락하지 아니하면 돌아오지 않겠다고 하여 드디어 승낙을 받았다. 드디어 건봉사에 이르러 금현(錦玹) 장로를 따라 머리 깎고 물들인 옷과 바루를 받았으니 이는 호암 정공(虎岩淨公)으로부터 9세손이다. 정계(淨戒)는 대허 유공(大虛遊公)에게서 받고 선참(禪懺)은 성봉 눈구(聖鳳安公)멍에서 받았다.

임신년(1872) 23세에 이미 석왕사(釋王寺) 향관(香官) 일을 맡고, 이어 건봉사의 탱화 화주(幀畵化主)에 뽑혔으며, 이룬 공이 매우 컸다. 이듬해 갑술년(1874) 승통에 오르고, 3년 뒤 정축년(1877) 전등사 총섭(總攝)으로 자리를 옮겼다. 얼마 안 가 우리 절이 불타버리자 모든 것 떨치고 돌아와 발로 뛰어 몇 해 가지 않아서 모조리 다시 세웠다.

만일회 일을 맡게 된 것은 신사년(1881)이니 대사의 나이 32세 때였다. 덧붙여 화엄법회를 연 것이 50회가 넘고, 참석한 신도만 8천을 헤아린다. 오랫동안 우리 절을 다시 세우는 데 화주가 되어 팔상전, 극락전, 음향전 등을 다시 세웠다.

광무 5년(1901)에 승진하여 부종수교전(扶宗樹敎傳) 불심인(佛心印) 대각등계존자(大覺登階尊者) 수호오대산적멸보궁(守護五臺山寂滅寶宮) 겸 팔도승풍(八道僧風) 규정도원장(糾正都院長)이 되었다. 간간이 관동도교정(關東道敎正)이 되기도 하였다. 이미 우리 절에 세운 비석에 매우 자세하게 기록되어 있는데, 이것은 그 인연이 작용한 나머지일 것이다.

(만일)회의 만기일이 다가옴에 나라와 임금의 조상, 온 법계의 유령을 위하여 먼저 1,000일 동안 참석자의 제한을 두지 않는 법회(無遮大會)를 열었으며, 융희 2년(1908) 9월에 마쳤다.

이렇게 영·호남으로 지팡이(錫杖)를 바삐 옮기고, 서울에 가서 방할(棒喝)[61]에도 차례대로 따랐으나 기봉(機鋒)을 전혀 드러내지 않으니 탄복하여 혀를 차지 않는 사람이 없었다. 어떤 승려가 묻기를 "쇠로 만든 당간 하나

---

61) 말로 표현할 수 없는 직접 체험의 경지를 나타낼 때, 또는 수행자를 꾸짖거나 호통칠 때, 주장자를 세우거나 그것으로 수행자를 후려치는 것을 방(棒)이라 하고, 그러한 때 토하는 큰소리를 할(喝)이라 함.

100길이나 되고 둘레가 열 아름이나 되며, 가져다 멜만한 땅이 없는데 이 것을 사람들을 위하여 세울 수 있겠습니까?"라고 하니, 스님이 말하기를 "이걸 들 수 있는 자가 있으면 내가 주먹으로 부숴버리겠다"라고 하였다.

무오년(1918) 가을 모시는 사람에게 "너는 알고 있어라. 올 9월 13일 나는 참으로 돌아가겠다."라고 하였는데 과연 그날 아침 일어나서 목욕하고 옷을 갈아입으시고, 대중을 불러 마지막 말을 남기셨다.

극락자심지(極樂自心地) 극락은 스스로 마음자리에 있으니
하용삼세불(何用三世佛) 3세 붇다 무엇에 쓸 것인가.
삼세수장엄(三世雖莊嚴) 삼세 비록 장엄하다고 하나
불불자심불(佛佛自心佛) 붇다마다 자기 마음의 붇다니라.
시방허공중(十方虛空中) 시방 허공 가운데
아불본여연(我佛本如然) 내 붇다는 본디 그러하니라.

말을 마치자 바르게 앉아 서쪽을 향하고 숨을 거두었다(說已端坐 向西而化). 이때 속세의 나이 69세 법랍은 57세였다. 바야흐로 열반에 들 때 7가지 빛깔 무지개가 서쪽으로 뻗쳤다(有彩虹 亘于西). 다비식을 끝내자 사리 한 알이 나왔다.

스님은 키가 8자가 넘고, 입에는 이가 40개나 되었으며, 몸은 매우 무거웠고, 목소리는 종소리 우리는 것 같고, 앉아 바라보는 모습이 높은 산 같았다. 또 선정에서 나와 대할 때는 여자나 아이들도 편하게 따랐다. 서울이나 시골에서 못된 소년들이 놀려도 그냥 웃으며 끄덕거릴 뿐이었다. 스님 아래 용이나 코끼리 같은 제자가 자그마치 수천 명이나 되었으며, 지금 그 문도들이 비를 세우고자 하여 나의 벗 영호 정호(映湖鼎鎬)가 대사의 간추린 행장을 가지고 와서 비에 새길 글(銘)을 지어달라고 하였다. 불법에 어두운 내가 어떻게 대사 같은 분을 잘 알겠는가. 다만 정호 상인이 알려준 것이다. 비에 새길 글은 이렇다.

日十二時 一時八刻 分分秒秒 念念正覺
하루 12시간, 1시간 8각(15분), 분마다 초마다 생각생각 깨어 있고

一日二日 至于萬日 念念正覺 萬日如一

하루 이틀 1만 일까지, 생각생각 깨어 있길 1만일이 하루 같았네.

是即修行 修行功德 天上天下 無他別法
이것이 수행이고 수행이 공덕이지 천상천하에 따로 다른 법 없으니

誰與爲者 爲萬化師 師在何處 念之則來
누구 위함인가 만화 스님 위함이지, 스님 어디 계시나 생각하면 바로 오니

師在之處 碑則在此 後五百年 如是如是
스님이 계신 곳 비(碑)가 있는 이곳, 500년 뒤에도 또한 그러겠지.

옛날 이른바 위인 호걸들이 비록 책에 극히 많이 실려 있으나, 천년 지나면 아득하여 어렴풋하다. 내가 직접 보지 못하였으니 어찌 다 믿을 수가 있겠는가! 그런 인물 가운데 세 분을 볼 수 있으니 조계의 함명(函溟) 노스님, 금산의 용명(龍溟) 노스님, 그리고 이 풍악의 만화 노스님이다. 노스님은 참으로 위인 호걸이라는 이름에 부끄럽지 않았다. 거의 산문에만 계시어 빛이 감추어졌기 때문에 천하 국가에 크게 쓰인 적이 없고, 두드러지게 능력을 발휘하지는 못하였지만, 숨길 수 없는 것은 타고난 소질이었다 그러므로 높고 빼어난 기백과 준수하고 위엄있는 풍채는 가만히 여산(廬山)의 원적(遠赤)·안종(眼宗)과 견줄 수 있다.

아! 이제 노스님의 땅속에서 빛나는 봉황 숲, 동산의 고요, 푸른 바다의 꿰져 흐름, 단정한 바위의 푸른 서슬 같은 모습과 행동을 어느 날 다시 뵐 수 있단 말인가! 노스님 자리를 이은 훌륭한 제자들에 힘입어 조사의 길을 잘 펴고 드날리며, 돌아가신 스님의 뛰어난 공훈이 영원하기를 도모하노라.

우당 윤희구(尹喜求)의 훌륭한 글과 성당 김돈희(金敦熙)의 꿋꿋한 전서(篆書)를 얻어 비석을 세우고 글을 새긴다. 영호 정호(映湖鼎鎬)는 일찍이 가풍을 흠모하여 감히 뒤를 잇는다고는 할 수 없으나 이같이 훌륭한 글 뒷자리에 한마디 말을 덧붙이지 않을 수 있겠는가!

갑자년(1924) 4월 영호 정호가 삼가 기록하노라.

「만화당 비석」(국역 건봉사의 역사적 발자취)

卍 보정의 꼬리말

이 비석도 만화당 스님(1850~1918)이 입적하신 지 6년이 지난 뒤 세우면
서 벽오당이 3회를 만화당이 4회라고 해서 벽오당 비문이나 「대한국 간성
건봉사 1만일 연꽃모임 전해오는 이야기(大韓國千城乾鳳寺萬日蓮會緣起)」에
서 벽오당이 4회, 만화당이 5회라는 것과 달라 기록의 정확성이 떨어진다
는 것을 알 수 있다.

마지막 목숨이 다할 때 "서쪽을 향하고 숨을 거두었다"라고 해서 극락 가
서 태어난 것이 아주 뚜렷하다. 다만 임종게에서 유심정토를 강조한 것과
틈이 있다. 임종게보다는 마지막 서쪽을 향하여 (염불하며) 숨을 거두었다
는 것이 진실일 것이다. 실제 정토삼부경을 바탕으로 1만일 연꽃모임을 만
들어 운영한 만화당 스님은 당연히 극락 가서 태어나기 위해 염불을 했을
것이기 때문이다. 이른바 유심정토(唯心淨土)란 경전에 나오는 말이 아니고
당나라 때 이통현(李通玄) 거사가 719년 신화엄경(80권)을 가지고 『화엄경
론』을 지었는데, 여기서 각종 경전과 경학가들의 논서(論書)에 나오는 10

가지 정토 가운데 '오로지 마음이 정토다(唯心淨土)'는 정토를 처음 만들어 냈다.[62] 따라서 만화당 스님이 붇다의 말을 따랐지, 당나라 때 거사 말을 따랐을 리 없기 때문이다.

2. 1904년, 조선시대 건봉사 만일연꽃회 - 극락보다 사리를 쫓았다(?)

1904년 (고종 41년, 광무 8년)
「大韓國干城乾鳳寺萬日蓮會緣起」

1) 1742년, 셋째 만일 연꽃모임(萬日蓮會)

조선에 이르러 열산현을 고쳐 간성군이라 하고 절의 이름도 건봉이라 하였다.
영조 임술년(1742) 용허(聳虛) 석민(碩旻) 스님이 **세 번째 연꽃모임(蓮會)을 만들고 상서로운 조짐이 많이 나타났으나** 안타깝게도 자료가 흩어 없어져 **더 이상의 고찰할 수가 없다.**

2) 1851년, 넷째 만일 연꽃모임

철종 신해년(1851) 겨울 벽오당 유총(碧梧侑聰) 스님이 영암 취학(靈巖就學)·동화 축전(東化竺典) 두 분과 함께 넷째 (만일)연회(蓮會)를 만들어 널리 모으려고 다짐했지만 몇 년 가지 않아 두 분은 입적하고, 벽오 스님 혼자 부지런히 애를 쓰자 향도가 구름같이 모여들었다.
4년이 되는 갑인년(1854, 철종 5년) 여름 두타 영수(永守)에게서 이사리(齒珠) 2과, 윤의(潤宜)에게서 이사리 1과, 금윤(錦允)에게서 눈사리(眼珠)를 각각 하나씩 얻을 수 있었다.
5년 을묘년(1855, 철종 6년) **직각 여옥(直覺呂玉)을 다비(闍維)[63]할 때 상서로운 빛이 비쳤으며** 사리 17과를 거두었다.

---

62) 자세한 것은 서길수 『정토로 가는 사람들』 (맑은나라, 2015) 1,053쪽 이하 「유심정토론의 연원」 참조.

63) 사유(闍維): 팔리어 자뻬띠(jhāpeti)를 소리 나는 대로 옮긴 것. 뜻으로는 소연(燒然)·분소(焚燒)라고 옮겼는데 주검을 불살라 장사 지내는 일이다. 다비와 같이 쓰인다.

6년 병진년(1856, 철종 7년) 4월 해월쾌준(海月快俊)의 이사리 1과를 얻었고, 7월에는 선일(善日)·의활(宜活)의 이사리를 각각 1매씩 거두었으며, 동자 신응준이 공양 참여를 마치자 이사리 1과를 얻어 모두 26과를 얻었다. 모두 돌 종처럼 생긴(石鐘形) 부도를 세워 간직하였다. 옛날 이 절은 1,000기의 부도가 있던 도량이라 하였는데, 지금도 그러하니 기이하다고 하지 않는 사람이 없다.

29년 기묘년(1878, 고종 16년)에 공덕(만일연회)을 마치니 10,000일에서 2년이 더 지난 것이다.

3) 1881년, 다섯째 만일 연꽃모임

내가 황제 폐하의 승운을 위하는 천명을 받은 황제 폐하가 자리에 오른 지 18년 신사(1881)에 만화 관준(萬化寬俊) 스님이 다섯째 (만일)연꽃모임을 열고 참선방을 건립하였다. 올해가 24년이니 옛일을 짚어보면 5년이 지나 준공을 보게 된 셈이다. ……

누군가가 말했다.

"첫째 (만일연회)에서는 붇다가 나투시는 것을 직접 보았고, 둘째는 허공에서 난 (붇다의) 음성을 들었는데, 네 번째는 사리만을 얻었으니 지금은 예전에 미치지 못하고, 갈수록 떨어지고 갈수록 줄어들어 약해지지 않는가?"

이는 절대 그렇지 않다. 옛날 우리 여래께서 시절 따라 연을 맺고, 몸소 알아듣게 설하셨다. 제자들을 나누어 보내 모습을 나타내기도 하였고, 배우는 사람이 스스로 실천해 보이거나 몸소 (니르바나에) 들어간 사람도 있었다. 자취는 달라도 이치는 하나이다. 이제 다시 관준이 원력을 가지고 아름다운 발자취를 이어 열심히 일념 정진하고 있다. 시절과 인연이란 과일이 익으면 떨어지는 것이니, 어찌 조개에서 관음보살이 나온다는 것(蛤蜊之菩薩)[64] 알지 못하겠는가! 또 죽 가마 위에 문수보살(粥鑊文殊)[65] 몸

---

64) 조개에서 나온 보살(蛤蜊之菩薩)이란 조개관음(蛤蜊觀音)을 말하는 것으로, 조개에서 나타나 황제가 감격하여 눈물을 흘리게 한 관세음보살을 말한다.

65) 문수상현어죽확상 사이교죽비편타(文殊常現於粥鑊上 師以攪粥篦便打) : 문수는 늘 죽솥 위에 나타나 죽 젓는 주걱으로 때려 깨닫게 한다(卍新續藏第 13 冊 No. 0287 楞嚴經疏解蒙鈔).

소 내려와 끌어 맞이하여 계단을 넘어 상생상품으로 태어나게 하시니 뛰어나지 않는가!

본 사찰의 스님 운파대련(雲坡 大蓮)이 장차 다섯 차례 연꽃모임(蓮會)에 대한 고사를 돌에다 기록하여 영원히 산문에 남기려고 오백 리 밖에 있는 곳까지 달려와 나에게 비명(碑銘)을 청하므로 내가 글을 지어 이른다.

착하고 아름답도다!
이는 삼대가 지나, 천여 년 세월이 흘렀는데도
아직 틈을 내지 못해 이루지 못한 성대한 일이다.
또 불문과 스스로 인연 맺어 명성을 부탁하니 다행한 일이 아니겠는가!
이에 그 옛 자취를 살펴 간략히 글로써 기록하여 계승하고자 하노라.
그 비명에 이르기를, 도의 으뜸이 서역에서 동방에 이르렀으니,
백마에 경전을 싣고 가시덤불을 헤치고 비로소 통하게 되었도다.
동쪽으로 또 동쪽으로 계림의 나라에 이르니,
발해는 푸른 파도요, 금강산은 눈썹을 그린 듯 곱도다.
하늘이 뛰어난 승지를 만들도다.
열산현 한쪽에서 북쪽으로 오직 붉은 새가 비상하는 것 같아,
이에 신인이 내려와 곧바로 대승의 교법을 뛰어넘도다.

자연 절경을 쫓음은 훌륭한 선비와 고승이었네.
스승 되는 스님이 법요를 베푸는 날 동방 나라에 불보살 지혜 빛나도다.
광명 치달으며 밝은 빛 내달으니 모두가 한곳으로 모여들도다.
아미타 붇다가 곳곳에서 도우니
불도가 높은 도량에 향과 동반자 되어 분골쇄신하도다.
인도 강가강(恒河)66)이 거꾸로 흐르니 가벼운 바람은 돛단배를 이끌도다.

---

66) 강가강(Gaṅgā-nadi, 恆河 또는 恒河) : 산스크리트 본에 강가-나디(Gaṅgā-nadi), 곧 강가 강(江)이라고 되어 있다. 흔히 경전에서 헤아릴 수 없이 많은 단위를 이야기할 때 '항하의 모래(恆河沙)=항하사(恆河沙)'라고 표현한 강이 바로 이 강이다. 불교 경전을 산스크리트에서 한문으로 옮길 때, 강가(Gaṅgā)를 소리 나는 대로 강가(强迦)·긍가(殑迦)·긍가(恆迦)로 옮기고, 그 뒤에 한문의 강(江)을 뜻하는 하(河)나 수(水)를 더해 긍가하(恆迦河) 또는 긍가수(恆迦水)라고 하였다. 그리고 한문의 운(韻) 때문에 긍가(恆迦)에서 1자를 줄여 긍(恆)하다가 하(河)나 수(水)를 붙여 긍하(恆河) 또는 긍수(恆水)라고 불렀다. 본디 [恆=恒]이라는 한문 글자에는 [긍]과 [항]이라는 2가지 소리가 있고, [恆]은 산스크리트에서 옮긴 외래어이

불당을 장식한 깃발은 꽃으로 덮였으니, 아득히 거두어 감추는 것 같도다.

인생으로 태어나 하늘에서 죽으니, 부처님의 명으로 왕생하도다.

좋은 인연 뿌려 좋은 과보 얻으니, 형체 있는 것 같고 형체 따르는 것 같도다.

계집종이 공양미를 찧어 바치니, 용왕의 딸이 그 앞에서 뛰어나다 하도다.

머리를 늘어뜨린 어린아이도 공양에 참여하니, 달빛이 뒤에서 맞이하도다.

벌려선 뭇 별이 높은 곳에 있지 아니하니 대지도 넓지 않도다.

인간 세상 백 겁은 하늘나라 한순간, 천년 고찰은 석가세존이 지나간 곳이로다.

삼신산 다섯 봉우리, 어찌 같은 해가 비춘다고 말하리오.

북두칠성 무지갯빛 띠니, 불탑에 목탁 소리가 가랑비 내리듯 분분하도다.

우뚝 솟은 높은 산에 비 세우니 상서로운 구름 그 위 감싸도다.

팔부(八部)가 보였다 안 보였다 하니 천차만별이 의지하도다.

내가 이 비명을 짓노니, 조서를 받든 뒤에 먹물 옷(緇衣) 입었다 하소서.[67]

광무 8년 갑진(1904) 3월에 세우노라.

4) 1921년 여섯째 만일회

1921년 당시 건봉사 주지 이대련(李大蓮), 감무 이금암(李錦庵), 전 주지 이운파(李雲) 등이 만일원에 선원을 새로 설립하기로 하고 장안사(長安寺)에 주석하고 있던 방한암(方漢岩) 스님을 청하여 만일계를 만들었다. 20여 년 뒤인 1940년대에 건봉사에 살았던 정두석(鄭斗石) 선생의 증언에 따라 건봉사 만일계의 수행방법을 알 수 있다. (洪潤植, 「건봉사 가람의 성격」, 『건봉사지 지표조사보고서』, 고성군, 1990, 43쪽)

(1) 만일을 기하여 염불을 하되 한 사람이 만일 간을 계속하는 것이 아니라 만일원에서의 염불은 만일 간 지속하되 염불승은 바뀐다.

(2) 하루의 염불 시간은 오전에 10시부터 12시까지 오후에 3시부터 5시까지 4시간 정도 한다.

기 때문에 반드시 [긍]이라고 읽어야 하는데, 평소 많이 쓰는 [항]으로 잘못 읽었기 때문이다.

67) 정향교 역, 「大韓國干城乾鳳寺萬日蓮會緣起」, 『국역 건봉사의 역사적 발자취』, 고성문화원, 2001; 이영선, 『금강산 건봉사사적』, 동산법문, 2003.02.28.

(3) 염불의 방식은 꽹쇠와 북을 치면서 그 장단에 맞추어 나무아미타불을 큰 소리로 염불한다.

건봉사 만일염불원 (2008. 10. 30)
http://www.goseongcul.com/goseongcul/pdf/geon.pdf

卍 보정의 꼬리말

제1차 발징화상의 만일회를 계승하는 제2차 만일회가 1801년에 개설되었다고 되어 있다. 앞에서 보았지만 2차가 이미 고리(高麗) 시대에 있었을 것이라고 본다. 그리고 이어서 제3차 만일회가 1851년, 제4차 만일회가 1881년, 제5차 만일회가 1908년, 제6차 만일회가 1921년에 조직됨으로써 건봉사는 만일염불회의 성지가 되었다. (위키피디아).

이 비문에서 보는 바와 같이 3차와 4차에도 극락 가서 태어난 사람들이 많이 있었을 것이라고 보는데 제대로 된 기록이 없다는 것이 크게 한스러운 일이다. 5차에 연꽃모임을 언급하면서 "첫째 (만일연회)에서는 붇다가 나투시는 것을 직접 보았고, 둘째는 허공에서 난 (붇다의) 음성을 들었는데, 네 번째는 사리만을 얻었으니 지금은 예전에 미치지 못하고, 갈수록 떨어지고 갈수록 줄어들어 약해지지 않는가?"라는 현황 파악에 대해 스스로 반론을 펴는 긴 글이 있지만 아름다운 말재주만 부려 아주 설득력이 떨어진다. 실제로 조선 후기 많은 사람이 '사리'에 대한 신앙 때문에 '극락 간 사람'에 대한 기록은 거의 하지 않은 풍토가 있었던 것은 사실이다.

엮은이의 38년 전 수첩에 사리에 대한 글이 남아 있다. 당시 처음 발간되는 『불교사상』이란 월간지를 볼 때인데 1984년 8월호에 "100살의 혜암 선사에게 인생을 묻는다."라는 글이 실렸는데, 스님이 선산 도리사의 사리를 친견하고 읊은 시가 있다.

태조산 도시에
옛적에 감추어졌던 사리가 나타났다고 하니
자기 사리는 보지 못하고
사부대중이 친견코자 타고 달리는구나!
내가 부처님 사리를 보니
부처는 사리에 있지 않은지라
사리는 부처로 쫓아 나왔으나
보는 부처가 부처 사리를 본다.

1998년 8월 김해장 스님(건봉사 주지), 한보광 스님(동국대 교수), 김재일 법사(동산반야회장) 같은 공동대표와 3,000명의 불자가 참여하는 6차 만일 염불회를 시작하였는데 1921년 만일염불회는 셈하지 않았다. 2021년 '아미타 정토 극락도량'인 금강산 건봉사가 100년 만에 제7차 염불 만일기도에 입재하며 남북통일과 코로나19의 조기종식을 발원했다. 강원도 고성 건봉사(주지 현담 스님)는 8월 24일 경내 극락전에서 '제7차 아미타 염불 만일기도 입재식'을 갖고 27년 5개월간의 염불수행 대장정에 들어갔다(『불교신문』). 많은 '극락 간 사람'이 나오길 빈다.

3. 1926년, 염불수행을 스스로 실천하고 조직화한 성월 스님과 안양암

김태흡(金泰洽)[68] 지음, 『불교입도 신앙실화 성월대사』, 1935년 9월 9일. 『안양암지(安養庵誌)』(부산시 동구 초량동 4가 843. 金水寺 내, 발행자

李法弘), 1958.

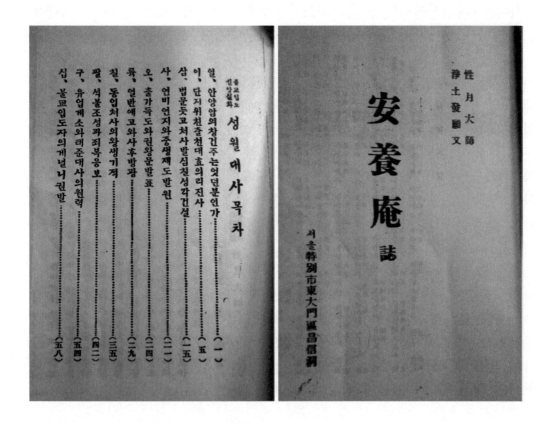

1) 성월 거사의 무량회 결성과 안양암 건축69)

1876년 가을 이창진(李昌鎭) 진사의 아버지 이재청이 세상을 떠나면서 이런 유언을 남긴다.

"염불, 염불, 염불해야 하느니라. 지성으로 염불해야 극락을 간다."

그 뒤 이 진사는 아버지 유언을 따라 염불 공부를 시작하고, 시골·서울할 것 없이 산중에 있는 사찰을 많이 다녔다. 그러나 염불은 시작하였으나염불 정진이 그다지 잘 되지를 않았다. 10년쯤 부처님에 대한 믿음만 가지고 있다가 어느 날 욕 잘하기로 유명한 환옹(幻翁) 큰스님을 뵙고 불법을 물었다.

---

68) 대은(大隱) 김태흡: 대본산 廣州郡 俸恩寺 京城 포교사.
69) 안양암에 관한 내용은 대은(大隱) 김태흡(金泰洽)이 지은 『안양암지(安養庵誌)』를 바탕으로 간추리고다듬은 것이다.

"불법 공부를 하려거든 염불을 하게. 우리는 어찌하든지 극락 가야지, 이 세상에는 견성성불하였다 하더라도 해이하고 게으를 때가 있으니, 자네는 6자 염불을 밤낮으로 독송하고 생각하여 극락길을 찾게나."

이 진사는 이때 출가를 바랐으나 큰스님은 처자가 있어 안 된다며 거사 5계를 받게 하였다. 그래서 1889년 39살에 성월(性月) 처사가 된다. 그 뒤 성월 처사는 이 뒤부터 『연종보감』이니 『정토요집』 같은 극락정토에 대한 문집을 많이 보다가, 당나라 때 여산 혜원 법사가 48명을 모아서 백련결사(白蓮結社)를 하고 염불을 하다가 왕생극락한 옛 기록을 보고 깊이 감동하여, 자기도 도반을 모아 정 가는 곳에 절을 지어놓고 염불이나 하다가 남은 삶을 마치려는 생각이 불같이 일어났다.

그해 9월, 사방으로 터를 구하려 다니다가, 동대문 밖 창신동에 초가집을 사서 칠성각 3칸을 짓고, 무량회를 조직하여 염불 도량을 열었다. 그리하여 김정인(金正因), 한여여(韓如如), 전성파(全性坡) 같은 여러분과 같이 정토발원을 하고 염불회를 열어서, 지성으로 염불을 계속하였다. 그 뒤 너도 나도 염불 왕생을 목적으로 모인 처사가 30명 남짓 되었으므로 칠성각은 처사의 사찰이라는 이름이 장안에 화제가 되었다.

그 뒤 성월 처사는 후세를 내다보고, 그 뒤 형편이 되는대로 1,300평이 넘는 땅을 사서 1899년 절 이름을 안양암(安養庵)이라고 붙였다. 안양이란 바로 극락을 말한다.

2) 출가득도(出家得度)와 권왕문(勸往文) 발표

성월 거사는 이처럼 공부하며 안양암 불사를 하다가 신축년(1901) 5월 도봉산 망월사에 가서 회광(悔光) 스님께 비구계와 보살대계를 받고, 다시 6월에 만하(萬下) 스님에게 건당식(建幢式)[70]을 하니, 호를 평등당(平等堂)이라고 부르게 되었다. 그러나 세상에서는 이미 '성월당'으로 입에 익어 왔기 때문에, 그 뒤에도 성월 대사로 부르게 된다. 성월 대사는 이후부터 사문의 몸으로 더욱 염불수행에 힘쓰며 널리 염불수행을 권하였다.

---

70) 법당(法幢)을 세운다는 뜻으로, 수행의 도가 높아 다른 사람의 사표(師表)가 되는 전법사로부터 법맥을 이어받는 것을 말한다. 이것을 건당(建幢) 또는 입실(入室)이라고 한다.

서울 종로구 창신5길 61 (창신동 130-1, 02-763-410)

"십지보살71)은 신통 변화가 부처님과 다르지 않습니다. 공덕이 이처럼 무궁한데 어찌 천상천하에 제일가는 법을 내놓고 무슨 다른 공부를 할 것인가? 나무아미타불."
"애지중지 사랑스러운 재물들, 어느 곳에 쓸 것인가? 나무아미타불."
"봄에 씨를 심어 가을에 거두는 것과 같거늘 어찌 심지 않을 것인가? 나무아미타불."
"이 몸을 이승에 제도하지 못하면 다시 어느 때 제도하여 보오리까? 나무아미타불."

"부처님께서 이르시되, 망상을 내지 말라 하셨으니, 공부(염불수행) 밖에 내는 마음은 모두 망상이니, 짐짓 그 마음을 내지도 말며, 또 탐심을 내지 마오. 탐하는 마음은 악업을 이루니, 화내는 마음(瞋心)을 내지 마오. 화내는 마음을 참지 못하면 지혜 마음이 상하오. 밖의 마음에 망상이 나거든 칼로 반드시 날려버리오. 다만 화두 생각하고 회광반조(廻光返照)하되, 염불이 바로 화두이니 갓난아기가 젖 생각하듯, 배고픈 사람이 밥 생각하듯, 하루 종일 밥 먹을 때, 가고 오고 일할 때, 도량 쓸고 손님 영접할 때도 조금도 쉬지 말고 부지런히 염불하면, 자연히 천묘성(天妙聖)에 들어맞게

---

71) 십지보살(十地菩薩): 보살 수행 52단계 가운데 41~52단계에 있는 보살. 보살로는 최고의 경지에 도달한 보살.

되려니, 속히 될 마음도 내지 말고 나태심도 내지 말고, 밤낮 쉼 없지만, 염불하오. 생사의 큰 바다를 건너가는 길 염불수행밖에 없습니다."

3) 열반을 미리 알리고(涅槃豫告) 죽은 뒤 방광(死後放光)

성월 대사는 이러한 권왕문을 가지고 많은 사람에게 권고하며 불법의 신심을 일으키게 하더니 1926년 8월 2일, 몸이 불편함을 느꼈다. 그래서 먹고 마시는 것을 끊고 문도들을 모아 놓고 말했다.

"내가 지금부터 7일 지난 뒤 극락 왕생할 터이니, 너희들은 그리 알아라."

이처럼 입적을 미리 알렸으나 문도들은 들은 둥 만 둥 하였더니, 과연 7일을 지나서 입적하였다.
그런데 바로 대사가 입적하던 8월 초 8일, 오후 7시에 신도 안양행(安養行)이 대사를 간호하며 탕약을 준비하다 졸고 있었는데 비몽사몽간에 갓 쓴 노인 한 분이 동자를 데리고 대사가 있는 마루 위로 올라오는 것을 보았습니다. 그래서 이 씨는 '정말 누가 왔는가?' 하고 병실로 들어가니까 대사는 원기를 내 앉아서 말했다.

"지금 지장보살이 문수동자와 같이 오셨구려. 그래서 내가 인사를 드리기 위해 일어났소이다. 그리하니 나에게 장삼과 가사를 입혀주시오."

안양행으로부터 이 말을 전해 들은 문도들은 대사의 거동이 하도 이상하여 함께 모여서 보니, **대사는 서쪽을 향하여 3번 절하더니 큰 소리로 "나무아미타불" 6자 염불을 10번이나 부르고 가부좌를 틀고 앉았다.** 그리고 문도들께 말했다.

"내가 지금 극락으로 가는 길이니, 너희들은 울지 말고 도움 염불(助念)을 하여 나의 앞길을 도우라."
하시더니 오후 8시에 앉아서 자는 듯이 입적하였다.

그런데 대사가 돌아가신 뒤에는 여러 번 빛을 내는(放光) 상서로운 현상이 있었으니, 입적하고 나흘 되던 8월 11일 오후 8시에 안양암에서 밝은 빛이 비쳤고, 그 이튿날 길을 떠나 서대문 밖 봉원사에서 화장할 때 두 번째 밝은 빛을 냈는데(放光), 오후 4시부터 5시까지 밝은 빛이 꺼지지 않았다. 그리고 칠칠일(49일) 동안 기도 날을 정하고 기도승이 지장보살의 정진을 하되 매일 만 번 정근을 하였는데, 여섯 번째 7일 되는 날에는 세 번째 번개 빛(電光)을 쏘는 듯한 상서로운 현상이 있었다.

이것을 본 대사의 아드님 양학당 태준(養鶴堂泰俊) 대사는 더욱 감동되어 49일 입재 날, 첫째는 선친을 위하고, 다음에는 법계의 중생제도를 다짐하고, 부처님 앞에서 오른손 약손가락 한마디씩 태웠다. 이날 천 명이 넘는 승려와 신도들은 모두 감격해 "그 부자는 부처님을 위하여 난 분이다."라고 말하고, 또는 "어찌하면 부자가 그렇게도 한 뜻인가?" 하며 찬탄하며 놀래는 사람들이 많았다.

안양암 입구

안양암 전경 (2008.9.20. 이하 모두 같음)

4) 성월 대사의 업적

대사는 칠성각 3간을 건설하기 시작하여 다시 이것을 허물어 버리고 큰 가람을 건설하였으니, 안양암 도량 내에 북쪽으로는 수년간의 대웅전을 건축하고 서쪽으로는 관음전을 건축하고, 동쪽으로는 명부전을 건축하고, 다시 금륜전(金輪殿)과 독성각(獨聖閣)을 건축하고 또 앞에는 큰 염불당(念佛堂)을 수년간 건축하였다.

그리고 연중행사와 월중행사로 시행하여, 해마다 원만계단(圓滿戒壇)을 모아서 보살계를 설하게 하고 달마다 미타현행회·지장회·관음회·칠성회를

열어서 신도들을 지도하고 신도가 세상을 뜨면 반드시 불보살의 번개(幡
盖: 가리고 덮는 것)를 가지고 가서 지성으로 염불하여 위로하였다. 이것은
대사께서 이 절 안 사람들과 다 한가지로 거행하는 행사였지만, 대사 자신
에게도 특별한 행사였으니 해마다 방생회를 열고 살생 계를 가르쳤으며,
또 글씨 쓴 종이를 공경하고 아끼는 성격이 있어 오가며 길에서 글씨 쓴
종이가 떨어져 있으면 주어다가 정하게 태웠다. 불교에 입도한지 40년 동
안을 꾸준히 지장정근과 아미따경 염송·육자염불로 공부하였으며 만일회
염불당 화주가 되어 염불 사업을 계속하였다.

그리고 또 항상 시식단을 모아 놓고 삼계에 떠도는 외로운 넋에게 먹을
것을 베풀었고, 길 가다 가난한 거지를 만나면 꼭 먹을 것을 사주거나 돈
을 주거나 옷을 주어 도왔다. 대사의 모든 생활은 옛날의 혜원 대사와 영
명 연수 대사의 감화를 받은 자취가 많았다. 안양암은 당시 조선의 훌륭한
스님들이 대부분 한 번씩 법문을 설하시고 가셨으니 석주대사(石柱大師),
환옹대사(幻翁大師), 사바하 스님, 보운 대사(寶雲大師), 운파 대사(雲破大
師), 만하 대사(萬下大師), 관허 대사(寬虛大師), 회명 대사(晦明大師), 진하
강백(震河講伯), 용성 강백(鎔城講伯), 경운 강백, 월하 강백(月河講伯), 청호
강백(晴湖講伯), 회광 강백(晦光講伯) 같은 교종(教宗)의 거장들이 다 한두
달이나 혹은 며칠씩이라도 설법을 하시고 지나가셨고, 선승으로는 유명한
수월, 용성, 만공, 한암 같은 선지식 스님들이 한두 번씩 이 안양암을 들
려가시며, 불법 종자를 터트리고 가셨다.

성월 대사의 업적 가운데 가장 큰 것은 많은 불자를 모아 함께 공부해 극
락에 가서 태어나도록 했다는 것이다. 성월 대사는 37년 동안 많은 사람
에게 염불 정진시켜 그들이 임종 때 기적을 보이게 한 일이 많다. 성월 대
사는 훌륭한 법사·선사를 청하여 법문을 설하게 해서 대사도 무량한 법리
와 넉넉한 이익을 얻는 동시에 많은 사람에게 마음의 눈을 뜨게 해주었다.
그래서 칠성각 시대에 30여 명이나 모여서 공부하는 처사님들은 이러한
선지식 스님들의 법문을 들으며 30년 넘게 만일회 염불을 마치고 왕생극
락을 한 기적을 두고 가신 이가 많다.

안양암 대웅전

卍 보정 꼬리말

엮은이가 2008년 『극락 간 사람들(韓國 往生傳)』을 쓰기로 원을 세우고 가장 먼저 찾아간 곳이 안양암이었다. 서울에 있어 가깝고 기록과 함께 현장이 그대로 남아 있기 때문이다. 칠성각으로 시작된 절이라 비좁고 옹색한 느낌이 들지만, 정토수행의 전통이 곳곳에 남아 있고, 극락에 간 성인들을 많이 낸 절이다.

지금은 성월 스님 때처럼 뜨거운 염불수행 분위기는 보이지 않지만 정토수행의 가람으로 잘 보존되어 있었다. 근대에 들어와서 세워진 절 가운데 극락 간 사람들을 무더기로 발굴해 낸 보기 드문 도량이다. 성월 스님을 빼놓고도 적어도 6명의 수행자가 극락에 간 사실이 기록되어 있다. 비록 자세하지는 않지만, 연도와 간단한 임종 상황을 기록해놓아 이 책에 모실 수 있었다.

4. 1906년, 극락 간 안양암 신도(1) : 이광명 처사

서울 종로 5정목[72]에 살던 이광명(李光明) 처사 역시 칠성각 때 성월 대사와 같이 발심하여 염불에 힘쓰고 항상 지장경을 독송하였던 분인데 1906년 돌아가시기 사흘 전 집안사람들을 모아 놓고 말했다.

"나는 사흘이 지난 뒤에는 극락에 가게 될 터이니, 너희는 아무쪼록 집안살림에만 파묻혀서 죄업만 짓지 말고 염불을 하기를 바란다. 그리고 내가 갈 때 울지 말고 나무아미타불 염불을 많이 하여 내가 갈 때 듣게 해다오."

하시고 예언대로 정확히 3일 뒤 돌아가셨다.

---

72) 정목(丁目)은 일제시대 거리 이름으로, 종로 5가다.

안양암 만일회 염불당

5. 1906년, 극락 간 안양암 신도(2) : 황도운 선생

또 시내 충신동(忠信洞)에 사는 황도운 선생 역시 칠성각 시절 때 함께 발심하여 처사로서 염불수행을 많이 하신 분인데 1906년 돌아가실 때, 어느 날 목욕·재개하시고 장삼과 가사를 입은 뒤, 서쪽을 향해서 절을 하고 아미따경(彌陀經)을 외우고 큰소리로 10번 염하는 염불(十念念佛)을 하더니 앉아서 자는 듯이 돌아가셨다.

6. 1926년, 극락 간 안양암 신도(3) : 사리심 보살

조씨(趙氏) 사리심(舍利心) 같은 이는 1926년에 돌아가신 분인데, 돌아가실 적에 염불하고,
"나는 붇다 나라로 간다."라고 유언을 하더니 돌아가신 뒤 화장하고 모시니 사리 3과가 나왔다. 그래서 지금 그 사리는 안양암 뒷산 바위 속에 깊이 모셨다.

뒷산 바위의 사리함   사리함 확대

7. 1926년, 극락 간 안양암 신도(4) : 이선행 외

그리고 또 **이선행(李善行)이라고 하는 분도 안양암에 다니다가 1926년 합천 해인사에 가서 돌아가셨는데, 그분도 지극정성으로 염불을 한 공덕으로 화장한 뒤 정골사리 1개가 나왔다.** 그래서 그 사리를 지금 동서문 밖 삼선평 바위 속에 모셨다고 한다.

이 밖에도 이상스러운 기적을 나투고 돌아가신 처사님과 부인네가 정말 많다. 나투시고 간 사례가 너무나 많지만 이만큼만 소개하기로 한다. 지금 이 사례는 하나도 거짓이 없는 진실이며 사실이다.

지금도 그 집안사람으로서 그러한 기적을 보고 발심하여 본 암에 다니며, 염불 수행하는 사람이 많이 있다. 불법이란 의심 없이 믿고 공부만 잘하면 별별 불가사의한 일들이 다 있다. 그러므로 현대라고 불교를 의심하고 믿지 않고 비방하는 이는 죄로 갈 것이다.

8. 1930년, 극락 간 안양암 신도(5) : 김정인(金正因) 선생

1930년 안팎에 돌아가신 김정인 선생은 안양암 창건주 성월 대사와 같이 발심한 분으로, 안양암 만일회 염불당에서 20년간 입승(立繩)[73]이라는 직책을 가지고 여러 사람에게 염불공부를 지도하고 공부시키든 분이었다. 그런데 그분이 돌아가실 때 집안사람들에게 말하였다.

"내가 지금 극락으로 가는 길이니 어찌 걸어서 가겠느냐, 극락세계에서 가마(輦)[74]을 타고 오라고 가마를 보냈으니, 어서 가마를 놓아다오. 저기 가마(輦)가 보이지 않느냐. 어서 이리 가깝게 갖다 놓아라."
하시면서 아주 즐거우시고 편안한 모습으로 노랫가락 같이 고성염불을 하였습니다. 그리고

---

73) 절 안의 규칙을 맡은 스님.
74) 보정 주 : 이때 연은 연꽃 연(蓮)일 가능성이 크다.

"내가 간 뒤에 너희들은 절대로 울지 말고 염불해라. 그리고 절에 가서 스님을 부르지 말아라. 스님도 염불 수행하고 공부가 있는 법대사 같으면 모르지만 그렇지 못한 사람은 공연히 법문의 뜻도 모르고 웅얼거리기만 하니까 나의 영혼이라도 듣기 싫은 것이다."

이같이 말씀하고 『다비작법(茶毘作法)』과 『시다림의문(屍多林儀文)』[75]이라는 책을 내놓고 목소리를 길게 빼서 처음부터 끝까지 다 읽고 그대로 앉아서 돌아가셨다.

안양암 대웅전 아미따붇다와 두 보살.

9. 1933년, 목탁을 든 채 극락 간 안양암 신도(6) : 김원성 처사

시내 누상동(樓上洞) 사는 김원성(金圓惺) 처사도 칠성각 시대 때 함께 발심한 분인데, 1933년 돌아가실 때까지 지극정성으로 염불하셨던 분이다.

---

75) 원문에 『다비작법시다림(茶毘作法屍多林)』이라고 했는데 그런 책을 찾지 못했다. 『조선불교통사』(하) 「寺庵, 塔像及件名細目」에 비추어 『다비작법(茶毘作法)』과 『시다림의문(屍多林儀文)』이라고 옮겼다. Śītavana

그런데 이 어른도 돌아가실 때 가는 날을 아시고 목욕 · 재개하고 장삼과 가사를 입고, 서쪽을 향해 예배하고 목탁을 치면서 6자 염불 '나모아미따 불'을 하시더니 자손들께 말씀하시길,

"지금 관음보살님이 너희 어머니로 변신하시어 오대산을 가시더니 문수동 자를 데리고 오시는구나. 나는 이 동자를 앞세우고 오대산을 거쳐 극락세 계로 갈 것이다."

라는 말을 마치고 목탁을 든 채로 서서 돌아가셨다. 그런데 이 김 처사는 진실로 정성이 지극하신 분입니다. 말년에는 집에 있으면서도 한 달에 한 번씩 꼭 스스로 붇다께 올릴 공양미를 등에 걸머지고 안양암을 찾아오는 분이었다.

10. 1933년, 서기 방광에 소방대 출동한 진주 연화사 선덕화 보살

청담 스님 『금강경 대강좌』「금강경 지경공덕분」 제15 (양우당, 1977)
「은진송씨 선덕화 보살 사리탑 비」

■ 청담 스님이 『금강경』 강의 때 선덕화 보살의 왕생 이야기를 했다.

경상남도 진주에 가면, 송 보살이라고 내가 어려서 봤는데, 길가에 다니다가 만나서 우리가 "어디 가십니까?" 인사하면 "응"하고 사람은 쳐다보지도 않고 그대로 가기만 하는 그런 여자가 한 분 있었습니다.

내가 중이 된 뒤 그이가 거의 구십 살이나 살다가 돌아가셨는데, 그 집이 가난한 살림인데 절에 불공이 있으면 와서 거들어 주고 떡 부스러기나 얻어다 아이들 먹이는 이런 형편입니다. 그렇게 가난하게 살면서도 염불을 자나 깨나 하던 그런 보살입니다.

그분이 돌아가신 뒤에 내가 진주에 가보니까 시내 연화사(蓮華寺: 경남 진주시 옥봉동 449번지) 포교당에 낯선 탑이 하나 생긴 것을 보고 "이게 무슨 탑이냐"라고 물었더니 이렇게 얘기하는 것을 들었습니다.

이 송 보살이 자기가 죽기 나흘 전에 진주 신도를 다 찾아보면서 "내가 나흘 뒤 저녁을 먹고서 어둑해질 때 가겠으니 부디 염불 잘하십시오. 나는 먼저 극락세계 가니까 같이 거기 가서 만납시다." 이런 인사를 하고 다니는데, 사람들은 아마 나이가 하도 많은 노인이라 망령이 들어서 정신이 좀 이상해진 것 같다고 모두 곧이듣지를 않고 지나쳐 버렸습니다.

그런데 그날 아침 먹고 나서 손자고 누구고 식구들을 아무 데도 못 가게 하고 불러 앉혀 놓더니

"내가 오늘 저녁 해 질 무렵에 간다. 너희들은 부디 딴짓하지 마라, 극락도 있는 거고 천당도 있고 지옥도 있는 줄 알고, 또 사람이 붇다가 되는 법이 있으니 잘 명심하고 신심으로 살아야 한다."
라고 당부를 하더라는 겁니다. 일념으로 마음이 통일되어 놓으니까 그 무

식한 노인이지마는 밝은 마음의 혜(慧)가 열려서 무얼 알던 모양입니다. 그리고 오후가 되니까 가서 물 데워 오라고 해서 목욕을 하고, 그리고 새 옷으로 갈아입고는 "너희들 밥 먹고 나서 아무 데도 가지 마라. 저녁 일찍 해 먹어라."라는 겁니다. 그래서 식구들은 할머니가 뭐 정신이 돌았거나 망령이 든 것 같지도 않게 태연하고 엄숙하니까 행여나 싶어서 식구들이 모두 시키는 대로 저녁 일찍 해 먹고 아이들도 모두 못 나가게 하고 그랬는데 어두워지기 시작하니 요를 펴라고 해서 요를 펴니까, 요 위에 앉아서 또 얘기합니다.

"이 세상이 다 무상하고, 여기는 고해(苦海)고, 불붙은 집이고, 그러니 아예 방심하지 말고 네 일 좀 해야지, 맨날 육체·몸뚱이 그렇게 가꾸어 줘봐야 갈 때는 헛수고했다고 인사도 안 하고 나를 배반하고 가는 놈이며, 몸뚱이라는 건 그런 무정한 놈이니 그놈만 위해서 그렇게 살지 말아라. 나도 평생 염불해서 이런 좋은 수가 있지 않느냐. 구십 살까지 장수도 하고, 병 안 앓고, 꼬부라지지도 않고, 그리고 가는 날짜 알고, 내가 지금 말만 떨어지면 간다. 곧 갈 시간이 되었어. 이러니 너희들도 그랬으면 좀 좋겠느냐. 두 달이고 일 년이고 드러누워 똥을 받아 내고, 이래 놓으면 그 무슨 꼴이냐. 너희한테도 빌어먹을 것도 못 벌어먹고 모자간에 서로 정도 떨어지고 얼마나 나쁘냐. 부디 신심으로 염불도 하고 부디 그렇게 해라."

이렇게 말한 뒤 살며시 눕더니 사르르 잠든 것처럼 가 버렸는데 그리고 얼마 있다가 그만 그 집에서 굉장히 좋은 향내가 나고 또 조금 있으니 서쪽을 향해서 환히 서기방광을 해서 소방대가 불났다고 동원이 되기까지 했다는 겁니다.

불교 신도들이 이 소문을 듣고 송 보살이 예언한 대로 돌아갔다, 열반했다, 이래 가지고 진주 신도라는 신도는 수천 명이 모여 와서 송장도 붙다 같이 생각하고 수없이 예를 올리고 마당에서 길에서 뜰에서 신도들이 꽉 차게 모여서 절도 하고 돈도 내고, 이래서 장사를 아주 굉장하게 화장으로 지내는데 사리가 나와서 사리탑을 지어 모셔 놓은 것이 연화사에 있는 낯선 저 탑이라는 것입니다.
그러니 "나모아미따불 나모아미따불~" 그것만 불러도 이렇게 됩니다. 아무 뜻도 모르고 극락세계 갈 거라고 그것만 해도 공덕이 되고 정신통일이 되어 혜(慧)도 열립니다.

■ 은진송씨 선덕화 보살 사리탑 비 (진주시 옥봉동 1-513. 연화사)

이 塔은 恩津宋氏善德華菩薩의 舍利塔이다.
佛紀 二三九六(壬子)年 陰四月一日에 出生하여 동 二四七七(癸酉)年 陰五月二十三日 入寂하신 보살은 八歲 때부터(?)
부처님께 歸依하여 一生동안 信仰이 敦篤하여 念佛과 坐禪戒行에 精進하였으며 극빈한 생활 속에서도 부처님의 大慈
大悲思想을 實踐俱現하신 菩薩님이시다.

入寂하신 後 四日째 되는 밤 十時頃 十餘年間 繼續 參禮修道하신 因緣깊은 蓮華寺에 奉安한 菩薩님의 舍利에서 瑞氣
放光이 水晶山 草木 잎을 鮮明하게 보일 정도로 밝게 비추었다.

이를 親見한 善男善女들을 代表하여 當時 蓮華寺 住持 晚山 스님과 固城郡 玉泉寺 宗務院 晉州佛敎信徒會員 一同
및 晉州佛敎靑年會員 一同이 同年 陰七月十一日 菩薩님의 四十九齋日을 期하여 이 舍利塔을 法堂 右便에 建立
하여 紀念하여 오던 中 法堂 左便으로 옮겨 모시다.

佛紀二五二四(庚申)年 十月十五日

蓮華寺 住持 釋道善　蓮華寺 信徒會員 一同
孫 閔壽英 閔石根 閔点壽
孫壻 金永桓

이 탑은 은진 송씨(恩津宋氏) 선덕화(善德華) 보살의 사리탑이다. 불기 2396(임자, 1852)년 음력 4월 1일에 출생하여 불기 2477(계유, 1933)년 음력 5월 23일 입적하신 보살은 8세 때부터 부처님께 귀의하여 평생 신앙이 돈독하여 염불과 좌선계행(坐禪戒行)에 정진하였으며, 극빈한 생활 속에서도 부처님의 대자대비 사상을 실천 구현하신 보살님이시다.

입적하신 후 4일째 되는 밤 10시경 10여 년간 계속 참례수도(參禮修道)하신 인연 깊은 연화사(蓮華寺)에 봉안한 보살님의 사리에서 서기방광(瑞氣放光)이 수정산(水晶山) 초목 잎을 선명하게 보일 정도로 밝게 비추었다.

이를 친견한 선남선녀들을 대표하여 당시 연화사 주지 만산(晚山) 스님과 고성군(固城郡) 옥천사(玉泉寺) 종무원(宗務院) 진주(晉州)불교신도회원 일동 및 진주불교청년회원 일동이 같은 해 음력 7월 11일 보살님의 49재일을 기하여 이 사리탑을 법당 오른쪽에 건립하며 기념하여 오던 중 법당 왼쪽으로 옮겨 모시다.

불기 2524(경신, 1980)년 10월 15일

연화사 주지 석도선(釋道善), 연화사 신도회원 일동
손자 : 민수영(閔壽英) 민석근(閔石根) 민점수(閔点壽)
손자사위 : 김영환(金永桓)

은진송씨 선덕화 보살 사리탑(이은금 찍음)

은진송씨 선덕화보살 사리탑비(2022.5.29)

卍 보정의 꼬리말

2008년 12월 29일, 연화사에 이르러 입구에 탑이 있어 보니 "청신녀 오정토화 사리부도"(불기 2992년 을사)라고 기록되어 있다. 1965년 세운 것이니 송보살 것이 아니다. 극락보전에서 아미따붙다께 절하고 나오니 유치원 3층에서 노보살들이 몇 명 나와 부지런히 좌선실로 간다. 소문처럼 이곳에는 나이 많은 보살들이 많았다.

송보살 사리탑은 염불실 옆에 있다고 해서 가보니 염불실에는 참선 수행 중이라 "외부인 출입 금지"라 들어가지 못하고 망설이는데, 노보살이 안내를 해주어 염불실을 돌아가니 꽉 막힌 좁은 공간에 잘생긴 탑이 하나 서 있고, 바로 옆에 비석이 서 있다. 바로 송보살 사리탑이다. 칙칙한 대밭에 가려 있어 밝은 대낮에도 빛이 부족해 사진 찍는 데 어려움이 많았다. 비가 너무 낮아 엎드려 읽기도 어려웠다. 다행히 디지털카메라의 빛나는 성능 때문에 집에 돌아와 2시간 정도 걸려 판독을 마쳤다.

비록 사리에서 빛을 발했다는 사실만 기록하고 청담 스님이 연화사에서 들은 왕생의 증거는 제대로 기록이 되어 있지 않지만 송 보살의 집안과 정확한 연월일을 찾아낼 수 있어서 아주 귀중한 자료 가치가 있다. 혹시 더 자세한 기록을 찾을 수 있을까 해서 종무소에 들렀다. 젊은 여신도가 종무를 맡아 보는 모양이다. 다른 기록은 전혀 없고, 사찰의 역사나 절에서 발행하는 간행물이 전혀 없다고 한다. 만일 사리탑과 비문이 없었다면 자료가 완전히 사라질 뻔한 사례이다.

한국의 사찰을 검색해 보니 "연화사는 특이하게도 보살선원(금당선원)이 잘 운영되고 있는 대표적 사찰이다. … 지금도 연화사에 가면 80세가 훨씬 넘은 노보살들이 허리를 곧추세우고 정진하는 모습을 볼 수 있다. 가히 연화사의 보배로운 모습이라 할 수 있을 것이다."라고 한껏 높이 평가하고 있다. 같은 절에서 염불로 극락 가서 불퇴전을 이룬 분이 있음을 알고 본받았으면 하는 생각이 들었다.
2022년 5월 29일 다시 찾았을 때 경내는 아무도 없이 조용하였다. 탑을 가보니 탑 주변을 잘 정비하여 비석도 쉽게 사진을 찍을 수 있었다.

11. 1940년, 견성성불과 왕생극락을 한꺼번에 찾은 용성 스님

1940년
「용성대선사 사리탑비명 및 머리말(龍城大禪師 舍利塔碑銘 幷序)」
해인사 용탑선원(1941)
번역본 〈백용성 대종사 총서〉(동국대 홈페이지)[76]

한용운 지음 「용성대선사 사리탑 비명 및 머리말(龍城大禪師 舍利塔碑銘幷序)」

용성 스님

대선사께서는 조계종의 법맥을 곧바로 이으신 제35대 법손 환성 지안(喚惺志安) 선사의 후예로, 법휘는 진종(震鍾)이고, 호는 용성(龍城)이다. 백씨의 자제로, 본관은 수원이며, 대대로 전라도 남원 죽림리에 살았다. 아버지의 이름은 남현(南賢)이며, 어머니는 손 씨다. 어머니가 비범하고 기이한 승려 한 분이 법의를 입고 방으로 들어오는 꿈을 꾸고 나서, 스님을 잉태하였다. 그리고 조선 고종 갑자(1864)년 5월 8일에 스님을 낳았다.

스님은 태어날 때부터 총명하였고, 비리거나 매운 음식(羶葷)을 좋아하지 않았다. 그리고 차마 하지 못 하는 행동도 있었으니, 6~7세에는 아버지께서 낚시하는 것을 보고는, 살아 있는 물고기들을 골라서 물에 놓아 주었다. 아버지께서 그것을 꾸짖자, 스님이 말하길 "어찌 차마 죽는 것을 보고만 있겠습니까."라고 말하여서 아버지를 놀라게 하였다. 9세에 이미 시를 잘 지었는데, 아이가 꽃을 따는 것을 보고는, 그 자리에서 "꽃을 따자 손안에서 봄의 마음 꿈틀대네. (摘花手裏動春心)"라고 읊어, 사람들이 그 재주를 칭찬하였다.

일찍이 부모님께 출가하겠다고 알리자 처음에는 부모님께서 반대하였지만,

---

76) http://ys.dongguk.edu/Contents/Index?dcode=MBC0001_0036_0001001&ctype=10

생사라는 중대사 인연을 끝내 막을 수 없었는지, 결국 허락하였다. 19세에 가야산 해인사에 들어가서 화월(華月) 화상에게 의탁하여 머리를 깎았다. 후에 의성 고운사(孤雲寺)의 수월 장로를 찾아뵙고, "생사는 중대한 일이며 세상은 덧없고 빨리 변하는데, 어떻게 해야 불성을 깨달을 수 있습니까?" 라고 물었다. 이에 장로는 "세속은 말세(像季)이고 법은 멀어졌으며 근기는 둔해져서, 정진하여 성인의 경지에 다다르기가 어려워졌으니, 우선 대비주를 외워 업장을 사라지게 하고 마음의 빛이 피어나게 하는 것만 못하다." 라고 대답해 주었다. 스님께서 그 말을 굳게 믿고 의심하지 않아서 그때부터 대비주를 외웠는데, 입으로는 소리 내어 외우고 마음으로는 묵묵히 생각에 잠겼다.

나중에 양주 보광사(普光寺) 도솔암에 가서, 맹렬히 정진에 박차를 가하였다. 그러던 가운데 어느 날 문득 '삼라만상에 모두 뿌리가 있는데, 나의 견문각지(見聞覺知)는 어디서 생겨났는가?' 하는 의심이 들었다. 끊임없이 의심이 들기를 6일 만에 모든 것을 단박에 깨닫자, 마치 물통의 밑바닥이 빠지듯 훤히 깨닫게 되었다. 금강산 무융(無融) 선사를 찾아가서 찾아온 이유를 자세히 말하니, 무융 선사가 말하길 "그 깨달음이 옳지 않다고 말할 수는 없으나, 다시 화두를 참구해 보아라."라고 하였다.

스님은 이때부터 '개에게는 불성이 없는가(狗子無佛性)'라는 화두를 깊이 생각하였다. 도솔암에 돌아와서 정진하던 어느 날, 문득 자기도 모르게 웃으며 "작년 가난은 가난도 아니라(去年貧未始貧) 송곳 꽂을 땅도 없더니(無立錐之地), 금년 가난이 진짜 가난이라(今年是始貧) 송곳마저 없다네(錐也無), 이 말이 바로 나를 위해 준비된 말이구나."라고 말하였고, 이로부터 큰 도에 부합함이 있었다.

27세에 통도사 금강계단에서 선곡(禪谷) 율사로부터 비구계와 보살대계를 받았다. 조계산 송광사 삼일암(三日庵)에서 하안거할 때 『전등록(傳燈錄)』을 보다가 황벽 선사 법어 가운데 "달은 활처럼 휘어 있고(月似彎弓), 비는 적고 바람은 많네(少雨多風)"라는 구절에 이르러 일순간 크게 깨달았다. 그리하여 '월면불(月面佛)도 일면불(日面佛)'이라는 화두뿐만 아니라, '개는 불성이 없다'라는 화두에 이르기까지 모두 밝고 분명해졌으며, 셀 수 없이 많은 공안이 모두 얼음 녹듯 환하게 풀렸다.

이에 다음과 같이 게송을 읊었다.

金烏千秋月(금오천추월) 금오산 천추의 달
洛東萬里波(낙동만리파) 낙동강 만 리의 파도
漁舟何處去(어주하처거) 물고기 잡는 배 어디로 갔나
依舊宿蘆花(의구숙로화) 여전히 갈대꽃에 머무는구나.

붇다의 모든 가르침을 보고 중생을 괴로움에서 건지는 일을 자신의 임무
로 삼아, 온갖 궂은일을 마다치 않고 서울과 지방 곳곳에서 조사의 가르침
을 높이 들고 여래의 넓은 법을 크게 떨쳤다. 얼마 지나지 않아 대각교회
(大覺敎會)를 비롯하여, 완전한 깨달음(大覺)이란 깊은 이치를 밝히는 데 특
별히 노력하였고, 해외까지 포교를 크게 넓히기 위해 따로 간도에 지회를
세웠다. 또한 간도에서 『화엄경』·『원각경』·『능엄경』·『금강경』·『기신론』
같은 여러 경을 국문으로 옮겨 나라 안팎에 널리 폈으며, 그 밖의 저술도
적지 않다. 늘 산목숨을 놓아주길 좋아하여 그 수를 이루 다 헤아릴 수 없
을 정도로 많았으니, 가히 '6바라밀(六度)을 함께 행하여 하나라도 빠짐이
없다'라고 말할 만하였다.

61세에 사리 한 알이 이 사이에서 나왔는데, 자줏빛에 윤택이 났으며 생
김새는 윗머리 뼈(頂骨)를 닮아 있었다.

경진(1940)년 봄에 갑자기 아프자, 문도들을 불러 "내가 장차 입적할 것이
니, 절대 울지 말고, 상복을 입지 말라."라고 당부하였으며, (육조단경에
나오는)"위 없이 큰 니르바나(無上大涅槃) 둥글고 밝아 늘 고요히 비추네
(圓明常寂照)"라는 구절만 암송해 주면 충분하다."라고 하였다. 2월 24일
새벽 숨을 거둘 때 문도들이 묻기를 "이제 어디로 가시겠습니까?"라고 물
으니, 스님께서 "박꽃이 울타리를 뚫고 나가고(匏花穿籬出), 삼밭 위에 한
가로이 눕노라(閑臥麻田上)"라고 대답하였다. <u>미소를 지으며 입적하였는데,
기이한 향기가 사람들을 감동을 줬으니, 일대사 인연이 여기에 이르러 마
쳤다.</u> 세수는 77세였고, 승랍은 59세였다. 다음 해에 문도 등이 해인사의
서쪽 기슭에 탑을 세워 사리를 안치하였고, 비석을 세웠다.

그 비에 새길 글(碑銘)은 다음과 같다.

法貴度生(법귀도생)　중생 제도를 귀히 여겨
隨機從緣(수기종연)　근기 따르고 인연 따라
恒沙方便(긍사방편)　셀 수 없는 방편 쓰되
無關不玄(무관불현)　현묘하지 않음이 없네.

以燈傳燈(이등전등)　등불에 등불을 전하되
有正無像(유정무상)　갖추어 있되 상이 없으니
是故大德(시고대덕)　이 때문에 대덕께선
旣龍且象(기용차상)　용인데다 코끼리로다.

有師龍城(유사용성)　대선사 용성스님께선
錐也不留(추야불류)　송곳 틈조차 안 주어
未說一偈(미설일계)　한 게송도 아니 말해도
山河點頭(산하점두)　산하가 모두 끄덕였네.

非珠有珠(비주유주)　사리 아닌 사리 있어
離色離空(이색이공)　색도 공도 다 떠나
塔而安之(탑이안지)　탑을 세워 안치하니
伽倻之中(가야지중)　옛 가야의 땅이라네.

知音千載(지음천재)　천년토록 날 알아줄 이
少亦何傷(소역하상)　적다고 어찌 마음 상하나
古桐離絃(고동이현)　옛 거문고의 줄이 끊겨도
山峩水洋(산아수양)　산은 높고 바다는 넓구나.

불기 2968년 신사(1941) 7월 일. (한)용운 삼가 짓고, 오세찬 새기고, 일제 최종한(崔宗瀚) 쓰다.

해인사 용탑선원 용성 스님 비석　　　　용탑선원 미타굴 아미따불 삼존불

卍 보정의 꼬리말

저물어가는 조선과 일제강점기라는 세월은 용성 스님을 더 강하고 빛나게
했다. 모진 역사 가운데서 스님은 마지막 호흡을 내려놓는 순간까지 선사
·율사·강백·역경사·전법사·개혁가로 살았던 다방면의 선지식이었
다. 1940년 조국의 광복을 보지 못하고 입적한 용성 스님은 그 뒤 어디로
가셨을까? 지금까지 용성 스님 사상과 행적에 관한 많은 연구가 있었지만,
이 문제에 대한 물음이 없었다. 엮은이는 용성 스님이 극락에 갔을까 가지
않았을까 여러 자료를 면밀하게 검토하였다.

1) 미타회 창설과 대각사의 아미따불상

용성 스님은 대표적인 선승이면서 동시에 아미따불에 대한 염도 소홀히
하지 않았다. 46세 시절인 서기 1909년 대한제국 순종 융희 3년 3월 3일
에 합천 가야산 해인사 원당암에서 미타회를 창설하여 염불수행 삼매현전
(念佛修行 三昧現前)의 염불 수행을 향도하고, 참선수행 의단독로(參禪修行
疑團獨露)와 염불수행 왕생정토(念佛修行 往生淨土)인 선정일치를 창도하였
다. (『혜총 스님의 아미타경 강설』 222쪽)

1910년 일본이 대한제국을 강점하자 48세 때인 1911년 서울로 올라와
다른 종교들이 활발하게 포교 활동을 하는 것을 보고 신도 집에서 선회(禪
會)를 만들고 4월 8일 대각사(大覺寺)를 세웠다(봉익동 1번지).77) 그런데

이 절에 모신 붇다가 바로 아미따붇다였다.

스님께서는 예부터 모시고 있던 목조 아미타 불상을 본존불로 모시고 목재로 된 관세음보살, 지장보살상을 좌우로 봉안하셨습니다. 본존 아미타 불상은 15세기 후반기의 불상이므로 미술사적 가치가 매우 높다고 평가되고 있습니다.[78]

2021년 2월 26일 BBS NEWS에서 대각사 주지 종원 스님이 증언한 바에 따르면 용성 스님은 대각사를 세우기 이전에 이미 15세기 목조 아미따붇 다의 상을 모시고 있었던 것을 알 수 있다. 해인사 원당암에서 미타회 만 들었을 때 이미 모시고 있던 불상으로 보인다. 이처럼 스님이 아미따붇다 를 모시고 있었고, 서울에서 처음 세운 대각사의 본존불로 모셨다는 것은 아미따붇다와의 인연이 깊고 아미따붇다를 염(念)하고 있었다는 것을 보여 주는 것이다.

대각사 삼존불

2) 용성 스님의 왕생가(往生歌)

용성 스님은 또한 대중들에게 염불하여 극락에 갈 것을 적극적으로 권하 였다는 것은 스님이 지은 '극락 가서 태어나는 노래(往生歌)'와 몸소 작곡

77) 대각사 홈페이지 「용성 스님 연보」
78) BBS NEWS [뉴스파노라마 3.1절 특집] 「종원 스님 "용성스님 다시 오셔도 '독립운동=중생구제' 하실 것...기념교육관 건립 추진"」, 2021.02.26.

한 왕생가의 악보를 통해서 알 수 있다.

1927년 경상남도 함양에 화과원(華果園)을 세우며 수행과 일을 다 함께 힘쓸 것을 내용으로 하는 선농불교(禪農佛敎)를 주장하였다. 그리고 이듬해에는 삼장역회(三藏譯會)의 기관지로 『무아(無我)』를 발행함으로써 대중포교에 더욱 힘을 쏟았는데, 이 잡지는 아직까지 계속 발행되고 있다. 같은 해 64세 때에는 『대각교의식집(大覺敎儀式集)』을 발간하면서 왕생가(往生歌), 권세가(勸世歌) 같은 국악 조의 창작 찬불가를 처음으로 작시, 작곡하여 이 분야에서는 국내에서 처음이라고 할 수 있다. 노구에도 불구하고 대각사에 일요 학교를 설립하여 오르간을 손수 치기도 하였으며, 한문으로 된 불교 의식을 한글화하여 불공, 제사 등을 지내기도 하였다.[79]

『대각교의식』은 모두 21장으로 구성됐다. 제1장부터 제12장까지는 향례, 성공절차, 원각경 문수장, 보문품, 반야심경, 시식(약례), 시식(광례), 구병시식, 거량, 혼례, 병인간호, 상례가 담겼다. 찬불가도 7편 수록됐다. 제 13~19장에 왕생가, 권세가, 대각교가, 세계기시가, 중생기시가, 중생상속가, 입산가 등이 실렸다. 제20장은 극락세계 노정기가, 제21장은 육자주 이행관법이 소개돼 있다.

용성 스님이 직접 작곡한 왕생가

『대각교의식』(동국대학교)

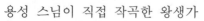

79) 『발보리심 일향전념 아미타불』 「용성 스님 왕생가」

1. 부처님의 자비원력 도우시고 증명하사, 일심으로 염불공덕 극락인도 하옵소서
2. 삼계윤회 화택이오 육도왕래 고해로다 어서어서 크게깨쳐 적광세계 수용하오
3. 원각적멸 둘이없어 처처극락 즐거워라 항사세계 공화같고 백년광음 번개같소
4. 하늘나라 좋다하나 오쇠상이 나타나서 복다하면 타락되니 생사윤회 못면하오
5. 만고제왕 영웅호걸 북망산에 띠끌되고 문장재예 부귀가도 장생불사 하나없소
6. 다생겁에 익힌업장 길음결듯 한없으나 지성으로 정진하면 해탈하고 복받으오
7. 자비하신 제불전에 지성으로 참회하면 무명흑업 녹아지고 청정세계 나타나오
8. 초로인생 우리몸은 꿈결같이 무상하다 물위에 뜬거품이요 바람에켠 등불일세
9. 어서어서 염불하여 왕생극락 하올적에 영겁생사 끊어지면 불생불멸 즐겁도다
10. 삼계가 다마음이오 만법이 다알음이라 마음맑혀 청정하면 부처나라 따로없오
11. 세속범부 마음이오 제불성인 마음이라 천진면목 둘아닌데 집착하면 길닳으오
12. 선지은자 천당가고 악지은자 지옥가니 선악차별 분명하여 인과보응 못면하오
13. 생각돌려 애착말고 몸을잊어 원결풀면 걸림없이 자재하여 세상고통 자연없소
14. 곧게자란 솔나무는 그림자도 굽지않고 비인골에 메아리는 소래좇아 대답하오
15. 자비심은 관음이요 희사심은 대세지요 청정심은 석가시오 평등심은 미타로다
16. 악심바다 망상물결 독해악룡 진노어별 간탐지옥 우치축생 맘이된것 분명하오
17. 하염없는 적광토는 만상삼라 공적하야 밝은혜성 큰광명이 미진세계 뚫었도다
18. 탁한물이 맑은대로 그림자가 나타나듯 무명흑업 녹는대로 구품연대 차별있오
19. 극락세계 한번가면 한량없는 종종방편 고생된일 볼수없고 영히즐검 변함없오
20. 칠중난간 칠중그물 칠중보수 모든장엄 금은유리 좋은보배 줄을맞춰 벌여있오
21. 일곱보배 못가운데 팔공덕수 충만하고 못밑에는 순금모래 광명놓아 청정하오
22. 향기좋은 큰연화여 청색청광 황색황광 적색적광 백색백광 미묘하고 정결하오
23. 아름다운 하늘풍악 주야육시 간단없이 제일가는 하늘꽃비 허공으로 나려지오
24. 궁전타고 하루아침 십만억불 공양한후 본국와서 밥먹으니 자재왕래 걸림없오
25. 가릉빈가 공명새여 주야없이 맑은소리 무진법문 연설하니 미타신력 분명하오
26. 맑은바람 슬슬불면 백천종악 풍류소리 번뇌망상 녹아지니 어서어서 왕생하오
27. 국토설법 중생설법 무정초목 설법하니 미타변신 묘한신력 즐겁도다 극락세계
28. 시방제불 찬탄하고 항사보살 유희하니 불생불멸 나의본분 즐겁도다 극락세계
29. 시방제불 성도하사 광제중생 하오시니 우리들도 마음닦아 자타없이 깨칩시다

▣ 극락은 어떤 곳이고 어떻게 가는가?

29절로 된 왕생가는 첫 소절에서 극락 가기를 빌고, 극락에 왜 가야 하는지 그 까닭을 설명해 간다. 삶이란 괴로움이 덧없다는 점을 강조하고 9절에서 염불하여 극락에 가면 나지도 죽지도 않는다고 설득한다. 10~11절에

서는 모든 것이 마음이라는 점을 설하고 12~14는 인과를 설명하고 15에서 불보살의 자비·희사·청정·평등을 기린다. 16절은 사하세계를, 17절에서는 법신불의 정광정토를 대비시킨다. 18~26절은 아미따경에 나오는 극락세계를 간추려 소개하고 있다. 27~28절에는 시방 붇다들이 찬탄하고 수많은 보살이 노니는 극락세계를 찬탄하고, 마지막 29절에서는 이처럼 도를 이룬 붇다들이 중생을 널리 제도하니, 우리도 따라서 닦아 깨우치자는 외침으로 끝난다.

대체로 마음과 적광정토를 내세우는 화엄의 세계를 이야기하지만, 뒤에 가면 아미따경의 극락세계 가서 태어나 마음 닦아 깨우치자는 '왕생가'이다. 그리고 실질적인 수행은 아미따경에서 아미따불이 새소리 물소리로 가르침을 설하듯 용성 스님은 노래로 설하는 방법이고 이 노래를 따라 부르는 것만으로 수행이 되는 극락식 교육법을 고른 것이다.

악보에서 보듯이 한 절에 '남무아미타-불'[80]을 4번씩 부르게 되었기 때문에 29절을 다 부르고 나면 116번 부르게 되어 있다. 그러므로 왕생가만 열심히 불러도 자연히 염불이 되고 이 염불공덕으로 극락에 갈 수 있다는 기본 논리가 바탕이 된 왕생가이다.

3) 『대각교의식』 제20장 「극락세계 노정기」

(1) 극락세계 주인공 아미따불을 찾을 것

❶ 학인이 묻기를
『극락세계를 가고자 할진대 어떠한 도를 닦아야 갈 수 있나이까?』
용성(龍城)이 대답하기를
『아미타공안(阿彌陀公安)을 힘써 참구(參究)하여야 만이 극락세계에 가서 주

---

80) 한문 남무(南無)를 그대로 읽는 것도 당시의 상황을 잘 전해준다. 본디 산스크리트는 나모(namo)이고 아미따경을 한문으로 옮길 때는 'namo=南無'였다. 그래서 한자로 南無=나모(namo)라고 읽어야 하는데 조선시대 18세기 이후 '南無=나무' 또는 '南無=남무'로 잘못 읽기 시작하였다. 용성 스님이 활동하던 일제강점기는 南無를 나모·나무·남무로 섞어 쓰다가 1935년 신활자 판으로 나온 『석문의범』에서 '남무(南無)'를 '나무(南無)'로 확정하였다. 『석문의범』에서 확정된 '나무'는 해방 이후 『행자수지(行者受持)』(1969)로 이어지고, 끝내는 현행 『천수경』까지 이어져 불자들에게 '나무'가 일반화되었다. 자세한 것은 다음 논문을 볼 것. 서길수,「南無阿彌陀佛'의 소릿값(音價)에 관한 연구」(1),『정토학연구』 34집, 2020; 서길수「南無阿彌陀佛'의 소릿값(音價)에 관한 연구」(2), 『불교음악연구』(2), 2021.

인공인 아미타불을 친견하고 위 없는 도를 성취하리라.』

❷ 다시 학인이 묻기를
『경에 말씀하시되 〈이 사바세계로부터 서방으로 십만 억 국토를 지나가서 극락세계가 있고 그 세계에 대각 성존인 아미타불이 계시어 지금 법을 설하신다.〉고 하시니 어찌 아미타공안만 참구하여 멀고 먼 극락세계를 갈 수 있겠습니까?』
용성이 다시 대답하기를
『사바세계이니 극락세계이니 광대한 허공에 한량없이 건립된 세계들이 다 건립된 것이니 그 마음만 청정하면 극락세계가 스스로 오는 것이다.』

❸ 학인이 묻기를
『아미타공안을 어떻게 참구하여야 하겠습니까?』

용성이 대답하되
『아미타불을 한문으로 번역하면 무량수각(無量壽覺)이라 하고 우리말로 번역하면 광명이 넓게 비치고 수명이 한량없다는 말이니, 이것이 다 우리의 본원각성(本源覺性)을 말한 것이니라. 이것은 이름 붙이고 모양 지어 형용할 수도 없지만, 이름 지어 본성이라 하며, 본원성이라 하며 대원각성이라 하며, 묘각이라 하며, 성각이라 하며, 묘명진심이라 하며, 일진법계라 하며, 대각이라 하며, 아미타불이라 하며, 주인공이라 하나니, 〈아미타〉는 삼세등정각(三世等正覺)의 총명(總名)이니 우리의 〈주인공〉이라. 그러므로 아미타불은 우리의 본심본성(本心本性)의 〈주인공〉이 되는 것이니라. 어찌하여 그런가 하면 무슨 물건이 광명이 간단없이 항상 비치며 목숨이 한량없이 사는 것이 어디에 있겠는가? 이 한 물건이 우리의 옷 입고 밥 먹고 동정(動靜)하는 가운데 있되 알 수 없는 이 〈주인공 아미타〉가 무엇인고? 어떠한 것이 〈아미타불〉인고? 또 어떠한 것이 〈아미타불〉인고? 하며 깨끗하고 깨끗하게 고요히 고요히 깨끗하게 의심하되 행주좌와(行住坐臥) 어묵동정 간에 의심하여 찾아볼지어다. 이처럼 아미타공안을 참구하면 자력(自力)과 타력(他力)을 합하여 공부가 일치하게 되어질 것이니 어찌 묘하고 묘하지 아니하리오! 아미타공안을 잘 참구하여 가면 참선과 염불이 둘이 아니며 견성성불과 왕생극락이 자기의 방촌에 있나니라.』

❹ 학인이 묻기를

『극락세계가 서방으로 십만 억 국토를 지나가서 있다고 하셨거늘 어찌 아미타공안만 타파하면 극락이 되겠나이까?』

용성이 대답하되
『학인이여, 그대가 참으로 알지 못하는 도다. 상근기 중생을 위하여서는 극락세계가 자기의 마음 가운데 있다고 하고 중하근기 중생을 위하여서는 극락세계가 서방으로 십만 억 국토 밖에 있다고 하셨나니, 말부합위일리(末復合爲一理)라는 말과 같이 모든 한 이치라 둘이 없나니, 학인이여 그대는 자세히 들어 볼지어다. 동방(東方)은 봄을 표준한 것이니 날(日) 기운이 서늘하고 찬 것을 따라서 만물이 숙살하여 무상으로 돌아가는 것이니라. 다만 무상한 뜻만 취하고 죽는 것을 취하는 것이 아니라 오직 근본 마음으로 돌아가는 것을 말한 것이니 우리의 대원각성(大圓覺性)은 일체의 이름과 모양이 없되 지극히 청정하여 항상 고요하고 항상 밝아 모든 고락이 없는 것이고 십만 억 국토를 지나간다는 말은 한 찰나 사이에 9백 생멸이 있고 한 생각 가운데 9십 찰나가 있으니 모두 합하면 한 생각 동안에 8만 1천 생멸이 한 생각으로부터 생각 생각이 수없는 진뇌 망상이 있으니 이것을 대수(大數)로 쳐서 십만 억 국토라 하는 것이니 십십무진(十十無盡)한 것을 표시한 것이니라. 이 생멸심행(生滅心行)의 텅 비고 본각심(本覺心)이 청정하면 무의탕탕 자재하니 이것이 무위불국(無爲佛國)이라 하며 극락세계라 하나니라.』

❺ 학인이 또 묻기를
『극락세계에 구품연대(九品蓮臺)가 있다고 하니 어찌 마음만 청정한 것으로 극락세계라 할 수 있겠나이까?』

용성이 다시 대답하기를
『학인이여, 그대는 말만 따르고 이치를 요달하지 못하는 도다. 우리의 마음 가운데 구품혹(九品惑)이 있으니 혹이 점점 맑아짐에 따라 구품연대가 나타나 지나니라. 우리의 마음이 청정한 것은 근본이 되고 보토극락(報土極樂)은 끝이 되는 것이니 그 근본만 청정하게 닦을지언정 그 끝을 근심하지 말지어다. 비유하건대 흐린 물이 점점 맑아짐에 따라 그 그림자가 소소하게 나타나는 것과 같아서 극락세계 구품연대도 이와 같나니라. 물이 맑아진 것은 중생의 본 마음에 비유한 것이고 물이 흐린 것은 끝이 되는 것이니 중생의 업혹(業惑)에 비유하고 흐린 물이 점점 맑아지는 것은 중생의 업혹이 점점 녹는데 비유한 것이고 그 그림자가 소소하게 나타나는 것은 보토극락 구품연대가 소소하게 나타나는데 비유한 것이니라. 마음이 청정하면 보토극락이 스스로 오고 마음이 탁하면 육도(六途: 하늘·사람·수라·축생·아귀·지옥)와 오온(五蘊-빛·받아들이는 것·생각·행하는 것·알음알이)이 스스로 나타나느니라.

❻ 학인이 묻기를
『마음이 청정하면 곧 극락세계라 하니 그러면 극락세계가 따로 없는 것이 아니나이까?』

용성이 대답하기를
바로 대원각성을 깨달으면 천당과 극락이 다 꿈과 같으나 학인이여 그대가 또 자세히 들을지어다. 〈원각경 보안장〉에 말씀하시되 〈원각이 넓게 비치어 적(寂)과 멸(滅)이 둘이 없는지라. 저 원각체성(圓覺體性)이 뚜렷이 밝고 고요히 비치는 곳에 앉아 보면 백 천 항하사 아승지 모든 불 세계가 마치 허공 꽃과 같아서 곧 그것도 아니고 여원 것도 아니니 알지어다. 중생이 본래 부처를 이룬 것이라〉하시니 이것이 진실한 법신의 극락세계이니라. 또 모든 불타께서 중하근기 중생을 불쌍히 여기시사 시방 허공 중에 수없는 화신정토(化身淨土)를 건립하시니 서방 극락세계는 수 없는 대각(大覺)의 나라 중의 하나이니라. 어떻게 하든지 〈아미타공안〉만 일심으로 참구하면 법신극락과 화신극락이 다 스스로 나의 방촌 가운데 있는 것이니라.』

(2) 법신세계와 화신세계가 둘이 아닌 것

❼ 학인이 묻기를
『법신 극락세계에 왕생하기를 원할 것이지, 화신 극락세계에 왕생할 것은 없는 것이 아니옵나이까?』

용성이 대답하기를
『학인이여 그대가 허공을 나누어 두 조각을 내는 도다. 법신을 내놓고 화신이 어디에 있으며 화신을 내놓고 법신이 어디에 있으리요. 다만 어떠한 것이 〈아미타불〉인고? 의심하여 참구하고 고요히 깨끗하게 의심하여 일심으로 공부를 할지어다. 하루아침에 낯을 씻다가 코 만지듯 홀연히 깨달으면 탐·진·치를 돌이켜서 계·정·혜(戒定慧)를 이룰 것이며 육식(六識)을 돌이켜서 육신통(六身通)을 이루어 긴 하수(長河水)를 저어 소락제호(酥酪醍醐)를 이루며 대지를 변하여 황금을 이루며 지옥을 변하게 하여 극락세계를 이루나니 무슨 법신과 화신의 세계가 따로 있으리오. 우리의 광명이 넓게 비치고 수명이 한량없는 자성의 주인공인 〈아미타불〉이 사방 허공을 다 집어삼키어 조금도 다를 것이 없도다. 허공 변법계가 다하여 풍류하고 모든 세계가 노래하고 춤추도다. 〈아미타불〉을 화두 삼아 의심하여 참구하되 처음 시작할 때마다 어떠한 것이 나의 자성인고? 하되 자나 깨나 누울 때나 먹을 때나 일할 때나 어느 때를 막론하고 참구하여 가면 아미타불의 가피력과 합하여 일치되므로 나의 자성 〈아미타불〉과 저 〈아미타불〉이 둘이 아니어서 극락세계를 성취 하나니라.

학인이여, 그대가 극락세계의 행상(行狀)을 대강 들어볼지어다.

극락세계는 모든 고통이 없고 다만 한량없는 즐거움만 받는 고로 극락세계라 이름하느니라. 황금궁전이 칠보로 장엄되어 천 층이나 높아서 반공중에 솟아 있으니, 이처럼 궁전이 중중무진(重重無盡)하여 온 극락세계에 충만하여 칠 중 난간으로 궁전을 장엄하여 칠중으로 보배그물을 둘러 장엄하며 칠중으로 보배나무가 줄줄이 행렬을 지어 벌렸으니, 이것들이 다 금·은·유리·자거·마노 등으로 되어 두루 둘렸으며 곳곳마다 그 웅장한 경치를 한 입으로 말할 수 없는 까닭에 극락이라 이름하나니, 이것은 칠과도품(七科道品)과 상락아정(常樂我淨) 4덕을 닦는 원인으로 이러한 거룩한 과보를 얻는 것이니라.

또 곳곳마다 일곱 가지 보배연못이 있으니 팔공덕수(八功德水)가 그 가운데에 가득하여 사변으로 금·은·유리·진주 등으로 축대를 쌓았으니 그 맑은 물이 맑고 깨끗하여서 보배 빛이 영롱 찬란하며 또 그 위에다 누락을 지었으니 칠보로 장엄하였으며 못 가운데에는 연꽃이 수없이 피었으되 크기가 금륜성왕(金輪聖王)의 천륜보거(千輪寶車)와 같아서 주위가 40유순 가량이며, 그 연하가 푸른색에 푸른빛을 내며 누른색에 누른빛을 내며 붉은색에 붉은빛을 내며 흰색에 흰빛을 내나니, 형상은 미묘하고 향기는 정결하여 이루 말로 다 할 수 없으며 또 극락세계는 황금으로 땅이 되었는지라. 밤낮 육시(六時)로 하늘 꽃이 분분히 나리며 그곳 중생들은 그 꽃을 담아다가 맑은 아침에 궁전을 타고 다른 곳의 십만 억 처소에 가서 공양을 올린 뒤에 본국으로 돌아와 밥 먹으며 또 극락세계에 종종의 기묘한 새가 있되, 백학·공작이며 앵무·사리며 가릉빈가와 공명새들이 화창한 소리를 내어 법을 연설하니 그곳 중생들이 자연히 염불(念佛) 염법(念法) 염승(念僧) 하나니, 이것은 죄보로 된 새가 아니라 〈아미타불〉이 부사의한 신통력으로 화현된 것이며 또 이 세계는 춥고 더운 것이 없어 항상 사람의 뜻에 맞으며 농사짓는 법이 없고 옷과 밥이 마음먹는 대로 스스로 오느니라.
또 이 세계에서는 가는 바람이 불면 모든 보배나무와 보배그물에서 한량없이 미묘하고 화창한 소리가 나는 것이 백천 가지 하늘 풍악을 울리는 것과 같아서 모든 법문 소리가 나니 이 소리를 듣는 자는 자연히 염불 염법 염승을 하나니라. 또 아미타불의 광명이 시방세계에 비치나니 참 이것이 〈화엄경〉의 진리와 같이 세계가 이 법을 설하고, 중생이 이 법을 설하고, 삼계 일체가 이 법을 설하느니라.

선남자 선여인이여! 〈아미타공안〉을 일심으로 참구하여 참선과 염불이 둘이 아니어서 견성성불과 왕생극락 하기를 바라는 바이노라.』(출처 : 불광미디어(http://www.bulkwang.co.kr))

■ 「극락세계 노정기」를 통해서 본 용성 스님 극락관

극락세계 가는 길에 대한 기록이다. 앞에서 왕생가가 일반인들이 노래만 불러도 극락에 갈 수 있도록 한 것이라면 이 「극락세계 노정기」는 참선을 하는 학인들에게 '아미타공안(阿彌陀公安)'을 참구하여 깨우치면 극락에 간다는 이야기다.

❶에서 먼저 학인들에게 '「아미타공안(阿彌陀公安)'을 참구하라는 화두를 준다.

❷에서 10만 억 국토 떨어진 극락에 가는 의문에 대해 마음 안에 거리가 없음을 설명한다. 사실이 ❷번의 질문이 바로 '「아미타공안(阿彌陀公安)'의 첫 번째 의정(疑情)이 된다.

❸에서 아미타공안 참구 방법을 설명한다. 간단히 아미타불의 아미타는 그지없는 생명과 빛이고 불=깨달음(覺)이니 이것만 가지고 의정을 이어가도 의단이 계속될 것이라고 보았다. 그렇게 되면 참선의 자력과 염불의 타력이 밑천이 되어 참선과 염불이 다르지 않고 참선의 견성성불과 염불의 왕생극락이 마음(方寸)에 있다는 것을 깨닫게 된다는 대답이다.

❹ 다시 10만 억 국토 이야기가 나오는데, ❷번이 공간에 대한 질문이라면 이것은 시간에 대한 개념이다. 마음에 깨달음을 얻어 거침이 없어지면 43억 2천만 년의 깔빠(劫, kalpa)와 0.013초인 끄사나(刹那, ksana)

같은 단위를 벗어난다는 대답이다. 이것도 '아미타공안'을 참구하면서 일으켜야 할 중요한 의정 가운데 하나이다.

❺ 극락의 구품연대에 대한 의정이다. 마음을 닦는 것은 씨앗(因)이 되고 보토인 극락은 그 열매(果)가 되는 것이니 바르게 씨앗을 심는 마음만 닦으면 자연히 그 결과인 열매가 열리는 것이니 마음을 닦는 데 집중하라고 했다. "보살은 인(因)을 중시하고 과(果)를 중시하지 않는다"라는 대승사상을 바탕으로 참선 참구의 의정을 제시한 것이다. 이는 인과를 믿는 것이 중요하고 분별심을 일으키지 않게 함이다.

❻ 유심정토와 극락에 대한 의정을 설명해 준다. 보살을 상대로 설한 원각경의 붇다 세계는 법신의 극락세계이고 중하근기 중생들을 위해 만든 화신정토가 극락세계인데, 화두를 참구하여 이런 분별심을 여의면 법신극락이나 화신극락이 모두 마음 안에 있다는 대답이다.

❼ "상근기는 법신정토로 바로 가지, 중하근기의 화신정토로 갈 필요가 없지 않은가!"라는 의정에 대한 대답이다. 이런 질문은 화신과 법신을 분별하는 분별심에서 나오는 것이므로 이런 분별심 내지 말고 열심히 어떤 것이 아미따불인지 화두를 깨치면 법신과 화신이 따로 없는 경지에 이른다고 답한다.

일반적으로 많은 공안에서 골라 화두로 삼는데 이처럼 아미따불을 화두로 삼으면 아미따불의 가피력도 더해져 아미따불과 하나가 되면 극락세계가 이루어진다는 것이다. 이는 확실히 일반 화두에 비해 가피라는 타력의 도움을 받을 수 있는 안심법문 속의 참선법이다.

그리고 이어서 극락세계가 어떤 것인가는 『아미따경』에 나오는 극락세계를 간추린다. 이 점은 앞에서 본 왕생가와 마찬가지다. 오히려 왕생가보다 더 자세하다. 그리고 이 아미따불 극락은 『화엄경』의 진리와 같다고 답한다.

결론은 아미타공안 참구를 통해 ① 참선과 염불이 둘이 아니라는 것을 깨닫고 ② 견성성불과 왕생극락을 함께 이루라는 것이다.

이상 용성 스님의 정토관과 정토수행에 대해서 본 결과 상근기 학인에게는 참선을, 중하근기 학인에게는 염불을 시켰다. 그리고 참선의 과인 법신정토나 염불의 과인 화신정토나 모두 아미따불이라는 무한한 생명과 빛의 깨달음으로 연결하여 극락을 설명하고 있다는 것을 알 수 있다.

실제 많은 사람이 극락은 오탁악세를 벗어나 편하게 지내는 곳 정도로 오해하고 있다. 그러나 극락에는 업을 가지고 태어나는 하품에서 10지 보살도 가는 상품에 이르는 모든 수행자가 가서 물러섬 없이 수행하는 곳이다. 다시 말해 그릇에 따라 9품으로 나뉘어 다시 6도에 떨어지지 않고 수행을 계속해서 마침내 깨달음을 얻는 붇다 양성 학교이다.

『아미따경』에는 "사리뿌뜨라여, 또한 극락세계 중생으로 태어나는 이들은 모두 물러서지 않는 자리(阿鞞跋致)에 이른 보디쌑바(菩薩)들이며, 그 가운데 한 번만 더 태어나면 (붇다가) 되는(一生補處) 보디쌑바(菩薩)들도 많다. 그 수가 너무 많아 헤아려서는 알 수가 없으며, 그지없고(無量) 가없어(無邊) 셀 수가 없다."라고 하였다. 『무량수경』에도 미륵이 "이 세계에서는 불법에서 물러나지 않는 불퇴전의 자리에 오른 보살들이 얼마나 저 극락세계에 태어나게 되옵니까?"라고 물었을 때 "이 사바세계에는 67억이나 되는 불퇴전 보살들이 있는데, 그들이 모두 극락세계 가서 태어날 것이니라. 이러한 보살들은 일찍이 헤아릴 수 없이 많은 붇다들을 공양하였으며, 그 높은 공덕은 거의 미륵 그대와 같으니라. 그리고 아직 수행 공덕이 부족한 여러 보살과 작은 공덕을 닦는 소승(小乘) 수행자의 수가 헤아릴 수 없이 많은데, 그들도 또한 모두 극락세계 가서 태어날 것이니라."라고 하였다.

따라서 만일 용성 스님이 살아생전 이미 법신과 화신이 따로 없는 경지에 이르렀다면 견성성불과 왕생극락을 한꺼번에 이루어 상품상생 극락에 가서 바로 아미따불의 인가를 받고 불퇴전을 얻을 것이고, 아직 더 닦을 부분이 있다면 아미따불의 지도를 받아 헤아릴 수 없이 많은 다른 보살들과 함께 극락에서 수행하고 계실 것이다.

12. 1930~40년대, 염불하여 목숨 다할 때 일주일간 빛을 낸 평등월 보살

일타, 『기도』(도서출판 효림, 1995)

내 가족은 친가·외가를 모두 합하여 모두 41명이 승려가 되었습니다. 이 41명의 출가는 석가모니 부처님과 그 일족의 출가 이후 가장 많은 숫자로 기록되고 있습니다. 그렇다면 이 41명의 출가는 우연히 이루어진 것인가?

일타 스님

아닙니다. 나의 외증조할머니인 이평등월(李平等月) 보살의 기도와 입적(入寂), 그리고 방광의 이적이 그 밑바탕에 깔려 있습니다.

안성이씨(安城李氏) 평등월 보살은 일찍이 우리나라 제일의 양반으로 치던 광산김씨(光山金氏) 집안으로 시집을 갔습니다. 그녀는 남편 김영인(金永仁)의 아낌없는 사랑 속에서 3형제를 낳아 기르며, 학식 있는 양반집 안방마님으로 부족함 없이 살았습니다. 그런데 나이 60이 조금 지났을 때 갑자기 불행이 닥쳐왔습니다. 남편이 남의 빚보증을 섰다가 재산을 대부분 날려버렸고, 연이어 시름시름 앓던 남편은 끝내 저세상 사람이 되어버린 것입니다. 평등월 보살님이 실의에 잠겨 헤어나지 못하고 계시니 이미 장성하여 가정을 꾸리고 있던 만수(萬洙), 완수(完洙), 은수(恩洙) 세 아들은 머리를 맞대고 상의했습니다.

"이제 시대는 바뀌었다. 우리가 양반이라고 마냥 이렇게 살 것이 아니다. 노력하여 돈을 벌어야 한다." 이렇게 결의한 세 아들은 어머니를 찾아갔습니다. "어머니께서는 조금도 염려 마십시오. 이제부터 저희가 집안을 꾸려 어머니를 편안하게 모시겠습니다." 그리고는 남은 재산을 모두 처분하여 목화를 솜으로 만드는 솜틀 기계 한 대를 일본에서 샀습니다. 기계를 발로 밟으면서 목화를 집어넣으면 껍질은 껍질대로, 씨는 씨대로 나오고 솜은 잘 타져서 이불 짝처럼 빠져나오는 당시로서는 최신식 기계였습니다. 이렇게 공주 시내 한복판의 시장에다 솜틀공장을 차린 3형제는 작업복을 입고 하루 여덟 시간씩 3교대로 직접 솜틀 기계를 돌렸습니다. 기계는 24시간 멈출 때가 없었습니다.

공주 사람들은 그 솜틀 기계 돌아가는 소리를 듣고 "공주도 이제 개명하는구나." 하면서 '공주개명(公州開明)! 공주개명!'을 외쳤습니다. 마침내 공주 주변에서 생산되는 목화는 모두 이 공장으로 들어왔고, 산더미같이 쌓인 목화가 솜이 되어 나오는 양이 많아지면 많아질수록 집안에는 돈이 쌓여갔습니다. 월말이 되면 3형제는 한 달 번 돈을 나누었습니다. 그런데 세 몫이 아니라 네 몫으로 나누었습니다. 남는 한 몫은 누구의 것이겠습니까? 바로 어머니 평등월 보살의 것이었습니다. 하지만 그 돈을 어머니께 직접 드리지는 않았습니다. 어머니께서 한 달 동안 '3형제 가운데 누구 집에 며칠을 계셨느냐'에 따라 그 집에 직접 나누어 주는 것입니다. 막내아들 집에 열흘을 계셨으면 3분의 1을 막내아들 집에 주었습니다. 이렇게 하니 며느리들은 서로 시어머니를 잘 모시기 위해 갖은 정성을 다 부렸습니다.

집마다 어머니 방을 따로 마련하여 항상 깨끗하게 꾸며 놓았고, 좋은 옷에 맛있는 음식으로 최고의 호강을 시켜드렸습니다. 때때로 절에 가신다고 하면 서로 시주할 돈을 마련해 주는 것이었습니다. 마침내 이 집안은 공주 제일의 효자 집안으로 소문이 났고, 벌어들인 돈으로는 논 100마지기를 다시 사들이기까지 하였습니다. 평등월 보살은 신이 났습니다. 그렇게 행복할 수가 없었습니다. 이렇게 매일 평안함과 기쁨 속에서 지내던 할머니가 막내아들 집에 가 있던 어느 날, 한 비구니스님이 탁발하러 왔습니다. 그 스님을 보자 할머니는 눈앞이 밝아지는 듯했습니다. "아! 어쩌면 저렇게도 잘생겼을까? 마치 관세음보살님 같구나." 크게 반한 할머니는 집안에서 가장 큰 바구니에다 쌀을 가득 퍼서 스님의 걸망에 부어 드렸습니다. 그때까지 비구니스님은 할머니를 조용히 보고만 있다가 불쑥 말을 했었습니다.

"할머니! 요즘 세상사는 재미가 아주 좋으신가 보지요?" "아, 좋다마다요. 우리 아들 3형제가 모두 효자라서 얼마나 잘해 주는지…. 스님 제 말 좀 들어보실래요?" 할머니는 신이 나서 아들 자랑을 시작했고, 며느리 자랑, 손자 자랑까지 일사천리로 늘어놓았습니다. 마침내 할머니의 자랑은 끝에 이르렀고, 오랫동안 아무 소리 않고 듣고만 있던 스님은 힘주어 말했습니다. "할머니, 그렇게 세상일에 애착을 많이 두면 죽어서 업(業)이 됩니다." "업?" 충청도 사람들은 '죽어서 업이 된다'라고 하면 구렁이가 된다는 것으로 알고 있습니다. 죽어서 큰 구렁이가 되어 광 안 쌀독을 칭칭 감고 있는 업! 할머니는 그 '업'이라는 말을 듣자마자 머리카락이 하늘로 치솟는 것 같았습니다.

"아이고 스님! 어떻게 하면 업이 되지 않겠습니까?" "벌써 업이 다 되어가는데 뭐 지금 와서 나에게 물은들 뭐하겠소?" 스님은 벼랑을 짊어지고 돌아서서 가버렸습니다. 그러나 할머니는 포기할 수 없었습니다. '업만은 면해야 한다'라는 일념으로 5리, 10리 길을 쫓아가면서 스님께 사정했습니다. "스님, 제발 하룻밤만 우리 집에 머무르시면서 업을 면하는 방법을 가르쳐 주십시오. 스님, 제발 저 좀 살려 주십시오."간청에 못 이겨 다시 집으로 온 스님은 할머니가 이끄는 대로 방으로 들어갔습니다. 그러나 스님은 윗목에서 벽을 향해 앉아 말 한마디 없이 밤을 새웠고, 할머니 역시 스님의 등 뒤에 앉아 속으로만 기원하고 있었습니다. "제발 업이 되지 않는 방법을 일러주십시오. 제발."

마침내 날이 밝아오기 시작하자 스님은 할머니 쪽으로 돌아앉았습니다. "정말 업이 되기 싫소?""아이고. 제가 업이 되어서야 하겠습니까? 안 됩니다. 스님. 절대로 안 됩니다. 인도환생(人道還生) 하든지 극락세계에 가도록 해주십시오.""정말 업이 되기 싫고 극락에 가기를 원하면 오늘부터 행실을 바꾸어야 하오.""어떻게 해야 합니까?""오늘부터 발은 절대로 이 집 밖으로 나가지 않도록 하고, 입으로는 '나무아미타불'만 부르고, 일심으로 아미타불을 친견하여 극락에 가기만을 기원하시오." 스님의 '집 밖으로 나가지 말라'는 말씀은 몸단속하라는 것이고, '나무아미타불을 불러라'라는 것은 입을 단속. '일심으로 극락왕생할 것을 기원하라'라는 것은 생각 단속입니다. 곧 몸(身)과 입(口)과 생각(意)이란 3가지 업이 하나가 되게 염불할 것을 가르쳐 준 것입니다. 그러나 할머니는 쉽게 이해가 되지 않았습니다. "스님. 다시 한번 자세히 일러주십시오."

"보살님 나이가 70이 다 되었는데, 앞으로 살면 얼마나 살겠소? 돌아가실 날까지 '나무아미타불'을 열심히 부르면 업 같은 것은 십만 팔천 리 밖으로 도망가 버리고, 극락세계에 갈 수 있게 됩니다. 그러니 오늘부터는 첫째나 둘째 아들 집에도 가지 말고, 이웃집에도 놀러 가지 마십시오. 찾아오는 사람에게 집안 자랑하지도 말고. 오직 이 집에서 이 방을 차지하고 앉아 죽을 주면 죽을 먹고 밥을 주면 밥을 먹으면서 '나무아미타불'만 외우십시오. 그리고 생각으로는 극락 가기를 발원하십시오. 그렇게 하겠습니까?""꼭 그렇게 하겠습니다." 할머니는 다짐하면서 큰절을 올렸고, 스님은 옆에 놓아두었던 삿갓을 들고 일어서서 벽에다 건 다음 슬며시 방문을 열고 나갔습니다. 걸망도 그대로 둔 채…. "변소에 가시나 보다." 그러나 한번 나간 스님은 영영 돌아올 줄 몰랐습니다.

사람을 풀어 온 동네를 찾아보게 하였으나 '보았다'는 사람조차 없었습니다. '아! 그분은 문수보살 님이 틀림없다. 문수보살 님께서 나를 발심시키기 위해 오신 것이 분명하다.' 생각이 여기에 미치자 더욱 발심(發心)이 되

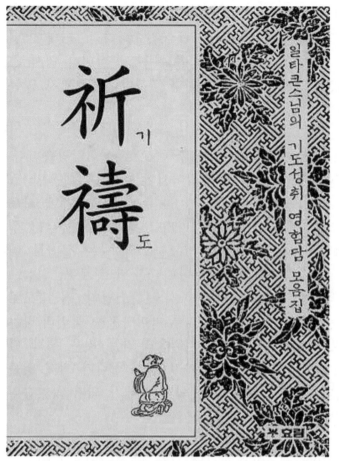

일타, 『기도』, 도서출판 효림, 1995.

었습니다. 할머니는 방의 가장 좋은 위치에 스님의 삿갓과 걸망을 걸어 놓고, 아침에 눈만 뜨면 몇 차례 절을 올린 다음 '나무아미타불'만 불렀습니다.

어느덧 할머니는 앞일을 내다보는 신통력(神通力)이 생겼습니다. "어멈아! 오늘 손님이 다섯 온다. 밥 다섯 그릇 더 준비해라." 과연 끼니때가 되자 손님 다섯 사람이 찾아오는 것이었습니다. 또 하루는 막내아들을 불러 각별히 당부하였습니다. "얘야. 너희들 공장에 화기(火氣)가 미치고 있다. 오늘은 기계를 돌리지 말

고 물을 많이 준비해 놓아라. 위험하다." 그 말씀대로 세 아들은 아침부터 솜틀 기계를 멈추고 물통 준비와 인화물질 제거에 신경을 썼습니다. 그런데 오후가 되자 바로 옆집에서 불길이 치솟는 것이었습니다. 그들은 서둘러 옆집 불을 껐습니다. 만약 목화솜에 불이 옮겨붙었다면 솜틀공장은 삽시간에 잿더미로 변하였을 것입니다. 다행히 할머니의 예언으로 조금도 손상을 입지 않았을 뿐 아니라, 이웃집의 피해까지 줄일 수 있었습니다.

그리고 우리 아버지와 어머니의 결혼도 외증조할머니의 말씀에 따른 것입니다. 손녀인 어머니가 결혼 적령기가 되었을 때, 외증조할머니는 큰아들을 불러 말씀하셨습니다. "여기에서 북쪽으로 30리가량 가면 구름내(雲川)라는 마을이 있다. 김창석 씨네 둘째 아들과 네 딸 상남(上男)이와는 인연이 있으니, 찾아가서 혼사를 이야기해 보아라." 이렇게 외증조할머니는 가보지도 않고 신통력으로 나의 부모님을 결혼시켰습니다. 마침내 주위에서

는 외증조할머니를 일컬어 '생불(生佛)'이라고 부르기까지 하였습니다.

그런데 어찌 된 일인지, 어느 날부터인가 외증조할머니가 '나무아미타불'을 부르지 않고 '문수보살'을 찾는 것이었습니다. 갑작스러운 변화를 걱정한 아들 3형제는 인근 마곡사의 태허(太虛: 鏡虛 대선사의 사형) 스님을 찾아가 상의했습니다. "문수보살을 부르는 것도 좋지만, 10년 동안이나 아미타불을 불렀으면 끝까지 아미타불을 부르는 것이 좋다. 그리고 앞일을 자꾸 예언하다 보면 자칫 마섭(魔攝)이 될 수도 있다. 내가 '상방대광명(常放大光明)'이라는 글을 써 줄 테니 벽에 붙여 놓고 '나무아미타불'을 항상 부르도록 말씀드려라." 상방대광명(常放大光明)! 언제나 대광명을 뿜어낸다는 이 글을 보면서 할머니는 다시 '나무아미타불'을 열심히 불렀습니다. 그리고 앞일에 대해 말씀도 하지 않았습니다. 이렇게 부지런히 염불 기도를 하다가 할머니는 88세의 나이로 입적(入寂)하였습니다.

그런데 그때야말로 기적이 일어났습니다. 7일장을 지내는 동안 매일같이 방광(放光)을 하는 것이었습니다. 낮에는 햇빛에 가려 잘 보이지 않았으나, 밤만 되면 그 빛을 본 사람들이 '불이 났다'라며 물통을 들고 달려오기를 매일같이 하였습니다. 그리고 문상객으로 붐비는 집안 역시 불을 켜지 않아도 대낮같이 밝았습니다.

상방대광명(常放大光明)!

그야말로 외증조할머니는 염불 기도를 통하여 상방대광명을 이루었고, 그 기적을 직접 체험한 가족들은 그 뒤 차례로 출가하여, 우리 집안 친가·외가 41인 모두는 승려가 되었습니다.

몸과 말과 뜻을 하나로 모아 염불하고 기도하는 공덕. 그 공덕을 어찌 작다고 하겠습니까? 그리고 부처님의 불가사의가 어찌 없다고 하겠습니까? 외증조할머니의 염불 기도는 우리 집안을 불심(佛心)으로 가득 채웠고, 41명 모두를 '중노릇 충실히 하는 승려'로 바꾸어 놓는 밑거름이 되었던 것입니다.

나무아미타불

卍 보정의 꼬리말

일타 스님이 밝힌 외증조모의 방광 이야기는 이미 많이 알려져 유명하다. 이평등월(李平等月) 보살의 염불 수행과 이적은 보살이 극락에 갔다는 것을 아주 뚜렷하게 보여주는 본보기라고 할 수 있다. 그런데 막상 이 실화를 『극락 간 사람』에 실으려고 하니 난처한 일이 생겼다. 이평등월(李平等月) 보살이 언제 세상을 떴는지 날짜는 물론 연도도 나와 있지 않기 때문이다. 이 이야기는 보정이 꼬리말을 달 필요가 없을 만큼 완벽하지만 '언제' 문제로 꼬리말을 달 수밖에 없다. 일타 스님은 1929년에 태어나 13세 때는 1942년에 출가하였다. 일타 스님 집안 41명이 출가한 까닭을 평등월 보살에서 찾아야 하므로 1942년은 하한선이 된다. 느낌으로 봐서는 1940년 이전으로 용성 스님보다 앞선 시기로 보이지만 뚜렷하지 않아 그 다음에 넣었다.

둘째 마당
대한민국 설립 후 극락 간 사람들

1. 1949년, 늙으면 화두 놓고 골똘히 정토 발원 - 법주사 신수 대종사

불기 2976년 기축(1949)
報恩 法住寺 石霜堂 信首大宗師碑文(1872-1947)
忠淸北道 報恩郡 內俗離面 舍乃里 俗離山 法住寺
智冠, 『韓國高僧碑文總集』 -조선조 · 근대편, 972쪽

조선불교조계종 대종사 석상당 탑 비문[81]

붇다 법이 세상에 알려진 지 2,976년이며[82], 중국을 거쳐 우리나라에 옮아온 지 1,578년이다. 이 사이에 닦음이 높고 덕과 배움이 훌륭한 스님네와 왕사 국사 많이 나시어 크게 사람을 건져 이롭게 하고 부처님 법을 넓게 펴셨으니, 우리 스님 또한 갸륵한 계행과 우람한 학덕을 가지셨다.

스님의 법명은 신수, 법호는 석상, 속성은 장 씨이니, 충청남도 부여에서 태어나셨다. 아버지는 인동 장씨 홍근씨요, 어머니는 은진 송씨시니, 그의 셋째 아들님으로 18살까지 공자님 글을 모조리 배워 마치시고, 19살 적에 강원도 금강산 신계사에서 진하 큰스님을 스승 삼고 머리 깎고 오계 받아 부처님 제자 되시니 곧 청허 휴정 스님의 열 여섯째 법손이다. 일찍이 여러 곳 학자에 두루 3장 12부를 배워 끝내시고 화두 듦으로 일삼으면서 금강산 건봉사와 속리산 법주사와 계룡산 동학사의 불교 전문강원 주실을 맡아 지내셔 눈 푸른 강사를 많이 낳으셨다. 교리에는 화엄원교에 더욱 밝게 아시어 힘 얻음이 많더니 드디어 교를 버리고 선에 드사 몰록(?) 크게 깨달음을 얻어 선과 교가 하나되는(禪敎一如) 지경을 체득하여 하택 신회[83] 스님의 법 바다에 배 타고 노니시다가, 마침내(畢竟) 지혜를 멀리 물리치시고 맑은 바람 밝은 달로 벗하고 우는 새 흐르는 물로 짝하여 희롱

---

81) 지관 편, 『한국고승비문총집』 -조선조 · 근현대- (가산불교문화연구원, 2000) 972쪽에 탁본을 바탕으로 순 우리글 비문이 실려있다. 원문은 그 책에서 볼 수 있으므로 여기서는 현대인들이 쉽게 내용을 알 수 있도록 다시 옮기고, 쉽게 읽을 수 있도록 연도를 비롯한 셈씨(數詞)는 모두 아라비아 숫자를 썼다. 맞춤법도 현재 맞춤법으로 통일해서 읽는 이들이 쉽게 볼 수 있게 하였다. 가능한 한 원문을 다치지 않으려고 했고 필요한 부분은 한문을 넣거나 주를 달았다.

82) 2978년부터 국제적으로 새로 통일 불기를 써서 2505년이 된다. 새 불기는 옛날 불기에서 473년을 빼야 하므로 2503년이 된다.

83) 하택 신회(荷澤神會): 7세기 육조 혜능의 제자로, 당나라 낙양 하택사에 머물러 하택 신회라고 부른다. 글을 모르는 6조를 대신하여 『육조단경』을 썼는데, 『육조단경』이 사실은 신회의 저작이라는 말이 나올 정도로 남종선을 대표한다.

하고 노니시며 곳곳으로 중생교화에 여러 해 동안 애쓰시되 꾸밈과 자랑과 치레와 빛냄을 몹시 꺼리시는 성질이셨다.

단기 4262년 기사(1929)부터 제4대 주지를 맡아 열두 해 동안 법을 위하여 몸을 잊으시니 복천선원 창설, 절과 포교당의 건축, 대동강습소 설립, 청년도제 교육과 및 가산 김수곤 처사와 서로 서원을 맺으셔 세계에서 제일 큰 미륵불상 조성하기 시작하셨다. 말하잖아도 일이 스스로 되어가고 구하잖아도 정재(淨財)가 저절로 모아들었다.

우리 스님 우람스러운 몸집에 진중하고 둥근 머리 아늑하고 조촐하시며 아담하고 은은한 얼굴, 사람이 그리워하고 짐승도 닮고자 하며 부드럽고 희망 머금은 삶이 있는 목소리 한갓 믿음의 뿌리며 중생의 숫된 마음을 자아내신다. 수줍은 몸가짐과 조심스런 말씀과 태도 그 성스러움을 범할까 사람들이 어려워하며, 높고 높은 하늘 밑에 발 지겨(제겨) 드디지(디디지) 않고, 땅 두테(두께) 한이 없되 가볍게 거르시며, 땅 넓이 갓이 없되 오고 감이 드무시며, 누움을 싫어하고 앉음을 좋아하되 책상다리함을 꺼리시며, 요 이불 깔덮잖고(깔고 덮지 않고) 오똑이 누으시며, 아프면 찡그리고 기쁘면 웃어 즐기시되 싫다 좋다함이 없으며, 꾀도 없고 수도 없으셨다.

임이 늙어서 모든 인연을 끊어 놓아버리시고 오즉(오직) 마음머리를 밝히시는 한편 정토발원에 골똑히(골똘히?) 정진하셨다. 세상 인연이 다하여 꼴두아비몸(?)과 꿈집을 떨쳐 버리시고 열반에 드시니 때는 단기 사천이백팔십삼년 정해[84] 동짓달 열이튿날이셨으니 이제 중 된 나이 쉰일곱 살 속가 나이 일흔 다섯 살이셨다. 입적하시던 날 밤에 몰란절(?)에 상서 구름이 서쪽으로 길게 뻗쳐 희디 흰 광명이 하늘에 찔러 솟았었다.

이제 스님의 수행을 높이 본보기 위하여 이때 주지 호광 화상이 부도 조성을 발기하매, 각지 사부대중이 흔연 찬동하여 정재 육십 여 만원을 거둬모아 스님의 정골탑을 받들어 모시고, 다시 한 장의 빗돌을 세우니 애오라지 뒷사람을 가르치자 함이오, 스님을 세상에 자랑하려 함이 아니다. 내 이에 스님 모습의 한 모(구석?)와 법의 한 갈래를 들어 읊주리어(읊조리어) 보리라.[85]

---

84) 단기 4283년은 1950년 경인(庚寅)인데 여기서는 정해(丁亥)라고 했다. 정해(丁亥)년은 1947년이다. 지관 스님도 제목에 1872~1947년이라고 한 것으로 봐 정해년 1947년이 맞는 것으로 보인다.

빗긴볕소등우에　　　피리부는저아희야
너의소짐없거는　　　내아들실어주렴
싣기는어렵잖아도　　부릴사이없어라
바람아부지마라　　　솔남게흰꽃진다
말없는청산속에　　　값없는물마시고
산집에무심한설월로　함께놀다가리라
한뉘를그냥저냥　　　단칸방지켜오니
반칸은내차지나　　　반칸은구름차지
강산은디딜데없어　　둘러두고보리라
덧없는세상에　　　　눈같은맑은계행
숭업은싸움적에　　　뫼같은굳은선정
지혜칼밝혀들어　　　올바른길가시네
오똑한둥근부도　　　영원에빛드리니
봉오리높은산도　　　부끄러워여기는양
두어라돌사람깰까　　마음저워하노라
숲새에우는학이　　　솔남게깃들이니
고라니짖는밤달　　　이슬에젖겼어라
이대로분명하니　　　내잠잡고가리라
봄바람부는곳에　　　마른가지잎이피고
가을잎지는적에　　　돌사람우짖으네

불기 2976년 기축(1949[86])) 5월 5일

속리산 사문 호경 기환(湖鏡基煥) 짓고,
법응 규식(法應圭植) 쓰다.

〈단월 명단 줄임〉

소임 : 주지 호경(湖鏡), 감무 벽월(碧月), 법무 제운(霽雲道源), 감사 지암
(芝庵), 서기 성해(性海) 하영(夏榮)
석공 : 김성배(金聖培)

---

85) 다음 게송은 다듬지 않고 그대로 싣는다.
86) 비문에서는 서력 기원을 북전(北傳) 불기(佛紀)라고 했다.

조각 : 김유식(金有植) 김옥연(金玉淵)

이 공덕이 우리와 중생 모두에게 두루 미치어 꼭 극락 나라에 태어나서 함께 아미따유스(無量壽) (붇다를) 뵙고, 모두 함께 붇다의 길 이루어지길 바랍니다. (願以此功德 普及於一切 我等與衆生 當生極樂國 同見無量壽 皆共成佛道).

2. 1949년, 염불만일회 되살리고 극락 간 송광사 대우 스님

불기 2976년 기축(1949)
順天 松廣寺 大愚堂 金秋大禪師碑文 (1875-1949)
全羅南道 順天市 松光面 新坪里 曹溪山 松廣寺
智冠, 『韓國高僧碑文總集』-조선조 · 근대편, 988쪽

부휴(浮休) 14세손 대승선종 송광사 대우(大愚) 대선사 비문

이 조계산의 선을 닦는 모임(修禪社)은 통도사의 불보, 해인사의 법보와 함께 해동 한국의 자랑스런 승보(僧寶) 사찰이다. 보조국사로부터 16명 국사를 이었고, 사람 마음을 바로 가리켜(直指人心) 성품을 보아 붇다가 된다(見性成佛)는 종풍을 이은 부휴(浮休) 14세손 대우(大愚) 선사는 서기 1895년 8월 20일 전남 곡성군 석곡면 운용리(雲龍里) 용두(龍頭)에서 돌아가신 증숭록대부(贈崇祿大夫) 김해 김공, 이름 창준(昌俊) 부인 정부인 광산김씨의 네 아들 가운데 셋째 아들로 태어나 14세에 입산하여 중이 되었으니 스승은 용호(龍湖)요 법명은 멋있어라 크게 어리석은 대우(大愚)였다.

그리고 여러 절 선원을 두로 다니며 안거하며 좌선하였다. 용호(龍湖) 문하에 세 제자가 있었는데 그 물(物)은 성봉(性峰)이 물려받았고, 교(敎)는 연파(蓮坡)가 물려받았으며, 대우(大愚)는 홀로 그 선(禪)을 물려받았다. 아파 누워계시던 스님이 하루는 갑자기 일어나 앉아 대우를 불러 좌우 두 손에 지팡이 2개를 보이며 "너는 가질 수 있느냐?" 하자 답하기를 "하나는 전할 마음(傳心)이요 하나는 전할 재산(傳産)이라."하였다. 용호는 무릎을 탁 치면서 "아아, 그렇다"라 하고, **드디어 입 닫고 마실 것 끊은(杜口絶飮) 3일**

뒤 89세로 서쪽을 향해 앉아서 돌아가셨다(西向坐化). 일제강점기(倭政時代)
백양사 출신 큰 학자 영호(映湖) 박한영 선생은

紹隆上古風 먼 옛날 풍속 극진히 이어
一生淸愼勤 삶 내내 삼가고 부지런했네.
允合至道中 진실로 화합하여 도에 이르고
統記蓮華會 연꽃모임 실마리를 적었네.
慈光日日新 자비로운 은총 나날이 새로워
載音念佛鳥 염불 새 소리 실어 보내니
和鳴覺樹春 어울린 새소리 나무와 봄을 깨우고
莊嚴古道場 옛 도량을 장엄하게 꾸미네.
心正地亦平 마음 바르니 땅도 평평하고
持地有紹隆 땅을 간직하여 극진히 이어가고
上古風一生 먼 옛날 바람 삶 내내 부니
淸愼勤允合 삼가고 부지런하여 진실로 하나 되네.
至道中統記 도에 이르러 실마리 적으니
蓮處叔世塵 연꽃이 말세 티끌에 머물지만
彬彬不近昏 밝게 빛나 어둠을 가까이 않고
庶幾悅其風 바람은 그 풍속 기꺼이 따라
遠津及化識 먼 나루 건너 지혜로 바뀌네.
頌載與人口 칭송은 사람들 입을 타고
期與天下鳴 약속과 함께 천하에 울리도다.

이라 하여 대우 스님의 공덕을 일컬어 기렸으며,

당시 호남의 저명한 한학자요 서예가로 대우 스님과 친교가 깊었던 염제
(念齋) 거사 송태회(宋泰會) 선생은 그의 화상을 기리면서

篤乎其誠　　도탑도다 그 정서,
渾乎其氣　　흐르도다 그 기운
內嚴持己之律 안으로 자신 엄하게 지키는 계율
外和感物之道 밖으로 사물을 감화하는 도(道)
面而止一　　맞닥뜨리되 하나에 그치고
不大而大　　크지 않지만 크고

智周萬慮　　지혜 온갖 생각에 두루 미치니
其愚非愚　　어리석지만 어리석지 않구나.

라고 칭찬하였다.

일찍이 본 송광사 주지 석진 기산(錫珍綺山) 대사는 전 대중의 의결을 거쳐 보시자와 손님을 맞아 안을 지키고, 대중을 생각하여 절을 손보고 가꾸고, 스승을 잘 따르고 경전을 바치고, 딸린 무리를 많이 기른 것을 크게 보상하였다. 실로 대우 스님은 '마음이 곧 붇다(心卽是佛)'임을 몸으로 깨닫고 홀로 우뚝 스스로를 맑고 꼼꼼하게 챙기는 도풍을 간직하여 법과 옛 풍습을 이어가는 것을 고민하였다. **어려운 처지에서 제자 양성과 사원을 지키고, 그리고 대중 교화, 3일 선원, 만일염불회(萬日念佛會) 중흥 같은 일에 정진하다가 서기 1949년 6월 13일 74세로 입적하니 햇빛 쏟아지는 땅(日光落地)은 아니라 할지라도 가히 달빛 쏟아지는 땅(月光落地)이라 하겠다.**

일광(一光) 김해석(金海錫) 짓고,
남원후인(南原后人) 호은(湖隱) 양한탁(梁漢鐸) 전서와 해서로 아울러 쓰다.

【뒷면】

대우 선사가 살아있을 때 여러 해 모시고 경 읽고(看經) 염불(念佛)하고 좌선(坐禪)에 온 힘을 쏟으면서 보살행을 다해오던 명숙(明叔)은 당신의 법사이신 선사의 불멸의 공덕을 영세에 전하고 싶어 오랫동안 푼푼이 비석 세울 돈을 저축하여 왔는데, 여수사변(1948), 6·25사변(1950~1953) 같은 악몽도 사라지고 정국도 안정되었으며 국민도 잘살게 되매, 이번에 영은(靈隱) 사숙과 힘을 합쳐 비석을 세우는 이 크고 장한 일을 마치게 되었음은 실로 용이 살던 호수에 다시금 용이 나타나는 느낌이 아닐 수 없으며 후세의 귀감이 아닐 수 없다. 이 국토에 붇다가 다시 빛나고, 이 조계산에 전해 내려오던 선풍(禪風)이 다시 불타 우리 문도 모두가 하루 빨리 성불하기를 간절히 기원한다.
〈송광사 복구 화주 이하 명단 줄임〉

불기 2523년 기미(1979) 6월 1일

3. 1950년, 만일염불계 만들어 극락 가기 앞장섰던 서응 스님

『연화(蓮花) 옥천(玉泉)의 향기』(연화산 옥천사, 1999).

서응 스님 영정(조사관)

서응 스님은 1876년 2월13일(음) 경남 고성군 개천면 원동리에서 태어났다. 원동리는 옥천사 인근 마을로 스님이 옥천사와 인연을 맺게 된 계기가 되었다. 서응 스님의 속성이 채(蔡)씨고 법명은 성태(聖台) 또는 동호(東濠)이고 서응(瑞應)은 집 이름(堂號)다. 양친에 대해서는 기록이 남아 있지 않다.

서응 스님이 어느 시기에 출가했는지 정확한 명문은 없다. 단지 1892년 12월 옥천사에서 용명(龍溟) 스님에게 통사를 수학하고, 1894년 영해(影海) 스님에게 고문진보를 배웠다는 기록으로 보아 10대 중반에 출가했을 가능성이 있다. 옥천사 영해 스님에게 사집과(四集科)를 수료한 것이 1895년 12월로 이때 스님의 세수는 19세였다. 이같은 기록으로 볼 때 20세가 되기 이전에 출가 사문이 되었음은 분명한 사실이다. 외전과 기초 교학을 익힌 스님은 이후 제봉·석전·금파·진응 스님 등 대강백 문하에서 『능엄경』『화엄경』『기신론』『반야경』『화엄경』 등을 두루 익혔다.

이후 스님은 함양 영원사(1902), 순창 구암사(1904), 고성 옥천사(1905), 양산 통도사(1909, 1920), 합천 해인사(1915), 김천 청암사(1916), 동래 범어사(1925), 철원 심원사(1939) 강원의 강주를 지냈다.

서응 스님의 상좌로는 조계종 초대 감찰원장을 지낸 문성(汶星) 스님이 있다. 또한 일본에서 유학하고 돌아와 경남고 교장으로 정년퇴직한 이해도(李海道) 선생이 있다. 서응 스님이 남긴 문집 등 유품은 문성 스님 상좌인 수진 스님이 보관하고 있다.

1950년 상좌인 문성 스님이 옥천사 주지로 있었다. 문성 스님은 당시 청련암에 계신 서응 스님을 옥천사 큰절로 모셨다. 노환(老患)으로 몸이 불편한 은사를 주지실에 모시고, 당신은 옆방에서 지냈다. 효심(孝心)이 깊었던 문성 스님은 지성으로 간병했다. 예전에는 대중이 모여 발우공양을 하더라도, 산중 어른 스님을 일일이 찾아뵙고 문안 인사를 올리는 예법이 있었다. 문성 스님은 하루도 빠지지 않고 조석으로 문안을 드렸다. 그러던 8월 21일. 이날도 새벽 예불을 모신 후 스승 방을 찾았다. 문밖에서 "스님, 스님"이라고 불렀지만, 방에서는 반응이 없었다. 몇 번을 불러도 답이 없자, 조심스럽게 문을 열고 들어갔다. 서응 스님은 가부좌를 하고 고개를 숙인 채 원적에 들어 있었다. 좌탈입망(座脫入忘)의 진면목을 보여준 것이다. 평생 후학을 지도하며 강(講)을 했던 서응 스님은 임종게를 남기지 않았다. 그러나 수행자의 삶이 어떠해야 하는지를 마지막 가는 길에서도 보여주었다. 서응 스님은 1950년 8월 21일(음) 고성 옥천사에서 원적에 들었다. 세수 74세였다.[87]

불경 이외의 속서와 불경에 능통하여 해박한 강백(講伯)으로 그 명성이 전국에 자자하였다.

옥천사 초대 주지로 그가 남긴 큰 업적은 불교전문강원을 개설하여 학인이 전국에서 운집하였다고 한다. 그리고 늘 화제에 오른 것은 옥천사가 본사가 될 수 있었으나 당시 옥천사 총섭이었던 서응 스님이 중앙회의에 참석하여 본사로 배정되는 것을 극구 사양하여 통도사 말사가 된 일이었다. 당시에는 이 일을 지극히 잘한 것이라고 산중 대중이 칭송을 아끼지 않았다고 하였다. 서응 스님은 수순한 수행승의 입장에서 우두머리 되기를 사양하였던 것이나 뒷날에 와서는 매우 유감된 일이 되었다고 한다.

서응 스님은 평생토록 강백으로 뿐만 아니라 율사로서 계행을 청정하게 지켰으며, 입적하실 때는 좌탈입망(坐脫立亡)하셨다고 한다. 지금 조사전에 그 진영이 모셔져 있다.

서응(瑞應) 스님은 1910년대부터 1930년대까지에 청련암에 주석하면서 만일계(萬日楔)를 결성하여 신행에 앞장섰던 스님이다. 만일계는 약 30년의 긴 기간인 1만일(一萬日) 동안 뜻을 같이 하는 사람이 모여 염불하는 신앙 결사인 것이다. 먼저 동참할 사람을 모집하여 계의 기본이 되는 재산을 마련하고 그 수입으로 스님을 초빙하여 법문을 듣고, 하루 4회의 정진을 계

87) 출처 : 불교신문(http://www.ibulgyo.com)

속하는 모임이다.

옥천사에서 조직된 여러 계 가운데 가장 최근의 것이 1919년 10월의 청
련암 만일계이다. 당시에 화주였던 서응당(瑞應堂) 채동호(蔡東濠) 스님이
지은 〈고성군 옥천사 청련암 만일계원 모집문〉이 남아 있다.

■ 「고성군 옥천사 청련암 만일계(萬日契) 계원 모집문」

대저 만일계의 목적은 무엇인가? 그 사실을 말하자면 우리 인생이 이 고
(苦)의 세상을 살다가 필경 이 몸이 죽은 후에 이와 같은 괴로운 세상에
다시 나지 말고 저 즐겁고 좋은 극락세계에 왕생할 뜻으로 30년 동안 장
원(長遠)한 시간에 1만 일을 한정하고 염불하는 법사 스님을 모셔 놓고 날
마다 네 번씩 아미타불 명호(名號)를 부르게 하며, 해마다 춘추로 두 번씩
아미타불님 전에 크게 불공을 올리고 계원 되는 사람의 축원을 드리되 생
전에는 수(壽)·부(富)·다남자(多男子)하고 사후에는 극락세계 상지상품(上
品) 연화대(蓮花)에 탄생하기를 발원하며 또한 선망 조상까지 동왕극락(同
往極樂) 하기로 발원하는 것이 목적이다. … 욱면 염불 이야기 생략 … 참
말로 염불 공덕은 어떻다고 말할 수 없다. 우리도 본사 청련암에 만일계를
설시하고 30년 동안 염불을 모시오니 누구든지 극락 발원하시는 제씨께옵
서는 이 계 중에 참여하시와 염불 많이 모시고 극락세계 왕생하시기로 천
만 발의하나이다.

나무아미타불
을미년(1919) 칠월 십오일
화주(化主) 서응(蔡瑞應)은 고백하나이다.

아래와 같은 자세한 수행 방침을 정했다.

1. 30년, 곧 10,000일이라는 장구한 날을 정해 놓는다.
2. 염불하는 법사 스님을 모셔 놓고 하루에 네 번씩 아미타불 명호를 독
송한다.
3. 1년에 봄, 가을 두 차례에 걸쳐 아미타불께 불공을 올리도록 한다.

이러한 실천 수칙을 정하고 누구라도 신분을 막론하여 극락왕생 발원에

동참하여 염불을 많이 하기를 권하였다. 옥천사 청련암의 만일계는 곧 염불계이다. 염불계는 다른 말로 염불회라고도 하는데 한 사찰을 중심으로 염불수행하는 사람들이 모여 함께 독송염불하는 모임이다. 대개 만일을 기약하였으므로 만일회라고 하였는데 그 모임을 유지하기 위해 약간의 토지와 돈을 거둬 수행에 필요한 경비로 충당하였다.

만일계는 일찍이 신라 때부터 있어 왔다. … 한 예를 들어 1811년(11) 경남 오어사(吾魚寺)에도 염불계가 만들어졌다. 이때 세운 염불계의 비문에 의하면 절의 승려들과 마을 사람 150여 명이 금전을 각출하고 계를 만들어 거기서 나온 이자로 토지를 매입, 그 수확으로 염불당을 유지했었다고 한다.

청련암 만일계의 화주 서응당은 이러한 염불의 공덕을 다시 한번 새기면서 무상가(無常歌)를 지어 많은 사람이 함께 동참하기를 권하였다.

■ 무상가 (한자는 엮은이가 괄호 안에 넣음, 맞춤법 고치지 않고 띄어쓰기함)

여보시요 동포(同胞)들아 이 내 말씀 들어보소. 인생(人生)이 초로(草露)같고 만사(萬事)가 몽환(夢幻)이라. 하루라도 어서 밧비 무상(無常)을 깨치시고 염불(念佛) 속(速)히 하여 사바(娑婆) 고세상(苦世上)을 흔신 같이 보옵시고 구품연대(九品蓮坮) 저 극락(極樂)을 어서 빨리 가옵시다.

우주(宇宙)를 살펴보니 모두 다만 허환(虛幻)일새, 풀 끝에 이슬 보오. 해 돋으면 없어지고 춘삼월(春三月) 호시절(好時節)에 찬란(燦爛)한 저 꽃 보소 불과 십일(不過十日) 못 다가서 낙화 되어 떨어지오, 천삼라만상(天森羅萬象)을 낱낱이 들고 보면 견고(堅固)한 물(物) 어데 있소. 천지(天地)도 마멸(磨滅)되고 해도 말라지오, 하물며 얼마나 견고(堅固)하오.

인생칠십고래희(人生七十古來稀)라, 백년(百年) 살기 어렵도다. 설사(設使) 백년(百年) 산다 한들 백년(百年)이 잠간(暫間)이라. 해가 가고 달이 오며 달이 가고 날이 온다. 하루도 열두 시에 시각(時刻)도 머무잖코 생각생각(生覺生覺) 넘어가서 무상(無常)이 닥쳐온다.

이 말하는 이 사람도 어제같이 청년(靑年)으로 오늘 벌써 백발(白髮)이네. 아침 나잘 무병(無病)타가 저녁 나잘 못 다가서 손발 젓고 죽는 인생 목전(目前)에 번다(頻多)하다. 북망산천(北邙山川) 돌아보면 노인(老人) 무덤뿐이신가. 소년(少年) 무덤 반(半)치시오. 한 무제(漢武帝) 옥당(玉堂) 보고 석숭(石崇)이 금곡(金谷) 보소. 어데 하나 남아 있소. 존비귀천(尊卑貴賤) 물론(勿論)하고 죽어가는 저 날에는 금은옥백(金銀玉帛) 저 부귀(富貴)와 문장명필(文章名筆) 높은 명리(名利) 하나도 쓸데없고 고혼(孤魂) 독좌(獨坐) 돌아가오. 처자권속(妻子眷屬) 많지마는 어데 하나 따라가오.

세상만사(世上萬事) 이러하다. 염불공덕(念佛功德) 제일(第一)이네. 생전(生前) 적악(積惡) 짓는 인생 염부(閻府)에 잡혀가면 염라대왕(閻羅大王) 저 호령(號令)과 지옥(地獄) 아귀(餓鬼) 저 고생(苦生)을 염불력(念佛力)이 아니오면 뉘라서 적(敵)하리.

권(勸)하고 권(勸)하노니 어서 바삐 염불(念佛)하와 극락세계(極樂世界) 왕생(往生)하여 무상쾌락(無上快樂) 받읍시다.

나모아미따불(南無阿彌陀佛)
                    비구(比丘) 서응 동호(瑞應東濠) 계수발언(稽首發願)

청련암 불강 (모두 훈민정음으로 쓴 것이 인상적이다)

1932.7.6. 蓮花 학우회 기념촬영
(사진 : 김환수 삼정운동)

지성 스님이 펴낸 『연화 옥천의 향기』

卍 보정의 꼬리말

옥천사는 경남 고성군 개천면 북평리 연화산(055-672-0100)에 있는 절이
다. 연화산(蓮華山)이 연꽃 산이니, 이미 아미따불과 인연이 있는 산이요.
서봉 스님이 지내시던 청련암도 연꽃과 인연이 있어 서봉 스님 같은 극락
간 이야기가 나온 것은 우연이 아닌 듯하다. 그리고 서봉 스님이 극락 간
청련암에는 '정토만일회'가 아직도 이어져 내려오고 있었다. 그 가운데 서
응 스님은 극락에 갔을 것이라는 확신을 가지고 모셨다. 아쉽게 스님 행장
이 없으나 『연화옥천의 향기』에 단편적으로 실린 글에서 간단히 행장을
구성해 보고 스님이 남긴 글을 간추려 보니, 스님의 염불수행과 극락 발원
이 충분히 배어 있었다.
계원 모집문과 무상가를 보면 스님은 극락에 대한 확실한 믿음(信)을 가지
고 염불계 참가를 권하고 있다. 또 무상가에 보면 "이 말하는 이 사람도
어제같이 청년(靑年)으로 오늘 벌써 백발(白髮)이네."라고 하여 스스로 말년
에 극락을 가겠다는 발원(願)을 올곧게 세우고 있다는 것을 알 수 있다.

입적할 때는 좌탈입망했다고만 기록되어 있지만 그처럼 염불 수행한 스님이 앉아서 어떻게 했는지는 기록이 없어도 쉽게 알 수 있다. 서쪽을 향해 합장하고 염불했지 그냥 앉아있기만 하지는 않았을 것이다.

1919년이면 바로 3·1만세운동이 일어난 암울한 시절이었다. 이런 세상에 많은 사람에게 염불을 권하여 희망을 주고 자신도 절의 일은 열심히 하지만 명리를 버리고 정토수행을 해 극락에 간 본보기라고 할 수 있다.

4. 1966년(?), 『연종집요』 널리 펴고 염불삼매로 조용히 극락 간 회서(懷西) 거사

야은(埜隱, 雲興寺)

1) 간단한 행장

『연종집요』의 저자이시며, 서지(西至) 현수(賢守) 율사 스님의 조부(祖父)이십니다. 필자는 오랫동안 회서(懷西) 홍인표(洪仁杓) 거사님(1880~1966?)의 가르침을 받들어 온 사람입니다.

본관은 남양(南陽)이시며, 원적은 서울이며, 1964년에 입적하셨습니다. 거사께서는 동경제대를 수학하시고 왜정 시 잠시 총독부 산하 정읍 군수를 역임하셨다고 합니다. 근대 대율사이신 자운(慈雲) 큰스님께서도 이분을 존경하신 걸로 알고 있습니다. 이분의 유고 유집 속에는 많은 내왕 교감의 흔적을 볼 수가 있습니다. 불교 정화 전후로 교단의 승니 계율에 있어서(1940~1956년 율장 연구 시기) 자운 스님께서 노심 고뇌하실 때 상해 불학 도서를 많이 제공 하셨으며, 지금의 서울 삼청동 보국사에서 염불왕생에 바탕을 둔 "대동염불회"를 결성하셨습니다. 그리고 거사께서는 박학한 불교교의에 정통, 영·일·한(英日漢) 어학에도 능통하셨으며, 그에 따른 논문도 필자는 보존하고 있습니다.

거사의 유명한 「연종집요(蓮宗集要)』는 오랫동안 연구해오시고 당시 어려운 대장경 열람을 하신 후 철저한 준비와 함께 집필하여 오셨음을 한눈에 볼 수 있는 육필 유집을 통하여 알아볼 수가 있습니다.

2) 생전에 출간한 정토 법문 책들

(1) 1차 출간『염불하여 극락 가서 태어나는 법(念佛往生法)』

　4288(1955, 세수 75세)년 6월 30일 발행

　편집 겸 발행인 홍인표 / 인쇄인 한국저축은행 업무부 홍성탁

　* 아들인 홍성탁이 인쇄인으로 나온 것을 보면 출판은 한국저축은행에 다니는 아들이 담당한 것으로 보입니다.

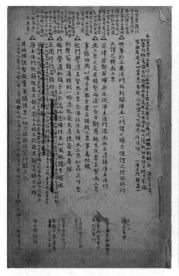 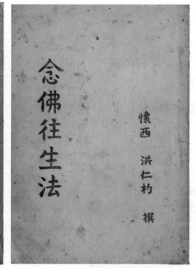

　　　회서 거사 자필 원고　　　　　『염불왕생법』(1955)

(2) 2차 출간『연종법문 요점 모음(蓮宗集要)』

　불기 2506년(1962년, 세수 82세) 5월 5일 발행

　저자 겸 발행인 : 홍인표(서울특별시 종로구 통의동 35-74)

　인쇄 : 대구·삼합사 인쇄공장 / 발행처 "대동염불회(종로구 삼청동 4번지)【비매품】

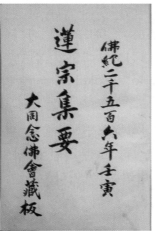

대동염불회 주소 삼청동 4번지는 석주 스님이 머무시던 칠보사입니다. 이 『연종법문 요점 모음(蓮宗集要)』에 쓴 머리말을 보면 '서녘 극락을 품은 (懷西) 홍인표'의 극락 사상이 자세하게 나타나 있습니다.

〈머리말〉

석가모니불께서 온갖 중생들이 6도 가운데 수레바퀴처럼 돌아다니며 고통를 받으면서도, 벗어날 줄을 알지 못하는 것을 불쌍히 여기시어, 성도하신 뒤 40여 년 동안 팔만 법장을 설법하시어 중생이 육도를 벗어나 성불하는 길을 가르쳐 주셨다.

그러나 중생으로서 처음 발심하여 성불하기까지에는 3아승지 겁이라는 장구한 세월을 닦아야 하나니, 그러는 동안에 무수한 생사를 반복하면서 한량없는 고난을 받아야 한다. 그리하여 부처님을 항상 만나기도 어렵고, 또악도에 떨어지기도 쉬우며, 열 사람이 도를 닦다가 아홉 사람이 물러나게되어, 끝까지 성불하는 이가 지극히 드물 것이매, 중생들이 이 말을 듣고겁이나고 마음이 약해져 발심하지 못하거나, 혹은 도를 닦다가 중도에 그만두는 폐단이 있을까 염려하시어 빨리 성불할 수 있는 방편문(方便門)을 말씀하셨다.

이 방편문이 연종법문(蓮宗法門)이니 어떤 중생이나 여러 생을 지내지 아니하고 일생에 염불한 공덕으로 육도윤회를 벗어나 서방정토 극락세계에 왕생하여 아미타불의 설법을 듣고 마침내(畢竟) 성불하는 법문이다.

다른 법문은 모두 자기 힘으로 도를 닦아서 온갖 번뇌를 끊어야 6도 윤회를 면하고 성불하는 것이며, 만일 조금이라도 번뇌가 남아 있으면 성불은 고사하고 6도 윤회도 면할 수 없거니와, 이 연종법문은 자기 염불하는 수행과 아미타불 원력으로 말미암아 설사 임종할 때 번뇌를 죄다 끊지 못하였더라도 번뇌를 가지고 왕생하여 물러나지 아니하고 성불하게 되는 것이니, 다른 법문에 비하여 알기 쉽고, 행하기 쉽고, 닦기 쉽고, 성불하기 간단하고 쉬운(簡易) 절묘한 법문이라 아니할 수 없다.

이 책을 보는 이가 이미 발심하였으면 염불에 더욱 정진할 것이요, 만일 발심하지 못하였으면 빨리 발심하고 부지런히 닦아서 이생을 마치고는 극락세계에 왕생하기를 간절히 바라는 바이다.

불기 2505년(1962) 임인(壬寅) 계춘(季春)
82살 늙은이(八二叟) 회서 홍인표

부처님이 성불하기 어려운 시대에 말씀하신 방편문인 연종법문은 쉽고 절묘한 법문이니 모두 마음을 내서 부지런히 닦으라는 당부를 하고 있습니다.

다음에 보는 「극락과 도솔천의 나음과 못함을 견줌(極樂·兜率優劣比較)」이란 표는 당나라 회감(懷感)이 지은 『정토에 관한 의혹들을 풀어 논함(釋淨土羣疑論)』이란 책과 당나라 대자은사(大慈恩寺) 사문(沙門) 규기(窺基, 632~682)가 지은 『서방(극락) 가기 위한 긴요한 방법에 대한 주석(西方要決科註)』에서 뽑아 만든 것으로 참선하는 사람들이 목표로 하는 미륵정토(도솔천)와 염불하는 사람들이 가려는 극락정토를 자세히 견주어 극락정토가 얼마나 더 뛰어난지를 밝히는 내용이다. 이 표에서 우리는 회서 거사 스스로가 발원하고 다른 불자에게 권하는 정토가 극락이라는 것을 뚜렷하게 알 수 있습니다.

아래 표는 모든 수행자들에게 도솔천이 아니라 극락으로 가려는 원(願)을 세우라고 권고하는 것이니, 자신에 대한 극락왕생 발원이야 더 말해 무엇하겠는가? 그러므로 회서 거사는 스스로 믿음(信), 극락 가려는 원(願)이 분명하였다는 것을 알 수 있습니다.

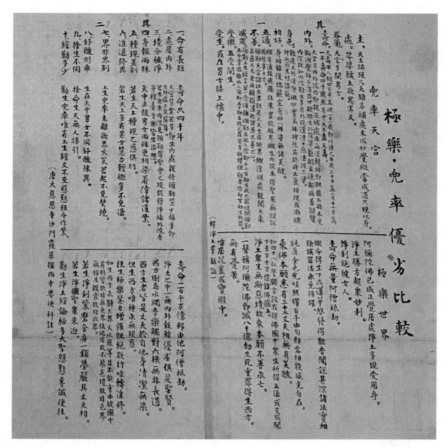

회서 거사 육필 원고 (「극락과 도솔천의 나음과 못함 견줌」)

3) 대동염불회 이끌며 염불수행 정진하여 극락에 간 회서 거사님

그리고 대동염불회 회장을 맡아 많은 사람을 극락으로 이끌고, 또 스스로 도반들과 함께 열심히 염불 정진하고, 자기가 지은 책을 대동염불회 이름으로 내는 등 염불수행(行)에 대한 실천도 모범이었다는 것을 알 수 있습니다. 보국사 주지이셨던 태원(승가대 총장) 스님의 말씀에 따르면, 당시 대동염불회는 만일염불회의 전통을 계승하여 대단한 신심과 원력으로 염불결사를 한 모임으로, 홍인표 거사님은 임종 후 사리가 나올 정도로 철저히 수행하셨다 합니다. 그리고 『연종집요』는 한국 근현대 불교사에서 정토에 대해 가장 최초로 체계적이고 종합적인 서술을 한 저서로 평가받고 있다고 합니다.

이처럼 극락에 갈 수 있는 밑천(資糧)인 믿음(信), 바람(願), 염불수행(行)에

서 하나도 빠짐없이 두루 갖추신 **거사께서는**

말년에 밤으로 옷도 잘 벗지 않으시고
서쪽을 향하여 항상 엎드려 절하는 자세로 주무시고
오신채며 육식은 일체 금하시며 육자염불을 지성으로
하시다가 앉은 자세 그대로 극락 왕생하셨답니다.

懷西 洪仁杓 居士님의 遺訓   회서 홍인표 거사님이 남긴 말씀

淨土往生 發願行者는   정토에 가서 태어나길 발원한 수행자는
첫째, 持戒嚴守 戒行淸淨 계를 엄하게 지키고 계행이 맑고 깨끗해야 하고,
둘째, 四聖禮文 朝夕日行 사성예문을 아침저녁으로 날마다 행하며
셋째, 一心不亂 一心念佛 한마음 흐트러짐 없이 한마음으로 부처님을 염하라.

끝으로 열반하신 방장 월하 노스님의 말씀에 따르면 거사께서는 참선하는
스님을 홀대하시고, 염불하는 이를 우대함에 "거사께서는 왜 차별심을 내
시는지요?"라고 묻자, 거사 가로되 "모든 수행의 근본은 계율에 있는데 요
즈음 선문은 계율을 등한시하는 것 같습니다. 하여 막행막식을 홀대할 뿐
입니다."라고 하셨답니다.

4) 이어지는 『연종법문 요점 모음(蓮宗集要)』출간

(1) 1972년 3차 『연종법문 요점 모음(蓮宗集要)』(법공양판) 출간

초판 : 불기 2505년(1962년) 초판/ 증보판 : 불기 2514년(1970년) 증보판
옮기고 엮은이 : 홍인표/ 펴낸이 : 홍성탁/ 박은 데 : 삼회인쇄주식회사
펴낸 데 : 서울특별시 성북구 정릉동 506, 93-4069, 보국사 내 대동염불회

3차 출판은 1962년 낸 『연종법문 요점 모음(蓮宗集要)』을 쉽게 풀어 쓴
것입니다.

이 책은 필자가 지난번에 『연종집요(蓮宗集要)』라 하여, 지어 내놓은 바
있는데, 불교를 배우는 사람의 태반이 그 말뜻을 충분히 해득하지 못하

고 있는 실정에 있어, 이를 위하여 좀더 쉽고 널리 깨우치게 하는 책이 있어야 하겠다는 것을 느껴 지난번에 발간한 것에 말뜻을 알기 쉽게 푼 것(語義註解)을 덧붙여 증보·재간(增補再刊)해 내놓는 것이다.

불기 2510년(1966) 1월[88]

1962년 첫판을 내고 1966년까지 4년간 어려운 한문을 쉽게 풀어 새로 낼 원고를 준비하였으나 출판하지 못하고 극락으로 가십니다. 그리고 4년 뒤인 1970년 큰 아드님이신 홍성탁 거사께서 사재로 간행하여 여러 사찰에 법공양 하셨습니다.

3판(1970, 보국사 대동염불회)

4판 (2012, 울산 운흥사)

5판(2016, 비움과소통)

(2) 2012년 4차 『연종법문 요점 모음(蓮宗集要)』 (법공양판) 출간

『연종집요(蓮宗集要)』 / 발행일 : 2012년 2월 27일
펴낸이 : 울산 운흥사 (울산시 울주군 웅촌면 고연리 1699-1)
인쇄처 : 석정당종합인쇄사.

---

88) 이전에 쓴 글에는 회서 거사님이 1964년 입적하신 것으로 썼다. 그러나 이번 글을 정리하면서 증보판 서문을 보니 1966년 1월까지는 분명히 살아계셨다는 것을 알 수 있다. 그리고 1968년 손자 현수 스님이 출가할 때는 할아버지가 입적하셨다고 했다. 그러므로 회서 거사님이 극락에 가신 것은 1966년이나 1967년이라고 본다. 그래서 1966년(?)이라고 기록한다.

1970년 이후 거사님의 『연종법문 요점 모음(蓮宗集要)』은 한동안 잊혀지고 있었습니다. 회서 선생의 자료들을 간직하고 있던 소납(小衲)이 큰 책임감을 느껴 2012년 운흥사(雲興寺)에서 다시 『연종집요』를 펴냈습니다. 당시 함께 염불 정진하던 '아미타염불회'에서 뜻을 모아 낸 것으로 회서 거사의 연종법문의 맥을 이으려는 작은 바람이었습니다.

(3) 2016년 5차 『불명의 길 연종집요(蓮宗集要)』 발행

발행일 : 2016년 3월 23일 / 출판사 : 비움과소통

이 책 서평을 보면 "저자가 서울 보국사 대동염불회에서 〈연종집요〉를 처음 펴낸(1960년) 지 56년 만에 서점 유통용으로 정식 출간된 이 책은 한국 불교의 수행 가풍이 위태로운 오늘날, 불자들에게 안심과 생사해탈의 확고한 희망을 선사하는 보전(寶典)이 아닐 수 없다."고 했다. 정식으로 ISBN을 받아 출간되므로 해서 염불 수행자들의 수행지침서로 다시 태어난 것이다.

 4) 회서 거사의 손자 출가와 소납과의 인연

1950년 한국전쟁이 일어나고 1953년 7월 27일 정전협정이 맺어진 뒤 국민 생활이 정상화되기 시작하자 그해 10월 18일 할아버지 홍인표는 바로 두 손자를 데리고 경북교육신문사에서 모집한 해인사 참배단에 참석하였다. 한국전쟁 때 대구에 와서 살았다는 것을 알 수 있다. 몸소 기록한 메모지에는 이렇게 쓰여 있다.

 해인사(法寶寺) 참배기
 경북교육신문사에서 모집한 해인사 참승단에 참가하여 불기 2990년(단기 4286, 서기 1953) 10월 18일(음 9월 11일) 상오 7시경에 교육신문사 앞에서 버스를 나누어 타고 해인사에 도착하여 참배한 뒤, 하오 8시경에 대구로 돌아왔다. (홍인표 자필 기록).

 다음 쪽 사진 설명
 38년 전(4324년) 홍인표(洪仁杓, 73세), (홍)언규(彦圭), (홍)대규(大圭)

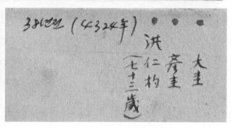

회서 거사님의 적손이신 현수 스님(세수 77세)의 말에 의하면, 할아버지께
서는 일찍 불문에 귀의하시고, 계사년(1953년) 시월에 조부님을 따라 동생
과 함께 해인사 대적광전에 함께 참배 하신 후 불문에 정식 출가 귀의함
을 하명해 주셨다고 합니다. 당시 고교시절(사진 참조)에 일찍 발심 출가
의 길을 선택하여 명문대학을 졸업하신 후 다시 동국 불교대학원을 수료
하시고 할아버지의 일거수일투족을 지켜보았으며, 그 당시 "대동염불회"를
결성, 말년에 조부께서는 조용히 염불삼매로 일관하셨답니다.

또한 거사께서는 평생 오신채를 금하셨고 정토 경전에 대한 사경 애송은
지극하셨으며 그분의 세필은 장안의 명필로도 정평이 나 있답니다. **만년에
는 상시 사성예불과 염불정진으로 일관하셨으며 근대 염불 정업발원 행자
로 손색이 없으셨던 분이라고 합니다.** 가실 때에는 적손을 불러 금강계단

1976년 도미 직전 소납과 현수 스님(우)

(통도사)에 입문케 하시고 조용히 염불삼매로 좌탈입적하신 걸로 명성이 높다 하겠습니다.

그리고 적손이신 홍언규는 출가를 단행, 해인사 자운 스님을 찾아가던 중 대구에서 남은 여비를 모아 물고기를 사서 금호강에 방생하고 도보로 걸어서 해인사에 당도하여 자운 스님을 뵈오니, 스님께서 말씀하시길 "처사님은 보통 인연이 아니니, 조부님의 인연·유훈을 저버리지 마시고. 곧장 금강계단 통도사로 가라"라고 말씀하셨답니다. 곧장 통도사에 입산 출가하시고, 월하 방장스님으로부터 '서녘극락(西方極樂)에 이른다'는 뜻을 가진 '서지(西至)'라는 당호를 받으실 때 선친(홍성탁)의 신심 발의로 『연종집요』를 세상에 정식 유포한다고 하셨습니다.

그 후 거사의 적손인 현수(홍언규) 스님은 68년도 통도사로 입문, 홍법(雲祖) 스님께 전강(傳講)하시고 철저한 오후 불식이며, 계율 엄정하시고 제방 선원 안거하시다가 76년도 여름, 미국으로 출국, 그때 주지 청하 스님과 소납은 함께 김포공항에서 작별한 뒤 지금까지 그 누구도 스님을 뵙지를 못하였습니다. 혹자는 흑인의 피습을 이야기하는가 하면, 가정을 꾸렸다는 풍문만 무성하였답니다. 본인은 스님과의 후의를 간직, 출국 시 모든 유품 문집을 필자가 보관하게 되었으며, 그 후 스님을 찾아 미국을 두서너 차례나 방문하여 백방으로 찾아본 것도 사실입니다.
그러나 지금은 남방 불교 종신수도원에 입방하셔서, 이 땅 통도사 금강계단의 서지 율맥을 미주 땅에 정착화하고 계시답니다.

5) 회서 거사의 유품을

앞에서 본 바와 같이 회서 거사는 한국 정토사에서 한 획을 긋는 중요한 인물입니다. 그리고 회서 거사가 지은 『연종법문 요점 모음(蓮宗集要)』은 앞으로도 염불수행을 하는 불자들에게는 쉬운 지침서로 영원히 남을 것입니다. 그런 측면에서 회서 거사가 『연종법문 요점 모음(蓮宗集要)』을 쓰기 위해 수집한 참고서적은 큰 뜻이 있다고 하겠습니다. 당시 우리나라에는 없어 동경과 상해에서 구입한 책들은 정토 관련 원전이라는 점도 중요하고, 서지학적으로도 값어치 있는 것입니다.

이제 소납도 70이 넘어 이 책을 간직하고 활용할 수 없는 형편이므로 정토수행 단체나 기관에서 인수해주셔서 회서 거사의 뜻이 계속 이어지길 발원합니다.

운흥사에서 간직하고 있는 회서 거사의 정토 관련 서적들

5. 1967년 나이 들어 염불하여 환한 빛 남기고 극락 간 송덕 스님

「송덕 비구니 사리탑 비(頌德比丘尼舍利塔碑)」
울산 울주군 상북면 덕현석리길 21-6, 보덕사

송덕 스님 (진영각)

송덕 비구니의 속성은 강씨인데, 7살에 입산하여 9살에 법순 비구니에게 계를 받았다.
서기 1967년 2월 29일에 입적한 바, 세수가 81살이다. 그날 밤 서기가 서쪽으로 뻐쳤고, 다비한 뒤 저녁마다 빛을 냄으로 7·7재 회향일에 상좌 신오 비구니와 신도 30여 명이 다비처에서 사리 2알을 찾아냈다. 그 뒤에도 여러 차례 빛을 냄으로 백일재 회향일에 상좌와 신도들이 또다시 다비처에서 사리 1알을 찾아내 모두 3알을 부도 속에 모셨다.

서기 1968년 무신 7월 일
유당 김종하 지음89)

〈송덕 스님 상좌 신오 스님 사적비〉

동인암은 신라 신문왕 때 왕명으로 건립된 고찰로 임진왜란 때 전소되고 수백 년간 유허지만 남아 있었다. 영천 은해사(銀海寺) 백흥암(白興庵) 치문(致文) 비구니계에 축발(祝發)하여 불교에 전념해온 법순(法淳) 선사께서 진표율사가 조성한 관음보살상을 이고 운문사를 거쳐 석남사 동편 동인암 옛 빈터(古虛地)를 찾아 토굴을 짓고 관음상을 봉안하고 동인암 중창건에 고심했으나 대원력으로 세우지 못하고 1889년에 입적하였다. 상좌 송덕

---

89) 〈다음 비문을 보정이 다시 옮긴 것임〉 頌德比丘尼의 俗姓은 姜氏인데, 七歲에 入山하여 九世에 法淳比丘尼에게 受戒하였다. 西紀一九六七年二月二十九日에 入寂한 바 世壽가 八十一歲이다. 그날밤 瑞氣가 西方으로 뻐쳤(첬)고 茶毘한 뒤 每夜放(放)光함으로 七七齋 回向日에 上佐信俉(伍)比丘尼와 信徒三十餘人이 茶毘處에서 舍利2顆를 索出하였다. 그 뒤에도 累次(屢次) 於光(放光)함으로서 百齋回向日에 上佐와 信徒들이 또다시 茶毘處에서 舍利一顆를 索出하여 都合三顆를 부도 속에 安置하였다. 西紀一九六八年 戊申 七月 日 攸堂 金鐘河 撰

(頌德)은 법순의 질녀로 7세에 입산 출발하여 수도하면서 은사의 대원력을 계승하여 천신만고 끝에 1919년부터 7년간 정전 광음전 칠성각 요사 등을 신축 정비하여 동인암의 중건을 완성하였으니 그 공덕 천추에 빛나리다. 상좌 신오(信伍)는 송덕의 질녀로 … **1967년 송덕 스승이 81세로 입적하시니 사리 3알이 나와 사방에 광명이 비쳤다.**

〈카페 연화세계 글〉

동인암에 계셨던 비구니 송덕 스님은 고모이신 법순 스님을 은사로 7세에 동인암에 출가했다. 평소에 늘 율무로 만든 천주를 돌리며 염불을 하셨으며 자비심이 많으셔서 인근 마을의 가난한 집에서 아이를 낳으면 꼭 밤에 몰래 쌀 한 말과 된장 간장을 가져다 뒀다고 한다. 또 산에 나물 뜯으러 온 아낙이 있으면 꼭 불러서 밥을 주었다고 하며, **나이가 들어서는 노구에도 불구하고 새벽예불 때는 꼭 일어나 앉아서 아미타경을 외우시고 염불을 하셨다고 한다.**
1965년(비문에는 1967년) 음력 2월에 81세로 입적을 하셨는데, 입적 바로 후 가지산 꼭대기에서 광명 무지개가 비쳐서 동인암 앞뜰 수각에 와 꽂혔다고 하며. 또 스님의 시신을 가린 병풍 뒤에서는 환한 광명이 오랫동안 비쳤다고 한다.

스님의 다비장에서 오색 사리 3과가 나왔는데 다비 후 100재를 지내는 동안 사리가 나온 줄 몰랐다가 인근에 일하던 농부들이 일을 마치고 귀가할 때 어두우면 다비장에서 광명이 비쳐서 길을 밝혔는데 농부들이 이상하게 생각하여 가서 뒤져보니 사리 3과가 나왔는데 콩알보다 큰 것과 콩알만한 것 등이었는데 모두 진주알같이 영롱하고 광명이 있었다고 한다.

이 이야기는 1989년경에 송덕 스님의 손상좌이신 **보덕사(언양에서 석남사 가기 전 오른쪽) 주지로 계시던 자행 스님께 직접 들었으며 송덕 스님 입적하신 후에는 지금의 보덕사에 자리 잡게 되어 그때 사리탑도 옮겨오게 되었는데 보덕사 안에 모셔져 있다.**

그때까지도 법당에는 사리 사진이 있었으며 또 송덕 스님께서 쓰시던 닳고 닳은 율무 염주도 있었다.

송덕 비구니 사리탑과 비   사리탑비 비문

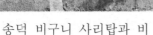

卍 보정의 꼬리말

평소에 아미타경 독송과 염불을 열심히 하셨고, 입적할 대 무지갯빛 광명이 비쳤던 것으로 보아 극락에 가서 태어나신 것이 분명하다. 아쉬운 것은 우리나라 왕생 기록들이 평소 염불하던 내용이나 마지막 아미따불이 와서 맞이하는 소위 내영(來迎)에 대해 자세하게 기록하지 않고, 사리에 대해서만 강조를 하고 있다는 점이다. 우리가 정토왕생을 위해 염불하는 것은 궁극적으로 극락에 가느냐 아니냐 하는 것이 가장 중요한 점이지 사리가 몇 과가 나왔느냐 하는 것이 아니다.

2022년 5월 6일 찾아가 사리탑과 비는 찍었으나 주지 스님을 뵙지 못해 자세한 이야기를 듣지 못하였으나 6월 23일 야은 스님의 안내를 받아 다시 가서 진영과 평소 쓰던 염주를 찍을 수 있었다.

송덕 스님 진영(진영각)

다시 찾은 보덕사

염불할 때 돌리던 염주

6. 1960년대, 우리 시대 염불 도인 하담 스님과 법산 스님 이야기

무여 스님(축서사), 「행복으로 가는 길」, 『축서사보』

이야기는 50~60년 전으로 거슬러 올라간다. 어떤 더벅머리 총각이 행복을 찾아 나섰다. 성은 한(韓)씨요, 이름은 복동(福童). '복동'이라는 이름은 '복'이라는 말과 인연이 깊은지, 어릴 때부터 '우리 복덩이, 우리 복덩이'라고 했던 것이 복동으로 변했다.

그는 '인생이란 무엇인가?' '어떻게 살 것인가?' '어떻게 사는 것이 잘사는 길인가?' 심사숙고(深思熟考)하다가 어떨 때는 며칠 밤을 뜬눈으로 지새우기도 하고, 어떨 때는 괴로움이나 슬픔을 억제하지 못하여 눈물을 뚝뚝 흘리기도 하였으며, 또 어떨 때는 살 것이냐 죽을 것이냐 생사의 갈림길에서 고민하기도 하였다. 결론적으로 그는 잘사는 사람, 행복한 사람을 직접 보고 장래 문제를 결정하기로 하였다. 어디로 갈까, 누구를 찾을까, 궁리 끝에 행복은 사랑에서 올 것 같아서 주위에서 행복하다고 소문이 난 친구 집을 찾기로 하였다.

그 친구는 당시로서는 드물게도 대학까지 졸업하고, 남들이 부러워하는 직장도 가졌다. 특히 친구들에게 부러움을 사고 있는 것은 고향의 예쁜 처녀와 결혼하여 잉꼬부부라고 할 정도로 금실이 좋다고 소문이 났기 때문이다. 슬하에는 예쁘고 똑똑한 아들, 딸 남매까지 둔 친구로서 누가 봐도 복이 많다는 친구였다. 그 친구 집에 가면 행복을 진정으로 느낄 수 있을 것 같아서 잔뜩 기대에 차서 갔다. 대문을 막 들어서는데, '우당탕탕!' 살림 던지는 소리가 들렸다. 조금 뒤에 그 점잖은 친구의 입에서 막말이 터져 나오더니, 부인도 질세라 쌍소리를 하니 아이들은 죽을 것 같은 소리로 마구 울어댔다.

행복을 찾으러 갔던 사람은 처음에는 자기 귀를 의심했다. '설마 내 친구 아무개는 아니겠지'라는 생각까지도 했다. 그러나 분명히 친구 집이고, 친구의 목소리가 틀림없는 줄을 알고는 크게 실망하여 도망치듯 나오고 말았다. 너무 충격이 심하여 온 전신에 힘이 쭉 빠지고 걸음조차 제대로 걷기가 어려웠다.

친구 집에서 크게 실망한 '행복을 찾는 사람'은 비틀거리며 네거리까지 나왔다. 어디로 갈까, 여러 사람을 떠올렸다. 가장 믿었던, 가장 틀림이 없다고 생각한 친구에게서 행복을 느낄 수 없다면 가볼 곳이 막연했다. 얼마를 생각하다가 고을에서 제일 갑부인 변 부자댁을 찾기로 했다. 자수성가(自手成家)한 갑부로서 언제 보아도 당당하고, 무슨 일이든지 자신만만하고, 어떤 사람에게도 굽힘이 없이 큰소리 떵떵 치는 의지와 노력의 사나이 변 씨에게 가면 남다른 행복을 느낄 것 같았다.

사랑채에서 변 부자를 찾으니, 변 부자는 초라하고 보잘것없는 어떤 남자와 말다툼을 하고 있었다. 그 남자 하나밖에 없는 변 부자의 동생이었다. 변 부자는 3천석 꾼인데, 30석도 못하는 가난뱅이 동생한테 조상 대대로 물려받은 땅 두 마지기를 돌려주지 않는다고 볼 것 없이 나무라고 있었다. 그 싸우는 모습을 보니 만 정이 뚝 떨어졌다. 허탈한 기분으로 그 집도 나오고 말았다.

'행복을 찾는 사람'은 변 부자 댁에서 행복을 느끼지 못하고 또 어디로 가볼까 고민하다가 당대의 이름있는 정치가댁을 찾아보기로 하였다. 문지기에게 '정치가를 만날 수 있느냐'고 물으니 손님을 대하는 태도와 말이 불손하고 거칠었다. 집안에 들어서니 분위기가 쌀쌀하여 마치 범죄 집단 같은 곳에 들어간 느낌이었다. 간신히 부인을 만나니 상전이 하인을 대하듯이 거만하고 딱딱하였다. 내키지 않았지만, 이왕 어렵게 들어간 집안이라 '행복한 정치가를 만날 수 있느냐?'고 물었다. 부인이 말하기를 '행복은 무슨 말라비틀어진 말입니까? 그 양반은 행복의 '행'자도 모르는 사람입니다.' 하였다. 부인을 보니 알 것 같았다. 그렇게 거만하고 딱딱하고 험구이니 그런 여자의 남편이라면 행복과는 거리가 멀겠다는 생각이 들었다. 옛날 봉건주의 시대 권문세도가의 전형을 보는 것 같아서 정작 정치가는 만나지도 않고 괴로운 심정으로 솟을 대문집을 나오고 말았다.

정녕 행복한 사람이 없단 말인가? 이제는 행복이라는 말도 싫어졌고, 행복한 사람을 만나겠다는 마음도 없어졌다. 비틀거리며 산속으로 올라가다가 길섶의 잔디 위에 쓰러졌다. 어느덧 밤이 되어 하늘에는 별들이 총총 빛났다. 문득 저 반짝이는 별들처럼 하늘로 올라가고 싶었다. 순간, 자살을 결심하였다. 굳이 살아야 할 이유도 없고, 의욕도 없었다. 자살을 결심하니 마음이 그렇게 편할 수가 없었다. 멀리 동쪽 하늘이 환해지는 것을 보고 잠이 들었다. 여러 날 제대로 자지 못한데다 피로가 겹쳐 깊은 잠에 빠졌다. 얼마를 잤을까, 눈을 뜨니 다음날 한낮이 지나서였다. 따뜻한 양지바른 곳에서 실컷 자고 나니 지쳤던 몸도 완전히 풀리고, 행복을 찾겠다는 마음도 자살하겠다는 마음도 다 쉬고 나니 몸과 마음이 가볍고 조금도 부족함이 없이 대단히 만족스럽고 기분이 좋았다. 순간 '이것이 행복이 아닌가.' 하고 쾌재를 불렀다. 이 이상 어디에서 행복을 찾을 것인가. 그는 드디어 행복을 찾았다는 생각이 들었다.

얼마 뒤 그는 행복한 순간을 자세히 점검하기 시작하였다. 행복은 어디에서 오는 것일까? 그는 드디어 '행복은 마음에서 오는구나, 텅 빈 듯한 아무 생각도 없는 그런 마음에서 온다'라는 것을 느꼈다. 그는 그대로 몇 시간을 누워있었다. 여전히 아무 생각도 없이 편안하고 기분이 좋았다.

어느덧 해가 기울고 있었다. 그때 멀리서 목탁 소리가 들려왔다. 목탁 소리가 점점 가깝게 들려왔다. 그는 목탁 소리가 나는 곳으로 갔다. 목탁 치는 스님은 미치광이 같은 스님이었다. 스님은 일제시대 극장 선전원들이 사방에 영화 포스터를 붙인 통을 뒤집어쓰고 거리를 다니면서 선전했던 모습처럼 앞에도 나무아미타불, 뒤에도 나무아미타불, 옆에도 나무아미타불을 주렁주렁 써서 붙였고, 그것도 모자라 나무아미타불이라고 쓴 깃대를 등에 지고 나무아미타불을 부르면서 목탁을 쳤다.
그 스님은 하루 종일 그렇게 서울의 골목을 다니다가 해가 지니 삼각산 도선사(道詵寺)로 가는 중이었다. 스님은 그렇게 5년간이나 목탁을 치고 나

무아미타불을 부르며 다녔다. 스님께서 그렇게 요란하게 써 붙이고 나무아
미타불을 부르며 시내를 누비고 다니는 것은 귀로 나무아미타불이라는 소
리를 듣고, 눈으로 나무아미타불이라는 글자를 보기만 하여도 그만큼 업장
이 소멸하고 공덕이 쌓인다는 확신이 있었기 때문이다.

그림 198 도선사 천왕문 (선죽 「사진사랑 검도사랑 행복가득 블러그」)

그러다가 관심을 보이는 사람이 있으면, 극락세계와 아미타불에 대한 법문
을 들려주고, 때로는 염불로 업장을 참회하는 참회법도 가르쳐주는 거리의
보살이요 선지식이었다. 이 스님이 하담(荷潭) 스님이다. 스님의 세속 인연
은 알려진 것이 없고 다만 성이 황(黃) 씨고 19세에 금강산 장안사(長安寺)
로 출가하였다고 하였다.

은사 스님께서 "너는 경전도 보지 말고 참선에도 관심을 갖지 말고 오직
아미타불만 일념으로 염해라."는 말을 듣고 오직 아미타불만 했다. 가나오
나, 앉으나 서나, 나무아미타불, 나무아미타불, 나무아미타불, 새벽에 눈
뜨자마자 밤에 잘 때까지 언제 어느 곳에서나 아미타불만 염하고 아미타

불에 빠졌다. 처음에는 잘 안되더니 그렇게 지극하게 하여 3, 4개월이 지나니 자신이 생기고 할 만하다는 생각이 들었다. 1년쯤 지나니 더 잘 돼서 1, 2시간 정도는 눈 깜짝할 사이에 지나가는 것 같았다.

그 무렵 장안사 극락전에 서울의 어느 신심 있는 보살이 3·7일간 기도를 왔다. 주지 스님이 찾는다기에 주지실로 갔더니, "하담 수좌, 자네가 기도해 주게." 하였다. 하담 스님은 주지 스님의 말씀이 고맙기도 하고 처음으로 하는 사중 기도라 열심히 하였다. 공양하고 화장실 가고 극히 필요한 용무 보는 일 이외에는 법당에 들어가 목탁을 쳤다. 스스로 생각해도 대견할 정도로 최선을 다했고, 기도에 아예 몸뚱이를 바쳤다.
염불이 점점 잘 되는 것 같더니 몇 시간씩 일념에 들기도 하다가, 기도를 마칠 무렵에는 하루 반가량을 삼매에 들기도 하였다. 기도가 끝난 뒤에도 계속 열심히 하다가 입산한 지 3년만인 어느 날 아미타불의 무량한 광명을 보게 되었다. 그때 나이 30대 중반이었다.

그 무량한 빛과 오묘한 진리를 체험하는 순간 그 기분을 억제치 못하여 하루종일 금강산을 망아지처럼 뛰어다녔다. 며칠을 미친 사람처럼 다니다가 이 기쁨을 나만 누릴 것이 아니라 중생들에게 회향해야겠다는 생각이 들었다. '모든 중생에게 아미타불 네 글자를 보여주고, 귀에 넣어줌으로써 세세생생 지은 업장을 녹여주고 죄업을 소멸시켜주어 일체 중생이 왕생극락하리라' 하는 큰 서원을 세우고 금강산에서 하산하여 서울로 갔다.

'행복을 찾는 사람'은 서울 우이동 도선사 입구에서 목탁을 치면서 올라오는 하담 스님을 보게 되었다. 스님을 보는 순간 환희심이 나고 존경심이 났다. 얼마를 따라가다가 자기도 스님의 목탁에 맞춰 아미타불을 부르고 있는 것을 알았다. 아미타불을 부르는 것이 어색하지 않고 친근감이 났다. 도선사에 도착하여 하담 스님을 따라 밤새도록 정근을 했다. 다음 날 아침인데도 전혀 피로한 줄 모르고 아미타불을 불렀다. 다음날도 그다음 날도 목이 터져라 불렀다. 일주일이 지나니 몸은 가볍고 점점 기분은 더 좋았다. 그는 염불이 잘 될수록 하담 스님이 장안사에서 아미타불에 빠지듯이 오직 나무아미타불, 나무아미타불 일념에 들었다. '행복을 찾는 사람'은 염불을 할수록 진정한 행복, 참 행복은 아미타불을 부르는 것에 있다는 것을 더 절실하게, 더 진하게 느끼며 미친 듯이 아미타불만 불렀다.

그러던 어느 날, 그날도 아미타불에 빠져 석불(石佛)만 보고 정근하고 있는데, 서울역에서 목탁을 치고 다니는 하담 스님이 보였다. 이상해서 옆을 보고 뒤를 돌아보아도 하담 스님이 보이지 않았다. 그는 언제 하담 스님이 내려갔는지도 모르고 염불에만 빠져 있었던 것이다. 하도 신기해서 하담 스님을 계속 주시했다. 하담 스님은 서울역 앞에서 얼마간 목탁을 치면서 다니더니 여러 사람에게 설법을 하였다. 뒤에 남대문을 거쳐서 중앙청 쪽으로 가고 있었다.

그날 저녁 청담(淸潭) 스님께서 외출하고 들어오셨기에 경계를 자상하게 이야기했더니, "그간 애썼다. 참으로 좋은 경험을 했다. 식(識)이 맑아지면 그럴 수도 있다. 천안통(天眼通)이 열렸다." 하면서 "보이더라도 일체 신경을 쓰지 말고 아미타불 일념에만 빠져라." 하였다.

그림 199 도움말 주신 청담 스님

그 이후 예사롭게 서울 시내가 보이고 인천 앞바다까지 보였다. 그때는 지나가는 사람만 보아도 그 사람에 대해 다 알 것 같았다. 도선사에서 3개월쯤 기도를 하던 어느 날 하담 스님이 나타났다. 그는 하담 스님에게 묻지도 않고 사방에 나무아미타불이라 주렁주렁 매단 옷을 입고 따라나섰다. 그는 하담 스님의 목탁에 맞춰 아미타불을 목청껏 불렀다. "나무아미타불! 나무아미타불! 나무아미타불!" 그는 가는 곳마다 아미타불을 느끼면서 목이 터져라 서울 시민을 위하여 나무아미타불을 부르고 불렀다.

두 스님이 아미타불을 부르면 지나가던 사람들이 우우 모여들기도 하고, 어떤 사람들은 노골적으로 무시하고 멸시하기도 하고, 아이들은 구경거리처럼 따라다니기도 하였다. 상가 앞을 지나면 탁발하려고 온 줄 알고 돈이나 먹을 것을 주기도 하고 어떤 음식점에서는 음식을 대접하기도 하였다. 동대문 시장이나 남대문 시장에서는 시장 상인이나 시장 보러 나온 사람들이 수십 명씩 따라다니기도 하였다. 그때만 해도 시장 주변에 거지가 많았는데, 시장을 돌면서 돈이나 물건이 생기면 다 나누어 주곤 하였다.

스님은 정근하며 가다가 농번기에는 일손이 없는 농촌에 모도 심어주고 보리를 베어주기도 하였고, 어느 곳에서는 하루 종일 타작을 해주기도 하였다. 공사판을 지나가다 막노동꾼과 같이 힘든 일을 해주기도 했고, 어떤 읍에서는 우는 아이를 봐주기도 하였고, 환자가 있으면 간호도 해주고, 지나다가 노인정을 보면 절대로 무심히 지나가지 않았다. 어떤 시골 초등학교에서는 부처님의 이야기를 들려주기도 하였다.

하담 스님은 무엇이든지 닥치는 대로 보살행을 하고 또 거리를 다니면서 거리의 포교사가 되고 아미타불의 전달자가 되었다. 또한 스님은 자비하고 남에게 공경심이 대단하여 누구든지 부처님처럼 대하고 부처님처럼 모시려고 노력하였다. 그래서 스님에게는 이 사람도 부처님, 저 사람도 부처님, 만나는 사람은 어떤 사람도 부처님처럼 대하여 스님에게는 가는 곳마다 부처님 세계요 극락정토였다. 그래서 스님과 한 번만 대화하거나 사귀면 평생 잊지 못하는 사람이 많았다.
그렇게 다니다가 아미타불 일념에 들면 걸어가던 길이든, 절이든 세속 사람의 집이든 몇 시간씩 정근을 하다가 가곤 하였다. 어느 해는 충청도 계룡산 근처를 지나다가 사흘이나 묵으면서 정근을 하니 신도안에 가던 이교도들이 몰려와 공양을 듬뿍 내서 인근 주민을 포식시킨 적도 있다.

어느 해 충청도 천안을 지나가다가 하담 스님이 문득 '행복을 찾는 사람'에게 말했다. "자네도 수계를 해야지?" "네, 저도 받고 싶습니다." 하니 길가의 큰 능수버들 아래 정좌하더니 "나에게 삼배를 하게" 하여 삼배를 드렸더니 "불법을 잘 호지하게. 자네가 체험한 것이 정법일세. 그것을 호지하는 것이 계일세." 하였다. 그러면서 "오늘부터 법산(法山)이라 하겠네." 하여 법산 스님이 되었다.

하담 스님은 그렇게 전국을 다니면서 아미타불 정근을 하여 극락정토를 발원하고 수많은 사람에게 아미타불 인연을 맺어주고 갖가지 보살행으로 선근공덕을 쌓다가 말년에는 부산 범어사에 정착하였다. 법산 스님도 줄곧 함께 수행하였다. 두 스님은 대중 생활을 하지 않고 공양은 행자나 일꾼들과 같이 하고 잠은 부목 방에서 잤다. 아침 공양을 하고 주변 도량 청소가 끝나면 어김없이 부산 시내를 내려가 아미타불 정근을 하며 다니다가 저녁에는 들어왔다. 그러던 어느 날 하담 스님은 총무 스님에게 말했다.

"내가 석 달 후에 가야 되겠소."

총무 스님은 무심히 지나가는 말처럼 들었다. 가야 되겠다는 말도, 다른 곳으로 가신다는 말인지, 돌아가신다는 말인지 이해가 안 되었다. 가신다고 한 날 일주일 전에 총무 스님을 방으로 불렀다. 때가 묻어 새카만 주머니에 꼬깃꼬깃 모은 10원짜리와 100원짜리 돈 6만 원을 주면서

"나는 아무 것도 가진 것이 없네. 경책 한 권도, 농짝 하나도 없네. 못난 중이라 옛 어른들처럼 땅 한 마지기도 부처님께 바치지 못하겠네. 적은 액수지만 사중에 보태쓰게."
하면서 주고는 또 양말 속에 넣어두었던 3만 원을 주면서 화장비로 써달라고 하였다.
하담 스님은 가시기 하루 전날 손수 향나무를 달인 물로 목욕을 하고, 미리 마련한 수의로 갈아입은 후, 깨끗한 장소에서 그간 입었던 더러운 옷을 깨끗하게 태운 후, 실로 남은 것이라고는 수건 하나, 양말 한 켤레도 없이 오직 수의와 가사 장삼뿐이었다.

3개월 전에 가겠다고 했을 때 가볍게 들었던 총무 스님은 하담 스님의 거동이 이상하게 느껴져 학인 승려 두 명으로 하여금 곁을 지키도록 하였다. 예언한 날 10시가 되자 하담 스님이 조용히 말하였다.

"이제 내가 가야 할 시간이 되었구나."
그때 곁에 있던 젊은 스님이 말했다.
"스님, 10시는 부처님께 마지 올릴 시간입니다."
"허, 듣고 보니 그 말도 옳구려."

앉은 채로 열반(涅槃)에 들고자 했던 스님은 젊은 스님들의 부축을 받아 법당으로 올라갔다. 법당 옆에 단정히 앉아 사시 마지가 끝날 때를 기다렸다.

"이제는 가야겠구나. 나를 좀 눕혀다오."
시내에서 정근하다가 황급히 올라온 법산 스님과 젊은 스님의 부축으로 반듯이 누운 하담 스님은 조용한 음성으로 발원하면서 가셨다.

"원컨대 법계의 모든 중생들이 일시에 성불하소서.
 원컨대 법계의 모든 중생들이 일시에 성불하소서.
 원컨대 …."

그림 200 범어사 (라파의 여행일기)

하담 스님의 열반 소식을 듣고 범어사 스님들은 큰 충격을 받고 슬픔에 빠졌다. 특히 범어사 총무 스님은 땅을 치며 대성통곡하였다.

"아이구, 아이구, 진짜 도인 스님! 선지식을 옆에 두고 눈 어둡고 귀 멀어 몰라보았으니 참으로 한탄스럽구나."

장례는 스님의 삶처럼 간소하면서 여법하게 치러졌다. 법산 스님은 은사 스님이 남긴 한 줌의 재를 금정산(金井山)에 뿌리고 부산을 떠났다. 스님은 은사 스님의 마지막 가시는 모습을 보고 더욱 신심을 내고 발심하였다. 그이후로는 더 큰 소리로 더 간절하게 염불하였다. 그렇게 전국을 3년가량 다니다가 발걸음을 멈춘 곳이 강원도 명주군의 어느 외딴 토굴이었다. 멀리 동해 바다가 보이는 산자락에 방 한 칸, 부엌 한 칸 조그마하고 보잘 것 없는 집에서 살았다.

이곳에서는 지금까지의 거리의 삶과는 전혀 달랐다. 거의 두문불출(杜門不出)하였다. 처음 몇 년간은 땔감을 구하기 위하여 산에 오른다던가, 양식이 떨어지면 탁발하기 위하여 외출도 하였다. 몇 년이 지나서는 누군가 땔감이 없으면 땔감을, 먹을 것이 없으면 먹을 것을 조달하여 주었다. 그는 하루 종일 아미타불에 빠졌다. 오직 '나무아미타불, 나무아미타불, 나무아미타불' 나무아미타불로 눈을 뜨면 잘 때까지 나무아미타불을 놓지 않았다. 그렇게 나무아미타불을 부르면서 달이 가고 해가 지나서 10여 년간 아미타불과 함께 세월을 보냈다.

그간 어떨 때는 너무 좋아 춤을 덩실덩실 추기도 하였으며, 어떨 때는 남모를 소리를 내며 즐기기도 하였으며, 어떨 때는 법열에 자신을 억제하기 어려워 동해안을 질주하기도 하였으며, 어떨 때는 뒷산 상봉인 오대산(五台山) 삼왕봉(三王峰)을 올라가 천하를 호령하기도 하였으며, 어떨 때는 밤중에 방광(放光)하여 마을 사람들을 놀라게 하기도 하였다. 또 어느 해는 강원도 산골에 앉아서 서울을 보며 정부의 나라 걱정을 하기도 하였고, 어느 여름에는 큰비가 올 것을 예상하고 주민들을 대피시킨 일도 있고 언젠가는 동해안으로 상륙한 공비들 2명을 자수시켜 화제가 되기도 하였다.

그런 그를 인근 마을 사람들은 '살아있는 아미타불' '살아있는 부처님'이라고 하기도 하고, '도인 스님'으로 부르기도 하였다. 한편 그는 앞날을 내다보는 '신비한 스님'으로 보이기도 하였다. 그는 30년 가까이 부른 아미타불 속에서 진정한 희열을 느끼고, 그가 그토록 바라던 참 행복을 느끼다가 갔다. 그는 열반에 들 때도 아미타불 일념에 들어 법열을 느끼다가 얼굴에 미소를 지은 상태로 갔다.

이상 하담 스님과 법산 스님의 이야기는 법산 스님에게 직접 들은 이야기이다.

〈 축서사보, 갑신년 신년법어 〉

계간지 『축서사』 2015 신년호   축서사 회주 무여 스님(축서사보)

卍 보정의 꼬리말

이 이야기는 축서사(鷲棲寺)에서 발행하는 『축서사보』에 실린 2004년 무여 스님 신년 법어 「행복으로 가는 길」의 일부이다. 2004년 신년법어에서 50~60년 전 이야기라고 했다. 이 이야기에서 대강이라고 연대를 알 수 있는 것이 청담 스님이 도선사 주지로 머문 때가 1961년부터이다. 그러므로 이 이야기는 1960년대 이후 일이란 것을 알 수 있다. 그리고 우룡 스님 수행 이야기에 이런 대목이 나온다.

1960년경, 교계에 거의 이름이 알려지지 않은 노스님 한 분이 부산 범어사에서 열반에 드셨습니다. 스님의 성은 황씨(黃氏)요 법명은 하담(河潭)으로, 19세에 금강산 장안사로 출가하여 오로지 '나무아미타불'만을 불렀습니다. 스님은 앉으나 서나 '나무아미타불'만을 외웠고 일 할 때도 밥먹을 때도 '나무아미타불' …… 아미타경을 잊지 않았습니다. 이렇게 하기를 10여 년이 넘자 대화를 나눌 때도 '나무아미타불'이 끊임없이 이어졌고, 잠을 잘 때도 '나무아미타불'과 함께 하게 되었습니다.

마침내 하담스님은 30대 중반의 나이에 아미타불이 무량한 광명을 보고 견성을 하였고, 무량한 빛과 무량한 진리를 체득한 기쁨을 억제하지 못하여 금강산에서 하산했습니다. 모든 중생들에게 '나무아미타불'이라는 이 거룩한 단어 하나를 귀에 넣어 줌으로 해서 중생들의 업장을 녹이고 죄업을 소멸시켜주고자 서울로 온 것입니다.

유명하지 않은 스님이라 비문도 없고 정확한 기록도 없어 전설처럼 이야기하고 있지만 사실은 10지보살이나 가능한 불퇴전을 이루어 극락에 간 성인이었다. 하담 스님이 입적한 때는 1960년대라고 하는 수밖에 없다. 유일한 제자 법산 스님은 염불한 지 30년 지나 극락 가셨다고 하니, 1990년대라고 볼 수 있다.

두 스님이 샌드위치 간판에 '나모아미따불' 붙이고 염불하며 서울을 누볐던 사진 보고 싶다.

7. 1974년, 평생 정토, 말년 출가하여 극락 간 사천 백운암 혜타 스님

年代: 佛紀 二千五百十八年 甲寅 (1974)
泗川 白雲庵 比丘尼 慧陀(1904~1974) 碑文
경남 사천시 사천읍 토촌길 181-15
智冠,『韓國高僧碑文總集』-조선조·근대편, 1224쪽

백운암 혜타(慧陀) 비구니 행적 비

경남 사천시 사천읍 비구니 혜타 스님은 백운암을 크게 발전시키고 불법을 널리 펴서 사람들을 많이 이끄신 스님이다. 스님의 속성은 김이요, 본은 경주니 서기 1904년 대한 광무 8년 갑진 8월 24일 함경남도 영흥에서 태어났다. 아버지는 김상진(金尙鎭)이요, 어머니는 평양 염(廉) 씨다.

7살에 아버지를 여의고, 13살에 함경남도 문천군 덕원면 당모리 강유진(康有鎭)에게 시집갔다가 24살에 남편과 따로 살면서 기독교 신자로 종사하기 여러 해이었다. 33살에 어머니 상사를 만났는데, 탁발하는 스님의 권고로 49재를 베풀어 천도하고 그 인연으로 불교에 귀의하였다.

37살에 안변군 석왕사에서 한암(漢巖) 스님에게 보살계를 받았으며, 미타행(彌陀行)이라는 이름을 가졌다. 불교에 귀의한 뒤부터 10년 동안에 고향에서 해월사(海月寺) 망경암(望京庵), 도창사(道昌寺) 재성암(再醒庵) 같은 법당들을 혼자서 다시 짓는 시주가 되었고, 문평면(文坪面)에 있는 집을 석왕사에 헌납하여 포교당을 만들었다. 반년 동안에 지은 불사는 부처님 3분, 가사 100벌, 탱화 6축을 조성하였고, 백운암에서 여러 번 석암(昔巖) 스님을 청하여 보살계 법회를 열어 여러 사람에게 신심을 일깨워주었다.

고향을 떠나 서울에 와서 있으면서 호국역경원(護國譯經院)과 경국사(慶國寺)를 다니면서 아미따경을 읽고 정토에 전심(傳心)하였다. 1951년 가을에 경상남도 사천군으로 이사하였고, 1955년에는 불교 정화운동에 참여하여 상대방 관리와 대결하며 조계사 대웅전을 고수하는데 공로가 있었다.

1958년 사천읍 백운암을 설립한 이 거사의 간청으로 백운암에 들어가 있으면서 전당 7채를 더 짓고, 토지 1,800평과 임야 7반보(反步: 1반보=300평)를 사들이고, 전기를 끌어오고, 통행하는 길을 넓히고, 상수도를 마련하는 등 절을 발전시키는 데 힘썼다. **또 이웃 사람들에게 불교를 포교하고 정토사상을 일러주어 수백 명의 신도를 얻었는데, 지금 백운암 신도회장 아무개 씨도 본래 기독교인데 스님의 교화를 받고 불교로 돌아온 사람 중의 한 분이다.**

1971년 4월에 68세 늙은 몸으로 중이 되어 경기도 의정부시 회룡사(回龍寺) 주지 도준(道準) 비구니의 상좌가 되었으니 수계사는 석암(昔巖) 스님이다. 70살에 양산군 통도사 금강계단에서 구족계를 받고, 1974년 4월 8일에 사바를 떠나니 나이는 71이요, 법랍은 34라.

맏딸과 둘째 딸도 비구니가 되었다. 나는 이 스님을 모르는데 봉선사(奉先寺) 운경(雲鏡) 스님의 부탁을 받고 이 스님의 막내딸 강상 품화(康上品華)가 기록한 행적에 따라 이 글을 적는다.

서기 1974년 6월 일
운허 용하(耘虛龍夏) 짓다.

8. 1976년, 간곡한 아들 권유와 인도로 극락 간 강해월 거사

『월간 붓다』 2544년(2000년) 11월~12월호

해월(명철) 님의 체험실록

아버지께서 심장병을 앓으신 지가 벌써 올해 들어 10년이나 되었다. 병을 고치기 위해 이 병원 저 병원, 이 약 저 약 다 먹어 보아도 소용없었고, 계속 악화되기만 하였다. 자식된 도리로 아버지 옆에서 잘 간호해드리고 보살펴드려야 하는데, '나라의 몸'이 된 이상 어쩔 수가 없어 매일 전화로만 문안드리는 일이 자식의 도리 전부였다.

하루는 안부 전화를 드리는데 문득 부처님의 말씀이 생각났다. "아버지, 부처님께서 병이라는 것은 실체가 없고 거짓 임시로 나타난 것에 불과하다고 합니다. 성을 잘 내거나 탐착심과 집착심이 강한 사람일수록 병에 걸릴 확률이 높고, 특히 암이나 불치병에 걸릴 위험이 많다고 합니다. 그래서 병을 고치려면 마음의 근원을 보고 평시 마음을 허공같이 텅 비우고, 조화롭고, 평등하게 마음을 가지면 병에 안 걸리고, 불치병도 얼마 안 있어 완치된다고 합니다."라는 말씀을 드렸다. 어쩌면 아버지께서는 부처님의 지혜로운 말씀으로 10년 동안 불치병을 버티어 왔는지도 모른다.

그러나 올해 병진년(1976) 들어 아버지의 병환이 더욱 더 악화되어갔다. 올 7월 초에 어머니한테서 전화가 왔다. "아버지의 병환이 더욱 깊어져서 지금은 전화를 받을 기력조차 없다."는 것이었다. 이 소식을 전해 들으면서 나도 모르게 눈물이 흘러내렸다. '나무 관세음보살, 관세음보살'을 계속 염송하며 아버지의 무병장수를 마음속으로 기원했다.

7월 중순경에 외박을 받아 시골집에 내려가 아버지께 문안 인사를 드렸다. 아버지 얼굴이 올 초에 보았을 때보다 살이 많이 빠져 있었고, 안색도 매우 좋지 않았다. '아! 아버지께서 임종하실 날이 얼마 남지 않았구나! 살아 계실 때 부처님 법을 전하자!' 아버지의 어깨를 주물러드리면서 『반야심경』한 구절을 들려드렸다.

"아버지, 『반야심경』이라는 경전을 보면 관세음보살님께서 인간의 한계인 즉 육체는 빈 것으로 보셨다고 합니다. [오온개공(五蘊皆空)]"이라고 하니, 아버지께서 "왜 인간의 육체가 없느냐? 지금 멀쩡히 있는데 왜 없다고 하느냐?"라고 반문하셨다.

"아버지, 관세음보살님께서 보시니 육체가 나[我]이고, 생각하는 기운이 자신의 마음인 줄 알고 있고, 또한 주위의 환경(六塵: 色聲香味觸法)이 나를 위해서 있고, 나의 만족을 채워 주는 도구인 줄 알고 있고, 거기에서 소원이 성취되면 행복하고 실패하면 괴롭고, 울고 웃으면서 살아가는 것이 인간의 낙이요 행복이라고 잘못 보고 있다고 말씀하였고, 그것이 인간의 한계라고 설하셨습니다."

그러자 아버지께서 "아니, 그러면 우리가 지금 살고 있는 것이 진리가 아니란 말이냐?" "예, 그렇습니다. 인간은 육체와 정신, 주위 환경의 지배하에 항시 살아가고 있고, 거기에서 탐착심을 일으켜 남보다 물질적으로 풍요하게 살고, 높은 위치에 있어야만 직성이 풀리고, 만족감을 찾고, 일이 시원스럽게 풀리지 않으면 온갖 죄업을 짓는 것이 인간의 한계입니다. 예를 들면, 내가 많은 돈과 빌딩과 고급승용차를 가지고 있다고 하면 그 사람의 수준은 그것밖에 가지고 있는 수준이 되지 않습니다(유한성)!"

"그러면 그것보다 더 큰 것이 있단 말이냐?"
"예, 그렇습니다, 아버지! 법정 스님의 '텅빈 충만'이라는 말씀이 있습니다. 모든 것을 비웠을 때 [육체, 정신, 환경이 공(空)했을 때] 천하와 통한다고 했습니다. 바꾸어 말하면, 우주와 하나가 된다고 말할 수 있습니다. 즉, 우주가 자기이고, 자기가 우주가 되는 것이죠. 물질이라는 유한에서 우주라는 무한으로 자신의 마음이 크고 넓게 되는 거죠! 그렇게 되면 돈이 많든

적든, 지위가 높든 낮든 간에 아무런 관계가 없고 걸림이 없이 물질과 육체와 정신세계를 마음대로 굴리면서 인생을 자유롭고 조화롭게 살아갈 수가 있습니다. 또한 아버지, 죽는 것을 두려워할 필요가 없습니다. 관세음보살님께서 생이 없고 죽음도 없다고 하셨습니다. 그래서 생이 없고 죽음도 없는데 무엇이 두려움이 있겠습니까? 본래 그 자리로 가는 것이 자연스러울 뿐입니다."라고 말하자,

아버지께서는 "그러면 어떻게 해야만 마음이 편안하고 자유스럽게 생활할 수 있느냐?"라고 물으셨다.

그래서 나는 "아버지! 일단 모든 것이 텅 비었다고 관(觀)을 하시고, 마음에 생각을 머무르게 하지 않으면 안 됩니다. 가령 남과 싸웠을 때 싸움이 끝이 나도 상대방의 얼굴이 떠올라서 분한 마음이 생기게 되는데 그렇게 되면 스스로 마음고생만 하게 되고 심지어 어리석음에 빠져 죄를 짓는 경우가 허다합니다. 예를 들면, 물이 시냇물에서 하천으로 하천에서 강으로, 강에서 바다로, 자연스럽게 흐르면 한 맛이 되어 물 스스로 분별을 없애고 평등한 맛이 됩니다. 그러나 물이 흐르다가 웅덩이에 빠져 웅덩이 물이 되면 시간이 오래 될수록 그 물 스스로가 썩어버리게 되고 시커먼 물로 변해 버립니다. 마음 또한 이와 유사합니다. 그래서 좋은 생각이든 나쁜 생각이든 생각이 일어나면 일어나는 대로, 사라지면 사라지는 대로 가만히 보고만 있고 놓아두기만 하면, 생한 것은 반드시 사라지게 되어 있습니다. 생각이 일어나면 필히 생각이 아! 일어났구나 하고 알아차리십시오, 그러면 그 생각은 곧 사라지게 됩니다. 항상 어느 때라도 깨어 있는 마음으로 생활하시면 마음이 매우 편안해지고 자유롭게 생활하실 수 있습니다."

"그래, 막둥아! 알았다. 앞으로 머무름 없는 마음과 깨어 있는 마음으로 남은 여생을 보내마!" 라고 말씀하셨다. 그러나 마음이 놓여지지 않았다. 왜냐하면 법문을 전하는 나도 부처님의 말씀과 고승 대덕의 법문만을 전해 주었을 뿐, 나 자신도 이 어려운 법문을 이해하기가 힘들었던 것이다. "아버지, '나무 관세음보살'을 매일 염하면 누구나 극락 왕생할 수 있다고 합니다." 아버지께서는 그 말이 정말이냐고 반문하셨다. "그래, 알았다." 하시면서 어느새 아버지는 주무시고 계셨다. 그것이 마지막 대화였다. 그 다음날 아버지께 작별인사를 드리고 양구로 복귀했다. 그러나 나의 마음은 계속 아버지께 가 있었다. 일요일, 절에 가서 법회에 참석하여 아버지의

무병장수와 극락 왕생 기도를 드리니 마음이 한결 편해졌다.

2개월이 지난 어느 날, 훈련 끝나기 하루 전날 야외에서 취침 중이었는데, 절 법당에 계시는 아미타부처님께서 피눈물을 흘리며 꿈에 나타나셨다. 그 것은 마치 현실에서 보는 것처럼 또렷하게 나타났다. 그때가 새벽 3시였다.

그런데 문득 이런 생각이 드는 것이었다. '혹시 아버지께 무슨 일이 일어났나? 그런데 왜 아미타부처님이 나타나셨을까?' 이런저런 생각으로 잠을 이루지 못하고 아침을 맞이했다. 그리고 오후에 아버지께서 더 이상 가망이 없고 위독하다는 연락을 받게 되었다. 그 연락을 받고 한동안 멍하니 먼 산만 바라보고 있었다. 그리고 '나무 관세음보살, 나무 관세음보살. 아버지의 극락 왕생을 기원합니다.' 나 자신도 모르게 눈물을 흘리며 마음속으로는 관세음보살님을 염하고 있었다. 당장 아버지께 달려가고 싶었지만 훈련 마지막날 임무를 맡고 있는 나로서는 차마 지휘관에게 말하기가 어려웠다. 그리고 모든 훈련이 끝나 보고를 한 후, 양구에서 아버지가 계시는 포항의 병원으로 향했다.

"어머니, 아버지의 병환은 어떻습니까?" 하고 물으니, 어머니는 우시면서 "병원에서는 가망이 없다고 한다. 자꾸 헛소리만 하고 계셔." 중환자실 면회가 허락되어 아버지를 만나니, 헛소리를 하고 계시다가 "우리 막둥이 왔구나!" 하며 눈물을 흘리셨다. 아버지의 어깨를 주물러드리며 '신묘장구대다라니'를 3번 염한 후 아버지께 앞면에 '아미타불, 관세음보살, 대세지보살' 그림과 뒷면에 신묘장구대다라니가 적혀져 있는 호신불을 드렸다.

다음날 아침 9시경에 어머니로부터 연락이 왔다. 아버지의 임종이 임박하니 작은 방을 깨끗이 치우고 있으라는 것이었다. 급히 서둘러 방을 치우고 가족들에게 연락을 했다. 아버지가 집에 도착했을 때는 산소호흡기에 의존하여 의식불명의 상태였다. 의사는 산소호흡기만 떼어버리면 목숨이 끊어진다고 하였다.

"부산에서 가족들이 올라오고 있습니다. 조금만 더 기다려 주세요!" 의사는 알겠다고 하였다. 나도 모르게 아버지를 부르며 울다, 문득 아미타부처님 생각이 났다. 그래서 임종을 앞둔 아버지의 귀에 대고 아미타부처님과 관세음보살, 대세지보살, 지장보살을 염했고, 신묘장구대다라니를 이마에 손을 대고 염했다. 그런데 갑자기 의식불명이던 아버지께서 눈을 뜨시고 사방을 둘러보신 후 1시간 가량 계시다가 가족들을 보지 못한 채 서서히 숨을 거두셨다.

그때 경전의 말씀이 생각났다. '임종 찰나에 아미타불을 염하면 매우 영리해지기 때문에 극락 왕생 연화대에 왕생할 수 있다.' 그래서 아버지의 귀에 대고 20분 가량 부처님을 염하고 광명진언을 108번 염했다. 그런데 갑자기 옆에 계시던 어머니의 단주가 흰색에서 빨간색으로 바뀌었다고 한다. 나는 허겁지겁 인근에 있는 사찰로 향했다. 마침 절에서는 비로자나부처님의 개금 불사를 하기 위한 불사금을 받고 있었다. 거기 계시는 스님께 자초지종을 말씀드리니 법회가 끝날 때까지 법당에서 극락 왕생 기도를 하라고 일러 주셨다. 그리고 끝나면 다시 오라고 하신다. 아버지를 위한 개금 불사를 하고 부처님께 초를 공양한 후 아미타부처님을 관하며 아버지의 극락 왕생을 빌었다. 법회를 마친 후 스님을 친견하니 지장전에서 『금강경』 독송을 하라고 하신다. 성심성의껏 염하고 법당을 나왔다.

돌아오는 길에 웬 노인이 걸어가고 있었다. 아버지 생각이 나서 차를 세우고 행선지를 물었다. 마을까지 간다고 한다. 아버지 생각이 자꾸 나 "할아버지! 무병장수 하시고 오래 오래 사세요." 하고 인사를 드리며 헤어졌다. 그리고 문득 '광명진언'이 생각났다. 십악오역을 지은 죄인도 3~4번만 들어도 모든 죄업이 멸하고, 깨끗한 모래에 108번 진언을 염한 후 망자의 무덤이나 또는 시신에 뿌리기만 해도 모든 죄업이 멸하고 극락세계에 왕생한다는 경전의 문구가 생각났다. 그래서 나는 바다의 깨끗한 모래를 구해 집으로 향했다. 집에 도착하니 가족들이 모두 모여 집안은 울음바다가 되어 있었다.

어머니께 '광명진언'에 대해 말씀을 드리고 깨끗한 물로 21번을 씻어서 신묘장구대다라니 3번, 광명진언을 모래 위에 108번을 염한 후 모래를 조금씩 5등분하여 비닐포장을 해서 아버지 몸에 뿌렸다. 그런데 이상한 일이 생겼다. 가족과 친척들이 갑자기 마음이 편하다고 한다. 눈물을 흘리고 곡을 해야 하는데 눈물도 나지 않고 곡할 마음도 생기지 않아 마냥 마음이 흐뭇하다고 한다. 나 역시도 그랬다. 마냥 반가부좌를 하고 있으니 마치 아버지께서 극락 왕생하는 모습이 계속 스치고 지나 가는 것 같았다. 얼마

후 장의사가 왔다. 모든 방을 꽃으로 장엄한 후 불법승 삼보께 이 꽃을 바친다고 마음으로 염했다.

장의사가 아버지를 입관할 때 관 속에 신묘장구대다리니경, 아미타불, 관세음보살의 그림과 금강경, 그리고 관세음보살 육자대명왕진언을 넣어 드리고 왼손에는 단주를 채워 드리고 광명진언으로 단장한 모래를 같이 넣어 드렸다. 그리고 난 후 아버지께 말씀드렸다.

"아버지, 육체는 허망한 것이고 정신도 허망하니 육신은 죽으면 흙, 물, 불, 바람으로 돌아가니 육신에 대한 탐착심을 버리고 죽은 영혼에 대한 애착심 또한 버리십시오. 또한 부처는 모양이 없으니 아버지의 근본 마음이 부처임을 자각하시고 극락세계 구품연화대에 왕생하셔서 아미타불 부처님을 친견 하시고 성불하십시오!"라고 한 후 장엄 염불을 독송해 드렸다.

다음날 아침 스님을 모셔와 정성들여 염을 하였다. 스님께서는 혈육의 지극한 정성이 중요하다고 하시면서 신심을 다해 아미타불을 염하라고 하셨다. 저녁이 되어 아버지 영전에 신묘장구대다라니를 3번 독송하고 장엄 염불을 독송해 드렸다. 그런데 다음날 불가사의한 일이 일어났다. 어머니께서 앉아 계시다가 갑자기 벌떡 일어나시면서 생전에 아버지께서 하시던 행동을 하시면서 말씀을 하시는 것이었다.

"명철아! 나는 아버지다. 어머니의 육신을 잠시 빌려 이 얘기를 전하려고 왔다. 아버지는 후손들 덕에 극락세계에 왕생했다. 처음에는 (저승)사자가 붙어서 사경을 헤맸단다. 그런데 네가 신묘장구대다라니를 염하니 (저승)사자는 물러가고 갑자기 아미타부처님과 관세음보살님, 그리고 여러 보살님이 오셔서 나를 극락세계로 데리고 왔다. 아버지 뿐만 아니라 우리 조상님들까지도 극락세계에 같이 왕생하게 되었다. 그 세계는 말할 수 없을 정도로 장엄하고 무척 평화롭다. 그러니 너희들도 부처님 말씀을 받들고 육신이 건강할 때 대공덕을 많이 짓고 살아라. 명철아! 네가 다니는 절은 작지만 금강산 줄기를 타고 있기 때문에 수행 및 소원을 빌면 좋은 일이 있을 것이다. 정말 고맙다."

그리고 가족들에게 축원을 해 주시고 신묘장구대다라니를 필히 수지 독송하라는 말씀을 남기신 후 "나는 이만 극락세계로 간다."라는 마지막 말씀을 남기셨다. 그리고 어머니는 본래의 모습으로 돌아오셨다. 한동안 침묵이 흘렀다. 이 불가사의한 일을 어떻게 받아들이고 설명을 할 것인가? 10분이 지났을까? 작은 매형께서 먼저 입을 여셨다. "부처님 말씀이 맞구나. 극락세계가 실제로 존재하고 있구나. 앞으로 불, 법, 승 삼보께 귀의하며 공덕을 지어야겠다." 그곳에 참석한 모든 친지들도 그렇게 해야겠다고 말씀하셨다.

아버지의 하관식을 할 때 묻히시는 땅에 신묘장구대다라니를 염한 후 다시 광명진언으로 단장한 모래를 주위에 뿌렸고 반야심경 독송 후 집으로 돌아왔다.

부처님은 무슨 일이든 지극정성을 다하면 누구나 소원을 성취할 수 있다고 말씀하셨다. 어쩌면 1%의 확률이 100%의 확률이 될 수 있다는 말씀일 것이다. 또한 쌀 한 톨이 삼천대천세계를 꽉 채워 일체중생에게 공양할 수 있다고 큰스님들은 말씀하신다. 즉, 『화엄경』에 있는 이야기처럼 '모든 것은 내 마음이 만든다. 일체유심조(一切唯心造),' 유한적으로 한정된 마음에서 무한한 영원자재한 마음으로 변할 수 있다는 이야기다. 나는 신묘장구대다라니를 7년동안 매일 하루 3번씩 수지 독송하였다.

그리고 '관세음보살님은 어떤 마음인가?'라는 화두를 가지고 있다. 독송을 하는 아침에는 조국과 인류의 평화를 빌었고, 점심에는 일체 중생의 소원이 성취되기를 빌었으며, 저녁에는 일체중생의 극락 왕생을 발원했다. 아마도 내가 임종시 또는 임종 후에도 계속 그렇게 할 것이다.

금일 인연으로 모든 중생이 아공, 법공법, 인연 중도법을 모두 깨치고 모든 중생과 더불어 극락 왕생을 발원하며…

9. 1983년, 죽었다 살아난 삶을 극락으로 이끈 대덕화 보살

법령, 『자신의 죽음을 조명해 보는 – 아미타경 강화』
(바라밀다, 1999년 초판, 2판) 393쪽

한 많은 인생, 부활한 金大德華 보살의 일생

1901년 경남 마산시의 명문가의 딸로 태어난 그는 17세 때 부산시 동구 수정동의 달성 서씨(達城徐氏) 집으로 시집와서 시부모님을 모시고 행복하게 살아가는데 해가 바뀌면서 태기가 있어 집안 어른들의 사랑을 받는가 했더니 아직 나이 어린 며느리로서는 하늘과 같은 남편이 병이 들어 온갖 치료를 다 해보고 이 병원 저 병원의 문을 두드렸으나 끝내 불귀의 객이 되고 말았다.

그는 18세의 청상이 되어 그의 파란만장한 일생이 처절하기만 하였다. 유복자를 낳아서 한 많은 인생의 항해에서 선장을 잃은 대덕화 보살은 38세가 되어 병을 얻게 되어 여러 병원을 전전하였으나 끝내 병원에서 숨을 거두고 말았다.

그래서 그 시신은 병원 영안실로 옮겨졌다. 아들과 친척들이 오열하고 있는 가운데, 아들은 나이 21세로서 갑자기 어머니를 잃게 된 슬픔에 떨었다. 한 많은 대덕화 보살은 그 일생만큼이나 그의 죽음 또한 보통 사람들과는 다소 다른 것이 있었는데 보살은 자신이 운명한 뒤에 자신의 시신을 둘러싸고 오열하고 있는 아들과 친척들의 광경을 보게 된 것이다. 그래서 제8아뢰야식이 사대를 빠져나와 자신의 시신까지 보게 된 것이다. 그러나 자신의 몰골이 초라함을 느낄 때 갑자기 어린 시절의 고향 마산이 생각나자 그 순간 그는 고향인 마산에 당도해 있었다. 어릴 때 살던 옛 집은 없어지고 그 자리엔 새 집이 들어서 있었고 눈에 익은 나무들이며 옛 모습대로 남아 있는 집들이 고향의 정취를 진하게 안겨 주었다. 고향의 풍경이 잠잠히 머물러 있는가 싶었는데 일순간 다시 자신의 살던 집이 생각나자 순간적으로 부산 집에 이르렀다. 그러나 집에는 일하는 가정부 이외는 아무도 보이지 않아 다시 병원으로 가겠다고 생각하니 순간적으로 병실이 그대로 보였다.

그러나 자신이 누워있었던 침대에는 자신의 시신과 오열하는 아들과 가족들이 보이지 않았다. 이제 자신의 몸뚱이를 찾아야겠다는 황급한 생각에 이르자 병원의 영안실로 가보니, 그곳에는 자신의 시신이 막 운구되어 온 것이다. 몇몇 집안 어른들이 지켜보는 가운데 하얀 이불에 덮여 있는 자신의 시신을 발견하고는 다시 몸속으로 들어가고 싶은 충동을 느꼈다. 순간 모든 것이 실행되고 더 이상 몸뚱이와의 분리된 세계는 전개되지는 않았다.

의사 선생님의 확인된 사망이었으나 마지막 입관을 할 때 최종적인 점검을 거치게 되어 있다. 보살은 이 순간에 다시 육신에 대한 애착으로 몸속으로 제8 아뢰야식이 들어가서 다시 살아나게 된 것이다. 마지막 점검을 위해 의사 선생님과 간호사의 진단으로 다시 응급실로 옮기라는 것이었다. 그야말로 기사회생(起死回生)이었다. 대덕화 보살은 분명 자신의 죽은 시신을 보았고 또 죽었던 자신이 이와같이 되살아나 있다는 사실에 깊은 생각에 빠지고 말았다.

- 삶과 죽음 사이 - 그것은 본래 어떤 의미로 나타나는 것인가?

이리하여 38세로서 거듭난 또 하나의 대덕화 보살이 이제까지와는 사뭇 다른 또 다른 여인의 삶이 시작되는 것이다. 산다는 것과 죽는다는 것은 전혀 다른 것이 아닌 현상변이(現像變移)일 뿐 본래가 둘이 아님을 알게 된 그는 친정 오라버니의 소개로 스님을 찾아가서 자신의 인생을 고백하고 진정한 자아를 찾을 수 있는 방법을 간청했다. 보살의 나이 53세 때에 아들 부부에게 모든 집안일을 맡기고 염불하면서 그야말로 염불삼매에 들게 되었다. 3년간에 걸쳐 염불하던 56세 때에 김해에 있는 모은암(慕恩庵)으로 가서 스님으로부터 마 삼근(麻三斤)이란 화두를 받고 참선에 들어갔다.

그후 경남 양산에다 토굴을 짓고 본격적인 정진에 들어갔다. 그 당시 무여 스님을 만나 수행의 지도를 받기도 하여 생사를 넘나들면서 심오한 경지에까지 들어 깊이 있는 수행이 더욱 영글어 가게 되었다.

1983년 가을이었다. 부산 동구 수정동의 아들 서동진 씨 댁에는 그의 어머니 대덕화 보살(당시 83세)이 찾아와서 가족을 모아놓고 무겁게 입을 열

었다. "이제 내가 세상의 인연이 다하여 떠날 때가 되었다. 인연 따라 와서 인연 따라 가는 것이다. 슬퍼하거나 더 머물기를 바라지 말고 가야 할 곳으로 가는 것뿐이니 회향을 잘해 주기를 바란다. 앞으로 5일 내로 가게 되니 모든 장례 절차는 무여 스님과 의논하여 불교식으로 치르도록 하라."고 당부하시고 ….

그 후 5일째 되는 날 식구들이 지켜보는 가운데 자는 듯이 편안하게 가셨다고 한다. 그는 다비(茶毗)에서 영롱한 사리 3과를 남겨서 자신의 영원함을 보여주었다.

모은암 극락전(김해시 블로그)

극락전 석조 아미따불 좌상

분명 대덕화 보살은 한 많은 인생을 살아가면서도 자신에 대해서 지나칠 정도로 회의에 빠졌던 나머지 죽음에 임하여 그 마음이 그냥 떠나기에는 너무 미련도 많은 세상이라 제8아뢰야식이 몸뚱이로부터 이탈하였어도 자신의 시신을 볼 수 있게 된 것이다. 다시 말해 일반적인 사람들의 죽음과는 달리 자신의 인생을 지나칠 정도로 생각했던 것이 업이 되었기 때문에 제8 아뢰야식의 작용을 스스로 알 수 있게 되었던 것이라고 생각한다.

부활 이후에는 본격적인 아미타불의 염불 수행과 참선수행을 겸하였기 때문에 대덕화 보살의 왕생은 결정된 것으로 믿을 수 있게 된 것이다.

10. 1993년, 말년에 '염불 왕생' 발원하여 극락 간 해인사 자운 대율사

陜川 海印寺 慈雲堂 盛祐大律師碑文 (1911-1992)
(『慈雲大律師律風振作一次報告書』로 함
慶尙南道 陜川郡 伽倻面 海印寺 一柱門 前
佛紀 二五四一年 丁丑 (1997) 세움
智冠,『韓國高僧碑文總集』 -조선조 · 근대편, 1,290쪽

붓다의 마음 등불을 재해 계율을 너리 편 자운 대율사 원명사리탑 비문
(傳佛心燈 弘戒律 慈雲大律師 圓明舍利塔碑銘)

불교 가르침 계 · 정 · 혜 3가지 가르침에서 선(禪)은 본바탕이고, 경(經) · 율(律) · 논(論) 3장은 가르침의 뿌리다. 그러므로 계를 지키지 않으면 선정에 들어갈 수 없고, 선정을 닦지 않고는 지혜가 드러날 수 없다. 『비구계본』 머리말에 "내 이제 비니법(毗尼法)을 연설함은 정법을 오래도록 유지하게 함이다. 비니(毗尼, 律, vinaya)란 불법의 수명이니 선은 붓다의 마음이요, 교(敎)는 붓다의 말씀이며, 율(律)은 붓다의 움직임이라 하였으니 마음 · 말씀 · 움직임이 따로 떨어질 수 없다. 선과 교만 있고 계율이 없다면 승가에 일정한 높낮이(分限)가 어찌 존재할 수 있겠는가. 그러므로 중이 무거우면 법이 무겁고, 중이 가벼우면 법이 가벼우며, 법이 가벼우면 붓다도 가볍다고 하였다. 세존께서 열반에 즈음하여 마지막 가르치시길 '내가 열반한 뒤는 계율을 스승 삼아 수행하라고 당부하셨다."

불교가 우리나라에 전해 온 지 어느덧 1,630년에 이르는 동안 계율을 전공한 스님은 신라시대에는 자장과 진표 두 대율사이며, 백제에는 겸익 율사이고, 고리(高麗) 조에는 뚜렷이 찾아볼 수 없으며, 조선시대에는 배불정책으로 불교가 위축된 상황이었지만 다행히 인조와 순조 두 임금을 앞뒤로 금담(錦潭)과 대은(大隱)이란 두 대율사가 나왔다. 일제강점기는 한국 전통 불교를 말살하려는 흉책으로 계율을 무시하고 '결혼하고 고기 먹도록

(帶妻肉食)' 하여 계 지키는 것마저 흐리게 하였다. 그러나 이러한 시기에
도 불구하고 한국 불교의 오랜 역사를 열어 보여 '계를 스승으로 삼으라'
는 붇다의 마지막 가르침을 받들어 근본적인 불교 중흥을 몸소 실천하신
한국 불교의 탁월한 정신적 지주인 대율사가 계셨으니 자운(慈雲) 율사가
바로 그분이시다.

스님이 이은 법맥은 사꺄(釋迦)의 76대, 달마의 49대, 혜능의 42대, 임제
의 37대, 태고의 18대인 환성(喚醒) 후손인 용성당 진종(震鍾) 대종사[용성
스님은 68대 금계 원우(錦溪元宇), 69대 청파 혜원(靑坡慧苑), 70대 백인 태영(百忍泰榮),
71대 완진 대안(翫真大安), 72대 침허 처화(枕虛處華), 73대 초우 영선(草愚永瑄), 74대 남호
행준(南湖幸準), 75대 용성 진종(龍城震鍾)이지만 위의 7대를 뛰어넘어 환성 지안(喚醒志安)의
법을 멀리 이어받았다고 하였으니 멀리 이어받은 것으로 따지면 용성 스님은 68대가 된대]의
법을 받은 제자로서 속성은 김씨요 본관은 경주이며, 법명은 성우(盛祐),
호는 자운(慈雲), 자호(自號)는 청량 사문(淸涼沙門)이며 탑이름은 원명(圓
明)이시다.

율사께서는 1911년 음력 3월 3일 유(酉)시 강원도 평창군 진부면 노동리
(路東里) 41번지에서 아버님 김자옥(金玆玉) 공과 어머님 인동 장씨의 다섯
째 아들로 태어났다. 아버지는 관동의 양반으로 한학에 조예가 깊었고, 특
히 노자·장자에 정통하여 (소동파의) 금시(琴詩)를 좋아하였다. 어머님 장
씨 부인은 법복 입은 거룩한 스님이 오른손에 고리 6개 잘린 지팡이를 짚
고 왼손에는 다섯 빛깔이 눈부신 구슬 2개가 담긴 유리항아리를 주면서
이것은 문수보살님께서 주시는 것이니 소중히 잘 간직하라는 어느 날 밤
의 태몽이 있은 뒤부터 고기와 매운 남새 등은 먹지 아니하고 몸과 마음
을 맑고 깨끗하게 하고 붇다에게 기도하였으며 많은 불사에 동참하여 공
덕을 닦았다.

율사께서는 태어나면서부터 거룩한 자태를 지녔으니 얼굴은 마치 둥근 달
같고 입술은 붉은 연꽃 색이며 이는 흰 연꽃 색, 눈동자는 햇빛에도 어지
럽지 아니하였으며, 고요히 앉아있는 자태는 마치 큰 연꽃 활짝 핀 것 같
았다.

아직 말을 제대로 하지 못하는 세 살 때인 어느 날 어머니의 손을 잡아당
기면서 빨리 집 밖으로 나가자고 보채기에 마지못한 어머니가 아이를 업

고 대문 밖으로 나오자마자 불이 나서 집이 모두 타버리자 모두가 영명한 예견에 경탄하였다. 어려서부터 의젓한 모습을 보였으니, 사람을 만나면 합장하고 앉을 때는 가부좌를 하며, 흙으로 불단을 만들고 돌로 불상과 탑을 쌓아 풀잎을 태워 향불을 삼고 꽃과 열매를 따서 이바지하였으며, 메마른 못에 물을 넣어 죽어가는 물고기를 살리는가 하면 아버님이 낚시하는 곳에 따라가면 산 고기는 모두 물에 놓아주어 꾸짖음을 당한 적이 한두 번이 아니었다 하니, 참으로 개미 구하는 사미가 다시 나타난 것이라고 하였다. 어머님 장씨 부인은 좋은 부인으로서는 (동한 시대) 양홍(梁鴻) 처와 같고, 어진 부인으로서 (한나라 열녀전에 나오는 초나라) 노래(老萊)의 부인과 같았으며, 다짐하고 바라는 것은 (지장보살의 전신인) 광목여인(光目女人)과 같고, 고운 모습은 묘덕(妙德)과 다름이 없었다. 집안이 가난하여 머리를 잘라 어머니로서 정성을 다했고 베틀의 실을 끊어 아들의 학업을 채찍질하였다.

이러한 어진 어머니 밑에서 가르침을 받은 율사께서는 7살부터 태어나 이곳 진부서당에서 『동몽선습』을 비롯하여 4서 3경 같은 유학 책을 공부하였다. 어느 날 오대산에서 탁발 나온 양혜운(梁慧雲) 스님을 보고 무한한 환희심을 일으켜 공손히 절을 하였다. 이때 스님은 대컨 사람이란 단정한 몸과 마음이 성인이 되는 바탕이 되나니, 너는 장래가 촉망되는 좋은 아이이므로 부처님을 의지하여 바르게 살아 중생에 넉넉한 도움을 주는 큰 사람이 되라면서 8가지 괴로움을 없애는 길(八正道) 법문을 일러주었다. 15살 때 기도하러 가는 어머니를 따라 오대산 상원사에 가서 예운당 경윤(敬允) 스님을 다시 만나 100년 3만 6천일이 승가의 한나절에도 못 미친다는 순치(順治) 황제의 출가 시를 들었다. 이때부터 점점 세상의 이런저런 일이 싫어졌고 인간 생활의 보편적 개념만 설명한 유교에 대하여 회의를 느끼기 시작하였다. 그리하여 다음 해인 1927년 1월 18일 다시 상원사로 혜운 스님을 찾아가니 스님은 합천 해인사로 떠나고 없었다.

율사께서는 그길로 부모의 허락도 없이 해인사로 달려가 출가할 것을 결심하고 팔만대장경각에서 1만 배를 올리었으니 마침내 혜운 스님을 은사로 남천당(南泉堂) 광원(光彦) 화상을 계사(戒師)로 하여 2월 8일 대적광전에서 사미계를 받았다. 그로부터 은사 스님을 시봉하면서 삼장 연구에 몰두하여 1932년 범어사 강원에서 대교과를 졸업, 1934년 범어사 금강계단에서 권일봉(權一鳳) 율사로부터 보살계와 비구계를 받았다.

같은 해 7월 15일 해인사 선원에서 첫 안거를 이룬 뒤 1935년부터 울진 불영사에서 눕지 않고 앉아서(長坐不臥) 6년 결사를 원만히 회향하였다. 1938년 도봉산 망월사 용성 대종사를 찾아뵙고 서래밀지(西來密旨)를 든 다음 오도송을 읊었다.

靑山常運步(청산상운보) 푸른 산 늘 돌고 움직이는데
白雲永不動(백운영부동) 흰 구름 영원히 꿈쩍 않고,
人踏水底過(인답수저과) 사람은 강바닥을 걸어 지나가는데
水不着衣裳(수불착의상) 물은 옷을 입지 않았구나.

용성 종사는 이를 듣고 그 경지를 인증하여 곧 입실건당(入室建幢)을 허락하고 "뜰앞에 심은 나무가(庭前植樹子) 뚜렷이 숲을 덮었도다(儼然冠山林) 몸에 감청색 두르고(身帶紺靑色) 이파리 수미산을 덮었다(葉覆須彌山)라는 전법게와 의발(衣鉢)을 전해주었다.

율사께서는 당시 일제 식민 수탈로부터 조국해방과 민족정기를 되살리고 불교의 빛나는 전통을 중흥시키려는 큰 바람을 세우고 1939년 4월 15일부터 오대산 중대 적멸보궁에서 하루 20시간씩 100일 문수 기도를 봉행하던 중 99일 만에 문수보살이 푸른 사자를 타고 앞에 나타나 "착하다 성우여, 반드시 이 나라 불교의 승강(僧綱)을 되살리도록 정진하라." 하시고 계척(戒尺)을 전해주시면서 "금계(禁戒)를 굳게 지니면 불법 다시 흥하리라"라는 감응을 받았다.

율사께서는 그로부터 서울시 종로구 봉익동 대각사에 머무시면서 당시 희귀한 율장을 구할 수 없어 2년 넘게 삼복 더운 날에도 두터운 장삼을 입고 날마다 국립중앙도서관에서 만속장경(卍續藏經)에 실려있는 5부 율장과 그 주소(註疏)를 모두 베껴 써 율장을 수집하고 이를 깊이 연구하여 마침내 방대한 율장에 정통하였다.

1948년 문경 봉암사에서 처음으로 보살계 수계법회를 가졌으며 그로부터 천화율원(千華律院) 감로계단을 설립하고 율문을 강의하는 한편 한문 본「사미율의(沙彌律儀)」「사미니율의(沙彌尼律儀)」『범망경』「비구계본」「비구니계본」 같은 25,000권과 한글 번역본「사미율의」「사미니율의」『범망경

』「비구계본」「비구니계본」 등을 3회에 걸쳐 48권을 펴내 유포시켰다. 봉
암사를 비롯하여 전국 단일계단에 이르는 1991년까지 전계(傳戒)한 우바새
우바이 사미 사미니 식차마나 보살 비구 비구니 같은 수계 제자가 무려
10만명이 넘는다.

뿐만 아니라 말년에는 염불(念佛) 왕생(往生)을 발원하고『무량수경』『정토
삼부경』『십육관경』『아미타경』『깨닫겠다는 마음을 내는 글(勸發菩提心
文)』『정토법요(淨土法要)』『삼시계념불사(三時繫念佛事)』『원오선사 법어
(圓悟禪師法語)』 같은 것들을 운허(耘虛) 스님 번역으로 펴내 유포한 것도
10만 부에 이른다.

1946년 종사(宗師) 법계를 받고, 1955년 불교 교단 정화 뒤 첫 대리 해인
사 주지, 1956년 재단법인 해인학원 이사장, 같은 해 해인사 금강계단 전
계대화상, 1957년 대한불교조계종 경남 종무원장, 1958년 조계종 중앙감
찰원장, 1959년 밀양 표충사 주지, 1960년 해인사 주지 재임, 같은 해 5
월 8일 스리랑카에서 개최한 세계불교승가연합 창립대회에 한국 대표로
참석, 1967년 동래 범어사 주지, 1970년 해인사 주지 3임, 1974년 인도
에서 개최한 세계평화촉진회 한국 대표 참석, 1975년 조계종 규정원장(糾
正院長), 1976년 대한불교조계종 총무원장, 같은 해 8월 조계종 원로에 추
대, 1977년 재단법인 대각회 이사장, 1987년 대종사 법계를 받음, 1979
년부터 입적하실 때까지 동국역경원장에 재임하였다. 율사께서는 성품이
청렴하고 정직하여 남을 먼저 챙기고 자기를 챙기는 정신으로 일체 사사
로움은 허용하지 아니하였다.

춘추 50이 되신 뒤부터는 날마다 아미따불 10만 념,『아미따경』48편 읽
기, 아미따불 예경 1,080배, 문수예찬 108배, 그리고 저녁마다 몽산시식
(蒙山施食), 매달 15일에는 방생 같은 실천을 한결같이 하였다.

옷은 계율에 따라 갈아입을 옷 빼놓고는 한 벌도 두지 아니하였고, 잠도
매일 4시간 이상 자지 않았으며 목숨이 다할 때까지 때 아니면 먹지 않는
계(非時食戒)를 지켜 오후에는 공양을 들지 않았다.

율사께서는 1971년 3월 3일 화갑을 맞아 새로운 한국 불교 중흥 서원을
세우려고 50년 도반인 영암(暎岩) 대종사와 상좌인 지관(智冠)에게 30일

단식으로 이번 삶을 회향하시겠다는 굳은 결심를 조용히 알려오자 대종사 지관이 극구 만류하여 겨우 뜻을 바꾸도록 한 날이 갈수록 더욱 새롭게 깨우쳐 주는 바가 크다. 기회가 있을 때마다 문도들에게 말씀하시기를 권속들이 모여 법을 지키는 것이 아닌 파벌을 짓는 일에는 절대로 관여하지 말고 수행과 포교에 전념하고 부득이한 경우를 빼고는 주지 같은 외호직(外護職)은 사양하라고 하였다. 율사께서는 측근에 대하여는 지나칠 정도로 엄격하였으나 측근이 아닌 다른 사람들에게는 온화함이 마치 봄바람과 같아서 사람들은 입을 모아 가까운 분에게 엄하고 먼 사람에게 인자한 분이라고 하였다.

율사께서는 총무원을 비롯하여 해인사 같은 절에서 종무를 보면서 크고 작은 종단의 어려운 일을 사심없이 해결하여 종단 화합에 이바지한 바가 적지 않았다.

율사께서는 해인사가 법보 종찰로서 세계에서 하나밖에 없는 팔만대장경판을 봉안하고 있으나 부처님의 진신사리가 없음을 애석하게 생각하던 중 1960년 5월 8일 스리랑카에서 열린 세계불교승가연합 창립대회에 한국 대표로 참석하였다가 진신사리 2과를 봉안하고 돌아왔다. 이 사리는 인도 불적개발보존위원장이었던 달마파라 대사가 스리랑카의 불타가야 성도 대탑을 복원하고 준공법회 때 개설한 비구계단의 갈마아사리였던 슬리구나실리(瑟利拘那悉理) 스님이 탑 속에서 사리 2알을 얻어 모시고 있다가 제자인 사타티사 스님에게 전해 준 것이다. 율사께서 전해 받은 이 사리 2알을 대장경각에서 3·7일 기도하던 중 문수보살의 지시를 받아 가야산 속 낙화담 서녘 천불동 길상봉 중턱 천연 바위를 깊이 파고 모셔 가야성지를 더욱 빛나게 하였다.

해인사 주지 재임 중 과거 해인대학 설립 당시 무상으로 양도하였던 해인사 소유 임야와 토지를 모두 환수 이전하여 해인 총림의 기반을 튼튼히 하며, 1960년 해인사 주지를 다시 맡으며 총무 영암(映岩) 스님과 함께 전임 주지 때 사찰 농지 경작인들이 제소하여 초심에서 패소한 사찰농지 소송을 인계받아 3년 만에 대법원으로부터 마지막 승소 판결을 받아 해인사 소유 토지뿐만 아니라 전국 사찰 토지도 모두 완전히 유지되게 하였다.

율사께서는 문도나 뜻있는 젊은 후학들에게 수행과 함께 비전(悲田)에 속하는 사회복지에도 전력하라고 당부하였다. 기회가 있을 때마다 당신 자신의 문제에 대하여 언급하되 "내가 참된 율사라면 일생 산문 밖을 나가지 않았어야 할 것이나 그렇지 못하였으니 율사라는 호칭을 받기에 부끄럽다" 라고 하였다. 율사께서는 해외 불교의 장점을 도입하여 한국 불교의 새로운 승풍을 진작시키고자 동남아를 비롯하여 남북방의 각국 불교 상황을 수차에 걸쳐 시찰하고 얻은 결론은 한국 불교가 가장 순수하여 자랑스러우니 젊은 후학들은 자부심을 가지고 계율정신을 바탕으로 부지런히 수행하라고 격려하였다.

1991년 3월 3일 상좌인 지관(智冠)에게 "모든 삶 덧없고(諸行無常) 만법 다 공한 것이라(萬法皆空) 온 사람 반드시 가는 것이니(來者必去) 나는 이게 가야겠다(吾將去矣). 이젠 떠날 날이 얼마 남지 않았으니 종단의 단일계단 전계사를 그만두어야겠다"라고 하시고 사직서를 주시면서 총무원에 제출하라 하시고 "내 나이 81(吾年八十一) 고향으로 돌아갈 시간이 되었네(還鄕時到來) 자성의 집 법계에 두루 미치는데(性宅周法界) 어찌 오가는 자취 있으리요(何有往來跡)"라고 하셨다.

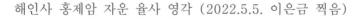
해인사 홍제암 자운 율사 영각 (2022.5.5. 이은금 찍음)　　　자운율사(2022.5.5)

1992년 음력 12월 24일 문도들을 해인사 홍제암(弘濟庵)에 모아놓고 "나는 이제 앞으로 남은 삶 해 질 무렵(桑楡) 닥쳐오고 사대로 이루어진 몸뚱이는 마치 갯버들처럼 약해졌으니 서산에 해 떨어질 날 얼마 남지 않았다. 푸른 날감 홍시보다 먼저 떨어지는 경우가 적지 않으며 봄 서리 아름다운 봄꽃 말리어 죽이는 수도 있거늘 어찌 가을 낙엽이 맑은 시내에 떨어지는 것을 슬프고 아깝다 하겠는가. 윗사람은 어버이같이 여기고 아랫사람은 갓난아이처럼 사랑하여 위아래가 6가지 화합 정신(六和精神)[90]으로 화합하고 예의 없는 행동이 없도록 하며 해진 누더기옷(破納)과 철발(綴鉢)[91]로 늘 4의정신(四依精神)을 잊지 말라고 하였다. 마치 머리에 붙은 불을 끄듯 부지런히 정진하고 방일하지 말며 옳지 않은 일은 불구덩이처럼 피하라. 이젠 이승의 업보 인연이 다하였으니 다음 세상은 붇다 모임에서 함께 만나기를 바란다."라고 하셨다.

다음날인 25일 상좌 지관과 손상좌 세민(世敏)·혜총(慧聰) 등을 불러 앉히고 이달 그믐날에 세상을 떠나려 한다고 미리 알리셨다. 제자들이 울면서 마음을 바꾸시도록 간청하였으나 받아들이지 않으시고, 본래는 섣달 30일로 하였으나 계유년 설날과 음력 초 3일 정초기도 입재 등을 피하여 초 4일에 떠날 것이라고 하셨다. 마침내 4日(1992년 양력 2월 7일) 밤 10시에 문도들이 지켜보는 가운데 임종게를 쓰셨다.

眞性圓明本自空(진성원명본자공) 참 성품 둥글고 밝아 본디 스스로 공하여
光照十方極淸淨(광조시방극청정) 시방에 비치는 빛 더할 수 없이 맑고 깨끗하다.
來與淸風逍遙來(해여청풍소요래) 맑은 바람 따라 오는 길 자유롭게 왔듯
去隨明月自在去(거수명월자재거) 밝은 달 따라가는 길 거침없이 가네

그리고 두 손을 모으고 단정히 앉아 아미따불의 이름을 소리 내 부르면서 조용히 입적하시니 향내 진동하고 미묘 음악이 청아하였으며 염불 소리와 함께 입으로부터 나온 5가지 빛깔의 밝고 환한 빛이 서녘 하늘을 가득 메웠다. 속세 나이 82요, 법랍은 66이다. 밝은 달과 함께 큰 빛을 남기고 가셨으며 맑은 바람과 같이 오심은 중생을 건지기 위한 원력으로 태어난 것을 보여주신 것이니 맑은 바람 밝은 달이 있는 한 스님의 오고 감, 또한

---

90) 육화정신(六和敬行) : 상월 원각 대조사께서 주장한 육화정신이란 육화경행(六和敬行)을 일컫는 것이다. ① 몸으로 붇다 행을 하여 서로 화합하고, ② 입으로 붇다 같은 말을 하여 서로 화합하며, ③ 마음으로 붇다 같은 생각을 하여 서로 화합하며, ④ 바른 행동으로 서로 화합하며, ⑤ 바른 견해(見解)로서 서로 화합하며, ⑥ 나를 이롭게 하고 남을 이롭게 한다(自利利他)에 충실하여 서로 화합 한다.

91) 철발(綴鉢) : 세존이 도를 이루고 38년 뒤 왕사성 국왕의 청으로 가서 공양하고 라후라에게 발우를 씻게 했는데 실수하여 발우를 깨 5조각이 되었다. 이때 붇다가 "내가 간 뒤 첫 500년에 나쁜 비구들이 비나야장(律藏)을 나누어 5부로 할 것이다."라고 하셨는데, 시니 이 때문에 꿰메다(綴)는 뜻에서 철발(綴鉢)이라 한 것이다. (『치문경훈(緇門警訓)』 잡록).

중생계에서 영원히 거침없으시리라. 7일째인 2월 13일 대한불교조계종 원로장으로 해인사 비봉등(飛鳳嶝) 서녘 연화(蓮華)에서 다비하니, 사부대중이 산골짜기를 가득 덮었다.

이틀 뒤 유골을 모으니 다섯 빛깔로 눈부신 사리가 은행만한 것이 19알, 녹두만한 것이 1,000알이 넘었으나 사리를 찾으려하지 말라는 율사 스님의 살았을 적 남긴 가르침에 따라 작은 것은 모두 거두지 아니하고 큰 것 19알만 거두었다. 문도와 인연 있는 제자들이 추모하는 뜻을 모아 이를 영원히 보존하기 위하여 이 청량지(淸涼池) 자리를 점쳐 율사의 행적비와 함께 사리탑을 세우고 대율사의 법을 지키고 율법을 널리 편 위업과 자취를 기리는 글을 짓는 바이다92)

■ 속세 인연

宿世의願行따라 나투신江原平昌
文殊의常住處로 佛法의聖地인데
父親은關東班族 老莊에精通하고
母親은光目女로 佛前에誓願했네
七歲에童蒙先習 朗朗한珍富書堂
容貌는滿月이요 姿態는依然한데
順治의百年光陰 僧家의반낮임을
慧雲堂因緣으로 홀연히깨달았네

숙세의원행따라 나투신강원평창
문수의상주처로 불법의성지인데
부친은관동반족 노장에정통하고
모친은광목녀로 불전에서원했네
칠세에동몽선습 낭랑한진부서당
용모는만월이요 자태는의연한데
순치의백년광음 승가의반낮임을
혜운당인연으로 홀연히깨달았네

---

92) 아랫글은 7글자씩 글자를 맞추어 썼으므로 흩어지지 않도록 번역하지 않음.

■ 중이 됨(得度)

大丈夫뜻을세워　世緣을뒤로하고
海印에出家하여　一六에削髮得度
三藏은梵魚에서　栢樹海印聖地
佛影寺六年結社　本性을터득했네
龍城堂大宗師와　擧揚한西來密旨
靑山은運步하고　白雲은不動일세
侵奪된祖國山河　짓눌린우리민족
볼수록可憐하여　落淚로옷적시다

■ 다짐 수행(願行)

내祖國獨立위해　이한몸던지리라
五臺山中臺에서　九九日至心發願
獅子탄文殊菩薩　戒尺을傳해줬고
弘律로佛法再興　스님은感應했네
五部律精通한후　傳戒한大小乘戒
敎化한善男善女　百八會十萬餘名
戒定은禪의根本　經律은敎의本源
戒律이基本되어　禪敎一致된다

■ 나눔(回向)

宗團을愛護하여　山門이바로서고
六和로宗團運營　敎團이興했는데
癸酉年正月四日　모여든門徒에게
간곡한以戒爲師　山川도슬피우네
大衆의痛哭속에　茶毗後남긴舍利
伽倻山더욱깊고　紅流洞다시맑다
眞性은圓明하여　生滅이없는자리
淸風이불어올때　明月이비춰주네

불기 2539년 을해(1995) 10월 3일

말 안 듣는 문인(不肯門人) 가산 지관(伽山智冠) 눈물 닦으며(拉淚) 삼가 짓다.
동래 후인 송천(松泉) 정하건(鄭夏建) 향 사르며 삼가 쓰다.

〈이하 문인 등 명단 줄임 〉

자운 율사 사리탑 (2022.5.5.)　　　　자운 율사 비 (2022.5.5.)

卍 보정의 꼬리말

엮은이가 제목을 「말년에 … 」라고 한 것은 스님의 긴 수행과정에서 말년에 내린 결론이 뚜렷하고 당당하기 때문이다. 스님은 이미 초기에 오도송을 읊어 용성 스님의 인가를 받았고, 율사로서도 10만 명이 넘는 수계자가 나왔으며, 종단에서도 총무원장을 지내고 해인사 홍제암에 자운 율사의 영정을 모실 정도로 존경받고 있다. 화두선을 종지로 하고 『금강경』을 소의 경전으로 한 종단에서 "가장 큰 불사는 염불로 정토에 왕생해 성불하는 것"이라고 당당하게 소신을 편다는 것은 쉬운 일이 아니다.

"(아미타) 부처님을 뵙고 서방의 정토에 왕생하여 성불하는 것, 이 이외에 더 크고 긴요한 불사는 없는 것입니다. 우리는 다 같이 여기 옮겨 싣는 정토삼부경의 가르침과 그 인연 공덕으로 이고득락(離苦得樂)하고 왕생정토(往生淨土)하여 이윽고 대각을 성취하길 바라마지 않습니다."

"아미타불 법문 듣고 무생법인 증득한 뒤에 극락세계 안 떠나고 사바에 와서 방편을 잘 알아 중생 건지고 걸림 없는 지혜로 불사 지으리. 부처님 저의 마음 아시오리니 오는 세상 이 소원 이루어지이다."

직접 편찬하신 『정토예경(淨土禮敬)』 회향게의 내용 그대로 자운 스님은 해인사에서 염불만일회를 결사하여 관음전에서 정토왕생업을 닦았고, 『정토심요』 『연종보감』 같은 많은 저서를 내어 정토법문을 널리 선양했으며, 서울 보국사와 대동염불회, 부산 감로사, 해인사 홍제암, 대구 만선염불원 등에서 염불결사를 조직해 정토수행을 널리 보급하였다.

이는 갖가지 수행을 한 뒤 아직 깨달을 것이 더 남은 사람은 반드시 극락 가서 아미따붇다의 도움을 받아 끝내는 도를 이룬다는 지극히 현실적이고 슬기로운 결정을 한 본보기라고 할 수 있다.

11. 1994년, 36년 염불하여 고생 여의고 잠자듯이 극락 간 정보살

〈영험록 -부처님 광명 받은 행법 신동구 스님 법어집-〉
〈카페 나무아미타불〉 청림 2006.10.11

스님으로부터 나무아미타불을 열심히 부르며 자기가 왕생극락을 축원하며 일생을 죽는 날까지 이렇게 염불을 한다면, 임종 시 고생 않고 아미타불 부처님이 연화대로 모셔간다는 말씀을 듣고 그 후 36년간을 염불하여 왕생하신 이야기입니다.

충남 연기군 서면 봉암리에 정 보살이 살고 있었다. 지금부터 36년 전 월현사에 찾아와서 스님께 여쭈었다.

"나는 자손도 없이 늙은 영감하고 사는데 영감도 오래 못 살 것 같고, 내가 만약 늙고 병들어 오래 고생한다면 물 한 모금 떠 넣어줄 사람도 없는데 누가 병간호를 하며, 제일 큰일은 죽음인데 어떻게 해야 죽을 때 남의 신세 지지 않고 고생 않고 자는 듯이 가야 할 텐데, 그러한 방법은 없습니까?"

월현사 스님은 부처님 말씀에 '생사를 마음대로 할 수 있다.' 하시며,
"아미타경에 보면, 누구를 막론하고 나무아미타불 열 번만 불러도 생사를 해탈하고 왕생극락을 한다고 하였으니, 새벽에 일찍 일어나서 서쪽을 향하여 합장하고 서서 나무아미타불을 10번 부르고 자신의 왕생극락을 축원하며, 이렇게 죽는 날까지 일생 동안 염불한다면 임종 시에 고생하지 않으며 아미타부처님이 연화대로 모셔간다"라고 일러 드렸다.

정 보살님은 36년간을 염불하며 근래에는 법회도 열심히 잘 나오시고, 식사도 잘하고, 건강을 유지하였다. 그러던 중 90세 되던 1994년 12월 24일 오전 12시경, 이웃집 사람이 부엌에 앉아 있는 [좌탈입망(坐脫立亡)] 모습이 이상하여 가서 불러보니 대답이 없기에 만져보니 수족이 차고 정신이 없었다. 구급차를 불러 와 진찰하였다. 진찰한 의사는
'약 한 시간 전에 심장이 멈추었다'라고 하는 것이었다.

그렇게 죽기를 원하고, 나무아미타불을 염불한 공덕으로 누구에게도 괴로움을 끼치지 않고, 한 시간 만에 이 세상을 고통 없이 떠난 것이었다. 월현사 신도들과 함께 장례도 잘 모셔드리고, 7재와 49재를 성대히 잘 지내 드렸다.

이것이 바로 부처님의 염불공덕이며 부처님의 원력이라는 것이다. 부처님께서는 누구를 막론하고 무슨 소원이든 원을 세우고, 지성으로 노력만 한다면 백발백중 다 소원을 이룰 수 있다고 하셨다. 공은 들이지 않고 공짜로 바라기만 하니 소원이 성취 안 되는 것은 정한 이치다. 사람들은 이승살이는 연구하고 노력하면서도 저승살이는 소홀히 한다. 저승살이는 선사 공덕을 많이 행하고 '나무아미타불'을 열심히 염불한다면, 세세생생 좋은 국토에 태어나 좋은 인연을 만나 상구보리 하화중생의 보살도를 행하여 마침내 자성미타를 성취하게 된다.

'나무아미타불'을 10번 염불한 공덕으로 죽어 극락에 왕생하며, 아미타경 한번 읽은 공덕으로 멀거나 가까운 일가 친척들이 극락왕생하고, 아미타경을 수지 독송한다면 8만 4천 지옥문이 부서지고, 8만 4천 자비광명을 얻어 3계 4생 6도 중생이 마침내 부처를 이룬다고 하였다.

유형태로 제일 큰 것은 바다요,
무형태로 제일 큰 것은 허공이며,
공덕 중에 제일 큰 공덕은 아미타경을 수지독송함이라.
나무아미타불을 일생동안 염한다면 이보다 더 좋은 큰 공덕은 없을 것이다.

나무아미타불

12. 1996년, 일생을 오로지 염불 정토를 펴시다 극락 간 대구 염불선원 수산 스님

〈카페 '연화세계' 극락왕생전〉

수산 스님

대구 염불선원에 주석하셨던 수산 스님은 법도 있는 불교 집안의 후손인 부친 안주 원씨의 3남 가운데 차남으로 1906년 2월 20일에 경남 함안에서 출생하였다. 15세 때부터 불교에 뜻을 두고 출가할 꿈을 가지고 있었으나 그때는 이루지 못하고 한문 서예학습에 전념하면서 한의학을 배워, 1932년부터 한의원을 개업하였다.

1951년 드디어 경남 통영 미래사에서 효봉 스님을 은사로 출가득도하였으며, 1954년 해인사에서 자운 스님을 수계사로 비구계를 수지하였다. 그 뒤 전국의 여러 선원에서 20하안거를 지내시며 수도에 전념하였고, 1973년에는 해인사에서 "정토염불은 불법 중에 가장 중요한 법문"인데 근래에 쇠퇴해지는 것을 안타깝게 생각하여 부흥시킬 뜻을 세우시고, 자운 스님과 함께 염불만일회를 결성하여 대중과 함께 염불당을 설립하였다.

1976년부터는 대구 남지장사와 경주 법장사, 기림사 같은 절에서 주지를 역임하시고, 1985년 대구 염불선원을 건립하여 선원장으로 주석하시면서 염불만일회와 노인대학을 설립하여 운영하셨다. 항상 법문하실 때는 당부하시기를, "부모에게는 효를 행하고, 스승과 어른에게는 공경으로 대하며, 살생과 도둑질을 하지 말라" 하시고, 나무아미타불을 불러 왕생업을 닦게 하셨다. 그 가운데 많은 이들이 금생에 바로 염불공덕을 입어서 수많은 영험담을 남겼으며, 스님께 법을 듣고 출가한 신도 또한 여러 명 있었다.

스님은 전국을 다니시면서 순회 설법을 하셨는데, 그때 스스로 "불청우(不聽友)"라는 말씀을 하시면서, "청하지 않아도 벗이 되어 염불법을 알게 하여 사바를 벗어나게 하겠다."라는 말씀을 하셨다고 한다. 법문을 다니실 때는 『정토법문집』 같은 저서를 무상으로 보시하셨는데, 그 수가 30만 권에 이르며, 재소자들 포교를 위하여 4만 권의 책자를 전국 교도소에 배포하였다.

스님은 수많은 경전 속에서 정토와 염불에 관한 경문을 찾아내셨는데, (『연화세계』 책 속에 수록) 항상 불교 경전의 3분의 1은 정토부 경전이라고 힘 있게 말씀하셨다. 그렇게 평생을 '살아서는 계율을 지키고(生持戒律) 죽어서는 정토에 태어나자(死生淨土)'를 주창하시면서 광제중생을 펴시다가, 세연이 다하여 1996년 10월 1일 오전 6시 염불선원인 광명당에서 입적하셨다. 입적하실 때는 거의 7일간을 신도와 스님들이 번갈아 가면서 끊이지 않고 조념을 하여 왕생을 도왔는데, 마지막에는 방안에 기이한 향기가 나고, 스님께서는 두 팔을 올려 합장하는 상을 지으시면서 눈에는 잠시 광채가 났다고 지켜본 이들이 전하였다.

큰스님은 그렇게 불보살님의 영접을 받아 향기를 뿌리며 그리운 극락세계에 왕생하신 것이다.

수산 스님은 생전에 『정토지남』, 『시심작불』, 『정법수호론』, 『수행요집』, 『염불법문집』, 『연화세계』 같은 저서를 남겼고, 『아미타경』, 『염불요문』, 『만선동귀집』 같은 번역서를 냈으며, 「권왕가」, 「극락으로 가는 길」, 「정토 성불의 길」 같은 음반을 내셨다. **일생을 오로지 염불정토를 펴는 데 노력**

하셨는데, 가장 큰 성과는 스스로 마지막 순간에 극락으로 왕생하는 것을 증명해 보여주는 것이었다.

수산 스님 사리탑 (2022.6.12. 염불선원 주지 제공)

卍 보정의 꼬리말

수산 스님에 대한 글을 쓰기 위해 자료를 찾아보니 위에서 본 카페 글이 전부였다. 스님이 머무시던 대구 염불선원에 전화했더니 주지 스님이 수산 스님 사리탑을 찍어서 보내주었다.

13. 1996년, 『왕생 예찬집』 품고 염불하여 극락 간 김을출 보살

혜명(대구 자운사) 〈카페 연화세계〉

생전에 지극정성으로 절에 다니시고 『왕생예찬집』을 독송하시며 신행 생활을 하신 후 극락왕생하신 이야기입니다. 저의 출가에 직접 또는 간접적인 영향을 주신 속가 시모님의 왕생담을 소개하려 합니다.

1996년 6월 출판유통을 하며 바쁜 나날을 보내고 있을 때였습니다.

김을출 보살

80세가 되시도록 건강하시던 모친(김을출)께서 병원에 입원하셨다는 연락을 듣고 달려 가보니 다름 아니라 주방 가스렌지 불을 켜놓고 밖에 나가신 후 깜빡 잊어버리고 계시다가 갑자기 그 생각이 나서 집에 달려오시는데 발걸음이 떼어지지 않더라는 것입니다. 집 앞에 오니 검은 연기가 가득하고 솥은 벌겋게 달아올라서 불이 나기 직전이었답니다. 연기 때문에 이웃에서 신고하여 소방차가 오고 그런 과정에서 팔순 노인이 너무나 놀라셨답니다.

이후로 곡기를 끊으시고 전혀 식사를 드시지 않으시니 자녀들이 병원으로 모셔서 진찰하게 한 결과 건강에 아무 문제가 없다는 겁니다. 그런데도 공양을 전혀 드시지 않으니 담당 의사가 "할머니는 드시기만 하면 되는데 왜 안 드십니까? 하니까?", "먹으면 뭐하누, 그런 정신머리로 살아서 뭐하누!" 하시는 겁니다. 8남매나 되는 자녀들이 번갈아 가며 간호를 하고 온갖 음식을 준비해서 드려도 전혀 드시지 않고 물만 잡수시는 겁니다. 아무리 드시도록 권하고 애원해도 고개를 저으시며 곡기를 끊으신 지 20여 일쯤 지나고 그날은, 제가 간병을 하는 날이라 밤새도록 물만 조금씩(숟가락으로 반 수푼 정도) 잡수시며 조그만 소리로 아미타불 하시다가 소리를 안 내시고 잠자코 계시다가 지난밤 꿈 이야기를 하실 때는 '야야 참 신기도 하제, 참 좋은 거 봤다.'라고도 하셨습니다. 저는 잠자코 듣기만 하고 질문은 하지 못했습니다.

다음날 큰며느리가 병원에 오니까 **"날 퇴원 시키고 너희 집으로 가자, 너희 집에 가서 3일만 있다가 내가 갈 것이니 집으로 가자."**라고 강력하게 요구하셨습니다.

모친을 큰댁으로 모시고 저는 집으로 돌아왔는데, 하루 지나고 물도 드시지 않으신다는 연락을 받고 아침에 제가 가니까 제 손을 잡고 반가워하시며 "나무아미타불 관세음보살" 하시는 겁니다. 그때까지 저는 모친께서 절에 다니시는 줄은 알고 있었고, 어느 때든지 저희 집에 오셔서 "내일 절에 가련다."라고 하시면, 즉시 지갑에 있는 대로 모두 털어 드리곤 하였지만,

모친께서 어느 절에 다니시며 어떤 수행을 하시는지 전혀 관심을 두지 않았습니다.

그런데 그 상황에서 또렷또렷하게 염불하시는 모습을 보고, 제가 크게 소리를 내어 염불해 드렸더니 (저는 그 당시 간경과 다라니 독송하던 때라, 나무아미타불 염하기보다 관세음보살님 염하는 것이 익숙해서 관세음보살님 염을 했음) 사르르 주무시는 듯하시다가 깨어나시면 다시 제 손을 어루만지시며, 따라서 염불하시곤 하였는데, 그때의 제 마음은 오로지 모친의 쾌차를 빌고 있었지요.

모친이 깨어나고, 주무시기를 반복해서 편안하게 하시는지라 저는 쉬지 않고 소리 내어 염불하였는데, 형제분들이 나중에 말하기를, "거실에서 들으니 염불 테이프 녹음기를 틀어놓은 줄로 알았다"라고 합니다. 시간이 가는지 밥때가 되었는지도 모르고 큰방에서 저와 모친 둘이서만 염불하며 그렇게 오후 늦은 시간이 되자 모친이 거실 밖에 있는 며느리들을 차례로 하나씩 부르시더니 큰애는 살림 씀씀이가 어찌 어찌하니 어떻게 하면 좋겠다고 하시고, 막내까지 불러서 다 말씀 하시고는 옆에 있는 저에게는 한 말씀도 안 하시는 겁니다. 손자하나 낳아주지 않은 저에게, 섭섭함도 있으셨을 텐데…. 이렇게 제가 불법 문중에 출가할 줄 아셨을까요?

그날 저녁 (1996년 음력 5월 15일 밤) 12시를 5분 정도 넘긴, 정확하게 말씀하신 3일을 계시고 너무도 평화로운 모습으로 운명하셨습니다. 향기로운 향내음이 나는 듯 했고, 그렇게 행복한 미소를 지으시는 것을, 살아 계실 적에는 뵌 적이 없었습니다. 너무나 평안하고 행복한 모습, 지금도 잊혀지지 않습니다. 저는 밖에 일한답시고 제대로 봉양해본 적이 없었지만, 8남매를 반듯하게 키우시고 자신보다 남을 먼저 배려 하셨던 분이였기에 저의 마음속에 공경심을 갖고 있었습니다. 집안 어른들이나 친척들도 모친 인품을 모두 다 칭송하곤 했었습니다.

어느 때 아들 집에 오셨다가 가시려는데 차로 모시려고 하니까 극구 버스 타고 가겠노라 하시며 "기름값 비싸고 차들이 위험한데 무엇 하러 그럴 거 없다."라고 하시고, 기어코 버스 타고 가시며 저를 울리시던 분, 그 길이 마지막 방문이 될 줄을 그땐 몰랐습니다.

생각해 보면 말년에 홀로 계시면서 오로지 염불 하셨고 가끔 찾아뵐 때도 언젠가 저에게 말씀하시기를 '부처님께 예경을 올려야 하는데, 나이를 먹으니 다리가 불편해서 절을 하지 못해 죄송하다.'라는 말씀을 하시길래 제가 '어머니, 부처님은 마음을 보시는 것이기 때문에 앉으신 채로 합장하고 좌배를 하셔도 부처님께서는 다 아실 것입니다' 했더니 '아. 그렇구나' 하시면서 좋아하셨고 앉아서 좌배 하시고 늘 불경을 읽으셨습니다.

다니시던 사찰에 가보니 절에 다니시면서 보시하셨던 선업 공덕의 흔적들이 사찰 불사 곳곳에 가족들 이름이 새겨져 있었습니다. 모친에 어머니이신 외할머니께서도 제가 처음 뵌 날 저를 보시더니 '아미타불' 하셨고 숨을 들이쉬고 내 쉴 때도 타불! 타불! 하셨던 분입니다. 일생 동안 건강하게 104세까지 사시다가 가신 분이 모친의 어머니 외할머님이십니다.

외할머님께서도 일생 동안 아미타불 염불하셨고 모친께서도 일생 동안 절에 다니시며 온갖 선업공덕과 아미타불 염불하시고 스스로 갈 시간을 미리 알아 3일만 너희 집에 있다가 가시겠다고 하셨던 말씀대로 왕생하셨으니 이후로 남은 8남매는 지금까지 타 종교는 갖지 않고 저와 모친의 여섯째 아드님이 부처님 불제자로 차례로 출가하여 염불 수행하고 있으니 모친께서 왕생하신 크신 인연 공덕이라 확신합니다.

가신 뒤에 짐 정리를 하다가 발견된 책이 바로 『왕생 예찬집』입니다. 그 책의 내용은 「극락왕생 발원가」, 「나옹선사 서왕가」, 원효대사 「발심가」, 「왕생 발원가」, 「해탈가」, 「미타인행 사십팔원가」 같은 극락정토로 가는 길잡이 내용이 붓글씨로 써진 것인데 어느 스님께서 보시고 "대략 100년도 넘는 책 같다." 하셨고, 얼마나 읽으셨던지 닳고 닳아 있었습니다. 사구절 노래 부르듯이 구전으로 전해오듯 한 내용인데 먼저 가신 성현들의 공덕 인행이 구구절절 보고 또 보아도 좋았습니다.

"좋은 극락 청정한 곳 상선인이 한곳 모여 과거 본행 담론할 때,
나는 과거 본행시에 염불삼매 성취해서 대승경전 독송하고 이 극락에 나왔노라.
나는 과거 본행시에 삼보 전에 공양하고 국왕부모 충효하며 빈병걸인 보시하고 이 극락에 나왔노라.
나는 과거 본행시에 욕되는 일 능히 참고 지혜를 닦고 익혀 공경하고 하심하고 모든 사람 교화하여 염불시킨 공덕으로 이 극락에 나왔노라.
나는 과거 본행시에 탑과 절을 건립하고 불법도량 청소하며 죽는 목숨 살려주고 청정계행 수지하여 삼귀오계 팔관재와 십선업을 수행하고 이 극락에 나왔노라.
나는 과거 본행시에 십재일에 목욕하고 재일성호 염송하며 총지진언 지송하고 이 극락에 나왔노라.
나는 과거 본행시에 우물 파서 보시했고 험한 길을 수축하고 무거운 짐 대신하며 새벽마다 서쪽 향해 성존님께 예배하고 이 극락에 나왔노라.
나는 과거 본행시에 평원광야 정자 지어 왕래인들 쉬게 하며 유월 염천 더울 때에 참외 심어 보시하며 큰 강물에 배 띄우고 작은 냇물 다리 놓아 거래인들 넘게 했고 계곡 깊은 험한 길에 길 잃은 자 인도했고 칠흑 같은 야밤중에 행인들께 횃불주고 앞 못보는 저 맹인이 개천구렁 건널 적에 부축하여 접대했고 타향객사 거리송장 선심으로 묻어줬고 사고무친 병든 사람 지성으로 구원하며 이런 공덕 닦고 닦아 이 극락에 나왔노라.

나는 과거 본행시에 갖은 죄를 두루 짓고 기약 없는 무간지옥 타락할 줄 알았는데 임종 시에 선지식을 만나뵙고 십념염불 지극정성 외었더니 이 극락에 나왔노라.
나는 과거 본행시에 악한 세상 고통 중에 효도선심 권속들이 치성하는 공덕으로 이 극락에 나왔노라.
천차만별 본 행사를 이와같이 의논할 때 극락세계 공덕장엄 무량겁을 헤아려도 불가사의 경계로다."

그 책을 새로 출판하여 법공양 올린 책이 아래 사진 왕생 예찬 집 책입니다.

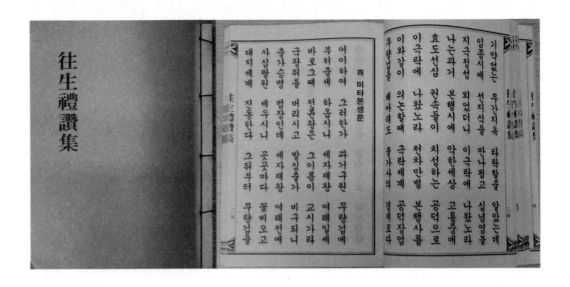

나무아미타불!
대구 자운사 석 혜명 합장

14. 1998년, 마지막 불꽃으로 연꽃 피워 극락 가신 충담 스님

이충담(李沖湛)『염불 정토삼부경』(한국불교출판부, 1996)「머리말」

1) 스스로 쓴 한살이(一生)

나는 구한말 나라를 빼앗긴 지 3년이 지난 계축년(1913) 경기도 가평 땅 '숫틀'이란 산골에서 엄격한 유가(儒家) 집안에 태어났다.[93] 가난한 선비 집안에서 고생하다가 열일곱 소년 시절 긴 머리 칭칭 따고 짚새기 신고 걷고 걸어 먼저 스님이 되신 형님 따라(故 廷秀堂 大禪師) 한양에 올라와 삼각산 승가사(僧伽寺)에서 중이 되었다.[94]

---

[93]「충담 대선사 행장」: 1913년 음력 5월 8일 경기도 가평에서 부친 전주 이공 승노, 모친 연안 차씨 3남으로 출생. 소년 시절 향리에서 성균관 박사이신 부친으로부터 출가 전까지 한학을 수업.

[94]「행장」: 1930년 4월 8일 봉은사 박심월 스님을 은사로 득도(法名: 圓相). 1932년 서울 봉은사에서 사미, 사집과 수료.

아 태조(我太祖)께서 도읍을 정하신 삼각산을 비롯한 경산(京山)의 모든 산산곡곡을 아니 다닌 곳 없으며 한강을 비롯한 산야를 밟지 않은 곳이 없었다. 한강 상류로부터 마포나루를 지나 임진강에 이르기까지 행각 정진을 하였다. 젊은 시절 믿지 못할 것이나 청룡·황룡이 승천함을 분명히 본 일이 있었으며 산중에서 기도할 때는 몸과 마음이 가벼워 하늘을 나는 듯했으며, 영산에서 부처님의 부촉을 받았다는 산신과의 만남은 수없이 많았고, 여래의 화신인

충담 스님

관세음보살의 대자대비한 자비 원력을 수없이 다정스레 받아오고, 원력이 장엄하고 자비가 광대하신 당래 교주(當來敎主) 미륵존불도 늘 만날 수 있었다.

그래서 젊은 시절 고국을 떠나 중원 땅 만주벌판에서 푸른 하늘을 바라보며 조국 광복을 기원하고 촘촘히 박혀 눈부시게 빛나 쏟아지는 별을 바라보며 부처님 광명이 날로 더하고 법의 바퀴 항상 구르게 하여 만 중생이 행복하기를 기원하였다.[95]

해방된 을유년(1945) 8월 15일 나는 아리랑 고개를 넘으며 백중맞이를 마치고 왕십리로 오는 길에 형사에게 붙들렸다가 대한독립 해방을 맞이하였다. 다 같은 하늘 아래 모두가 다 같은 땅을 밟고 살며 거기서 난 것을 먹고 사는 우리에게는 감격스러운 해방을 맞이한 기쁨을 만끽하였고,[96] 동족상잔의 육이오 사변 때는 산더미 같은 시체 속에도 나는 지금의 서울대학 병원에서 염불 독경을 게을리하지 않았다. 국방군에 소집되어 막노동과 전투 속에서도 간절히 염불하였고 휴전이 되자 평화통일의 염원과 만 중생이 행복하기를 기원하는 도량을 호명산 감로암에 토굴을 마련하였다.

믿기지 않을 줄 모르겠으나 그때만 하여도 이 땅엔 호랑이가 산신을 대신하여 간혹 나타났다. 나는 분명히 보고 또 보았다. 이동 삼각산 백운대 인수봉에 호랑이가 나타난 것을 나는 분명히 수없이 보고 또 보아왔다. 아마

---

95) 「행장」: 1943년 중국 연변, 장춘, 하얼빈 등을 유행하며 수행정진.
96) 「행장」: 1949년 7월 15일 삼각산 신원사 묵조 스님에서 사교과 및 대교과 수료.

그때 우리 도반을 빼고는 산(山) 사람을 말할 수 없을 것이다. 눈부시게 불을 켠 호랑이는 언제나 우리를 보호하는 옹호 신장 바로 그것이었다.[97]

호명산 감로암을 창건할 때[98] 그들은 나를 지켜주었고, 용왕은 약수를 나에게 철철 넘게 뚫어주었다. 내가 움막을 짓고 가람을 창건할 때 그들은 다정스레 꼬리를 흔들며 내 곁에 함께 하였고 용신은 시원한 감로의 청정수를 뚫고 나와 지금도 시원스레 언제나 감로의 물줄기를 뿌리고 있다. 이게 무슨 소린가? 사실이다.

4·19[99], 5·16 모두 겪었다.[100] 10·26 이후 군사정권 하에서 그들은 왜정 때 일본 놈보다 더하게 나 있는 곳까지 와서 조사하였다. 총칼을 장전하고 한밤 중 나의 암자까지 수색을 자행하였다. 그러나 마음이 그보다 아픈 것은 불교 분규이다. 어찌 그럴 수가 있는가. 우리는 동족상잔의 사변을 겪고 다시 또 불교 분규를 맛보았다. 그러나 인과응보라 지금은 반성한다. 그저 더 큰 불행이 없기를 바랄 뿐이다. 위정자들의 정쟁 속에 휩싸여 타의에 의하여 흔들린 불교 분규이다. 출가 비구나 출가 보살승 모두 한 부처님 제자가 아닌가. 16개 종단으로 갈라지더니 이제 50이 넘는 종파가 우후죽순으로 널리어 어찌 승풍을 진작시키고 삼보를 호지하고 정재와 교권을 수호하겠는가. 하루속히 태고 보우 원증국사의 단일 문손으로 제종통합 원융회통의 정신이 실현되기를 바라는 마음 간절하다.[101]

2) 나이 80 되어, 깨달음을 완성 위해(上求菩提) 아미따불 염하고

■ [행장] 1992년 7월 15일 : 호명산 감로사에서 20하안거 성만하시고

---

97) 「행장」: 1951년 관악산 염불암, 삼막사 등에서 수행.
98) 「행장」: 1956년 5월 5일 경기도 가평 호명산에서 감로사 창건.
99) 「행장」: 1960년 5월 8일 종남산 안정사(청련사, 지금은 장흥으로 이전) 능해화상을 법사로 입실건당(法號: 冲湛).
100) 「행장」: 1962년 6월 권상노 스님 등 종도들과 함께 종권 수호를 위한 7일 단식 철야 정진. 1970년 7월 1일 한국불교태고종 관할청 등록 당시 승가사를 관등록 사찰 1호로 등록시켜 창종 공로패 받음. 1973년 5월 5일 호명산 감로사에 높이 49척 미륵대불 조성 점안. 1973년 5월 8일 국무담 종정예하로부터 구족계와 대승보살계 수지.
101) 「행장」: 1986년 3월 3일 한국불교원융원, 불교의범 전문교육원을 설립, 원장 취임. 1990년 1월 5일 한국불교태고종 원로 위촉. 1992년 5월 15일 안덕암 종정 예하로부터 종단 중흥과 종권 수호 공로를 인정받고 공덕패 받음

열반 직전까지 관무량수경 관법 수행.

나는 몇 년 전 호명산 감로암에 따로 토굴을 만들어 좌선정진하고 **틈틈이 서방극락 교주 아미타불을 관하고 염불도 하고 있다.** 그런 수행 중에 정토 삼부경 중의 관무량수경 16관법 중 제1관인 일상관(日想觀)을 참구하게 되었다. …… 권속들은 오후 3시쯤부터 자리를 잡고 앉아있으면 눈이 멀 것이라고 말려왔으나 나의 신심은 변함없이 정진을 계속하였다. 또한 틈틈이 아미타경을 비롯한 (정토) 3부경을 사경하였다.

1996년 『염불 정토삼부경』발행

겨울에 16관 해를 관하는 수행을 하고 있다.(감로사 HP)

"맑고 깨끗한 그 나라(極樂世界)에 가기만 하면 불현듯 신통지혜 두루 갖추고 아미타부처님께 수기를 받아 위 없는 깨달음을 성취하리라."
"온 세계에 불길이 가득하여도 반드시 뚫고 나가 불법을 듣고 모두 다 마땅히 부처가 되어 생사에 헤매는 이 구제하여라."
"부처님 광명 눈부시게 비추니 세 번 돌고 정수리로 들어가니 온 세계 천상 인간 모든 대중들 환희심에 뛰놀며 즐거워하네."
"그때 아미타부처님께서 기쁜 얼굴로 미소하시니 입에서 눈부신 광명이 나와 시방(十方)세계를 두루 비추었다."

부처님 말씀을 수없이 써 내려오던 중 나도 모르게 유서 아닌 유서를 쓴 일이 있다.

3) 나이 80 되어, 아래로는 중생 제도(下化衆生) 위해 소신공양

아니 나의 권속들과 신도에게 쓴 당부의 말이었다.

그 내용은 나는 이 몸을 불살라 여래(如來)께 공양하리라.[102]

이를 공개적으로 실행하는 이유는

첫째, 나 혼자 아무도 모르게 할 수도 있으나 산불이 날 염려가 있는 것이요,

둘째, 50여 년 전 영도사(지금의 개운사) 벽봉 노사께서 칠성각 앞에 장작을 쌓아놓고 불을 놓았으나 그 손상좌가 끌어내려 깊은 화상을 입고 뜻을 펴시지 못한 채 열반한 일이 있으니 그것이 걱정이요,

셋째, 만일 다비까지 깨끗이 안 되면 두 번 장사지내야 할 것이니 그것이 우려되노라. 그리하여 공개적으로 나의 모든 권속과 신도 그리고 종단의 스님들과 모든 불자에게 모두 알리어 여법하게 소신공양(燒身供養)할 것이니 협조하여 주길 바라노라. 그리하여 이 나라 분단된 국토가 하나로 통일되고 사회가 안녕하며 헐벗고 괴로운 이 없어지며 불국정토 앞당겨 이루어지기를 간절히 기원한다는 요지의 말과 날짜 장소까지 언급한 일이 있었다.

그 글을 본 상좌 지성이 불법이 그런 것이요. 회향을 그리한다면 중노릇도 그만하겠다며 완강히 거부하지만 그래도 나는 뜻을 굽히지 않고 남모르게 참나무를 사서 산에 쌓아놓고 그 뜻을 실행코자 정진하고 있다. 누가 나의 이 뜻을 거역할 것인가. 나는 현행법에 의하면 짐짓 나의 행동이 가당치 않은 줄도 잘 안다. 그러나 여래, 부처님을 향한 마음 변함이 없다. 저희들이 훼방한다면 나는 아까 말한 염려를 다 버릴 것이다. 내가 뜻을 성취하면 너희들은 이 사바고해에서 다 벗어날 수 있을 것이다. 얼마나 부처님의 뜻이 거룩하신가?

---

102) 노납(老衲)이 일찍이 어려서 출가하여 아흔을 바라보며 부처님의 혜은과 시주의 은혜로 염불 참선 정진하고 중생들과 애환을 함께 하며 또 염불을 권하며 살아왔으나 그 빚이 태산같이 높고 하해와 같이 넓어 부끄럽기 짝이 없을새『법화경』「약왕보살본사품」제23에 일체중생 희견보살께서 일월정명덕 부처님 회상에서 수행 정진할 때 현일체색신삼매(現一切色身三昧)를 증득하여 육신으로 공양함을 서원하고 향유(香油)를 몸에 바르고는 부처님 앞에서 하늘의 보배 옷으로 몸을 감아 거기에 향유를 끼얹고 몸을 스스로 태워 공양을 올려 불은(佛恩)에 보답하는 대목이 나오는 것을 보았다. 그리고 그로 인하여 모든 중생으로 하여금 온갖 괴로움과 병환을 여의게 하고 온갖 나고 죽는 일과 얽힘으로부터 벗어나 무생법인(無生法忍)을 증득(證得)하는 것에 나는 크게 감명을 받은 바 있다. 이에 나 자신도 그와 같이 실천하고자 원을 세운 지 만 3년이 지났다. 그러나 나는 팔순이 지난 지금도 그 세운 원을 실천하고자 피나는 정진과 노력을 게을리하지 않고 있다.

4) 80살 도인의 임종게 : 염불·간경·참선·주력(呪力) 같은 여러 갈래의 길이 있으나, 나는 모든 이에게 염불을 권하고 권하는 바이다.

만약 한 구절 아미타불 생각하면(若念一句阿彌陀佛)
능멸 팔십억 겁 생사 중죄(能滅八十億劫生死重罪).
80십 억 겁에 지은 생사의 무거운 업장을 소멸하고, 능히 80억 겁 동안에 수승한 공덕(成就八十億劫殊勝功德)을 지을 수 있다 하였으며, 옛 스님 영명 연수 선사께서는 참선은 백이 하여 하나 성공하기 어려우나 염불은 만인이 하면 만인 모두 서방극락 왕생 정토하여 아미타불을 친히 뵙고 정수리에 수기 받아 다 같이 부처를(皆共成佛) 이룰 수 있다 하였으니, 어찌 소홀히 할 수 있으리요.

나는 원한다. 나보다 우리 모두가 유연무연(有緣無緣) 모든 중생이 다 같이 부처님의 깊은 뜻 고구정녕하신 원을 따라 가장 쉽고 틀림없는 길 염불을 권한다. 인생을 비롯한 모든 중생은 유한한 생명을 살고 있다. 생자는 필멸(生者必滅)이요, 회자정리(會者定離)라. 이 세상에 나온 자 모두 반드시 죽을 것이요, 만난 이는 누구든 헤어질 것이라. 당연한 말이다. 승복하기 싫다. 영원히 멸하지 않고 괴롭지 않고 즐거우며 거짓투성이로부터 참나의 실체를 알며 온갖 더러움으로부터 청정한 본래의 참성품인 부처님을 증득할 수 있는 길이 과연 무엇일까.

염불·간경·참선·주력(呪力) 같은 여러 갈래의 길이 있으나, 나는 모든 이에게 염불을 권하고 권하는 바이다. 염불하고 참선하면 호랑이에게 뿔을 달아준 이상이라 하였으나 뿔 없이 극락왕생 정토하여 여래의 10가지 원력이 성취되길 바란다. 우리나라 불교는 본래 한 집안 한 부처님 법 아래 삼천위의(三千威儀)와 팔만세행(八萬細行)을 함께 하고 또 함께 뜻을 하였으나 지금은 그렇지 않다. 오로지 염불문은 염화미소(枯華微笑)·격외선전(格外禪詮)의 뜻도 거역하지 않는 것이요, 불입문자(不立文字) 교외별전(教外別傳)의 상근기(上根機)에도 별 탈 없음을 짐작하겠다. 내가 나를 (불)살라 온갖 소원을 성취하고자 하나 그것도 내 마음대로 못하는 세상 나는 쉬운 길·바른 길·빚 갚는 길·성공하는 길을 널리 이 세상을 사는 모든 이들에게 전하고 싶다.

[행장] 1998년 6월 16일 승정으로 추대.

1998년 6월 27일 새벽 홀로 호명산 감로사에서 소신공양을 올리고 열반.

법구를 다비(화장)하는 모습.(98년 6월28일 밤)

卍 보정의 꼬리말

2009년 정년퇴직하고 입산하여 3년간 정토선 염불 수행하면서 세운 원이 『정토삼부경』을 우리말로 옮기는 것이었다. 책을 옮기는 것은 바로 붇다의 말씀을 한 구절 한 구절 뜯어 보며 붇다의 참뜻을 깨치는 작업이었다. 이때 우리말 번역서 가운데 참고한 것이 1996년에 충담 스님이 낸 『염불 정토삼부경』과 청화 스님이 옮긴 『정토삼부경』이었다. 충담 스님은 원본을 《고리 대장경(高麗大藏經)》 본을, 청화 스님은 《신수대장경(新修大藏經)》 본을 썼다. 엮은이는 먼저 이 두 판본을 찬찬히 견주어 옮기는 작업을 하였기에 충담 스님의 책이 크게 도움이 되었다.

내가 보는 충담 스님 번역본은 1998년 6월 28일 소신공양 바로 뒤인 8월 15일 재판이었으므로 책 뒤에 실은 스님의 소신공양에 대한 자세한 신문 기사들을 읽을 수가 있었다. 그때부터 이 글을 쓰기 직전까지 스님의 소신 공양을 정토 법문에서 어떻게 해석해야 하는가 하는 문제가 작은 화두였다. 모든 기사에 스님의 발원은 국태민안, 남북통일, 불교 분규 종식 같은

'하화중생(下化衆生)'만 있지 자신의 상구보리(上求菩提)인 극락왕생 발원이 빠져 있었기 때문이다. 그러다가 활안 한정섭이 지은 『내가 만난 선지식』(불교통신교육원, 2012)에서 "높이 장작더미에 올라앉아 불을 붙이니 푸른 산골짜기에 한 송이 연꽃이 피어올랐다."라고 하는 대목에서 남을 이롭게 하는 이타(利他)가 곧 스스로를 이롭게 하는 자리(自利)였음을 알게 되었고, 2022년 6월 2일 열린 '제24주년 충담 대선사 소신열반 추모·영산재' 보경 스님 법어에서 "제가 법구를 수습하여 다비할 때 사방은 캄캄하였으나 법구 계신 곳은 말로는 형용할 수 없는 연화의 세계였습니다."라는 회상 대목에서 자신의 수행을 모두 회향하는 이타행이 연꽃으로 승화하여 결국 연꽃이 되어 자신의 목적지인 극락에 가셨다는 결론을 얻었다. 그리고 오늘 호명산 감로사 지성 스님이 보내온 『불 속에 태어난 연꽃(蓮生中火) - 불꽃으로 연꽃을 피우다 -』라는 책자의 제목을 보고 이 충담 스님 극락 간 이야기 제목을 「마지막 불꽃으로 연꽃 피워 극락 가신 충담 스님」'이 떠올랐고, 스님의 『염불』 머리말에 4가지 소제목도 붙일 수 있었다.

15. 1998년, 하루 10만 독 30년 염불로 붙다 영접받은 법륜각 보살

보국사 태원 큰스님 구술

이 정토영험기는 2009년 9월 8일 연지해회의 박병규 거사와 임헌상 거사가 서울 정릉 보국사 주지이시자 중앙승가대학 총장이신 태원(太元) 큰스님을 찾아뵙고, 태원 스님으로부터 직접 들은 이야기를 정리한 것이다.

 이 법륜각 보살은 서울 정릉 보국사 신도이다. 1923년 평남 안주에서 태어났는데 한국전쟁 때 월남하여 서울에서 살면서 정릉의 보국사에 다녔다. 법륜각 보살은 처음에는 참선에 관심을 가지고 참선 수행을 하였는데, 인천 용화사의 송담 큰스님을 친견하고 그분의 가르침에 따라 간화선을 수행하였다 한다.

그렇게 참선에 몰두하였으나 간화선이 최상승인지라 자신의 근기에 맞지 않다고 여기고 있던 차, 1960년경 보국사에서 대동염불회를 조직하여 정토염불법을 크게 펼치신 자운(慈雲, 1911~1992) 큰스님을 만나게 되면서

부터 정토염불을 알게 되었다. 자운 노스님께서는 3·1운동 독립선언에 참여한 33인이었던 용성(龍城) 큰스님 전법제자로, 1981년부터 전계대화상을 역임하셨으며, 해인사에 계실 때 수산(秀山) 스님과 함께 만일염불회를 결사하시어 정토왕생업을 닦으셨고, 또 보국사에 오셔서는 대동염불회를 조직하시어 정토염불을 널리 펼치신 분이시다.

1992년 스님께서 해인사에서 열반하실 때 "서쪽을 향하여 합장하고 단정히 앉아 아미타불의 명호를 칭명하면서 조용히 입적하시니 향기가 진동하고 묘음이 청아하였으며 염불 소리와 함께 입으로부터 오색 광명이 서쪽 하늘을 가득 메웠다."라고 한다. 법륜각 보살은 보국사에서 이러한 자운 스님으로부터 정토법문을 배우게 된 것이다. 그리하여 그동안 수행하던 참선을 내려놓고 서방정토에 귀의하여 오로지 '나무아미타불' 염불만 하였다. 이로부터 30여 년간을 한결같이 하루에 10만 독씩 염불하셨다고 한다. 10만 독이라면 하루 종일 염불을 놓지 않았다는 것이 된다.

하루는 보국사 주지이신 태원 스님께서 법륜각 보살의 집을 방문한 적이 있었는데, 그때 법륜각 보살은 텔레비전을 보면서 염주를 돌리고 있었다. 스님께서 "텔레비전을 보면서 염불하면 염불이 제대로 되겠느냐?"라고 물었다. 법륜각 보살은 웃으면서 "그래도 염불이 됩니다."라고 대답하였다. 스님께서는 이 말을 듣고 속으로 의아스러웠다고 한다. 상식적으로 텔레비전을 보면서 염불한다는 것이 불가능하게 생각되기 때문이다. 그러나 법륜각 보살은 일상생활 속에서도 걸림 없이 염불이 돌아가는 경지에 있었던 것이다.

당시 보국사의 대동염불회는 만일염불회의 전통을 계승하여 대단한 신심과 원력으로 염불결사를 한 모임으로, 대표는 회서 홍인표 거사가 맡고 있었다. 홍인표 거사는 임종 후 사리가 나올 정도로 철저히 수행하셨다 한다. 그리고 그가 지은 『연종집요』는 한국 근현대 불교사에서 정토에 대해 가장 최초로 체계적이고 종합적인 서술을 한 저서로 평가받고 있다.

법륜각 보살은 바로 이러한 대동염불회의 수행 분위기 속에서 염불수행에 매진하였다. 재가자들이 모여 이렇게 염불수행을 열심히 할 수 있었던 밑바탕에는 물론 자운 노스님의 원력이 있었기 때문이다. (자운 스님께 비구계를 받으시고 스님과 함께 해인사에서 염불만일회를 결사한 수산 스님께서도 대구에서 염불선원을 세우시어 수많은 재가 염불행자들을 배출하였으며, 수산 스님께 염불법을 배우신 법장(法藏) 스님께서도 경주 미타사에서 1985년 염불만일연회를 결사하시어 20년 넘게 염불수행과 포교를 해 오시는데, 여기에는 자운 스님의 크신 원력이 밑받침되고 있다고 볼 수 있다.)

법륜각 보살은 평소 심장이 안 좋았는데, 왕생 수개월 전에는 병환이 심해져 몇 차례 병원에 입원한 적이 있었다. 길게는 열흘, 짧게는 일주일 정도 입원하였다가 다시 일상으로 돌아오곤 하였다. 이즈음에 법륜각 보살과 아시는 분이 보살님을 도와드리며 함께 생활하고 있었는데 법륜각 보살이 병원에 입원할 때도 늘 함께 따라가서 간병해 주곤 하였다.

법륜각 보살은 간병 도우미인 그분에게 불교를 가르쳐주어 불법에 귀의하게 하고 보국사에도 함께 가곤 하였다. 1998년 어느 날, 법륜각 보살이 세 번째인가 네 번째인가 병원에 입원하였을 때였다. 이때도 간병인이 함께 가서 간병을 해 주었는데, 이번에는 병환과 노환이 심해 더 이상 생명을 이어가기가 어려울 것 같았다. 임종할 때가 다 된 것이었다.

법륜각 보살은 침대에 누워서 임종에 임박한 상황에서도 평소와 다름 없이 염불하고 있었다. 그러다가 어느 순간 갑자기 "부처님이 오신다!", "부처님이 오신다!"하고 두 번이나 외치고는 몸소 침대에서 내려와 서쪽을 향하여 세 번 절을 올리는 것이었다. 그리고는 다시 침대에 돌아와 조용히 숨을 거두었다. 이것은 이 자리에 함께 있었던 간병인이 분명히 목격한 사실이다.

간병인은 나중에 태원 스님께 이 놀라운 사실을 이야기함으로써 비로소 세상에 알려지게 된 것이다. 태원 스님은 이 이야기를 전해 듣고 예전에 법륜각 보살이 텔레비전을 보면서도 염불이 된다는 말을 비로소 의심 없이 믿었을 뿐 아니라 평소에 지극한 정성으로 염불하였다는 사실을 알게 되었다. 왜냐하면 웬만한 수행력을 지닌 고승이라 해도 임종에 이르러서는 온몸의 기운이 다 빠져나가는 상황이기에 앉아있기도 불가능한 처지인데, 법륜각 보살은 임종을 바로 앞둔 상황에서 벌떡 일어나 침대에서 내려와 삼배를 하였기 때문이다.

이는 평소에 지극정성으로 염불한 공덕이 있었기에 가능한 일이며, 이러한 염불공덕으로 임종 직전에 아미타부처님의 내영(來迎)을 받고 가피를 받았기에 가능한 일이라 하지 않을 수 없다.

16. 1999년, 한평생 염불하고 극락 가는 날 귀띔한 박청업 보살

〈카페 아미타불〉 성훈 2020.03.29

박청업 보살

박청업 보살님은 전남 여수 흥국사 신도로 항상 법회를 빠지지 않고 열심히 절에 다니신 불자님이었다고 합니다. 박보살님의 따님이 전하는 바에 따르면 모친께서는 살아생전에 열심히 염불하셔서 앞일을 미리 내다보실 수 있을 정도로 공부가 깊으셨는데, 평소에는 속으로 염불을 하시느라 입을 굳게 다물고 일체 말씀하지 않으셨고, 주변 사람들에게 재앙이 다가오는 경우에만 그러한 위험들을 미리 알려주어 미리 예방하도록 말씀해주시기도 하셨다고 합니다.

그렇게 한평생 염불 수행을 하신 어머니 박청업 보살님께서는 돌아가시는 날짜도 다 알고서 가실 날짜를 가족과 친족들에게 미리 알려주었는데, 지금으로부터 20여 년 전 1999년 음력 2월 그믐날이 되자 평소처럼 목욕하시고 여수 흥국사 절에 가셔서 하룻밤을 주무시고 3월 초하루 법회를 보신 다음 집에 내려오셔서 하룻밤을 주무신 뒤 3월 초이틀이 되자 병도 없이 건강하셨는데, 평소 가족들에게 미리 귀띔해 주신 것처럼 가신다고 하는 날짜인 음력 3월 2일에 앉아서 입적하셨다고 합니다.

염불 수행을 통해 공부가 깊어지니 도인 스님들처럼 보살님께서도 앉은 채로 마치 매미가 허물을 벗듯이 육신의 옷을 벗어버리고 좌탈입망(坐脫入亡)하여 극락세계로 왕생하신 거지요.

그래서 모친께서 돌아가시고 입관을 하기 위해 가족들이 장의사에 연락하여 관을 가져오기는 하였지만 남자 장의사가 어머님의 몸을 만지는 것이 싫어서 딸인 감로월 보살님이 당시 흥국사 주지스님인 명선 스님의 조언을 받아 옆에서 알려주는 그대로 어머님의 몸을 직접 씻겨 염습하였는데 당시 어머님이 몸을 씻겨드리면서 몸을 직접 만져보니 마치 갓난아기의 피부처럼 살결이 뽀얗고 살결도 너무너무 부드러웠다고 합니다.

모친의 얘기를 전해주신 감로월 보살님

연세가 많은 노보살님의 살결이 마치 갓난아이처럼 뽀얗고 피부도 한없이 부드러운 이러한 현상은 전형적인 극락왕생의 징후에 해당하는 현상이라고 할 수 있습니다. 평소에 열심히 염불하시고 앞일을 내다볼 정도의 공부 힘과 좌탈입망하셨다는 것만으로도 극락왕생을 믿어 의심치 않지만 염불 수행자가 앞일을 내다보거나 좌탈입망할 정도의 수행력이 아니어도 임종 후에 극락왕생을 확인할 수 있는 징후 가운데 하나가 아이같이 뽀얀 살결이나 아이같이 부드러운 피부입니다. 그래서 중국이나 대만의 동물왕생사례를 올려놓은 것을 찾아보면 사후에 경직 현상이 나타나지 않고 마치 살아 있는 것처럼 부드러운 현상들을 동영상으로 올려놓은 사례들이 있습니다.

박청업 보살님의 염불 왕생 사례는 마치 일타 스님의 외증조할머니를 연상케 하는 일화로서 일반 불자님들에게 잘 알려지지 않은 희유한 일로 사실 스님들보다 더 훌륭하신 숨은 도인 보살님의 일화라고 할 수 있습니다.

나무아미타불

여수 흥국사

17. 1999년, 극락에서 찾아낸 연변 강윤철 아버님

강윤철(姜允哲, 宏哲)

1) 관징 스님 통역을 맡게 된 사연

나는 중국 길림성 연변에서 태어나 농업대
학을 나와 용정시 농업국에 근무하고 있었
다. 1983년부터 KBS 텔레비전에서 '누가
이 사람을 아시나요'라는 프로그램으로 대
대적인 이산가족 찾기 방송이 시작되었고
수많은 이산가족이 만나게 되었는데 우리
가족도 그 속에 들어 있었다. 내 아내의
친삼촌이 한국에 계셔 서로 알게 되었고
연락이 시작되었던 것이다.
1989년 그 삼촌 되시는 분이 우리 집을
찾아오셔 한 달간 머물다 가신 뒤 우리 가

강윤철 거사

족을 한국으로 초청하였다. 당시 한국으로 직접 오는 비행기가 없기 때문
에 일본을 거쳐서 왔는데, 삼촌이 잘 아시는 분이 일본에 계셔 일본 구경
까지 하였다. 그 뒤 나와 처형은 평창동에 있는 그 삼촌 집에서 가사를 돕
는 일을 하게 되었다.
내가 관정 스님을 알게 된 것은 바로 아내의 숙모이신 조상락(법명: 상락
선) 보살 때문이었다. 상락선 보살은 불교를 열심히 믿어 많은 스님과 친
분이 있어 집에 찾아왔으나 나는 불교에 대해서 전혀 관심이 없었다. 중국
에서 공무원으로 있던 나는 종교적 믿음이 비과학적이라고 생각하였기 때
문이다. 당시 중국에서 사회주의 교육을 받은 사람은 대부분 나와 같은 생
각을 하고 있었다. 1997년 3월 9일, 상락선 보살이 말씀하셨다.

"강서방, 능인선원에서 중국에서 오신 스님이 오셔서 법문을 한다는데 함께 가서
들어보자."

나는 불교 자체를 좋아서라기보다는 집에서 일하는 것보다 좋고, 또 오랜
만에 중국에서 오신 분이 법문을 하신다니 따라나섰다. 능인선원에는 정말

많은 사람이 왔는데, 들어갈 때 모든 사람들에게 떡을 나누어 주었다. 강한 복건성 사투리로 법문을 하시는데 통역을 맡은 여자 분이 차드를 넘기며 주로 차드에 적힌 내용 위주로 통역하고 있었다.

법회가 끝나자 많은 대중이 두 편으로 나누어 가운데 길을 내어 드리자, 관정 스님이 나오시고 그곳에 참석하셨던 7명의 스님이 뒤따라 나왔다. 나도 다른 사람처럼 두 손을 모으고 '법문 잘 들었습니다.'하는 마음으로 상락선 보살 옆에 서 있었다. 나는 두 번째 줄에 서 있었는데, 우리 앞을 지나가시던 관정 스님이 갑자기 가던 걸음을 멈추시고 보고 또 보고 하시더니 중국말로 물었다.

"너 왜 여기 와 있는가?"

나는 속으로 '웃기는 일이다. 나를 언제 보았다고 아는 척을 하지?'라고 한국말로 두런두런했다. 내 속을 아는지 모르는지 이렇게 말씀하셨다.

"내일 구룡사에서 전법(傳法)하는데 꼭 오너라."

사실 연변에서 관정 스님이 계시는 복건성까지 가려면 기차를 여러 번 바꾸어 타면서 일주일은 가야 하는 먼 거리이다. 그러므로 관정 스님이 나를 알아보고 내일 법회에 오라고 하는 것은 아무리 생각해도 이해가 가지 않았다. 이 이야기를 상락선 보살에게 말씀 드렸다.

"큰스님이 그렇게 말씀하셨으면 가 봐야지. 유 기사 내일 강서방 구룡사까지 모셔 드려라."

그래서 다음날 유 기사와 함께 구룡사에 갔다. 내용은 이미 어제 들었던 것이고, 크게 흥미도 없어서 유 기사와 뒤에서 놀다가 법회가 끝나 관정 큰스님이 나오실 때 뒤에 서 있었더니 미국·중국·싱가포르의 주소와 전화번호를 써 주시며 내 연락처를 달라고 하셨다. 그래서 내가 일하고 있는 상락선 보살 집 전화번호를 적어 드렸다. 다음날 '부석사로 간다'고 전화를 하셨고, 옮기실 때마다 전화를 주시더니, 중국으로 떠난다고 하시며 또 전화를 하셨다. 상락선 보살이 공항에 나가보라고 했으나 특별한 일이 있는 것이 아니기 때문에 나가지 않았다.

다음 해인 1998년 8월, 정원에서 나무를 손질하고 있는데 미국에서 전화가 왔다고 해서 받아보니 관정 큰스님이었다.

"군위 압곡사 자해 스님이 나를 초청했는데, 네가 가서 몇 개 절에서 초청하고 준비상황은 어떻게 되었는데 알아보아라. 이틀 뒤에 한국에 도착할 것이다."

상락선 보살에게 말씀드렸더니 스님이 말씀하신 대로 하라고 하였다. 8월 15일 당시는 흔하지 않은 외제차를 가지고 상락선 보살과 함께 김포공항에 가서 모시고 평창동으로 와 공양을 대접하였다. 그리고 상락선 보살과 함께 스님을 압곡사에 모셔다드렸다. 우리가 서울로 떠나려 하자 관정 큰스님이 "강 거사는 안 가면 안 되니?"하고 나를 붙잡으셨다. 상락선 보살이 "스님이 말씀하신 대로 하라."고 하여 이때부터 큰스님을 모시고 통역을 하게 되었다.

2) 나는 지금 극락을 보고 있다.

몇 년 동안 사부님을 모시고 다니면서 늘 한방을 썼기 때문에 스님의 일거수일투족을 그대로 볼 수가 있었다.

저녁에 숙소에 들어가시면 먼저 나에게 이불을 개라고 한다. 그리고 텔레비전을 보시거나 다른 일은 일체 않으시고 결과부좌를 한 상태에서 약간 앞으로 숙이고 앉으셔서 꼼짝을 하시지 않는다. 단둘이만 있으면, 나는 너무 심심하므로 말씀이라도 나누려고 흔들어 깨워본다. 그러면 이렇게 말씀하신다.

"건드리지 마라. 나 지금 극락 모습을 보고 있다."

이렇게 말씀하시면서 실제로 조금 전에 보았던 극락을 그림으로 그려서 보여주셨다.

3) 한국에서 만난 도인들

철원 심원사에서 법회가 있을 때 북한산 용암사(서울 은평구 진관동) 주지 스님이 찾아오셔 관정 스님에게 보시금을 주시고 법문을 들으셨다. 법회가 끝난 뒤 나에게 지시하셨다.

"저 스님의 이름과 전화를 써놓아라. 저 스님에게 후광이 있다."

이처럼 한국에서 법문을 하러 다니시며 만난 스님 가운데 수행이 깊은 스님들을 말씀해 주셨는데, 한마음선원의 대행 스님, 송광사 방장 스님을 드셨는데, 다른 한 분은 기억이 나지 않는다.

1999년 강릉 백운사에서 관정 스님 법문 통역을 하고 있다.

(3) 그렇다면 한 번 겨뤄보자.

대구의 한 호텔에서 그 지역 원로 스님들과 모임을 했다. 관정 스님이 극락 다녀온 이야기를 하고 정토선 수행법을 설명하자 대부분 화두선을 하는 스님들은 이에 아주 비판적인 공격들이 쏟아져 나왔다.

"극락이란 다녀올 수 있는 곳이 아니다."
"염불이란 근기가 낮은 사람이 하는 것이다."
"화두를 참구하는 참선이 가장 수승한 수행법이다."

- 425 -

처음에는 공격에 대해서 나름대로 대답해 나갔으나, 참석자들의 공격이 그치지를 않고 도가 지나치다는 생각이 든 관정 스님께서 결심하고 참석한 스님들께 말씀하셨다.

"그러면 좋습니다. 나도 허운 화상으로부터 화두를 참구하는 참선 수행을 배웠습니다. 우리가 이렇게 논란만 벌일 것이 아니라 서로 어느 정도 경계를 가졌는지 확인해 보기로 하는 것이 좋겠습니다. 저는 지금부터 이 자리에서 선정에 들어가 7일 동안 꼼짝하지 않고 일어서지 않겠습니다. 여러분 가운데 저보다 우월한 수행력을 보이실 분은 나서 보십시오."

이처럼 조용하면서도 단호한 관정 스님의 사자후에 아무도 나서는 스님이 없었다. 실제 관정 스님이 법회 하러 가는 곳에는 이처럼 선승들이 나타나 시비를 거는 경우가 많았다. 강원도 철원 심원사에서 법회를 할 때도 어떤 선승이 똑같은 공격을 하자 이번에는 2일을 줄여서 말씀하셨다.

"그렇다면 둘이 함께 5일 동안 선정에 들어가서 누가 경계가 더 높은지 보자!"

이렇게 선언하자 그 스님은 결국 법회에 참석하지도 않고 떠나버렸다. 만일 큰스님 자신이 7일간 선정에 자신이 없는데 엄포를 놓았고, 한국의 선승이 일주일간 선정에 들어가는 경계에 있는 스님이 있었다면 관정 스님의 한국 전법은 그것으로 끝나는 것이다. 그러므로 일주일 선정에 드는 것은 자신감을 가지고 있었다고 해석할 수 있을 것이다.

4) 트릭을 쓴다고?

앞에서 잠깐 보았지만 본격적으로 한국을 방문하기 시작한 것은 2000년부터이다. 그리고 이때까지 가장 열심히 스님을 모시고 도왔던 절이 군위 압곡사이다. 당시 압곡사의 자해(慈海) 스님은 누구보다 구도 정신이 강해 극락 다녀온 관징 스님을 정말 스승으로 모시고 하나라도 더 배우려고 모든 정성을 다했다고 한다. 그런데 그 압곡사 총무가 관정 스님의 도력이 완전히 가짜라고 들고나오는 사건이 발생하였다.

언제부터인가 관징 스님이 한국에 와서 법회를 할 때는 천도재와 마정수기라는 두 가지 행사를 하게 된다. 문제는 천도재에서 생겼다. 천도재를 마치고 참석한 가족과 신도들에게 영가가 어디에 태어났는가를 이야기해 주는 시간이 있다. 보기를 들면, "이 영가는 하늘나라 도리천에 태어났다." "이 영가는 하늘나라 도솔천에 태어났다." 하는 식으로 발표를 하면 참석자들이 환희심을 가지고 손뼉을 치며 좋아했다고 한다. 그때 탑 다라니를 불에 그슬리면 거기에 글자가 쓰여 있는 것이 나오는데, 이것은 파라핀으로 글씨를 쓰면 보이지 않다가 불기(火氣)에 닿으면 글씨가 나타나는 아주 초보적인 수법으로, 이것이 사기라는 것이다. 그 뒤 압곡사 총무는 지금까지의 태도와 완전히 달라져, 관징 스님을 초청하는 절에 하나하나 전화해서 "이런 사기 수법으로 신도들을 속여 인기를 얻으려 했다"라며, 법회를 취소하도록 적극적으로 비판하고 나섰다고 한다. 찾아가는 스님들에게 그 글씨와 그림을 사진으로 찍어 증거로 보여주면서 온 힘을 다해 "관징 스님은 도력이 없고, 오로지 돈만 벌러 다닌다."라고 설득하였다고 한다.
이 문제가 터졌을 때 큰스님은 이렇게 말씀하셨다.

"내가 법을 전하러 다니느냐? 돈을 모으러 다니느냐? 책에도 있지 않느냐! 내가 만일 돈만 생각한다면 그렇게 할 수도 있다. 그러나 한국에서 법을 전하기 위해 왔고, 이제 시작하는 단계인데 그런 짓을 한다면 뒷수습은 누가 하느냐? 잘 생각해 보아라. 내가 그런 짓을 해야 할 필요가 있겠느냐?"

관정 스님은 초를 가지고 글씨를 쓰고 그 초 위에 재를 뿌리고 흔들면 글씨에 재가 묻어나면서 글씨가 나타나는 방법을 안다고 하셨다. 그러나 천도재에서 그런 잔재주 가지고 몇 번이나 하겠느냐고 되물으셨다. 나는 그동안 관정 스님과 늘 함께하면서 큰스님의 도력이 어느 정도인지 잘 알기 때문에 굳이 구차스럽게 그런 짓을 하지 않는다는 것을 굳건하게 믿는다. 또 관정 큰스님이 그런 것을 하려면 천도재를 하기 전 미리 준비해야 하고 그러려면 반드시 나에게는 말씀하셔서 함께 해야 하지만 그런 것을 본 적이 없다.

관정 큰스님 법문을 통역하고 있는 글쓴이(거제 오송암, 2002년)

5) 아버지를 극락으로 천도해 주신 큰스님

솔직히 처음에 나는 관정 스님의 도력에 대해 큰 믿음을 가지고 있지는 않았다. 그런데 관정 스님에 대한 여러 가지 의심을 말끔히 씻을 수 있는 일이 있었다. 바로 아버지의 천도재 때문이다.

1999년 아버지가 돌아가셨다. 당시 나는 한국에 불법체류를 하는 상태였기 때문에 아버지 장례식에도 참석하지 못한 큰 불효를 저지르고 말았다. 멀리서라도 자식으로서 도리를 해야겠다고 생각하고 49재를 준비하였다. 그래서 미국에 계시는 관정 스님에게 전화해서 여쭈어보았다.

"아버지가 돌아가셔 49재를 지내야 하겠는데, 어느 절에서 하는 것이 좋을까요?"
그러자 관정 스님께서 대답하셨다.
"너의 아버지 49재는 내가 직접 해줄 터이니 따로 할 필요 없다."

관정 큰스님은 내가 한국에서 불법체류를 하는 것도 잘 아시고, 또 내가 벌어서 중국에 돈을 보내야 한다는 것을 잘 알고 계셨다. 그래서 늘 나에 대해 신경을 써 주셨고, 큰스님이 직접 2번이나 우리 집으로 돈을 송금한 적도 있었다. 그러므로 모든 사정을 고려하여 직접 천도재를 해주신 것이다. 이렇게 해서 관정 스님을 모신 덕분에 아버지에게 조금이라도 자식 노

롯을 할 수 있었다.

반년 뒤 관정 스님이 오셨다. 저녁에는 늘 아무 말씀 안 하시고 참선만 하시기 때문에 심심해진 나는 아버지 천도재에 대해서 여쭈어보았다.

  "아버지 천도재를 하셨다면 아버지는 지금 어디에 계십니까?"
  "극락에 가셨다."

너무 간단히 대답하여 정말 믿음이 가지 않았다. 극락이라는 것이 그렇게 쉽게 갈 수 있는 것도 아니지 않는가? 그래서 다시 여쭈었다.
  "그것을 어떻게 증명할 수 있습니까?"

내가 믿지 않는다는 것을 알아차린 관정 스님은 한참을 생각하더니 압곡사 천도재 오전 일정을 오후로 미루라고 하셨다. 영문을 알 수 없지만, 스님에게 말씀드려 오전 천도재를 오후로 미루었다.

그날 저녁 공양하시고 잠깐 주무신 뒤 12시에 일어나셔 세수하시고 양치질을 하신 뒤 결가부좌를 하시고 앉아서 나에게 말씀하셨다.

  "지금부터 내가 '읽어라'라고 하면 '중국 길림성 용정시 △△번지 강윤철이 아버지
  강△△를 찾고 있습니다.'라고 중국말과 한국말로 읽어라."

12시 40분쯤 '읽어라'라고 하셔서 '중국 길림성 …'이라고 중국어와 한국어로 읽었다. 10분 뒤, "또 읽어라"라고 하셔 '중국 길림성 …'이라고 중국어와 한국어로 읽었다. 20~30분 뒤, "또 읽어라"라고 하셔서 '중국 길림성 …'이라고 중국어와 한국어로 읽었다. 계속해서 "읽어라"라고 하시면 읽고, "또 읽어라"라고 하면 또 읽었다. 이렇게 무려 4시간을 계속한 뒤 새벽 4시 반이 되어서야 말씀하셨다.

  "찾았다."
  "너 원래 나를 믿지 않았지? 종이 가져오너라."

종이를 가져다드렸더니 아버지의 화상을 그리기 시작하였다. 다 그리신 뒤 물었다.
  "너의 아버지 맞나? 천도한 것 틀림없지?"
  "예, 맞습니다."

종이에 그려진 모습은 정확하게 아버지 모습이었고, 심지어는 금 이빨이 몇 개인지까지 정확하게 그리셨다. 정말 할 말이 없었다. 그래서 다시 여쭈었다.

"왜 이렇게 오래 걸리셨습니까?"
"극락에 가는 사람들은 모두 같은 모습이기 때문에 찾을 수가 없다. 다만 천도한 사람들은 모두 업을 가지고 왕생(帶業往生)했기 때문에 수행을 하다가도 자식이 아버지를 간절하게 부르면 망상이 뜨고 옛날 본디 모습(眞面目)이 나타난다. 그래서 상품상생부터 너에게 '읽어라'하고 망상이 뜬 모습을 찾기 시작하여 9품을 다 훑느라고 시간이 걸린 것이다. 너의 아버지는 하품하생에서 찾았다."

나는 이 말씀을 듣자마자 관정 큰스님에게 큰절을 올리면서 말씀드렸다

"이제부터 저는 사부님께서 소를 보고 돼지라고 하면 돼지라고 하고, 팥을 보고 옥수수라고 하면 옥수수라고 하겠습니다."

다음날 오전에는 쉬셨다. 이제야 오전 천도재를 오후로 미루라는 큰스님의 뜻을 이해할 수 있었다. 저녁 내 9품을 다 다니시느라 힘들어 천도재를 할 수 없어서 오전 일정을 오후로 미루셨다. (『극락 가는 사람들』(맑은나라, 2005, 113~131쪽)

셋째 마당
2000년대 극락 간 사람들

1. 2003년, 『정토삼부경』으로 현대 정토법문을 여신 청화 스님

대주(旲宙), 「청화대종사 행장·연보」(청화사상연구회 2009년 학술발표회)

1. 「청화대종사 행장·연보」에서 간추린 행장

1) 탄생 및 유년 시절

1923년(불기 2467) 계해 음 11월 6일 전라남도 무안군 운남면 연리 697번지에서 탄생하셨다. 본향은 진주이며, 부친 강대봉씨(姜大奉氏)와 모친 밀양박씨 박양녀(朴良女)의 차남으로 속명은 호성(虎成)이다. 일제강점기에 고향에서 망운(望雲)소학교를 마치셨다.

1937년, 15세의 어린 나이에 지인의 권유로 청운의 꿈을 품고 일본에 유학하여 신문팔이, 분뇨수거 등 피나는 고학으로 동경대성중학을 졸업하고, 귀국하여 무안 일로농업실습학교에 편입하여 졸업한 뒤 무안 망운소학교에서 교사 생활을 시작했다.

1942년, 부모님의 뜻에 의해 성삼녀(成三女) 청신녀와 결혼식을 올렸다. 그 후 대동아전쟁으로 인해 강제로 징병되어 일본군 해군훈련소가 있던 진해에서 4~5개월의 가혹한 훈련 도중 8.15해방을 맞아 징병에서 벗어났다. 대종사께서는 해방 후 교육활동에 관심을 두어 광주사범학교(光州師範學敎)에 편입하시고 졸업과 동시에 준비된 교육자의 자리에서 활발한 교사 생활을 시작하셨다.

2) 출가(出家)

대종사의 출가 인연은 친형이신 범룡(凡龍, ~1943년)께서 당시 24세의 젊은 나이에 갑작스런 죽음으로 인생무상을 절감하게 되었고, 해방 후 좌우익의 이념대립으로 인한 인간적 고뇌를 느끼시던 차에 육촌 동생의 소개로 백양사 운문암에 머물게 된 것이 계기가 되셨다.

운문암에서 순치(順治) 황제의 출가 시(詩), 부설 거사(浮雪居士)의 사부시(四浮詩)와 금타 존사(金陀尊師)의 수능엄삼매도(首楞嚴三昧圖)를 열람하시고서 속세에 대한 미련을 떨쳐버리고 오직 진리 탐구를 위한 발보리심(發菩提心)을 하게 되었다.

1947년(불기 2491) 정해 음력 1월 16일(25세)에 '사상의 거처'를 찾아 출가하신 후에 깨닫겠다는 마음을 내고(發菩提心) 송 만암(宋曼庵) 대종사의 상좌인 금타존사를 은법사(恩法師)로, 법련당 정수(定修) 선사를 계사(戒師)로 수계 득도하시니 법호는 무주(無住)요, 법명은 청화(淸華)이다. 운문암 생활은 순수하게 참선을 위주하여 불공도 사절하고 식생활은 아침 죽공양, 점심때 공양하고는 철저한 오후불식이었고, 일체 경비는 대중 전원이 탁발로 충당하였으며, 장좌불와를 원칙으로 하였다.

3) 선사상(禪思想)

석가모니불로부터 전해 내려온 불조의 혜맥(慧脈)은 인도에서 전전(展轉) 상속하여 보리달마에 이르렀다. 금타 존사께서 선종의 초조 보리달마에서 육조 혜능에 이르는 순선시대(純禪時代) 선법(禪法)인 반야바라밀에 입각한 일상삼매(一相三昧)와 일행삼매(一行三昧)를 보리방편문(菩提方便門)인 염불선으로 중흥하셨고 대종사께서 이를 계승하셨다.

출가 당시 화두선 일색인 한국 선(禪) 풍토 시절에 금타 존사께서 전수하신 견성성불의 첩경법문인 보리방편문과 수증론(修證論)인 해탈십육지(解脫十六地)와 일진법계(一眞法界)의 성상(性相)을 관조한 수능엄삼매도결(首楞嚴三昧圖訣)을 수행의 요체로 삼아 선오후수(先悟後修)의 수행법인 염불선을 선택하셨다. 또한 여러 종교 교리와 동서의 여러 철학사상뿐만 아니라 현대물리학 이론까지도 우주법계의 일원상인 불성으로 조명하여 일진법계(一眞法界)의 실상으로 설파하셨다. 특히 금타존사께서 지으신 보리방편문은 순선시대(純禪時代)의 선법을 계승한 것으로, 육조단경의 귀의자성 삼신일불에 입각한 심즉시불(心卽是佛)의 자성을 참구하는 자성선(自性禪)이자 제법실상을 여실히 밝힌 최상승 선(禪)의 행법이며, 자성미타 유심정토를 성취하는 염불선의 행법임을 교시하셨다.

세계평화와 유심정토 건설을 위해서는 아집과 법집을 떠나 무아·무소유 정신으로 분파적 여러 사상과 이념을 원융회통(圓融會通)하여 종파와 교파를 초월하여야 가능하다고 역설하셨다.

4) 만행(萬行)

1953년, 무안군 대박산에 혜운사(慧雲寺)를 창건하셨다. 1963년, 추강(秋江) 조응현 거사가 별장을 보시하여 추강사(秋江寺)라 이름하여 주석하셨다. 1966년, 구산선문 가운데 하나인 동리산 태안사 주지를 맡으셨다. 1968년 새로운 수행처를 찾아 경남 남해에 있는 호구산 용문사 염불선원·백련암·부소대(扶蘇台)로 향하셨다. 1969년, 경남 진주 월아산(月牙山) 기슭에 위치한 두방사(杜芳寺) 경내 뒤 정상 부근에다 토굴을 지어 겨울을 나셨다.

1970년, 전남 장흥군 부산면 심천리에 능엄사(현 金仙寺)를 창건하셨다. 1973년 4월, 서울 불광동에 있는 지인의 별장을 무주암(無住庵)이라 이름 짓고 안거하셨고, 9월에는 광명시 도덕산 성도사(聖道寺)에서 안거하시면서 『정토삼부경』번역에 몰두하셨다. 1975년 6월, 구례 오산에 있는 사성암에서 정토삼부경 번역 불사를 계속하셨다. 1978년, 해남 두륜산 상원암에서 하안거 중에 『금강심론』『정토삼부경』번역을 마치시고, 1979년 5월, 금타 존사 불후의 유고를 정리하여 『금강심론』을 엮어 펴내셨다.

1980년 부처님 오신 날 월출산 상견성암(上見性庵)에서 『정토삼부경』머리말을 쓰고 불사를 일단락 하셨다. 1981년, 백장암(百丈庵) 금강대에 하안거 중에 『약사경』번역을 마치셨다. 1986년 5월, 『금륜(金輪)』창간호가 나왔다. 1989년 4월 1일 법어집 『정통선의 향훈』이 간행되었으며, 10월에는 성륜사를 창건할 터를 다지기 시작하였다.

1990년 3월 1일 서울 강남구 도곡동에 정중선원(주지 태호스님)을 개원하셨으며, 9월 성륜사 대웅전이 완공되어 첫 법회를 가졌고, 11월 20일에 혜운사가 중창되었다. 1992년 9월 9일에는 성륜사 대웅전·지장전·선원·요사채·정운당·일주문을 갖춘 대한불교조계종 설령산 성륜사가 위용을 드러내게 되었다. 10월 25일 뉴욕 미주현대불교 창간 기념법회에 참석하시고 뉴욕 원각사에서 국제 보살 수계법회를 봉행하셨고, 11월 8일부터 하이랜드 스프링 금강선원에서 동안거 결제를 하셨다. 1993년 2월 5일 미주 하이랜드 스프링 금강선원 동안거 해제를 하셨고, 20일에는 샌프란시스코 보림사에서 보살계 수계대법회를 개최하셨다. 11월 6일 법어집 『원통불법의 요체』가 출판되었다. 1994년 4월, IBS대학에서 법문을 하셨다. 1995년 1월, 미국 삼보사에서 동안거결제 중 사부대중을 위해 3일간 '순선안심탁마법회(純禪安心琢磨法會)'를 가졌다. 6월 1일 미국 캘리포니아 '팜스프링 금강선원'에서 삼년결사에 들어가셔서 1998년 4월 5일, 삼년결사 회향식을 가지시고 4월 9일 귀국하셨다.

2000년, 남원 실상사에서 대종사를 조실로 추대하였고, 10월 15일에 성륜사에서 벽산당 금타 대화상 탑비 제막식을 봉행하셨다. 11월에 제주 표선 토굴에서 『육조단경(六祖壇經)』 번역을 시작하셨다. 2001년 5월 제주도 남제주군 성산 자성원(自性苑)을 개원하셨으며, 10월에 성륜사 사천왕 조성 회향점안법회를 가졌다.

5) 임종(臨終)

2002년 3월, 대종사 어록집인 『진리의 길』이 간행되었고, 5월 서울 도봉산 광륜사(光輪寺)를 개원하였다. 11월 강원도 횡성 진여원(眞如苑)에서 『육조단경』 번역을 계속하셨다. 12월 9일(음력 11월 6일) 몇몇 제자에게 친히 사세게(辭世偈)를 적어 주셨다.

> 辭世偈　　　　임종에 즈음하여 적은 게송
>
> 此世他世間　　이 세상과 저 세상에
> 去來不相關　　오고 감은 상관치 않으나
> 蒙恩大千界　　은혜 입음은 대천세계만큼 큰데
> 報恩恨細澗　　은혜 갚음은 작은 시내 같기에 한이 되네

2003년 1월, 대종사께서 『육조단경 역주』를 마무리하시고 6월에 간행하셨다. 6월 15일 서울 도봉산 광륜사의 보살계 수계식에 참석하시어 '마지막 법문'을 하셨다. 9월 27일~28일에 '정통불법의 재천명'이라는 주제로 학술세미나가 있었다. 11월 12일(음력 10월 19일) 오후 10시 30분경, 성륜사 조선당(祖禪堂)에서 도일(성륜사 주지)스님을 비롯한 상좌스님들이 지켜보는 가운데 원적하시니 세수 81세요, 법랍 56세셨다.

6) 저서 및 역서

대종사께서는 금타존사의 유고(遺稿)를 모아 『금강심론(金剛心論)』으로 합편하시고, 『정통선의 향훈』과 『원통불법의 요체』 등 법어집을 저술하셨다. 또한 『정토삼부경(淨土三部經)』 『약사경(藥師經)』 『육조단경(六祖壇經)』 등을 역주하셨다.

2. 청하 스님의 정토 어록

1) 『금강심론』, 2장 「보디 방편문」, 1절 아미타불, 58~59쪽. (보정 옮김)

마음은 텅 빈 공중과 같은 것이니, 구름 한 점 그림자 한쪽 없는 크넓고 가없는 허공 같은 마음 세계를 관(觀)하면서 맑고 깨끗한 법신(法身)을 인달(?)하여 비로자나불을 염(念)하고,
이 허공 같은 마음 세계에 해와 달을 뛰어넘은 금빛 광명을 두른 때 묻지 않은 맑은 물이 가득한 바다 같은 자성의 바다를 관(觀)하면서 너그러운 보신(報身) 인달(?)하여 노사나불을 염(念)하고,
안으로 생각을 내고 여의는 무색계 중생, 밖으로 해·달·별, 산·강·땅 같은 온갖 유정(有情) 중생, 사람·짐승같이 영혼을 가지고 꿈틀대고 움직이는(蠢動含靈) 유정 중생 같은 모든 중생을 자성은 바람이 없고 금빛 파도는 절로 일어나는 바닷속 거품이라고 관(觀)하면서 천 백억 화신(化身) 인달하여 사까무니불(釋迦牟尼佛)을 염(念)하고, 다시 그지없고 가없는 푸른 하늘 같은 마음 세계와, 맑고 가득 찬 자성의 바다와, 거품 같은 중생을 공(空)·성(性)·상(相)이 하나인 일합상(一合相)이라고 통으로 관하면서(通觀) 세 붇다(三佛)이 하나의 불(一佛) 인달하여 아(화신)미(보신)타(법신)불을 늘 염(念)하고, 안팎 생멸상(生滅相)인 헤아릴 수 없는 중생의 덧없는 여러 행(行)을 마음 따라 모든 경계가 변한다(心隨萬境轉)는 것을 인달하여 아미따불의 일대행상(一大行相)으로 사유하고 관찰할지니라.

2) 청화선사법어집 『원통불법의 요체』 (성륜각, 1993)

아미타불(阿彌陀佛)의 아(阿)자는 화신을 의미하고, 미(彌)자는 보신을 의미하고, 타(陀)자는 법신을 의미하나니, 아미타불 곧, 참 나[眞我]를 생각하고, 마음으로나 밖으로 보이는 모든 현상이나 생하고 멸하는 헤아릴 수 없이 많은 중생의 덧없는 모든 행위를 심수만경전(心隨萬境轉)이라, 이것도 대승경전에서 자주 나옵니다. … 마음이 만 가지 경계에 전

변하는 미타(彌陀)의 일대행상(一大行相)으로 생각하고 관찰해야 한다는 뜻
입니다. (273쪽).

**본사 아미타불이라, 모두를 포괄적으로 법·보·화(法報化) 삼신(三身)을 말
할 때는 아미타불입니다.** 그렇기 때문에 본사 아미타불이라고 하지 않습니
까? (235쪽).

3) 『정토삼부경』(광륜출판사, 2007) 머리말(1980년 씀)

불교의 많은 가르침 중에서도 일체 중생을 구제하
려는 부처님의 거룩한 서원 부사의한 공덕으로 장
엄된 이상향, 곧 극락세계 너무도 생생하고 인상적
으로 밝히신 경전은 「정토삼부경」인데, 이는 「무량
수경」·「관무량수경」·「아미타경」입니다.

그런데 부처님께서 말씀하신 극락세계란 욕계·색
계·무색계 등 중생이 생사윤회하는 삼계의 차원을
넘어선 영원히 안락한 복지로서, 시간·공간과 인과율을 초월한 경계이며,
우리 중생이 필경 돌아가야 할 마음의 고향입니다. 그리고 그것은 허명무
실한 방편가설이 아니라 엄연한 영생불멸의 실존이며, 우리들의 올바른 수
행으로 업장이 소멸할 때, 우리 스스로 보고 느끼고 누리는 상주불변한 법
락의 경계입니다.

정녕, 우리 중생은 본래의 자성이 아미타불이요, 우리가 본래 살고 있는
고향은 극락세계인데, 짓궂은 번뇌 업장에 가리워 미처 깨닫지 못하고 그
지없이 생사고해에 방황하다가 다행히 부처님의 교법을 만나서, 비로소 참
다운 자아와 진정한 고향인 극락세계로 돌아가게 되는 것입니다. ……

**아미타불은 다만 극락세계의 교주이실 뿐 아니라 법신·보신·화신의 삼신
을 겸전한 삼세 일체불(三世一切佛)의 본체로서, 그 영원한 생명과 자비를
위주로 할 때는 무량수불(無量壽佛)이요, 무한한 지혜·공덕을 위주로 할
때는 무량광불(無量光佛)이며, 대자대비를 위주할 경우에는 관세음보살입니
다.** 그래서 여러 경전에는 수없이 많은 부처님의 이름이 나오나, 필경 아
미타불인 동일한 부처님의 화도(化導)의 인연에 따른 공덕의 이름에 지나

지 않습니다. ……

모든 유연 불자들과 더불어 다시금 극락왕생을 다짐하는 바입니다.

1980년 4월 8일 월출산 상견성대에서
비구 청화 합장

卍 보정의 꼬리말

청화 스님의 정토관은 금타 스님의 영향이 크다. 아미타불이 단순한 극락 세계의 교주가 아니라 법신·보신·화신 같은 3가지 붇다 몸을 아우르는 삼세 일체불의 본체라는 것이다. 때문의 일반적으로 화신불의 극락이라는 개념보다 훨씬 큰 극락이다. 그러나 청화 스님은 어떤 극락이든 극락은 분명 실존하고, 모든 중생이 극락 가는 것을 목표로 하길 권하면서 자신도 마지막에 함께 극락왕생을 다짐한다. 아래 글은 엮은이가 정토를 공부하기 시작했던 초기에 쓴 메모다. 아직 공부를 제대로 하기 전 글이라 어설프지만 이것이 보통 사람 생각일 수 있다고 생각해 그대로 실어본다.

▣ 청화 스님, 56년간의 증거, 그대 고향에 이르렀는가? - 2008년 「보정의 메모장」에서

2008년이 저물어가는 11월 후반, 어느 해인가 부처님 오신 날 특집으로 방영된 청화 스님 이야기를 보았다. 참 세상은 좋아졌다. 스님이 번역한 경전으로만 대했던 청화 스님을 이렇게 만나볼 수 있으니 말이다. 1시간을 보면서 참으로 우리에게 큰 가르침을 주신 스님이라는 것을 절절히 느끼면서, 아울러 무언지 알 수 없는 허전함이 다가온다.

우선 그 제목, '그대는 고향에 이르렀는가?' 이렇게 시작되는데, 1시간 스님의 온 생애를 다 보고 나서 '청화는 어디로 갔을까! 도착한 곳 알 수 없다.'라고 끝난다. 결국 청화가 간 곳을 모르고, "그가 걸어간 길만이 화두처럼 남았다."라며 아주 그럴싸하게 멋진 마무리를 한다. 그런데 이 프로를 보는 동안 나는 단박에 청화가 간 곳을 알 수 있었다. 스님의 마지막을 지켜본 상좌 스님이 이렇게 회고한다.
'스님은 자기가 가실 때를 정확히 알았다.'
'스님은 옷을 갈아입고 평소 수행하시던 것처럼 앉으셨다.
그리고 그것이 마지막이었다.'
전형적인 극락왕생의 예이다.

그렇다, 청화스님은 마음의 고향인 안양(安養)으로 가신 것이다. 다시는 태어나지 않는 무생법인을 얻어 대각을 이룰 극락으로 가신 것이다. 그런데 작가는 가신 곳을 모르고 아직도 청화만 찾는다.

청화 스님은 분명히 불교의 핵심을 내놓았다. 바로 염불선이었다. 아무리 염불선의 중요함을 역설해도 난행문(難行門)에서 허덕이는 도반들을 보시고 생의 마지막 작업으로 『육조단경』을 번역하셨다. 육조단경은 바로 조계종이 부처님 경전보다 더 신봉하는 경이다. "육조단경에는 화두란 말이 나오지 않는다." 바로 이것이 한국 불교 교단에 내린 마지막 사자후였다. 그런데, 모두 청화 스님이 던진 핵심을 모르고 묻는다. "청화가 도착한 곳이 알 수 없다. 청화는 고향에 이르렀는가?" 그러나 그 대답은 청화 스님이 번역한 『정토삼부경』 한 번만 읽으면 단박에 안다. 마음 편안히 옷 벗고 안양으로 가셨다. 일생을 준비한 아미따불의 극락세계에 이르렀다.

우리가 청화 스님을 기리는 길은 모두 청화 스님의 극락왕생을 즐겁게 축복하고, 우리도 그 길을 가기 위해 열심히 염불선을 행하면 된다. 그런데, 이 프로를 보니 후학들 참 말 안 듣는다.
그렇게 신신당부했는데, 스님 육신 가지고 소란 많이 피우는구나. 극락 가는 것이 얼마나 좋은 것인데 모두가 엄숙하다 못해 비창한 모습을 하고 땅을 치는 곡소리가 다비장을 가득 채우고 있으니 말이다.

그 많은 인터뷰, 스님의 인품. 고행, 만행, 이런 것만 잔뜩 늘어놓고 '극락 가신 스님 부럽다.' '나도 열심히 해서 스님 따라 극락 가겠다.' (적어도 이 프로에는) 이런 후학이 단 한 사람도 없고 "그가 걸어간 길만이 화두처럼 남았다." 결국 이런 판에 박힌 '화두'라는 말로 마무리 짓는구나.

참 못 알아듣고
참 말 안 듣는 중생들이여!

2. 2010년, 가족에게 웃음 보여 극락 간 사실 알린 할머니

〈카페 아미타불〉 동그란땡글이   2010년 10월 18

1) 불교 믿던 할머니의 기독교 개종

할머니의 장례식을 마치고 오늘 돌아온 후에 알리고자 하는 일이 있어 이렇게 글을 올리게 되었습니다.

저희 할머니는 오래전부터 불교를 믿으신 분이었습니다. 태어나서 아버지가 돌아가실 뻔했을 때 관세음보살님께 지성으로 기도드려 건강하게 해주셨던 분이셨고 한평생을 '나무아미타불 관세음보살'을 염하시며, 늘 마하반야바라밀다심경을 독송하고 라디오로 틀어주던 분이셨습니다. 절에 열심히 가고, 기도도 열심히 드렸던 분이셨습니다.

그러다 4년 전부터 노환으로 몸이 조금씩 불편해질 무렵, 할머니께서는 '부처님은 나를 건강하게 해주지 않았다'라고 하시며, 기독교로 개종하셨고, 그때부터 할머니께서 안 좋은 일들이 일어나기 시작하셨습니다. 아마도 그건 신장님이 할머니 곁을 떠나셨기 때문이 아닌가 싶습니다.

왼쪽 팔이 몇 번이나 부러지시고, 다리가 부러지시고, 그러면서 몸을 운신하기 힘드시더니 중풍이 겹쳐 오시면서 치매도 조금씩 진행이 되었고 반신은 마비로 움직이기가 힘드셨습니다. 그렇게 점점 병세가 악화하면서 할머니는 4년 시간 동안 요양병원과 집을 오가기를 반복하셨습니다. 몇 개월 전만 해도 할머니는 정신이 온전한 적이 많지 않았고, 정신이 온전할 때도 제가 염불을 권하면 '하나님 아버지 감사합니다.' 그 말만 계속하셨습니다. 저는 속이 상했으나 그 후에 할머니께 강요한 적은 없었습니다.

그러다 지난번에 올렸던 것처럼 올해 8월 18일부터 신심이 일어나면서 채식을 시작하고 오신채를 끊으면서 할머니에게 염불을 권해드렸습니다. 듣기 싫어하시면서 침대 한쪽으로 누워계시면 손을 잡고 염불을 해드렸습니다. 자주 뵙지는 못했지만 찾아갈 때면 할머니에게 염불을 권하고 들려주었습니다. 그와 함께 극락이 어떤 곳인지 설명해드렸고, 아주 좋은 곳이며 꼭 가야 한다고 말씀해주었습니다. 할머니는 제가 찾아뵐 때 부쩍 정신이 온전해지시는 일이 늘어났습니다. 제가 염불을 권하면 같이 하자고 하면, 할머니는 염불을 따라 하셨습니다.

2) 할머니의 마지막 가는 길을 돕는 손녀

저는 부처님께 마음속으로 할머니께서 정신이 온전치 못하니, 부처님 할머니가 언제 돌아가시더라도 할머니가 돌아가시기 전에 부처님을 부른 것과 같은 거죠? 라고 말씀드렸습니다. 그러다 지난주쯤에 할머니께서 하시는 말씀이.

"나는 오래 살지 못할 것 같다."
라고 말씀을 하시기 시작하셨습니다. 할머니께서 삶을 포기하신 것 같다는 말을 의사 선생님께서 하셨습니다. 할머니께서는 정신이 온전치 못할 때는 염불하시는 것을 거부하셨고, 제가 아미타경을 읽는 것을 거부하셨습니다.

"아미타부처님 바보!"
할머니가 하신 말씀에 놀라기도 하고 걱정이 되어 할머니 그러면 안 된다고 말씀드렸습니다. 부처님께 할머니가 제정신으로 하신 말씀이 아니라고 기도드렸습니다. 그러다 목요일 오후, 은행에 업무를 보러 갔다가 기다리면서 깜빡 잠이 들었는데, 누군가의 팔에 억지로 할머니가 끌려가시는 것을 보고 소스라치게 놀라서 깼습니다. 그런데 마칠 시간이 되어서 할머니께서 응급실에 호송되셨고, 호흡이 곤란해서 언제 숨이 놓을지 모른다는 말을 전해 들었습니다. 저는 버스 안에서 그간의 일을 생각했습니다. 할머니에게 미안한 일 죄송한 일들이 머릿속을 스쳐 지나갔습니다. 이제야 말씀드리는 것이지만 저는 부처님을 접하기 전에 칼을 안 들고 사람을 안 때렸다 뿐이지 망나니 같은 사람이었습니다.

"내가 왜! 나 혼자만 그렇게 희생해야 해!"
하는 그런 자기 피해 의식 속에서 살면서 스스로 연민에 주위에 가시를 치던 사람이었습니다. 하루에도 수십 번씩 나 같은 건 죽어야 할 것 같았고 지옥에 떨어져야 할 것 같았습니다. 삶의 의욕도 없던 사람이었습니다. 우울증이 수시로 찾아와 저를 괴롭히면 저는 더욱 혼자 웅크리고 있었습니다. 할머니도 원망했었습니다. 할머니가 저를 위해서 해 주신 말씀도,

속상해서 하신 말씀도 모두 밉기만 했었습니다.

그러다 부처님을 믿기 시작하면서 그 마음을 돌아보게 되고, 9월에 들어서면서 할머니에게 항상 죄송하고 미안하고 고마운 마음이 들게 되었습니다. 가족들이 아무리 저를 비난하면서 할머니를 찾아가 보라고 해도 한 달에 한두 번 고작 가서 있는 시늉만 하고 돌아오던 저였는데, 부처님 말씀 덕분에 드디어 마음을 돌이켜, 이제 잘해드려야지 생각했는데, 할머니가 정말 고맙고 미안하기만 했었던 나인데 이미 늦은 것이었습니다.

응급실로 가기 전에 전화로 이미 마음의 준비를 하라는 이야기를 들은 터였기에 눈물이 자꾸 흘렀습니다. 저는 할머니 앞에 울지 않게 할 수 있도록 해달라고 부처님께 버스 안에서 기도드렸습니다. 웃으면서도 보낼 수 있도록 해달라고, 그래서 할머니가 세상에 집착하지 않게 해달라고 말입니다. 할머니를 위해서 울고 슬퍼하는 것 보다 염불을 해주고 경전을 읽어주는 것이 낫다고 여겼습니다. 그러니 제정신을 차려야 한다고 생각했습니다. 병원에 도착해보니, 할머니는 부르면 겨우 눈을 뜨시고 알아는 보시지만 산소호흡기를 달고 계셨습니다. 7개의 링거를 꽂고 숨을 겨우 쉬고 계신 할머니. 저는 할머니를 위해서 아미타경을 읽어 드리고 평소에 즐겨 읽으시던 반야심경을 읽어 드리고 염불을 해드렸습니다.

3) 염불 속에 세상을 뜨신 할머니

의사 선생님은 오늘 밤이 고비가 될 것이라고 말씀하셨습니다. 한달음에 달려와 할머니를 지키고 있던 고모와. 작은아버지 그리고 제가 할머니와 함께했습니다. 다른 가족들은 쉽게 일을 제쳐두고 올 수 없는 상태였으니까요. 새벽 2까지 할머니 곁에 있다가 할머니 옆 침대에서 새우잠을 통해서 자는 듯 마는 듯하다가 아침 5시 반에 집에 돌아와 잠을 청했습니다. 왜냐하면 잠이 오면서 염불이 잘되지 않았기 때문입니다. 그리고 오후에 나가서 할머니에게 천수경과 염불 그리고 아미타경을 읽어주었습니다. 읽지 못하는 할머니를 위해서 제가 염불하는 것과 할머니가 하는 것과 다르지 않게 해달라고 말씀드리고 경을 읽고 염불을 해드렸습니다.

몸 상태는 점점 나빠지셨고, 혈관이 잘 드러나지 않았기에 결국 목에 바늘을 꽂게 되었습니다. 간호사가 몇 번이나 실수하는 것이 가슴이 아팠습니다. 인사불성의 상태에서도 아프다고 하는 말씀이 슬퍼서 부처님께 제발 바늘을 한 번에 들어가게 해달라고 기도드렸습니다. 다행히도 부처님의 제 기도를 들어주셔 할머니의 목에 무사히 바늘이 꽂히셨습니다만, 작은 아빠는 그 모습을 보면서 슬픔을 참지 못했습니다. 할머니가 아직 수명을 다하지 않았다면 부처님께서 할머니를 낫게 해 주시고, 이미 수명이 다하신 거라면 할머니를 고통 없이 극락세계에 데려가 주셨으면 하는 생각이 들었습니다. 할머니 곁을 항상 지켜야 했기에 밤에는 고모가 낮에는 제가 병간호를 하기로 하고 밤 11시에 집으로 향했습니다.

바로 가지는 않고 작은 아빠와 근처 식당에서 이야기를 나누었습니다. 채식하는 저였기 때문에 식당에는 같이 갔으나 물을 마시며 이야기를 했습니다. 그러다 12시에 고모에게 전화가 와서는 할머니가 위중하시다고 하셨습니다. 할머니는 이제 눈을 뜰 수도 없는 상태였습니다. 할머니는 겨우 산소호흡기에 의존해 있는 상태였습니다. 가녀린 목을 통해서 너무 많은 주사액이 몸을 통해 들어가고 있었습니다. 작은아버지는 참지 못하시고 눈물을 흘리셨습니다. 저는 할머니를 위해서 천수경을 읽고 아미타경을 읽어드리고 마하반야바라밀다심경을 읽고 염불을 계속했습니다. 새벽 3시까지 할머니를 위해서 염불을 계속했습니다.

다행히 할머니는 한고비를 또 넘기셨습니다. 고모가 내일 교대로 할머니를 지켜야 할 사람이 있어야 한다고 저보고 한숨 자고 오라고 했습니다. 저는 집으로 돌아가서 잠을 청했습니다. 다음 날에 되어서 잠을 깨어난 저는 억누르던 중생심 피어올라서 조금 느긋하게 가도 되겠지 시장도 보고 볼일을 보는 것은 금방이니깐. 그렇게 생각하면서 느긋한 마음으로 집으로 출발했습니다. 그런데 고모에게 전화가 와서 할머니가 또 위험하다고 하시며, 택시를 타고 오라고 전화가 왔습니다. 저는 그런 생각을 했던 제가 너무 밉고 마음이 괴로웠습니다. 하지만 그런 생각을 억지로 제쳐 놓았습니다. 염불만 생각하도록 노력했습니다.

그 길로 바로 택시를 타고 병원에 도착했을 때 할머니는 제가 도착한 그 시간에 사망선고를 받으셨습니다. 할머니의 손을 잡고 염불을 해드렸습니다. 그리고 발과 무릎을 만져보았습니다. 다행히 차갑게 식어있었고 몸이 위로 올라가면서 식는 중이었습니다.

4) 도움염불(助念)로 할머니의 극락 가는 길을 도왔다.

고모가 할머니가 숨이 멎기 직전에 아미타불을 외치면서 '뒤도 돌아보지 말고 가라'고 말해주었다고 했습니다. 인사불성이던 할머니가 그 순간에 허공을 보면서 웃으셨다고 말해주었습니다. 고모는 평소에 염불하지 않는 분이셨는데 제가 염불을 하면 극락 간다고 말해주어서 그 순간 해야 할 것 같았다는 말도 같이 해 주었습니다. 저는 할머니 몸이 식어가는 경과를 보기 위해서 염불을 하고 천수경을 읽고 아미타경을 읽고 마하반야밀다심경을 읽었습니다. 할머니의 몸은 가슴과 배 그리고 정수리가 여전히 따뜻했습니다. 얼굴을 차가웠고요. 그래서 혹시 할머니가 중음신으로 여기 계신 것 아닌가 싶었습니다. 작은아버지와 고모에게 여기에서는 절대 울면 안 된다고, 그러면 할머니가 가족 집착을 하게 되어 떠날 수 없다고 말씀해 드렸습니다. 울음을 참아야 한다고, 언성을 높여서도 안 된다고 신신당부를 했습니다.

"할머니. 지금 할머니의 육신이 보이고 저희가 보이지요? 할머니는 이미 돌아가셨습니다. 부디 노여워하거나 화내지도 말고 슬퍼하지도 마세요. 할머니의 몸은 빈껍데기입니다. 그 몸이 할머니라면 지금 내려다보는 할머니는 무엇인가요? 몸이 없어도 할머니는 보고 듣고 말하고 느낄 수 있습니다. 몸은 그저 버리는 빈껍데기이고 누구나 업에 따라 윤회합니다. 할머니 업에 따라 윤회를 하면 세세생생 가족과 언제 만날지 기약할 수 없습니다. 제 가족을 사랑하신다면 지금이라도 극락에 나기를 발원하세요. 극락에 계시면 가족 모두 찾아뵙겠습니다."

그 말을 수시로 해드렸습니다. 몸이 공함을 알려드리기 위해서 제가 아는 지식을 총동원해서 어설프게나마 마하반야바라밀다심경을 설명해 드리면서 집착할 것은 없다고 말씀드렸고 천수경을 읽고 지장보살을 부르면서 할머니의 업장이 소멸하기를 빌었고, 아미타불 정근과 함께 아미타경을 읽어드리면서 극락세계에 대해 설명해 드리기 위에 노력했습니다. 아미타불을 계속 부르면서 저와 함께 아미타부처님께 귀의하자고 말씀드렸습니다. 할머니는 눈을 감으셨지만 입은 벌린 상태였습니다.

거제도에서 장례를 치르기 위해서 할머니는 병원 이불에 싸인 채 차에 옮겨지셨고, 저는 차를 같이 탄 후 할머니의 곁에 앉아서 다시 경을 읽으면서 염불을 해드렸습니다. 그리고 무량수경을 읽어 드리면서 아미타부처님의 48대 서원을 함께 이야기해드렸습니다. 그리고 차가 가는 내내 부처님께 빌고 또 빌었습니다.

"부처님 저희 할머니가 정신이 반쯤 나가신 상태에서 부처님 바보라고 했기 때문에 바른 법을 비방한 것이 아닙니다. 할머니는 오랜 세월 전부터 부처님을 늘 부르신 분이었습니다. 그저 제대로 불교를 이해하지 못했기에 그런 실수를 한 것뿐입니다. 할머니는 오역죄를 저지르지 않았기 때문에 부처님께서는 약속을 지켜야 합니다. 아미타부처님께서 이미 서원을 이루시고 부처님이 되셨기 때문에 할머니를 데려가시지 않으면 부처님은 약속을 어긴 것입니다. 부디 부탁드립니다. 제 목숨을 부처님에게 바치겠습니다. 제 목숨을 태워서 그것으로 연꽃 받침으로 삼아 부처님의 품으로 데려가 주세요. 제가 지은 모든 공덕 부처님 다 드릴게요. 착하게 살게요. 열심히 사람들에게 보시할게요."

5) 웃음으로 극락 간 것을 알려준 할머니

그렇게 말씀드리면서 할머니에게 생에 집착해서는 안 된다고 극락세계에 날 것만을 생각해야 한다고 말씀드렸습니다.
"할머니가 제가 가족 잘 책임지고 극락왕생시키도록 할게요. 열심히 염불을 권할게요. 여기는 부처님 도량의 세계니깐. 걱정할 것 없어요. 모두 다시 극락에서 만나요."

처음에는 울음이 나와서 억지로 참았는데 거제도 도착했을 무렵에는 어쩐지 마음이 가벼워지고 울음이 나지 않았습니다.

"할머니 극락에 나셨으면 입을 다물고 웃어주세요. 그래야 사람이 할머니 극락이 간 것 믿지요. 저는 아미타부처님이 할머니 데리고 간 것을 믿어요. 하지만, 아직 부처님을 잘 모르는 제 가족은 증거가 있어야 할 것이예요. 할머니의 모습을 본 사람들이 신심을 낼 터이니 할머니께서 부처님의 은혜에 보답할 수 있을 거예요. 부처님 할머니가 극락에 간 사실에 꼭 글을 올려서 사람들에게 신심을 내도록 하겠습니다. 부탁드립니다. 가족 모두 염불할 수 있도록 노력하겠습니다. 전에 읽었던 염불하는 사람은 연꽃과 같다는 말이 부끄럽지 않도록 노력하겠습니다. 제 가족뿐만 아니라 저랑 연이 닿은 모든 사람이 극락세계에 갈 수 있도록 염불을 권하겠습니다. 한마음을 돌리면 그곳이 극락이라. 염불하는 마음으로 이 세계를 극락같이 행복하게 살다가 부처님을 찾아뵙겠습니다."

뒤늦게 도착한 아버지가 있었습니다. 아버지는 슬픔으로 울고 계셨습니다. 저는 할머니가 극락세계에 갔으며, 만일 갔다면 입을 다물고 웃고 있을 거라고 했습니다. 최선을 다해서 염불했고 경을 읽었다고요. 아빠와 함께 사촌 남동생과 함께 안치실에 할머니의 얼굴을 뵙습니다. 그런데 정말 입을 다물고 웃고 계셨습니다. 식어가던 몸이 다시 살아있는 것처럼 따뜻했으면 혈색이 너무 좋았습니다. 아버지께서는 지난주에 병원에 계셨을 때보다 더 좋은 혈색이라고 울음을 멈추고 웃음을 지으셨습니다. 부처님께 감사하다고 말씀드리고 할머니는 안치소에 모셨습니다.
모든 식구가 도착해서 다시 할머니를 뵈었을 때도 화장을 안 한 상태였고 입관하기 전이었으나 너무나 고운 얼굴로 웃고 계셨습니다. 저희 가족은 오늘 할머니를 화장해 드리고 납골당에 뼈를 안치해 드리고 집에 돌아왔습니다. 저희 가족은 장례식에서 슬퍼서 우는 사람이 없었습니다. 할머니가 좋은 극락세계에 가신 것이 모두 진실이라고 모두 믿었기 때문이었습니다.

모두 기분 좋은 얼굴로 미소 지을 수 있었습니다. 아빠에게는 극락이 얼마나 좋은 곳인지 모른다고 설명해드렸습니다. 이제는 저희 아빠도 하루에 열 번이라도 염불하는 게 좋다고 말씀하십니다. 무교인 저희 작은 아빠도 이제는 불교에 대한 씨앗을 마음에 심을 수 있었습니다. 제 사촌 꼬맹이는 할머니의 사진을 보면서 환영처럼 이를 보이면서 밝게 웃으시는 모습을 봤다고 했고, 고모는 화장하고 할머니의 유골을 보면서도 참 하얗고 깨끗하다고 했습니다.
저는 할머니가 삿된 마음을 품었던 적이 있기 때문에 하품하생이 되었을 거라는 생각이 듭니다. 어서 빨리 일심으로 염불하시고 공부하시어 큰 발심을 하시고 세상을 모두 건지는 보살님이 되시고 또한 부처님을 어서 이루시라고 상(喪) 중 내내 기도드렸습니다. 그리고 또한 다시 뵙자고, 극락에서 다시 뵈어서 기분 좋게 차 한잔 앞에 두고 이야기를 나누자고 약속했습니다. 모든 가족들과 함께요.

3. 2012년 1년 염불하고 조념(助念)으로 극락 간 고춘순(高春順) 보살

오영복(吳永福, 1943년생)

1) 만주 벌판에서 농사짓던 부부의 신앙관

고춘순 (2012.3.16.)

아들의 권유로 염불하고, 마지막 목숨이 다할 때 조념(助念)을 받아 극락 가서 태어난 아내 고춘순(高春順, 1944년생) 이야기를 하려고 한다.

아내는 아직 만주국 시대인 1944년 흑룡강성 임해시(林海市) 신안진(新安鎭)에서 태어났다. 제주 고씨인 아버님은 경상북도 대구 달성에서 살다가 일제강점기에 일본의 학정을 피해 만주로 와서 임해에 정착하였다. 일제강점기 가족을 데리고 기회의 땅 만주로 온 남한 사람들은 서간도 압록강 부근에 평안도 사람들이 자리를 잡았고, 동간도 두만강 부근에는 이미 함경도 사람들이 터를 닦았기 때문에 넓고 개발이 가능한 땅을 찾아 북간도 흑룡강성으로 몰려들었다. 그래서 흑룡강성에는 전라도를 비롯하여 특히 경상도 출신들이 북만주에 많이 정착하였다.

북만주 지역에서 조선인들은 논을 개발하여 벼를 심기 시작한다. 동녕현에서는 1916년 이주한 최동환과 14명의 조선인이 소수분(小綏芬)으로 와서 수전을 실험, 재배하였다. 소수분의 벼농사 성공은 목단강·목릉하·수분하를 거쳐 송화강의 통하·삼성·부금 등으로 전파되었다. 비슷한 시기에 경상도 사람들이 해림현 마도석에 들어와 농사를 짓기 시작했다. 이후 조선인들은 동청철도 동부연선과 동경성·목릉·밀산·위하현 등지로 흩어져 살면서 벼 논을 개발하였다.

제 아내와 나는 바로 그런 조선인 가정의 자식으로 태어나서 어려서부터 농사일을 하면서 컸다. 1967년 겨울에 결혼해서 딸(71년생)과 아들 오동일(吳東日, 75년생)을 키우며 목단강 시 서쪽에 붙어 있는 해림(海林)에서 살았다. 1949년 중화인민공화국이 설립된 뒤 시골에서는 1956년 8월 전

국적으로 인민공사가 설립되고 농민을 생산대에 소속시켜 생산대대(生産大
隊)라는 단위로 조직되었다. 우리가 결혼한 1967년은 1966년 시작된 문화
혁명이 진행되고 있어 10년 동안 혼란의 시기를 겪었다. 1979년 중화인
민공화국이 개방되면서 세상이 바뀌기 시작한다. 그리고 1992년 한·중수
교가 이루어져 한국과의 교류가 빈번해지고 자유 왕래가 자유로워지면서
동포사회도 많은 변화가 나타났다.

우리 부부가 불교를 접하게 된 것도 이런 시대의 변화와 관계가 깊다. 심
양에서 사업을 하고 있던 아들은 한국을 자주 다니며 불교에 심취하였고,
2008년 아들이 시골에 있는 우리에게도 불교책을 보내 읽도록 권유하지만
노란 보자기에 싸놓고 보지 않았다. 미신이라 생각했기 때문이다. 1949년
중화인민공화국이 설립되기 전 주변에 교회가 있어 사탕·과자 얻어먹느라
교회를 다녔고, 부모님이 기독교 신자라 집에 기독교책이 많아 읽을 기회
가 많았다. 비록 문화대혁명 때 모두 없애 버렸지만 그런 기독교책의 영향
도 있었다. 개혁개방 이후 한국에서 목사님들이 와서 우리 집에 세 번이나
찾아왔으나 교회에 나가지 않았다. '내 마음도 믿지 못하는데 어떻게 하느
님을 믿겠는가?'라는 생각이 들었기 때문이다. 그 뒤 목단강에 천주교가
들어왔는데 아내가 "천주교를 믿겠다."라고 해서 내가 "믿지 말라"고 했지
만, 아내는 목단강 성당에서 영세 받고 천주교 신자가 되었다.

2) 말년에 맞은 아내의 암 투병과 아미따불과의 만남(往生因)

2010년 8월 25일 아내가 미리 받은 약을 먹고 해림 시립병원에 가서 내
시경을 했는데 직장암이라는 진단을 받았다. 바로 심양에 있는 아들과 상
의했더니 비행기를 타고 와서 심양에 있는 중국의과대학에 직장암에 대해
유명한 의사가 있어 그곳으로 가서 수술했다. 아내에게는 암이라는 이야기
를 하지 않고 치질 수술을 한다고 했다. 수술을 마친 의사가 말했다.

"수술은 잘 되었으나 암은 이미 말기가 되었습니다."

아들이 아는 전문가들과 많이 상의했지만 앞으로 많이 살면 2년이니 힘들
게 항암치료 하지 말고 중의약을 쓰라고 조언하였다. 그래서 중의약을 쓰
면서 심양 아들 집에서 지냈는데, 이때 우리는 불교와 가까워졌다. 심양
아들은 집안에 불당을 만들고 서방 극락세계 아미타부처님과 관음·대세지

보살 세 성인을 모시고 매일 염불을 하고 있었다. 그래서 아내가 수술 뒤이므로 병이 나으라고 함께 염불을 시작하였다. 1년 전부터는 성당에 나가지 않던 아내도 아들의 정성을 따라 염불을 시작하였다. 나는 이때 처음으로 정공 법사가 낸 『불설대승무량수장엄청정평등각경 친문기』란 책을 보았다. 한국어 번역본(삼보제자 출판)까지 보았지만 '이럴 수가 있는가?'하고 믿을 수가 없어 의심을 많이 했다. 그러나 아내의 병을 낫게 한다고 하여 아침저녁으로 부처님께 인사하고 염불을 하였다. 당시 심양의 거사와 하루 한 시간씩 염불했던 기억이 난다. 아침저녁 염불하고 부처님에게 인사하는 것이 일상이 되었다.

이렇게 2년이 지난 다음 해 2012년 아내의 병세가 악화하여 북경으로 갔다. 이때는 아들 부부가 북경에서 살고 있었기 때문이다. 먼저 중앙암센터에서 정밀 검사를 하더니 이미 말기가 되었다면서 입원시켜 주지 않았다. 할 수 없이 사립병원에 갔는데 의료보험 관할 구역인 목단강을 떠나면 보험이 적용되지 않기 때문에 너무 비싸 일주일 뒤 다른 병원으로 옮겼다.

그런데 비싼 병원을 나와 싼 병원으로 옮겨 간 것이 아내가 극락으로 가게 되는 인연이 될 줄은 몰랐다. 아내가 입원한 병원 옆에는 조념염불당(助念念佛堂)이 있었다. 비영리 단체로 스스로 병원에 딸린 건물 방을 빌려 병원에서 죽어가는 불자들에게 무상으로 조념을 해준다. 이 단체에서는 조념을 해준 뒤 1년 동안에는 그 집에서 원해도 절대 보시를 받지 않고 1년이 지난 뒤에는 조금씩 받아서 운영에 보탠다고 한다. 나는 처와 함께 바로 옆에 있는 염불당에 가서 염불도 하고 다른 사람들과 인사도 나누었다. 염불당에는 서방 삼성의 상과 함께 많은 염불 관련 책들이 있어 거기서 책을 보기 시작하였다. 아내가 아프므로 임종을 맞이할 때 어떻게 해야 하는가 하는 것을 자세히 쓴 책들이 아주 마음 깊이 와닿았다.

아들은 어머니 병실에다 부처님 족자를 4면에 붙여놓고 어느 쪽을 봐도 부처님이 보이도록 해서 병실에 있으나 조념당에 가거나 늘 아미타부처님과 함께 하는 환경이 되었다. 며칠 지나자 이제 음식을 넘기지 못한 상태에 이르렀다. 아들이 잘 아는 안휘성 난양의 절 주지와 통화했는데 어머니가 열흘밖에 남지 않았다고 했고, 심양에서 함께 염불했던 도반도 얼마 남지 않았다고 한다. 세상 뜨기 일주일 전 아들이 어머니에게 물었다.

"어머니 부처님 보셨습니까?"
"그래, 봤다."

우리가 함께 2년 가까이 염불했지만, 나에게는 아무런 영험이 없었으므로 솔직히 아내의 답을 완전히 믿지는 못했다.

살아있을 때 다정한 부부 (산해관에서) 수술 마치고 아들과 고향 방문 도중(2011.1.6.)

3) 이승 하직하고 극락 가는 길 – 놀라운 조념(助念)의 힘

세상 뜨기 5일 전 아내가 나에게 말했다.
"여보, 나 이제 갈 시간 얼마 안 남았으니 잘해 달라."
"그래 걱정하지 마, 내가 알아서 잘할게."

이렇게 아내가 세상을 떠날 시간이 다가오고 있었다. 죽기 전날 저녁 아들이 집에 간다고 했다.
"내 생각에는 얼마 갈 것 같지 않으니, 집에 가지 말고 지키는 것이 낫겠다."

그러나 당시 며느리가 임신 중이라 할 수 없이 가보고 아침 일찍 오기로 하고 나 혼자 옆을 지켰다. 그날 밤 12시까지 지켜보니 안 되겠다는 생각이 들어 새벽 4시 옆에 있는 조념불당으로 갔다. 단장은 집에 가고 여성 팀장만 있어 상황을 이야기했더니 "잘 관찰하다가 운명하면 알려달라."라고 하였다.

2012년 11월 13일 7시 55분, 아내는 68년의 삶을 접고 눈을 감았다. 바로 조념불당에 가서 알렸더니 팀장이 5~6명의 팀원과 함께 왔다. 이 순간 누군가에게 의지하고 이 상황을 함께 나눌 수 있는 사람이 바로 옆에 있다는 것이 정말 큰 위안이고 버팀목이 되었다. 팀장은 나를 비롯해서 아무도 주검을 만지지 못 하게 하고 의사를 부르라고 하였다. 조금 뒤 의사가 와서 보고 사망하였다고 진단했다.

팀장이 한 대원에게 무엇인가를 시키고 자기는 무엇인지 알아들을 수 없는 주문을 한 뒤 주검을 깔고 덮은 요로 감싸 20m 떨어진 조념불당으로 옮겼다. 이 조념불당은 병실을 벗어나 시체실로 가는 도중에 있었다. 아내가 조념불당으로 옮겨간 뒤 나는 정신이 나간 사람처럼 아무 생각도 없고 평생 잘못해준 일만 생각나 하염없이 눈물관 흘리고 있었다. 그때 단장 부부가 와서 말했다.

"사람은 언제나 죽게 되어 있습니다. 이 세상에 부부가 한날한시에 죽은 사람은 없습니다. 돌아가신 분은 좋은 데로 갈 수 있으니 마음을 진정하십시오."

차가 밀려 평소보다 조금 늦게 아들이 와서 조념염불당으로 들어갔다. 조념 팀은 두 시간씩 또는 1시간씩 교대로 들어가서 염불하는데 방에 들어갈 수 있는 만큼 인원이 들어갔다. 이렇게 하루 내내 조념염불이 진행되는 동안 나는 밤새 자지 않았기 때문에 자는지 눈을 뜨고 있는지 비몽사몽의 시간을 보냈다. 조념염불은 한밤중에도 쉬지 않고 계속되었다.

다음 날 7시 아들이 밥 먹으러 가자고 해서 "어머니는 왕생했느냐?" 물었더니, "아직 안 했다"라고 한다. 그런데 문 앞에 있는 팀원들이 이야기했다.

"마음속에 걱정 있어 그런다."
"연꽃이 왔는데 한발 올리고 한발 안 올린다."

나는 이내 그 뜻을 알 수 있었다. 최근 자식들이 부딪친 어려움이 걸려 못 가고 있다는 것을 알 수 있었다. 단장이 팀원들을 격려하였다.

"우리가 성심성의껏 염불 안 해서 그러니 더 열심히 합시다."

이날은 마침 법회가 있어 보살계를 받은 신도들이 많아 조념염불단이 많이 보강되었다. 이때는 나와 아들도 함께 들어가 염불하였다. 콘크리트 바닥에 얇은 스티로폼을 깐 바닥에 앉아 모두 열심히 염불하였다. 그런데 나는 들어가자마자 머리가 깨질 듯 아프고 가슴이 답답해서 너무 힘들었다. 1시간 간신히 버티고 나오는데 아들도 그렇게 머리가 아프고 답답했다고 한다. 조념염불단에는 염불이 끝날 때마다 망인이 극락에 왕생했는지 못했는지를 판단하는 사람이 있다. 그런데 아직도 왕생을 못 했다고 한다. 나는 아들에게 아까 생각했던 이야기를 하며 그것 때문에 어머니가 떠나지 못하는 것 같다고 했다. 그때 단장이 아들에게 와서 말했다.

"아무래도 너의 엄마가 걱정이 있어 떠나지 못하는 것 같으니 네가 가서 이야기해봐라."

그래서 아들이 들어가 1시간쯤 엄마에게 많은 이야기를 하며 걱정하지 말고 떠나시라고 간곡히 말씀드렸다. 그리고 다시 들어가 1시간 염불을 하는데 답답하지 않고 머리도 맑아졌다. 나는 나와서 아들에게 "엄마 간 것 같다."라고 했더니 아들도 "나도 그렇게 봅니다."라고 하는데 조념방 안에서 난리가 났다. 26시간 조념염불한 끝에 드디어 아내가 왕생한 것이다.
당시 나는 69살인데, 아버님 돌아가셨을 때 보고 주검을 처음 봤다. 세상을 뜬 지 26시간이 지났지만, 사람들이 팔을 흔들면 흔들리고 무릎 관절도 흔들린다. 참으로 놀라운 일이었다. 딸과 사위가 오는 것을 기다리느라 시체 보관실로 옮기지 않고 5일장을 했지만 살아서 자는 것처럼 살결이 보들보들하였다. 이런 사실은 이미 조념염불방에서 이미 읽었지만 믿지 않았는데, 눈앞에 실제 벌어진 사실을 보고 불교를 믿어야 하겠다는 확고한 신념이 생겼다.

4) 아내가 극락 가며 남긴 회향(回向)

아내가 운명했을 때 나는 딸에게 전화해서 당부했다.
"절대 울지 말고 염불하라. 울면 네 어머니 극락 못 간다."

그래서 딸이 혼자서 염불하는데 갑자기 창문으로 1m 너비의 밝은 빛이 날아 들어왔다. 깜짝 놀라 자세히 보니 아무것도 없었다. 남편에게 전화해서 일어났던 이야기를 하자 "문도 안 열어놨는데 무엇이 들어 왔느냐?"고 핀잔을 주었다고 한다. 그런데 그 뒤 기적적인 일이 일어났다. 평소에 뱃속에서 이상한 소리가 나서 몇 번 병원을 가도 원인을 알 수 없어 괴로움이 컸다고 한다. 그런데 그 빛이 들어온 뒤 몇 년 계속되던 그 소리가 싹 사라졌다고 한다. 이 이야기를 인화 법사님에게 했더니 "어머니가 부처님에게 이야기해서 딸의 병을 가지고 갔다."라고 했다.

팔보산에서 화장하여 유골을 북경 동쪽 120㎞ 떨어진 곳에 있는 청나라 황제가 모셔진 동릉 옆에 안치할 수 있었던 것도 극락 간 인연이 아니면 가질 수 없는 행운이었다. 2016년 한국에 나와서 살 때까지 몇 번 갔는데 그 뒤로는 못 갔지만 아내는 극락에 있으니 북경과 서울 같은 차이는 없을 것이다.

나는 아내가 극락에 간 뒤 정말 깊은 신심을 가지고 염불을 열심히 하고 매일 108배를 하였다. 내 방에는 아미타부처님을 모시고 하루 24시간 계속 염불기에서 낮은 염불 소리가 이어진다. 이렇게 염불하니 부처님의 큰 가피도 받는 것 같다. 내가 전에 주역을 좀 보았는데 내 사주에 내 명은 76살이 끝이었다. 바로 그해인 2019년 크게 아팠다. 여름에 폐렴이 걸렸는데 같이 앓은 친구는 죽고 나는 살았다. 걷지를 못해 친구 초상에 가지도 못했다. 작년에는 대상포진에 걸렸고, 올해는 코로나 걸렸으나 죽지 않고 나았다. 전생과 현생에 진 죄를 갚고 있는 것이고 염불한 공덕으로 고리를 넘기고 있는 것 같다. 지금은 108배를 못하지만 32배를 하고 끝나면 앉아서 속으로 염불한다.

유해를 안치한 금보탑

고춘순 영좌(靈座) (2013.1.31.)

더 큰 증과(證果)도 있다. 2년 전부터 귀에서 염불 소리가 들린다. 첫 일주일 동안은 그 소리 때문에 잠을 못 자 고생을 했는데, 지금은 그 소리가 안 들릴까 봐 겁난다. 자다가 일어나면 염불 소리가 들린다. 이야기할 때 안 들리지만 조용하면 들린다. 관정 스님이 쓴 책을 보니 이것을 자성염불 이라고 했다. 지금도 어떤 날은 왼쪽 귀에서, 어떤 날은 오른쪽 귀에서 염불소리가 나는데, 왼쪽은 세고 오른쪽은 약하다.

나는 옛날부터 산골을 좋아했다. 앞으로 남은 삶 산에 들어가서 수행하고 싶다.

4. 2013년, 도움염불(助念)로 서쪽 가리키고 극락 간 안석순 보살

곽정암, 「어머니의 왕생」, 『아름다운 이별 행복한 죽음』(비움과소통, 2015)

1) 어머님이 심은 극락 가는 씨앗(往生因)

저는 시골에서 농사를 짓는 부모님의 3남 2녀 중에 장남으로 태어나서 초등학교에 입학하기 전 어릴 적에 절에 다니는 이웃집 보살님의 권유로 부모님과 같이 처음으로 절에 가서 온 가족이 부처님 법에 귀의하였습니다. 아무것도 모르고 초파일, 칠석, 동지 때면 동네의 절에 다니는 분들과 같이 절에 다니며 어린 시절을 보냈습니다. 저의 여동생이 학업을 마치고 직장생활을 하였는데 시골집으로 내려와서 가까운 절에서 화주 보살을 하다가 경북 청송에서 부처님을 모셔 놓은 토굴을 구입하여 신행 생활을 하였습니다. 그러나 불행하게도 1997년 누전으로 토굴에 불이 나서 부처님을 모신 법당이 모두 타버렸습니다. 화주 보살은 아미타부처님을 모시기를 발원하고 권선하여 1998년에 아미타부처님을 조성하여 토굴에 모셨습니다. 그 당시에 어머니는 이미 지니고 있던 금반지와 회갑 때 받은 금반지·금목걸이를 모두 아미타부처님 모시는데 보시하였습니다. 그리고 토굴에서 행사 때마다 빠짐없이 적은 금액이라도 보시하여 동참하였습니다.

화주 보살은 그 이후에 출가하고 토굴을 청송에서 안동으로 옮겼습니다. 어머니는 아미타부처님을 모시는데 보시하고 그 이후에도 정성껏 부처님 전에 보시한 인연으로 임종 시에 조념을 받으며 왼손으로 서쪽을 가리키고 왕생하였습니다. 지금부터 그 이야기를 하려고 합니다.

2) 어머니의 임종을 맞아 집으로 모셨다.

어머니는 갑술(1934)생으로 2013년 올해 연세가 80세인데 5월부터 건강이 나빠져서 여러 병원을 전전하며 입원과 퇴원을 반복하셨는데 차도가 없이 점점 상태가 안 좋아져서 요양병원에 모셨습니다. 10월 22일 밤 11시 30분쯤 요양병원에서 저에게 전화가 와서 어머니의 상태가 좋지 않으니 와 보라고 하였습니다. 즉시 병원으로 가보니 어머니는 산소를 코에 달고 있었으며 폐에서 물이 올라와서 입에서 흡인기로 물을 수시로 뽑아내는데 어머니는 몹시 고통스러워 보였습니다. 병원에서 이제는 더 이상 가망이 없다고 하시기에 임종 후 10시간은 염불을 해 주어야 하는데 요양병원에서 가능하겠냐고 병원장 선생님께 물으니 병원에서는 법적으로 2시간을 넘길 수 없다고 하면서 시신의 부패나 감염 등 문제점이 제기될 수 있으므로 곤란하다고 하며 "임종하고 2시간이 지나면 물이 됩니다."라고 하셨습니다. 즉 시신의 부패가 시작되어 물이 나온다는 뜻으로 말씀하셨습니다. 임종까지의 시간이 얼마나 남은 것 같으냐고 물으니 그것은 아무도 알수가 없다고 하며 며칠이 갈지, 바로 임종할지 알 수 없다고 하였습니다. 그래서 어머니를 집으로 모시겠다고 하니 구급차를 불러 주겠다고 하였습니다. 30분 정도 달려서 시골집에 도착하여 평소에 부모님께서 사용하셨던 온돌방이 차가워서 방바닥에 이불을 3개를 깔고 하나는 덮어서 어머니를 모셨습니다. 머리를 남쪽으로 발이 북쪽을 향하도록 눕혀 드리고 서쪽을 바라볼 수 있도록 베개를 베어드리고 얼굴이 서쪽으로 향하도록 해 드렸습니다.

3) 도움염불(助念)로 편안해진 마지막 길

그리고는 저의 처와 두 동생 부부에게 두 마디씩 교대로 염불하는 방법을 간단히 설명하고 어머니가 임종하시면 절대 울지 말고 8시간에서 10시간을 염불할 것이며 임종하신 후에는 절대로 어머니의 몸을 만지지 말 것 등의 주의사항을 알려주고 시간을 보니 새벽 2시였습니다. 시간이 너무 늦어 스님께 연락을 드릴 수가 없어서 아쉬운 마음이 들었지만 모든 것은 인연에 맡기고 오직 도움염불에 집중하기로 마음을 먹었습니다. 나무아미타불 염불 CD를 카세트에 넣고 스님께서 '나무아미타불 나무아미타불' 2마디 염불을 선창하실 때 듣고 후렴에 맞춰서 '나무아미타불 나무아미타불' 2마디 염불을 하며 저의 3형제 부부가 도움염불을 시작하였습니다. 어머니는 도움염불을 하기 전에는 곧 임종할 것 같이 호흡이 가쁘고 입에서도 계속 피가 섞인 물이 넘어오더니 도움염불을 시작하고 얼마 지나지 않아서 점차로 숨이 편안해졌고 고통이 없는 것으로 보였습니다.

날이 밝자 스님께 전화를 드려서 도움염불을 부탁드렸더니 스님께서는 모든 일정을 취소하고 불자 2명과 함께 오셔서 방 앞쪽에 아미타부처님 불화를 모시고 향을 올리고 삼귀의로 예불을 올린 후 바로 도움염불을 시작하였습니다. 스님께서는 도움염불을 하시며 중간에 저의 어머니가 사바세계의 모든 애착을 놓고 염불하여 극락왕생하시기를 권하는 법문도 해 주셨습니다. 법문을 들으신 어머니는 눈을 뜨거나 움직이지는 못하였지만, 눈물을 흘리는 것을 보았다고 스님께서 말씀하셨습니다.

스님께서는 오전 11시에서 오후 3시까지 저의 어머니를 위하여 지극한 정성으로 도움염불을 해 주시고 두 분 보살님이 일이 있어서 3시에 가야 한다고 하셨습니다. 나중에 보살님이 카페에 이렇게 글을 올렸습니다.

"저희가 첨에 뵈었을 때 창백한 모습이었는데 중간에 염불하다 보니 복수를 토혈하는 고통스러운 광경에서도 얼굴빛이 연분홍색을 띠며 본얼굴 색으로 되돌아와 있었습니다. 저는 그 모습이 얼마나 예뻐 보이는지 기쁨이 넘치고 신심이 넘쳐 염불하는 내내 부처님이 나투시어 계심을 느꼈습니다. 환희심이 솟구치어 지금 생각해도 구름 위에 앉아있는 듯한 묘한 기분입니다."

4) 왼손으로 서쪽을 가리키고 운명하신 어머니

막냇동생 부부와 저의 처는 볼일을 보러 나가고 바로 아래 동생과 제수씨하고 셋이서 도움염불을 계속하다 보니 방이 조금 더운듯하여 어머니를 보니 땀이 나서 어머니를 이불 채로 윗목으로 이동하고 덮은 이불을 조금 벗겨드리고 아궁이에 가서 타고 있는 장작을 꺼내서 물을 붓고 아궁이에도 물을 조금 뿌려서 불이 꺼지도록 하였습니다.

아궁이에 불을 끄고 나오는데 스님께서 전화가 와서 통화가 조금 길어졌습니다.

그사이 어머니는 호흡이 가빠지면서 왼손을 힘들게 들어 올려서 제수씨가 엉겁결에 어머니의 손을 잡아드렸는데, 어머니가 왼손을 들어 서쪽을 가리키자, 이 상황을 저에게 알리려고 나오다가 통화를 마치고 들어오던 저를 거실에서 만나 저는 바로 방으로 들어가서 어머니가 왼손을 들어서 서쪽을 가리키고 있는 장면을 목격하였습니다.

잠이 부족하여 졸려서 눈을 감고 염불을 하고 있던 동생도 제수씨가 알리는 소리에 눈을 떠보니 어머니는 왼손을 들어서 서쪽을 가리키며 감고 있는 눈에서 눈물을 흘리고 있는 모습을 보았다고 하였습니다. 어머니는 눈도 뜨지 못하고 몸을 스스로 움직일 수 없는 상태였는데 왼손을 들어서 서쪽을 가리키고 있는 장면을 보고 저와 동생과 제수씨는 적이 놀랐습니다. 저는 염불하며 어머니를 보고 있었는데 숨은 멈춘 상태였습니다. 어머니의 임종도 지키지 못한 것이 아닌가 하여 가슴이 철렁하였습니다. 그런데 잠시 후 어머니가 '후우~'하고 숨을 내쉬며 왼손을 내려놓았습니다. 그러고는 다시는 호흡을 하지 않으시어 마지막 임종의 순간이었습니다. 핸드폰의 시간을 보니 어머니의 임종 시각은 10월 23일(음력 9월 19일) 오후 6시 2분이었습니다.

5) 임종 이후의 도움염불 계속

저는 스님께 즉시 문자로 간략하게 상황을 알려드리자 불자들과 함께 다시 오셔서 임종 후 조념이 시작되었습니다. 저의 처와 막냇동생 부부도 모두 돌아와서 같이 도움염불에 동참하였습니다. 새벽 3시에 조념을 마치고 아침이 되어서 가까운 친척분들에게 전화를 드려서 어머니가 23일 오후에 임종하셨다고 알려드렸습니다. 24일 아침 8시쯤에 구급차가 와서 어머니를 장례식장으로 모시기 전까지도 물이 나오거나 그런 문제는 전혀 없었습니다. 장례식장에서 오후 3시쯤 장례지도사가 어머니의 염을 해드리는데 가족이 모두 동참하여 염이 끝날 때까지 염불해 드렸습니다. 장례식장이 조금 외진 곳이었고 마침 다른 일행이 없어서 염불하는데 눈치를 보지 않고 마음 편하게 할 수 있었습니다. 저녁에 장례지도사에게 저의 어머니 염하는데 어려움이 없었는지 물어보았는데 관절이 굳지 않고 부드러워서 아무 문제가 없었다고 하였습니다.

장례식장에서 어머니께 올리는 상식은 모두 채식으로 하고 술 대신에 음료수를 올렸습니다. 조문을 오시는 분들께도 모두 채식으로 하려고 하였지만, 가족들의 반대도 있고 채식으로 하면 조문을 오시는 분들이 먹을 것이 없다고 하실 것 같아서 어머니께 올리는 상식과 저만 채식을 하였습니다. 마침 25일에 김천의 시립 화장터가 수리 중이라고 하여 문경의 시립 화장터에서 화장하여 납골당에 임시로 모시고 49재를 모셨습니다.

스님께서 차를 대접하시며 말씀하시기를 "거사님의 어머니는 눈도 뜨지 못하고 몸을 움직일 수도 없었는데 임종 직전에 손을 들어서 서쪽을 가리키며 '지금 여기에 부처님께서 오셨다. 부처님께서 오셨다. 나는 서방정토로 간다.'라고 알려주시는 서상을 보여주신 것은 2013년(불기 2557년) 한국 불교사에 획기적이고 불가사의한 사건입니다."라고 하셨습니다. 아울러 임종 전의 사전 조념이 매우 중요하다고 하셨습니다.

나무아미타불! 나무아미타불! 나무아미타불!
서방정토 극락세계 아미타부처님께 오체투지 하오며 감사의 삼배를 올리옵니다.

5. 2014년, 자식 위한 생명보험보다 자신 위한 극락보험 - 법령 스님

맑은 나라(普淨)

1) 법령(1938-2014) 스님 약력

범어사 대월 스님을 은사로 출가.
1967년 상근 스님을 계사로 사미계를,
1973년 월하 스님을 계사로 통도사에서 구족계를 수지했다.
1981년 구산 스님으로부터 혜봉이라는 법호를 받았으며,
2009년 종사법계를 받았다.

진주 두방사, 청곡사를 비롯하여 부산 금강사, 관음사 등에서 주지 소임을 살았고, 거제 피안정사에서 관음기도에 주력하며 말년을 보내다가 2014년 8월 17일 입적했다.

평생을 〈관세음보살 보문품〉을 수지 독송하고 설파하는 등 관세음보살의 공덕 속에서 관음행자로 살았다. 그 체험을 바탕으로 이 책 『관세음보살 보문품 강화』와 『아미타경 강화』 두 권의 저서를 남겼다. (『아미타경 강화』 2014, 저자소개)

법령(法領) 『-자신의 죽음을 조명해 보는- 아미타경 강화』, 바라밀다, 1999(1판, 2판)
법령(法領) 『아미타경 강화』, 성보문화연구원, 2014

| 바라밀다 (1999) | 성보문화연구원(2014) |

2) 극락은 있다

법령 스님은 『아미타경 강화』 머리글에서 이승에서 가장 중요한 것이 극락에 가는 것을 준비하는 것이라고 강조한다.

인간사는 연습이 없다. 두 번의 기회가 주어져 있지 않아 고쳐 할 수가 없기 때문이다. 금생에 또 다시 지나친다면 왕생은 영영 멀어져만 갈 것이다. 볼 수 없는 세계이지만 선각자(佛陀)의 가르침을 따르는 것은 슬기로운 일이다. 왜냐하면 선각자가 지나간 길은 편안하기 때문이다.

극락에 가겠다는 원(願)이 뚜렷하다는 것을 알 수 있다. 그리고 한국 불교에서 참선을 중시하면서 극락을 못 믿는 것에 대해 이렇게 이야기한다.

예나 지금이나 극락세계를 믿지 못하는 것은 한가지로 극락세계 그 존재 자체를 믿지 않기 때문이다. 그런데 극락세계의 존재는 믿지 않으면서 삼계, 즉 욕계, 색계, 무색계 하늘은 역시 극락세계와 같이 눈으로 보이지 않는 세계이지만 있다는 것을 믿고 있는 것이 한국 불교의 현실이다. 어찌하여 삼계의 존재는 믿으면서 극락세계는 믿지 않는지 모르겠다. (431쪽)

이러한 비판은 극락에 대한 확고한 믿음(信)에서 나온 것이다. 스님은 책에 극락 다녀 온 관정 스님을 직접 만나 보고, 그 내용을 믿고 『아미타경 강화』에 간추려 싣는다. 그리고 이렇게 평가한다.

이상 중국의 관정 대법사께서 극락세계를 견문하고 오셔서 우리나라에서 대법회를 할 때 큰스님을 친견하고 질문도 하여보기도 했다. 이러한 사실도 서양의 학자들이나 종교인이 그처럼 하였다면 세계가 놀라는 일로서 크게 부각되었지만 요즘 사람들은 우리나라에서나 동양에서 일어난 일은 믿으려고 하지도 않고 알려고도 하지 않는 데는 그게 실망하지 않을 수 없다. (275쪽)

3) 한국 불교는 염불수행(行)을 생활화해야 한다.

스님은 현재 "한국 불교의 신도들은 내세관이 없다고 해도 과언이 아니다. 어느 신도를 잡고 물어보아도 사후에 대해서는 한결같이 모른다고 대답하니 한심한 처사이다."라고 비판하며, 이런 보기를 든다.

"왜 불교를 믿습니까?"
"불교가 좋아서 절에도 나오고 불교를 믿습니다."
"그러면 참선이나 염불을 해본 일이 있느냐?"
"글쎄요. 아직 참선도 염불도 해본 일이 없습니다."

"너무 현실에만 치우친 나머지 내세는 관심 밖으로 밀려 종교 본래의 사명인 내생을 간과한다면 그 종교의 장래는 여지가 없다"라며 염불수행을 가르쳐야 한다고 주장한다.

지금부터라도 한국 불교에서는 늦지 않았으니 신도들을 위해 정토불교를 가르치고 염불수행을 장려해야 하며 신도님들은 배워야 한다. 목적지 없는 여행은 수고로울 뿐이지 가서 닿는 곳이 없다. 참선을 할 수 없는 신도들에게 참선만을 고집한다면 문제가 있다고 하겠으며, 스님들도 어려운 참선을 생업에 쫓기는 신도들이 하는데, 어려움이 있다는 것을 알아야 한다. 안되는 것을 하려는 어리석음 보다 쉬운 것을 하는 슬기가 필요하다. (364쪽).

이어서 스님은 "이 아미타경을 읽게 되는 인연 있는 신도님들은 아미타불을 칭명하는 염불을 하여 모든 권속이 다 함께 왕생하여 다시는 어머니의 자궁을 괴롭히지 않게 하고 영원한 즐거움의 나라로 갑시다."라고 해서 칭명 염불하여 극락 가기를 적극적으로 권유한다. 그리고 이처럼 사후세계에 대해 완벽하게 일러 놓은 정토법문을 신도들에게 가르치지 않고 자신들만 수행하는 스님들을 비판한다.

우리 한국 불교는 참선에만 치우치다 보니 신도들에게 확실한 내세관을 가르치지 못하는 것이 아쉬운 현실이며 한국 불교의 실상이라고 하겠다. 출가한 스님들은 철마다 선방에서 만 가지를 다 놓아버리고 참선에만 몰수할 수 있지만, 생업에 종사하는 신도님들은 본격적인 수행도 할 수가 없으니, 그들은 다음 생은 어디로 어떻게 인도할 것인지 난처한 처사가 아닐 수 없다. 만일 그들을 버리고 스님들만이 극락세계로 간다면 그들은 누가 있어 책임질 것인가. (363쪽)

4) 극락 가는 것 염려하지, 성불은 염려하지 마라.

『아미타경 강화』 마지막에 "모든 붇다가 보살피므로 위 없는 깨달음을 얻게 된다는 대목을 설명하면서 정토불교의 우수성을 자세하게 설명한다.

(1) 혹자는 정토신앙은 아미타불의 염불만으로서는 견성성불(見性成佛)을 하지 못한다고 하지만 염불을 해도 마침내 정각을 이룰 수 있다는 것이 이 대목에서 설하고 있는 것이다.
(2) 옛 조사들의 말씀에 왕생을 염려하지, 성불은 염려하지 말라고 하신 말씀이 증명된 것이다. 정토 신앙은 바로 정등각을 이루는 것이 목표가 아니고, 먼저 왕생하여 일생보처나 정정취에 머물러 마침내 성불하여 부처가 된다고 했다.

(3) 만일 정토법을 만나지 못했던들 사생육도(四生六道)의 윤회전생(輪廻轉生)에서 얼마나 더 큰 고통을 받아야 할 것을 생각하면 필자는 가슴이 절여 오는 것만 같다. 이제 태어나기 어려운 사람으로 태어나 만나기 어려운 부처님 법 만났으니, 그중에 정토신앙을 하게 되었으니 이 외에 더 좋은 행운이 또 있겠는가!

(4) 정토 신앙을 하게 되면 3가지 이익이 있다고 했다. ① 모든 부처님께서 염불 수행자를 보호하여 주시고, ② 반드시 왕생하고, ③ 먼저 왕생하고 나중에 성불하게 된다.

(5) 염불 행자의 왕생이 결정되어 있다면 사바세계에서의 생활의 폭이 얼마나 넓어지겠는가? 다시 말해 우리는 마음 놓고 편안하게 죽을 수 있으니 말이다. 요즘과 같은 산업사회에서는 무엇이든 돈으로 계산하는 것이 상례이다. 죽음에도 보험이 있어, 생명보험에 가입하게 되면 사후에는 많은 돈을 자손들에게 물려줄 수 있다는 것은 좋은 일이다. 물론 살아 있는 자손들을 위해서는 좋겠지만 정작 망자(亡者) 자신을 위해서는 아무런 도움이 되지 않는다. 자손들이 잘 산다는 것은 바람직하지만, 그보다는 정작 망자 자신을 위한 보험(염불)을 미리 넣어서 언제 어느 때라도 죽을 수 있는 염불을 하는 슬기가 필요하다고 하겠다. 자신의 다음 생을 위한 보험에는 보험료도 필요 없는 아미타불의 염불만 하고 아미타경을 독송만 하게 되면 언제 죽음이 다가와도 마음 놓고 죽을 수 있는 것이 극락왕생의 보험이다.

(6) 죽음은 반드시 늙어서만 찾아오는 것이 아니고 젊은 사람에게도 어린이에게도 남자나 여자도 언제든지 올 수 있다는 것이다. 불교에서는 죽음을 근본적으로 거론하고 있으므로 혹자는 불교는 허무주의나 염세적인 종교라고 하여, 쇼펜하우어 같은 이들도 무상을 거론한 연유로 해서 많은 사람은 염세주의자라고 하기도 한다. 불교는 염세주의나 허무주의가 아니다. 다만 잘 죽기 위해서 참다운 삶을 구가하는 종교일 뿐이다. 잘 살았을 때 잘 죽을 수 있으므로 철저한 삶을 강조하는 것이다.

5) 가장 만나보고 싶었던 정토법문 선지식

이 글을 쓰는 엮은이는 법령 스님을 만난 적이 없다. 그러나 꼭 한번 만나보고 싶었던 선지식이었다. 2009년 9월 영월 만경사에 입산하여 정토선을 수행하며 정토삼부경 번역을 시작할 때 가장 먼저 대한 것이 법령 스님의 『-자신의 죽음을 조명해 보는- 아미타경 강화』였다.

법령 스님 염주 (야은 스님 간직)

대부분 정토 관계 책이 중화권 논이나 소를 우리말로 옮긴 것인데 반해 이 책은 아미따경을 이해하고 설명하는데 티베트 『사자의 서』, 『우파니샤드』 같은 아시아 서적은 물론 스웨덴브르그 『나는 영계를 보고 왔다』, 브라이언 와이스(Brian L. Weiss) 「나는 환생을 믿지 않는다」 같은 책의 내용과 비교하여 세계적인 범위에서 논하고 있고, 더구나 『나는 영계를 보고 왔다』는 『아미타경』의 극락과 너무 같다며 장마다 비교하고 있어 아주 신선하였다.

다른 정토 관계 책은, 중화권 책들은 우리 사전에도 없는 말을 번역도 안 하고 그냥 한문 토만 달아 옮기는 식이었다. 보기를 들면 임종삼대요(臨終三大要)라고 옮기면 요즘 젊은이는 무슨 뜻인지 모른다. 엮은이가 「목숨이 다할 때 해야 할 3가지 중요한 일」이라고 옮겼더니 편집자가 '목숨이 다할 때'는 '임종'으로 고치고, 전체 제목도 다시 한자로 임종삼대요(臨終三大要)라고 작은 제목을 달았다. 엮은이는 처음 한글로 '조념'이라고 해서 무엇인지 몰라 물었던 적이 있다. 그 뒤 도움염불(助念)이라고 옮겼으나, 아직도 일반화되지 않고 있다. 그런데 법령 스님은 가능한 한 중요한 용어의 산스크리트 원문을 밝혀 붙다가 말하고자 하는 본디 뜻을 전하고자 노력하고 있었다.

기존 정토 서적이 대부분 한문 권 이야기를 보기로 드는데, 법령 스님은 우리나라 이야기를 많이 발굴해 쓰므로 해서 읽는 이들이 쉽고 친근감을 느끼도록 했다. 세조대왕과 상원사 문수보살, 천타불 만타불, 해파당 여순 스님의 환생 실화, 왕랑전, 전남 화순 유마사 창건기 같은 것으로 그 가운데는 다른 책에는 없는 아주 독특한 것들이 있다. 이 가운데 천타불 만타불이나 유마사 창건기 같은 이야기는 이 『극락 간 사람들』에 싣고 싶을 정도였으나 설화적인 면이 강해 참고 싣지 않았다.

2012년 하산하여 백방으로 스님을 찾았으나 찾지 못하다가 이번에 검색하는 과정에서 2014년 성보문화연구원에서 낸 『아미타경 강화』를 보고 2014년에 극락에 가신 것을 알았다. 만나서 밤새워 정토와 극락 이야기를 해 보고 싶었던 선지식을 직접 뵙지는 못했지만, 스님이 극락 간 사실을 이 책에 싣는 것으로 아쉬움을 달래고 극락에서 만나 뵈려고 한다.

▣ 2022년 6월 23일 홍인표 거사 자료 수집 문제로 야은 스님을 만났을 때 처음으로 법령 스님 이야기를 들을 수 있었다. "염불법을 배우기 위해 찾아갔다", "자기를 드러내지 않고 늘 염불 정진하시는 스님이었다."라고 회상하며 법령 스님이 돌리시다 직접 물려주신 염주를 꺼내 보여주었다. 야은 스님의 증언을 듣고 법령 스님은 책에 쓴 내용과 본인의 수행이 일치하다는 것을 확인하였고, 법령 스님은 극락에서 가서 태어났다는 확신을 굳게 가지게 되었다.

6. 2015년, 염불로 윤회 벗어난 선(禪)·유식(唯識) 통달 동현 거사

김성우의 '염불각자열전' 『현대불교』 2017.12.15

"금생에 부처님 가르침을 의지해서 흩어진 마음 없이 간절하게 한 구절 '아미타불'을 염불하면 임종할 때 서방극락세계로 왕생하여 아미타부처님을 직접 뵙고 무생법인(無生法忍)을 깨닫게 된다."
『지관수행』(송찬우 역해)

1) 아미타불 접인 받으며 좌탈입적

"저 위하여 아미타불… 저 위하여 아미타불… (아미타부처님께서 오셨군요)"

2015년 1월 27일 새벽, 가족들이 지켜보는 가운데 "나무아미타불"을 염하며 좌탈입적(坐脫入寂)한 동현(東玄) 송찬우(宋燦禹, 1951~2015) 거사의 최후법문이다.

동현 거사는 직장암 투병 중 기력이 소진한 상태에서도 지성으로 '아미타불'을 염하였다. 왕생하기 직전, 몸을 일으켜 달라고 손짓을 하여 앉혀드리자 천장 한곳을 응시하면서 "저 위하여 아미타불…"을 혼신의 힘을 다해 끊어질 듯 끊어질 듯 이어가며 반복했다. 호흡이 멈춘 이후 거사는 앉은 상태에서 순간 저절로 눈꺼풀이 사르르 감기며 편안한 모습으로 입적했다고 한다.

2) 정토법문 강의 발원하고 왕생

이는 임종 직전에 윤회를 벗어난 깨달음의 세계인 정토(淨土)를 감득(感得)하고 아미타부처님과 관세음·대세지보살 등 여러 성중(聖衆)의 인도를 눈앞에서 마주한 광경(阿彌陀佛 與諸聖衆 現在其前)의 전형이라 할 수 있다. 동현 거사는 투병 중에도 세친(바수반두) 보살의 『왕생정토론』을 마지막으로 강의했는데, 남은 생애는 정토법문을 강의하겠다는 의지를 불태웠다고 한다. 세친보살이 염불삼매에 들었을 때 극락세계를 친견하고 저술한 것으로 전해지는 『왕생정토론』은 극락정토에 화생(化生)하기 위한 염불수행법과 왕생의 공덕을 논리적으로 밝힌 정토문 최초의 논서이다. 동현 거사가 이 논서를 강의하겠다는 뜻을 피력한 것은 투병 중임에도 얼마나 치열하게 염불에 매진하며 왕생극락을 발원했는지를 알 수 있는 증언이기도 하다.

3) 생사자재의 수행력 보인 재가 선지식

평생 선(禪)과 유식(唯識)을 비롯한 가장 난해한 경전과 어록들을 번역하고 강의하면서 청빈과 탈속의 무애자재한 삶을 살다가, 말년에 염불수행에 매진한 거사는 오탁악세에서 보기 드물게 아미타부처님의 접인(接引)을 받는 놀라운 회향을 보이니, 후학들에게 큰 감명과 함께 재발심의 기회를 선사했다. 수행풍토가 해이해진 오늘의 현실에서 그가 보여준 생사자재(生死自在)의 걸출한 수행력은 사부대중에게 신선한 충격과 자극을 주었다. 특히, 염불왕생의 성취는 많은 정토행자들에게 자신감을 고취하기에 충분했다. 불교계에 모처럼 신심을 불러일으킨 서상(瑞祥)을 보여주고 고향으로 돌아간 그의 구도역정(求道歷程)이 어찌 우연히 이뤄진 것이겠는가. 치열했던 일생을 살펴보면 동시대를 산 한 거인의 족적(足跡)에 절로 고개가 끄덕여질 것이다.

4) 성수 · 탄허 스님께 선(禪)과 교(敎) 배워

1951년 전남 고흥에서 태어난 동현 거사는 16세에 불문에 입문할 때 이미 4서와 〈시경〉을 보았을 정도로 한학 실력이 출중했다. 동국대 불교대학을 졸업, 민족문화추진위원회 국역연수원을 수료하고 고려대 한문학과와 한국정신문화연구원 한국학대학원에서 강의하며 원전 독해와 강의 실력을 철저히 연마했다. 동국역경원 역경위원과 중앙승가대학교 교수를 역임하면서부터는 본격적인 역경 불사와 경전 강의의 외길을 걸었다.
조계종 원로의원을 지낸 성수 스님을 은사로 모시고, 20세에 당대 최고의 대강백이자 선사인 탄허 스님 문하로 들어가 『서경』『주역』『좌전』『노자』『장자』 등 최고의 동양고전을 섭렵한 것은 천재일우(千載一遇)의 기회였다. 13년 동안이나 유불선에 달통한 탄허 스님 곁에서 선(禪)과 교(敎)를 함께 닦았으니, 장년의 나이에 이미 법사의 반열에 우뚝 서게 된 것이다.

5) 승조 · 감산대사 논서 읽고 심안 열려

1982년, 32세에 그는 16년간 머물렀던 절 생활을 청산하고 승복을 속복으로 갈아 입었다. 불교에 절망했다기 보다는 특정한 형식에 구애되는 것이 체질에 맞지 않았기 때문이다. "옷만 바꿔 입은 스님"이라는 평을 들으며 장자(莊子)와 같은 자유인으로 살았던 그는 간경(看經) 수행과정에서 세 차례, 문자반야를 통해 마음의 이치를 터득하는 계기를 얻는다. 30대 중반에는 승조(僧肇) 법사의 『조론(肇論)』과 감산(憨山) 대사의 여러 저서를 통해, 40대 초반에는 『기신론』과 『유식론』을 통해 공부의 큰 전기를 마련한다. 마치 감산 대사가 『조론』의 '물불천론(物不遷論)'과 『금강경』을 간행하여 강의하다가 심안이 열려 활연대오한 것처럼, 그 역시 경전을 보다가 공부의 깊이가 확연히 달라진 것이다. 그에게 있어 경전 번역의 의지를 심화시켜 준 인연은 승조 법사의 『조론』에 있었고, 거기에 주석을 단 감산 대사와의 만남은 단연코 그의 안목을 깊고 넓게 해준 큰 계기가 되었다.

6) 《선림고경총서》 등 40여 경전 역경

탁월한 한문 실력에 불법에 대한 깊어진 안목을 바탕으로 그는 감산 대사가 해설한『조론』을 비롯해『대승기신론』『금강경』『장자』『노자』의 주해서와 지욱 대사의『금강경 파공론』『종경록 촬요』등을 잇달아 번역해 불교 내외의 지식인층에 큰 반향을 불러일으켰다. 특히, 감산 대사의 주해서들은 그간의 여러 주석서의 잘못을 시정하고 정법을 되살리기 위한 각고의 노력이 담긴 결과물이었다.『뜻으로 읽는 금강경』『법상유식학으로 풀이한 반야심경』등의 저서를 통해서는 유식(唯識)을 바탕으로 한 독창적인 안목으로 경전 해석을 시도하기도 했다.

그가 문사철(文史哲)에 대한 해박한 지식과 선지(禪旨)를 갖춰야만 강의할 수 있는『벽암록』을 비롯해『종경록』『능가경』『육조단경』『달마대사 혈맥론』『이입사행론』『전심법요』등을 원문으로 강의한 것은 결코 범상한 일이 아니었다. 아울러『전심법요』『백장록』『동산양개화상 어록』등 23권의 선어록을 완역, 성철 스님의 '선림고경총서' 가운데 3분의 2 정도를 번역한 것은 선리(禪理)에 달통하지 않고는 불가능한 일이었다. 그야말로 선교(禪教)를 함께 닦은 수행의 결과물인 것이다.

7) 역경사 양성 꿈 못 이뤄

그는 경전 강의를 할 때는 한자 원문과 토를 하나하나 새겨가면서 숨겨진 심오한 뜻을 드러내어 매   순간 공부인들이 자기를 되돌아보는 계기를 만들어 주었다. 경안(經眼)을 갖춘 뛰어난 인재를 길러내고 싶었던 그는 입적하기 전까지 동현학림에서 후학을 지도하는 등 열정적으로 활동했다. 강사급 정도의 역경사(譯經師)들을 양성하고 싶었던 그의 바램은 큰 아쉬움으로 남는다.

간경수행을 겸한 후학 양성에 전력을 다하던 동현 거사가 생의 마지막에 염불수행에 전력을 기울인 까닭은 무엇일까? 천태 대사와 의상 대사가『법화경』과『화엄경』을 각각 공부하면서도 수행법은 아미타 염불을 택하고, 영명연수·철오 선사 등은 선사이면서도 염불로 왕생했듯이 그 역시 암 선고를 받고 마지막 수행법으로 염불을 택하지 않았을까 추측해 본다. 실제로, 그의 유작인『지관수행』에는 대승의 사마타(止)·위빠사나(觀) 수행법을 '아미타불' 염불을 예로 들며 설명한 부분이 적지 않다. 염불수행으로 윤회를 벗어날 수 있다는 확신에 찬 다음 글에 그의 수행법이 엿보인다.

8) 지관(止觀)으로 염불수행을 하다

"지금 말법시대에 법을 펴고 중생을 이롭게 하려면 늙을 때까지 염불을 진실하게 하여 한 구절 아미타 명호를 부를 경우, 그 자리에서 아상, 인생, 중생상, 수자상 등 사상(四相)이 없어져 안으로는 신심(身心)을, 밖으로는 세계에 대한 집착을 잊게 되는데 이것이 바로 '지(止)'공부이다. 또 소리소리 부처님 명호를 부를 때마다 부처님 상호가 더욱 분명해지는데 이것은 '관(觀)'수행이다. 염불을 부르는 자와 부르는 대상인 부처님, 이 둘을 쌍으로 잊는 경지에 이르러 자타가 둘이 아닐 땐 이 경지에서 마음을 되돌려 허깨비와 같은 염불공부로 허깨비와 같은 중생을 교화하게 된다. 집착이든 병이든 논할 것 없이 단지 '아미타'라는 약으로서 중생을 다스려 중생들이 각자 허깨비와 같은 그림자 모습을 소멸하고 임종 시에 허깨비와 같은 극락에 왕생하게 해야 한다. 이와 같다면 이익이 절묘한데, 그 경지를 어떻게 언어로 설명할 수 있겠는가."

9) 경학과 심법 통달하고 염불법 선택

『지관수행』에서 동현 거사는 "지관으로 염불수행을 하는 것이 바로 여래행을 행하는 것이고 여래의 집으로 들어가는 것"이라고 밝히고 있다. 그리고 "아미타불 한 구절의 명호를 가지고 한결같은 마음으로 지극히 염불한다면 삼계 내 범부의 견혹(見惑: 사상적 미혹)과 사혹(思惑: 감정적 번뇌)에 요동하지 않고, 출세간 소승의 진사무명(塵沙無明)에도 요동하지 않는다"면서 "위없는 반열반(般涅槃: 완전한 깨달음)은 최후까지 항상 고요한 삼매이며, 이것이 바로 한 구절 아미타불이다"라고 강조하였다. 그의 염불수행은 경학과 심법을 완전히 통달한 데서 나온 순선(純善)의 결정체임을 알 수 있다.

종교의 위기, 불교의 위기가 회자되는 이 시대에 그는 오로지 불조의 혜명(慧命)을 잇는 경전 번역과 강의로 일생을 헌신하고 거룩한 회향까지 나타냈으니, 절망적인 한국 불교에 한 줄기 빛을 선사한 선지식임에 분명하다. 우리 후학들은 그의 치열한 구도정신을 본받아 어떻게 자기 혁신과 불교 중흥을 이룰 것인지, 진심 어린 반성과 각오를 다져야 하지 않을까.

7. 2015년, 단 15일 만에 스스로 극락 왕생하신 조영진 거사

법천 구술 〈카페 나무아미타불〉

나보다 20년이나 나이가 더 많은 큰댁 형님 조영진(1930년 생)은 강원 평창군 대관령면 차향리 춘두목에서 농사를 짓고 살았다. 그 뒤 원주시 문막으로 이사하셨는데, 85세가 되는 2015년 중병에 시달리다가 곧 돌아가실 것 같은 기미를 보이기 시작했다. 가끔 병원에 들리는 나는 형님에게 이제 죽음을 맞이하시게 되면 저승사자가 형님을 맞으러 올 것인데, 그러면 잘못하면 지옥으로 떨어져 큰 고생을 한다고 하니, 아미타불 염불을 하는 것이 어떻겠느냐고 물었다.

형님은 눈을 반짝이며, 관심 있게 되물었다. "정말로 그러냐? 어떻게 하면 되느냐?"고 물었다. 그래서 평소 준비했던 '크게 염불하면 얻는 10가지 공덕'을 말씀드렸다.

(1) 능배수면(能排睡眠) 졸음을 없앨 수 있다.
(2) 천마경포(天摩驚怖) 천마가 놀라서 두려워한다.
(3) 성변시방(聲遍十方) 염불 소리가 시방에 두루 퍼진다.
(4) 삼도식고(三途息苦) 지옥·아귀·짐승 되는 괴로움을 여읜다.
(5) 외성불입(外聲不入) 다른 소리 못 들어오게 막아준다.
(6) 염심불산(念心不散) 염불하는 마음이 흩어지지 않는다.
(7) 용맹정진(勇猛精進) 용맹스런 정진할 수 있다.
(8) 제불환희(諸佛歡喜) 모든 부처님이 기뻐하신다.
(9) 삼매현전(三昧現前) 삼매가 눈앞에 드러난다.
(10) 왕생정토(往生淨土) 극락정토에 가서 태어난다.

그 가운데 이제 목숨이 다하는 이 마당에서 가장 중요한 것은 극락에 가서 태어나는 것이라는 점을 강조하고 먼저 극락에 꼭 가서 다시는 윤회하지 않겠다는 바람(願)을 세우고, 염불을 마음이 흩어지지 않게 하면 누구나 극락에 갈 수 있다는 믿음(信)을 가지고 염불하라고(行) 간절히 말씀드렸다.

이렇게 간절히 말씀드렸으나 내가 옆에서 계속 지키며 도움을 드리지 못하기 때문에 형님이 얼마나 열심히 염불하는지 알 수가 없었다. 그래서 들릴 때마다 얼마나 열심히 하시는지 살펴보아도 염불을 그렇게 열심히 하시는 것 같지 않아 자주 물을 수밖에 없었다.

"형님, 이 괴로운 세계에 다시 윤회하면 안 됩니다. 그 방법은 오로지 극락에 가는 길밖에 없습니다. 그러니 열심히 염불하십시오."

그러면 형님은 마음속으로 아주 열심히 하신다는 것이다. 그리고 얼마 지나서 다시 들렸더니 이번에는 묻지도 않았는데 뜻밖의 말씀을 하셨다.
"나 요즈음 극락에도 가끔 가는데, 그곳은 모두 다 황금색으로 되어 있더라."

겉으로 드러내지 않아 알 수가 없었지만, 형님은 단순히 염불만 하시는 것이 아니라 극히 짧은 기간에 염불삼매에 들어가 극락을 오가고 있으셨다는 것은 정말 놀라운 일이 아닐 수 없었고, 한편으로는 이제 극락에 가시는 것은 정해져 있다고 생각하니 크게 안심이 되었다. 나는 형님의 감동적인 말씀을 듣고 뜨거운 눈물이 나도 몰래 뺨 위로 흘러내리는 것을 느꼈다.
그리고 내 이름을 부르기만 하면 극락에 왕생하도록 하시겠다는 아미타불의 말씀이 거짓이 아님을 증명하는 계기가 되었다.

8. 2015년, 15년 염불로 마지막 빛을 내며 극락 간 현정심 보살

서정(西定) 기록 〈카페 아미타불〉

현정심(賢靜心) 보살님의 왕생 영험

현정심 이희순 보살님은 86세를 일기로 2015년 12월 24일 오전 8시 20분경 의왕시 부곡사(경기 의왕시 삼동 94-29) 근처의 자택에서 약 40분(새벽 3시 20분에서 4시까지)에 걸친 눈부신 방광의 영험을 보이시고 편안하게 극락으로 돌아가셨습니다.

보살님의 본관은 전주이고, 슬하에 3남 4녀를 두셨으며, 3남 중 두 분이 출가 사문이 되었다. 보살님은, 보살님 연세 71세인 약 15년 전 보살님의 아들이자 스님이신 성오 스님(의왕시 부곡사 주지)의 인도로 정토 법문을 믿고 신행을 시작하셨다고 합니다. 보살님은 15년 내내 굳센 의지로 언제나 나무아미타불 6자 명호를 칭명함은 물론 한글 아미타경을 많이 할 때는 하루에 30번까지 독송하셨다고 합니다. 보살님은 식사 때를 제외하고는 언제나 염불과 독경을 할 정도로 대단한 수행을 하셨다고 합니다.

보살님은 왕생하시기 1주일 전부터 병상에 누우셔서 사바 인연이 다하게 되자, 성오 스님은 보살님의 따님 두 분에게 교대로 6일이 다 되도록 끊어지지 않게 조념 염불을 하게 하였습니다. 성오 스님은, 모친 왕생 전날 오전 이제 모친께서 곧 왕생하실 것으로 판단하고 오랜 도반인 전북 임실 상이암의 동효 스님께 급히 연락하여 조념 염불을 부탁하였습니다.

동효 스님은 12월 23일 저녁에 급히 의왕의 보살님 자택에 도착하여 9시 40분경부터 다음 날 새벽 3시까지 약 5시간 넘게 성오 스님과 부곡사 총무 보살님, 자녀 등 모두 10인이 정성스럽게 보살님의 왕생극락을 발원하며 조념 염불을 하였습니다.

일동은 장시간 염불한 후 스님들은 새벽 3시 조금 넘어서 근처 부곡사로 가시고, 다른 자녀분들과 지인분들도 가시고 따님 두 분만 남아서 이어 약 10여 분 조념 염불을 하던 중 보살님의 눈언저리에서 눈부신 광명이 시작되면서 머리 부분에서는 불꽃놀이 때 불빛이 확 퍼지는 것처럼 계속 반복하며 방광을 하였으며, 눈 주위의 흰 빛은 작은 연꽃 모양을 하고 있었다고 합니다. 대중 10인이 조념 염불할 때는 보살님의 눈언저리에 마치 눈물인 듯 보이는 약간의 반짝임이 있었는데, 나중에 크게 되어 연꽃 모양이 되었다고 합니다. 새벽 3시 20분쯤부터 약 4시까지 약 40분간 이러한 영험이 나타났다고 합니다.

보살님의 둘째 딸(불명: 보덕심)과 셋째 딸이 이 영험을 목격했는데, 둘째 딸은 7일 동안 잠도 안 자고 모친을 위하여 조념 염불한 끝에 수면 부족으로 헛것이 보이는 것 아닌가 의심했으나, 아무리 다시 봐도 실제 보이는 현상이었다고 합니다. 보살님은 이렇게 약 40분간 방광을 마친 후 편히 계시다가 아침 8시 20분경 두 딸의 조념 속에 편안하게 서방정토에 왕생하였습니다.

보살님은 왕생 전 1주일 동안 앞의 약 3일간은 약간의 거동도 하시면서 조념을 따라서 소리가 나게 염불을 하셨고, 나중의 4일간은 병세가 깊어져서 숨을 가쁘게 쉬면서도 숨이 멎는 최후 순간까지 아주 미미한 소리로 입술을 움직여 6자 나무아미타불 조념 염불을 따라 하셨다고 합니다. 매우 높은 수행력이라 할 것입니다.

보살님이 왕생하신 다음 날(2015.12.25.) 오후 6시경 보살님의 평소 수행 처였던 부곡사 마당에 한참 동안 불난 것처럼 붉고 환하게 방광한 것을 여러 사람이 보았다고 합니다.

보살님은 임종 다음 날 염을 마치고 나서도 정수리 부분에 따뜻한 온기가 그대로 남아 있었고, 염할 때 법체가 매우 유연하여 염하시는 분이 오랜 기간 많은 분을 염해 보았지만 이렇게 살아 있는 사람처럼 부드러운 분은 처음 보았다고 말했답니다(이 부분은 나무아미타불 카페 혜련 거사님이 확인한 사실입니다.).

보살님은 왕생 약 1년 전 꿈에서 극락의 아름답고 청정한 장엄을 보신 다음 아들인 성오 스님께 이를 알리면서 보살님은 극락으로 갈 것이라고 말씀하셨답니다.

이상은 2016년 2월 16일 제(서정)가, 성오 스님과 보살님의 둘째 따님 및 부곡사 총무 보살님과 장시간 전화 통화로 확인한 내용을 정리한 것입니다.

 보살님의 불퇴전의 치열한 정진 및 자재 왕생을 지극히 공경하며 찬탄 올립니다. 그리고 조념 사부대중께도 존경을 표합니다. 특히 보살님의 자녀분들이 7일 동안 잠도 제대로 안 자고 모친의 극락왕생을 발원하고 조념 염불, 독경한 것은 지극한 효심의 발로라 할 것이니, 후세에 아름다운 모범이 되기에 충분하다 할 것입니다.

졸견 : 저의 관견으로는 보살님은 생시 대정진으로 조념 없이도 자재 왕생하실 수 있었지만, 인연 있는 분들에게 조념을 하게 하여 정토 인연을 굳

게 맺어주시고, 서상 왕생을 시현함으로써 염불법의 수승함을 알리려고 대자비로 짐짓 병든 모습을 보이신 것으로 보입니다.

2016.2.17.

9. 2016년, 고2 아들 출가시키고 염불하여 극락 간 백련화 보살

세종시 영평사 환성 스님 구술

2015년 영관 스님 행자 때 영평사에서 백련화 보살

2004년쯤 영평사에서 불자들 수련회를 하는데 7살짜리 김동규라는 아이가 참석하였다. 어른들 틈에 끼어 당차게 수련회 일정을 소화해 나가는 동규는 그 자세나 근기가 분명히 전생에 출가 수행자임이 분명하였다. 어린아이가 의젓하게 수행하는 것을 보고 물어보았다.

"너는 커서 무엇이 되고 싶냐?"
"저는 커서 큰스님이 되고 싶습니다. 그리고 우리 부모님은 부자가 되는 것이 소원입니다."

이 아이는 갓난아이 때부터 아주 남달랐다고 한다. 겨우 앉아서 재롱부릴 때부터 텔레비전에 스님이 목탁 치는 장면이 나오면 합장배례하고 따라서 목탁 치며 웅얼거려 주위를 놀라게 했고 유치원 때부터 희망을 물어보면 "큰스님 되는 것"이라고 망설임 없이 대답했다고 한다. 그리고 주말만 되면 부모님에게 절에 가자고 보채고, 그때마다 아이는 자기가 가고 싶은 절

영평사 아마타불 자비 미소
(단일 석재로는 한국 최대 불상)

을 정했다고 한다. 그러므로 부모님은 절 다니는 아들 시중들다가 자연스레 불교를 믿는 신도가 되었다. 동규가 7살 때 우리 절 수련회에 참석하게 된 뒤부터는 주말이나 방학 때가 되면 늘 절에 와서 예불·기도·운력 등 스님들과 똑같은 생활을 하니 모두 큰스님으로 불렀다. 그렇게 중학생이 되고 고등학생이 되었다.

고등학교 2학년이 되었을 때 "내년 봄 방학에 계를 받게 해 달라" 하여 고등학교 졸업해야 되지 않느냐고 물으니 나에게 말했다. "소년출가제도가 있고 동국대학교에 가면 종단 장학금으로 대학 공부를 할 수 있으니 허락해 주십시오."

이미 오랫동안 지켜봐 왔고, 나도 바라던 바였고, 동규 부모님도 출가를 당연시 하던 차이니 그대로 행자복을 입히니 그때가 2015년 고등학교 2학년 때였다.

이 당시 어머니 백련화 보살은 2014년 폐암 말기 진단을 받고 투병 중이었다. 백련화 보살은 1964년 음력 11월 27일생이고 세종 조치원 출신으로 해평 윤씨다. 시골 농촌 태생으로 부군 중산 거사 김영환과 결혼하여 두 아들을 두었고 동규는 막내다. 그런데 아직 나이 50세인 젊은 나이에 이미 많이 진행된 말기폐암 진단을 받아서 항암치료도 하고 열심히 투병했지만, 치유의 희망은 없었기에 본인도 가족도 부처님께 매달리는 실정이었다.

산승의 권유로 수년 전부터 염불수행을 해왔지만 온 가족이 가행 염불하도록 독려하여 보살의 부모님을 비롯한 가족들이 환자를 도와서 함께 염불 정진을 했다. 임종이 임박한 1주일간은 모든 일을 전폐하고 전념 칭명 염불로 환자가 염불을 놓치지 않도록 도와서 본인도 마지막까지 염불하여 목숨이 넘어가는 순간까지 입술을 움직이고 있었다. 그리고 잠들 듯이 아주 편안하게 눈을 감았다. 2016년 음력 2월 18일이었다.

사람들은 결코 길다 할 수 없는 그의 죽음을 아쉬워하고 안타까워했지만, 아들 출가시키고 그 아들 때문에 정토법문을 만나 불퇴전을 이룬 극락을 갔으니 어찌 박복하다고만 하겠는가?

백련화 보살의 왕생을 믿게 된 일은 보살의 사촌 동생이 장례식장에 앉아서 잠깐 졸면서 꿈을 꾸었는데, 자기 누님 결혼식이라고 예식장에 갔는데 예식장이 얼마나 으리으리한지 지금까지 본 어떠한 궁전보다도 크고 장엄함에 놀라 황홀경에 빠져 식장 안으로 들어가서 보니 내부 환경 또한 형언하기 어려운 광경에 정신이 아찔할 지경이었다. 누님(백련화보살)이 매형과 주례단쪽으로 걸어가다가 주례단 앞에서 잡았던 신랑의 손을 놓고 갑자기 주례 선생은 사라지고 주례단이 세상에서 보지 못한 휘황찬란한 광명으로 변하면서 그 속으로 들어가는 장면을 보았다고 한다. 사촌 동생은 불자도 아니고 특별한 신앙을 가진 사람이 아닌데 현실처럼 본 장면을 이야기해 듣는 사람들이 백련화 보살이 왕생극락한 것이 분명하다고 하나같이 칭송했다.

그 뒤 2개월쯤 지나 행자 생활하던 아들이 꿈을 꾸었는데 어머니가 미소를 보이시며 깨끗한 면사포 같은 옷깃을 날리면서 오셨다. 아들이 엄마 지금 어디 계시느냐고 여쭈니, **두 번째 극락세계에 계신다**는 말씀을 남기시고 역시 바람을 타고 가시듯이 옷깃을 날리며 서쪽으로 가셨다 하니 하품중생인지 중품중생인지 헤아려 본다. [무량수경에 상품(上輩)은 출가자만 간다고 했기 때문이다]

또한 살아생전 아들의 가장 큰 소원이 '큰스님 되는 것'이었는데, 어머니가 극락 가신 뒤, 그해 사미계를 받고, 다음 해 동국대학교에 진학하였다. 동국대학교에서 한문불전번역학과를 전공하고 제2 전공으로 정토불교를 전공하였다. 2021년 동국대학을 졸업하여 구족계를 받아 당당하게 영관(靈觀)이란 법명을 받고 사문의 길을 걷고 있다. 나이도 어리고 일찍 출가했으니 내전·외전 모든 학문도 다 섭렵하라는 은사 스님의 고마운 분부를 따라 대학을 졸업하자마자 바로 대학원에 들어가 석사과정을 밟고 있다. 비록 출가만 보고 사미계와 구족계를 받은 아들을 보지는 못했지만, 어엿한 정토 행자로서 신실하게 수행하고 있는 것은 극락세계에서 이끌어주는 어머니의 바람이 아니겠는가? 아들이 행자 생활하며 어머니를 극락에 보냈으니 이제 극락에 계신 어머니가 아들을 큰스님으로 만들 차례다.

10. 2019년, 50년 넘게 염불하고 101살에 극락 간 보국 스님

맑은나라 보정(普淨) 기록

1) 100살 염불 스님의 큰 발원 – 오직 극락 가는 것

2018년 6월 2일 나이 100살에도 염불 놓지 않는 보국 스님을 만났다.

〈보정〉 올해 딱 100살 되셨죠? 그러면 몇 년부터 염불하셨어요?
〈보국 스님〉 아직 100살 안 되었어, 90 몇 살이지. (본인은 아직 100살이 아니라고 주장)

〈보정〉 염불한 지 50년은 되셨죠?
〈보국 스님〉 그 정도 되었지. 아픈 데도 없고 공양도 쉬는 일이 없고 부처님 원력이 그만큼 크죠. 아픈 데도 없고 잠도 잘 오고 음식도 먹으면 문제가 없고 아무 탈이 없어요. 누구 오면 반갑지만, 밖에 나가는 일도 없습니다. 나가면 너나 내나 쓸데없는 말이나 하니 앉아서 염불하는 것이 낫지. 두 시간 하다가 졸리면 자고, 또 깨면 염불하고… 염불을 배웠으니까 그렇지 안 그랬더라면 큰일 날 뻔했다. 하고 싶으면 언제든지 하고…, 천하의 보배라고 합니다. 아무 신경 쓸 일도 없고, 잘하거나 못하거나 다 맡겨 놓고 …,

〈보정〉 그렇게 50년을 하셨으니 이제 극락에 가시는 일만 남았습니다.
〈보국 스님〉 원도 없고 한도 없고, 염불해서 극락세계 가는 것만 소원이라 믿고 있습니다. 신경도 안 쓰고 이래저래 해라고만 하고 …

〈보정〉 이제 이래라 저래라 할 필요도 없고 염불만 하시면 되죠!
〈보국 스님〉 예 그래 하면 됩니다.

〈보정〉 어쨌든 간에 50년간 염불하셨으니까 이제 갈 데가 한 군데밖에 없어요. 만일에 그렇게까지 50년을 염불했는데 극락에 못 가신다면 그것은 스님 책임이 아니라 아미타부처님 책임입니다.

〈보국 스님〉 공양하시죠.

출가 전부터 가진 믿음(信)을 바탕으로 50년 염불한 100살 스님의 극락에 가겠다는 바람(願)은 확고하다. 그리고 믿음과 바람은 스님이 100살이 되도록 염불할 수 있는 큰 원동력이었을 것이다.

2) 60살 다 되어 가는 나이에 출가하여 평생 외길 - 염불하여 극락 가는 길

보국 스님은 1919년 삼일운동이 일어난 해에 태어나 경산 압량면에서 자랐다. 초등학교를 일주일 다녔는데 백부님이 "여자가 무슨 학교냐"라고 호통을 쳐서 학교를 그만두어야 했다. 그래도 총명하여 담 넘어 훈장이 천자문 가르치는 것을 듣고 천자문을 다 외웠다고 한다.

일제강점기가 끝나고 해방이 되었지만 얼마 안 가 1950년 전쟁이 터지면서 한국은 폐허가 되고 사람들 살기는 어려워졌다. 결혼한 뒤 남편이 병환으로 세상을 뜬 뒤에도 가정을 위해 온갖 어려운 일을 다하고 부지런히 살았다. 자녀들을 출가시킨 뒤 50을 지나 60을 바라보는 나이에 평소 존경하던 수산 스님의 권유로 불가에 입문하여 극락왕생의 원을 세웠다. 그 출가 길에는 수산 스님의 인도가 절대적인 나침반이 되었다. 보국 스님은 스승인 수산 스님을 남지장사와 백련암에서 11년 동안 지극한 정성으로 모셨다. 그때의 기억을 늘 이렇게 이야기한다.

"남지장사에 가서 수산 큰스님을 처음에 뵈었을 때는 얼굴이 까맣고 너무 초췌하셨다. 그래서 늘 대구 서문시장에 가서 마, 추자, 두부를 사가지고 와서, 산에서 주운 작은 알밤을 까서 시루에 쪄 함께 밥을 해 드렸더니 6개월 만에 얼굴이 하얗고 좋아지셨다."

80년대 들어서부터 가까운 가창면 옥분리 나지막한 산밑 시골집을 사서 인법당(因法堂)을 설치하고 조용히 염불에 집중하면서 열심히 불사하여 미타선원을 창건하고 1989년에는 현재의 극락전을 완성하였다. 미타선원에서는 수산 스님을 법 스승으로 높이 섬기셨기 때문에 늘 수산 큰스님의 가르침에 따라 법회 때 아미따경을 읽고, 아미따불 정근을 한 뒤, 법장비구의 48가지 바람(願)을 한 가지 한 가지 욀 때마다 한 번씩 절을 하여 모두 48번 절을 한다. 법회를 모두 정토 의식에 따라 한다. 그리고 늦게 시작했지만 100살이 넘을 때까지 40년을 이 터전에 자신의 극락 갈 씨앗(往生因)을 닦고 많은 사람에게 염불법문을 전했다.

1996년 가을, 스승인 수산 큰스님께서 입적하시게 된다. 정토계에서 가장 큰 별이신 수산 큰스님이 입적하셨는데 1997년 '극락을 다녀오신 중국 스님이 한국에 오셨다.' 3월 4일 함께 영주 약수암(경북 영주시 부석면 보계리)에 가서 직접 친견하였다. 보국 스님은 평생 염불수행을 하였기 때문에 극락을 다녀오신 이야기와 정토선 수행법을 들으시고 크게 환희심을 갖게 되었다. 이로써 다시 80이 다 되어 극락 다녀온 스님과의 인연을 맺어 확실하게 왕생인(往生因)을 심는 계기가 되었다.

3) 가실 날 미리 알리고, 손에 염주 놓지 않고 염불하며 극락 가신 보국 스님

2019년 2월 4일 입춘날 보국 스님은 입적할 날을 미리 밝힌다.
"이제 설 쇠고 가련다. 반듯이 살고 염불 열심히 하여라."

그리고 늘 하듯 염주를 돌리며 왕생가 한 구절을 읊었다.

> 아미타불 한소리에 팔십억겁
> 생사중죄 봄눈같이 녹아지고
> 하품왕생 한다하니 …

일생을 외워온 왕생가이지만 죽음을 5일 앞두고 읊는 왕생가 한 구절은 이 세상 어떤 임종게보다 쉽고 마음에 와닿았으며, 확신에 찬 바람이었다.

스님의 임종게와 입적 예고에 상좌를 비롯한 신도들은 마음의 준비를 했다. 다음날이 바로 설날, 음력 정월 5일 정초 기도 다 보시고, 찾아온 신도들 다 만나보시고, "음료수 들어라!" "떡 가져가라!" 하나하나 모두 챙기셨다. 그리고 저녁에 마지막 자리를 지키던 상좌와 신도들이 병원에 가시지 않겠느냐고 물었을 때 뚜렷한 의식을 가지고 단호하게 거절하시고 30분 뒤 편안히 마치 잠을 자듯이 극락으로 가셨다. 평소처럼 스님 손에 쥔 염주가 멈추었지만 '나모아미따불' 여운은 지금도 도량에서 이어지고 있다.

11. 2019년, 아들 출가 뒤 정토 염불하여 극락 간 천수화 보살

〈다음카페 나무아미타불〉 혜산 2019년 3월 31일

천수화 불자

오늘이 벌써 3월의 마지막 날입니다.
3일 전인 3월 28일 목요일, 저는 서울 종로에 있는 법련사에서 속가 모친(곽순영/천수화 불자)의 49재 막재를 마치고 오늘 새벽에 일어나 이렇게 글을 올리게 되었습니다. 제가 약 한 달 전에 이 카페에 첫 글을 올렸을 때 막재를 마친 후 제가 어떻게 모친의 임종을 지켰으며, 기도했는지 글을 올리겠다고 약속을 하였습니다. 그 약속을 지키기 위해서, 또 어머니의 극락왕생을 말씀드리기 위해 이 글을 올립니다.

먼저 간단히 천수화 불자를 소개하고 시작하겠습니다. 천수화 불자는 1955년 대구에서 태어나셨는데, 바로 위 친오빠(저의 외삼촌)께서도 출가

하시어 30년 넘게 출가 사문의 길을 걷고 계십니다. 천수화 불자는 두 아들을 두었는데 그 가운데 막내아들인 저 역시도 2002년 출가하였습니다. 천수화 불자는 이러한 불연으로 인하여 돌아가시기 전까지 서울 능인선원에서 봉사활동을 하시는 등 투병 생활 전까지 늘 인연이 닿는 절에서 신행 생활을 이어가셨습니다. 제가 출가한 뒤 틈틈이 정토 불교와 관련한 좋은 책과 자료 등을 모친께 보내드리어 정토 불법을 알려드렸으며, 모친께서도 정토 불교에 귀의하시고, 궁금한 점을 여쭈어 오는 등 정토 왕생과의 인연을 이어오셨습니다.

경전에 나타난 극락 왕생의 씨앗(因)은 경전마다 꽤 다릅니다. 그러나 마지막 목숨이 다하는 순간이 가장 중요하다고 하는 점은 모든 경전들이 설하고 있고, 많은 선사들이 임종 때 밀려오는 업보 때문에 평소 쌓은 공덕을 잃지 않도록 옆에서 도와야 한다는 점을 누누이 강조하셨다. 그러므로 어머니의 임종을 맞이하여, 자식 된 도리로, 더 나아가 정토를 수행하는 사문으로 가능한 모든 방법을 다 하여 어머니의 극락 왕생을 돕기로 마음먹고 제가 지금까지 공부한 방법으로 실천하고, 그 결과를 많은 도반들에게 보고 드리려고 합니다.

1) 임종 전(前)

(1) 모친께서는 서울대병원에서 약 1년간 백혈병 투병을 하셨습니다. 저는 2017년 가을 '티베트 사자의 서'를 그림으로 그려서 쉽게 풀이한 '죽음에 부치는 편지'를 엮어서 책으로 내면서 죽음이 임박하여 어떠한 마음가짐을 가져야 하는지 등의 그 중요성을 알고 있었습니다.
(2) 작년 가을 의료진으로부터 치료가 힘들다는 진단이 나오자 저는 무의미한 연명치료를 하지 말고 극락왕생에 마음을 집중해야 한다고 모친과 속가 부친 및 형을 설득하여 '사전연명의료 의향서'를 작성하고 임종이 다가올 때 중환자로 옮기는 등의 조치는 하지 않기로 의료진에게 서약했습니다.
(3) 그리고 그때 저는 모친께 극락왕생의 이미지를 심어주고 쉽게 설명하는 방편으로 대학원(동국대 불교미술) 수업과 간병을 제외한(부친과 형, 그리고 제가 교대로 간병하였습니다) 모든 시간을 그림 작업에 몰두하여 10점의 그림을 완성하였습니다.
(4) 그리고 10개 그림이 완성되는 대로 하나하나 간략한 설명(정토로 가는

열 걸음)과 함께, 왕생자가 지녀야 할 마음가짐에 대해 강조하였습니다. 모친께서는 금생의 마지막 힘을 다하여 발원문을 따라 하고 염불하는 등, 저와 함께 극락왕생의 정업(淨業)을 쌓았습니다.

(5) 이와 더불어 모친께서 믿음과 발원을 일으키는 데 큰 힘이 된 것을 대표적으로 꼽자면 가장 먼저 인광 스님의 가르침인 '임종삼대요'의 가르침, 그리고 이 카페의 여러 자료(왕생담, 영상, 음악 등)를 말씀드릴 수 있습니다.

(6) 특히 광흠 스님께서 연꽃을 나투신 서상과, 2017년 5월 1일 중국 항저우 미타촌에서 서서 왕생하신 노보살님의 이적. 그리고 유소청 보살님의 임종 시 왕생을 증명하신 영상(특히 마지막에 손으로 연꽃을 만드시는 모습과 손을 흔들며 인사하는 모습)이 어머니께 큰 환희심을 불러일으켰습니다. 또한 아름다운 영상과 음악들(극락세계는 내 집, 아미타부처님 접인하시니, 아미타부처님께 올리는 참회가 등)은 모친께서 매우 좋아하셨습니다.

2) 임종 시(時)에 대해 말씀드리겠습니다.

(1) 작년 가을 이후와 연말을 힘겹게 넘기시고 올해 초 이제는 정말로 임종을 준비해야 함을 느낄 수 있었습니다. 서울대병원 내 호스피스 상담실을 가서 물어보니 일반 병실(모친께서는 1년 내내 6인실에서 투병 생활을 하셨습니다.)에서는 사망선고 후 1시간 이내에 영안실로 보내진다는 사실을 확인하였습니다.

(2) 사망선고 후 최소한 8~12시간 정도 망자를 움직이지 않고 조념염불 등 임종자를 극락왕생으로 인도하는 것은 몇 번을 강조해도 지나치지 않을 만큼 매우 중요합니다. 이는 인광 스님의 '임종삼대요' 등에서도 잘 드러납니다.

(3) 이에 저는 1월 말부터 모친께 조금이라도 상태가 안 좋아지면 1인실이나 특실로 이동해서 그곳에서 임종을 맞이해야 한다고 강조하였습니다. 그래야지만 사망선고 후 영안실로 바로 보내지는 것을 막고 최대한 조념염불의 시간을 충분히 확보할 수 있기 때문입니다.

(4) 그리고 지금도 어제 일처럼 선명한 2/8 금요일. 저는 밤새 간병하신 아버지와 교대하기 위하여 오전에 병실에 도착하였고, 의식이 분명한 모친과 점심 무렵에 단둘이서 꽤 오랜 시간 동안 속에 있는 모든 이야기를 다 하였습니다. 모친께서는 이미 사바세계에 대한 미련을 놓으시고 마음의 준

비를 하신 상태였습니다.

(5) 이때 특히 중요한 사실 한 가지를 꼭 말씀드리고자 합니다. 이것은 호스피스 상담사로부터 조언을 받은 것인데, 투병 끝에 임종하는 환자들은 대개 자신도 모르게 무력해지고 지쳐가게 됩니다. 이때 가족들로부터 "어머니(혹은 아버지, 형, 누나 등)의 삶은 너무도 훌륭했고 가치 있었으며, 우리 가족 모두 당신으로 인해 행복했습니다."와 같은 말을 통해 임종자의 자존감을 높여주는 것이 매우 중요합니다. 저 역시 이러한 말을 모친께 들려드렸을 때 모친께서 행복해하신 얼굴과 제게 하신 말씀을 잊을 수가 없습니다!

(6) 모친께서는 저와 마지막으로 대화(사실상 이 대화가 유언이었습니다.)를 나누시고 제게 병실을 옮겨달라고 요청하셨습니다. 오늘을 넘기지 못하실 것을 예견하신 것입니다. 그리고는 핸드폰을 달라고 하시더니 그중에서 영정사진으로 이 사진을 하라며 직접 골라주셨습니다. 1인실이 만실이어서 특실 가운데 가장 싼 병실로 오후 3시경 모친을 모시게 되었습니다.

(7) 특실로 옮긴 후 모친은 '사자의 서'에서 설한 임종 중음의 단계에 들어가게 되었습니다. 모친은 처음에 덮여 있던 이불을 걷어 달라고 하셨습니다. 그리고는 얼마 지나지 않아 이제는 돌연 춥다고 이불을 덮어 달라고 하셨습니다. 이렇게 이불을 덮고 걷고를 반복하였는데, 나중에 알고 보니 이것이 사대(지수화풍)가 소멸할 때의 증상이었습니다.

(8) 즉, 지대가 소멸할 때 몸이 압박감을 느끼기 때문에 이불을 걷으라는 것이었고 다음 단계에서 수대(水大)가 분해될 때는 몸이 추워지므로 이불을 덮어달라는 것이었습니다. 이 부분은 조념염불 때 제가 만든 책(죽음에 부치는 편지)을 모친의 귀에 대고 읽어드릴 때 해당 페이지(정확히 47페이지)에서 깨달을 수 있었습니다.

(9) 그 순간에 부친과 의료진은 계속해서 산소 수치를 높이고 이불을 덮거나 걷는 등의 조처를 하고 있었으나, 저는 마침내 때가 왔음을 직감하였습니다. 급히 근무 중인 형에게 무조건 오라고 연락을 하였고, 30~40분 후 형도 병실로 도착하였습니다. 모친은 도착한 형의 얼굴도 알아보시고 고개를 끄덕이셨습니다.

(10) 이처럼 모친은 추위와 압박을 느끼시고는 곧 호흡이 약해지고 이내 더욱 깊은 임종의 단계에 접어들게 되었습니다. 그리고 모친의 생전 마지막 육성은 지금도 잊을 수가 없습니다. 마치 꼬마 아이가 산수 문제를 풀다가 막히면 선생님을 빤히 보면서 "이 문제 어떻게 풀어요?"라고 묻듯이 저를 보면서 딱 네 마디를 하셨습니다. "나, 어떡해?!"

(11) 극락왕생할 수 있도록 제게 도움을 청하는 그 음성을 듣는 순간에 저는 정신이 번쩍 들었습니다. 지금이 '모친 일생일대의 가장 중요한 순간'이라는 것을 깨달은 순간 슬픔이나 당황 등의 감정이 한순간에 사라지고 제가 그린 그림 중에서 모친께서 가장 좋아하셨던 그림(연화생)을 모친께 보여드리며 오직 정토왕생만을 기억하라고 강조하였고, 모친은 그 그림을 응시한 채 눈을 스르륵 감으셨습니다. 이후 눈의 초점이 이제는 움직이지 않음을 확인하고 저는 그림을 모친의 머리맡(정수리)으로 옮기고 모친의 귀에 대고 오직 "나무아미타불"만을 염불하였습니다.

「연화생」 혜산(2019)

(12) 임종의 순간 부친께서도 이미 마음의 준비를 하신 상태였기에 체념한 듯이 멍한 상태로 멀찍이 서 계셨고, 형은 눈물을 참지 못하고 특실 안의 화장실로 몸을 피한 상태였습니다. 주치의는 간단한 확인 후 사망선고(18시 04분)를 하고는 병실을 나갔습니다. 부친과 형도 장례식장 준비 등의 일을 진행하기 위해 병실을 나갔고, 이제 병실에는 오직 저와 모친의 시신만이 남은 상태였습니다.

3) 조념(助念) 염불

(1) 지금 생각해봐도 그날 오후에 6인실에서 특실로 옮긴 것은 가장 잘한 결정이었습니다. 주치의에게 사정을 말하고 18시부터 다음날(2/9 토요일) 06시까지 12시간 동안 아무도 병실에 들어오지 않을 것을 강력히 요구하였습니다. 그렇게 제가 12시간 동안 모친의 시신을 눈앞에 두고 행하였던 일들을 말씀드립니다.
(2) 우선 극락왕생을 발원하는 발원문을 읽었습니다. 이 발원문은 모친께서 투병 중에 제가 직접 간략하게 만들어서 함께 낭송했던 발원문입니다.
(3) 나무아미타불 염불을 계속해서 귀에 들려드렸습니다. 염불의 운율 역시 투병 중에 가장 좋아하신 운율을 중심으로 염송하였으며, 부득이 화장

실을 가거나 할 때는 핸드폰 유튜브 속에 염불을 틀어서 한순간도 귓가에서 염불 소리가 끊이지 않도록 하였습니다. 나무아미타불 염불을 장시간 한 후에는 모친께서 생전에 좋아하신 광명진언을 중간중간 하기도 하였습니다.

(4) '티베트 사자의 서'의 가르침 가운데 임종 중음의 내용과 망자를 위한 기도문 등을 읽어 드렸습니다. (이 부분을 읽으면서 앞서 말씀드린 것처럼 어머니께서 보이셨던 증상 -이불을 덮고 걸었던- 이 임종에 들어온 순간이 었음을 뒤늦게 깨닫게 되었습니다). '티베트 사자의 서'와 더불어 '아미타경'을 독송해 드렸습니다.

(5) 즉, 정리하자면 우선 A. 극락왕생 발원문 후에 B. 염불 및 광명진언 C. '사자의 서' 및 아미타경 독송입니다. 12시간이라는 충분한 시간을 확보하였기 때문에 B와 C를 반복해서 할 만큼 여유가 있었습니다. 이제는 이러한 기도를 통하여 12시간 동안 모친의 몸에서 제가 직접 체험한 서상을 말씀드리겠습니다.

(6) 우선 모친께서는 (대개 그러하듯이) 임종의 순간 숨을 입으로 얕게 쉬셨기에 사망선고의 순간 입을 살짝 벌린 상태였습니다. 처음에는 그 모습이 안쓰러워서 입을 닫게 해드리기 위해 턱에 살짝 힘을 주었는데 움직이지 않기에 이내 포기하고 마음을 두지 않았습니다. 그리고 귀에 대고 위에서 말씀드린 기도만을 오직 일념으로 행하였는데, 3~4시간 정도가 지나 무심결에 입을 보니 미소 지은 모습으로 스스로 다물고 계셨습니다.

(7) 다음으로 체온의 변화에 대해 말씀드리겠습니다. 임종자를 사망선고 후 즉시 움직이지 않고 최소한 8~12시간 정도를 두고 염불만을 해야 한다는 가르침은 그 시간 동안 임종자 몸 안의 숨이 서서히 몸 밖으로 빠져나가기 때문에 흔들거나 이동하거나 하는 등의 방해를 하지 않아야 하기 때문입니다. 그리고 이렇게 빠져나갈 때 중요한 것이 바로 나가는 장소입니다. 이에 대한 자세한 내용은 '티베트 사자의 서'에 기술되어 있습니다.

(8) 이처럼 망자의 '근본적인 아주 미세한 숨', 이것을 흔히 마음, 영혼, 또는 불성이라고 해도 됩니다. 지금 여기서 그러한 것을 상세히 따지지는 않겠습니다. 이처럼 그 '숨'이 나갈 때 최상의 출구가 바로 '정수리'입니다. 그리고 그 반대는 발바닥과 항문, 소변 구멍 등입니다. 대체로 나가는 방향이 아래에서 위(정수리)로 나갈수록 좋다고 하고, 위에서 아래로 나갈수록 좋지 않다고 합니다.

(9) 모친의 시신에 손을 대고 아주 조심히 체온을 느껴보았습니다. 가장 먼저 식은 곳이 발바닥과 무릎, 손바닥 등이었습니다. 이윽고 배, 심장, 이마

등이 식었고, 가장 최후까지 정수리에 열기가 머무름을 확인하였습니다.

(10) 이때 또한 신기한 것은 정수리의 열기가 자칫 식어가는 것이 느껴질 때, 모친의 귀에 대고 "몸 안의 모든 의식과 숨을 정수리로 보내세요. 정수리에 어머니께서 좋아한 그림이 있어요. 정수리로 나가셔서 제가 그린 그림 그대로 정토에 연꽃 속에서 왕생하세요."라고 간절히 속삭이면, 실제로 정수리에 다시 열기가 올라오는 것을 느낄 수 있었습니다.

(11) 모친은 아침 6시까지도 오직 정수리에만 열기가 살짝 남아 있었습니다. 이렇게 12시간이 마치 찰나와 같이 지나가고 아침 6시가 되자 문이 열리고 영안실 직원이 이제는 영안실로 옮기셔야 한다고 하였습니다. 저는 이제는 충분히 잘 인도했다고 확신하였기에 알았다고 동의한 후 자리에서 일어나 이동식 침대가 들어올 수 있도록 하였습니다.

(12) 바로 그때, 제가 12시간 동안 귀에 대고 기도할 때 지금까지 멀쩡하던 귀와 코에서 노란 액체(황수)가 흘러내렸습니다. 정말 기도가 끝나길 기다렸다는 듯이 흘러내리는 황수를 보고 저는 소름이 돋았습니다. 왜냐면, '티베트 사자의 서'에서 임종 중음에 해당하는 부분에 다음과 같은 구절이 있습니다.

(13) "당신(임종자)의 몸에서 누런 액체가 흘러나올 때까지, 첫 번째 청정한 빛을 일깨워주는 이 경전의 가르침을 반복해서 정성껏 독송해 드리겠습니다."(제 책의 38페이지 번역문) 그 경전의 가르침 그대로 행할 수 있었다는 사실이 지금 생각해도 부처님의 가피라고 밖에는 설명할 수가 없습니다.

(14) 이렇게 12시간의 조념염불을 마치고 제가 직접 직원과 함께 모친의 시신을 이동식 침대에 옮긴 후 영안실로 이동해서 서울대병원 장례식장 11번 영안실에 모셔드리고 확인 서명까지를 마쳤습니다. 그 시간이 정확히 2/9일 토요일 06시 30분입니다.

4) 49일 극락왕생 기도

(1) 2월 9일 토요일 9시쯤 빈소가 마련되고 저는 꼬박 밤을 새운 상태로 조문객들을 맞이해야 했습니다. 하지만 대부분이 모친의 인연들 및 부친과 형의 문상객이었기에 저는 저와 인연 있는 스님들과 신도분들이 오실 때를 제외하고는 빈소 구석에서 기도하거나, 기도하기 힘든 상황에서는 빈소 한편에 노트북을 놓고 항상 염불 등을 틀어서 월요일 아침까지 한순간도 빈소에 염불 소리가 끊이지 않게 하였습니다. (이는 12시간의 조념염불과

마찬가지의 원리입니다.)

「오세암」 혜산(2019)

「일상관」 혜산(2019)

(2) 특히 문상객들이 오지 않는 23시 이후부터 아침 6시까지 마치 하루 전 모친의 주검을 앞에 놓고 조념염불을 하였던 것처럼 홀로 (부친과 형은 뒷방에서 쪽잠을 자고 있었습니다) 빈소에서 간절히 기도하였고, 2월 10일 일요일 아침 6시경 1시간 남짓 너무도 피곤하여 의도치 않게 살짝 잠이 들었는데, 모친께서 투병하실 때의 삭발을 하시고 아픈 모습이 아닌 예전 의 건강하신 모습 그대로 하얀 옷을 입으신 채 공중에 살짝 뜬 상태로 벽 혹은 나무 같은 것에 기대신 채 누워있는 저를 지긋이 바라보는 모습을 꿈속에서 보게 되었습니다.

(3) 꿈에서 깨어난 순간 그동안 참아왔던 눈물을 혼자서 텅 빈 빈소에서 한참을 흘렸습니다. 지금 생각해도 임종의 순간부터 12시간의 조념염불까 지 단 한 방울의 눈물이나 슬픔 등의 감정이 없이 어떻게 그렇게 집중할 수 있었는지 신기할 따름입니다. 가장 중요한 순간(사망 후 8~12시간 이 내)에 간절히 극락왕생을 발원하면 다른 생각과 감정 등은 사라지는 것이 분명합니다.

(4) 정신을 차린 후 모친께서 차디찬 영안실의 그 몸뚱이 속에 계시는 것

이 아니라 몸뚱이를 벗어버리시고 극락으로 가시기 전에 빈소에서 저를 보고 또 제가 하는 모든 기도를 듣고 계신다는 확신이 들었습니다. 이에 월요일 아침에 고향의 납골당으로 가기 전까지(발인) 또다시 밤새 기도를 하였습니다.

(5) 그리고 월요일 새벽 5시경 발인 전에 짐을 싸야 하는 시간이었습니다. 저는 이미 밤을 새운 상태이고 쪽잠을 자고 나오신 부친과 형님도 짐을 싸기 시작하였습니다. 빈소의 영정 위에 평소 제가 그린 그림 가운데 모친을 떠올리며 그린 '연화생'을 포함하여 모친께서 좋아하셨던 3점의 그림을 놓았습니다. 다른 짐들보다도 가장 먼저 그림을 정성스레 포장지로 싸는데 제 왼쪽 어깨 뒤에서 앞쪽으로 서늘한 기운이 몸을 통과하여 지나가는 것이 느껴지면서 왼쪽 귀에 약간의 사투리가 섞인 모친의 음성이 들렸습니다. 지금도 생생한 그 다섯 마디. "잤나, 안 잤나?"

(6) 제가 또다시 잠을 자지 않고 기도하자 염려가 섞인, 그러나 아주 평온하고 낮은 음성으로 분명히 말씀하셨습니다. 금요일 밤부터 월요일 아침까지 딱 1시간 눈붙이고 기도한 것을 내내 지켜보시고 빈소에서 짐을 싸는 그 순간에 바로 그 말씀을 하신 것입니다.

(7) 49재를 모시기로 한 서울 종로에 있는 법련사의 스님들이 오셔서 월요일 아침 발인제를 마치고 모친의 관을 운구차에 싣고 모친의 고향인 대구의 화장터로 향했습니다. 처음에는 대구까지 3~4시간 동안 잠깐 눈을 붙일까 하고 생각하였습니다. 그런데 이때 신기한 경험을 하였습니다.

(8) 이번에는 오른쪽 귓속에서 계속 염불 소리가 들리는 것입니다. 입 밖으로 염불을 하지도 않았는데 그냥 저절로 귓속에서 염불 소리가 정말 이어폰을 끼고 듣는 것처럼 생생하게 계속 맴도는 것이었습니다. 그것도 다른 염불 소리도 아니고 투병 중에 저와 함께 염불했든 가장 좋아했든 그 염불 소리가 말입니다. 저와 함께 화장터로 가고 계신다는 생각이 나자 도저히 잠들 수가 없어서 버스에서 이동하는 내내 귓속에서 들리는 염불을 마음의 귀로 들으며 염불을 하였습니다. 이런 경험은 지금껏 10년 넘게 나름 정토 행자라고 염불을 해왔지만, 그때가 처음이었습니다.

(9) 그렇게 화장을 마치고 저는 3월 28일 막재까지 매일 법련사에서 기도를 하였습니다. 기도는 조념염불을 했을 때와 마찬가지로 A. 극락왕생 발원문 이후에 B. 염불 및 광명진언 C. '사자의 서' 및 아미타경 독송. 이것을 시간과 체력이 버티는 한 영정사진 앞에서 쉼 없이 하였습니다.

(10) 아미타불께서 감사히도 제 기도에 응답해 주시어 저는 49재 동안 모친을 총 7번 동안 꿈속에서 만나는 희유한 체험을 하였습니다. 2002년에

출가하였으니 올해로 출가한 지 17년 정도가 되었는데, 지난 2018년까지 약 16년 동안을 통틀어도 모친의 꿈을 꾼 것은 다섯 손가락에 꼽을 정도입니다. 그런데 49일 동안에 앞서 말씀드린 빈소에서 꾸었던 꿈속에서 뵌 것을 포함하지 않더라도 초재(2월 14일, 목) 이후 막재 당일(3월 28일, 목)까지 7번이나 보았다는 것은 지금 생각해도 아미타불의 가피라고밖에는 설명할 길이 없습니다.

(11) 하지만 저의 기도와 수행력이 부족한 탓으로 꿈이라는 것을 깨닫지 못하고 하고픈 말은 전혀 하지 못한 채 깨고 나서야 후회하고 또 후회했습니다. 그리고 3월 27일 수요일 저녁, 즉 막재 전날이었습니다. 여느 때처럼 저녁까지 기도를 마친 후, 문득 종로(안국역)에 위치한 법련사에서 멀지 않은 혜화역에 있는 서울대병원을 가야겠다는 느낌이 들었습니다. 모친께서 1955~2019년까지 약 64년을 사시면서 마지막 1년을 보낸 곳이 바로 서울대병원이기 때문이었습니다.

(12) 암병동 10층에 도착해서 백혈병 환자의 병실은 보호자 외에 면회금지 구역임을 익히 알고 있기에 저는 모친과의 마지막 추억이 깃든 병원 10층 복도를 하염없이 걸으며 나무아미타불 염불과 광명진언을 외웠습니다. 그리고 속으로 발원하였습니다. "어머니, 이곳은 이제는 머물 곳이 아닙니다. 내일이 막재인데 혹여라도 마지막 숨을 거두신 이 병원 그 어디에라도 애착이 있거나 나아가 이 사바세계에 미련이 있다면 부디 다 놓아버리시고 반드시 극락왕생하십시오."

(13) 그렇게 병원에서 49재의 마지막 기도를 회향한 후 수요일 밤, 아미타불께 발원을 올린 후에 잠이 들었고 그날 꿈속에서 7번째 마지막 꿈을 꾸게 됩니다. 꿈속에서 모친은 신기하게도 제가 기도한 서울대병원 그 병실 침대에 편안히 앉아 계시었고, 병실에는 오직 모친과 저, 그리고 의사 이렇게 세 사람만 있었습니다. 장소만 병실 침대일 뿐 침대 주위에선 밝은 빛이 나고 있었으며, 모친께서는 건강한 모습으로 새하얀 옷을 입고 계셨습니다.

(14) 지금도 눈에 보이듯이, 귀에 들리듯이 생생히 기억합니다. 의사가 모친께 이렇게 물었습니다. "더 치료하고 싶으신지요?" 이에 제가 모친께 "어떻게 하시겠어요?"라고 의견을 여쭈니 모친은 천천히 손사래를 치면서 "저는 이제는 치료할 필요가 없습니다."라고 분명하게 답하였습니다. 그리고 저를 보시고 환히 웃으시며 손으로 인사를 하시고 기쁜 음성으로 이렇게 말씀하셨습니다. "이제는 갈 때가 되었네요."

5) 마무리 글 - 속가 모친을 극락정토로 보내드리며

막재 날 아침에 깨어나 꿈속에서 모친께서 전해주신 마지막 말을 한참을 다시 떠올리며, 기쁜 마음으로 막재에 임하였습니다. 멀리 불일암에서 제 은사 스님께서도 참석하시고 또한 49일 동안 세심히 살펴주신 법련사 주지이신 진경 스님의 정성스러운 집전 속에서 여러 신도분의 기도와 함께 막재를 여법하게 모셨습니다.

지금 생각해봐도 아미타부처님께 매일 밤 잠들기 전 간절히 기도를 올려서 그 기도에 감응해 주시어 7번이나 기회를 주시고 마침내 정확히 49재 당일 모친을 현몽하여 꿈에서 대화를 나누고 정토에서 반드시 다시 만날 것을 기약하는 작별의 인사를 한 것은 결코 잊을 수가 없습니다!

혜산 스님 (2012.6.12)　　　　　　　「원왕생」 혜산(2019)

저는 전생의 인연으로 인해 고등학교를 마친 해에 일찍 출가(2002년)하였고, 출가 후에도 비교적 일찍(2007년) 정토 불교에 귀의하였고, 이후 줄곧 나무아미타불을 놓지 않았습니다. 입으로는 나무아미타불을 염하고, 한 손은 정토를 그리고, 다른 한 손은 정토 책을 만드는 것이 제 수행의 전부이고 이 밖의 다른 수행에는 조금도 관심이 없습니다.
이러한 원력을 가지고 2017년 가을에 '죽음에 부치는 편지 - 그림으로 엮은 티베트 사자의 서'라는 책을 출간하였는데, 이 책에 담긴 가르침을 임종의 순간부터 49일 동안 간절히 독송해준 첫 망자가 바로 모친이라는 사실이 제게는 참으로 뜻깊게 다가옵니다.

또한 예전부터 정토 그림 전시회를 계획하면서 모친의 막재 전후(3월 20일~4월 2일)로 영정을 모신 법련사 내의 불일미술관에서 첫 개인전을 하게 될 줄은 꿈에도 생각해 본 적이 없습니다. 막재를 마치고 이렇게 돌이켜 보면 이 모든 것이 아미타부처님의 뜻이라고 생각합니다.

이상의 글을 올리는 것이 당연히 누구도 알 수 없는 저 혼자만의 체험이기에 조금은 조심스럽습니다. 하지만 좋은 자료들을 정성스레 올려주신 이 카페의 여러 정토행자 분들께 받은 은혜를 저 역시 나누기 위해서 지금껏 말씀드린 일들을 알리는 것이 마땅한 도리라는 생각을 하였고, 아미타부처님과 이제 극락에 계시는 모친께서도 이해하시리라 믿기에 글을 올리게 되었습니다.

저는 진실로 이 모든 것을 제가 직접 겪고서 쓴 것이며, 혹여라도 본의 아니게 제가 지은 허물이 있다면 참회하도록 하겠습니다.

12. 2021년, 다라니 내려놓고 '나무아미타불'로 극락 간 시영 스님

세종시 영평사 환성(幻惺) 스님 구술

우암당(牛庵堂) 시영(始寧) 스님은 경북 상주 출신으로 1941년 6월 25일 경주 이공 희우를 부친으로 김해 김씨 달분을 모친으로 8공주 가운데 둘째로 태어났다. 단명하다는 어른들의 말씀에 얼마 못 산다면 차라리 중이 되어 부처님 시봉이라도 하다 죽을 각오로 10대에 동학사 옥봉 스님을 은사로 출가하였다. 승가대학을 수료하고 제방 선원에서 수행하였고 평생 신묘장구대다라니 수행을 해서인지 "인생팔십 고래희라는 80년이나 살았으니 부처님 덕이다."라고 늘 노래처럼 말씀하시던 스님이셨다.

시영 스님은 당신보다 세납이나 승납으로 한 참 어리지만 받기 미안할 정도로 산승을 존중하고 영평사 창건 불사에 물심양면으로 지원을 아끼지 않았다. 그렇게 도움을 받아오던 중 얼마나 더 살지는 모르지만, 영평사에 작은 건물이라도 하나 남길 겸 집 한 채 지어 여생을 영평사에서 회향하고 싶다는 말씀에 기꺼이 모셔서 수행하실 수 있게 하였다.

그렇게 2년쯤 노후를 보내던 중 평생 처음으로 받은 건강검진에서 대장암 말기 판정을 받았다. "내 나이 이미 77세, 내일모레 80인데 너무 많이 살았다"며 모든 치료를 거부하시는 스님께 항암이나 수술은 하지 않더라도 의사 소견을 따라 복약이라도 하시도록 권장하였다.

그리고 은근히 염불수행을 권장했다. 본래 육식은 물론 오신채도 안 드시는 계행 청정한 율사이시고 깔끔한 성정에 다라니 수행을 오로지하신 분이셨다. 그러한 스님이 순순히 염불수행을 하시겠다 하신다. 이미 대교를 마친 이력종장이요 60년을 이런 저런 수행을 해오셨으니 어찌 정토를 모르시겠나 싶어 염불이 어떻고 극락이 어떠니 하는 말들은 하지 않았다. 다라니 수행에서 염불 수행으로 갈아탄 스님은 이전 다라니 수행할 때보다 더 열심히 염불하기 시작하였다. 일생을 다라니 수행을 한 내공이 있으므로 과목만 염불로 바꾸자 보통 한번 시작하면 2시간씩 끄떡없이 정진하였다.

그 뒤 3년 동안 쉬지 않고 열심히 염불하던 스님은 80세가 된 2021년 2월부터는 건강 상태가 눈에 보이게 악화되었다. 견디시기 어려울 테니 통증 완화 처방받을 수 있는 병원에 입원하시라는 의사의 권고에도 "중이 절에서 죽어야지 어딜 가느냐"며 아랑곳하지 않으시고 정진하시는데 간간이 통증을 보이셨으나 큰 문제는 없으셨으니 이 또한 염불공덕이라 믿어졌다. 특히 불기 2565년(2021) 4월을 못 넘길 거라는 의사의 진단을 비웃기라도 하듯이 "중이 부처님 생신을 코앞에 두고 죽으면 얼마나 박복한 일이고 얼마나 큰 죄인이 되겠는가, 초파일은 지나고 가야 도리"라며 정신을 다잡아 염불하시더니 과연 부처님오신날까지 문제없이 오히려 초롱초롱하게 버티셨다. 그리고 부처님오신날 다음날부터 기운과 정신이 주변에서 모두 느낄 정도로 급속히 스러져 가셨다. 평소 스님께서 아끼시던 영관 스님, 원타 스님 그리고 속가 형제들과 영평사 염불회 연우들의 일주일간 계속된 조념염불 속에 통증 없이 아주 평온하고 편안하게 극락으로 가셨다. 스님은 왕생 몇 분 전까지도 금강염불(입술염불)을 하시다가 일주일 만에 왕생하셨으니 음력 4월16일 밤 10시였다.

시영 스님이 머무시던 영평사 전경 (탑은 내영도를 조각한 "부처님 진신 사리탑")

비록 말년에 정토를 알고 수행을 시작했지만, 극락을 가겠다는 발원과 믿음이 강했고 또 절박했으므로 열심히 염불하여 마지막 편안히 극락으로 가셨다. 49재 날 스님들이 의식을 집전하시는데 신심이 별로 없어 평소에 스님께 야단 맞던 속가 여동생이 법당 지장보살님과 아미타부처님 사이에 언니 스님이 부처님과 같은 가부좌로 앉아 미소 지으시며 스님 앞으로 오라는 듯이 손짓하시는 모습을 보았다 하니 극락 왕생하였음을 전한 것이 분명하지 않겠는가? 신심 박약한 동생에게 보인 것은 아마도 깨우침을 주기 위한 자비이셨으리라.

13. 2022년, 곡기 끊고 8일 만에 극락 간 연관 스님(1949~2022)

스님 『왕생집』 이어 『한국 왕생집』 엮는 보정(普淨) 짓다

1) 집필 마지막 날 새벽에 날아든 '극락 간 소식'

엊저녁 청화 스님, 청담 스님 극락 간 이야기에 사진 다듬어 붙이는 작업하고 2시가 넘어 잤기 때문에 오늘은 오랜만에 늦잠을 자려고 하였다. 그런데 웬일인지 아침 6시가 되자 다시 눈이 떠져 『극락 간 사람들(한국 왕생전)』 최종 마무리 작업을 하고 있는데 7시 좀 넘어 카톡이 울린다. 옥천

永訣日時: 佛紀 2566(2022)年 6月 17日 午前 10時 30分
永訣式場: 송광사 부산분원 관음사
茶毘式場: 영축총림 통도사 다비장(午後 1時)

然觀스님 葬儀委員會

사 청련암 원명 스님이 신문 기사를 보내온 것이다.

전 실상사 화엄학림 학장이며, 봉암사 태고선원 선덕인 연관 종사가 15일(수) 저녁 7시 55분 부산 관음사에서 입적했다. 세납 74세, 승랍 54세.

스님의 법구는 부산 관음사에 모셨다. 발인은 17일 오전 10시 30분 부산 관음사에서, 다비식은 12시 양산 통도사 다비장에서 엄수한다. 통도사 주지 현문 스님이 연관 스님 입적 전 부산 관음사를 찾아가 다비식을 통도사 다비장에서 봉행하도록 했다.

연관 스님은 입적 전 일주일 전부터 일체의 곡기를 끊었고, 사흘 전부터는 물도 마시지 않으면서 수행자의 삶을 여법하게 회향하기 위한 준비를 한 것으로 알려졌다. 전 불교환경연대 상임대표 수경 스님과 전 봉암사 주지 함현 스님 등이 입적 당시 자리를 지켰고, 통도사 주지 현문 스님, **명진 스님 등이 입적 전 연관 스님을 만나 치료 등을 권했지만, 스님은 "나뭇잎이 떨어지면 뿌리로 돌아가는 것"이라며 생사의 경계를 넘어선 초탈한 자세로 수술과 항암치료 등 연명치료 부탁을 거절하고 사바와의 이별을 준비한 것으로 알려졌다.** (불교닷컴, 2022.06.17. 「전 실상사 화엄학림 학장 연관 스님 입적」)

2) 연관 스님의 행장과 마지막 가는 길

오늘 『극락 간 사람들(한국 왕생전)』 집필을 마감하는 날 새로 극락 간 스님의 소식이 날아든 것이다. 부산 관음사에 전화해서 오늘 행사 안내장을 하나 부탁했더니 바로 메일로 보내왔다. 장례위원회에서 낸 안내장에는 간단한 행장과 신문에 나지 않은 사실들이 있었다.

① 1949년 8월 4일 경상남도 하동군 진교면에서 아버지 황학용 어머니 한여자 님을 인연으로 출생하였습니다. 속명은 황민화(黃民和).

② 1969년 1월 15일 금강사에서 우봉 스님을 은사로, 병채 스님을 계사로 사미계를 수지하고 이어 같은 해, 통도사에서 월하 스님을 계사로 구족계를 수지하였습니다. 재적 본사는 조계종 제8교구 본사 직지사입니다.

③ 1981년에서 1984년에 걸쳐 직지사 황악학림에서 관응 대강백을 강사로 경율론 삼장을 연찬한 이후 경학에 매진하며 수행정진하였습니다.

④ 1989년부터 1994년까지 직지사, 김용사 승가대학 강사를 역임했습니다.

⑤ 1995년부터 2002년까지 조계종 최초 승가전문교육기관 실상사 화엄학림 학장을 역임하였습니다.

⑥ 2002년 희양산 봉암사 선원을 시작으로 기기암, 칠불사, 벽송사, 백양사, 대흥사, 태안사 등 제방 선원에서 40안거를 성만하였습니다.

⑦ 2000년 환경단체 〈풀꽃세상을 위한 모임〉에서 시상하는 제6회 풀꽃상을 수경, 도법 스님과 공동 수상하였습니다.

⑧ 2001년 2월, 생명평화를 위한 백두대간 1,500리 종주를 하였습니다. 이어 2008년 한반도 대운하 반대 순례단 '생명의 강을 모시는 사람'들에 참가하였습니다.

⑨ 1991년 운서 주굉 스님의 『죽창수필』을 번역한 이후 참선 정진과 함께 번역에 매진하였습니다. 대표적인 번역서는 『금강경간정기』『선관책진』『선문단련설』『왕생집』『불설아미타경소초』『용악집』『학명집』 등 다수가 있습니다.

⑩ 2007년부터 2009년까지 『조계종 표준 금강경』 편찬에 참여하였습니다.

⑪ 2022년 6월 15일 관음사에서 입적하였습니다. 세수는 74세 법납은 53세입니다.

행장에 이어지는 영결 법어에는 조사들의 법거량이 소개되고 한 시인은 조사에서 "다시 북두칠성 그 여섯 번째 별인 문창성으로 가시는지요?"라고 스님이 가신 곳을 궁금해 하였다. 글 가운데 장의위원장인 관음사 지현 스님의 글이 연관 스님의 마지막 길과 스님에 대한 바람이 가장 절절하게 묻어난다.

연관스님!
스님은 코로나바이러스로 격리 중 말기암이라는 진단을 받고는 죽음이

벼락처럼 확연하게 마음에 와닿는 깨달음이 왔답니다. "코로나여! 암이여! 참으로 고맙고 감사합니다!"라며 임종의 때가 온 것을 기꺼이 받아들이니 한 포기의 풀과 한 그루의 나무 그리고 도량에 나온 뱀들도 귀하고 아름답게 보인다고 평생 뜻을 함께한 도반 수경 스님께 토로했다니 차원을 뛰어넘은 수행자 상을 보이셨지요. 수경스님, 도법스님처럼 훌륭한 도반들과 뜻을 함께 했으며, 마지막까지 정성스럽게 간병한 고담 스님같은 시자의 시봉을 받은 것은 스님의 큰 덕행 덕분이었습니다.

연관스님!

스님처럼 수행력을 두루 갖춘 스님께서 관음사에 오셔서 고요히 원적을 보이심은 저희들의 복운입니다. 그러나 **이 세상에는 스님의 교화를 기다리는 고통스러워하는 중생들이 너무나 많으니 스님께서는 정토의 즐거움에만 안주하지 마시고 속히 저희들의 곁으로 돌아오시기를 간절히 정성 다해 간청합니다.**

3) 연관 스님과 엮은이의 인연

연관 스님을 뵌 적은 없지만 엮은이에게는 한두 가지 각별한 인연이 있다. 2008년 엮은이가 정토에 입문했을 때 국내에서 발행하는 모든 관련 책을 모아 닥치는 대로 읽어가는 도중 대구 자운사에서 법보시한 주굉의 『왕생집』을 읽게 되었다. 정토 행자는 물론 모든 불자들의 마지막 바람이 극락에 가서 불퇴전을 얻고 성불하는 것이다. 그런데 『왕생집』에는 이미 극락에 간 수십명의 이야기가 소개되어 있었고, 그런 『왕생전』은 엮은이에게 극락에 갈 수 있다는 믿음(信), 극락에 가겠다는 바람(願)을 단단하게 세워주었다. 그리고 그때 '그런데 왜 『한국 왕생전』은 없지?'라는 생각과 함께 『한국 왕생전』을 쓸 발원을 하고, 동대문 밖 안양암, 진주 연화사를 가서 자료를 수집하기 시작하였다. 그러나 당시 『왕생집』을 우리말로 옮긴 '하청'이란 스님은 누구인지 전혀 알지 못했다.

2009년 입산하여 3년 염불수행 하고(行) 2012년 하산하여 정토 관련 책을 쓰고 있을 때, 자운사 혜명 스님이 『아미따불 48대원』이란 책을 기획

하였다며 나에게 원고를 부탁했다. 나는 산사에서 이미 정토삼부경을 번역해 놓았고 『아미따경』은 이미 전자책을 냈으므로 그 원고를 그대로 쓰고, 『무량수경』 앞부분을 정리하여 『아미따불 48대원』을 정리하였다. 그때 혜명 스님이 『아미따불 48대원』에 연관 스님의 「정법개술(淨法槪述)」도 함께 낸다고 하여, 그때 처음으로 연관 스님을 알게 되었다.

그리고 아침에 자운사 혜명 스님에게 전화해서 "오늘 연관 스님이 입적하셨는데 마지막으로 『극락 간 사람들』에 꼭 넣어야겠다"라고 하며 연관 스님에 대해 이야기하는 도중 혜명 스님이 "연관 스님이 바로 주꿩의 『왕생전』을 번역하신 '하청'이시다"라는 사실을 말하면서 자기도 2000년도 초반에야 알았다고 했다.

2000년대 초반에 『왕생집』 번역하신 '하청'이란 분을 수소문하다가 『화두 놓고 염불하세』란 책을 쓰신 보적 김지수 교수가 알고 있다 하여 함께 지리산 실상사에 가서 수경 큰스님, 도법 큰스님, 연관 큰스님을 처음으로 친견하게 되었습니다. 연관 큰스님은 그 자리에서도 수경 큰스님과 도법 큰스님과의 대화에서도 염불에 강론을 펴시었고 염불하기를 권하셨습니다.
주석하시는 암자로 자리를 옮기셔서 차를 내어 주시면서도 오랜 시간 정토법문을 해 주셨고, 「정법 개술」에 대하여 환희심을 갖고 있던 저에게 정토법문 포교하라 하시면서 번역하신 「정법개술」 원본을 법공양으로 내어 주셨습니다. 그 정법개술을 책으로 인쇄해서 법보시 해오다가 이후에 제가 출가해서 전화 드렸더니 반가워하시며 많이 칭찬해 주셨습니다.
2015년 『아미타불 48대원』을 책으로 내면서 「정법개술」을 함께 넣겠다고 전화 드렸더니 다시 다듬은 걸로 쓰라시며 출판 대표에게 직접 보내주시기도 하셨습니다.

그러니까 연관 스님과는 이미 크게 두 번의 인연이 있었으며, 특히 주꿩의 『왕생전』을 통해서 엮은이가 『한국 왕생전』을 쓰게 하셨는데, 그 원고를 마치는 날 입적하여 새벽에 원명 스님을 통해 알리는 것은 "『한국 왕생전』 마지막에 넣을 사람이 있다."라는 것을 알린 것이 아닌가!

혜명 스님도 "『한국 왕생전』을 올리는 이 시점에서 바로 오늘 큰스님 왕생하신 사실은 우리 『한국 왕생전』 불사가 우리 힘이 아닌 불보살님의 뜻임을 느끼게 합니다."라고 감격해 하였다.

4) 연관 스님의 극락 가는 씨앗(往生因)

오전 일과가 시작되자 엮은이는 국회도서관에 가서 『죽창수필』 초간본을 비롯하여 3번의 출판본의 서문과 『往生集 죽음 너머』 서문을 복사하고, 조계종출판사에 가서 『불설아미타경 소초』를 사서 연관 스님 왕생인을 쓴다.

스님은 『죽창수필』『왕생집』『금강경 간정기』『선관책진』『선문단련설』『용악집』『학명집』『불설아미타경 소초』『정법개술』 등을 번역, 출간하였다. 그리고 『조계종 표준금강경』 편찬위원장을 역임하고 경전 번역 및 정진에 매진해 왔다. 주로 정토 관련 책, 특히 운서 주굉의 책을 중점적으로 옮겼다는 것을 알 수 있다.

(1) 1991, 운서 주굉 저, 연관 역, 『竹窓手筆』(불광, 1991)
    2005, (운서 주굉 『죽창수필』 선역), 연관 옮김 『山色』, (호미 2005)
    2014, 운서 주굉 저, 연관 역, 『죽창수필』 (불광출판사, 2014)

연관 스님이 정토관계를 가장 먼저 낸 것이 1991년 1월 『죽창수필』이고, 4월에 『왕생집』을 낸다. 그러므로 이 두 책을 준비하려면 적어도 1년에서 몇 년 전에 이미 정토와 인연을 맺었다고 볼 수 있다. 연관 스님은 정토와 처음 인연을 맺은 연유를 이렇게 돌아본다.

양산 금강대는 소금강이라고도 불리는 곳이다. 주인 일장 스님이 … 어느 날 내게 한 권의 책을 꺼내놓으며, "내용이 간솔하고 좋은 책이니 스님도 한번 읽어 보오."하였다. 죽창수필과의 만남은 이러한 인연으로 이루어졌다.

연관 스님은 『죽창수필』을 읽고 주굉의 설득력 있는 논리에 빠졌고, 이어서 주굉의 다른 책도 읽어가고 있다는 것을 알 수 있다.

아무 비판없이 전통적으로 익혀 온 구습이나 시폐를 지적한 점에도 귀를 기울여야 한다. '스님이 무엇이길래 부모에게 절을 하지 않는단 말인가! 부처가 된 후에 부모의 귀의를 받아도 늦지 않다.' 하였다. 이러한 비판적 문제에 대해서는 스님의 다른 저서인 『정와집(集)』에서 집중적으로 다룬 것을 볼 수 있다. 세상에 흔히 전하는 사람 사는 얘기나 기담 따위도 재미 이상의 되씹을 맛이 있다.

스님의 필봉은 노고추(老古錐) 바로 그것이다. 원숙하면서 날카롭다. 상(相)에 만 편집하지 않고, 성(性)에도 골몰하지 않았다. 거산(居山)이 발을 오무린 것이라면, 행각(行)은 발을 뻗은 것이다.

마지막에 "아! 스님은 송나라의 영명 화상이 다시 오신 것일까. 어찌 그다지도 행리가 흡사하신가! 감산 덕청(憨山德淸)은 아미타불 후신이라고 칭송하신 적도 있다."라고 주굉을 크게 기리고 있다. (이상 『죽창수필』 「역자 서」)

이 죽창 수필의 서문을 통해서 연관 스님은 나이 50을 바라보는 1990년 언저리에 정토에 입문했다는 것을 알 수 있다. 15년이 지난 2005에 450 개쯤 되는 『죽창수필』에서 140개 남짓 가려뽑아서 묶은 것이 『산색(山色)』, 9년 뒤 2014년에 낸 개정판도 일장 스님이 세운 남원 황매암에서 썼 다

(2) 주굉 모음, 방륜 지음, 하청 풀어씀, 『왕생집 · 정법개술』, 여래, 1991.
주굉 모음, 방륜 지음, 하청 풀어씀, 『왕생집 · 정법개술』, 여래, 2008.(자운사 법보시)
운서 주굉 엮음, 연관 옮김, 『往生集 죽음 너머』, 호미, 2012.9.

『왕생집』은 『죽창수필』보다 4개월 늦게 나왔는데, 역자 후기에서 이렇게 말한다.

고백하건대 역자는 돈독한 정법 행자(淨法行者)도 아니고, 정법 교의(淨法 敎義)에 대한 지식도 천박하다. 따라서 출판에 앞서 이른바 법을 아는 자가 두렵기도 하고, 홀깃 남의 집을 엿보듯 한 자괴심도 없지 않다.

두 권의 책을 번역해 냈으나 아직 돈독한 정법 행자가 아니라는 것을 넌지시 말하고 있다.
그러나 13년 뒤 개정판을 낼 때는 이미 회갑이 넘은 나이가 되었고, 그동안 정토 경전까지 깊이 연구하며 스스로의 정토관을 세운다.

스님은 머리말 「옮긴이가 들려주는 「왕생집」 들여다보기」에서 『왕생집』 각 편마다 담고 있는 내용을 여섯 가지로 나누어 살펴보았다. 그리고 이것이 연관 스님의 정토관이 되었다고 볼 수 있다.

첫째, 부모에게 효도하고 자비로 보시를 행하며 계율을 청정히 지키고 10선을 행하며, 도리에 충실하고 각자의 직분을 다하는 것이 정토에 왕생하는 본바탕 [이것을 정토와의 정인(正因)이라 한다]이 됨을 누누이 강조하였다. 불효하며 염불하는 이는 없고, 인색하고 욕심 많이 부리며(慳貪) 염불하는 이는 없으며, 울분을 참지 못하면서 염불하는 이는 없고, 10악을 저지르며 염불하는 이는 없으니, 청정한 6자 명호(六字名號)인 '나무아미타불'에는 6바라밀이 완벽하게 갖추어져 있음을 짐작하기 어렵지 않다.

둘째, 많은 이들이 왕생을 위해서 어떤 수행을 하였는지 알 수 있다.

정토종의 초조라 일컫는 혜원 스님은 여산에서 고승과 선비 일백사십여 명과 함께 정토 모임(淨社)을 만들어 날마다 선송(禪誦), 「관무량수경」에 의해 정토의 16가지 경계를 관상하며 경전을 독송하는 염불법을 그치지 않았다고 한다. 어떤 이는 촛불을 잡고 탁자에 기댐으로써 생각을 집중하여 흩어지지 않게 하였다고 하며, 어떤 이는 미타와 관음 두 경전을 지니고 독송하며 정토왕생을 발원하였으며, 또 방등참(方等懺)이나 법화참(法華懺) 같은 예참법을 행하며 왕생을 발원하였으며, 경전의 소를 지어 발원했다거나, 대승 경전을 독송하고 찍어 내어 왕생을 발원했다고도 하고, 반주삼매 [般舟三昧: 반주는 불립(佛立)이라 한다. 부처님이 공중에 서 있는 모습을 관하여 얻은 삼매]를 닦아 왕생을 얻기도 하고, 주력(呪力)에 의지해 왕생을 발원하기도 하였다.

이러한 것을 작관(作觀)이라고 하는데, 실상념(實相念)·관상념(觀相念)·칭명염(稱名念)으로 크게 나눌 수 있다.

먼저, 실상념은 제일의심(第一義心)에 들어가서 법신의 실상을 관하는 것이다. 이것으로 얻은 삼매를 진여삼매 또는 일행삼매(一行三昧)라고 한다. 이 법문은 본래 선에 속하는 것이지만, 선심으로 나타난 경계가 바로 정토이므로 역시 정토법에 포함시킬 수도 있다. 이 법은 상상근기가 아니면 능히 깨닫지 못하므로 중근기와 하근기에게는 적합지 않다. 그러므로 정토법에서는 이 법을 제창하는 이가 드물고 선문에 맡겨 둔다.

관상념의 「관무량수경」에서 말한 아미타불 극락 국토의 의·정 장엄(依正莊嚴)을 관조하는 16가지 관법을 말한다. 이 관행(觀行)이 깊어지면 눈을 감든지 뜨든지 극락 아닌 곳이 없어서 그대로 사바세계가 변하여 정토가 되니 죽을 때를 기다리지 않고 그 자리에서 몸이 극락국에 노닐게 된다. 따라서, 공덕과 효과의 크기로 말하면 무엇과도 비교할 수 없다. 이것으로 얻은 삼매를 반주삼매(般舟三昧) 또는 불립삼매(佛立三昧)라고 한다. 다만 관법이 미세하고 깊어서 실로 실행하기 어려운 법문이다.

칭명염(稱名念)은 부처님 명호를 부르는 염불법이다. 이것은 위에서 말한 두 가지 염불법에 견주어 실행하기 쉬워서 상·중·하근기를 막론하고 능히 부처님 명호를 부를 수만 있으면 성공하지 못할 이가 없고, 염불을 일심불란하게 만하면 금방 삼매를 얻게 된다. 이렇게 하여 얻은 삼매가 염불삼매다.

「왕생집」에서는 여러 염불 작관 가운데서 "칭명 염불"법을 가장 두둔하며 제창하고 있다. 이 염불법은 아미타부처님의 전신인 법장비구의 48원에서 비롯된 것이다.

> "설사 내가 부처가 될지라도 시방 중생이 지극한 마음으로 믿고 즐거워하여 나의 나라에 태어나고자 하면, 10념(十念)만을 하고서도 만일 태어나지 못하면 정각을 이루지 않겠나이다."

이 경문은 "시방 중생이 10념만 하더라도 반드시 이 나라에 태어나기를 바라는 원"에 의한 것이다. 법장 비구의 48원 가운데 이것이 가장 중요하므로 이 원(願)을 "원의 왕"이라 부른다. 칭명염불은 수많은 대덕이 끊임없이 제창하고 실행하여 여염에도 널리 파급된 염불법이다.

셋째, 염불수행의 극치는 '일심불란(一心不亂)'이다.
'일심불란'은 염불 수행할 때 지극한 마음으로 미타의 명호를 지송하여 마음이 흐트러지지 않고 자기 몸과 '나무아미타불'이 합일하는 것으로, 어느 편에서나 거의 보인다. 이 '일심불란'은 「불설아미타경」에서 부처님이 직접 보이신 것이다.

"사리불이여, 만일 선남자 선여인이 아미타불에 대해 설한 것을 듣고 그 부처님의 명호를 굳게 가지되 하루나 이틀이나 사흘이나 나흘이나 닷새나 엿새나 이레 동안 일심불란하면 ……."

'일심불란'이야말로 수행의 극치임은 말할 나위가 없다. 이 책 다음으로 출간하게 될 주굉 스님의 저술을 자세히 풀이한, 「석가불이 아미타를 설한 경(佛說阿彌陀經疏)」에서는 수십 쪽에 걸쳐 이 "일심불란"에 대해 설명하고 있다. 이 '일심불란'이 곧 선문의 '일념(一念)'이라고 말하면 눈을 부라리며 팔을 걷어붙이고 따질 자도 있을 것이다. 심천이 다르다는 뜻일 것이지만, 아! 부처님이 "나의 설법은 마치 제호의 맛과 같아 가장자리나 중간이 같으니라."라고 하신 말씀을 듣지 못했는가?

마지막 목적은 왕생이다. (법보신문)

넷째, 정토왕생을 발원한 이들이 죽음에 이르면 부처님께서 관음과 세지 등 여러 보살과 함께 어김없이 맞이하신다.

이것은 법장비구의 48원에 따른 것이다. "설사 내가 부처가 될지라도 시방 중생이 보리심을 발하고 모든 공덕을 닦아 지극한 마음으로 발원하여 내 나라에 태어나고자 하되, 목숨이 다할 때 만일 대중에 둘러싸여 그 사람 앞에 나타나지 않으면 정각을 이루지 않겠나이다." 곧 '시방 중생이 발원하여 이 나라에 태어나고자 하면 임종 할 때에 반드시 와서 영접하려는 원'이다. 죽음을 맞는 이를 위해 부처님이 와서 맞이하는 내영(來迎)은 죽음의 문 앞에서 속수무책인 인간에게 큰 위안이다. 얼마나 크게 위안이 되었으면 악인이면서도 왕생한 웅준이라는 자가 "아, 마침 이런 것이 있었구나!" 했겠는가!

다섯째, 간화선문의 최후 목표점이 견성성불에 있듯이, 염불정토의 마지막 목적지는 왕생정토다.

극락정토는 법장비구가 세자재왕불의 가르침에 따라 중생을 제도하기 위한 도량을 만들기로 하고서, 처음 설계한 뒤에 오백 겁 동안 사유하고 불가사의한 힘을 더한 뒤에 이윽고 이룩하였다. 그리고 청정 불토를 다 만든 뒤에, 다시 세자재왕불 앞에 나아가서 이곳에서 중생을 제도할 48가지 큰 원을 세웠으니, 곧 "설사 내가 부처가 되더라도 나라 가운데 지옥·아귀·축생이 있으면 정각(正覺)을 이루지 않겠나이다. 비록 내가 부처가 되더라도 이 나라의 천인(天人)이 목숨을 다한 뒤에 다시 삼악도에 떨어지는 자가 있으면 정각을 이루지 않겠나이다." 하는 원이 한 예이다. 극락정토는 아미타부처님이 중생을 제도하기 위해 만드신 의보와 정보가 매우 장엄한 곳이라서 이곳이야말로 최고의 이상향이라 할 것이니, 정토 행자로서는 이곳에 태어나는 것을 최고의 목표로 삼지 않을 수 없다. 그러므로 왕생집에서는 온갖 수식을 다하여 이 왕생의 정경을 보이고 있는 바. 실로 화려하기 이를 데 없다.

그러나 왕생은 사후의 일이라, 정(定)에서 극락을 여행하고 돌아와서 알려주었거나 꿈속에서 왕생의 정상을 보았거나 임종의 거룩한 정상으로 왕생을 가늠할 수밖에 없다. 왕생뿐만 아니라 왕생 품위도 정에서 본 것이나 꿈속에서 본 것이나 임종의 거룩한 정상이 잣대가 될 수밖에 없다. 어느 염불 수행자는 죽음에 다다라 단정히 가부좌하고 앉아 부처님 명호를 부르더니, 염불 소리가 차츰 낮아지면서 숨소리도 차츰 잦아들었다 하였으니, 이를 보고 누가 왕생을 의심하고 정토교의 우수성을 의심하며 이를 본받고 싶어 하지 않겠는가?

누가 이런 말을 했다. "왕생은 극락이라는 학교에 입학하는 것이다. 시방 삼세에서 가장 훌륭한 스승인 아미타부처님을 직접 뵙고 가르침을 받고 위 없는 깨달음을 얻은 뒤에 사바세계로 다시 돌아와서 수많은 인연 있는 중생을 제도하고자 하는 것이 왕생의 본래 뜻이다. 번뇌를 다 녹이지 못한 중생이면 누군들 후신(後身)을 다시 받아 나지 않겠는가? 그렇다면 정토왕생에 뜻을 두고 정토에 왕생할 수 있다면 어떤 것이 이보다 더 나은 것이 있겠는가?" 이것이 바로 정토 수행자가 왕생을 최후 목표점으로 삼는 까닭이다.

여섯째, 시방 국토에도 수많은 정토가 있으니, 예컨대 동방에는 아촉, 약사, 수미등왕 등의 부처님이 계시고, 남방에는 명등, 상방에는 향적불이 계신다. 이와 같이 부처님은 제각기 정토가 있어서 모두 넓고 장엄하며 먼지와 떼가 끊어진 곳이다. 그러나 「왕생집」에서는 유독 서방의 극락세계만을 선택하여 이곳에 왕생하기만을 강력히 주장한다. 「왕생집」은 그 까닭을 밝히지 않았으나, 「자세히 풀이한, 석가불이 아미타를 설한 경」(근간)에서는 그 까닭을 열 가지로 설명하고 있다.

<u>칭명염불(稱名念佛, 부처님 명호를 부르는 불법), 일심불란(一心不亂, 생각이 한곳에 전념하여 흩어짐이 없는 것), 왕생정토(往生淨土, 정토에 왕생하는 것). 이 세</u>

가지를 나는 **정토종의 세 솥발(三鼎)이라 부르고자 한다. 이 세상에 몸을 의탁한 이상 그 누구도 죽음이란 문을 피할 수는 없다. 그러니 누구라도 이 정토 법문에 의지하여 저 아미타부처님의 내영을 입어 서방정토에 왕생하여 부처님을 뵙고, 가르침을 친히 듣고, 무생법인(無生法忍)을 깨달아서 인연이 오면 다시 이 사바로 돌아와 인연 있는 중생을 제도하기 바란다.**

여기서 우리는 연관 스님의 정토관을 뚜렷이 알 수 있고, 스님은 30년 이상 이를 실천했다고 본다.

(3) 운서 주굉 지음, 연관 옮김, 『불설아미타경소초』, 불광출판사, 2015.04.22.

1990년대 『죽창수필』과 『왕생전』을 옮겨 나누며 자신의 극락 가는 길을 닦은 스님은 2013년부터 정토경전 연구에 뜻을 두고 『불설아미타경 소초』를 옮겨서 펴낸다.

720여 쪽에 달하는 이 책의 요지는 칭명염불, 일심불란, 왕생정토이다. 칭명은 왕생의 인(因)이요 왕생은 일심의 과(果)이며, 일심은 앞과 뒤를 아우르는 이 경 전체의 골자다.
방행(放行)이면 마음이요 비로자나요 아미타며, 파정(把定)이면 마음도 아니요 비로자나도 아니요 아미타도 아니다. 방행이 옳은가, 파정이 옳은가? 옳고 그르고는 잠시 그만두고, 연관은 틈틈이 2년여 만에 이 일을 회향한다. (불설아미타경 소초』 해제)

『왕생집』의 고갱이를 『아미따경』을 통해서 다시 확인하고 있는 것을 보면, 이미 정토에 대한 완벽한 관이 서 있다는 것을 알 수 있다.

　(4) 방륜 거사 저/연관 스님 역,『업을 지닌 채 윤회를 벗어나는 성불법 정법개술』(비움과소통, 2017년 10월 27일)

　『정법개술』은 이미 앞에서 보았듯이 『왕생전』과 함께 1991년 발표하였다. 그 뒤 여러번 법보시품으로 발행되는 동안 고치고 손보아 2017년 책으로 냈다. 이 책에는 황념조(黃念朝) 거사가 쓴『정토 고갱이(淨宗心要)』와 하련거 거사의『정토 수행의 지름길(淨修捷要)』이 함께 실려 있다. 이 책은 정토 수행자들이 구체적으로 실천할 수 있는 길잡이 역할을 하도록 펴낸 것이다.

　5) 연관 스님이 극락에 간 것을 기리며,

　이 글을 쓰면서 무량수여래회 자항 거사에게 전화했더니 두 가지 사항을 더 알려주었다. 첫째 스님은 이미 『만선동귀집(萬善同歸集)』을 번역하여 출판 준비 중이었다고 한다. 『만선동귀집』은 송나라의 영명 연수(延壽: 904 ~975)가 지은 책으로 모든 선(善)은 궁극적인 진리로 돌아간다고 설하고, 선(禪)과 염불을 함께 닦을 것을 권장하여 염불선(念佛禪)의 터전을 확립한 저술이다. 스님이 그동안 선을 중시하고 염불을 경시하는 한국 불교계에『만선동귀집(萬善同歸集)』으로 자신의 불교관을 보여주려는 임종게라고 본다.

　또 2달 전 스님이 무량수여래회에『왕생집』300권을 보내 법보시 해 달라고 부탁했다고 한다. 조용히 마지막을 준비하고 있었던 것이다.

엮은이의 불교 카톡방에 연관 스님이 곡기를 끊고 간 기사를 실었더니 이런 질문이 있었다.

"연관 스님께서 입적을 일주일 앞두고 미리 곡기를 끊으신 이유가 궁금합니다."

"첫째, 이미 갈 곳이 정해져 있기 때문입니다. 그 스님은 『죽창일기』, 『왕생전』, 『정법개술』 같은 책들을 번역하여 적어도 30년간 준비해 오셨습니다. 죽음을 준비한 사람에게 죽음은 두렵지 않습니다.

둘째, 마지막 육체가 스러지는 과정에서 겪는 고통을 여읜 것입니다.

셋째, 태어난 것은 마음대로 안 되었지만 가는 것은 자기가 결정할 수 있다는 것을 보여 준 것입니다.

넷째, 주변 사람들 병 간호하고 병원비 쓰는 쓸데없는 낭비를 미리 막은 것입니다. 사람들은 죽을 준비 안 하고 두려워만 하고 있을 때 스님은 꾸준히 준비하여 내공을 쌓은 것입니다."

이처럼 자기 죽음 스스로 결정해 가는 관습은 현재도 인도 자이나교에는 전통이 되어 내려오고 있다. 불교와 함께 생겨나고 교리가 비슷하여 서양 사람들이 불교로 오인하는 자이나교에서는 고승들이 공개적으로 곡기를 끊어 삶을 마무리한다. 그러면 그 마지막 가는 길을 신도들이 가마에 모시고 행진하는 모습을 볼 수 있다. 우리나라 스님들 전기에도 나온다. 『극락 간 사람들(韓國往生傳)』 상권에 1872년, 「한 글자에 3번 염불, 3번 돌기, 3번 절한 아미따경 사경 - 남호당 영기」 편에서 소개했다. "스님이 그 일을 마친 뒤 병이 생겼는데 한숨 쉬며 말하기를, '허깨비 몸뚱이가 병이 많고 세상에 사는 것도 이익이 없으니 곡기를 끊겠노라.' 하고 9월 22일에 돌아가시면서 잠깐 문인에게 "숲속 짐승에게 (내 몸뚱이를) 던져 주어라."라고 했다는 기록이다.

불교 스님이 아닌 미국의 한 환경운동가도 만 100살이 되자 곡기를 끊고 부인 무릎에 누어 조용히 삶을 마감한 이야기도 있다. (헬렌 니어링, 『아름다운 삶, 사랑 그리고 마무리』)

원래 어제 『극락 간 사람』 하권을 탈고하려고 했으나 연관 스님 편을 새로 쓰느라고 하루를 더 썼다. 스님의 행적과 저서를 보면서 스님은 30년간 일관되게 극락 가는 길을 벗어나지 않고 흔들리지 않는 믿음(信), 그 믿음을 바탕으로 한 바람(願), 그리고 정토 수행(行)과 마지막 회향까지 완벽하게 마무리하셔서 그 증과(證果)는 극락 윗동아리(上輩)에 가실 수 밖에 없다는 결론을 얻었다. 『한국 왕생전』을 쓰게 해주신 스님이 마지막 날 직접 본인의 이야기를 책의 끝에 넣도록 해 주셔서, 조금이라도 은혜에 보답할 수 있게 해 주심에 감사드리며, 가벼운 마음으로 『극락 간 사람』하권을 마무리한다.

6) 연관 스님의 마지막 모습이 주는 교훈 – 도움염불이 필요하다.

앞에서 연관 스님의 극락 가는 씨앗(往生因)에 대해서 자세히 보았다. 그런데 연관 스님 장례가 끝난 뒤 마지막을 지켜본 50년 도반 수경 스님이 엮은이가 알고 싶었던 마지막 순간 이야기를 대중에게 전했다.

> 짐 정리하러 봉암사 갔다 오니까, 병원 안 가고, 연명 주사라든지 이런 거 일체 안 쓰고, 벌써 곡기를 딱 끊었어. 곡기를 딱 끊고 이틀 뒤 물만 마시고, 이틀 있다가 4일 후에는 물까지 딱 끊었어요. …
> 다른 사람들은 몰라, 정신이 없는 줄 알아, 의식이 없는 줄 알아. 누가 오던 쳐다보지도 않고 눈도 안 떴어요. 눈도 안 뜨고 쳐다보지도 않고 들은 척도 안 했어. 누가 와도 '스님 저 왔습니다'. '누구 왔습니다.' 해도 반응을 안 했어 그런데 저녁에 살짝 나한테 '야 지금 어떻게 된 거냐?' 물었다. (웃음)

> "'아무 걱정하지 마라, 송 원장이 그러는데 너 정신이 굉장히 맑고 몸 상태가 굉장히 봉암사 있을 때보다 좋아졌단다. 맑은 정신으로 갈 수 있는 조건이 다 갖추어 졌다고 그런다. 그러니까 너는 다른 데 신경쓰지 염을 지어서 밝은 정신으로 제 죽음의 문제를 네 스스로 받아들이고 순응 할 수 있는 거기에 전념해라.'라고 했다.
> 옆에 있던 시자가 "염불하세요! 염불 돼요?" 하니까,
> "어렵다. 임종시 목숨이 딱 끊어질 때, '**나무아미타불**' 10번만 하면 극락세계에 왕생한다는 것, 나 그거 믿는다. 그러나 지금 나는 한 번도 안 된다."
> 이건 난 무서운 말이라고 생각 합니다. 아주 솔직하고 자기 있는 그대로 드러낸 것이거든, 죽기 10분 전에, 스님들이 곧 돌아가실 것 같다고 5명이 '**나무아미타불**' 염불을 하고 있었어요. 그런데 급히 나를 오라고 해 가니까, 이 사람이 숨을 쉴 수가 없으니까 입을 벌리고 아~ 아~ 이러고 있었는데, 그 순간에 '**아미타불**' 소리는 안 나오지만 의식이 또렷한 거야. 나를 빨리 오라고 한 것은 스님 목소리로 연관 스님 한테 (염불을) 들려주라 이거야. 내가 가서 내 목소리 있는 힘을 다해서 '**나**

무아미타불' 염불했다. 같이 5분 내지 10분간 (얼마인지는 모르겠지만, 10분이라는 사람도 있고 5분이라는 사람도 있는데) 계속 연관스님 입이 따라서 염불하다가, 보니까 멎었어. 맥 짚어봐라 하니까 손목에 맥은 벌써 없어졌고 사타구니 하고 다른 쪽 맥을 짚어봐야 하는데 의사들이 와서 보고 맥이 끊어졌다는 거야.[103]

극락 가는 씨앗을 그리 많이 심었지만 마지막 가는 길에 도움염불(助念)이 얼마나 크게 도왔는지를 아주 잘 보여주는 본보기다.

첫째, 스님은 마지막까지 맑은 정신을 가지고 스스로 염불하는 마음을 관하고 있었다는 것을 알 수 있다.

둘째, 그런 스님도 마지막에 업이 한꺼번에 몰려오면 10념이 쉽지 않다는 것을 알려 준다. 이는 우리가 평소 쉽게 '죽을 때 10념만 하면 되는 거사'라고 염불수행을 게을리 해서는 안 된다는 큰 교훈을 준 것이다.

셋째, 앞으로 염불행자들은 도움염불의 중요성을 알고 어떻게 이런 도움염불을 제도화해야 하는 지 고민이 필요하다는 것을 알 수 있다. 앞에서 중화인민공화국에서 극락에 간 보살에 대한 이야기할 때 그곳에서는 병원에 도움염불하는 도우미들이 제도적으로 활성화되었다는 것을 보았다. 우리에게도 이러한 준비가 꼭 필요할 것이다.

2022년 6월 22일 맑은나라 집에서.

103) 무량수여래회, 「수경스님의 연관스님 자재왕생담과 정법개술 법공양」, 자운사 혜명 스님 녹취.
https://www.youtube.com/watch?v=olNTbuVj0nl

옮긴이 : 보정 서길수(普淨 徐吉洙)

단국대학교에서 박사학위를 받고,
서경대학교에서 30년 넘게 경제사 강의하고,
고구리연구회 창립하여 30년간 고구리사 연구에
힘썼으며, 세계에스페란토협회 임원 맡아 140개국
을 여행하였다.
　(현) 고구리·고리연구소 이사장, 맑은나라불교연
구회 이사장, 고구려발해학회 고문, 세계에스페란
토협회 명예위원. 세계 에스페란토불자연맹 (전)회
장 (현)부회장,

〈전공 저서와 논문〉
『고구려 축성법 연구』『백두산 국경 연구』『동북공정 백서』같은 20권 남
짓한 저서와「공자의 경제사상」「율곡의 경제사상」, 「일본 법륭사(法隆寺) 불
상 대좌에 그려진 고구리(高句麗) 인물상 연구」같은 논문 100편 남짓.

〈불교 공부〉
1990년부터 '늘 놓치지 않고 보는(體禪)' 공부하다가,
2009년 정년퇴직하자마자 모든 것 내려놓고 망경대산 산사에 들어가
　　　　3년간 산문 나오지 않고 관법과 염불선을 수행했다.
2012년 하산하여 현재 맑은나라 불교연구회를 만들어
　　　계속 닦아나가며, 틈나는 대로 강의·집필을 통해 회향하고 있다.

〈책〉
(1)『정토와 선』, 맑은나라, 2014. 05. 30.
(2)『아미따경』(전자책), 맑은나라, 2014. 05. 30.
(3)『극락과 정토선』, 맑은나라, 2015. 09. 30.
(4)『극락 가는 사람들』, 맑은나라, 2015. 12. 25.
(5)『만화로 읽는 아미따경』(번역), 맑은나라, 2015. 09. 30.
(6)『아름다운 이별 행복한 죽음』(공역), 비움과소통, 2015.
(7)『조념염불법』(공역), 비움과소통, 2016.
(8)『아미타불 48대원』(공역), 비움과소통, 2015.
(9)『극락과 염불』, 맑은나라, 2016. 04. 08.
(10) 새 세대를 위한 산스크리트 대조 해설 『모든 붇다가 보살피는 아미따경』

2022.6.31.

(11) 『극락 간 사람들(韓國往生傳)』(신라·고리·조선편), 비움과소통, 2022. (예정)

(12) 『극락 간 사람들(韓國往生傳)』(근·현대편), 비움과소통, 2022. (예정)

〈논문〉

(1) 「寬淨의 淨土禪 수행법에 관한 연구」, 한국정토학회 『정토학연구』, 2015.

(2) 「반야심주 소릿값(音價)에 관한 연구」, 한국불교학회 『한국불교학』 (96), 2020.

(3) 「'南無阿彌陀佛'의 소릿값(音價)에 관한 연구」(1), 『정토학연구』(34집), 2020.

(4) 「'南無阿彌陀佛'의 소릿값(音價)에 관한 연구」(2), 『불교음악연구』(2), 2021.

〈참고서적〉

출판 자금을 내거나
독송 · 수지하는 사람과
여러 사람 여러 장소에
유통시키는 사람들을 위해
두루 회향하는 게송

경을 인쇄한 공덕과 수승한 행과

가없는 수승한 복을 모두 회향하옵나니,

원하옵건대 전생 현생의 업이 다 소멸되고,

업과 미혹이 사라지고 선근이 증장되며,

현생의 권속이 안락하고, 선망 조상들이 극락왕생하며,

시방찰토 미진수 법계, 공존공영하고 화해원만하며,

비바람이 항상 순조롭게 불고 세계가 모두 화평하며,

일체 재난이 없어지고 사람들이 건강 평안하며,

일체 법계 중생들이 함께 정토에 왕생하게 하소서.

보리심으로 윤회를 벗어나 왕생극락한다

경 가운데 세 무리(상·중·하배)들의 왕생하는 것이
모두 보리심을 발하였기 때문이니 보리심이란 무엇인가.
곧 중생들이 날마다 쓰는 신령스럽게 느끼는 성품이다.
만약 능히 이 신령스럽게 느끼는 성품을 개발하거나
혹은 능히 관상삼매(觀像三昧)를 성취하거나
혹은 능히 일심불란(一心不亂)을 성취하면은
저 왕생극락하는데 무엇이 어려우랴.

-경허대사 염불집

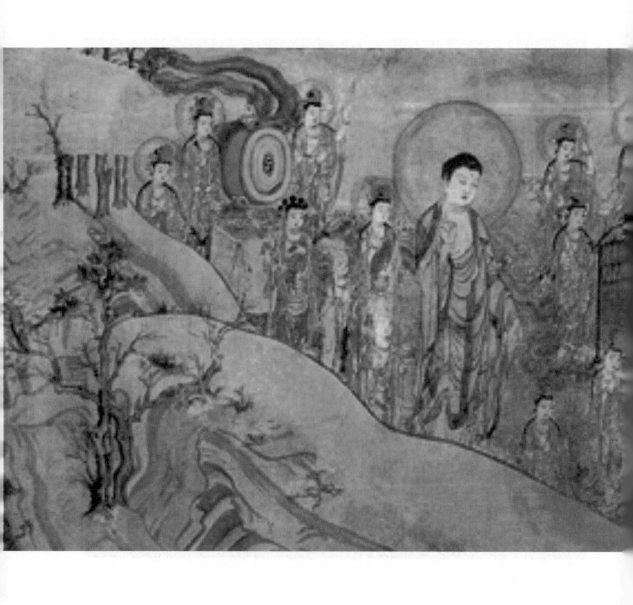

한국 왕생전 (극락 간 사람들)
1판 1쇄 펴낸 날 2022년 8월 12일(미타재일, 백중)

엮은이 서길수
발행인 김재경 **편집** 허서 **디자인** 김성우 **마케팅** 권태형 **제작** 현주프린팅
펴낸곳 도서출판 비움과소통
       서울 금천구 가산디지털2로 43-14 한화비즈2차 7층 702호
       전화 010-6790-0856 팩스 0505-115-2068
       이메일 buddhapia5@daum.net

© 서길수, 2022
ISBN 979-11-6016-085-7 03220

* 경전을 수지독경하거나 사경하거나 해설하거나 유포하는 법보시는
  한 사람의 붓다를 낳는 가장 위대한 공덕이 되는 불사입니다.
* 전세계 정종학회에서 발간된 서적은 누구든지 번역해서 사용할 수 있습니다.
  한국어판 역시 본 출판사의 동의 하에 누구든지 포교용으로 활용이 가능합니다.
* 전법을 위한 법보시용 불서는 저렴하게 보급 또는 제작해 드립니다.
  다량 주문시에는 표지·본문 등에 원하시는 문구(文句)를 넣어드립니다.